རིག་གནས་ཀྱི་བརྡ་རྟགས།

གཉིས་པ།

ཚང་བདག་གིས་བརྩམས།

བོད་ལྗོངས་མི་དམངས་དཔེ་སྐྲུན་ཁང་།

དཀར་ཆག

ས་བཅད་དང་པོ། ལག་ཤེས་བཟོ་རྩལ།

གཅིག འཛམ་གླིང་ལ་སྙན་གྲགས་འབར་བའི་བོད་ཐུམ།

བོད་ཐུམ་ནི་བོད་མི་དམངས་ཀྱི་འཚོ་བའི་ཁྲིད་སྤྱོད་གོ་ཆེ་ཤོས་ཤིག་ཏུ་གྱུར་ཡོད། བོད་ཀྱི་འཁེལ་འཐག་ལག་རྩལ་གྱི་ལོ་རྒྱུས་ཧ་ཅང་རིང་མོའི་ནང་བོད་ཐུམ་དང་པང་གདན་ནི་མིང་གྲགས་ཆེ་ཤོས་རེད། བོད་ཐུམ་གྱི་རྒྱུ་ཆ་ནི་འབྲི་གཡག་གི་རྩིད་པ་དང་། ཁུ་ལུ། བལ་བཅས་ལ་ཚོས་བརྒྱབ་ནས་བཏགས་པ་ཞིག་ཡིན་པས་དྲོད་ཆེ་ལ་བཞའ་ཚད་འགོག་ཐུབ་པ་དང་སྤྱོད་ཤེད་ཆེ་བ་མ་ཟད། རི་མོ་མཛེས་ལ་ཚོས་གཞི་བཀྲག་མདངས་ཆེ་བས་སྤྱོད་གོ་ཆེ་ལ་མཛེས་འཚོས་ཀྱི་རིན་ཐང་ཆེན་པོ་ལྡན་པའི་བཟོ་རྩལ་ཐོན་ཟོག་ཅིག་ཡིན་པས། བོད་རིགས་ཀྱི་འཚོ་བའི་ནང་མེད་དུ་མི་རུང་བ་ཞིག་ཡིན་པ་དང་ད་ཆ་སྙན་པ་འཛམ་གླིང་ལ་གྲགས་པའི་ཡུལ་སྐོར་ཐོན་ཟོག་ཅིག་ཀྱང་ཡིན།

རིགས་མང་བའི་བོད་ཐུམ་ཐོན་ཟོག བོད་ཐུམ་གྱི་རྒྱུ་ཆར་དབྱེ་ན། འབྲི་གཡག་གི་རྩིད་པ་དང་ཁུ་ལུ་མཉམ་དུ་བཏགས་པའི་ཐུམ་ནི་འཇམ་ལ་སྲབ་པ་དང་དཀར་ནག་ཁ་གསལ་ལ་ཡང་པོ་ཡོད་པས་དེ་སྔ་སྐྱུས་སྤྱོའི་འབྲོག་པ་ཚོས་ཧ་ཅང་དགའ་པོ་བྱེད་ཀྱི་ཡོད། བལ་ལ་ཚོས་བརྒྱབ་ནས་བཏགས་པའི་ཐུམ་ནི་ཚོས་

མདོག་དང་རི་མོ་ཕྱུན་སུམ་ཚོགས་པས་མི་ཕལ་ཆེ་བས་དགའ་པོ་བྱེད་པ་དང་སྲབ་མཐུག་སྙོམས་པས་ཁྱིམ་རའི་ཐོག་མཐོང་མང་ཤོས་ཤིག་ཡིན། ད་དུང་འབྲི་གཡག་གི་ཁུ་ལུ་རྒྱང་པས་བཏགས་པའི་གདན་ནི་འཇམ་ལ་ཁྱུངས་མཐུག་པ་དང་། དྲོད་ཆེ་ལ་སྲྱོད་ཤེད་ཆེ་བ། མིའི་གཟུགས་པོར་མི་གནོད་པ་བཅས་ཀྱི་དགེ་མཚན་དུ་མ་ལྡན་རུང་ད་ཆ་ཁྱིམ་རའི་ཐོག་ཏ་ཅང་མཐོང་དཀོན་པོར་གྱུར་བ་དང་ཞར་ཚགས་མཁན་ཚོས་རེ་གཉིས་ཞར་ཚགས་བྱས་ཡོད་པར་རིན་ཐང་སྒོར་ཁྲི3ཙམ་རེ་གི་ཡོད་པ་རེད།

ད་ཆ་བོད་རུམ་སྙིང་པར་རིན་ཐང་ཆེ་བའི་རྒྱུ་རྐྱེན་གཙོ་བོ་ཞིག་ནི་རྫས་འགྱུར་གྱི་ཚོས་རྫས་མ་སྤྱད་པར་རྩྭ་རྩི་ཤིང་དང་རྡོ་ཚོན་སྤྱད་པས་ཡིན་ཞིང་། རང་བྱུང་གི་ཚོས་རྫས་སྤྱད་པའི་ཁ་གདན་རྙིང་པ་དེ་རིགས་ལོ་རྫོ200ཙམ་དང་དེ་ལས་རིང་བ་སོང་རུང་ཚོས་གཞི་མི་ལོག་པ་མ་ཟད། འོད་མདངས་ཀྱང་མི་ཉམས་པར་གསར་པ་ལྟར་དུ་གནས་ཀྱི་ཡོད། བོད་རུམ་ལ་རི་མོ་རྒྱུག་སྲོལ་སྣ་ཚོགས་ཡོད་པའི་ཁྲོད་བོད་རང་གི་སྲོལ་རྒྱུན་རི་མོ་རྒྱུག་སྲོལ་ཡོད་ལ་མི་རིགས་གཞན་གྱི་རི་མོ་ཡང་རྒྱུག་སྲོལ་དར་བ་མ་ཟད། ད་དུང་ཆོས་ལུགས་ཀྱི་ཤན་ཞུགས་པའི་རི་མོ་རྒྱུག་སྲོལ་ཡང་ཡོད་པ་དཔེར་ན། རི་མོ་ཏམ་ག་ནི་བོད་ཀྱི་སྲོལ་རྒྱུན་རི་མོ་ཞིག་ཡིན་པས་ཁ་གདན་རྙིང་པར་སྤྱོད་མང་ཙམ་ཡོད་པ་དང་། ཆོས་ལུགས་རིག་གནས་ཀྱི་ཤན་ཞུགས་པའི་རི་མོ་པདྨ་ལྟ་བུ་དང་། ད་དུང་བཀྲ་ཤིས་རྟགས་བརྒྱད་སོགས་ཀྱི་རི་མོ་མང་པོ་ཡོད་པ་རེད། ལྷག་པར་དུ་བོད་ཀྱི་ཁ་གདན་རི་མོར་རྒྱུན་བཞི་ཆུ་ཐྲག་ཅེས་ཆུ་དང་། ཐྲག ཕྲིན་པ། འབྲུག་བཅས

མཉམ་དུ་བསྡུས་པའི་རང་བྱུང་ཁམས་དང་སྲོག་ཆགས་ཀྱི་གཟུགས་བརྙན་མཉམ་དུ་བཀོད་པའི་རི་མོ་ཐུན་མོང་མ་ཡིན་པ་ཞིག་ཡོད་པ་དེ་ནི་གནའ་བོའི་བོད་ཀྱི་མེས་པོ་ཚོས་མིའི་རིགས་ཀྱི་ཚེ་སྲོག་དང་རང་བྱུང་ཁམས་མཐུན་སྦྱོར་མཉམ་གནས་ཀྱི་གནས་ལུགས་མཚོན་པར་བྱས་ཡོད་ལ། དེ་ལས་ཆུ་མོ་དང་བྲག་རི་མཉམ་བཀོད་ཀྱིས་བོད་ཀྱི་ཡུལ་ལྗོངས་མཚོན་པར་བྱས་པ་དང་། ནམ་མཁའ་དྭངས་པའི་ཐོག་སྤྲིན་བཟང་དཀར་པོ་དང་གཡུ་འབྲུག་སྔོན་པོ་མཉམ་དུ་འགྲོགས་པའི་ཉམས་འགྱུར་སྔོན་པ་ནི་དེ་བས་ཀྱང་ནམ་མཁའ་དྭངས་ལ་སྤྲིན་དཀར་ཚོམ་བུས་བརྒྱན་པའི་བོད་ཀྱི་དྭངས་གཙང་གི་ནམ་མཁའ་དེ་དངོས་ཡོད་དང་འཆར་ཡན་ཟུང་དུ་སྦྲེལ་བའི་ཐོག་གི་མཚོན་ཚུལ་དམིགས་བསལ་ཅན་ཞིག་ཡིན། ཀོ་ཐོས་ལ་ལྟ་ས་གྲོང་ཁྱེར་ཁྲིང་ཀོན་ཆུས་ཀྱི་རུམ་འཐག་བཟོ་གྲྭས་རྒྱན་བཞི་ཆུ་བྲག་གི་རི་མོ་བརྒྱབ་པའི་ཁ་གདན་ཞིག1994ལོར་ཡཱ་ཐའི་རྒྱལ་སྤྱིའི་དངོས་མང་འགྲེམས་སྟོན་ཐོག་བཤམས་པར་མཁས་དབང་ཚོའི་གདེང་འཛོག་ལེགས་པོ་ཐོབ་ནས་བྱ་དགའ་རིམ་པ་དང་པོ་ཐོབ་པ་རེད། སྤྱིར་བོད་རུམ་འཐག་སྐབས་བལ་སྤུ་གཙང་བཀྲུས་ཀྱིས་གསེད་རྒྱག་པ་དང་། སྣལ་མ་འཁེལ་བ། ཚོས་རྒྱག་པ། དངོས་སུ་འཐག་པ། རྗེས་ཅེ་རྒྱག་པ། བཀྲུ་བ་བཅས་ཀྱི་གོ་རིམ་བརྒྱུད་དགོས་ཀྱི་ཡོད་པ་དང་དངོས་སུ་འཐག་རྒྱུ་ནི་བརྒྱུད་རིམ་གཙོ་བོ་དེ་ཡིན་པས་ཁ་གདན་འཐག་མཁན་བྱུང་མ་ཞིག་གིས་རིང་ཚད་ལ་སྨི1. 9དང་ཞེང་ཚད་ལ་སྨི0. 9ཡོད་པའི་ཁ་གདན་ཞིག་འཐག་པར་ཉིན་ཉི་ཤུ་ཙམ་འགོར་གྱི་ཡོད་པ་རེད། སྤྱིར་ན་བོད་རུམ་ཚད་ལྡན་གྱི་རིང་ཚད་ལ་ལི་སྨི182དང་

ཞིང་ཚད་ལ་ལི་སྨྱི90ཡིན་ཡང་རང་རང་སོ་སོའི་དགོས་པར་གཞིགས་ནས་ཆེ་ཆུང་ཚོད་འཛིན་བྱེད་ཆོག་གི་ཡོད།

ལོ་རྒྱུས་རིང་བའི་བོད་རྩིས། གནའ་རྫས་རྟོག་ཞིབ་པས་ར་སྦྲོད་བྱས་པར་གཞིགས་ན། བོད་ཀྱི་འཁེལ་འཐབ་ལག་རྩལ་གྱི་ལོ་རྒྱུས་དཔང་པོ་ནི་ལོ་ངོ་བཞི་སྟོང་ལྔ་སྟོང་གོང་གི་ཆབ་མདོའི་ཁ་རུབ་གནའ་ཤུལ་གྱི་རྡོ་ཆས་གསར་མའི་བར་ཁུངས་འདེད་ཆོག་ཅིང་། ཁ་རུབ་གནའ་ཤུལ་ནས་རུས་པ་སླུང་དབྱིབས་ཅན208དང་རུས་ཁབ31ཐོན་པ་དེ་དག་གི་རྩེ་མོ་ཏ་ཅང་རྣོ་པོ་ཡོད་པ་དེ་ཐོག་ནས་སྐབས་དེ་དུས་ནས་རང་རེའི་མེས་པོ་ཚོས་གཅན་གཟན་གྱི་པགས་པའམ་ཡང་ན་འཁེལ་འཐབ་གི་གྱོན་གོས་སྦྱོད་ཀྱི་ཡོད་པ་མཚོན་ཡོད། ད་དུང་ས་འོག་ནས་ཐོན་པའི་འཐབ་ཁྲིའི་དབྱིབས་ཅན་དང་འཕང་སོགས་ཀྱི་དངོས་པོ་ལས་བོད་ལྗོངས་ས་མཐོའི་མི་རྣམས་ཀྱིས་ལོ་ངོ་བཞི་སྟོང་ལྔ་སྟོང་གི་གོང་ནས་བལ་འཁེལ་འཐབ་བྱེད་ཀྱི་ཡོད་པ་མཚོན་ཐུབ། དེ་དང་འདྲ་བར་དུས་རབས20པའི་དུས་དཀྱིལ་དུ་མཚོ་སྔོན་ཧུའུ་ལན་རྫོང་ནོ་མུ་ཧུང་གནའ་བོའི་བང་སོའི་ཚོགས་སྡོག་སྐབས་ས་འོག་ནས་རྩིད་པ་དང་ཁུ་ལུས་བཏགས་པའི་ཚོས་ལྡན་གྱི་གདན་དང་། རྩིད་ཐག བལ་སྐུད་བཅས་ཐོན་པ་དེ་དག་གི་ཚོས་གཞི་གཙོ་བོ་སེར་པོ་དང་ཁམ་མདོག་ཡིན་པ་དེ་དག་རྒྱ་ཚའི་ཁ་མདོག་དང་ཚོས་འགྱུར་གྱི་ཁ་མདོག་ཟུང་འབྲེལ་ལེགས་པོ་བྱས་ཡོད་ལ་ད་དུང་ཚོས་གཞི་ནག་པོ་དང་། དམར་པོ། སྔོན་པོ་ཞུང་ཤས་ཀྱང་ཡོད་པ་རེད། རིགས་གཅིག་མཁས་ཅན་ཚོས་གཅིག་གྱུར་གྱི་དཔྱད་སྡོམ་བཞག་ནས་དངོས་པོ་དེ་དག་ཡུལ་བལ་ལས་བཏགས་པ་ཞིག་ཡིན་

པ་ར་སྤྲོད་ཐུབ་ཡོད་པ་རེད། ད་དུང་དཔང་རྟགས་གཞན་ཞིག་ནི་མངའ་རིས་ས་ཁུལ་རུ་ཐོག་རྫོང་ཕ་རོང་གྲོག་ཕུར་གྱི་རྗེ་ཆས་གསར་མའི་དུས་སྐབས་ཀྱི་བང་སོ་ནས་ཐོན་པའི་བསླས་བཏགས་དངོས་པོ་དང་བུད་མེད་ཀྱི་ཕྲུང་པོ་ཞིག་གི་རྐང་པར་གྱོན་པའི་ཟར་རས་ལས་བཏགས་པའི་རྐང་ཤུབས་དམར་སྨུག་དང་སྔོན་མདོག་ནག་པོ་དང་། དམར་པོ། དཀར་པོ་བཅས་ལས་བསླས་པའི་ཐག་པའི་ཚད་དུམ་ལས་སྐབས་དེ་དུས་ནས་བལ་གྱི་བསླས་བཏགས་ཐོན་རྫས་དང་འཚོ་བའི་ཁྲིད་པེད་སྤྱོད་བྱེད་པ་མ་ཟད། དུར་རྫས་སུའང་རྒྱ་ཁྱབ་ཏུ་སྤྱོད་ཀྱི་ཡོད་པ་ཤེས་ཐུབ་པ་ཞིག་ཡིན།

བོད་རུམ་གྱི་འབྱུང་ཁུངས། བོད་ལྗོངས་ས་མཐོའི་ཐོག་འཚོ་བའི་དཀར་ནག་ཕྱུགས་རིགས་ཀྱི་བལ་སྤུའི་རྒྱུ་ཆ་མཁྲེགས་ལ་ཚོ་དམ་པ་དང་ལྷེམ་ཤུགས་ཆེ་བ་བཅས་ཀྱི་ཁྱད་ཆོས་ལྡན་ཡོད་པས་ཁ་གདན་འཐག་པའི་རྒྱུ་ཆ་རྩེ་གྲ་ཞིག་ཡིན་པས་བོད་ཀྱི་ས་ཁུལ་ཁག་ཏུ་ཁ་གདན་འཐག་མཁན་མང་པོ་ཡོད་པའི་ནང་རྒྱལ་རྩེའི་ཁ་གདན་ནི་སྐད་གྲགས་ཆེ་ཤོས་ཤིག་ཡིན་པས་རྒྱལ་རྩེའི་རུམ་དང་། ཐུར་ཁེའི་རུམ། ཏ་ཟིག་གི་རུམ་བཅས་ལ་འཛམ་གླིང་གི་གྲགས་ཅན་རུམ་གྱི་མཚན་སྙན་ཐོབ་ཡོད་པ་རེད།

དང་ཐོག་རྒྱལ་རྩེའི་འཐག་མཁན་ཚོས་སླེའུ་འཐག་སྟངས་ཀྱི་རྨང་གཞིའི་ཐོག་སླེའུ་ལས་སྤུས་ཀ་དག་པའི་ཐོན་རྫས་གསར་པ་ཞིག་བཏགས་པས་མིང་གྲགས་ཆེན་པོ་བྱུང་བ་དང་དུས་རབས11པའི་ནང་མྱང་ཆུ་གཙང་པོའི་དཀྱིལ་རྒྱུད་ཀྱི་པ་སྣམ་ཁུལ་དུ་དབང་ལྡན་གྲུམ་ཙེ་ཞེས་པ་ཞིག་ཐོན་པ་དེར་མི་རྣམས་

ཀྱིས་ཧ་ཅང་དཀའ་པོ་བྱས་ཡོད། དུས་དེ་ཙམ་ནས་བཟུང་རྒྱལ་རྩེར་ཁ་གདན་འཐག་མཁན་ཇེ་མང་དུ་འགྱུར་བ་དང་ས་སྐྱའི་སྲིད་དབང་གི་དུས་ནས་རྒྱལ་རྩེའི་ཁ་གདན་ཐོན་སྐྱེད་བྱ་རྒྱུ་འཕེལ་རྒྱས་ཆེན་པོ་བྱུང་ནས་ཏཱ་ལའི་བླ་མ་སྐུ་ཕྲེང་ལྔ་པའི་དུས་སུ་སླེབས་སྐབས་རྒྱལ་རྩེའི་གྲོང་མི་ཕྱེད་ཀ་ཙམ་གྱིས་ཁ་གདན་འཐག་པའི་ལག་རྩལ་ཤེས་པས་ཐོན་སྐྱེད་ཀྱི་གཞི་ཁྱོན་ངེས་ཅན་ཞིག་ཆགས་པས་རྒྱལ་རྩེ་གྲོང་རྡལ་ཁོ་ནར་ཁ་གདན་འཐག་མཁན་སྟོང་ཕྲག་ཁ་ཤས་ཡོད་པར་གྲགས། རྒྱལ་རྩེའི་ཁ་གདན་དེ་ཐོག་མར་རི་མོ་མེད་ལ་ཚོས་མདོག་ཀྱང་འཛོམས་པོ་མེད་ཙང་། ཕྱིས་སུ་ཐང་ག་དང་། ལྡེབས་རིས། དེ་བཞིན་གོས་ཆེན་ཐོག་གི་ཚོན་མདོག་དང་རི་མོར་དཔེ་བལྟས་པའི་ཐོག་བོད་མི་རིགས་ཀྱི་ཁྱད་ཆོས་ལྡན་པའི་རི་མོ་མང་པོ་རྒྱས་འགོད་བྱས་པ་དང་འཐག་རྩལ་ཡང་ཇེ་ལེགས་སུ་ཕྱིན་པས་རྒྱལ་རྩེ་དེ་ཉིད་བོད་ཀྱི་ཁ་གདན་ཐོན་ཡུལ་གཙོ་བོ་ཞིག་ཏུ་གྱུར་བ་རེད། ད་དུང་ལོ་རྒྱུས་ཐོག་རྒྱལ་རྩེར་གྲུ་བཞི་དང་ཇོ་བཞི་སྐྱ་དྲག་གཉིས་ཀྱིས་བཙུགས་པའི་ཁ་གདན་འཐག་ཁང་གིས་ཁྱིམ་གྱི་མིང་དེ་ཁ་གདན་དང་འབྲེལ་ནས་གྲུ་བཞིའི་གྲུམ་ཙེ་དང་ཇོ་བཞིའི་གྲུམ་ཙེ་གཉིས་ཐོན་ཡོད་པ་རེད།

རྒྱལ་རྩེ་ནི་ལོ་རྒྱུས་ཐོག་ཁ་གདན་གྱི་ཕ་ཡུལ་ལྟ་བུ་ཡིན་སྐབས་བོད་ས་གནས་སྲིད་གཞུང་གིས་ལག་རྩལ་དེར་ཧ་ཅང་མཐོང་ཆེན་བྱས་ནས་རྒྱལ་རྩེར་ཁ་གདན་འཐག་སའི་འཕོར་ཁང་ཆེད་འཛུགས་བྱས་པ་དང་ད་དུང་ཁ་གདན་ལས་རིགས་ཀྱི་ཚོགས་པ་སྟེ། སྐྱིད་ཚོགས་པ་ཞེས་པ་བཙུགས་ནས་རིམ་པ་ལྔ་པའི་དཔོན་རིགས་ཤིག་རྒྱལ་རྩེའི་ཁ་གདན་ལས་རིགས་ཀྱི་ཐོན་སྐྱེད་ལ་དོ་དམ་བྱེད

པར་གཏོང་གི་ཡོད། སྐབས་དེ་དུས་ནས་བརྟགས་པའི་ཐོན་རྫས་དག་བོད་ཁུལ་ཙམ་མ་ཟད། ཐག་རིང་རྒྱ་གར་དང་། འབྲུག་ཡུལ། ནེ་པ་ལ། འབྲས་ལྗོངས་སོགས་མཐའ་འཁོར་རྒྱལ་ཁབ་ཏུའང་ཕྱིར་ཚོང་བྱེད་ཀྱི་ཡོད། ད་དུང་མིང་གོའི་དུས་སུ་དབྱིན་ཇིའི་ཚོང་པས་རྒྱལ་རྩེའི་ཁ་གདན་ལ་ཚོང་ལས་ཀྱི་རིན་ཐང་ཆེན་པོ་ཡོད་པ་ཤེས་ནས་ཡུལ་དེ་གར་བཟོ་གྲྭ་ཆུང་ངུ་ཞིག་དང་སློབ་གྲྭ་ཞིག་བཙུགས་ནས་བོད་ཐུམ་གྱི་ཐོན་རྫས་སྣ་ཚོགས་ཐོན་སྐྱེད་ཀྱིས་ཡོ་རོབ་ཏུ་ཡང་འདྲེན་ཚོང་བྱས་ཡོད་པ་རེད།

རྒྱལ་ཁབ་རིམ་པའི་བོད་ཐུམ་འཐག་རྩལ་གྱི་རྒྱུན་འཛིན་པ་སྤེན་རྡོར་ནི་རྒྱལ་རྩེའི་ཁ་གདན་བཟོ་གྲྭའི་དགེ་འཛིན་ཡིན་ཞིང་། ཁོང་ནི་ཆུང་དུས་ནས་རི་མོ་མཛེས་ལ་འཚོ་བའི་ནང་སྤྱོད་གོ་ཆེ་བའི་ཐོན་རྫས་ལ་དགའ་ཞེན་ཏ་ཙང་ཆེ་བས་དེའི་དབང་གིས་ཐུམ་འཐག་དང་ལས་དབང་དམ་དུ་སྦྲེལ་ནས་སྤྱི་རྗེས་སུ་རྒྱལ་རྩེ་ཁ་གདན་བཟོ་གྲྭའི་ལག་རྩལ་འཁོར་ཁང་གི་ཀུའུ་རེན་དང་རི་མོའི་འཆར་འགོད་པ་སོགས་ཀྱི་འགན་འཁུར་ཞིང་། ཁོང་གི་སྣེ་ཁྲིད་འོག་ཁ་གདན་བཟོ་གྲྭའི་གོང་འོག་ཀུན་གྱིས་སྲོལ་རྒྱུན་ལག་རྩལ་གྱི་རྨང་གཞིའི་ཐོག་དུས་རབས་ཀྱི་དགོས་མཁོ་དང་བསྟུན་ནས་ལག་རྩལ་སྒྱུར་བཅོས་བྱས་པས་རྒྱལ་རྩེའི་ཁ་གདན་དེ་སྐད་གྲགས་གང་སར་ཆེད་པའི་མི་རིགས་ལག་ཤེས་ཀྱི་ཕྱུས་རྟགས་ཐོན་རྫས་ཤིག་ཏུ་གྱུར་ཡོད། ལྷག་དོན་དུ་དགེ་འཛིན་སྤེན་རྡོར་ངོ་མས་ཇུས་འགོད་དང་འཐག་ལས་བྱས་པའི《ཕོ་བྲང་པོ་ཏ་ལ》དང《ལྷུགས་རི་རིང་པོ》《འབྲི་ཆུའི་ཟམ་ཆེན》《འབྲོག་ཁུལ་གྱི་རྣམ་པ》ཞེས་པ་སོགས་ཀྱིས་མཚོན་པའི་བོད་

བཟོའི་འགེལ་རྟམ་བཏགས་པར་ལས་རིགས་དེའི་ཁྱབ་ཁོངས་སུ་གནམ་ས་གསར་པ་ཞིག་བརྗོད་ནས་བོད་རྟམ་གྱི་གནས་བབ་དེ་བས་གོང་མཐོར་སོང་ཡོད་པ་རེད།

རྒྱལ་རྩེའི་ཁ་གདན་གྱིས་ལོ་ངོ་བརྒྱ་ཕྲག་གོང་གི་བོད་ཀྱི་འཐག་ལས་སྒྱུ་རྩལ་གྱི་ལོ་རྒྱུས་མཚོན་ཞིང་། དེའི་རི་མོ་དང་བཟོ་རྩལ། ཚོས་མདངས། ཇེམ་ཙེ་རྒྱག་སྟངས་སོགས་ཚང་མའི་ཐད་དམིགས་བསལ་གྱི་ལག་རྩལ་ཁྱད་ཆོས་ལྡན་པའི་ཁར། རྒྱལ་རྩེའི་ཁ་གདན་གྱི་བཟོ་རྩལ་སྦྱུས་དག་ལ། ཚོས་ཁ་དྭངས་བ། ངོས་འཇམ་པ་སོགས་ཀྱི་ཁྱད་ཆོས་ལྡན་པས་རྒྱལ་རྩེའི་ཁ་གདན་དེ་ད་ཆ་བོད་ཀྱི་རྩ་ཆེའི་ཡུལ་སྐོར་ཐོན་ཟོག་ཅིག་ཏུ་གྱུར་ཡོད་པ་མ་ཟད། 1997ལོར་རྒྱལ་ཡོངས་ཀྱི་གྲངས་ཉུང་མི་རིགས་ཀྱི་ལག་ཤེས་བཟོ་ལས་ཐོན་ཟོག་གི་འགྲན་བསྡུར་ཆེ་མོའི་ནང་ཐོན་ཟོག་རྩེར་སོན་གྱི་བྱ་དགའ་ཐོབ་པ་དང་། 2006ལོར་རྒྱལ་ཁབ་རིམ་པའི་མངོན་མེད་རིག་གནས་ཤུལ་བཞག་གི་མིང་གཞུང་ནང་ཚུད་པ། 2011ལོར་ཁ་གདན་བཟོ་གྲྭ་དེ་རིག་གནས་པུའུ་ཡིས་རྒྱལ་ཁབ་རིམ་པའི་མངོན་མེད་རིག་གནས་ཤུལ་བཞག་གི་ཐོན་སྐྱེད་རང་བཞིན་གྱི་སྲུང་སྐྱོབ་དཔེ་སྟོན་རྟེན་གཞིར་བདམས་པ་སོགས་ཀྱི་མཚན་སྙན་རབ་དང་རིམ་པ་ཐོབ་ཡོད་པ་དེ་ནི་རྒྱལ་རྩེའི་ཁ་གདན་བཟོ་གྲྭས་དམིགས་བསལ་ཐོན་ཟོག་དེའི་ལེགས་ཆ་སྲུང་འཛིན་གང་ལེགས་བྱེད་ཆེད། སྲོལ་རྒྱུན་གྱི་བཟོ་རྩལ་རྒྱུན་འཛིན་བྱེད་པའི་རྨང་གཞིའི་ཐོག་དུས་རབས་ཀྱི་འཕེལ་རྒྱས་དང་ཁྲོམ་རའི་དགོས་མཁོར་བསྟུན་ནས་གསར་གཏོད་རང་བཞིན་གྱི་ཐོན་སྐྱེད་བྱ་ཐབས་སྤྱད་པས་སྒྱུ་རྩལ་གྱི་རིན་ཐང་དང་བེད་

སྐྱིད་རིན་ཐང་ཚང་མའི་ཐད་འཕེལ་རྒྱས་དང་ཚད་བརྒལ་གསར་པ་བྱུང་ཡོད། དེ་ནི་ལོ་རྒྱུས་རིང་བའི་རྒྱལ་རྩེའི་ཁ་གདན་གྱི་མིང་གྲགས་དེ་མི་ལོ་བརྒྱ་ཕྲག་རིང་མི་ཉམས་པར་གནས་པའི་བླ་སྲོག་གནས་ས་དེ་ཡིན་པ་སྨོས་ཅི་དགོས།

བོད་ནུམ་གྱི་ས་ཁམས་མཚོན་རྟགས། ལྷ་ས་གྲོང་ཁྱེར་ཅང་སུའུ་ལམ་དུ་ཡོད་པའི་བོད་ནུམ་ཐོག་བརྩེགས་ཁང་ཆེན་ནི་ལྷ་ས་ནུམ་འཐག་འགན་ཁྲི་ཚད་ཡོད་ཀུང་སིའི་སྤྱི་ཁྱབ་ཁང་ཡིན་ཞིང་། ཁང་ཆེན་དེ་ནི་ཀུང་སི་དེའི་ལས་འཛིན་ལྷན་ཚོགས་ཀྱི་དབུ་འཛིན་ཚེ་རིང་ཉི་མས་འཆར་འགོད་བྱས་པ་ཞིག་ཡིན་པ་དང་ཐོག་མའི་བློ་སྐྱེས་ནི་ཏྲང་ཏའི་ནན་ཅན་ལམ་གྱི་ཞི་བདེ་གསོལ་མགྲོན་ཁང་ནས་བྱུང་བ་ཞིག་རེད། དེའི་ཐོག་མའི་འཆར་འགོད་ནང་བོད་ནུམ་འགྲེམས་སྟོན་ལྟེ་གནས་དང་། ཁྱེར་ཚོང་ལྟེ་གནས། གསོ་སྐྱོང་ལྟེ་གནས། དེ་བཞིན་བོད་ནུམ་དངོས་མང་བཤམས་སྟོན་ཁང་དང་བོད་ནུམ་མཐུན་ཚོགས་ཀྱི་བྱེད་སྒོའི་ལྟེ་གནས་སོགས་ཚུད་ཡོད་པ་རེད།

ལས་འཛིན་ལྷན་ཚོགས་ཀྱི་དབུ་འཛིན་ཚེ་རིང་ཉི་མས2008ལོར་མཚོ་སྔོན་གྱིས་བོད་ནུམ་དེ་རྒྱལ་ཁབ་ཀྱི་ས་ཁམས་མཚོན་རྟགས་སུ་རེ་ཞུ་བྱས་པ་གོ་ཐོས་བྱུང་བས། བོད་དབུས་ཁུལ་གྱི་ས་སྐྱེས་རྫེ་སྐྱེས་ཀྱི་བོད་རིགས་ཤིག་གི་ངོས་ནས་བོད་ནས་ཐོན་པའི་བོད་ནུམ་ནི་ལོ་རྒྱུས་ལྡན་པའི་བོད་ནུམ་ངོ་མ་ཡིན་པའི་ངོས་འཛིན་གྱིས་ཟེ་ལེང་དུ་ཐེངས་གཉིས་བསྐྱོད་ནས་བོད་ནས་ཐོན་པའི་བོད་ནུམ་ལ་ས་ཁམས་མཚོན་རྟགས་བརྟོན་ལེན་བྱས་མཐར་མཚོ་སྔོན་གྱི་སྲོལ་རྒྱུན་བོད་ནུམ་དང་བོད་ལྗོངས་ནུམ་འཐག་པུའུ་གཉིས་ཀའི་ཐོན་རྫས་རྒྱལ་ཁབ་ཀྱི་ས

ཁམས་མཚོན་རྟགས་ཀྱི་སྲུང་སྐྱོབ་ཐོན་རྫས་སུ་བདམས་པ་རེད།

བོད་ནུབ་ལ་ལོ་ངོ་200ལྷག་ཙམ་གྱི་ལོ་རྒྱུས་ཡོད་ཅིང་། བོད་ནུབ་འཐག་མཁན་ཆོས་ལོ་ངོ་དུ་མའི་རིང་ལག་རྩལ་གསར་གཏོད་བྱས་པ་དང་ཤེས་བྱའི་བདག་དབང་ཡོད་པའི་ཐོན་ཟོག་ཕྱུར་ཐག་གཏོད་པས་ལྷ་ས་གྲོང་ཁྱེར་ཁྲིང་ཀོན་ཆུས་ནུབ་འཐག་བཟོ་གྲྭ་ཁོ་ནར་ཐོན་རྫས་སྣེ་ཁ450ཡོད་པའི་ནང་སྣེ་ཁ30ལྷག་ཙམ་ལ་ཤེས་བྱའི་བདག་དབང་རག་ཡོད་པ་དེ་དག་རིགས་ཆེན་པོ་5ལ་བསྡུས་ཡོད་པ་མ་ཟད། ད་དུང་“གངས་ལྷ་མེ་ཏོག”རྟགས་ཅན་གྱི་གྲགས་རྟགས་ཀྱང་ཐོ་འགོད་བྱས་ཡོད་པ་རེད། དུས་རབས་གོང་དུ་འཕེལ་བ་དང་སྦྲགས་བོད་ནུབ་ཀྱི་ཆོས་རྒྱུག་ལག་རྩལ་ལའང་ཡར་རྒྱས་ཆེན་པོ་བྱུང་ཡོད་ཅིང་། བཟོ་གྲྭ་དེའི་འགོ་འཛིན་གཞོན་པ་བདེ་སྐྱིད་ཀྱིས་གསར་གཏོད་ལག་རྩལ་ཐད་ཞིབ་ཕྲའི་ངོ་སྤྲོད་བྱས་ཤིང་། བཟོ་གྲྭ་དེའི་ཆོས་རྒྱུག་ལག་རྩལ་པས་སྲོལ་རྒྱུན་དང་དེང་རབས་ཀྱི་ཆོས་རྒྱུག་ལག་རྩལ་ཟུང་འབྲེལ་དམ་ཟབ་ཀྱིས་ཆོས་རྒྱུ་འཐེན་ཐབས་ཀྱི་བྱ་ཐབས་སྤྱད་པས་བོད་ས་གནས་ཀྱི་གཏེར་རྒྱུ་དང་སྐྱེ་དངོས་ཆོས་སྣ་11ཁྲིད་ནས་ཆོས་རྒྱུ་འཐེན་ནས་བོད་ནུབ་ལ་ཆོས་བརྒྱབ་པས་སྲོལ་རྒྱུན་གྱི་རྗེ་ཚོན་སོགས་ཀྱི་ཆོས་རྒྱུའི་ཁ་ཁེངས་དྲགས་པའི་གནད་དོན་ཐག་གཅོད་ཐུབ་ཡོད་པ་རེད། དེ་དང་ཆབས་ཅིག་གནམ་གཤིས་ཀྱི་རྒྱུ་རྐྱེན་དབང་གིས་ལྷ་ས་གྲོང་ཁྱེར་ཁྲིང་ཀོན་ཆུས་ནུབ་འཐག་བཟོ་གྲྭས་དེ་སྔ་དགུན་དུས་ལས་མཚམས་འཇོག་དགོས་ཀྱི་ཡོད་རུང་ད་ཆ་ཉི་འོད་ནུས་པའི་དྲོད་ཁང་གི་འཁོར་ཁང་དང་བོད་ནུབ་སོ་སྐམ་གྱི་མ་ལག་བེད་སྤྱོད་བྱས་པས་དེ་སྔའི་ལོ་རེར་ཟླ7གྱི་ལས་ཀའི་

དུས་ཚོད་དེ་ད་ལྟ་ཟླ12བར་རིང་དུ་སོང་ཡོད་པ་དེ་ནི་བོད་ཏུམ་ལས་རིགས་ཀྱི་ཐོན་སྐྱེད་ཆ་རྐྱེན་ལེགས་འགྱུར་བྱུང་བའི་བསྟུས་རིས་ཤིག་རེད།

བོད་ཏུམ་གྱི་རིན་ཐང་། བོད་ཏུམ་ནི་བོད་ས་མཐོའི་ཁྱད་ལྡན་ཐོན་ཟོག་ཅིག་ཡིན་པས་རྒྱལ་ཁབ་ཕྱི་ནང་གང་སར་སྙན་གྲགས་ཧ་ཅང་ཆེན་པོ་ཡོད་སྟབས་བོད་རང་སྐྱོང་ལྗོངས་སྲིད་གཞུང་གིས་རྒྱལ་ཁབ་ཀྱི་བྱེད་སྒོ་གལ་ཆེན་གྱི་ལག་རྟགས་སུ་ཐེངས་མང་སྤྲོད་སྤྱོད་ཡོད་པ་དཔེར་ན། 1954ལོར་ལྷ་ས་ཏུམ་འཐག་ཀུང་སིའི་དེ་སྐབས་ཀྱི་མིང་སྟེ། ལྷ་ས་ཏུམ་འཐག་བཟོ་གྲྭ་འཐག་ལས་ནན་ཏན་བྱས་པའི་འགེལ་ཏུམ་ཞིག་བོད་ཀྱི་རྩ་ཆེའི་ལག་རྟགས་ཤིག་གི་ངོས་ནས་མའོ་ཀྲུའུ་ཞིར་ཕུལ་བ་དང་། 1997ལོར་ཤང་ཀང་མེས་རྒྱལ་གྱི་པང་དུ་ཕྱིར་ལོག་སྐབས་ཀྱང་བོད་ཀྱིས་འགེལ་ཏུམ་ཞིག་ལག་རྟགས་སུ་ཕུལ་བ་དེ་ད་ཆ“ཤར་ཕྱོགས་ཀྱི་མུ་ཏིག”ཅེས་པའི་ཐོག་ཁང་ནང་ཉར་འཛོག་བྱས་ཡོད་པ་རེད། བོད་ས་མཐོར་ཏུམ་གྱི་སྤྱོད་སྒོ་ཆེན་པོ་ཡོད་ཅིང་། ཁ་གདན་དང་། རྒྱབ་བསྙེས། སྤུས་འབོལ། ས་གདན། འགེལ་ཏུམ་སོགས་ཡོད་པ་མ་ཟད། ཁལ་མའི་སྣ་གདན་དང་། མགོ་རྒྱན། རྟ་རྒྱན་སོགས་སུ་ཡང་སྤྱོད་ཀྱི་ཡོད། ཉེ་བའི་ལོ་ཤས་རིང་བོད་ཏུམ་ཐོན་རྫས་བོད་ལྗོངས་ནས་ཐོན་ཏེ་ཕྱི་རྒྱལ་དུ་ཕྱིར་ཚོང་བྱེད་ཚད་ཇེ་མང་དུ་སོང་བ་དང་། ལྷག་དོན་དུ་ཡོ་རོབ་དང་ཨ་མེ་རི་ཁ་གླིང་གི་རྒྱལ་ཁབ་ལ་བོད་ཏུམ་མགོ་ཤུགས་རྒྱུན་ཆད་མེད་པར་ཆེ་རུ་ཕྱིན་ནས་བོད་ཏུམ་དེ་ཉིད་རྒྱལ་སྤྱིའི་ཐོག་དར་སོའི་མགོ་ཆས་ཤིག་ཏུ་འགྱུར་བཞིན་ཡོད། བོད་ཏུམ་ལ་དགའ་པོ་བྱེད་པར་བརྟེན་རྒྱལ་ཕྱི་རྒྱལ་ནང་གི་ཁྲོམ་རའི་ཐོག་བོད་ཏུམ་གྱི་དགོས

མཐོ་ཇེ་ཆེར་འགྲོ་བཞིན་ཡོད་ལ་རིན་གོང་ཡང་ཇེ་མཐོར་འགྲོ་བཞིན་ཡོད། མདོར་ན། རྒྱུ་ཕྲུས་དག་ཅིང་མིག་ལ་མཛེས་པའི་བོད་ཏུམ་དེ་ཉིད་འཛིན་ཆས་ཕྲིག་གཞོམ་བྱེད་སྐབས་མེད་དུ་མི་རུང་བ་ཞིག་ཏུ་གྱུར་བ་མ་ཟད། བོད་ཀྱི་རིག་གནས་དགའ་ཚལ་ཁྲོད་ཀྱི་ངོ་མཚར་ཆེ་བའི་སྒྱུ་རྩལ་མེ་ཏོག་ཞིག་ཏུ་ཡང་གྱུར་ཡོད།

གཉིས། བོད་ཀྱི་ཟངས་རྫུང་ལག་ཤེས་བཟོ་རྩལ།

བོད་ས་མཐོའི་གནའ་བོའི་དགོན་སྡེ་ཁག་དང་། རིག་གནས་ཁྲོམ་ར། སྐྱིད་མངས་དཀྱུས་མའི་ཁྱིམ་ཚང་སོགས་གང་འདྲ་ཞིག་ཏུ་བསྐྱོད་རུང་བཟོ་རྩལ་གྱི་ཆུ་ཚད་མཐོ་བ་དང་། སྤྱོད་གོ་ཆོད་པ། ཉར་ཚགས་ཀྱི་རིན་ཐང་མཐོ་བ་བཅས་ཀྱི་གསེར་དངུལ་ཟངས་ལྕགས་ལས་བཟོས་པའི་སྒྱུ་རྩལ་དངོས་པོ་ཅི་རིགས་དང་ལྷག་དོན་ཟངས་ཆས་མང་པོ་མཐོང་རྒྱུ་ཡོད་པ་མ་ཟད། བཟའ་བཏུང་གི་སྤྱོད་ཆས་དང་། ཉེན་མཁོའི་ཡོ་བྱད། རྒྱན་ཆའི་རིགས་སྣ་ཚོགས་བཅས་ནི་མི་ལ་ཡོད་ན་སྨོན་རྒྱུ་དང་རང་ལ་ཡོད་ན་ངོམས་སུ་ཚོག་པ་ཞིག་ཡོད།

བོད་དུ་སྤྱི་ལོའི་དུས་རབས་དང་པོ་ཙམ་ལ་སོལ་བ་སྤྱད་ནས་ལྕགས་བཙོ་སྦྱོང་བྱས་ནས་སོ་ནམ་ཡོ་བྱད་གསར་གཏོད་ཐུབ་པ་ནས་བཟུང་རིམ་བཞིན་གསེར་དངུལ་ཟངས་ལྕགས་ཀྱི་གཏེར་ཁ་སྔོག་འདོན་ཐུབ་པ་དང་། བཙོ་སྦྱོང་བྱེད་པ། ལག་ཤེས་བཟོ་རྩལ་དར་ཁྱབ་བཅས་ཀྱི་ཐད་འཕེལ་རྒྱས་ཆེན་པོ་བྱུང་ཡོད་པ་ནི་གནའ་བོའི་འཛུགས་སྐྲུན་དངོས་པོ་དང་རིག་གནས་ཤུལ་བཞག

སོགས་ལས་གསལ་པོར་མངོན་ཐུབ། ལྷག་དོན་ཉེ་རབས་ཀྱི་ལོ་རྒྱུས་ཐོག་ལག་རྩལ་དེའི་རྒྱུན་འཛིན་གྱི་རྐང་འཛིན་པ་ལྷ་བུ་ཡིན་ལ་དཔེ་མཚོན་དུ་འོས་པ་ཁ་ཤས་ཐོན་ཡོད།

ལྷ་སའི་ཟངས་རྫུང་ལག་རྩལ་པ། མིང་རྒྱལ་རབས་ཀྱི་དུས་མཇུག་ཏུ་རམ་སྣང་གི་ཟངས་བཟོ་ཆེ་མོ་བས་གཙོས་པའི་ལག་རྩལ་པ་ཁག་གཅིག་གཅིག་སྡུད་བྱས་ཏེ་ཚོགས་པ་ཞིག་བཙུགས་ཏེ་ཐོ་བྲང་པོ་ཏ་ལའི་ཞོལ་དུ་ལས་གཉེར་བྱས་ཏེ་ཐོ་བྲང་པོ་ཏ་ལ་དང་བོད་ས་གནས་སྲིད་གཞུང་གི་ལས་ཁུངས་ཁག་ལ་མཁོ་བའི་གསེར་དངུལ་ཟངས་གསུམ་གྱི་བཟོ་རྩལ་ཐོན་རྫས་མཁོ་འདོན་དང་། དགོན་སྡེ་ཁག་གི་རྟེན་དང་བརྟེན་པ་བཞེངས་པ། འཚོ་བའི་མཁོ་ཆས་སྣ་ཚོགས་བཟོ་བ་བཅས་བྱེད་ཀྱི་ཡོད། དེ་ནི་སྐད་གྲགས་ཀུན་ལ་ཆེད་པའི་ཞོལ་འདོད་དཔལ་ཞེས་པ་དེ་ཡིན་ཞིང་། ཚོགས་པ་དེས་འདོད་པའི་ཡོན་ཏན་མ་ལུས་སྐྱུན་ཐུབ་པའི་ཆེ་བསྟོད་ཀྱི་ མིང་ དེ་ ཏཱ་ ལའི་ བླ་ མ་ ལྔ་ པ་ ཆེན་ པོས་ བསྩལ་ བར་ གྲགས། ལོ་ངོ་400ཙམ་རྒྱུན་བསྐྱངས་པའི་ཞོལ་འདོད་དཔལ་ནི་སྲིད་གཞུང་གིས་བཙུགས་པའི་ཚོགས་པ་ཞིག་ཡིན་པ་དེར་རི་མོ་བ་དང་། ཚགས་པ། ཟངས་རྫུང་བ། ལུགས་པ། འཛིམ་བཟོ་བ། དཀྱུགས་པ། ལྷུགས་བཟོ་བ་སོགས་སྒྲིག་གཞི་ཏ་ཅང་ཆ་ཚང་བ་དང་ཐོན་རྫས་རྣམས་རྒྱུ་སྤུས་དག་ལ། བཟོ་བཀོད་ལེགས་པ། ཆ་ཚད་མཐུན་པ་སོགས་བཟོ་རྩལ་ཐོན་རྫས་དག་སྤུས་ཀ་དག་ལ་སྲོལ་རྒྱུན་གྱི་ཉམས་འགྱུར་རྒྱུན་འཁྱོངས་བྱེད་པའི་རྨང་གཞིའི་ཐོག་གསར་གཏོད་ཀྱང་བྱུང་ཡོད། དུས་ཡུན་རིང་པོའི་ལག་ལེན་ནང་ཞོལ་འདོད་དཔལ་གྱི་བཟོ་རྩལ་ཁྱད་

ཚོས་ཐུན་མོང་མ་ཡིན་པ་ཞིག་ཆགས་ཡོད་པ་དང་། ཉེ་རབས་ནས་བཟུང་བོད་ཀྱི་སྲོལ་རྒྱུན་བཟོ་རྩལ་གྱི་ཆུ་ཚད་མཐོ་ཤོས་མཚོན་གྱི་ཡོད་པས2008ལོར་བོད་རང་སྐྱོང་ལྗོངས་རིམ་པའི་མཚོན་མིན་རིག་གནས་ཤུལ་བཞག་གི་མིང་གཞུང་ནང་འཁོད་ཡོད།

དུས་རབས་ཉི་ཤུའི་ལོ་རབས་བརྒྱད་ཅུ་པར་ཁ་ཐོར་དུ་གནས་པའི་ཞོལ་འདོད་དཔལ་གྱི་ལག་ཤེས་པ་རྣམས་སླར་ཡང་བསྡུ་རུབ་བྱས་ཏེ་ཟོ་བྲང་པོ་ཏ་ལ་ཉམས་གསོའི་ལས་གྲྭར་ཞུགས་ནས་བྱས་རྗེས་ཆེན་པོ་བཞག་པ་དང་། དེ་རྗེས་རིམ་བཞིན་བསམ་ཡས་དགོན་པ་དང་། བཀྲས་ལྷུན་དགོན། མངའ་རིས་མཐོ་ལྡིང་དགོན་དང་ལྷ་སའི་དགོན་སྡེ་ཁག དེ་བཞིན་གྲོང་ཁྱེལ་རྙིང་པའི་ཉེན་ཡོད་ཁང་པའི་ཉམས་གསོའི་ལས་གྲྭ་སོགས་གནད་ཆེའི་འཛུགས་སྐྲུན་ལས་གྲྭ་ཚང་མར་ཁོང་ཚོའི་ལག་རྗེས་གསལ་ཡོད།

ལྷ་ས་གྲོང་ཁྱེར་ཐུག་འཚོལ་སྣང་གི་བྱང་ངོས་སྲང་ལམ་དུ་བསྐྱོད་སྐབས་མི་རིགས་ཀྱི་ཁྱད་ཆོས་ཟབ་མོ་ལྡན་པའི་ཐོག་བརྩེགས་ཁང་ཆེན་ཞིག་མིག་ལམ་དུ་མཐོང་རྒྱུ་ཡོད་པ་དེ་ནི་བོད་ལྗོངས་གནའ་བོའི་སྒྱུ་རྩལ་བཟོ་སྐྲུན་ཉམས་གསོ་དང་མི་རིགས་ལག་ཤེས་བཟོ་རྩལ་ཁེ་ལས་ཤིག་ཡིན་པའི་ཁྲིང་ཀོན་ཆུས་གནའ་བོའི་སྒྱུ་རྩལ་བཟོ་སྐྲུན་མཛེས་རྩལ་ཀུང་སི་རེད།

ཀུང་སི་དེ་ནི1980ལོར་ཐོག་མར་བཙུགས་པ་དང་ཀུང་སིའི་གོང་འོག་ཀུན་གྱིས་ལོ30ལྷག་ཙམ་འབད་བརྩོན་ལྷོད་མེད་བྱས་པ་བརྒྱུད1986ལོར་ལྷ་ས་གྲོང་ཁྱེར་གནའ་བོའི་སྒྱུ་རྩལ་བཟོ་སྐྲུན་མཛེས་རྩལ་ཀུང་སིར་མིང་སྒྱུར་བྱས་པ་

དང་གཤམ་འོག་ཏུ་རང་སྐྱ་འཕེར་བའི་ཡན་ལག་ཀུང་སི་ཁག་གསུམ་ཡོད་ཅིང་། ཀུང་སི་དེ་ས་ད་ཆ་བོད་ཀྱི་རིག་དངོས་ཉམས་གསོའི་བྱ་གཞག་ལ་ལེགས་སྐྱེས་བླ་ན་མེད་པ་ཕུལ་དང་འབུལ་བཞིན་ཡོད། ད་ཆ་རྒྱལ་ཁབ་ཀྱི་སྐྱིད་ཚལ་རིགས་ཀྱི་གནའ་བོའི་བཟོ་སྐྲུན་རིམ་པ་དང་པོ་དང་གནའ་བོའི་བཟོ་སྐྲུན་རིག་དངོས་ཉམས་གསོའི་རིམ་པ་གཉིས་པ་བཅས་ཀྱི་གནའ་བོའི་བཟོ་སྐྲུན་ཞིག་གསོ་དང་ཉམས་གསོའི་ལས་གྲྭ་ཀུང་སི་ཞིག་ཏུ་འཕེལ་རྒྱས་བྱུང་སྟེ་ད་ཆ་ས་རྫོའི་བཟོ་སྐྲུན་ཕུའུ་དང་། ཐང་ག་ཕུའུ། ལུགས་རིགས་རྐོ་རིས་ཕུའུ། གནའ་བོའི་སྒྱུ་རྩལ་བཟོ་སྐྲུན་ཞིབ་འཇུག་སྡེའོ་སོགས་ཡོད་པ་དང་ལས་བཟོ་བཅུ་གྲངས་ཤིག་ལ་རྒྱལ་ཁབ་རིམ་པའི་ལག་ཤེས་བཟོ་རྩལ་གྲགས་ཅན་པའི་མཚན་སྙན་ཐོབ་པ་དང་ལག་རྩལ་པ[1] ཀྲུང་གོ་ཡང་བའི་བཟོ་རྩལ་སྤྱི་ཁྱབ་བཟོ་ཚོགས་ཀྱིས་ཕུལ་དུ་བྱུང་བའི་ལག་ཤེས་བཟོ་རྩལ་ཆེད་ལས་ལག་རྩལ་མི་སྣར་བདམས་པ་མ་ཟད། ཟངས་བཟོ་ཚོགས་པའི་སྤྲུལ་རྒྱུན་བཟོ་རྩལ་སོགས་ལག་ཤེས་བཟོ་རྩལ་མང་དག་ཅིག་སྐྱོང་ས་རིམ་པའི་མངོན་མེད་རིག་གནས་ཤུལ་བཞག་གི་མིང་གཞུང་ནང་ཚུད་ཡོད་པ་རེད།

གཞིས་རྩེའི་ཟངས་རྡུང་ལག་རྩལ་པ། གཞིས་རྩེ་གྲོང་ཁྱེར་གྱི་བཀྲ་ཤིས་སྐྱིད་ཚལ་གྲོང་ཚོ་ཞེས་པའི་སྐད་གྲགས་གང་སར་ཆེད་དོན་ནི་གྲོང་ཚོ་དེ་བཞིན་ལོ་རྒྱུས་ཡུན་རིང་ལྡན་པའི་གསེར་དངུལ་ཟངས་གསུམ་ལས་སྟོན་བྱེད་མཁན་གྱི་གྲོང་ཚོ་ཞིག་ཡིན་ཞིང་། དེ་ནི་བཀྲ་ཤིས་ལྷུན་པོ་དགོན་པར་གསེར་དངུལ་ཟངས་གསུམ་གྱི་སྐྱོད་ཆས་མགོ་འདོན་ཞུ་མཁན་ཆེད་དམིགས་ལས་སྟོན་བྱ་ཡུལ

ཞིག་ཡིན་པ་དང་ད་བར་ལོ150ལྷག་ཙམ་གྱི་ལོ་རྒྱུས་ཡོད་པ་རེད།

གཞིས་རྩེ་བཀྲ་ཤིས་སྐྱིད་ཚལ་གྲོང་ཚོ་ནི་ལོ་རྒྱུས་ཐོག་གསེར་དངུལ་ཟངས་གསུམ་ལས་སྣོན་བྱེད་མཁན་ལག་ཤེས་པ་གཅིག་སྡུད་བྱ་ཡུལ་ཞིག་ཡིན་པའི་ཐོག་པ་ཊ་ཆེན་སྐུ་ཕྲེང་བདུན་པ་བསྟན་པའི་ཉི་མའི་སྐུ་དུས་སུ་བལ་ཡུལ་ནས་གསེར་དངུལ་ཟངས་གསུམ་ལས་སྣོན་ལ་མཁས་པའི་ལག་ཤེས་པ་ཁག་གཅིག་གདན་དྲངས་ནས་ད་ཆའི་བཀྲ་ཤིས་སྐྱིད་ཚལ་གྲོང་ཚོར་ལས་སྣོན་ཁང་ཞིག་བཙུགས་ནས་ཆེད་མངགས་དགོན་པར་མཁོ་བའི་ཆོས་རྫས་སྣ་ཚོགས་ལས་སྣོན་བྱེད་མཁན་དུ་བསྐོས་པ་རེད། ཕྱིས་ལག་ཤེས་པ་དེ་དག་ས་གནས་དེ་གར་གཉེན་སྒྲིག་གཞིས་ཆགས་ཀྱིས་དགེ་ཕྲུག་ཉར་ནས་ལག་ཤེས་རྒྱུན་འཛིན་བྱས་པས་ས་ཞིང་འདེབས་ལས་མི་བྱེད་ལ་ཕྱུགས་རིགས་ཀྱང་མི་སྐྱོང་བར་ཆེད་མངགས་གསེར་དངུལ་ཟངས་གསུམ་ལས་སྣོན་བྱེད་མཁན་གྱི་གྲོང་ཚོ་ཞིག་ཏུ་གྱུར།

བར་སྐབས་ཤིག་རིང་བཀྲ་ཤིས་སྐྱིད་ཚལ་གྲོང་ཚོའི་ལག་ཤེས་པ་དེ་དག་ཚང་མས་ཁྱིམ་ཚང་གི་ལས་སྣོན་བྱ་ཡུལ་བཙུགས་ནས་རང་སོའི་ཁྱད་ཆོས་ལྡན་པའི་ལག་རྩལ་ཕ་ཤུལ་བུ་འཛིན་བྱེད་པ་ལས་ཕྱི་མིར་བརྒྱུད་སྤྲོད་བྱེད་ཀྱི་མེད། དུས་རབས་གོང་མའི་ལོ་རབས་བརྒྱད་ཅུ་པར་ལག་ཤེས་པ་ཚོས་མཉམ་ལས་བྱེད་འགོ་བཙུགས་ནས་རིམ་བཞིན་གཞི་ཁྱོན་ལྡན་པའི་ཐོན་སྐྱེད་གཉེར་སྐྱོང་བྱེད་པའི་ལམ་དུ་བསྐྱོད་པས་ད་ཆ་མིང་གྲགས་ཀུན་ལ་ཁྱབ་པའི་ལས་སྣོན་བཟོ་གྲྭ་ཞིག་ཏུ་འཕེལ་རྒྱས་བྱུང་ཡོད་པ་རེད། རྒྱལ་ཁབ་རིམ་པའི་མངོན་མིན་རིག་གནས་ཤུལ་བཞག་ཡིན་པའི་ལག་རྩལ་དེའི་རྒྱུན་འཛིན་པ་ལྷག་ཆུང་གིས་ངོ་སྤྲོད་

བྱས་པ་ལྟར་ན། གསེར་དངུལ་ཟངས་གསུམ་ལས་སྔོན་བྱ་རྒྱུ་ནི་ཧ་ཅང་རྙོག་འཛིང་ཆེ་ལ་ཞིབ་ཚགས་དགོས་པའི་ལས་ཀ་ཞིག་ཡིན་སྐབས་ལག་ཤེས་དེ་སྦྱོང་བའི་བརྒྱུད་རིམ་ནང་ཕམ་ཉེས་ཐེངས་མང་ཡོང་བ་དང་ཡག་པོ་སྦྱོང་ཐུབ་མིན་གྱི་ཐེ་ཚོམ་ཡང་སྐྱེ་གི་ཡོད། དཔེར་ན་དངུལ་ཕོར་གཅིག་བཟོ་བར་ཡང་ལས་རིམ་ཁག་དྲུག་བདུན་བརྒྱུད་དགོས་པ་དང་དེའི་ནང་ནས་འགག་རྩ་ནི་དངུལ་མདོག་འདོན་རྒྱུ་དེ་ཡིན་ཞིང་། སྔོན་ལ་ཆེད་ལས་ཀྱི་ལག་རྩལ་སྦྱད་ནས་གཙང་འབྲུད་རྒྱུག་དགོས་པ་དང་དེ་རྗེས་དཔིགས་བསལ་གྱི་སྨན་ཆུར་བརྟེན་ནས་མདོག་འདོན་དགོས་པ་མ་ཟད། བརྒྱུད་རིམ་དེ་ཧ་ཅང་ཞིབ་ཚགས་ལ་ཚད་རན་པོ་བྱུང་ན་གཞི་ནས་དངུལ་ཕོར་འོད་མདངས་ལྡན་ལ་མཛེས་ཤིང་ཡིད་དབང་འཕྲོག་པ་ཞིག་ཆགས་ཀྱི་ཡོད་ཅེས་བཤད།

གཞིས་རྩེ་ས་ཁུལ་དུ་མིང་གྲགས་ཆེ་བའི་ཟངས་རྫུང་ལག་རྩལ་ཚོགས་པ་གཞན་ཞིག་ནི་རྣམ་གླིང་རྫོང་ཨེ་མ་ཤང་རྩེ་གདོང་ཡུལ་དུ་ཡོད་པའི་རྣམ་གླིང་གི་ཟངས་རྫུང་བ་ཡིན་ཞིང་། དེ་ནི་ཏཱ་ལའི་བླ་མ་སྐུ་ཕྲེང་བཅུ་པའི་དུས་སུ་དར་བ་ཞིག་ཡིན་པས་ད་བར་མི་ལོ་བརྒྱ་ལྷག་ཙམ་གྱི་ལོ་རྒྱུས་ཡོད་པ་དང་ལག་རྩལ་པ་མི་རབས་དྲུག་ཙམ་གྱིས་རྒྱུན་འཛིན་བྱས་ཡོད་པ་རེད། དེའི་ཐོག་མའི་བྱུང་ཚུལ་ནི་ས་སྐྱ་དགོན་པར་སྐུ་རྟེན་མང་པོ་ཞིག་བཞེངས་སྐབས་བལ་པོའི་བཟོ་བོ་མཁས་པ་མི་གསུམ་གདན་དྲངས་ཏེ་བོད་མིར་སློབ་རྒྱུའི་ཁས་ལེན་མ་བྱས་སྐབས། ས་སྐྱའི་བདག་ཁྲི་རིན་པོ་ཆེས་རྩེ་གདོང་གི་རྣམ་རིག་བཀྲ་བའི་མི་དྲག་གི་བུ་ཕྲུག་གསུམ་བཟོ་གཡོག་ཏུ་བཞག་ནས་སྒྲིག་ཏུ་སྦྱོང་དུ་བཅུག་པ་མ་ཟད། མཚན་མོ

རིན་པོ་ཆེས་ཁོང་ཚོར་མདོ་རྒྱུད་ཀྱི་གཞུང་དང་ལྷ་སྐུའི་ཐིག་ཚད་འབེབས་ལུགས་ཀྱི་མན་ངག་སྙོ་ཐྲག་སྨན་ཐང་ཡིད་བཞིན་ནོར་བུའི་དགོངས་རྒྱན་བཤད་ཁྲིད་གནང་བས་རིག་པའི་གཞུང་ལུགས་དང་ལག་ལེན་ཟུང་འབྲེལ་གང་ལེགས་བྱུང་ནས་ཟངས་རྡུང་གི་ལག་རྩལ་རྩེར་སོན་པ་ཁོང་དུ་ཆུད་ཐུབ་པ་བྱུང་ནས་རྩེ་གདོང་རིག་པའི་འབྱུང་གནས་ཞེས་པའི་སྙན་པ་ཕྱོགས་བཅུར་གྲགས་པ་དང་1935ལོར་རྩེ་གདོང་གི་བཟོ་བོ་མཁས་པ་མི་དྲུག་བསམ་ཡས་དགོན་གྱི་ཉམས་གསོའི་ལས་གྲྭར་ཞུགས་ནས་བྱས་རྗེས་ཆེན་པོ་བཞག་པས་བོད་ས་གནས་སྲིད་གཞུང་གིས་གཟེངས་བསྟོད་ཆེན་པོ་བྱས་པར་གྲགས། རྣམ་གླིང་གི་ལག་ཤེས་ཐོན་རྫས་ཀྱི་སྣང་བྱ་མཐོ་བ་དང་། རྒྱུ་སྤུས་དག་པ། བཀོས་ཚགས་ཞིབ་པ། གསོན་ཉམས་དོད་པ་བཅས་ཡོད་པས་དུས་ད་ལྟའི་བར་ཁོང་ཚོའི་ཐོན་རྫས་སྣ་ཚོགས་ནི་འཛད་སྤྱོད་པའི་གདམ་ག་ལེགས་ཤོས་ཤིག་ཏུ་གྱུར་ཡོད་པ་རེད།

བོད་དུ་ད་དུང་ལོ་རྒྱུས་རིང་བའི་ཁྱིམ་རྒྱུད་ཀྱི་ཟངས་རྡུང་བ་མང་པོ་ཡོད་པ་ཁག་གཅིག་རྒྱུན་འཛིན་ཡང་ལེགས་པོ་བྱུང་ནས་ད་ཆ་ཁོང་ཚོས་བཙུགས་པའི་གཞི་ཁྲོན་སྣ་ཚོགས་ཀྱི་ལས་སྣོན་ཁང་མང་པོ་ཐོན་ཡོད་པ་དཔེར་ན། བོད་ལྗོངས་ནོར་དགྲ་མི་རིགས་ལག་ཤེས་བཟོ་རྩལ་ཚད་ཡོད་ཀུང་སིའི་སྦྱིན་བདག་ནོར་བུ་དགྲ་འདུལ་སོགས་གཞོན་སྐྱེས་རྒྱུན་འཛིན་པ་མང་པོ་ཐོན་ཡོད། 1975ལོར་སྟག་རྩེ་རྫོང་པད་ནག་གྲོང་ཚོར་སྐྱེས་པའི་ནོར་བུ་དགྲ་འདུལ་ནི་གཡུ་པ་ཁྱིམ་རྒྱུད་ཀྱི་རྒྱུན་འཛིན་པ་མི་རབས་ལྔ་པ་ཡིན་ཞིང་། ཁོང་གི་ཟངས་སྐུའི་བཟོ་རྩལ་ལེགས་པས་དགོན་སྡེ་མང་པོར་ཁོང་གི་ལྷ་སྐུའི་བཟོ་རྩལ་གྱི་ལག་རྗེས་བཞག་ཡོད་

པ་དང་སྟོན་མངགས་བྱེད་མཁན་ཡང་མང་པོ་ཡོད་པ་མ་ཟད། ཁོང་ལ་ཀྲུང་གོའི་བཟོ་རྩལ་ལག་རྩལ་ཆེ་མོ་བའི་མཚན་སྙན་ཐོབ་ཡོད་པ་རེད། 2008ལོར་ནོར་བུ་དགྲ་འདུལ་གྱིས་སྨུག་རྩེ་རྫོང་བཟོ་ལས་གླིང་ཁུལ་དུ་བོད་ལྗོངས་ནོར་དགྲ་མི་རིགས་བཟོ་རྩལ་འཕེལ་རྒྱས་ཚད་ཡོད་ཀུང་སི་བཙུགས་ནས་སློབ་མ་མང་པོ་སློབ་ཡོན་མེད་པར་གསོ་སྐྱོང་བྱས་ཏེ་ཟངས་སྐུ་བཞེངས་པའི་མི་རིགས་ལག་ཤེས་བཟོ་རྩལ་རྒྱུན་འཛིན་བྱ་རྒྱུར་རང་ནུས་ལེགས་སྐྱེས་སུ་འབུལ་བཞིན་ཡོད་ལ་ཁོང་རང་ཉིད་ཀུང་རྒྱལ་ཁབ་རིམ་པའི་རྒྱུན་འཛིན་པར་གྱུར་ཡོད་པས་ཁོང་དང་ཁོང་འདྲ་བའི་གཞོན་སྐྱེས་ལག་ཤེས་པ་ཚོའི་འཕེལ་རྒྱས་ཀྱི་ལམ་བུ་ཡངས་ཤིང་རྒྱ་ཆེ་བ་ཞིག་ཡོད།

གསུམ། ལོ་རྒྱུས་རིང་བའི་ཀོ་ལྤགས་ཀྱི་བཟོ་རྒྱུན།

ཡངས་ཤིང་རྒྱ་ཆེ་བའི་མཚོ་བོད་ས་མཐོའི་ཐོག་ནོར་ལུག་ཁྱུ་དང་ཁྱུ་འཚོ་བའི་པགས་པ་དེ་དག་ནི་བོད་ཀྱི་ཀོ་ཆས་ལག་ཤེས་ཀྱི་རྒྱུ་ཆ་ལྷད་མེད་ཅིག་ཡིན་ཞིང་། ལོ་ངོ་སྟོང་ཕྲག་མང་པོའི་ནང་ནོར་ལུག་གི་པགས་པས་བཟོས་པའི་ཕྱུ་པ་དང་། ཞྭ་ལྷམ། སྟོད་གོས་སོགས་མགོ་ལུས་ཆ་ཚང་ལ་ཁྱབ་པའི་གྱོན་གོས་དང་ཉལ་གདན་སོགས་དང་། རྩམ་ཁུག ཇ་ཁུག ཚྭ་ཁུག ཆང་སྣོད་སོགས་སྣོ་སྣོད། ཏ་སྒྲོ་དང་། དངུལ་ཁུག ཁབ་ཤུབས་དང་ཀོ་སྐམ་སོགས་སྤྱོད་ཆས། དེ་བཞིན་རྒྱན་ཆའི་རིགས་དང་འཁྲིམ་འཁྲུལ་ཡོ་བྱད། འབག་སོགས་སྒྱུ་རྩལ་

དངོས་པོ་ཅི་རིགས་ཀྱིས་བོད་མི་དམངས་ཀྱི་ཟས་གོས་གནས་མལ་དང་འགྲོ་ཆགས་སྤྱོད་གསུམ་ཚང་མའི་དགོས་མཁོ་སྐོང་བཞིན་ཡོད། ལྷག་དོན་དུ་དེ་སྔ་འབྲོག་ཁུལ་གྱི་མི་ཚོས་གྱོན་པའི་སློག་པ་ནི་གཅིག་གོ་མང་ཚོད་ཀྱི་ཕྱུ་པ་ཞིག་ཡིན་ཞིང་། ཕུ་ཐུང་རིང་ལ་ཐུལ་ཆེ་བའི་སློག་པ་དེ་གནམ་གཤིས་གྲང་ངར་ཆེ་སྐབས་གྲང་འགོག་གི་ནུས་པ་ཆེ་བ་དང་། གནམ་གཤིས་དྲོ་པོ་ཡོད་དུས་ཕུ་ཐུང་ཡ་གཅིག་གམ་གཉིས་ཀ་ཕུད་ནས་བདེ་ཆས་སྤྲས་ཆོག་པ། ཡང་སྐེ་རགས་བཅིངས་ན་གྱོན་གོས་ཡིན་པ་དང་སྐེ་རགས་བཤིག་ན་ཉལ་ཆས་ཀྱི་གོ་ཡང་ཚོད་པ་མ་ཟད། ཐུལ་ཆེ་བའི་ཨམ་ཕྲག་ནི་ལྟོ་ཕད་ཆུང་གྲས་ཤིག་ལུས་ལ་བཏགས་པ་ལྟར་ཉིན་མཁོའི་དངོས་པོ་ཐམས་ཅད་ལྷུག་ཐུབ་ཀྱི་ཡོད་ལ་འབྲོག་ཁུལ་བུད་མེད་ཚོས་ཕྲུ་གུ་ཡང་ཨམ་ཕྲག་ནང་བཅུག་པ་མཐོང་ཚོས་ལྟར་ཡིན་པ་དེར་སེམས་ཁམས་ཞིབ་འཇུག་པ་འགའ་ཞིག་གིས་ཕྲུ་གུ་སྐྱོང་སྟངས་དེ་ནི་མ་བུའི་བར་བརྩེ་སེམས་ཟབ་ཏུ་གཏོང་ཐབས་ལེགས་པོ་ཞིག་ཡིན་པའི་བརྟག་དཔྱད་འབྲས་བུ་ཡང་བཏོན་ཡོད། ལྷག་དོན་ཕྱུ་པའི་མཐའ་ཚགས་དང་། རྟ་སྒྲོའི་ངོས། ཁབ་ཤུབས་དང་དངུལ་ཞུགས་སོགས་ལ་ཁྲི་སྣ་དང་པ་ཏ་སོགས་ཚོན་མདངས་སྤེལ་མའི་རི་མོ་སྣ་ཚོགས་བརྒྱབ་ནས་མཛེས་སྡུག་ལྡན་པ་ཞིག་ཡོད་ལ་རི་མོ་སྣ་ཚོགས་ཀྱིས་མཛེས་པར་བརྒྱན་པའི་ཀོ་བའི་སྡེར་མ་དང་གཡག་ཀོའི་ཞལ་ཐང་ཡང་ཉུང་ཤས་མཐོང་རྒྱུ་ཡོད་པ་ནི་ཆེས་ངོ་མཚར་ཆེ་བའི་རིག་དངོས་ཤིག་ཡིན། སྤྱོད་གོ་ཆེ་ལ་མཛེས་ཉམས་རྫོད་པའི་ཀོ་ཆས་དེ་དག་གིས་ས་མཐོའི་མི་དམངས་ཀྱི་དམིགས་བསལ་མཛེས་འཆོས་ཀྱི་རིན་ཐང་མངོན་ཐུབ་ལ་ཐུན་མོང་མ་ཡིན་པའི་ཡུལ་སྲོལ་གོམས་

གཉིས་དང་རིག་གནས་ཀྱི་རྒྱབ་ལྗོངས་ཀྱང་མངོན་བཞིན་ཡོད།

ལྷ་ལྷན་གཙུག་ལག་ཁང་སོགས་ཀྱི་ལྡེབས་རིས་ལས་ཕོ་བྲང་པོ་ཏ་ལ་གསར་བཞེངས་བྱེད་སྐབས་མཉན་པ་ཚོས་ལྷ་ས་སྐྱིད་ཆུའི་ནང་དུ་ཀོ་བ་བཏང་ནས་རྡོ་ཤིང་དཔོར་འདྲེན་བྱས་ཚུལ་ལ་གཞིགས་ན། བོད་དུ་བཙན་པོ་སྲོང་བཙན་སྒམ་པོའི་སྐུ་དུས་ནས་ཀོ་བཟོའི་ལག་རྩལ་དར་བ་མ་ཟད། ཆུ་ཚད་ཀྱང་ངེས་ཅན་ཞིག་ཏུ་སླེབས་པ་མཚོན་ཡོད། འོན་ཀྱང་བོད་དུ་ཀོ་ཆས་དར་ནས་ལོ་རྒྱུས་ཡུན་རིང་སོང་བའི་ནང་འཚོ་བའི་སྤྱོད་ཆས་ཐད་ཀྱི་བཟོ་རྩལ་འཕེལ་རྒྱས་ཆེན་པོ་བྱུང་ཡོད་རུང་ཀོ་གྲུ་ཧ་ཅང་དཀོན་པོ་ཡོད་པ་མངོན་སྟེ། སྤྱི་ལོ1385ཙམ་ལ་ཕེབས་པའི་གྲུབ་ཆེན་ཐང་སྟོང་རྒྱལ་པོ་མཆོག་ས་ཕྱོགས་ཁག་ཏུ་གདུལ་བྱ་འདུལ་བར་ཕེབས་སྐབས་ཁོང་ཆུ་སྒྲོལ་བར་གང་སར་སྐུ་ངལ་འཕྲད་པ་དང་ལྷ་གདོང་ཤན་ཁར་མཉན་པས་ཁོང་ཀོ་གྲུར་མ་བཙུག་པ་མ་ཟད། ཤན་སྐུ་དབུ་ལ་གཞུས་པའི་ཉེར་ལེན་ལས་ལྕགས་ཟམ་བསྐྲུན་རྒྱུའི་དམ་བཅའ་ཐུགས་ལ་བཅངས་ལུགས་སོགས་ལས་ཀོ་གྲུ་ཧ་ཅང་དཀོན་པོ་ཡོད་པ་མཚོན་ཡོད་ལ། སྐབས་དེར་འགྲིམ་འགྲུལ་ཡོ་བྱད་ཧ་ཅང་དཀོན་པོ་ཡོད་རུང་ཀོ་བ་གཏོང་མཁན་དཀོན་པ་ནི་ཐོན་སྐྱེད་རྗེས་ལུས་ཀྱི་སྣང་ཚུལ་ཙམ་མིན་པར་སྤྱི་ཚོགས་ཀྱི་རིམ་གྲས་ཁག་གི་དབྱེ་བ་ཆེས་ཟབ་པའི་ངན་འབྲས་ཤིག་ཀྱང་ཡིན།

དོན་གྱི་རྗོག་ཁ་ཚོག་གི་སྙིང་པོར་སྒྲིལ་ན། དེང་རབས་ཀྱི་འཚོ་བའི་ནང་ཀོ་བའི་མཁོ་ཆས་ཀྱི་བེད་སྤྱོད་རིམ་བཞིན་ཇེ་ཉུང་དུ་འགྲོ་ཡི་ཡོད་སྟབས་ཀོ་ཆས་འཚེམ་བཟོ་བྱེད་མཁན་ཚོར་ཡང་ཤུགས་རྐྱེན་ངེས་ཅན་ཐེབས་ཡོད་རུང་། སློ

རིག་བགྲ་བའི་ལག་ཤེས་པ་ཆོས་མཛེས་ཤིང་སྐབས་བདེ་བའི་བཟོ་རྩལ་ཐོན་རྫས་བཟོ་སྐྲུར་ཁ་ཕྱོགས་ནས་ཕྱི་ཕད་ཆེ་ཆུང་སྣ་ཚོགས་དང་། དཔྱལ་ཁུག ལག་ཐོགས་ཁ་པར་གྱི་ཤུབས། ས་མཐོའི་སྲོག་ཆགས་དང་ཀོ་གྲུ་ཆུང་ངུ་ཡན་བཟོ་འཆམ་བྱས་པར་ཉར་ཚགས་མཁན་དང་རྒྱ་ཆེའི་ཡུལ་སྐོར་བས་ཉོ་སྒྲུབ་བྱས་ཏེ་ཚོང་ལམ་ཡངས་ཤིང་རྒྱ་ཆེ་བ་ཞིག་ཡོད་པས་ཀོ་ཆས་ཀྱི་འཚོ་བའི་སྤྱོད་གོར་ཉམས་རྒྱུད་བྱུང་རུང་སྒྱུ་རྩལ་ཐོན་རྫས་ཀྱི་ཁྲིམ་རར་གསོན་ཤུགས་ཀྱི་དཔལ་འབར་བཞིན་ཡོད། སྣང་ཚུལ་དེའི་དཔེ་མཚོན་དུ་འོས་པ་ཞིག་ནི་ཆུ་ཤུར་རྫོང་འཇུན་པ་གྲོང་ཚོ་ཡིན་ཞིང་། གྲོང་མི་ཚོ་སྲོལ་རྒྱུན་གྱི་ཉ་ལས་དང་ཀོ་ཆས་ལས་སྣོན་བྱེད་མཁས་པོ་ཡོད་སྐབས་ཁོང་ཚོས་ཕྱུགས་རིགས་ཀྱི་པགས་པ་དང་ཉའི་པགས་པ་སྦྱད་ནས་དབྱིབས་ཆུང་གི་ཀོ་གྲུ་དང་། ཇ་ཁུག རྩམ་ཁུག་སོགས་འཚོ་བའི་མཁོ་ཆས་དང་། ཀོ་ལྷམ་སོགས་གྱོན་པ། ཌམ་རུ་སོགས་ཆོས་རྫས་སྣ་ཚོགས་བཟོ་བ་མ་ཟད། གྲོང་མི་བརྒྱ་ཆ70ཙམ་གྱིས་ལག་ཤེས་དེ་རིགས་ཤེས་ཀྱི་ཡོད་པས་གྲོང་ཚོ་དེ་ཉེ་རིང་གང་སར་གྲགས་པའི་ལག་ཤེས་པའི་གྲོང་ཚོ་ཞིག་ཏུ་གྱུར་ཡོད།

ད་ཆ་སྤྱི་དམངས་ཀྱི་འཚོ་བའི་ནང་ཀོ་ཆས་ཀྱི་དགོས་མཁོ་ཆེན་པོ་མེད་རུང་། རིག་གནས་ཀྱི་སྣང་ཚུལ་གཞན་ཞིག་གི་ཐོག་ནས་ཀོ་ཆས་ཀྱི་དགོས་མཁོ་སྔར་བཞིན་ཆེན་པོ་ཡོད་པ་རེད། དེ་ཡང་ལྷ་མོ་བའི་རྔ་དང་། སྔོ་ཁའི་བྲོ་སོགས་ཀྱི་སྐྱིད་རྔ་དང་། ཆབ་མདོ་སོགས་ཀྱི་བྲོ་པའི་ལག་རྔ། ཆོས་རྔ་སོགས་ནི་སྔར་བཞིན་དགོས་མཁོ་ཆེན་པོ་ཡོད་ལ་ད་ཆ་ཚབ་བྱེད་ཀྱི་དངོས་པོ་ཡང་ཐོན་མེད་པ་རེད། དགོན་པའི་ནང་རྒྱུན་དུ་བེད་སྤྱོད་གཏོང་བའི་རྔ་ནི་ཧ་ཅང་ཆེན་པོ་ཡོད་

པ་དང་། བགྲ་ཤེས་རྟེན་འབྲེལ་སོགས་ཀྱི་སྐབས་ཕྱིར་འཁྱེར་རྒྱུའི་ལག་ཇ་ནི་ཙུང་ཚུང་བ་ཡོད། ད་དུང་ཊ་མ་ཏུ་དང་ཕྲུན་དམ་ཞེས་པའི་ཊ་ཏུའི་རིགས་ཆེ་ཆུང་གཉིས་ཡོད་པ་རེད། ཇ་ལ་གཡོག་རྒྱུའི་པགས་པ་ནི་སྤྱིར་ན་ར་ལྷགས་ཡིན་པ་ལས་འབྲི་གཡག་གི་ཀོ་བ་སྤྱོད་སྲོལ་མེད་པ་རེད། ད་ཆ་ཇའི་རིགས་ནི་སྒྱུ་རྩལ་དངོས་པོ་ཙམ་མིན་པར་རིག་གནས་ཐོན་རྫས་ཤིག་ཡིན་ལ་རིམ་པ་ཁག་གི་མངོན་མིན་རིག་གནས་ཤུལ་བཞག་ཅིག་ཀྱང་ཡིན་པ་མ་ཟད། ཆོས་ལུགས་རིག་གནས་ཀྱི་ཁྱབ་ཁོངས་སུ་པགས་པའི་སྒྱུ་རྩལ་དངོས་པོ་དེ་རིགས་སྤྱར་བཞིན་དགོས་མཁོ་ཆེན་པོ་ཡོད་པ་རེད།

བཞི། དམངས་ཁྲོད་ཀྱི་རྫ་བཟོའི་རིག་གནས།

བོད་ལྗོངས་རྟེན་རྫས་བཤམས་མཛོད་ཁང་གི་མཆོག་ནོར་དུ་གྱུར་པའི་ཁ་ཏུབ་རྗེས་ཤུལ་གྱི་གནའ་རྫས་ཏེ། མཐོ་ཚད་ལ་ལི་སྨི18.7དང་། ཞེང་ཚད་ལ་ལི་སྨི29.2 སྒོར་མོའི་ཚངས་ཐིག་ལ་ལི་སྨི11 མཐིལ་གྱི་ཞེང་ཚད་ལ་ལི་སྨི8བཅས་ཡོད་པའི་བུམ་པ་སྣོ་གཉིས་མ་ཞིག་ཡོད་པ་དེ་ནི་ལོ་ངོ་སྟོང་ཕྲག་གོང་གི་བོད་ཀྱི་རྫ་བཟོའི་ལག་རྩལ་གྱི་ཆུ་ཚད་མཚོན་པའི་དཔང་རྟགས་གལ་ཆེན་ཞིག་ཡིན་པས། ང་ཚོས་སྣང་ཚུལ་དེ་ལས་འཕྲོས་ཏེ་སྨྱུག་འཛིན་པ་དང་ལྷན་དུ་བོད་ཀྱི་རྫ་བཟོའི་རིག་གནས་ལོ་རྒྱུས་ལ་ལྟ་ཙམ་བྱས་ན། རང་ཉིད་ཀྱི་ཤེས་རྟོགས་མིག་ཟླུང་ལ་སྨན་པའི་ཕྲ་ཕུང་གསར་པ་ཞིག་ཐོབ་རྒྱུ་རེད།

ཟླ་ཆས་ཀྱི་ལོ་རྒྱུས་རྗེས་ཤུལ། གནའ་རྫས་རྟོག་ཞིབ་པ་ཚོའི་ཞིབ་འཇུག་གི་འབྲས་བུར་གཞིགས་ན། རང་རྒྱལ་ནི་འཛམ་གླིང་ཐོག་གི་ཟླ་དཀར་སྣོད་ཆས་གསར་གཏོད་བྱེད་མཁན་རྒྱལ་ཁབ་ཀྱི་གྲས་ཤིག་ཡིན་པ་དང་། ད་བར་མི་ལོ10000ཙམ་གྱི་ལོ་རྒྱུས་ཡོད་པའི་ཚོད་རྩོམ་བྱས། རྫོ་ཆས་གསར་མའི་དུས་སུ་རང་རྒྱལ་གྱི་ཟླ་ཆས་ཁྱབ་ཚུལ་ལ་རྨ་ཆུ་དང་འབྲི་ཆུའི་འབབ་རྒྱུད་སོགས་ས་ཁུལ་ཆེན་པོ་ལྔར་དབྱེ་ཡོད་པའི་ལྷོ་ནུབ་ས་ཁུལ་གྲས་སུ་བོད་དང་། སི་ཁྲིན། ཀུའེ་ཀྲོའུ། ཡུན་ནན་བཅས་ཚུད་ཡོད་ལ། ད་དུང་རྫོ་ཆས་གསར་མའི་དུས་མཇུག་ཏུ་བོད་དུ་གནའ་བོའི་ཟླ་ཆས་རིག་གནས་དར་ནས་ཐོན་སྐྱེད་དང་། འཚོ་བ། སྤྱི་ཚོགས་ཀྱི་བྱེད་སྒོ་སོགས་ལ་ཤུགས་རྐྱེན་ཐེབས་སྒོ་ཚུགས་ཤིང་། གཞི་ཁྱོན་དང་ཆུ་ཚད་ཀྱང་ངེས་ཅན་ཞིག་ཏུ་སླེབས་པའི་ར་སྤྲོད་བྱས་ཡོད།

བོད་ནས་ད་བར་རྫོ་ཆས་གསར་མའི་དུས་ཀྱི་རྗེས་ཤུལ་ཁག་ཁ་ཤས་རྙེད་པའི་ཁྲོད་ནས་ཆབ་མདོའི་ཁ་རུབ་དང་ལྷ་སའི་ཆོས་གོང་གནའ་ཤུལ་གྱི་ཟླ་ཆས་མང་ཤོས་ཡིན་ལ། ཕྱུས་ཚད་ཀྱང་ལེགས་པོ་ཡོད། དེ་ཡང་བོད་ལྗོངས་ཆབ་མདོ་གྲོང་ཁྱེར་གྱི་དེ་སྔའི་ཆབ་མདོ་རྫོང་མཁར་གྱི་ཤར་ལྷོའི་སྤྱི་ལེ12ཙམ་གྱི་སའི་ཁ་རུབ་གྲོང་ཚོར་ཡོད་པའི་ཁ་རུབ་རྗེས་ཤུལ་ལ་ས་ཆའི་རྒྱ་ཁྱོན་སྤྱི་ལེ10000ཙམ་ཡོད་པ་དང་། སྤྱི་ལོ1977ལོར་གསར་དུ་རྙེད་ཅིང་། བོད་ཀྱི་གདོད་མའི་རིག་གནས་ཀྱི་གནའ་ཤུལ་ཆེན་པོ་གསུམ་གྱི་ཡ་གྱལ་དུ་གྱུར་པའི་རྗེས་ཤུལ་དེ་ནས་ད་བར་ལོ་ངོ4300ནས5300བར་སོང་བའི་བཟོ་ལྟ་ངོས་འཛིན་ཐུབ་པའི་ཟླ་ཆས་ཆག་རོ་ཉིས་ཁྲི་ལྷག་ཙམ་ཐོན་པའི་ནང་ཟླ་ཆས་ཀྱི་བཟོ་ལྟ་མི་འདྲ་བ1234ཡོད་པ་

དང་། རྒྱན་རིས་བཀྲོས་མ་ཡིན་པ་དང་ཚོས་གཞི་ཐལ་ཆེ་བ་ཐལ་སྐྱ་རེད། ད་དུང་ཚོས་གཞི་སེར་པོ་དང་། དམར་པོ། ནག་པོ་བཅས་ཡོད་པ་དང་། སོ་གཏོང་སྐབས་དྲོད་ཚད་སྙོམས་པོ་མ་བྱུང་སྟབས། རྫ་ཆས་ཀྱི་ཚོས་གཞི་སྙོམས་པོ་མེད་པ་དང་རྫ་ཆས་ཁག་གཅིག་ལ་ཉམས་གསོ་བྱས་ཤུལ་ཡང་ཡོད། ཁ་ནུབ་གནའ་ཤུལ་གྱི་རྫ་ཆས་ནི་རྡོ་ཆས་གསར་མའི་དུས་ཀྱི་བོད་ཀྱི་རྫ་ཆས་ཀྱི་ཚབ་མཚོན་རང་བཞིན་ལྡན་པའི་རིག་དངོས་ཤིག་རེད།

ཡང་སེ་ར་དགོན་པའི་ཉེ་འདབས་ཀྱི་ལྷ་སའི་ཆོས་སྒང་རྗེས་ཤུལ་ནས་ལོ་ངོ་4000ཙམ་གྱི་ལོ་རྒྱུས་ཡོད་པའི་རྫ་ཆས་ཁག་གཅིག་རྙེད་པའི་ནང་བུམ་པ་དང་། ལྷུང་བཟེད། ཕོར་པ། སྣེར་མ་སོགས་ཡོད་པ་དེ་དག་གི་རི་མོ་ཕུན་སུམ་ཚོགས་པོ་ཡོད་པ་དང་། དྲོད་ཚད་མཐོ་པོའི་འོག་སོ་ཡག་པོ་བཏང་ཡོད་པས་ཁྱི་ངོས་ནག་ཅིང་འོད་ཆེན་པོ་ཡོད། དཔྱད་གཞི་དེ་དག་ལས་བོད་ཀྱི་རྫ་ཆས་ལོ་རྒྱུས་ལོ་ངོ་5000ལྷག་ཙམ་གྱི་གོང་དུ་གཏུག་ཆོག་ལ། རང་རེའི་མེས་པོ་ཚོས་བསྐལ་པ་ཡ་ཐོག་གི་གོང་ནས་རྫ་ཆས་རིག་གནས་དར་སྤེལ་བཏང་ཡོད་པ་ཤེས་ཐུབ།

སྲོལ་རྒྱུན་གྱི་རྫ་བཟོའི་ལག་རྩལ། བོད་ཀྱི་སྲོལ་རྒྱུན་གྱི་རྫ་ཆས་བཟོ་སྐབས། སྦྱོར་ན་ས་འདེམ་སྒྲུག་རྒྱག་པ་དང་། འཇིམ་པ་གཡོ་བ། བཟོ་ལྟ་འདོན་པ། རྩི་བྱུག་པ། སོ་གཏོང་བ་བཅས་ལས་རིམ་ལྔ་ཙམ་བརྒྱུད་དགོས་པ་དང་། དེ་དག་ཚང་མ་རྙོག་དྲ་ཆེ་ལ་ཞིབ་ཚགས་དགོས་པའི་ལས་རིམ་ཞིག་རེད། རྫ་བཟོའི་ས་ཡང་གང་བྱུང་གིས་མི་ཡོང་བར་དམིགས་བསལ་གྱི་ས་དགོས་པས།

བོད་དབུས་ཕྱོགས་ཀྱི་རྫ་མཁན་ཚོས་རྫ་ས་ཡག་ཤོས་ཡིན་པའི་མལ་གྲོ་གུང་དཀར་དང་སྐྱེ་ཁ་ནས་དཔོར་འདྲེན་བྱེད་ཀྱི་ཡོད།

རྫ་ཆས་ནི་མི་དང་འདམ་ལས་བྱུང་བའི་སྒྱུ་རྩལ་དངོས་པོ་ཞིག་ཡིན་ཞིང་། དེ་སྔ་བོད་མི་རིགས་ཀྱི་འཚོ་བའི་ནང་མེད་ཐབས་མེད་པའི་སྤྱོད་ཆས་ཤིག་ཡིན་ལ། བོད་ཀྱི་ཤེས་རིག་འཕེལ་རྒྱས་འགྲོ་བའི་ཁྲོད་སྣང་ཆུང་བྱ་མི་རུང་བའི་བཟོ་རྩལ་གྱི་སྙིང་བཅུད་ཅིག་ཡིན་པས་ཁ་ལག་བཟོ་བ་དང་། ཆང་སློལ་བ། ཇ་སྐོལ་བ། ཆུ་ལེན་པ་སོགས་ལ་མེད་དུ་མི་རུང་བ་ཞིག་རེད། ལྷག་དོན་དུ་བོད་ཡུལ་གྱི་སྟོད་སྨད་གང་ས་ནས་ཁ་ཆེ་པཎ་ཆེན་སོགས་ཀྱི་རྫ་སྐུ་ཡང་མི་ཉུང་བ་ཞིག་མཇལ་རྒྱུ་ཡོད་པ་ལས་བོད་ཀྱི་རྫ་བཟོའི་ལག་རྩལ་གྱི་ཆུ་ཚད་མཐོན་ཐུབ་པ་ཞིག་ཡིན། དཔེར་ན། གནའ་བོའི་མང་ཡུལ་རྒྱུད་ནས་དུས་རབས་བཅུ་གཉིས་པར་བཞེངས་པའི་རྗེ་བཙུན་མི་ལ་རས་པའི་རྫ་སྐུ་ཞིག་རྙེད་སོན་བྱུང་ཡོད་པ་དེ་ནི་གནའ་རྫས་རྟོག་ཞིབ་པས་ཞིབ་འཇུག་བྱས་པ་བརྒྱུད། ཡོན་རྒྱལ་རབས་ཀྱི་དུས་སུ་བཞེངས་པ་ཞིག་ཡིན་པ་དང་སྐུ་དེ་སྒོམ་སྒྲུབ་ཀྱི་རྣམ་པར་གནས་པ་ཞིག་ཡིན་རུང་བཞིན་རས་བྱམས་སེམས་ཆེ་ལ་ལྷ་སྣང་དོད་པའི་བརྩམས་ཆོས་གསོན་ཉམས་དོད་ཅིང་མཐོང་དགོན་པ་ཞིག་ཡིན་པའི་ངོས་འཛིན་བྱས་པ་རེད། འོན་ཀྱང་དུས་རབས་གོང་མའི་ལོ་རབས་ལྔ་བཅུ་དྲུག་ཅུ་པའི་རྗེས་སུ་ཡང་ཞིང་སྤྱོད་ཤེད་ཆེ་བའི་ལྕགས་དང་། ཁྲོ། འཁྱིག་སོགས་ཀྱི་སྤྱོད་ཆས་མང་པོ་ཐོན་པ་དེ་དག་གིས་ལྡེ་ལ་ཆག་སླ་བའི་རྫ་ཆས་ཀྱི་ཚབ་བྱས་པས། བོད་མི་རིགས་ཀྱི་འཚོ་བའི་ཁྲོད་རྫ་ཆས་ཀྱིས་བཟུང་བའི་ཐོབ་ཐང་ཆུང་དུ་ཕྱིན་པ་དང་སྦྲགས། རྫ་

ཆས་ཐོན་སྐྱེད་ལ་ཤུགས་རྐྱེན་ཆེན་པོ་ཐེབས་པ་སོགས་རྒྱུ་རྐྱེན་དེ་དང་དེ་ལྟ་བུས་བོད་ཀྱི་རྫ་ཆས་བཟོ་བའི་ལག་རྩལ་དེ་གནའ་ནས་བཟུང་འགྱུར་ལྡོག་ཆེན་པོ་བྱུང་མེད་པ་མ་ཟད། ཐ་ན་དེ་སྔའི་གཡུ་རྩེ་རྡོ་ལྷིང་སེར་སྨུག་སོགས་གཏོང་བའི་ལག་རྒྱུན་ཧ་ལམ་སྟོངས་ལ་ཐུག་ཡོད། འོན་ཀྱང་དེང་རབས་ཀྱི་སྤྱོད་ཆས་དེ་དག་གིས་མི་རྣམས་ཀྱི་བདེ་ཐང་ལ་འཇིགས་སྐྱུལ་ཆེན་པོ་བཟོས་སྐབས། ད་གཟོད་གཞི་ནས་རྫས་འགྱུར་གྱི་རྒྱུ་མ་འདྲེས་པ་དང་། སྦགས་བཙོག་མེད་པ། རླུང་འགྲོ་ཐུས་པ། ཐུས་རྒྱུ་གྲོན་ཆུང་དང་ཁོར་ཡུག་ལ་མི་གནོད་པ་སོགས་ཀྱི་དགེ་མཚན་དུ་མ་ལྡན་པ་མ་ཟད། ད་དུང་བཟའ་བཏུང་གི་ལྷན་སྐྱེས་དྲི་བ་མི་ཤོར་བ་དང་། དྲོད་སྲུང་གི་ནུས་པ་ཆེ་བ་བཅས་ཀྱི་དགེ་མཚན་བསྐྱར་ཞིབ་ཀྱིས་སླར་ཡང་རྫ་ཆས་འདེམས་ཀྱི་ཡོད་དུང་། དེ་ནི་གདོད་མའི་རྫ་ཆས་སྤྱོད་པའི་རྣམ་པ་དང་མི་འདྲ་བར་འཚོ་བ་དང་བདེ་ཐང་གི་ཚུ་ཚད་མཐོ་དུ་གཏོང་བའི་གདམ་ག་ཞིག་ཡིན་ལ། རྒྱལ་ཁབ་ཕྱི་ནང་གི་ཉར་ཚགས་མཁན་ཚོའི་གདམ་ག་གསར་པ་ཞིག་ཏུ་ཡང་གྱུར་ཡོད།

རྫ་བཟོའི་ལག་རྩལ་རྒྱུན་འཛིན་བྱེད་པ། མི་རྣམས་ཀྱིས་རྫ་ཆས་སྤྱོད་ཤུགས་ཆེ་རུ་ཕྱིན་པ་དང་སྦྲགས། གོང་རིམ་ཚན་པའི་རྒྱབ་སྐྱོར་འོག་བོད་ཀྱི་རྫ་དམར་བཟོ་བའི་སྒྱུ་རྩལ་དེ2013ལོར་བོད་རང་སྐྱོང་ལྗོངས་ཀྱི་མངོན་མེད་རིག་གནས་ཤུལ་བཞག་གི་མིང་གཞུང་དུ་བཀོད་ཡོད་པ་རེད། གནས་ཚུལ་དེ་འདྲའི་འོག་ལོ་རྒྱུས་ཐོག་གི་རྫ་ཆས་ཐོན་ཡུལ་ཁག་གཅིག་གིས་ལག་རྩལ་དེ་བསྐྱར་གསོ་གང་ཅམ་བྱུང་ནས་བསང་ཕོར་དང་། ཕོར་པ། ཆུ་སྣོད། སྙེར་མ། ཆང་སྣོད།

མཆོད་ཀོང་སོགས་བོད་མི་རིགས་ཀྱི་བཟའ་སྤྱོད་ཚང་མར་འབྲེལ་བ་ཡོད་པའི་ཇ་ཆས་བཟོ་བ་མ་ཟད། དབྱིབས་ཆུང་བའི་ཡུལ་སྒོར་ཐོན་ཇས་ཀྱང་གསར་བཟོ་བྱས་པར་ཁྲིན་ཁ་རྒྱག་པོ་ཡོད། ལོ་རྒྱུས་ཐོག་བོད་ཀྱི་ས་ཆ་མང་པོར་གཞི་ཁྱོན་ སྣ་ཚོགས་ཀྱི་ཇ་བཟོའི་གྲོང་ཚོ་ཐོན་པའི་ནང་། ཚབ་མཚོན་གྱི་གནས་བབ་བཟུང་ཡོད་མཁན་ནི་མལ་གྲོ་གུང་དཀར་རྫོང་དག་པ་ཕུ་གྲོང་ཚོ་ཡིན་པ་དང་། དེ་གར་དུས་ད་ལྟ་ཡང་གནའ་རབས་ཀྱི་ཇ་བཟོའི་བྱ་ཐབས་སྲུད་ནས་སོ་ཐབ་མེད་པར་རང་བྱུང་འབུད་རྫས་སྲུད་ནས་སྐེབ་སོ་གཏོང་ཐབས་སྤྱོད་ཀྱི་ཡོད།

དག་པ་གྲོང་ཚོར་ལོ་ངོ་1000ཙམ་གྱི་ཇ་བཟོའི་ལོ་རྒྱུས་ཡོད་ཅིང་། ཁོང་ཚོའི་ཇ་བཟོར་ས་དཀར་དང་ས་དམར་གཉིས་དགོས། ས་དཀར་ནི་དག་པ་གྲོང་ཚོའི་རི་ནས་ལེན་ཚོག་པ་དང་ས་དམར་ནི་ཉེ་འཁོར་གྱི་བཀྲ་ཤིས་སྒང་སོགས་ནས་ལེན་དགོས་པ་དེ་གཉིས་མཉམ་དུ་བསྲེས་ན་གཞི་ནས་ཇ་ཆས་ཚོ་དམ་པོ་ཆགས་ནས་གས་སླ་པོ་མེད། ཇ་ཆས་དངོས་སུ་བཟོ་སྐབས་ས་ཡི་རྙིགས་རོ་གཙང་མ་དོར་ནས་འཇིམ་པ་བཟོ་དགོས་པ་དང་། འཇིམ་པ་གཡོ་སྐབས་ཞིབ་ཕྲའི་དཔྱེ་བ་ཕྱེ་དགོས་ཤིང་། མི་ཏོག་བུམ་པ་དང་། ཚང་སྟོད། ཕོར་པ་སོགས་མི་དང་འཕྲད་མི་དགོས་པའི་རིགས་ལ་རྒྱུ་ཆ་གཞན་བསྲེ་མི་དགོས་པ་དང་། གལ་ཏེ་ཐབ་ཆས་སོགས་མེ་ལ་སྐྱོན་དགོས་པའི་རིགས་ཡིན་ན་སོལ་བ་དང་། ལྷང་ཚེར། དཀར་གོང་སོགས་བསྲེ་དགོས། ཇ་ཆས་བཟོ་སྐབས། ཐོག་མར་ཇ་ས་དག་འདམ་བག་བཟོས་ཏེ་གྲུ་ཞིབ་བརྫི་བ་ལྟར་རྫིས་དག་པོ་རྒྱག་དགོས། རྫིས་བརྒྱབ་ཚར་རྗེས། འཇིམ་པ་དག་སྒོར་བ་རྒྱག་བཞིན་པའི་ཇ་བཟོའི་འཕང་

ཡོའི་ཐོག་ཏུ་འཇོག་པ་དང་ལག་གིས་གཞུ་རྡེག་བྱས་ནས་བཟོ་ལྟ་བཟོ་དགོས། མཇུག་མཐར་ཞབས་མཐིལ་བཟོས་རྗེས་རས་འཇམ་པོ་ཞིག་ལ་ཆུ་བྱུགས་ནས་རྫའི་ཐོག་བྱུག་དགོས་ལ། རྫའི་རི་མོ་ཡང་མཚམས་དེར་རྒྱག་དགོས། དེ་རྗེས་རྫ་ལ་སོ་གཏོང་བའི་དུས་ལ་སླེབས་པ་རེད། འོན་ཀྱང་ཁུལ་དེར་འབུད་ཤིང་དཀོན་པོ་ཡོད་སྟབས། ཕོ་ཚོས་ཉེ་འཁོར་ནས་ལམ་བཀོག་ནས་བསྐམས་རྗེས་དེ་དང་ལྕི་བ་མཉམ་དུ་བཏིང་བའི་ཐོག་སོ་གཏོང་རྒྱུའི་རྫ་རྣམས་ཆེ་བའི་ནང་ཆུང་བ་བླུགས་ཏེ་ཕྱུང་གསོག་རྒྱག་པ་དང་གསེབ་ཏུའང་ལམ་དང་ལྕི་བ་འཇུག་པ་མཐུད། དེའི་ཐོག་ཏུ་སྔར་བཞིན་ལམ་དང་ལྕི་བ་མཐུག་ཙམ་ཞིག་འགེབས་པ་དང་མཐའ་བཞིར་རྡོ་སྐོར་འཐེན་རྗེས་ལྕི་བ་དང་རྩྭ་སྐམ་པོས་ བླུང་ཕྱོགས་དང་བསྐུན་ནས་མེ་སྤོར་གྱི་ཡོད། མི་དེ་རྒྱུན་མཐུད་དུ་ཆུ་ཚོད་བཅུ་ཙམ་བཏང་རྗེས། རྫ་བཟོའི་ལས་རིམ་ཧྲིལ་པོ་གྲུབ་ནས་སྤྱོད་གོ་ཆོད་པའི་རྫ་ཆས་སྣ་ཚོགས་ཐོན་པ་ནི་གནའ་བོའི་མེས་པོ་ཚོའི་བློ་གྲོས་ཀྱི་ཉིང་བཅུད་ཅིག་ཡིན་ལ་ཤེས་དཔལ་གྱི་ཐོན་དངོས་ཤིག་ཀྱང་རེད།

བོད་ཀྱི་རྫ་ཆས་ཐོན་ཡུལ་གཙོ་བོ། དེ་སྔ་བོད་ཀྱི་ཡུལ་ལུང་ཕལ་ཆེ་བར་ཏ་ལམ་རྫ་ཆས་བཟོ་མཁན་ཡོད་ འདུག། གཞི་ཀྲོན་དང་། སྣེ་ཁ། གྲུས་ཚད་གང་ཅིའི་ཐད་ཚད་བཀག་ཆེན་པོ་ཡོད་སྟབས། ལོ་རྒྱུས་ཀྱི་ནླབས་རྒྱུན་ནང་མངོན་རྒྱུ་མེད་པར་གྱུར་ཡོད། འོན་ཀྱང་དུས་རབས17དང18ཀྱི་སྐབས་སུ་དག་པ་གྲོང་ཚོའི་རྫ་ཆས་བཟོ་བའི་ཆུ་ཚད་མཐོ་པོར་སླེབས་པས། བོད་ཀྱི་རྫ་ཆས་ཐོན་ཡུལ་ལེགས་ཤོས་ཤིག་ཏུ་གྱུར་ནས་སྐབས་དེའི་སྲིད་གཞུང་དང་། མཐོ་རིམ་གྲྭ

བཙུན། སྐུ་དྲག་བཅས་ཀྱིས་ཡུལ་དེ་ག་ནས་ཆེད་དུ་ཉེ་སྒྲུབ་བྱེད་པ་ནས་ཤེས་ཐུབ། ལྷག་དོན་དུ་དྷ་ཡའི་བླ་མ་སྐུ་ཕྲེང་བཅུ་གསུམ་པའི་སྐབས་ནོར་བུ་གླིང་གའི་ཕོ་བྲང་ཁག་གཅིག་དང་གཞུང་སྒོའི་སྟེང་རྩེ་སེར་པོ་བཏང་བའི་རྫའི་རྒྱ་ཕིབས་གསར་བཟོ་བྱེད་སྐབས། རྫ་བཟོ་བ་འབོར་ཆེན་བསྐྲོངས་པའི་ནང་དག་པ་གྲོང་ཚོའི་རྫ་མཁན་བསོད་ནམས་ཞེས་པའི་ལག་རྩལ་གཟེངས་སུ་ཐོན་པས། དབུ་ཆེན་གྱི་གོ་མིང་ཐོབ་སྟབས་དག་པའི་རྫ་བཟོ་ཆེ་མོ་བ་ཞེས་གྲགས་ཤིང་། ཁོང་གིས་བཞེངས་པའི་རྒྱ་ཕིབས་དང་བྱ་རི་དྭགས་ཀྱི་གཟུགས་བརྙན་གསོན་ཉམས་ཏ་ཅང་དོད་པས་དུས་ད་ལྟའང་མཐོང་རྒྱུ་ཡོད། ད་ཆ་མི་རྣམས་ཀྱིས་རང་བྱུང་ལྷད་མེད་ཕྱོགས་སུ་སླེབ་པའི་གོམ་སྟབས་ཇེ་མགྱོགས་སུ་འགྲོ་བ་དང་སྒྲིགས། དག་པ་གྲོང་ཚོའི་མང་ཚོགས་ཚོའི་ཚོང་ལམ་ཡང་བཤངས་པས། དུད་ཚང་རེ་ལོ་རེར་ཆ་སྙོམས་རྫ་ཆས་གྲངས2000ཙམ་ཐོན་སྐྱེད་བྱེད་པ་མ་ཟད། སྲོལ་རྒྱུན་གྱི་རྫ་ཆས་སྣ་ཚོགས་སྣ་ཁ100ཙམ་བཟོ་ཐུབ་པས། ཁོང་ཚོའི་ལག་རྩལ་གྱི་སྙན་གྲགས་ཇེ་ཆེར་ཕྱིན་པ་དང་མང་ཚོགས་ཚོའི་ཡོང་འབབ་ཀྱང་ལྷུབ་འཕར་ཡོང་བཞིན་ཡོད། འོན་ཀྱང་གྲོང་ཚོ་དེས་ལོ་ལྟར་རྫ་སོ་གཏོང་བའི་ལ་མ་བཀག་ནས་ས་ཁམས་དང་ཁོར་ཡུག་ལ་གཏོར་སྐྱོན་ཕོག་གི་ཡོད་སྟབས། 2009ལོར་དག་པ་གྲོང་ཚོས་འབྲེལ་ཡོད་ཚན་པ་ཁག་གི་རྒྱབ་སྐྱོར་འོག་རྫ་སོ་གཏོང་བའི་འཕྲུལ་འཁོར་ཉོ་སྒྲུབ་བྱས་པ་དང་བཟོ་གྲྭ་བསྐྲུན་པ་རེད། ད་ཆ་བཟོ་གྲྭ་དེར་བཟོ་པ་དགུས་མ13དང་ལག་རྩལ་པ2ཙམ་ཡོད། ད་དུང་གྲོང་རྟལ་གྱིས་ལོ་ལྟར་མི་གཉིས་ཡན་ནང་སའི་ལས་རིགས་གཅིག་པའི་སར་སློབ་སྦྱོང་

བྱེད་པར་གཏོང་གི་ཡོད། ལྷག་དོན་དུ2006ལོར་དག་པ་གྲོང་ཚོའི་སྲོལ་རྒྱུན་རྫ་བཟོའི་ལག་རྒྱུན་དེ་ལྗོངས་རིམ་པའི་མངོན་མེད་རིག་གནས་ཤུལ་བཞག་གི་མིང་གཞུང་དུ་བཅུག་ནས་དག་པ་གྲོང་ཚོའི་རྫ་བཟོའི་ལག་རྒྱུན་འཕེལ་རྒྱས་གཏོང་བར་གསོན་ཤུགས་གསར་པ་ཞིག་བསྣན་ཡོད།

བོད་ཀྱི་རྫ་ཆས་ཐོན་ཡུལ་གཞན་ཞིག་ནི་རྫ་བཟོའི་ལོ་རྒྱུས་ཧ་ཅང་རིང་པོ་ཡོད་པའི་ལྷུན་གྲུབ་རྫོང་གི་དགའ་ཚོས་གྲོང་རྫལ་དང་། ལྷ་ཁང་ཤང་། ལྷུང་ར་ཤང་སོགས་ཀྱི་རྒྱུད་དུ་རྫ་བཟོའི་ལག་ཤེས་པ་གཅིག་སྟུད་ཆེ་ཙམ་ཡོད་པ་དང་། རྫ་བཟོའི་ལག་རྩལ་གྱི་ཆུ་ཚད་ཅུང་མཐོ་ལ། ལྗོངས་ཡོངས་སུ་སྐད་གྲགས་ཆེ་ཙམ་ཡོད་པས། མིག་སྔར་ལྷུན་གྲུབ་རྫོང་གི་སྲོལ་རྒྱུན་གྱི་རྫ་བཟོའི་ལག་ཤེས་ནི་ལྷ་ས་གྲོང་ཁྱེར་གྱི་མངོན་མེད་རིག་གནས་ཤུལ་བཞག་ཏུ་གྱུར་པ་དང་། ད་ཆ་དེ་གའི་དུད་ཚང20ཙམ་གྱིས་སྟོན་ལས་མཇུག་འཁྲིལ་མ་ཐག་རྫ་ཆས་བཟོས་ནས་རང་ཁྱིམ་དུ་བེད་སྤྱོད་གཏོང་བ་མ་ཟད། ཁྱེར་ཚོང་ཡང་བྱེད་ཀྱི་ཡོད། དེ་ནི་རང་ཉིད་ཀྱི་དཔལ་འབྱོར་ཡོང་འབབ་གོང་མཐོར་གཏོང་བ་ཙམ་མ་ཟད། ལོ་ངོ་སྟོང་གི་རྫ་བཟོའི་རིག་གནས་རྒྱུན་འཛིན་བྱེད་པའི་དོན་སྙིང་ལྷག་པར་ཆེ་བའི་བྱ་བཟང་ཞིག་ཀྱང་ཡིན། དེ་དང་ཕྱོགས་མཚུངས་གཉིས་རྩེའི་བཞད་མཐོང་སྨན་རྫོང་སྦུག་གྲོང་ཚོར་ཡང2008ལོར་ལྗོངས་རིམ་པའི་མངོན་མེད་རིག་གནས་ཤུལ་བཞག་ཏུ་ཚུད་པའི་ཐུལ་བྱུང་གི་རྫ་བཟོའི་ལག་རྒྱུན་ཞིག་ཡོད་ཅིང་། ཇ་སྣོད་ཆང་སྣོད་དང་། མཆོད་ཀོང་། བསང་ཕོར་སོགས་ཐོན་རྫས་སྣེ་ཁ་འཛོམས་ལ་བཟོ་བཀོད་ཐུན་སུམ་ཚོགས་པོ་ཡོད་པ་དེར་ལོ་ངོ800ལྷག་ཙམ་གྱི་

ལོ་རྒྱུས་ཡོད་པར་གྲགས། ད་དུང་གཞིས་རྩེའི་རྒྱལ་རྩེ་ཁུལ་དང་། སྟོ་ཁའི་གྲྭ་ནང་། ཆབ་མདོའི་སྨར་ཁམས་སོགས་རོང་འབྲོག་རིས་སུ་མ་ཆད་པའི་བོད་ཀྱི་ལུང་ཚན་མང་པོར་རྔ་བཟོའི་ལག་རྩལ་པ་མང་པོ་ཡོད་པ་དག་ནི་ལག་རྩལ་དེ་དར་འཕེལ་གཏོང་མཁན་ཡིན་ལ་རྒྱུན་འཛིན་པའང་ཡིན་པ་སྨོས་སུ་མེད། ལྷག་དོན་དུས་རབས་བཅུ་གསུམ་པ་ཙམ་ལ་སྟོ་ཁ་གྲྭ་ནང་དུ་གཞུང་ཕྱོགས་ཀྱི་རྔ་བཟོའི་བཟོ་གྲྭ་ཞིག་བཙུགས་པར་ལས་སྣོན་ཞིབ་ཚགས་པའི་གྲྭ་དཀར་ཞེས་པ་ཞིག་ཐོན་ཡོད་པ་དེ་ནི་ལོ་རྒྱུས་ཐོག་ཕྱུས་ཚད་མཐོ་ཤོས་ཀྱི་རྔ་ཆས་ཤིག་ཡིན། དེ་ལྟར་རྔ་ཆས་ནི་བོད་མི་དམངས་ཀྱི་འཚོ་བ་དང་ཁ་བྲལ་ཐབས་མེད་པ་དང་ལོ་རྒྱུས་རིང་བས2015ལོར་ལྷ་ས་ས་མཐོའི་མ་ཡུམ་བཟོ་ཚོང་ཚད་ཡོད་ཀུང་སིར་བོད་རྔའི་རྟེན་རྫས་བཤམས་སྟོན་ཁང་ཞིག་བཙུགས་ཏེ་བོད་ཀྱི་རྔ་བཟོའི་འཕེལ་རིམ་ལ་ཤེས་རྟོགས་བྱེད་པའི་སྒོ་མོ་གསར་པ་ཞིག་ཕྱེ་ཡོད་ལ་ལོ་རྒྱུས་རང་བཞིན་གྱི་དོན་སྙིང་གསར་པ་ཞིག་ཀྱང་བསྟན་ཡོད།

ལྔ། གངས་ལྗོངས་ས་མཐོའི་སྣམ་འཐག་ལག་རྩལ།

རིགས་གཅིག་མཁས་ཅན་ཆོས་ལོ་ངོ་ཉིས་སྟོང་ཙམ་གྱི་ལོ་རྒྱུས་ཡོད་པར་སྨྲ་བའི་སྣམ་བུ་ནི་བོད་ས་མཐོའི་མི་རྣམས་ཀྱིས་ཡུལ་གྱི་ཐོན་ཁུངས་དང་། གནམ་གཤིས་ཀྱི་ཁྱད་ཆོས། དམིགས་བསལ་གྱི་འཁེལ་འཐག་ལག་རྩལ་བཅས་སྤྱད་པའི་ཐོན་དངོས་ཤིག་ཡིན་ལ། བོད་རིགས་ཀྱི་རྒྱུན་གོས་ཁྲིད་ཀྱི་ཚབ་མཚོན་

རང་བཞིན་ལྡན་པའི་གྱོན་གོས་ཤིག་དང་ཆེས་ཁྱད་ཆོས་ལྡན་ཤོས་ཀྱི་གྱོན་གོས་ཤིག་ཀྱང་ཡིན་ཞིང་། ལོ་རྒྱུས་ཐོག་ལྷོ་ཁ་གྲ་ནང་དང་། གཞིས་རྩེའི་རྒྱལ་རྩེ། བོད་ཤར་ཕྱོགས་ཀྱི་སྨར་ཁམས་བཅས་ནས་ཐོན་པའི་སྣམ་བུར་མིང་གྲགས་ཆེ་ཙམ་ཡོད་པ་རེད།

གདོད་མའི་མི་རྣམས་ཀྱིས་དང་ཐོག་ཤིང་ལོ་གྱོན་པ་དང་། གཅན་གཟན་གྱི་པགས་པ་གྱོན་པ། ཕྱིས་རིམ་བཞིན་སེམས་ཅན་གྱི་བལ་སྤུ་འཁེལ་འཐག་གམ་ལས་སྔོན་བྱས་ནས་གྱོན་པ་བཟོ་ཤེས་པར་འགྱུར་བ་མ་ཟད། ལས་སྔོན་ཞིབ་ཇེ་ཚགས་སུ་གྱུར་ནས་སྣམ་བུ་སྤུ་ཕྲུག་དང་། ཤད་མ། ཐེར་མ་སོགས་མཛེས་ལ་ཉམས་དོད་པའི་གྱོན་པ་སྣ་ཚོགས་བཟོ་ཤེས་པ་མ་ཟད། སྣམ་བུའི་གྱོན་གོས་ནི་ཡང་ཞིང་དྲོ་ལ་མཉེན་ཚ་དོད་པ་དང་གྱོན་ཤད་ཆེན་པོ་ཡོད་པ་རེད།

སྣམ་བུ་ནི་ཐོག་མར་བལ་བྲེག་པ་དང་། འཁྲུ་བ། གསེད་པ། ཤད་ནས་སྐལ་མ་འཁེལ་བ། འཐག་པ་བཅས་ཀྱི་བརྒྱུད་རིམ་རྒྱུད་དགོས་པ་དང་ཐགས་ཁྲི་སྟེང་ནས་འཐག་གི་ཡོད། ལྷག་དོན་དུ་སྣམ་བུ་འཐག་སྐབས་དང་ཐོག གནས་དང་བཏག་གྲ་སྒྲིག་བྱེད་དགོས་པ་དང་རིང་ཚད་ལྟར་རྒྱུ་དཀྲིས་གཏན་འཁེལ་གྱིས་རྡོ་ལེབ་བམ་སོ་ཕག་གཉིས་ཀྱི་ཐོག་ཏུ་འཁོད་སྙོམས་པོས་བཞག་རྗེས་གཞི་ནས་འཐག་དྲན་དགོས། དེ་ནི་དོན་དངོས་ཐོག་རྒྱུ་གཏོང་རྒྱུ་དེ་ཡིན་ཞིང་། རྒྱུ་གཏོང་བའི་བརྒྱུད་རིམ་ནང་རྒྱུ་ཆད་སྲིད་པས་དུས་ཐོག་ཏུ་ཡིད་གཟབ་ཀྱིས་མཐུད་རྒྱག་དགོས། རྒྱུ་རྣམས་བཏང་ཟིན་རྗེས་ཕྱོགས་གཅིག་ཏུ་མ་སྒྲིལ་བ་བྱས་ནས། རྒྱུ་དཀྲིས་ཐོག་སྙོམས་པོས་སྒྲིལ་ནས་འཐག་ཁྲིའི་ཐོག་མགོ་མཇུག་མ་ལོག

པར་བཞག་སྟེ་རྐང་གྲབ་དང་མཐུད་རྗེས་ཕོག་སྤུན་གཡས་ནས་གཡོན་དུ་གཏོང་བ་དང་རྐང་གྲབ་གཡོན་ནས་གཡས་སུ་མནན་དགོས། དེ་ཡང་གོམ་པ་ཐམས་ཅད་གཡས་སྒྲོ་ཡིན། འཐག་གོམ་ཐམས་ཅད་གཡོན་སྒྲོ་ཡིན་ཞེས་པ་ལྟར་ངེས་པར་དུ་རྐང་པའི་གདེགས་འཛོག་གཡོན་ནས་གཡས་སུ་འགྲོ་དགོས། དེ་ལྟར་མིན་པར་རྐང་ལག་གི་གོ་རིམ་ནོར་ན་རྣམ་བུ་ཕྱི་ནང་ལོག་ནས་ཕྲུས་ཚད་ཞན་པོ་ཆགས་པ་དང་ཐ་ན་ཕན་མེད་དུ་འགྲོ་སྲིད། ད་དུང་རྣམ་བུ་དངོས་སུ་འཐག་པའི་སྐབས་སུ་ཡང་རྒྱུ་ཆད་སྲིད་པས་དུས་ཐོག་ཏུ་མཐུད་རྒྱུག་པ་ལས་སྣང་མེད་དུ་བཞག་ན་རྣམ་བུར་ཤུར་ཁ་དོན་ནས་ཕྲུས་ཚད་ལ་ཐད་ཀར་སྐྱོན་རྒྱུག་གི་ཡོད། འོན་ཀྱང་འཐག་གི་རྒྱུ་མ་རྫོགས་བར་རྣམ་བུ་འཐག་སྲོལ་མེད་པས་རྒྱུ་མ་རྫོགས་ཙམ་དུ་བཏག་རས་ཞེས་ཕྲུན་སྦྲོམ་ཙམ་བཏང་ནས་ལྷེབ་ཙམ་ཞིག་འཐག་གི་ཡོད། དེ་ནི་གནས་ཀྱི་སྐྱུད་པ་མི་འཁྲུག་པའི་ཆེད་དང་རྣམ་བུའི་སྣེ་མོ་མི་འཐོར་བའི་ཆེད་དུ་ཡིན། རྣམ་བུ་བཏགས་ཟིན་རྗེས་ཕྲུ་ཤད་ཀྱིས་རྣམ་བུ་ཐེངས་གཅིག་ཤད་ནས་ཕྲུ་རྣམས་སླང་རྗེས་མི་གཉིས་ཀྱིས་བཏགས་ཟིན་པའི་རྣམ་བུ་མེ་ཆུང་དུའི་ཐོག་བཤེར་ནས་ཕྲུ་རྣམས་མེར་བསྲེག་པའམ་ཡང་ན་རྗེམ་ཅེ་བརྒྱབ་ནས་མེད་པ་བཟོ་དགོས། དེ་རྗེས་ལྷུགས་ལེབ་སོགས་སྤྱད་ནས་ཕྲུའི་ཚིག་རོ་རྣམས་གཙང་མ་བཟོ་དགོས། ད་དུང་རི་སྐྱེས་རྩེ་ཤིང་གི་རྩ་བ་སུག་པའམ་ཤིང་ཡོམ་འཐོག་གི་པགས་པ་སོགས་ཀྱི་དག་རྫས་སྤྱད་ནས་གཙང་ཁྲུད་རྒྱུག་དགོས། སྐབས་དེར་རྣམ་བུ་འཐག་ལས་ཀྱི་མཇུག་ཡོངས་སུ་འགྲིལ་བས་བུབས་སྒྲིལ་ནས་ཚོས་རྒྱག་པའི་དུས་སུ་སླེབས་པ་རེད། རྣམ་བུར་ཚོས་གང་ཡང་བརྒྱབ་ཆོག་ལ་དེ་སྔ་རམ་

སོགས་བསྐལ་བཟོ་བྱེད་པ་དང་དེ་མིན་རྫ་ཆུ་རྩ་དང་། ཤིང་སྐྱེར་པ། སྤར་ཁའི་པགས་པ་སོགས་རང་བྱུང་ལྷད་མེད་ཀྱི་རྒྱུ་ཆ་མང་པོ་སྤྱོད་ཀྱི་ཡོད་ནུང་ད་ཆ་རྫས་འགྱུར་གྱི་ཚོས་རྫས་སྤྱོད་ཤུགས་ཆེ་བ་ཡོད། སྤྱིར་བལ་རྒྱ་མ20ཙམ་ལ་སྣམ་བུ་རྒྱ་མ8ཙམ་ལས་དོན་གྱི་མེད་པ་དང་སྣམ་བུའི་རིང་ཚད་ལ་སྤྱི་ཁྲི18ཡོད་པ་དང་ཞེང་ཚད་ལ་ལི་སྨི20ཙམ་ཡོད་ཅིང་། དེ་ནི་ཕོ་ཕྱུ་ཚད་མའི་རིང་ཚད་ཡིན་པ་དང་གལ་སྲིད་མོ་ཕྱུ་ཡིན་ན་ཐུང་ཙམ་བྱས་ཆོག་གི་ཡོད། གང་ལྟར་ལས་སྟོན་ཞིབ་ཚགས་མིན་དང་རྒྱུ་ཆ་བཟང་ངན་དབང་གིས་ཐེར་མ་དང་། ཤད་མ། ཕྲུ་ཕྲུག སྤྱིར་བཏང་གི་སྣམ་བུ་བཅས་རིམ་པ་ཁ་ཤས་ཐོན་གྱི་ཡོད་པ་རེད།

སྣམ་བུའི་དབྱེ་བ། སྣམ་བུའི་རྒྱུ་ཆས་ཕྱུ་པ་དང་། སྙིད་གོས། སྨད་གོས། ཉ་ལྷམ། སྐེད་རག ཕྱོ་ཕད། སྒོ་ཡོལ་དང་ཤམ་བུ། མཛེས་རྩལ་དངོས་པོ་སོགས་ཅི་ཡང་བཟོ་ཆོག་ཅིང་། སྣམ་བུའི་རིགས་ལ་དབྱེ་ན། ཐེར་མ་ནི་ཡང་ལ་སྤྱོད་ཤིད་ཆེ་བ་དང་། རི་མོ་མཛེས་ཤིང་སྣུམ་ཞག་དོད་པ། མཁྲེགས་ལ་འཇམ་ཤ་དོད་པ་བཅས་ཡོད་ནུང་མ་གནས་མཐོ་བ་དང་གོང་ཆེ་བས་སྤྱིར་ན་དེ་སྤྱ་མཐོ་རིམ་མི་དྲག་གིས་གྱོན་གྱི་ཡོད། དེ་དང་འདྲ་བར་ཐེར་མ་ལས་ཅུང་མཐུག་པའི་ཤད་མ་ཡང་རྒྱུ་སྤུས་དག་ལ་འཇམ་ཤ་དོད་པ་དང་འོད་མདངས་དང་ལྡན་པས་འཁེལ་འཐག་ཐོན་རྫས་ལེགས་གྲས་ཤིག་ཡིན། སྣམ་བུ་ཕྲུ་ཕྲུག་གི་རྒྱུ་སྤུས་དག་ལ་ཆེད་དུ་འཇམ་ཤ་འདོན་གྱི་ཡོད་ལ་ལྟ་སྣང་དུ་མཛེས་ལ་སྲབ་མཐུག་སྙོམས་པོ་ཡོད་པས་བོད་ས་མཐོའི་ཐོག་མཐོང་མང་ཤོས་ཤིག་ཡིན། སྤྱིར་བཏང་གི་སྣམ་བུའི་རྒྱུ་ཆ་ནི་ཅུང་རྩུབ་ཤས་ཆེ་ལ་ཆེད་དུ་འཇམ་ཤ་འདོན་གྱི་མེད་པས་སྤུ

ཚོགས་རུང་མཐུག་ཙམ་ཡོད་པས་ལྷ་སྣང་ལ་ཞན་ཙམ་ཡོད་རུང་སྤྱོད་ཤེད་ཆེ་ལ་ཇྲ་པོ་ཡོད་པ་རེད། སྣམ་བུའི་རིགས་ལ་ད་དུང་ཚོས་མདོག་མང་བའི་པང་གདན་དང་རྒྱ་ཁྲམ་དཔྱིབས་ཀྱི་རི་མོས་བརྒྱན་པའི་རྒྱ་སློག་སོགས་ཡོད་པ་རེད།

གནའ་བོའི་རྟེད་ཐེར་ལ་སླར་ཡང་གསོན་ཉམས་ལྡན་པ། 2008ལོའི་ཟླ5པའི་ཚེས1ཉིན་བོད་མིའི་འབྱུང་གནས་སུ་གྲགས་པའི་རྟེད་ཐང་གི་མགོན་པོ་རི་གཤམ་དུ་རྟེད་ཐེར་བཟོ་གྲྭ་ཞིག་བཙུགས་པ་དེ་ནི་ལོ་ངོ་མང་པོ་བཟོ་རྒྱུན་ཆད་པའི་མི་རིགས་ཀྱི་ཁྱད་ལྡན་ཐོན་རྫས་ཤིག་སླར་ཡང་མི་རྣམས་ཀྱི་འདྲེན་བྱེད་ཡུལ་དུ་མངོན་པའི་ཉིན་མོ་ཞིག་རེད། རྟེད་ཐེར་ནི་བལ་འཇམ་ཤོས་ཀྱིས་བཏགས་པའི་ཐོན་རྫས་ཤིག་ཡིན་ཞིང་། དེ་ཡང་རྒྱུ་ཆ་ལེགས་ཤོས་ནི་ལུག་གི་གཉའ་གོང་གི་བལ་ཕོ་ན་སྤྱོད་དགོས་ལ་ཚ་སློམས་ལུག་གཅིག་ནས་བལ་སྲང་བརྒྱད་ལས་ཐོན་གྱི་མེད་ལ་ལས་རིམ17ཙམ་བརྒྱུད་དགོས་ཀྱི་ཡོད། ལོ་རྒྱུས་ཐོག་བཙན་པོ་སྲོང་བཙན་སྒམ་པོའི་སྐབས་སུ་གཞུང་སྐྱོད་དང་འཕྲེད་སྐྱོད་ཟུང་པན་ཚུན་བསྒོལ་ཏེ་བཏགས་པའི་རྟེད་ཐེར་ཞེས་པའི་ཕྲུས་ལེགས་ཐོན་རྫས་དེ་ཐོག་མར་ཐོན་པར་སྐབས་དེའི་མི་རྣམས་ཀྱིས་དགའ་ཤོས་དང་བྲིན་ཁ་རྒྱུག་ཤོས་ཀྱི་ཐོན་རྫས་ཤིག་ཡིན་པ་མ་ཟད། ཕྱིས་ལེགས་བཅོས་དང་འཚོལ་ཞིབ་ཡང་ཡང་བྱས་པ་བརྒྱུད་གཞུང་སྐྱོད་ཉིས་གཤིབ་དང་འཕྲེད་སྐྱོད་ཀྲུང་པར་བསྒྱུར་བས་ཐེར་མ་སྤར་བས་ཕྲུས་ཀ་དག་ལ་འཇམ་ཤ་དོད་པོར་གྱུར་བས་མི་དཔོན་དང་སྐུ་དྲག ཕྱུག་བདག་བཅས་ཀྱི་གདམ་ག་ལེགས་ཤོག་ཤིག་ཏུ་གྱུར། འོན་ཀྱང་བར་སྐབས་ཤིག་རྒྱུ་རྐྱེན་སྣ་ཚོགས་དབང་གིས་རྟེད་ཐེར་གྱི་བཟོ་རྒྱུན་ཡོངས་སུ

ཚད་ནས་སྟོངས་ཉེར་གྱུར། ཉེ་རབས་གོང་འོག་ཀུན་གྱི་རྒྱབ་སྐྱོར་འོག་མངོན་མིན་རིག་གནས་ཤུལ་བཞག་རྒྱུན་འཛིན་པ་རྒྱུ་དམིགས་ཡུལ་དུ་བཟུང་བ་དང་མ་དངུལ་སྒོར་ཁྲི80གྲབས་གསོག་བྱས་ནས་བཟོ་གྲྭ་དེ་བཙུགས་ནས་ཐོན་སྐྱེད་དང་། ལས་སྟོན། ཕྱིར་ཚོང་བཅས་བྱས་པ་མ་ཟད། ཐོན་རྫས་ཀྱི་སྤུས་ཀ་ཧེ་ལེགས་སུ་ཕྱིན་པས2009ལོར་བཟོ་གྲྭ་དེའི་ཐོན་ཟོག་ལ་ཡུལ་སྐོར་དྲན་གསོའི་དངོས་པོའི་བྱ་དགའ་རིམ་པ་གཉིས་པ་ཐོབ་པ་དང་མངོན་མིན་རིག་གནས་ཤུལ་བཞག་གི་མིང་གཞུང་ནང་དུ་ཡང་འགོད་ཡོད། ད་དུང་2017ལོར་གྲུང་ཧྥའི་དངོས་མང་སྟོན་ཚོགས་ཀྱི་གསེར་གྱི་བྱ་དགའ་ཐོབ་པ་རེད། ལྷོ་ཁ་ས་ཁུལ་དུ་སྣམ་བུའི་ཐོན་ཁུངས་ཧ་ཅང་ཕུན་སུམ་ཚོགས་པོ་ཡོད་པ་དང་། གྲ་ནང་རྫོང་ནི་སྣམ་བུ་ཐོན་ཁུལ་གྱི་ལྟེ་གནས་ལྟ་བུར་གྱུར་ཡོད་པ་དང་མི་ལོ200ཙམ་གྱི་ལོ་རྒྱུས་ཡོད་པས2013ལོར་གྲ་ནང་གི་སྤུ་ཕྲུག་ལ་རྒྱལ་ཁབ་ཀྱི་ས་ཁམས་མཚོན་རྟགས་སྲུང་སྐྱོབ་ཐོན་ཟོག་གི་མིང་བྱང་ཐོབ་ཡོད་པ་དང་གྲ་ནང་རྫོང་གིས་ཀྱང་གྲ་ནང་སྤུ་ཕྲུག་གི་རིག་གནས་དུས་ཆེན་བཏང་ནས་ཐོན་ཟོག་གི་མིང་གྲགས་ཆེ་རུ་གཏོང་གི་ཡོད་པ་རེད། ལྷག་དོན་མི་རིང་བའི་གོང་གྲ་ནང་རྫོང་གིས་དེ་སྔའི་ཞིང་པའི་མཉམ་ལས་ཁང་གི་རྨང་གཞིའི་ཐོག་མ་དངུལ་སྒོར་ཁྲི300བཏང་ནས་གྲ་ནང་རྫོང་ཉེ་འོད་སྣམ་བུ་བཟོ་གྲྭ་བཙུགས་ཤིང་། ད་ལྟ་བཟོ་གྲྭ་དེར་ལས་བཟོ་བ100ལྷག་ཙམ་ཡོད་པ་དང་བཟོ་གྲྭའི་ལོ་རེའི་ཚ་སྙོམས་ཡོང་འབབ་སྒོར་ཁྲི250ཙམ་ཟིན་གྱི་ཡོད་པ་རེད།

ལྷོ་ཁ་ས་ཁུལ་གོང་དཀར་རྫོང་ལྷེ་བདེ་ཞོལ་ལ་པང་གདན་གྱི་ཕ་ཡུལ་དུ་གྲགས་པ་དོན་དང་མཐུན་པས་དུད་ཚང་ཚང་མས་པང་གདན་འཐག་པ་དང་མི་

སྒེར་གྱི་བཟོ་ཁང་ཆུང་ངུ་མང་ལ་ལྷག་དོན2002ལོར་བཙུགས་པའི་ལྷོ་ཁ་ས་ཁུལ་གོང་དཀར་རྫོང་ལྷེ་བདེ་ཞོལ་ཞིང་པའི་པང་གདན་མཉམ་ལས་ཁང་གི་ཐོན་ཟོག་སྤྱོངས་ནང་ཁུལ་ཙམ་མ་ཟད། བལ་ཡུལ་དང་འཛར་པན་སོགས་སུ་ཕྱིན་ཁ་རྒྱུག་པོ་ཡོད་པ་དང་ཧྲང་ཧྲའི་དངོས་མང་སྟོན་ཚོགས་དང་ཁྲིང་ཧྥུའི་མཛོན་མིན་རིག་གནས་ཤུལ་བཞག་དུས་ཆེན་སོགས་འགྲེམས་ཚོགས་ཆེ་གྲས་ནང་ཞུགས་པར་རྒྱལ་ཁབ་ཕྱི་ནང་གི་སྐུ་མགྲོན་ཚོའི་དགའ་བསྔ་ཆེན་པོ་ཐོབ་ཡོད་པ་རེད། ལྷེ་བདེ་ཞོལ་གྱི་པང་གདན་ལ་ཁྱོན་ཚོས་སྣ20ཙམ་ཡོད་པ་དང་། རྒྱ་ཆ་བཟང་ངན་དང་ལས་སྟོན་ཞིབ་ཚགས་མིན་གྱིས་ཤད་མ་དང་ཕྲུ་ཕྲུག་གཉིས་སུ་དབྱེ་བ་དང་རིང་ཚད་ལ་སྦྱིར་ན་ལི་སྨི20ཙམ་ཡོད་པ་རེད། མདོར་ན་བོད་ཀྱི་སྣམ་བུའི་ཐོན་རྫས་ལ་སྐྲེ་སྟོབས་གསར་པ་རྒྱས་ནས་སྤྲོལ་རྒྱུན་གྱི་རིག་གནས་ཐོན་རྫས་ཤིག་དང་ཡུལ་སྐོར་ཐོན་རྫས་ཤིག་གི་ངོས་ནས་རྒྱལ་ཁབ་ཕྱི་ནང་གི་ཁྲོམ་རའི་གདམ་ག་གསར་པ་ཞིག་ཏུ་གྱུར་ཡོད་པ་རེད།

དྲུག ཐྲུ་གྲུར་རིག་གནས་ཀྱིས་ས་མཐོའི་ལོ་རྒྱུས་མཆེད།

བོད་སྤྱོངས་ས་མཐོ་ནི་དང་ཐོག་ཆུ་ཡི་གླིང་ཆེན་པོ་ཞིག་ཡིན་པ་དང་ཆུ་རྣམས་རིམ་བཞིན་ཁྲི་ནས་ཕ་སྒྲེའུ་དང་མ་བྲག་སྲིན་ལས་བོད་རིགས་ཀྱི་མེས་པོ་བྱུང་བར་གྲགས་པ་ནི་འགྲོ་བ་མི་བྱུང་ཚུལ་སྐོར་ཚན་རིག་དང་མཐུན་པའི་ཚོད་གཏམ་ཞིག་ཡིན་ཞིང་། བསྐལ་པ་ཡ་ཐོག་གི་མི་ཚོས་ལུས་ལ་ཤིང་ལོ་གྱོན་པ་

དང་། རི་དྭགས་ཇོན་པ། ཤིང་ཏོག་ཟ་བ་བཅས་ལ་བརྟེན་ནས་མི་ལོ་དུ་མ་འཚོ་ཐབས་བྱས་པ་ནི་བོད་ཀྱི་ཆོས་འབྱུང་ཁག་དང་གནའ་མིས་བྲིས་པའི་བྲག་བརྐོས་རི་མོ་སོགས་ལས་གསལ་པོར་མངོན། དེ་རྗེས་བྲག་ཕུག་སོགས་ལ་གནས་བཅས་པའི་ལོ་རྒྱུས་ཀྱི་གནའ་ཤུལ་དཔང་རྟགས་མང་པོ་ཞིག་ད་ཆའི་གནའ་རྫས་རྟོག་ཞིབ་པ་ཚོས་གཅིག་རྗེས་གཉིས་མཐུད་དུ་གསལ་སྟོན་བྱས། དེ་ནས་ལོ་མའི་སྤྱིལ་བུ་རྒྱག་པ་སོགས་ཀྱི་གློ་ཐབས་རྙེད་པའི་རྗེས་སྨྲ་གཏུར་རིག་གནས་འཕེལ་རྒྱས་བྱུང་སྟེ་སྐྱུས་སྤྱོའི་འཚོ་བ་མི་རབས་ནས་མི་རབས་བར་བསྐྱལ། དེ་ནི་ས་མཐོའི་མེས་པོ་ཚོས་བརྒྱུད་སྐྱོང་བའི་འཚོ་ཐབས་ལོ་རྒྱུས་ཀྱི་ལམ་བུ་གལ་ཆེན་ཞིག་ཡིན་ལ་ད་ཐེངས་སླེང་བའི་བརྗོད་གཞི་ཡང་ཡིན།

སྲོལ་རྒྱུན་གྱི་སྨྲ་གཏུར། སྨྲ་གཏུར་གྱི་རྒྱུ་ནི་འབྲི་གཡག་གི་རྩིད་པ་ཊྲིག་པ་དང་། གསེད་པ། ཡོ་ག་ཡོག་ནས་སྐུད་པ་སྒྲིམ་ཙམ་ཞིག་བསྒྲིམས་པ། འཐག་པ་བཅས་ཀྱི་ལས་རིམ་བརྒྱུད་དགོས་ཀྱི་ཡོད། རི་ཏ་འཐག་སྐབས་རྒྱུ་ཕྲུན་གཉིས་ཀའི་རྒྱུ་ཆ་གཅིག་པ་ཡིན་ཙང་རྒྱུའི་དོད་ཀྱི་སྐུད་པ་ཕྲ་ཙམ་ཡོད་པ་དང་ཕྲུན་གྱི་དོད་ནི་སྒྲིམ་ཙམ་ཡོད། རི་ཏ་བུབ་རེའི་ཞེང་ཚད་ལ་ལི་སྨི30ཙམ་ཡོད་པ་དང་རིང་ཐུང་ནི་གུར་གྱི་ཆེ་ཆུང་ལ་བསྟུན་ནས་དྲས་གཏུབ་བྱེད་ཀྱི་ཡོད། དེ་རྗེས་རི་ཏའི་ལེབ་ཁ་སྦྲར་བཏང་ནས་ཁག་གཉིས་བཟོ་དགོས་པ་དང་དེ་གཉིས་སྦྲར་མཚམས་ཀྱི་བར་དུ་ཧ་ལམ་ལི་སྨི60ཙམ་ཡོད་པའི་བར་མཐོང་ཤིག་འཇོག་གི་ཡོད་པ་དེ་ནི་སྨྲ་གཏུར་སྟེང་ཐོག་གི་ལྷུང་འགྲོ་དང་དུ་བ་འབུད་ས་ཡིན་ལ་ཁང་པའི་སྐེའུ་ཁུང་གི་ཚབ་ཀྱང་ཡིན། སྨྲ་གཏུར་ཆེ་ཆུང་ནི་ཡོངས་སུ་དཔལ་འཁོར་གྱི་

འཕོས་ཀ་དང་ནང་མི་མང་ཉུང་ལ་བརྟེན་ནས་ཚོད་འཛིན་བྱེད་དགོས་པ་དང་སྨྲ་གུར་ཕལ་ཆེ་བར་མི་དྲུག་བདུན་ཙམ་ཤོང་བ་ཞིག་བཟོ་ཡི་ཡོད། སྤྱིར་བཏང་གི་སྨྲ་གུར་ལ་རེ་ཏ་ལེབ20ནས30བར་དགོས་པ་དང་། སྨྲ་གུར་ཆེ་བར་རེ་ཏ་ལེབ40ནས50བར་དགོས་ཀྱི་ཡོད་པ་རེད། འབྲི་གཡག་ཕལ་ཆེ་བའི་སྤུ་མདོག་ནག་པོ་ཡིན་ལ་སྨྲ་གུར་གྱི་ཆོས་གཞི་ཡང་ནག་པོ་ཡིན་སྟབས་སྨྲ་ནག་ཅེས་པའི་ཐ་སྙད་ཐོགས་ཡོད་རུང་། སྨྲ་གུར་ལ་ལར་མཛེས་ཉམས་འདོན་ཆེད་བལ་གྱིས་བཏགས་པའི་རེ་ཏ་དཀར་པོ་ཞིག་གིས་སྨྲ་གུར་གྱི་མདུན་ནས་སྟེང་བར་དང་ཡང་སྟེང་ནས་རྒྱབ་ངོས་བར་གཏོང་སྲོལ་ཡོད་པས་ནག་པོའི་ཐོག་ཏུ་དཀར་ཐིག་བརྒྱབ་པ་འདྲ་བའི་རྒྱན་སྤྲོས་བྱ་ཐབས་དེ་ནི་ཡི་གར་འོང་བ་ཞིག་ཡོད་ལ་བྱང་རྩྭ་ཐང་ཐོག་གི་ནོར་ལུག་རིག་གནས་དང་མཐུན་པའི་མཛེས་ལྡོངས་ཁྱད་པར་ཅན་ཞིག་ཀྱང་ཡིན།

སྨྲ་གུར་ཕུབ་སྐབས་ཕྱོགས་བཞིར་གུར་རྒྱུག་བཞི་དང་། དཀྱིལ་དུ་ཀ་ར། འཕྲེད་དུ་གུར་ཤིང་། ད་དུང་འདེགས་རྒྱུག་དང་། ཕྱོགས་བཞིར་གུར་ཐག་བསྐྱོན་རྒྱུའི་ཕུར་པ་བཅས་ཡོད་ལ། སྨྲ་གུར་སྟེང་གི་བར་མཐོངས་ལ་འགེབས་བྱེད་ཀྱི་རས་ཤིག་བཟོ་ཡི་ཡོད་པ་དེ་ནི་གནམ་གཤིས་དྭངས་དུས་དབྱེ་ནས་མཁའ་རླུང་རྙིང་འབུད་གསར་བརྗེས་དང་ཉི་འོད་ཐོག་ས་བྱེད་པ་དང་གནམ་གཤིས་གྲང་དུས་དང་ཆར་པ་བབས་སྐབས་ཁ་བརྒྱབ་ནས་ཁ་ཆར་འགོག་པ་དང་དྲོད་སྲུང་གི་ནུས་པ་ཐོན་པ་བྱེད་ཀྱི་ཡོད། ད་དུང་སྨྲ་གུར་སྟེང་གི་ཕྱོགས་བཞིའི་གུར་རྒྱུག་མཐུད་མཚམས་དང་གུར་རྒྱུག་གི་མཐའ་བཞི་བཅས་སུ་སྣེ་བདུན་ནས་བཅུ་

གྲངས་བར་ཡོད་པའི་གུར་ཐག་བརྒྱད་བསྣར་གྱི་ཡོད་པ་དེར་འཁྲོག་པ་ཆོས་ཆོན་ཐག་ཅེས་ཟེར་གྱི་ཡོད་ལ་དེ་དག་ནི་འབྲི་གཡག་གི་རྩིད་སྤུད་དམ་འབྲེང་པས་བཟོས་པ་ཞིག་ཡིན་པས་ཧ་ཅང་སྒྱོད་ཤེད་ཆེན་པོ་ཡོད་པ་རེད། ལྷག་དོན་སྦྲ་གུར་ལ་བཞའ་ཐོག་ན་ཚགས་དམ་དུ་ཕྱིན་ནས་ཆར་ཆུ་འཚག་པ་དང་ཉི་འོད་ཐོག་སྟེ་སྐམ་ན་ཧྲལ་དུ་ཕྱིན་ཏེ་མཁའ་རླུང་རྒྱུ་ཐུབ་པའི་ཁྱད་ཆོས་ལྡན་ཡོད།

སྦྲ་གུར་གྱི་ཕྱོགས་བཞིའི་ལེ་སྒོ་གསུམ་བཞི་ཡི་མཚམས་སུ་གུར་ཐག་རེ་བསྣར་གྱི་ཡོད་པ་དག་ཕུར་པ་ཆུང་ངུ་རེར་བསྐོན་ནས་གུར་བརྟན་པོ་ཡོང་བ་བྱེད་ཀྱི་ཡོད། གུར་སྒོ་ནི་གུར་གྱི་དཀྱིལ་དུ་འདོན་གྱི་ཡོད་ཅིང་། གུར་སྒོའི་གཡས་གཡོན་དུ་ཆེད་མངགས་ལྷུག་ཆ་འཛོག་གི་ཡོད་པའི་གཞོགས་གཅིག་ལྷུག་པོར་འཛོག་པ་དང་གཅིག་ཤོས་དེ་མི་འགྲོ་འོང་བྱེད་སྐབས་ལག་གཅིག་གིས་བཏེགས་ཙམ་བྱས་ནས་འགྲོ་དགོས་ཀྱི་ཡོད་པ་དང་གནམ་གཤིས་ལེགས་པོ་ཡོད་སྐབས་ལྷུག་ཆ་དག་གཞོགས་གཅིག་ལ་ཟར་ནས་གུར་སྒོ་ཕྱེ་ནས་འཛོག་གི་ཡོད། སྲོལ་རྒྱུན་དང་བསྟུན་ན་སྐྱེས་པ་རྣམས་གཡས་ཕྱོགས་དང་བུད་མེད་རྣམས་གཡོན་ཕྱོགས་ནས་འཛུལ་དགོས་ཀྱི་ཡོད།

གུར་རྒྱག་སའི་ས་ཆ་འདེམས་སྐབས་རྩྭ་ཆུ་བཟང་བའི་རྨང་གཞིའི་ཐོག་རྒྱབ་རི་ལ་བརྟོལ་བ་དང་། ས་ཆ་ཁོད་སྙོམས་པོ་དགོས་ལ། གུར་སྒོ་ཤར་ལ་བསྟན་པ་དང་ལྷ་རབ་བྱུང་ན་གུར་གྱི་མདུན་ནམ་གཡས་གཡོན་གང་རུང་དུ་རྒྱུག་ཆུ་ཡོད་ན་ཡག་ཤོས་སུ་བརྩི་བ་ནི་རྒན་རབས་ཚོའི་ངག་རྒྱུན་དུ། ཤར་ཡངས་པ་དང་། ལྷོར་རི་འབུར་ཡོད་པ། ནུབ་སྲུང་ཡོལ་དང་འདྲ་བ། བྱང་ཞོལ་བ་

བཅས་ཀྱི་ཆོས་ཉིད་དང་བསྟུན་པ་ཞིག་ཡིན། གཞན་ཡང་སྤུ་མོ་སྦྲའི་སྒོ་ཐེམ་གྱི་དོད་དུ་རྗེ་ནར་མོ་རེ་འཛོག་སྲོལ་ཡོད་པ་ནི་ཤར་གྱི་སྟག་སྐྱ་བོ་མཚོན་པ་དང་། ཆུ་སྣོད་རྣམས་ལྷོ་རུ་འཛོག་པ་ནི་ལྷོ་ཡི་གཡུ་འབྲུག་སྔོན་པོ་མཚོན་པ། ནུབ་གི་ཆོས་ཁྲིའི་ཐོག་མཆོད་མེ་འབུལ་བ་ནི་ནུབ་ཀྱི་བྱ་དམར་པོ་མཚོན་པ། བྱང་ཕྱོགས་སུ་རང་ཐག་འཛོག་པ་ནི་བྱང་གི་རུས་སྦལ་སྐྱ་བོ་མཚོན་པ་བཅས་ཁྱིམ་གྱི་སྲུང་བ་བཞིར་བཤད། ད་དུང་ཁྱིམ་ཚང་ཕྱུགས་ཡུན་བརྟན་པ་དང་ཕ་རུས་མཐོ་བའི་རྟགས་སུ་གུར་གྱི་ག་རའི་ཤིང་སྟག་པ་དང་ཤུག་པ་གཉིས་དགོས་པ་དང་གུར་སྒོའི་གུར་ཐག་འདོགས་སའི་ཚ་རུ་མཛེ་མོ་ཤིང་དགོས་པ་སོགས་བསྟན་ཡོད། དཔྱད་གཞིའི་ཡིག་ཆ་ལྟར་ན། ལོ་སྟོང་ཕྲག་གི་གོང་དུ་ས་མཐོའི་མི་རྣམས་ཀྱིས་རྫོན་བརྒྱབ་པའི་གཅན་གཟན་རི་དྭགས་ཀྱི་པགས་པ་ཤིང་གི་ཡལ་གར་བཀལ་ནས་ཆར་རླུང་འགོག་ཐབས་ཤེས་པ་དང་རིམ་བཞིན་བལ་སྤུའི་འཐག་ལས་ཤེས་ནས་སྦྲ་གུར་རིག་གནས་དར་ཁྱབ་བྱུང་རྗེས་ཀྱང་། རྩྭ་ཆུ་གང་བཟང་དུ་སྐྱས་སྤོའི་འཚོ་བ་བསྐྱལ་ནས་ལོ་ངོ་དུ་མ་འདས་པའི་ནང་སྦྲ་གུར་འཐག་རྩལ་གོང་མཐོར་ཕྱིན་ནས་ཆར་ཆུ་འཚག་པ་དང་དབྱར་ཁ་བསིལ་ལ་དགུན་ཁ་དྲོ་བའི་ཁྱད་ཆོས་ལྡན་པ་མ་ཟད། ལོ་ངོ་བཅུ་གྲངས་བེད་སྤྱོད་གཏོང་ཆོག་པའི་སྦྲ་གུར་གྱིས་ས་མཐོའི་མི་རྣམས་ལ་ལེགས་སྐྱེས་ཆེན་པོ་ཕུལ་ཡོད།

ཉེ་རབས་ཀྱི་ལོ་རྒྱུས་ལ་བལྟས་ན། ལྷ་ས་གྲོང་ཁྱེར་སོགས་སུ་གླིང་གཏོང་སྤྲོ་སྐྱིད་ལ་རོལ་སྐབས་གུར་གྱི་དང་དོད་ཆེན་པོ་བྱེད་པས་རྒྱུ་འགོ་སྣམ་དང་རས་སོགས་ལས་གྲུབ་པའི་གུར་ཆེ་ཆུང་འདྲ་མིན་དང་རྒྱས་སྤྲོས་སྣ་ཚོགས་བྱས་པ

མཐོང་རྒྱུ་ཡོད། དེ་ཡང་གུར་ཆེ་བའི་མ་གུར་ཁོ་ནར་ཁང་པ་ཀ་བ་བཅུ་གྲངས་ཙམ་དང་། ཆུང་ཤོས་ལའང་ཁང་པ་ཀ་གཅིག་ཙམ་གྱི་རྒྱ་ཁྱོན་ཡོད་པ། དེ་བཞིན་མ་གུར་གྱི་མདུན་ངོས་སུ་མ་གུར་དང་ཆེ་ཆུང་མཉམ་པའི་ཡོལ་སྒོར་དང་ལ་ལར་ཡོལ་སྒོར་ཕྱི་ནང་རིམ་པ་གཉིས་ཡོད་པར་སྤྱིའི་བཟོ་དབྱིབས་གྲུ་བཞི་དང་གྲུ་བཞི་ནར་མོ་ཅི་རིགས་ཡོད་པ་མ་ཟད། གུར་གྱི་སྙེད་པ་ཆ་ཚང་ལ་འཇའ་གསུམ་སྒྲིག་གི་ཤམ་བུ་དང་པ་ཏའི་རི་མོས་བརྒྱན་པ་སོགས་ཡོད། དེ་སྔ་བླ་དཔོན་ཆེ་ཁག་ཕྱོགས་འཐོན་བྱེད་སྐབས་དང་ལྷག་དོན་དྷ་ལའི་བླ་མ་སྐུ་ཕྲེང་རིམ་བྱོན་ཕྱོགས་ཕེབས་དང་གལ་ཆེའི་མཛད་སྒོའི་དུས་སུ་བཟང་གོས་སེར་པོ་ལས་བཟོས་པའི་བོད་ཀྱི་སྲོལ་རྒྱུན་གྱི་གུར་དང་ཡང་ན་ནང་དུ་རྩིབ་སྒྲོམ་དང་བར་འཚང་ཡོད་པའི་སྒོར་དབྱིབས་ཅན་གྱི་སོག་གུར་དབུས་སུ་ཕུབ་པ་དང་སྐུ་འཁོར་རྣམས་རང་རང་གི་གོ་བབས་ལྟར་གུར་སྟར་བ་ཕྱི་ནང་རིམ་པར་སྒྲིག་པ་ནི་མོ་རྒྱུས་ཐོག་ཡང་ཡང་ཐོན་པའི་དབུ་གུར་སྒར་སྒྲིག་ཅེས་པ་དེ་ཡིན་ལ་སྒར་སྒྲིག་གི་རྣམ་པ་གཞན་ལ་ཡང་རིགས་འགྲེལ་ཚོག་པ་ཡིན། ལྷག་དོན་དྷ་ལའི་བླ་མ་སྐུ་ཕྲེང་རིམ་བྱོན་གྱི་ཡང་སྲིད་གདན་འདྲེན་སོགས་མཛད་སྒོ་ཆེ་ཁག་གི་སྐབས་སུ་དབུ་གུར་རྨ་བྱ་ཆེ་མོ་ཞེས་གཞི་རས་ལ་འགོ་སྣམ་ཚོན་ཁྲའི་པ་ཏས་ཡོངས་སུ་ཁེངས་ཤིང་། རྩེ་མོར་གན་ཇི་རའི་གཡས་གཡོན་གཉིས་སུ་གསེར་ཟངས་ལས་གྲུབ་པའི་རྨ་བྱའི་གཟུགས་ཡོད་པ། བཟང་གོས་ཀྱི་ཀ་འཕན་སོགས་མཆོད་རྫས་ཀྱི་རྒྱན་འགྲེམས། མདུན་དུ་གཞི་མཚུངས་ཀྱི་ཡོལ་སྒོར། པ་ཏ་ཅན་གྱི་བྱ་གཡབ་བཅས་རང་འགྲིག་རྣམ་པར་བཀྲ་ཞིང་མཛེས་ཉམས་རྨ་བྱ་དང་འདྲ་བའི་

ཆ་ནས་མིང་དེ་ལྟར་ཐོགས་པར་གྲགས། ད་དུང་དགོན་སྡེ་ཁག་ལ་དགེ་འདུན་ཇི་ཡོད་སྲོང་པའི་ཚོགས་ཁྲུར་ཆེ་མོ་དང་སྒེར་པ་ཁག་ལ་འཁོར་ཆས་ཆ་ཚང་སྲོང་བའི་ལྡིང་ཁྲུར་ཡོད་པ་མ་ཟད། གཉེར་ཁྲུར་དང་ཐབ་ཁྲུར་ཞེས་མགོ་སྒྲ་ནག་དང་སྒབ་ལེ་དང་མཐའ་ཆགས་རས་དཀར་ཡིན་པའི་ཁྲུར་དཀར་རུ་མགོ་ནག་ཞེས་པའི་ཁྲུར་གྱི་རིགས་ཤིག་ཡོད་པ་དེའི་ཐོག་ངོས་སྒྲ་ཡིན་པས་ཐོག་དང་ཆར་པ་འགོག་པ། ཁྲུར་གཤམ་རས་ཡིན་པས་བསིལ་ལ་ཚ་སྲུབས་འགོག་པ་བཅས་ཀྱི་ཁྱད་ཆོས་དམིགས་བསལ་ལྡན་ཡོད་པ་རེད། དེ་སྔ་བོད་ལྗང་སྟོད་ཁུལ་གྱི་གཡག་པ་སྡེ་པར་ཀ་དྲུག་ཅན་གྱི་སྡེ་པའི་ལིང་བཞི་ཞེས་པའི་ཁྲུར་ཆེན་ཞིག་ཡོད་པ་དེར་གླིང་བཞི་གླིང་ཕྲན་དང་། རི་བོ་མཆོག་རབ། མཐའ་ཡི་རྒྱ་མཚོ་སོགས་སྲིད་པ་ཆགས་ལུགས་ཚང་མ་འགྲེལ་ཐུབ་པའི་ཁྲུར་ཆེན་ཞིག་ཡོད་པ་དེ་བོར་བརྣགས་ཏུ་སོང་ཡོད་ རུང་ ཕྱིས་ དགོན་ སྡེ་ དང་ མང་ ཚོགས་ ཀྱིས་ རང་ འགྲུལ་ ངང་ ཞལ་འདེབས་ཕུལ་ནས་གསར་བཞེངས་བྱས་པའི་གདམ་བཟང་ཞིག་ཀྱང་གོ་རྒྱུ་འདུག

ཁྲུར་གྱི་སྐོར་ནས་བཤད་ན། ཁྲུར་གྱི་ཕ་ཡུལ་དུ་འབོད་པའི་བོད་ལྗང་ཐང་གི་འདམ་གཞུང་རྫོང་དུ་འཛམ་གླིང་ཐོག་གི་སྒྲ་ཁྲུར་ཆེ་ཤོས་ཤིག་ཡོད་པ་དེ་ནི་རྗེ་འགྲམ་སོགས་ཀྱི་སོར་རྩེ་ལས་ཐོན་པ་ཞིག་ཡིན་པ་དང་ཁྱོན་མ་དངུལ་སྒོར་ཁྲི་600ཙམ་བཏང་ཞིང་། ཁྲུར་དེའི་རིང་ཚད་ལ་སྨི45དང་། ཞེང་ཚད་ལ་སྨི24 མཐོ་ཚད་ལ་སྨི6 དེ་བཞིན་སྤྱིའི་རྒྱ་ཁྱོན་ལ་སྨི་ངོས་གྲུ1080ཡོད་ལ་ཏ་ལམ་ས་ཁྱོན་སྨུའུ2800ཙམ་ཟིན་པའི་ཁྲུར་དེ་ནི་མི50ལྷག་ཙམ་གྱིས་ཉིན13གྱི་དུས་ཚོད་སྤྱད་ན་གཞི་ནས་སྒུབ་ཐུབ་ཀྱི་ཡོད་པ་རེད། ད་ཆ་མཛོན་

མེན་རིག་གནས་ཤུལ་བཞག་གི་མིང་གཞུང་ནང་འཁོད་པའི་གྲགས་ཅན་གྱི་སྣྲ་གུར་དེ་ནི་བོད་དུ་ཡོང་མཁན་རྒྱལ་ཁབ་ཕྱི་ནང་གི་ཡུལ་སྐོར་བས་ངེས་པར་དུ་ཉམས་ཞིབ་བྱ་ཡུལ་ཞིག་ཏུ་གྱུར་བ་དང་སྣྲགས་རྒྱུན་འཛིན་པ་རྗེ་འགྲམ་ཡང་སྣྲ་གུར་མངགས་མཁན་རྫོགས་མཐའ་མེད་པའི་སྤྱིན་བདག་ཅིག་ཏུ་གྱུར་ཡོད། 2016ལོར་ད་དུང་གུར་དེའི་སྐོར་གྱི་གཏམ་བཟང་ཞིག་ཁྱབ་པ་ནི་ཅི་ཉེ་སི་འཛམ་གླིང་ཟིན་བཀོད་ཚོགས་ཆུང་གིས་འདམ་གཞུང་རྟ་ཐང་གྲོག་གི་གཞི་ཆེའི་སྣྲ་གུར་དེ་བཞིན་འཛམ་གླིང་གྲོག་གི་སྣྲ་གུར་ཆེ་ཤོས་ཡིན་པའི་ཁས་ལེན་བྱས་ཡོད་པ་རེད། དེ་ཡང་སྣྲ་གུར་བོད་མི་རིགས་ཀྱི་འཕེལ་རྒྱས་ཀྱི་ལོ་རྒྱུས་དང་འབྲེལ་བ་དམ་ཟབ་ཡོད་པ་མ་ཟད། བོད་ཀྱི་ཁྱད་ཆོས་ཀྱིས་རབ་ཏུ་ཕྱུག་པའི་མི་རིགས་ལག་ཤེས་ཀྱི་དམིགས་བསལ་གྲོན་རྫས་ཤིག་ཡིན་ལ་ཞིབ་འཇུག་གི་རིན་ཐང་ལྷག་པར་ཆེ་བའི་དཔྱད་གཞི་གསོན་ཉམས་ལྡན་པ་ཞིག་ཀྱང་ཡིན།

ད་ཆ་བོད་ལྗོངས་ས་མཐོའི་གྲོག་ཆེ་ཆུང་དང་བཟོ་ལྟ་འདྲ་མིན་གྱི་གུར་སྣ་ཚོགས་ཡོད་ལ། མཛེས་རྒྱན་སྣ་ཚོགས་སྤྲས་ནས་མི་རྣམས་ཡིད་དབང་འཕྲོག་པ་ཞིག་ཡོད། དེ་ལྟར་ཡིན་ནའང་མཚོ་བོད་ས་མཐོའི་མི་རྣམས་ཀྱི་ཕ་ཁྲིམ་དུ་འབོད་དུ་རུང་བ་ནི་སྣྲ་ནག་རིག་གནས་དེ་རང་ཡིན། ད་དུང་ཕྱིས་སུ་གུར་ནག་པོ་ཙམ་མིན་པར་དཀར་པོ་དང་ཁྲ་ཁྲ་སོགས་ཡོད་ལ་རྒྱུ་ཆ་ཡང་ཧིར་པར་དང་། རས། ཉི་ལུང་སོགས་སྣ་ཚོགས་ཡོད་པ་མ་ཟད། གོས་ཆེན་གྱི་མཐའ་ཆགས་གཏོང་མཁན་ཡོད་ལ་ད་དུང་གུར་གྱི་གྲོག་ཏུ་རི་མོ་སྣ་ཚོགས་དྲས་འཚེམ་བྱས་ནས་ཏ་ཅང་ལྟ་ན་སྡུག་པ་ཞིག་བཟོ་ཡི་ཡོད། འོན་ཀྱང་ད་ཆ་ལྟ་ན་སྡུག་པའི་གུར་སྣ་

ཚོགས་ཐུབ་ནས་གླིང་གཏོང་སྒྲོ་སྐྱིད་ལ་རོལ་མཁན་ཚོར་མཐོ་འདོན་བྱེད་པའི་གུར་དེ་དག་གི་རྒྱུ་ཆ་དང་། དོན་སྙིང་གང་ཅིའི་ཐད་བོད་མིའི་ཕ་ཁྱིམ་དུ་གྲགས་པའི་སྦྲ་ནག་དང་ངོ་བོ་ཉིད་ནས་འགྱུར་ལྡོག་བྱུང་བའི་དེང་རབས་ཀྱི་ཚོང་ཟོག་དཔལ་འབྱོར་ཁྲོམ་རའི་ཐོན་རྫས་དམིགས་བསལ་ཅན་ཞིག་ཡིན་ནོ།

བདུན། ལོ་རྒྱུས་ཀྱི་ཆོད་བགམ་ཐེག་པའི་བོད་གྲི།

ང་ཚོས་བོད་ཀྱི་ས་ཕྱོགས་གང་འདྲ་ཞིག་ཏུ་སོང་རུང་རིང་ཐུང་སྣ་ཚོགས་དང་བཟོ་རྩལ་འདྲ་མིན། མི་རིགས་ཀྱི་ཁྱད་ཆོས་ཟབ་མོ་ལྡན་པའི་གྲི་བེད་སྤྱོད་རྒྱ་ཆེར་བྱེད་པ་མཐོང་རྒྱུ་ཡོད། དེ་ནི་ལོ་ངོ་སྟོང་ཕྲག་རིང་ས་མཐོའི་མི་རྣམས་ཀྱི་ཐོན་སྐྱེད་འཚོ་བའི་ཁྲོད་ནས་ཐོན་པའི་གྲིའི་རིག་གནས་ཀྱི་ཁྱབ་ཚུལ་ཞིག་ཡིན་ལ། གྲི་ནི་དང་ཐོག་གདོད་མའི་མི་ཆོས་དབྱུག་པ་སོགས་ཀྱིས་ལག་ཆ་བྱེད་པའི་ཐབས་རྟེན་པ་དང་རྣོ་འདོན་སྐྱངས་ཤེས་རྗེས་རིམ་བཞིན་རྣོའི་གྲི་དང་། རུས་པའི་གྲི། ལྕགས་ཀྱི་གྲི་བཅས་གསར་གཏོད་ཐུབ་པ་མངོན་ཡོད།

བོད་གྲིའི་བཟོ་རིམ་བཤད་པ། བོད་གྲིའི་བཟོ་རིམ་ཐད་ནས་བཤད་ན། ལྕགས་བཞུར་བ་དང་། བཟོ་ལྤ་འདོན་པ། ངར་བླུགས། རྣོ་འདོན་པ། ཚགས་རྒྱག་པ། ཚ་ལ་བརྒྱབ་ནས་བརྟན་དུ་གཏོང་བ། འཇམ་ཤ་འདོན་པ་བཅས་ཡིན་པ་དང་ཞིབ་ཕྲའི་བཟོ་རིམ་ནི་རང་ངོས་ཀྱི་བཟོ་རྩལ་ཁྱད་ཆོས་ལ་བསྟུན་དགོས་པ་དང་ཇི་ཙམ་དང་དོད་བྱུས་ན་དེ་ཙམ་གྱིས་བཟོ་རིམ་རྙོག་དྲ་ཆེ་བ་ཡོད་

ལ་ཁེག་གཅིག་གིས་གྱི་ལ་ངར་འདོན་སྐབས་མར་བྱུག་པ་དང་གཙོད་ཁྲག་གཏོར་བ་བཅས་ཀྱི་གསང་ཐབས་ལག་རྩལ་ཡང་སྲྱིད་ཀྱི་ཡོད་པ་རེད། གང་ལྟར་བསྐལ་པ་ཡ་ཐོག་ནས་བཟུང་བོད་ལྗོངས་ས་མཐོའི་ཐོན་སྐྱེད་དང་འཚོ་བ་གང་སར་གྲིའི་ལོ་རྒྱུས་ཀྱིས་ཁྱབ་ཅིང་། དེ་སྔའི་རང་སྲུང་གི་མཚོན་ཆ་གཙོ་བོ་ཞིག་ཡིན་ལ་རྒྱན་ཆ་ཡང་ཡིན་པས་གྲི་ལེགས་གྲས་ཤིག་ལུས་ལ་བཏགས་ན་མིའི་གནས་བབ་མཚོན་ལ་ཁྲིམ་ཚང་གི་རྒྱུ་རྫོབས་ཡང་མཚོན། ལྷག་དོན་བོད་དུ་ཚད་ལྡན་གྱི་རྒྱན་ཆའི་རྣམ་གྲངས་དྲངས་སྐབས་རྒྱ་གྲི་ཕོར་ཤུབས་ཞེས་པ་དམིགས་སུ་བཤད་ཡོད་ལ་ཁམས་ཁུལ་དང་འབྲོག་ཁུལ་དུ་དེ་བས་ཀྱང་གྲིའི་སྲྱིད་པོ་ཆེ་ལ་གནས་ཐང་ཆེ་བ་ནི་སྨོས་མེད་ཁར་ཐ་ན་བུད་མེད་ཚོས་ཀྱང་རྒྱན་སྤྲོས་སྣ་ཚོགས་བྱས་པའི་གྲི་ཆུང་འདོགས་པ་དེ་རྒྱུན་ཆར་བརྩིས་ནས་དང་དོད་བྱེད་ཀྱི་ཡོད་པ་རེད།

ལོ་རྒྱུས་ཀྱི་ཆུ་རྒྱུན་རིང་པོའི་ནང་བཟོ་རྩལ་དངོས་པོ་སྤྱི་ཡི་ཚོས་ཉིད་ལྟར་གྲིའི་བཟོ་རྩལ་ལའང་འགྱུར་ལྡོག་ཆེན་པོ་བྱུང་ཞིང་། གྲིའི་སྲྱིད་པོ་ཇེ་ཆེར་ཕྱིན་པས་དཔའ་དམ་དང་། སྐྱེད་གྲི། སྐྲ་གྲི་སོགས་བྱེ་བྲག་མང་པོ་ཐོན་པའི་ནང་དཔའ་དམ་གྱི་རིང་ཚད་ལ་སྨི1ཙམ་ཡོད་པ་དང་སྐྱེད་གྲིར་ལི་སྨི10ནས་ལི་སྨི40བར་ཡོད་ལ་འབྲོག་ཁུལ་གྱི་བུད་མེད་ཚོས་རྒྱན་ཆའི་དོད་དུ་འདོགས་པའི་གྲི་ཆུང་ནི་ཚོན་ཁ་ཤས་ལས་མེད་པ་རེད། གྲིའི་ཡུ་བ་ཕལ་ཆེ་བ་ཤིང་ཡིན་ལ་རྭ་ཅོ་ལས་བཟོས་པ་ཡང་ཡོད། གྲིའི་བཟང་ངན་ནི་ལྕགས་ཀྱི་རྒྱུ་བཟང་ངན་དང་རྟང་མཁན་གྱི་བཟོ་པ་གཉིས་ལ་རག་ལུས་པ་དང་། གྲིའི་མཛེས་འཚོས་གཙོ་བོ་ནི་གྲི་ཤུབས་ལས་མངོན་ཞིང་། གྲི་ཤུབས་ནི་སྤྱིར་ན་ཤིང་དང་། ཀོ་བ། ཟངས་

ལྕགས། དངུལ་སོགས་ཡིན་ལ་བོད་ཤར་ཁུལ་དུ་གཙན་གཟན་གྱི་རྐང་པའི་པགས་པས་བཏུམས་སྲོལ་ཡང་ཡོད་པ་དང་ཐ་ན་ལ་ལར་སྙེར་མོ་ཡང་ཡོད་པ་རེད། གྲི་ཤུབས་ཀྱི་ངོས་སུ་སྟག་སེང་ཁྱུང་འབྲུག་དང་མེ་ཏོག་སོགས་ཀྱི་རི་མོ་རྒྱག་སྲོལ་ཡོད་ལ་དེ་བས་ཀྱང་གཡུ་བྱུར་དང་མུ་ཏིག་སོགས་ཀྱིས་བརྒྱན་སྲོལ་ཡོད་པ་ནི་བོད་གྲིའི་ཐུན་མིན་གྱི་ཁྱད་ཆོས་དེ་ཡིན། ད་དུང་གྲི་ཆེ་རིགས་ལ་རྒྱུ་སེ་ཤན་དང་དར་གོས་སོགས་སྐྱུད་དེ་བསླས་པའི་དཔའ་ལུང་ཞེས་གྲི་ཡུར་འདོགས་བྱེད་ཀྱི་ལུང་ཐག་ཅིག་ཡོད་པ་དེར་ཡང་དང་དོད་ཆེན་པོ་བྱེད་པས་དངོས་འབྲེལ་ལྟ་སྣང་ལ་གཡང་རྩེའི་ཐོག་གི་ཡས་སྒྲོན་གྱི་ནུས་པ་ཐོན་གྱི་ཡོད། སྤྱི་ཚོགས་ཡར་རྒྱས་ཆེན་པོ་བྱུང་བའི་དེང་དུས་ཀྱི་ཐོན་སྐྱེད་ནང་གྲིའི་སྤྱོད་གོ་ཉུང་དུ་ཕྱིན་ཡོད་རུང་རྒྱལ་ཁབ་ཕྱི་ནང་གི་ཡུལ་སྐོར་བས་ཏ་ཅང་དགའ་པོ་བྱེད་པས་གྲི་རྟུང་མཁན་ཚོས་ཀྱང་ཁོང་ཚོའི་དགའ་ཕྱོགས་ལྟར་དཔྱིབས་ལེགས་ལ་མཛེས་རྒྱན་སྣ་ཚོགས་སྤྲས་པའི་གྲི་ཆུང་བཟོ་ཤུགས་ཆེ་རུ་བཏང་བས་ཡུལ་སྐོར་ཐོན་རྫས་ཤིག་གི་ངོས་ནས་གྲིན་ཁ་རྒྱུག་པའི་ཚ་རླབས་ཤིག་འཕྱུར་ཡོད་པ་རེད།

གཙང་ཁུལ་གྱི་མིང་གྲགས་ཆེ་བའི་བོད་གྲི། གྲིའི་སྤུས་ཚད་ལ་ལྟ་སྐབས་ལྕགས་ཀྱི་སྤུས་ཚད་བཟང་ངན་དང་། ལྟ་སྣང་གི་བཟོ་ལྟ་ལེགས་མིན། བཟོ་རྩལ་ཞིབ་ཚགས་མིན། བརྗོས་དཀྱིལ་གྲ་རྒྱས་མིན་སོགས་ལ་གཞི་འཛིན་གྱི་ཡོད་ལ་ལོ་རྒྱུས་ཐོག་གི་མིང་གྲགས་ལའང་དོ་སྣང་ཆེན་པོ་བྱེད་ཀྱི་ཡོད། བོད་ཁུལ་གྱི་གྲིར་ཐོན་ཡུལ་གྱི་དབང་དུ་བྱས་ནས་གཞིས་རྩེ་དང་། ལྷ་ས། ཀོང་པོ། ཨ་མདོ། ཁམས་ཁུལ་བཅས་ཀྱི་དབྱེ་བ་ཁ་ཤས་ཕྱེ་སྲོལ་ཡོད་པ་དེ་དག་ལ་ཐུན་མོང་

གི་ཁྱད་ཆོས་ཡོད་ལ་སྤྱོད་གོ་མི་འདྲ་བ་དང་གོམས་སྲོལ་མི་གཅིག་པས་དམིགས་བསལ་གྱི་ཁྱད་ཆོས་ཅུང་ཟད་རེའང་ཡོད་པ་རེད།

དབུས་དང་གཙང་ཁུལ་གྱི་གྲིའི་སྤྱོད་གོ་ནི་སྣམ་བུ་སོགས་དྲས་གཏུབ་བྱེད་པ་དང་ཤ་གཏུབ་རྒྱུ་སོགས་ལ་སྤྱོད་པས་སློ་གྲི་དང་ཨམ་གྲི་སྤྱོད་ཤུགས་ཆེ་བ་མངོན་གྱི་ཡོད། འབྲོག་ཁུལ་གྱི་མི་ཚོས་གྲི་བེད་སྤྱོད་ཀྱིས་ཕྱུགས་རིགས་བཤའ་བ་སོགས་བྱེད་པས་རྣམ་ཀུན་སྐེད་གྲི་འདོགས་མཁན་མང་ཙམ་ཡོད། བོད་ཤར་ཁུལ་གྱི་ཀོང་པོ་ཁུལ་གྱི་མི་ཚོས་གྲུག་ཆ་ལྡན་པའི་གྲི་རིང་འཁྱེར་གྱི་ཡོད་པ་ནི་གཅན་གཟན་གྱི་གནོད་འཚེ་འགོག་པ་དང་ཤིང་ནགས་ཁྲོད་དུ་ལམ་བཤངས་བྱེད་ལའང་མཁོ་པོ་ཡོད། ལྷག་དོན་ལོ་རྒྱུས་ཐོག་ཀོང་པོ་ཁུལ་གྱི་གྲིའི་བཟོ་རྩལ་ལེགས་པོ་ཡོད་པས། ཀོང་པོ་བས་ཁོང་ཚོའི་ཡུལ་ནས་ཐོན་པའི་གྲི་བེད་སྤྱོད་བྱས་ནས་དབྱིན་འགོག་དམག་འཐབ་ནང་བྱས་རྗེས་ཆེན་པོ་བཞག་པ་མ་ཟད། ཀོང་དམག་གི་དམག་དཔོན་ཉི་མ་གྲགས་པ་ཞེས་པས་གྲི་འཕྱར་ནས་དཔའ་ངར་ཆེན་པོས་དམར་འཛིང་བྱས་ཏུང་མཐར་མང་སྣེ་ཤུང་གིས་མ་བརྟེན་པར་རང་སྲོག་ཤོར་བས་མི་རྣམས་ཀྱིས་ཁོང་གི་མཛད་རྗེས་ལ་དྲན་གསོ་ཞུ་ཆེད་ཁོང་གི་མི་རྟོག་ཅེས་པའི་གྲི་དེ་ཕྱིས་གནས་རྙིང་དགོན་པའི་ནང་ཉར་ཚགས་བྱས་པར་གྲགས། ད་དུང་ཨ་མདོ་དང་ཁམས་ཁུལ་དུ་སྐེད་གྲི་འདོགས་མཁན་མང་ཙམ་ཡོད་པ་དང་གྲི་ཤུབས་ལ་དང་དོད་དེ་བས་ཆེ་བ་ཡོད། གཙང་ཁུལ་དང་ལྷ་ས་རྒྱུད་དུ་ལྷ་རྩེའི་གྲི་ནི་གྲགས་པ་ཆེ་ཤོས་ཀྱི་གྲས་ཤིག་ཡིན་ཞིང་། ད་ཆ་མངོན་མེད་རིག་གནས་ཤུལ་བཞག་ཡིན་པའི་གཞིས་རྩེ་ས་ཁུལ་ལྷ་རྩེ་རྫོང་གི་གྲི་ལ་ལོ་

ངོ་1000ཙམ་གྱི་ལོ་རྒྱུས་ཡོད་པ་དང་ལྷུགས་ཀྱི་ཕྱུས་ཚད་ལེགས་པ་དང་། རྩོ་ངར་འཛོམས་པ། སྲ་བ། བཀྲོས་ཚགས་ལེགས་པ་བཅས་ཡོད། ལོ་རྒྱུས་ཐོག་ལྷ་རྩེ་རྫོང་གི་དུད་ཚང་མང་པོས་གྲིའི་བཟོ་རྩལ་ལ་བརྟེན་ནས་འཚོ་ཐབས་བྱེད་ཀྱི་ཡོད་ལ་ད་ལྟ་ཡང་ལྷ་རྩེའི་ཤང་དགུ་དང་གྲོང་རྡལ་གཉིས་ཚང་མར་མང་ཉུང་ལ་མ་བལྟོས་པར་གྲི་བཟོ་མཁན་གྱིས་ཁྱབ་ཡོད་པ་དང་དུད་ཚང་ལ་བརྩིས་ན་ཡང་བརྒྱད་ཅུ་གྱ་བརྒྱད་ཙམ་ཡོད་པ་དེའི་ནང་ནས་སླེའུ་ཤང་རྩེ་ལུང་གྲོང་ཚོའི་གྲི་ལེགས་ཉོས་ཡིན་པས་བརྟར་ཤེད་ཆེ་ལ་ཁྱུངས་མཐུག་པ་དང་། མི་ཆ་ལེན་པ། ཁབ་ལེན་གྱི་འཐེན་ཤུགས་ཆེ་བ་བཅས་ཡོད་པས་དེ་སྔ་བོད་ཀྱི་མིང་གྲགས་ལྡན་པའི་གྲི་དགུའི་ཡ་གྱལ་ཞིག་ཡིན་ཞིང་། 2001ལོར་བོད་ལྗོངས་གཞིས་རྩེ་ས་ཁུལ་གྱི་སྤེལ་བྱུང་ཐོན་རྫས་སུ་བདམས་པ་དང་1990ལོར་བོད་རང་སྐྱོང་ལྗོངས་ཀྱི་ཡང་བའི་བཟོ་ལས་ཀྱི་ཐོ་བཀོད་ལག་ཁྱེར་ཐོབ་པ་མ་ཟད། རྒྱལ་ཁབ་རིམ་པའི་མངོན་མིན་རིག་གནས་ཤུལ་བཞག་གི་མིང་གཞུང་ནང་ཚུད་པ་དང་ལག་རྩལ་དེའི་རྒྱུན་འཛིན་པ་ཚེ་བརྟན་དབང་རྒྱལ་ཡང་རྒྱལ་ཁབ་རིམ་པའི་རྒྱུན་འཛིན་པར་གྱུར་བ་རེད། སྤྱིར་ལྷ་རྩེ་བས་གྲི་རིང་ཐུང་བར་གསུམ་བཟོ་བའི་རིང་བར་སྨི1ཙམ་དང་། འབྲིང་བར་ལི་སྨི40ཡི་གཡས་གཡོན། ཐུང་བར་ལི་སྨི19ཙམ་ལས་མེད་པ་རེད། དེ་སྔ་ས་ཐག་རིང་བ་དང་ཐོན་སྐྱེད་ཀྱི་གཞི་ཁྱོན་ཆུང་བ་སོགས་ཀྱིས་ཡུལ་དེ་གར་མ་སླེབས་ན་ལྷ་རྩེའི་གྲི་ངོ་མ་ཉོ་ཁག་ཙམ་ཡོད་རུང་ད་ཆ་ཐོན་སྐྱེད་མཉམ་ལས་ཁང་བཙུགས་པ་དང་དམིགས་བསལ་གྱི་ཚོང་རྟགས་ཡོད་པ་མ་ཟད། ལྷ་ས་དང་གཞིས་རྩེ་སོགས་སུ་ཆེད་ཚོང་ཁང་བཙུགས་

ཡོད་པས་ད་ཆ་དཀའ་ངལ་དེ་སེལ་ཐུབ་པ་བྱུང་ཡོད། ད་དུང་གཙང་ཕྱོགས་ཀྱི་རྣམ་གླིང་གི་གྲི་དང་བཞད་མཐོང་སྨོན་གྱི་མཁར་ཁ་ནང་མའི་གྲིའི་བཟོ་རྒྱུན་ལ་ཡང་ལོ་རྒྱུས་རིང་ལ་བཟོ་རྩལ་ལེགས་པའི་གྲགས་པ་ཐོབ་ཡོད་པ་རེད།

ཐུ་མདོའི་གྲགས་ཅན་བོད་གྲི། ལྷ་ས་གྲོང་ཁྱེར་ལྷུན་གྲུབ་རྫོང་གི་ཐུ་མདོའི་གྲི་ལ་ཡང་དུས་ཡུན་ཧ་ཅང་རིང་བའི་ལོ་རྒྱུས་ཡོད་པ་དང་གྲི་རྟུང་སྤྲངས་ཧ་ཅང་སྤྲབས་བདེ་པོ་ཡོད་ཙང་བཟོ་རྩལ་ལེགས་ལ་སྤུས་ཚད་མཐོ་བ་དང་བེད་སྤྱོད་ཀྱི་རིན་ཐང་མཐོ་བས་དགའ་ཕྱོགས་སྣ་ཚོགས་ཀྱི་འཛད་སྤྱོད་པའི་ཁྲོད་དུ་ཤུགས་རྐྱེན་ཆེན་པོ་ཡོད་པ་རེད། ལྷུན་གྲུབ་རྫོང་ཐང་མགོ་ཤང་བཙོམ་མདོ་གྲོང་ཚོར་དར་ཁྱབ་བྱུང་བའི་ཐུ་མདོའི་གྲི་རྟུང་སྐབས་ཚ་ལ་རྒྱུག་པ་དང་། ངར་བླུ་བ། གྲི་ཤུབས་བཟོ་རྒྱུ་ཡན་སྒྲོལ་རྒྱུན་གྱི་ལག་རྩལ་ཁོ་ནར་བརྟེན་ནས་བཟོ་གི་ཡོད་པས་ལོ་ངོ་དུ་མའི་ནང་བཟོ་རྩལ་གྱི་བརྒྱུད་རིམ་ལ་སྤྱིར་ན་འགྱུར་བ་ཕྱིན་མེད་པ་རེད། ཐུ་མདོའི་གྲི་ནི་བོད་གྲི་ཕལ་ཆེ་བ་དང་མི་འདྲ་བར་བཟོ་རིམ་ལ་འགྱུར་ལྡོག་ཤུང་ལ། གྲི་ཡུ་དང་། གྲི་དངོ། གྲི་ཤུབས་སོགས་ལ་རྒྱན་སྤྲོས་བྱས་མེད་པའི་ཐོག ཉོག་འཛིང་ཆེ་བའི་རོ་མོ་བཀོས་མེད་པ་དང་གཡུ་བྱུར་སོགས་ཀྱི་རྒྱན་སྤྲོས་གང་ཡང་བྱས་མེད་ཙང་སྤྱོད་ཤན་ཆེ་ལ་གནའ་ཉམས་ངོད་པ་ཞིག་ཡོད།

ཐུ་མདོའི་བོད་གྲིར་བཟོ་དབྱིབས་མི་འདྲ་བ་ཁག་དྲུག་ཙམ་ཡོད་པ་དང་ཆེ་ཆུང་ཁག་གསུམ་ཙམ་ཡོད་ལ། གྲི་རིང་ཤོས་ཀྱི་ཚད་ལ་ལི་སྨི50ནས60བར་ཡོད་པ་དང་། འབྲིང་བའི་རིང་ཚད་ལ་ལི་སྨི20ནས30བར་ཡོད་པ། ཐུང་ཤོས་ཀྱི་རིང་ཚད་ལ་ལི་སྨི10ཙམ་ལས་མེད། གྲི་ཆེ་འབྲིང་གཉིས་ནི་གཙོ་བོ་

ལུས་སྲུང་དང་ཤ་གཏུབ་རྒྱུ་སོགས་ལ་སྤྱོད་པ་དང་ཆུང་བ་དེ་བུད་མེད་ཚོའི་སྐྱེད་པར་འདོགས་པའི་རྒྱན་ཆའི་རིགས་ཤིག་ཡིན་ལ། སྐྱེས་པ་དང་བུད་མེད་ཀྱི་གྲིའི་བཟོ་ཐབས་ལ་དབྱེ་བ་ཆེ་ཙམ་ཡོད་པ་རེད། འདིར་ནན་བཤད་བྱེད་དགོས་པ་ཞིག་ནི་བོད་གྲིའི་ཁྲིམ་རའི་ཐོག་སྐོར་བརྒྱ་ཡང་མི་རེ་ཞིང་། བཟོ་དབྱིབས་མཛེས་ལ་རྒྱན་སྤྲོས་ཡང་བྱས་ཡོད་པ་དེ་དག་ཕུ་མདོའི་གྲི་དང་རིན་གོང་གི་རྗེ་བག་ཆེན་པོ་ཡོད་པའི་གསང་བ་ནི་དང་ཐོག་བཟོ་བྱའི་རྒྱུ་ཆ་འདྲ་གི་མེད་ཅིང་། དེང་སང་ཕུ་མདོའི་གྲིའི་རྒྱུ་ཆ་གཙོ་བོ་ནི་བཙིངས་འགྲོལ་རྟགས་ཅན་གྱི་ལྕངས་འཁོར་རྙིང་པའི་ལྕགས་ལེབ་ཡིན་པས་ངར་ལྕགས་དཀྱུས་མ་ལས་ཏ་ཙང་ལེགས་པ་དང་བོད་གྱི་ཕྲུས་ལེགས་ཀྱི་ཚད་གཞི་ལྟར་ན། གྲིའི་རྩེ་རྣོ་པོ་དགོས་པའི་ཁར་ངར་ལྕགས་འདུས་ཚད་མཐོ་པོ་ཡོད་དགོས། དེའི་རྒྱུ་མཚན་ནི་གྲི་དངོ་ག་ཚོད་ཀྱིས་མཁྲེགས་པ་ཡོད་ན་དེ་རྩིས་ཀྱིས་རྣོ་བ་ཡོད་ལ། གྲི་ལྤག་ལའང་ངར་ལྕགས་ཀྱི་རྒྱུ་ཆ་སྦྱད་ཕྱིན་ལྟེབས་བརྩེགས་ཐེབས་སླ་བས་གྲི་ལྤག་གི་ངར་ལྕགས་འདུས་ཚད་ཀྱང་མཐོ་པོ་དགོས། ལྟག་དོན་གྲི་ངོས་མཉེན་ཆ་དོད་ལ་གྲི་དངོ་རྣོ་ངར་དང་ལྡན་པ་ཞིག་བརྟུངས་ན་སྤུ་རྐང་གཅོད་ཐུབ་པའི་ཚད་ལ་སླེབས་ཀྱི་ཡོད། འོན་ཀྱང་གྲི་ཕྲུས་དག་དེ་རིགས་ཐོན་པའི་ཆ་རྐྱེན་དེ་རྒྱུ་ཆ་ལེགས་པོ་དགོས་པ་ཙམ་མ་ཟད། བོད་གྱི་བཟོ་མཁན་གྱིས་ཐེངས་བརྒྱ་བྲངས་ཡང་སྐོར་བསྐྱར་བསྐོར་དུ་བརྡུང་ནས་གཙོ་སྦྱངས་བྱེད་པའི་ནང་ཐུན་མོང་མ་ཡིན་པའི་ལག་རྩལ་འདོན་སྤྲངས་ཀྱི་གནད་འགག་དེར་ཐུག་ཡོད་ལ་ཕུ་མདོའི་གྲི་ནི་རྫུན་ལྟད་དང་བྲལ་བའི་སྲོལ་རྒྱུན་ལག་རྩལ་ནན་པོ་སྦྱད་པའི་ཐོན་རྫས་ཤིག་ཡིན།

དེ་ལྟར་ཕུ་མདོའི་གྲིའི་རྒྱུ་ཆ་ལེགས་ལ་སྲོལ་རྒྱུན་གྱི་ལག་རྩལ་ཁོ་ན་སྤྱོད་རྒྱུ་རྒྱུན་འཛིན་མཐའ་གཅིག་ཏུ་བྱེད་ཀྱི་ཡོད་པས་ཁྲོམ་རའི་ཐོག་ཁྲིན་ཁ་རྒྱུག་ལ་ཡུལ་སྐོར་བ་ཚོས་ཀྱང་ཧ་ཅང་དགའ་པོ་བྱེད་ཀྱི་ཡོད། འོན་ཀྱང་གྲི་གཅིག་བརྡུངས་བར་ཉིན་གསུམ་ཙམ་འགོར་བ་དང་ལོ་གཅིག་ནང་མང་ཤོས་སུའང་གྲི་100ལྷག་ཙམ་ལས་བརྡུངས་མི་ཐུབ་སྟབས། ཐོན་ཚད་ཧ་ཅང་དམའ་པོ་ཡོད་པས་མགོ་མང་སྤྱོད་ཞུང་དུ་གྱུར་ནས་སྔོན་མངགས་བྱེད་དགོས་པ་མ་ཟད། སྔོན་མངགས་བྱེད་མཁན་ལའང་ཁས་ལེན་བྱ་རྒྱུ་ཚོད་འཛིན་བྱེད་དགོས་ཀྱི་ཡོད།

བོད་དུ་ལྷ་རྩེ་དང་ཕུ་མདོའི་གྲི་ཕུད་པའི་སྐད་གྲགས་ཅན་གཞན་ཞིག་ནི་ཡིད་འོང་གི་སྒྲུ་གྲི་རྒྱ་མོ་ཞེས་པའི་གྲིའི་རིགས་དེ་ཡིན་ཞིང་། ཉིང་ཁྲི་ས་ཁུལ་སྤོ་བོ་རྫོང་ཡིད་འོང་ཤང་ནས་ཐོན་པའི་གྲི་བཟོའི་ལག་རྒྱུན་དེར་ལོ་ངོ་400ཙམ་གྱི་ལོ་རྒྱུས་ཡོད་ཅིང་། གྲི་དེར་སྐད་གྲགས་ཆེད་དོན་ནི་གྲི་བཟོ་བྱེད་ཀྱི་ལྕགས་རྒྱུ་ས་གནས་དེ་རང་ནས་ཐོན་པའི་གཏེར་ལྕགས་རིགས་གསུམ་ལས་བཟོས་པས་ཤིན་ཏུ་རྣོ་ངར་ལྡན་པ་དང་གྲི་ཤུབས་ཀྱང་ཉ་ཡི་ལྤགས་པ་ཡིན། ཡིད་འོང་གི་གྲི་ནི་སྤྱིར་ན་རིང་ལ་ཕྲ་བ་ཞིག་ཡོད་པ་དང་དམིགས་བསལ་གྱི་ལག་ཐབས་སྤྱད་པས་མཁྲེགས་ལ་རྣོ་ཁར་ཆེ་བ་དང་བཅའ་མི་རྒྱུག་པས་དེ་སྔ་ཆེད་མངགས་མཐོ་རིམ་སྤྱི་ཚོགས་ཀྱི་མི་གྲགས་ལ་མཁོ་འདོན་བྱེད་ཀྱི་ཡོད་པ་རེད། ཡིད་འོང་གྲིའི་ཁྱད་ཆོས་གཞན་ཞིག་ནི་མཛེས་སྡུག་ལྡན་པའི་རང་བྱུང་རི་མོས་བརྒྱན་ཏེ་འཇའ་མདངས་འཕྲོ་བ་ཞིག་ཡོད་པས་འཇའ་གྲི་ཞེས་པའི་མིང་ཡང་ཐོགས་ཡོད་པ་རེད། འོན་ཀྱང་རི་མོ་དེ་དག་ནི་རང་དགར་མི་ཐོན་པར་གཏེར་ལྕགས་དག་བཞུ་གཏུལ

ཡང་ཡང་བྱེད་དགོས་པ་དང་དེ་རྗེས་མིའི་ནང་བཙོ་སྦྱངས་བྱས་རྗེས་ཚྭ་ཆུ་བྱུག་ན་གཞི་ནས་རི་མོ་དེ་དག་ཕྱིར་མངོན་གྱི་ཡོད་པ་རེད། ད་ཆ་ཡིད་འོང་གི་གྲིར་ནང་སར་སྐད་གྲགས་དེ་བས་ཆེ་བ་ཡོད་པས་པེ་ཅིང་དང་ཧྲང་ཧའི་སོགས་ནས་སྔོན་མངགས་བྱེད་མཁན་མང་བས་ད་ཆ་མགོ་མང་སྒྲིད་ཞུང་གི་གནས་ཚུལ་ཐོན་གྱི་ཡོད་པ་རེད། བོད་གྲིའི་ཁྲིམ་རའི་ཐོག་ད་དུང་ཡུན་ནན་བདེ་ཆེན་བོད་རིགས་རང་སྐྱོང་ལྗོངས་རྒྱལ་ཐང་རྫོང་ནས་ཐོན་པའི་གྲི་ཡང་ཡོད་པ་རེད། གོ་ཐོས་ལྟར་ན་དེ་སྤྱི་ས་གནས་དེར་གྲི་རྟུང་མཁན་གྱི་ཁྱིམ་རྒྱུད་མང་པོ་ཡོད་པའི་ཁྲོད་ནས་ཁ་བ་དང་མཁའ་འགྲོ་ཞེས་པའི་ཁྱིམ་རྒྱུད་གཉིས་སྐད་གྲགས་ཆེ་ཤོས་ཡིན་རུང་དུས་འགྱུར་ཆེ་བ་དང་རྒྱུན་འཛིན་གྱི་རྩ་དོན་ནན་དྲགས་པས་བར་སྐབས་ཤིག་རིང་བཟོ་རྒྱུན་ཆད་རུང་རྐན་རབས་ཁག་གཅིག་གི་དྲན་ཤེས་ལ་བརྟེན་ནས་བཟོ་རྒྱུན་སླར་གསོ་ཐུབ་ཙམ་བྱུང་བས་ད་གཟོད་ལོ་ངོ་200ཡི་ལོ་རྒྱུས་ལྡན་ཞིང་། རྡོ་ལྕགས་ཀྱང་གཅོད་ཐུབ་པར་གྲགས་པའི་ཁ་བའི་གྲིའི་བཟོ་རྩལ་དེ་མི་རྣམས་ཀྱི་སྤྱོད་ཡུལ་དུ་གྱུར་ཐུབ་པ་བྱུང་ཡོད།

མདོར་ན་གྲི་ནི་སྤྱོད་གོ་ཆེ་ཞིང་ཡང་ལ་འཁྱེར་བདེ་བ་དང་མཛེས་རྩལ་གྱི་རིན་ཐང་མཐོ་བས་སྔར་བཞིན་བོད་རིགས་མང་ཚོགས་ཚོའི་དཔའ་ཆས་ཡིན་ལ་མཛེས་ཆས་ཤིག་ཀྱང་ཡིན་ནོ།

ལོ་རྒྱུས་རིང་བའི་བོད་གྲི། སྤྱི་ལོའི་དུས་རབས་དང་པོའི་གཡས་གཡོན་དུ་བོད་དུ་ལྕགས་བཞུ་བརྡུལ་གྱི་ལག་རྩལ་དར་བ་མ་ཟད། གྲི་བཟོ་ལ་མཁས་པ་ཟིམ་པོ་སྤྱན་དགུ་ཟེར་བ་བྱུང་བ་དང་སོང་ཆོས་བརྟུངས་པའི་གྲི་ལ་དགུ་ཟེ་ཞེས

མིང་ཐོགས་པར་གཞིགས་ན། བོད་དུ་ལྕགས་བཞུ་བཏུལ་གྱི་ལག་རྩལ་དར་མ་ཐག་གི་བཟོ་ཐུབ་པ་གསལ་ཡོད་པས་གྲི་གུམ་བཙན་པོ་ནས་བརྩིས་ན་ད་བར་ཉུང་མཐར་ཡང་མི་ལོ1600ཙམ་གྱི་ལོ་རྒྱུས་ཡོད་པ་ཤེས་ཐུབ། ལྷག་དོན་རྒྱལ་རབས་ཆོས་འབྱུང་མང་པོར། གྲི་གུམ་བཙན་པོའི་དུས་སུ་གོ་ཁྲབ་རལ་གྲི་ཐོག་མར་དར་ཞེས་འཁོད་པ་དང་། ཡང་ལོ་ངམ་རྟ་རྫིས་རལ་གྲི་ཀླད་ལ་བསྐོར་ནས་གྲི་གུམ་བཙན་པོ་དགྲོངས་ཞེས་འཁོད་པར་གཞིགས་ན། བཙན་པོའི་གདུང་རབས་བརྒྱད་པ་ཙམ་གྱི་དུས་ནས་གྲིའི་བཟོ་རྩལ་དར་ཡོད་པ་མ་ཟད། ཕྱིས་གྲིའི་བཟོ་རྩལ་དང་བེད་སྤྱོད་ཀྱི་རིན་ཐང་ཇེ་ཆེར་ཕྱིན་པས་བཙན་པོ་རིམ་བྱོན་ཀྱི་དུས་སུ་དགྲ་ལ་རྡེག་པའི་གོ་མཚོན་ཡིན་ལ་རང་ལ་སྲུམ་པའི་རྒྱན་ཆའམ་དཔའ་ཆས་གཙོ་བོ་ཡང་ཡིན་པ་དེ་ཏ་ལམ་ལོ་རྒྱུས་ཡིག་ཆའི་ཤོག་ལྷེ་ཁ་ཕྱེ་མ་ཐག་མཐོང་རྒྱུ་ཡོད་པ་ལྟ་བུ་ཞིག་ཡིན། ལྷག་དོན་བཙན་པོ་སྲོང་བཙན་སྒམ་པོ་དང་ཁྲི་སྲོང་ལྡེའུ་བཙན་གྱི་དུས་སུ་ནང་ཆོས་རྒྱ་ཆེར་དར་ནས་ལྷ་ཁང་མང་པོ་བརྩེགས་པ་དང་ལྷ་སྐུ་ཡོན་ཆེན་བཞེངས་པའི་ཁྲིད་ཆོས་སྐྱོང་སྲུང་མ་སོགས་དྲག་པོ་དང་ཁྲོའི་སྐུ་མང་པོ་བཞེངས་པའི་ཕྱག་མཚན་དུ་རལ་གྲི་ཐོགས་པ་མང་པོ་ཡོད་པ་མཐོང་ཆོས་ལྟར་ཡིན་པ་དང་། དེ་རྗེས་ཀྱང་དར་སོ་དང་སྤྱོད་གོར་ཉམས་རྒྱུད་མ་བྱུང་བས་ཡོན་རྒྱལ་རབས་ཀྱི་ལོ་རྒྱུས་ཡིག་ཆ་དང་མིང་རྒྱལ་རབས་ཡུང་ལོའི་དུས་ཀྱི་ལོ་རྒྱུས་ཡིག་ཆའི་ནང་དུ་ཡང་བོད་གྲི་བཟོ་བའི་རྒྱུ་ཆ་དང་། བཟོ་ཐབས། རྣམ་གྲངས་བཅས་ཞིབ་ཕྲ་བཀོད་ཡོད་པ་རེད། དེ་རྗེས་ཀྱི་ལོ་རྒྱུས་དུས་ཡུན་རིང་པོ་ཞིག་གི་ནང་དམག་དོན་དང་། ཐོན་སྐྱེད་འཚོ་བ།

དཔའ་ཆས་སོགས་ཀྱི་དགོས་མཁོ་རྒྱ་ཆེར་ཕྱིན་པ་དང་སྦྲགས། གྲིའི་བཟོ་རྩལ་ཀྱང་ཇེ་ལེགས་སུ་ཕྱིན་ནས་ད་ཆ་འཛམ་གླིང་གི་སྐྱེ་བོ་ཚོས་ཐོབ་ཤ་ཐེད་པའི་སྒྱུ་རྩལ་དངོས་པོ་དེ་ཐོན་པ་ཞིག་ཡིན།

དམངས་སྲོལ་ཀུན་བཏུས་སུ་འཁོད་པའི་འཛམ་གླིང་གི་བྱུང་བརྗོད་སྐན་ངག་རིང་ཤོས་གླིང་སྒྲུང་ནང་དཔའ་རྟུལ་རེར་མིང་ཅན་གྱི་གྲི་རེ་དང་གྲི་རེར་ངོ་མཚར་ཆེ་བའི་ལོ་རྒྱུས་རེ་ཡོད་པའི་སྣང་ཚུལ་ནི་ཕུ་ནས་ཡོད་ན་མདའ་རུ་བྱུང་བའི་དཔེ་ལྟར་དམངས་ཁྲོད་ཀྱི་ཕུན་སུམ་ཚོགས་པའི་གྲིའི་རིག་གནས་ཀྱི་བསྡུས་རིས་ཤིག་ཡིན་ལ། འོད་ཟེར་ལྷང་ལྷང་འཕྲོ་བའི་གྲིའི་རིག་གནས་ཀྱི་འགྱུར་རྗེ་གསོན་པོ་ཞིག་ཀྱང་ཡིན་པས་དེ་ནི་ཉར་ཚགས་དང་ཞིབ་འཇུག་གི་རིན་ཐང་ཆེན་པོ་ལྡན་པའི་བཟོ་རྩལ་དངོས་པོ་ཞིག་ཏུ་གྱུར་ཡོད།

དེས་ན། གྲི་ནི་ས་མཐོའི་མི་ཚོའི་ཐོན་སྐྱེད་དང་། འཚོ་བ། རང་སྲུང་། མཛེས་རྒྱན་བཅས་ཀུན་ལ་མཁོ་བའི་གོ་མཚོན་དང་། ལག་ཆ། རྒྱན་ཆ་བཅས་གཅིག་ལྡོགས་ཀྱི་སྒྱུ་རྩལ་དངོས་པོ་ཞིག་ཡིན་ལ་ལོ་རྒྱུས་ཀྱི་ཚོད་བགམ་ནན་པོ་ཐེག་པའི་སྒྱུ་རྩལ་དངོས་པོ་ཞིག་ཀྱང་ཡིན་ནོ།

བརྒྱད། སྐུ་འདྲའི་བཟོ་རྩལ་གྱི་འཕེལ་རིམ།

2016ལོའི་ཟླ7པའི་ཚེས19ཉིན་བོད་ཀྱི་ཐེངས་དང་པོའི་སྐུ་བརྙན་སྟོན་ཚོགས་གཉེར་ནས་རང་སྐྱོངས་ཀྱི་རིམ་པ་དང་པོ་དང་། གཉིས་པ།

གསུམ་པ་བཅས་ཀྱི་ལྷ་སྐུའི་སྒྱུ་རྩལ་པའམ་ལྷ་འབྲི་བ་ཆེ་མོ་བ18ཞུགས་ནས་བརྩམས་ཆོས་འགྲེམས་སྟོན་དང་། བཟོ་རྩལ་འགྲན་བསྡུར། བགྲོ་གླེང་ཚོགས་འདུ་འཚོགས་པ་བཅས་བྱས་ནས་ལོ་ངོ་སྟོང་གི་བོད་ཀྱི་སྐུ་བརྙན་སྒྱུ་རྩལ་སྲུང་སྐྱོབ་དང་། དར་སྤེལ། གསར་གཏོད་བཅས་ཐད་ཀྱི་གྲུབ་འབྲས་དང་གནས་བབ་གཅིག་སྡུད་ཐོག་མཚོན་པར་བྱས་ཡོད།

སྐབས་དེའི་སྟོན་ཚོགས་ལ་ལྷ་ས་དང་། གཞིས་རྩེ། ཆབ་མདོ། ལྷོ་ཁ། མངའ་རིས་བཅས་ས་ཁུལ་དང་གྲོང་ཁྱེར་ལྔ་ཡི་ལྷ་བཟོ་ཆེ་མོ་བ་བཅུ་གྲངས་ཤིག་ཞུགས་ཡོད་པ་དང་བརྩམས་ཆོས་ཁག120འགྲེམས་སྟོན་བྱས་པའི་ནང་ལྷ་སྐུ་དང་། ལོ་རྒྱུས་མི་སྣ། དམངས་སྲོལ་རིག་གནས་སོགས་ཚུད་ཡོད་ཅིང་། སྐབས་དེའི་འགྲེམས་སྟོན་བརྒྱུད་མངོན་མེད་རིག་གནས་ཤུལ་བཞག་གི་གསོན་ཤུགས་དེ་བས་ཆེ་རུ་འགྲོ་བ་དང་། དེང་གི་མི་རྣམས་ཀྱིས་བོད་ལྗོངས་ཀྱི་འབུར་བརྙན་རིག་གནས་ལ་ཤེས་རྟོགས་ཟབ་ཏུ་གཏོང་བ། ཕན་ཚུན་སྤེལ་རེས་དང་མཉམ་ལས་ཀྱིས་སྐུ་བརྙན་བཞེངས་པའི་སྒྱུ་རྩལ་གྱི་ཚུ་ཚད་གསར་པ་ཞིག་ཏུ་སླེབས་རྒྱུ་སོགས་ཀྱི་ཐད་དགེ་མཚན་ཆེན་པོ་ཐོན་ཐབས་བྱས་པ་རེད།

བོད་ཀྱི་ས་ཕྱོགས་གང་དུ་སྐྱོད་ཀྱང་སྐུ་འདྲ་བཞུགས་པའི་དགོན་པ་དང་ལྷ་ཁང་མང་ལ་སྐུ་འདྲ་བླུ་ཚོང་བྱེད་མཁན་མང་ཞིང་། རྒྱལ་ཁབ་རིམ་པ་དང་། ལྗོངས་རིམ་པ། ས་ཁུལ་རིམ་པ། རྫོང་རིམ་པ་བཅས་ཀྱི་མངོན་མེད་རིག་གནས་ཤུལ་བཞག་གི་རྒྱུན་འཛིན་པ་མང་པོས་ཐུན་མོང་མ་ཡིན་པའི་ལག་རྩལ་ལ་བརྟེན་ནས་སྒྱུ་རྩལ་གྱི་རིན་ཐང་ཆེས་ཆེར་མཐོ་བའི་སྐུ་འདྲ་ཆེ་ཆུང་མང་པོ་

བཞེངས་ནས་མཐའ་བཞིའི་རིག་གནས་པ་དང་། བཟོ་རྩལ་པ། ཞིབ་འཇུག་པ་བཅས་ཀྱི་ཡིད་དབང་ཅིག་ཅར་དུ་འཕྲོག་ནས་རང་ཉིད་ཀྱིས་ཉར་ཚགས་བྱེད་པའམ་གྲོགས་པོ་དང་གཉེན་ཉེར་འབུལ་རྒྱུའི་དད་རྟེན་དངོས་པོ་རྩ་ཆེན་ཞིག་ཏུ་བརྩི་ཡི་ཡོད།

སྐྱེ་བོ་མང་པོ་ཞིག་གིས་སྐུ་འདྲ་ནི་ཆོས་ལུགས་ཁྱབ་ཁོངས་ཀྱི་དད་རྟེན་ཞིག་ཏུ་ངོས་འཛིན་བྱེད་ཀྱི་ཡོད་ཙང་དོན་དམ་དུ་སྒྱུ་རྩལ་རིན་ཐང་གི་ཡིད་དབང་འཕྲོག་ཤུགས་དེ་བས་ཆེ་བ་ཡོད། སྐུ་འདྲའི་རྒྱུ་ནི་གསེར་དངུལ་ཟངས་ལྕགས་ལས་གྲུབ་པ་དང་། རྡོ་དང་ཤིང་ལས་གྲུབ་པ། ལི་ལས་གྲུབ་པ། དེ་བཞིན་འཇིམ་པ་དང་རྫ་ལས་གྲུབ་པ་སོགས་སྣ་ཚོགས་ཡོད་པ་དེ་དག་བཟོ་བོ་མཁས་པ་ཚོའི་འདུ་བྱེད་ཀྱིས་གསོན་ཉམས་དོད་པའི་སྐུ་འདྲ་རེ་རེ་བཞིན་གྱིས་གངས་ལྗོངས་ས་མཐོའི་ལག་ཤེས་བཟོ་རྩལ་གྱི་གནམ་ས་གསར་པ་ཞིག་གཏོད་ཡོད།

སྐུ་འདྲའི་བཟོ་རྩལ་ལ་རྒྱུས་མངའ་དེ་ཙམ་མེད་པའི་སྐྱེ་བོའི་ངོས་ནས་བཤད་ན་སྐུ་འདྲའི་བཞེངས་རྩལ་རྒྱུས་བསྡུས་ཙམ་ལས་དེ་མིན་དབྱེ་བ་ཞིབ་ཅིང་ཕྲ་བ་འབྱེད་ཤེས་ཀྱི་མེད། འོན་ཀྱང་རིགས་གཅིག་མཁས་ཅན་ཚོས་དཔྱད་ན་རྒྱ་གར་དང་། བལ་ཡུལ། ནང་ས་སོགས་མཐའ་འཁོར་མི་རིགས་ཀྱི་བཟོ་རྩལ་གྱི་ཤན་ཞུགས་པའི་སྐུ་འདྲ་དང་། བོད་རང་གི་ཐུན་མོང་མ་ཡིན་པའི་སྐུ་འདྲ། ཡང་བོད་ཀྱི་ས་ཕྱོགས་ཁག་གི་བཟོ་རྩལ་ཁྱད་ཆོས་བཅས་ཀྱི་དབྱེ་བ་ཡང་ངེས་ཅན་ཞིག་ཡོད་པ་རེད། བསྟན་པ་སྔ་དར་དུས་ཀྱི་ལྷ་ལྷན་གཙུག་ལག་ཁང་དང་

བསམ་ཡས་གཙུག་ལག་ཁང་སོགས་ཀྱི་འཛིམ་སྐུ་ཕལ་ཆེ་བ་བལ་པོའི་ལྷ་བཟོ་བས་བཞེངས་པ་དང་དུས་རབས་བཅུ་གཅིག་པ་ནས་བཟུང་བོད་དུ་ས་སྐྱ་དགོན་དང་། ར་སྒྲེང་དགོན། དྭགས་ལྷ་སྒམ་པོ་སོགས་དགོན་པ་ཕོན་ཆེན་གྱིས་བཞེངས་པའི་འཛིམ་བཟོ་བ་ཕལ་ཆེ་བ་ནི་བོད་རིགས་ཡིན་ཞིང་། དེ་རྗེས་ཀྱི་དུས་ཡུན་རིང་པོ་ཞིག་གི་ནང་འཛིམ་བཟོའི་དགོས་མཁོ་རྒྱུན་མ་ཆད་པར་དུས་རབས་14ཙམ་ལ་སླེབས་སྐབས་བོད་རིགས་ཀྱི་འཛིམ་བཟོ་བ་ཚོའི་བཟོ་རྩལ་ཡར་རྒྱས་ཆེན་པོ་བྱུང་ནས་ཐོག་ཚད་གསུམ་བཞི་ལོན་པའི་ལྷ་སྐུ་ཆེ་གྲས་ཀྱང་བཞེངས་ཐུབ་པ་བྱུང་ཡོད།

རྒྱ་གར་དང་བལ་ཡུལ་སོགས་ཀྱི་ཁྱད་ཆོས་ལྡན་པའི་ལྷ་སྐུ། བཙན་པོའི་དུས་སུ་རྒྱ་གར་ལུགས་ཀྱི་ལྷ་སྐུ་ཕོན་ཆེན་བཞེངས་ཡོད་རུང་ཕལ་ཆེ་བ་འཛིམ་སྐུ་ཡིན་སྟབས་ད་ཆ་མང་པོ་ལྷག་མེད། འོན་ཀྱང་རྒྱ་གར་ལུགས་ཀྱི་ལི་སྐུ་དང་གསེར་དངུལ་ཟངས་གསུམ་ལས་གྲུབ་པའི་ལྷ་སྐུ་ཙུང་མང་པོ་ཡོད་ཅིང་། ལྷག་དོན་སེནྡྷ་ལ་དང་། རྒྱ་བལ། ལི་ཡུལ་བཅས་ནས་ཕྱིན་པའི་རང་བྱུང་གི་ལི་དང་གསེར་དངུལ་ཟངས་ལྕགས་སོགས་རིན་པོ་ཆེ་སྣ་དགུ་བསྲེས་ནས་བྱུང་བར་གྲགས་པའི་བཙོས་མའི་ལི་སྐུ་ཧ་ཅང་དར་ཁྱབ་ཆེན་པོ་བྱུང་ཡོད་ལ། རྒྱུ་ཆ་ཁག་བསྲེས་མང་ཉུང་དབང་གིས་ལི་དཀར་དང་། ལི་དམར། ལི་སྨུག ལི་ནག ལི་ཁྲ་བཅས་ཡོད་ལ། རྒྱ་གར་གྱི་ལི་མར་ཡང་ཕྱོན་ཡུལ་དབང་གིས་ཤར་ལི་ནུབ་ལི་སོགས་ཀྱི་འབོད་སྲོལ་ཆགས་ཡོད་པ་དང་། བོད་ཀྱི་ལི་མར་ཡང་བཙན་པོ་རིམ་བྱོན་གྱི་སྐུ་དུས་སུ་བྱུང་བར་ཆོས་རྒྱལ་ལི་མ་དང་། རྒྱལ་རྗེའི་ཆོས་རྒྱལ་རབ་བརྟན་ཀུན་བཟང་འཕགས་ཀྱི་སྐུ་དུས་སུ་བྱུང་བར་ཆོས་རྒྱལ་ལི་མ་གསར་མ།

དེ་བཞིན་ཇོ་བོ་རྗེ་དཔལ་ལྡན་ཨ་ཏི་ཤ་དངོས་སློབ་དང་བཅས་པའི་དུས་སུ་བྱུང་བར་བཀའ་གདམས་ལི་མ་དང་ཏཱ་ལའི་བླ་མ་སྐུ་ཕྲེང་ལྔ་པའི་སྐུ་དུས་ཀྱི་འདོད་དཔལ་ལི་མ་བཅས་ཡོད་པ་རེད།

རྒྱ་གར་གྱི་ཡུལ་དབུས་མ་གྷ་དྷ་ནས་བྱུང་བའི་དབུས་ལི་ཕལ་ཆེ་བ་ལི་དཀར་དང་། ལི་དམར། ཁྲ་བོ་བཅས་ཡིན་ལ་སྐུ་ལུས་ལི་དང་ཆོས་གོས་ཟངས་ཀྱིས་བཞེངས་པའང་མང་པོ་ཡོད། དེ་དག་གི་ཁྱད་ཆོས་གཙོ་བོ་ནི་སྐུ་གཟུགས་ཀྱི་བསྟུར་ཚད་སྙོམས་ལ་ཕྲ་ཞིང་། ཤངས་གཟེངས་མཐོ་ལ་སྤྱན་དཔྲག་དོག་པ། ན་བཟའ་སྐུ་ལ་འཚམ་ཞིང་གཉེར་རིས་གསལ་བ། བཞུགས་ཁྲི་ཕལ་ཆེ་བ་རྡོ་རྗེ་དང་། སེང་གེ། པདྨས་བརྒྱན་པ་དང་རིན་པོ་ཆེའི་ཕྲ་བརྒྱབ་ནས་མཛེས་ཤིང་ཡིད་དུ་འོང་བ་ཞིག་ཡོད། ད་དུང་བྱང་སེམས་རྣམས་ཀྱི་སྐུ་བྱད་སྟོད་ལ་ཅོད་པན་གྱིས་མཛེས་པ་དང་། རིན་པོ་ཆེས་བརྒྱན་ཡོད། རྒྱ་གར་ཤར་མའི་ལྷ་སྐུ་རྣམས་ལི་མ་དཀར་པོ་མང་ལ་རྒྱ་གར་གྱི་ལུགས་དང་། ཧྥེ་རིག རོ་མ་བཅས་ཀྱི་སྒྱུ་རྩལ་ཟུང་འབྲེལ་བྱས་པས་ཆོས་གོས་ཀྱི་འོག་ནས་ཕྲག་པ་ཕྱིར་མངོན་པ་དང་། འབུར་གཟུགས་ཀྱི་རྣམ་པ་དོད་པ། ཆོས་གོས་ཀྱི་གཉེར་རིས་དག་གཡས་ནས་གཡོན་ལ་ཕྱོགས་ཤིང་ཕྱག་གཡོན་པས་ཆོས་གོས་ཀྱི་སྣེ་མོ་ནས་བཟུང་བ། སྤྱན་ཅུང་གོང་ལ་ཤངས་གཟེངས་མཐོ་བ་དང་ཞལ་མཆུ་སྲབ་ཅིང་ཞལ་རས་གྱེན་ལ་ཕྱོགས་པ་བཅས་ཀྱི་ཁྱད་ཆོས་ལྡན་ཡོད། བྱང་སེམས་དག་ཆོས་གོས་བརླབས་པ་དང་། གཡས་ནས་གཡོན་ཕྱོགས་སུ་བླ་གོས་དཀྲིས་པ། སྐུ་ཚད་ཅུང་ཆུང་ལ་ཐང་ཤ་དོད་ཅིང་གཞོན་ཤ་ཆགས་པའི་དྲག་རྩལ་པ་འདྲ་པོ་ཡོད། དབུ་སྐྲ་སྟུག་

ལ་སྲུ་ལུ་འཁྱིལ་ཞིང་། དབུའི་གཡས་གཡོན་དུ་དར་དཔྱང་དང་སྙན་རྒྱན་གྱིས་བརྒྱན་ཡོད། སངས་རྒྱས་བྱང་སེམས་ཀྱི་བཞུགས་ཁྲི་ཚང་མ་ཟླུམ་གཟུགས་དང་གཤམ་ངོས་གྲུ་བཞི་ཡིན་པའི་ཐོག་གཡས་གཡོན་གཉིས་སུ་སེང་གེ་བཀོད་ཡོད་ལ་བུམ་པ་དང་མེ་ཏོག་གིས་བརྒྱན་ཡོད།

ཀཤྨིར་ནི་རྒྱ་གར་ནུབ་བྱང་གི་ཧི་མ་ལ་ཡའི་རི་ཁུལ་དུ་གནས་པ་དང་སྤྱི་ལོའི་དུས་རབས་བཅུ་པའི་དུས་མཇུག་ཏུ་ནང་ཆོས་བོད་ལ་བསྐྱར་དར་བྱུང་རྗེས་ཀཤྨིར་གྱི་ནང་ཆོས་སྒྱུ་རྩལ་བོད་ལ་དར་ཁྱབ་བྱུང་བ་མ་ཟད། ཤུགས་རྐྱེན་ཆེན་པོ་ཐེབས་ཡོད་པ་རེད། སྐུ་འདྲའི་བཞིན་རས་ནི་ཙུང་འཛོང་དབྱིབས་ཡིན་པ་དང་། སྤྱན་ཆེ་ལ་སྐུ་གཟུགས་རག་པ། ཕལ་ཆེ་བས་གཡོན་ངོས་སུ་ཆོས་གོས་མནབས་ཡོད་པ་རེད། སྐུ་སྟོད་ཙུང་རིང་ཞིང་འཇམ་ཤ་དོད་ལ་འོད་མདངས་དང་ལྡན་ཞིང་། སྐུ་རྒྱུ་ཕལ་ཆེ་བ་རག་ཡིན་པ་དང་བཞུགས་ཁྲིའི་རྒྱུ་ཆ་སྣ་ཚོགས་ཡོད་པ་རེད།

རྒྱ་གར་ཤར་ལྷོའི་སྐུ་འདྲའི་བཟོ་རྩལ་ནི་སྤྱི་ལོ740ཙམ་ལ་དར་ཞིང་རྒྱས་པ་དང་དུས་རབས་བརྒྱད་པའི་རྗེས་སུ་ཉམས་རྒུད་དུ་གྱུར་བའི་རྒྱ་གར་གྱི་ནང་ཆོས་གནས་ཡུལ་མཇུག་མ་ཧྥང་ག་ལ་ཡིན་ཞིང་། དུས་རབས་བཅུ་པའི་དུས་འགོར་ཡུལ་དེ་གར་འཁྲུངས་པའི་ཇོ་བོ་རྗེ་དཔལ་ལྡན་ཨ་ཏི་ཤ་བོད་དུ་ཕེབས་ནས་མི་ལོ17ཙམ་བཞུགས་ཏེ་ནང་ཆོས་དར་འཕེལ་གནང་བས་སྐབས་དེའི་བོད་ཀྱི་ལི་མའི་སྐུ་ལ་ཧྥང་ག་ལའི་སྒྱུ་རྩལ་གྱི་ཉམས་འགྱུར་ཤུགས་ཆེན་ལྡན་ཡོད། གཞན་ཡང་ཧྥང་ག་ལའི་སྐུ་འདྲའི་སྒྱུ་རྩལ་གྱི་ཁྱད་ཆོས་ལྡན་ཙང་ཉམས་འགྱུར་

ཐད་ཏེ་བག་ཆེ་ཙམ་ཡོད་ཅིང་། ལྷ་སྐུའི་ཞིབ་ཕྲའི་བཟོ་རྩལ་ཐད་རྒྱ་གར་གྱི་མིའི་ཁྱད་ཆོས་ལྷར་སྤྱན་ཆེ་ལ་ཞལ་མཆུ་མཐུག་པ་དང་། སྐུ་ཚད་མཐོ་བ། ཕྲག་སྒང་དང་ལྟོའི་མཚམས་སུ་རས་སྒོས་ཏོག་ཙམ་དཀྲིས་པ་ལས་ན་བཟའ་གཞན་མེད་པར་ཏ་ལམ་གཅེར་གཟུགས་ཡིན། ལ་ལར་ཟླ་ཕྱེད་འདྲ་བའི་བཞུགས་ཁྲིའི་རྡོས་སུ་ཁྲིའུ་གསུམ་བཀོད་ཡོད་པ་དང་གཡས་གཡོན་དང་སྟེང་ཕྱོགས་སུ་མེ་ལྕེའི་དཔྱིབས་ཀྱིས་བརྒྱན་ཞིང་། དབུ་གདུགས་ཆུང་ངུ་རེ་བཅས་བཟོ་བཀོད་གསོན་ཉམས་ལྡན་པ་དང་བཟོ་རྩལ་ཁྱད་དུ་འཕགས་པ་ཞིག་ཡོད།

ད་དུང་ཕྱི་ལུགས་ཀྱི་སྐུ་འདྲའི་རྣམ་པ་གཞན་ཞིག་ནི་བལ་ཡུལ་དང་འབྲེལ་ཞིང་། བལ་ཡུལ་ནི་ལོ་རྒྱུས་རིང་ཞིང་གནའ་བོའི་ཤེས་དཔལ་དར་བའི་རྒྱལ་ཁབ་ཀྱི་གྲས་ཤིག་ཡིན་པ་དང་། དེ་གར་སྟོན་པ་ཤཱཀྱ་ཐུབ་པའི་མཛད་པ་བསྐྱངས་ཤུལ་མང་པོ་ཡོད་ཅིང་། ལྷ་སྐུའི་ཁྱད་ཆོས་ནི་སྐུ་གཟུགས་ཕྲ་ལ་བཞུགས་སྟངས་ལྷུན་ཞིང་བརྗིད་ཆགས་པ་དང་། མགོ་ལུས་འཚམ་པ། བཞུགས་ཁྲི་ཟླུམ་གཟུགས་ལ་པད་འདབ་ཀྱིས་བརྒྱན་ཡོད་པ་རེད།

ནང་སའི་ཁྱད་ཆོས་ལྡན་པའི་ལྷ་སྐུ། རྒྱ་ནག་གི་ཏན་དང་སུའི་ཡི་སྐབས་སུ་ཐོན་པར་རྒྱ་ནག་ལི་སྙིང་ཞེས་འབོད་པ་དང་། ཀྲུང་ཡོན་གྱི་ལྷུགས་རིགས་བཟོ་རྩལ་དར་ཁྱབ་ཆེ་བའི་ཐང་རྒྱལ་རབས་དུས་ཀྱི་ལྷ་སྐུ་རྣམས་ནི་ཤངས་ཆུང་ལ་བཞིན་རས་རིད་པ་དང་། སྤྱན་དང་ཕྱག་ཆུང་ལ་ཕྱག་མཛུབ་ཕྲ་བ། ཆོས་གོས་ཐུལ་ཆེ་བ། སྐུ་ཚད་རན་ཅིང་རྒྱན་ཆ་མང་པོ་སྤྲས་ཡོད། ཡོན་རྒྱལ་རབས་དུས་ཀྱི་ལྷ་སྐུ་ལུགས་མར་སྟོད་ཧོར་དང་སྨད་ཧོར་གཉིས་ཀྱི་ཁྱད་པར་ཡོད་ཅིང་།

བཞིན་རས་སྒོར་ལ་ཟླུམ་པ་དང་། ཆོས་གོས་ཀྱི་གོས་འདབས་ཕྲ་ལ་རིང་བ། དབུ་སྐྲ་ཆུ་རིས་དང་འདྲ་ཞིང་པད་འདབ་ཀྱིས་གོང་འོག་ཀུན་འཁྲིལ་ལ་ལྟེབས་རིས་ཡོད་པ། བཞུགས་ཁྲི་འབྲུག་གིས་བཏེགས་ཤིང་། ཤིང་རྩི་བྱུགས་ཡོད་པ་རེད། མིང་རྒྱལ་རབས་དུས་ཀྱི་སྐུ་འདྲ་ལུགས་མའི་གསེར་ཆུའི་སྒྱུ་རྩལ་ཁྱད་དུ་འཕགས་ཤིང་སྐུ་གཟུགས་རྒྱས་པ་དང་། བཞིན་རས་ཅུང་ཟླུམ་པ། སྙན་ཟུང་ཕྲ་ལ་གོས་འདབས་རིང་བ། པད་ཁྲི་ཉིས་བརྩེགས་ལྡན་པ་དང་རིན་པོ་ཆེ་དུ་མས་བརྒྱན་པ། བཞུགས་ཁྲི་དང་ཞབས་གཉིས་ཡུག་གཅིག་ལ་འབྲེལ་བ་བཅས་བྱས་ཡོད། ལྷག་དོན་མིང་རྒྱལ་རྒྱལ་རབས་སྐབས་ཀྱི་ཧྭ་མིང་ལི་མར་མིང་གྲགས་ཆེན་པོ་ཡོད།

ཆིང་རྒྱལ་རབས་ཀྱི་གོང་མ་རིམ་བྱོན་རྣམས་བོད་བརྒྱུད་ནང་བསྟན་ལ་དད་གུས་ཆེན་པོ་བྱེད་པས་ཆིང་ཚན་ལུང་གི་དུས་སུ་གོང་མའི་ཕོ་བྲང་གི་ཕྱི་ནང་དུ་དགོན་པ་མང་པོ་བསྐྲུན་པ་དང་ལྷ་སྐུ་ཕོན་ཆེན་བཞེངས་ཡོད་ཅིང་། ཚབ་མཚོན་རང་བཞིན་ལྡན་པའི་རྡོ་རྗེ་འཇིགས་བྱེད་ཀྱི་ལྷ་སྐུ་སོགས་ཡོད་ཅིང་། ལྷ་སྐུ་དེ་རིགས་ནི་བོད་བརྒྱུད་ནང་བསྟན་གྱི་ལྷ་སྐུའི་ཁྱད་ཀྱི་བཟོ་རྩལ་རྟོག་འཛིན་ཆེ་ཤོས་ཡིན་ཙང་ཚགས་ཚུད་ཅིང་གོ་རིམ་ལྡན་པ་ཞིག་ཡོད་པ་དང་། གཡས་མཐོ་ལ་གཡོན་དམའ་བ། འགྱུལ་ཤུགས་དང་གསོན་ཉམས་ཀྱིས་ཕྱུག་པ་ཞིག་ཡོད། དེ་དང་ཕྱོགས་མཚུངས་སྒྲོལ་མ་དཀར་པོའི་སྐུ་ནི་བཞིན་རས་རྒྱས་ལ་སྤྱན་དཀྱུས་རིང་བ་དང་། ཞི་བའི་ཉམས་དང་ལྡན་པ། ན་བཟར་གསེར་སྐྱུད་དངུལ་སྐྱུད་དང་། རིན་པོ་ཆེ། མེ་ཏོག་བཅས་ཀྱིས་བརྒྱན་ནས་ནེ་པ་ལའི་ལྷ་

སྐུའི་ཉམས་འགྱུར་ལྡན་པ་ཞིག་ཡོད།

བོད་ཀྱི་ཁྱད་ཆོས་ལྡན་པའི་ལྷ་སྐུ། སྤྱི་ལོའི་དུས་རབས་བདུན་པ་ནས་བཟུང་ནང་ཆོས་ཀྱི་དགོན་པ་རྒྱུན་ཆད་མེད་པར་བསྐྲུན་པ་དང་ལྷ་སྐུ་བཞེངས་རྒྱུའི་དགོས་པ་ཆེན་པོ་ཆགས་ཡོད་པས་བོད་ས་གནས་ཀྱི་ལྷ་སྐུ་བཞེངས་པའི་སྒྱུ་རྩལ་གྱི་རྨང་གཞིའི་ཐོག་ནང་ཆོས་སྒྱུ་རྩལ་གྱི་ཉེར་བཅུད་རྒྱུན་ཆད་མེད་པ་བསྡུ་ལེན་གྱིས་བོད་བརྒྱུད་ནང་བསྟན་གྱི་ལྷ་སྐུ་བཞེངས་པའི་སྒྱུ་རྩལ་དེ་བོད་ཀྱི་འཛམ་སྐུའི་སྒྱུ་རྩལ་གྱི་གྲུབ་ཆ་གཙོ་བོར་གྱུར་ཡོད་པ་རེད།

བོད་དུ་ལྷ་སྐུ་བཞེངས་པའི་བཟོ་རྩལ་ཐད་བརྒྱུད་རིམ་ཐེངས་ཁ་ཤས་བརྒྱུད་སྦྱོང་བས་ལྷ་སྐུའི་ཉམས་འགྱུར་ཡང་འདྲ་གི་མེད། དེ་ཡང་དུས་རབས་བརྒྱད་པ་དང་དགུ་པའི་སྐབས་སུ་བོད་དུ་རིག་གནས་སྒོ་དབྱེའི་རྣམ་པ་ཐོན་པས་རྒྱ་གར་དང་། བལ་ཡུལ། ནང་ས་སོགས་མཐའ་འཁོར་གྱི་རིག་གནས་སྒྱུ་རྩལ་པ་མང་པོ་བོད་དུ་གདན་དྲངས་ནས་བོད་ས་གནས་ཀྱི་བོན་ཆོས་རིག་གནས་སྒྱུ་རྩལ་དང་མཉམ་འདྲེས་བྱུང་ཞིང་། བསམ་ཡས་གཙུག་ལག་ཁང་རྟེན་དང་བརྟེན་པ་ནི་སྐབས་དེའི་སྒྱུ་རྩལ་གྱི་དཔེ་མཚོན་དུ་འོས་པ་ཞིག་ཡིན། དུས་རབས་བརྒྱད་པ་ནས་བཅུ་གསུམ་བར་བཞེངས་པའི་གུ་གེ་རྒྱལ་རབས་ཀྱི་གནའ་ཤུལ་དང་མཐོ་ལྡིང་གཙུག་ལག་ཁང་སོགས་ཀྱི་ལྷ་སྐུའི་བཞེངས་སྟངས་ལ་བལྟས་ན། ཛྷང་ག་ལ་དང་ཀཤྨིར་གྱི་ཉམས་འགྱུར་མངོན་གསལ་དོད་པོ་ཡོད་པ་རེད། ལྷག་དོན་དུས་རབས་བཅུ་གསུམ་པ་ནས་བཅོ་ལྔ་པའི་བར་བོད་བརྒྱུད་ནང་བསྟན་དང་འབྲེལ་བའི་སྒྱུ་རྩལ་ཧ་ཅང་བྱང་ཆུབ་པ་དང་དཔལ་འབྱོར་དང་རིག་

གནས་ཀྱང་བསྐྱོས་བཅས་ཀྱིས་འཕེལ་རྒྱས་ཆེ་བས་དུས་སྐབས་དེར་སེ་འབྲས་དགའ་གསུམ་དང་། བཀྲས་ལྷུན་དགོན། བྱམས་པ་གླིང་དགོན་སོགས་ཀྱི་སྣོད་བཅུད་ལས་སྐབས་དེའི་ངོ་མཚར་ཡིད་དབང་འཕྲོག་པའི་བརྩམས་ཆོས་འབོར་ཆེན་ཞིག་ང་ཚོའི་མིག་ངོར་བཤམས་ཡོད་པ་རེད། དེ་རྗེས་དུས་རབས་བཅུ་དྲུག་པའི་རྗེས་སུ་ལྷ་སྐུའི་རྒྱན་སྤྲོས་ཐད་ད་ཅང་གྲ་རྒྱས་སུ་ཕྱིན་ཡོད་རུང་། དུས་རབས་བཅུ་གསུམ་པ་དང་བཅོ་ལྔ་པའི་དུས་ཀྱི་ལྷ་སྐུ་དང་བསྡུར་ན་གནའ་ཉམས་ངོད་པོ་དེ་ཙམ་མེད།

ད་ཆ་བོད་ལྗོངས་ས་གནས་ཁག་གི་ལྷ་སྐུའི་བཟོ་རྩལ་ལ་ཡང་ཤན་ཞུགས་ཐེབས་ཚུལ་མི་འདྲ་བ་དང་སོ་སོའི་དམིགས་བསལ་ཁྱད་ཆོས་རེ་ལྡན་ཡོད་པ་དཔེར་ན། མངའ་རིས་ཁུལ་ལ་མཚོན་ན་གུ་གེ་རྒྱལ་རབས་ཀྱི་དུས་སུ་རྒྱ་གར་བལ་ཡུལ་གྱི་བཟོ་རྩལ་གྱི་ལེགས་ཆ་བླངས་པའི་ཐོག་རང་ཉིད་ཀྱི་ཐུན་མོང་མ་ཡིན་པའི་བཟོ་རྩལ་གྱི་ཉམས་འགྱུར་ཡང་གྲུབ་ནས་འགྲན་ཟླ་བྲལ་བར་གྱུར་ཡོད་རུང་། ད་ཆ་སྐབས་དེའི་ལག་རྒྱུན་ད་ལམ་སྐྱོངས་ཡོད་པར་གྲགས། མིག་སྔར་དེའི་ཐད་སྤྲོལ་རྒྱུན་གྱི་ལག་ཤེས་རྒྱུན་འཛིན་པ་ཁག་གཅིག་ཡོད་པ་དེ་དག་ལ་བལ་ཡུལ་གྱི་ཤན་ཞུགས་ཆེ་ཙམ་ཡོད་པ་རེད། དེ་བཞིན་གཞིས་རྩེ་ས་ཁུལ་གྱི་ལྷ་སྐུའི་བཟོ་རྩལ་ཕུན་སུམ་ཚོགས་པོ་དེ་དག་གི་ཁྲོད་ནས་བཀྲ་ཤིས་ལྷུན་པོའི་ལྷ་སྐུའི་བཟོ་རྩལ་དང་ལུགས་རྒྱག་གི་ལག་རྩལ་ད་ཅང་ཐུལ་དུ་བྱུང་བས་ལྷ་སྐུའི་ཆ་ཚད་ཁྱོན་ལེགས་ལ་མཛེས་འཚོས་དང་ཉམས་འགྱུར་གཉིས་ཀས་སྤུག་པ་ཞིག་ཡོད། ལྷོ་ཁ་ས་ཁུལ་ནི་བོད་མིའི་འབྱུང་གནས་དང་བོད་ཀྱི་རིག་གནས་ཀྱི་

འབྱུང་ཁུངས་ཡིན་པས་ལྷ་སྐུ་བཞེངས་པའི་ལོ་རྒྱུས་ཧ་ཅང་རིང་པོ་ཡོད། འོན་ཀྱང་ད་ལྟའི་ཆར་སྔོ་བྲག་དང་། གཉལ། ཡར་ཀླུང་སོགས་སུ་དར་ཁྱབ་ཆེ་བའི་རྫོ་བོ་བཀའ་གདམས་པའི་ལུགས་ཀྱི་ལྷ་སྐུ་བཞེངས་རྩལ་ལ་སྐད་གྲགས་ཆེན་པོ་ཡོད། ལྷག་དོན་དུ་གསེར་དངུལ་ཟངས་སོགས་ལུགས་བརྒྱབ་པའི་ལྷ་སྐུའི་བཟོ་རྩལ་ཁྱད་དུ་འཕགས་པས་རྒྱ་བལ་གྱི་ལྷ་སྐུ་དང་དབྱེ་འབྱེད་དཀའ་བ་ཞིག་ཡོད། ལྷ་ས་ནི་བོད་ཀྱི་ལྟེ་བའི་གནས་བབ་བཟུང་ཡོད་སྟབས་དེ་གར་ས་གནས་ཁག་གི་ཐུལ་བྱུང་ལག་རྩལ་གཅིག་སྡུད་བྱས་ཡོད་ལ། རང་ཉིད་ཀྱི་དམིགས་བསལ་ཁྱད་ཆོས་ཀྱང་ལྡན་ཡོད་པས་ལྷ་སྐུ་དང་འཚོ་བའི་མཁོ་ཆས་ཀྱི་བཟོ་རྩལ་ཧ་ཅང་ལེགས་པའི་དཔུང་ཁག་ཆེན་པོ་ཞིག་ཆགས་ཡོད་པ་རེད།

མདོར་ན། བོད་ས་མཐོའི་དུས་འགོའི་ལྷ་སྐུའི་བཟོ་རྩལ་ཐད་བལ་བོད་དང་ཀཤྨིར་གྱི་ཤན་ཞུགས་ཆེ་ཙམ་ཡོད་པ་དང་དེ་རྗེས་རིམ་བཞིན་རང་ཉིད་ཀྱི་དམིགས་བསལ་མཛེས་འཆོས་ལྟ་བར་གཞིགས་ནས་མི་རིགས་ཀྱི་ཉམས་འགྱུར་ལྡན་པའི་ཕྱོགས་སུ་འཕེལ་རྒྱས་བྱུང་ཡོད་པ་དང་། ལྷག་དོན་དུས་རབས་བཅུ་གསུམ་པ་ཙམ་ནས་བཟུང་མཐའ་འཁོར་གྱི་ཤུགས་རྐྱེན་ཧ་ལམ་མངོན་རྒྱུ་མེད་པའི་སྤྱན་རས་གཟིགས་ཕྱག་བཞི་པ་སོགས་གསར་གཏོད་ཀྱི་བརྩམས་ཆོས་མང་པོ་ཐོན་ཡོད་པ་དེ་དག་ནི་ད་ཆ་འཛམ་གླིང་སྐྱེ་བོ་ཀུན་གྱིས་དོ་སྣང་ཆེན་པོ་བྱེད་པའི་བོད་ཀྱི་འབུར་བརྐན་ནམ་ལྷ་སྐུའི་བཞེངས་རྩལ་གྱི་ཉིང་བཅུད་གནས་ས་དེ་ཡིན། །

ས་བཅད་གཉིས་པ། རིག་གནས་དུས་ཆེན།

གཅིག ལྷ་མོའི་དུས་ཆེན།

དུས་ཆེན་དང་རྟེན་འབྲེལ་ནི་གྲོང་ཁྱེར་དར་རྒྱས་དང་སྐྱིད་པ་བཟང་པོའི་མཚོན་ཚུལ་ཞིག་ཡིན་ལ་མི་རིགས་རིག་གནས་འཕེལ་རྒྱས་གཏོང་བའི་བྱ་ཐབས་གལ་ཆེན་ཞིག་ཀྱང་ཡིན། ལྷ་སར་མི་རིགས་ཀྱི་ཁྱད་ཆོས་ལྡན་པའི་གྲོས་དང་འཕེལ་རྒྱས་ཡག་ཤོས་བྱུང་བ་ནི་ལོ་གཅིག་དུས་གཅིག་གི་ཞོ་སྟོན་དེ་རེད། ཞོ་སྟོན་སྐབས་སུ་འབྲས་སྤུངས་དགོན་པའི་ནུབ་རིའི་ལྗེབས་སུ་དབུས་སུ་སྟོན་པ་ཐུབ་པའི་དབང་པོའི་སྐུ་བརྙན་ཡོད་པའི་གོས་སྐུ་འགྲེམས་པ་དང་། སེར་སྐྱ་མང་ཚོགས་ཆོས་ཞོའི་སྟོན་མོ་ལོངས་སྤྱོད་བྱེད་པ་དང་གླིང་གཏོང་སྤྲོ་སྐྱིད་ལ་རོལ་ནས་གང་དགའ་གང་སྐྱིད་བྱེད་ཀྱི་ཡོད་པས་ས་ཕྱོགས་ཀུན་ཏུ་སྐད་གྲགས་ཆེན་པོ་ཡོད། འོན་ཀྱང་ཞོ་སྟོན་ལ་ལྷ་མོའི་དུས་ཆེན་ཞེས་པའི་མིང་འདོད་སྤྲོལ་ཡང་ཡོད་པ་ནི་དོན་དང་ཡོངས་སུ་འཚམ་པ་ཞིག་ཡིན།

ལྷ་མོའི་ཆེས་ཐོག་མའི་འབྱུང་ཁུངས་ནི་གཞས་མ་གཏམ་གྱི་སྒྱུ་རྩལ་གྱི་ཡ་གྱལ་བླམ་མ་ཊེ་ཡིན་པར་གྲགས། དེ་ནི་ལོ་ངོ་600ཙམ་གྱི་ཡར་སྔོན་དུ་གཙང་ཕྱོགས་སུ་འཁྲུངས་པའི་གྲུབ་ཆེན་ཐང་སྟོང་རྒྱལ་པོས་མི་རྣམས་ཆུ་ལ་སྒྲོལ་དཀའ་

པའི་དཀའ་ངལ་ཐུགས་ལ་བཅངས་ནས་གང་སར་སློང་མོ་གཏོང་བ་དང་། ཀོང་པོ་སོགས་ནས་ལྕགས་ཀྱི་གཏེར་ཁ་བཏོན་ཏེ་ཆུ་ལ་ཟམ་པ་བསྐྲུན་གནང་བས་མཐུན་རྐྱེན་སྦྱོར་མཁན་ཡང་མང་པོ་བྱུང་། འོན་ཏེ་སློང་མོ་དང་ཞལ་འདེབས་ཁོ་ནར་བརྟེན་ན་ཟམ་པ་གང་མང་སྐྲུན་རྒྱུའི་ཐུགས་རེ་དང་རྒྱང་ཐག་རིང་པོ་ཡོད་པས་སྐབས་དེར་ཁོང་ལ་ཐབས་ཤེས་ལེགས་པོ་ཞིག་རྙེད། དེ་ནི་ཟམ་སྐྲུན་ལས་མིའི་ཁྲོད་ནས་སྐད་སྙན་ལ་གཟུགས་མཛེས་པའི་བུ་མོ་བདུན་བདམས་ནས་གཏམ་རྒྱུད་ཟློ་ཚོགས་བརྗོད་བྱར་བྱས་པའི་གོ་བདེ་ལ་ནང་དོན་ཟབ་པའི་ལྷ་མོའི་འཁྲབ་ཚན་མང་པོ་རང་རྩོམ་རང་འཁྲབ་ཀྱིས་བོད་ཀྱི་ས་ཕྱོགས་གང་སར་སྐོར་བསྐྱོད་འཁྲབ་སྟོན་གནང་བས་རྒྱ་ཆེའི་མང་ཚོགས་ཀྱི་དགའ་བསུ་ཚད་མེད་ཐོབ་པ་མ་ཟད། འཁྲབ་མཁན་བུ་མོ་ཡིན་པའི་ཆ་ནས་ཨ་ཅེ་དང་སྐྱེས་གཟུགས་ལྷ་དང་མཚུངས་པའི་ཆ་ནས་ལྷ་མོ་ཞེས་ཆེ་བསྟོད་ཀྱིས་ཨ་ཅེ་ལྷ་མོ་ཞེས་པའི་མིང་དེ་བྱུང་བ་ཞིག་ཡིན། དེ་རྗེས་རིམ་བཞིན་འབག་དཀར་པོ་གསར་གཏོད་གནང་བ་དང་། དུས་རབས་14ནས་15ཙམ་ལ་འབག་སྔོན་པོ་གསར་གཏོད་གནང་ཡོད།

ལྷ་མོ་ནི་དང་ཐོག་ཐང་ཆེན་དུ་འཁྲབ་པ་དང་ཇ་ཤུག་ཁོན་རྟུང་ལེན་བྱེད་པ་ནས་དུས་རབས་17ཙམ་ནས་རིམ་བཞིན་འཆད་ཁྲིར་འཁྲབ་གསུམ་བྱེད་སྲོལ་དར་བ་དང་རོལ་ཆ་བེད་སྤྱོད་བྱེད་སྲོལ་ཡང་ཅུང་ཤས་དར་ཡོད། ད་དུང་མི་སྣའི་གཤིས་ཀ་སྣ་ཚོགས་མཚོན་པའི་འབག་སེར་པོ་དང་། ནག་པོ། དམར་པོ། ཕྱེད་དཀར་ཕྱེད་ནག་སོགས་ཀྱང་སྤྱད་ནས་རིམ་བཞིན་ད་ཆའི་འཁྲབ་སྲོལ་དེ་དར་བ་ཡིན། ལྷ་མོ་གང་ཞིག་ཡིན་རུང་ཕྱིར་ན་འགོ་འཛུགས་ལྷ་བུའི་འདོན་

ནམ་ས་རྩལ་དང་། གཞུང་དངོས། མཇུག་བསྡུ་བའམ་བཀྲ་ཤིས་གཙོད་པ་བཅས་དང་། ནང་དོན་ཐད་ཞི་རྒྱས་དབང་དྲག་གི་ཉམས་འགྱུར་ཚང་མ་འཛོམས་པའི་བོད་ས་མཐོའི་དམིགས་བསལ་གྱི་སྒྱུ་རྩལ་ཞིག་ཡིན་ཅིང་། སྤྱི་མོ་ལྷ་མོར་གཞུང་ཆེན་པོ་བཅུ་གསུམ་ཡོད་པར་གྲགས་ཀྱང་ད་ཆ་གཞུང་ཆེན་པོ་བརྒྱད་ཡོད་པ་རེད།

ལོ་རེའི་ལྷ་སའི་ཞོ་སྟོན་གྱི་འགོ་ནས་མཇུག་བར་ལྷ་མོ་དང་བྲལ་ཐབས་མེད་ལ་ཞོ་སྟོན་གྲ་རྒྱས་མིན་དེ་ཡང་ལྷ་མོའི་ལོ་ཚན་དང་འབྲེལ་བ་དམ་ཟབ་ཡོད། ལྷག་དོན་དུ་སྔར་ནས་ད་བར་ཞོ་སྟོན་གྱི་འཁྲབ་སྟོན་ལས་འགན་ནི་ལྷ་མོ་བ་ཚོའི་ངོར་ཐབས་མེད་པའི་འགན་འཁྲི་ཞིག་ཡིན་ལ་ལོ་གཅིག་དུས་གཅིག་གི་འཁྲབ་རྩལ་འདོན་ཡུལ་ལེགས་ཤོས་ཤིག་ཀྱང་ཡིན་པས་མི་ཚོས་ལྷ་མོའི་དུས་ཆེན་ཟེར་བར་ཡང་རྒྱུ་མཚན་ངེས་ཅན་ཞིག་ཡོད། དེ་སྔ་ཞོ་སྟོན་སྐབས་སུ་གཙང་ཁུལ་ནས་ཅུང་པ་ལྷ་མོ་ཚོགས་པ་དང་། ཤངས་པ་བ། རྒྱལ་མཁར་ཆོས་རྫོང་བ་བཅས་དང་། སྟོ་ཁ་ས་ཁུལ་ནས་ཡར་ཀླུང་བཀྲ་ཤིས་ཞོལ་པ་དང་འཕྱོངས་རྒྱས་མཁའ་འགྲོ་སྤུན་བདུན། དེ་བཞིན་ལྷ་སའི་སྐྱོ་མོ་ལུང་དང་སྙེ་མོ་བ་སོགས་ལྷ་སའི་ཞོ་སྟོན་གྱི་གཞས་ཁྲལ་རྒྱག་པར་ཡོང་དགོས་ཀྱི་ཡོད་ལ་དེ་ནི་ཁོང་ཚོའི་གཟི་བརྗིད་ཅིག་ཏུ་ཡང་བརྩི་ཡི་ཡོད། ལྷ་མོ་ཚོགས་པ་ཁག་གིས་ཞོ་སྟོན་ཉིན་དང་པོར་འབྲས་སྤུངས་སུ་གཞས་ཕུད་འབུལ་དགོས་པ་དང་ཉིན་གཉིས་པར་ནོར་བུ་གླིང་ཁའི་སྐལ་བཟང་ཕོ་བྲང་དུ་གཟིགས་ཕུད་རྒྱས་པ་རེ་ཕུལ་རྗེས་ཉིན་ཤས་ནང་ནོར་བུ་གླིང་ཁ་སོགས་སུ་ལྷ་མོའི་ཚོགས་པ་སོ་སོའི་ཁྱད་ཆོས་ལྡན་པའི་འཁྲབ་

སྨན་བྱེད་པ་དང་ཆོས་ལུ་ནས་ལྷ་སའི་སྐུ་དྲག་ཆེ་ཁག་གི་ཁྱིམ་དུ་འཁྲབ་སྟོན་བྱེད་པར་སྐྱོད་ཀྱི་ཡོད། དེ་སྔ་ལྷ་སའི་ཞོ་སྟོན་ལ་ཞུགས་མཁན་ལྷ་མོ་ཚོགས་པ་ཁག་ལ་ལམ་ལུགས་ནན་པོ་ཡོད་པས་ཚོགས་པ་ལ་ལ་འགྱུར་ཐོ་འགོད་སྐབས་རྗེས་སུ་ལུས་ནས་ཞོ་སྟོན་ལ་ཞུགས་པའི་ཐོབ་ཐང་ཤོར་བའི་ལོ་རྒྱུས་ཀྱང་ཡོད་ལ་གཞིས་ཕྱུད་འབུལ་ཉིན་ནས་འཁྲབ་སྟོན་གྱི་ལམ་ལུགས་ནན་པོར་སྲུང་བརྩི་ཞུ་དགོས་ཀྱི་ཡོད། བརྒྱ་བཤད་དོན་གྱི་སྙིང་དོན་དུ་གྱུར་བའི་ཞོ་སྟོན་ནི་ལྷ་མོར་དགའ་བའི་སྐྱེ་བོ་ཚོས་ལོ་འཁོར་མོར་རེ་སྒུག་བྱེད་པའི་སྒྱུ་རྩལ་ལོངས་སྤྱོད་ཀྱི་ནམ་པ་ཞིག་ཡིན་ལ་ལྷ་མོའི་སྒྱུ་རྩལ་པ་ཚོས་རང་ཉིད་ཀྱི་མིང་གྲགས་ཆེ་རུ་གཏོང་བའི་གོ་སྐབས་ལེགས་ཤོས་ཤིག་ཀྱང་ཡིན།

དུས་རབས་མང་པོ་འདས་པའི་དུས་ད་ལྟ་ཞོ་སྟོན་གྱི་བརྗོད་བྱ་གཙོ་གྲས་སུ་གྱུར་པའི་ལྷ་མོའི་ཐོབ་ཐང་དེ་བས་ཆེ་རུ་ཕྱིན་ནས་འབྲས་སྤུངས་ཀྱི་གཞིས་ཕྱུད་འབུལ་ཉིན་ནས་བཟུང་བདུན་ཕྲག་གཅིག་ཙམ་འཁྲབ་སྟོན་བྱེད་པ་མ་ཟད། ཕྱིར་ན་ཞོ་སྟོན་གྱི་བྱེད་སྒོའི་ནང་ལྷ་མོའི་འགྲན་བསྡུར་ཡང་བྱེད་ཀྱི་ཡོད་ལ་རིག་གནས་དར་རྒྱས་དང་འཕེལ་རྒྱས་ཆེན་པོའི་སྐྱུལ་འདེད་འོག་ད་ཆ་བོད་དུ་དམངས་ཁྲོད་ལྷ་མོ་ཚོགས་པ་ཆེ་ཆུང་ཁག147ཙམ་འཕེལ་རྒྱས་བྱུང་ཡོད་ལ་ཞོ་སྟོན་ལ་ཞུགས་མཁན་ལྷ་མོ་ཚོགས་པ་ཡང་ཇེ་མང་དུ་འགྲོ་བཞིན་ཡོད།

ཉེ་རབས་ལོ་རྒྱུས་ཐོག་ལྷ་མོའི་སྐོར་གྱི་གཏམ་བཟང་མང་པོ་ཁྱབ་སྟེ2006ལོར་ལྷ་མོ་དེ་རྒྱལ་ཁབ་རིམ་པའི་མངོན་མེད་རིག་གནས་ཤུལ་བཞག་གི་མིང་གཞུང་ནང་བཅུག་པ་དང2009ལོར་མཉམ་འབྲེལ་རྒྱལ་ཚོགས་སློབ་གསོ་ཚན་རིག་

རིག་གནས་རྩ་འཛུགས་ཀྱིས་ལྷ་མོ་དེ་ཉིད་འཛམ་གླིང་མིའི་རིགས་ཀྱི་མངོན་མེད་རིག་གནས་ཤུལ་བཞག་ཏུ་བདམས་ཏེ་གནའ་བོའི་ལྷ་མོའི་སྒྱུ་རྩལ་གྱི་རིན་ཐང་ གང་ལེགས་མཚོན་པར་བྱས་ཡོད།

གཉིས། རྒྱལ་རྩེའི་མདའ་མང་།

གངས་ལྗོངས་ས་མཐོར་ནམ་དུས་བསིལ་དྲོད་སྙོམས་པ་དང་ནམ་མཁའ་གཡའ་དག་ལ་ལོ་འབྲས་ཕུན་སུམ་ཚོགས་པའི་དུས་ཏེ། སྔོན་ཐོག་མའི་རང་མདངས་ངོམ་སྐབས་གཞིས་རྩེ་ས་ཁུལ་རྒྱལ་རྩེ་དཔའ་བོའི་གྲོང་དུ་རྒྱལ་རྩེའི་མདའ་མང་རིག་གནས་ཡུལ་སྐོར་དུས་ཆེན་གཏོང་ཞིང་། དེའི་རིང་རྟ་རྒྱུག་མདའ་འཕེན་དང་། རིག་རྩལ་འཁྲབ་སྟོན། གཉའ་རྩལ་འགྲན་པ། ཐག་འཐེན། རྡོ་འགྱོགས་སོགས་སྲོལ་རྒྱུན་གྱི་རིག་རྩལ་བྱེད་སྒོ་སྤེལ་བ་མ་ཟད། མངོན་མེད་རིག་གནས་ཤུལ་བཞག་གི་འགྲེམས་སྟོན་དང《རྒྱལ་རྩེའི་རྗེས་ཤུལ》ཞེས་པའི་དངོས་ལྗོངས་ཟློས་གར་སོགས་དེང་དུས་ཀྱི་རིག་རྩལ་ལེ་ཚན་མང་པོ་བཀོད་སྒྲིག་བྱེད་ཀྱི་ཡོད་པས་རྒྱལ་རྩེའི་མདའ་མང་དུས་ཆེན་ནི་གནའ་དེང་ཟུང་དུ་སྦྲེལ་བའི་དམིགས་བསལ་དུས་ཆེན་ཞིག་ཏུ་གྱུར་ཡོད་པ་རེད།

སྔ་མོ་རྒྱལ་རྩེའི་མདའ་མང་དུས་ཆེན་ནི་ལོ་ལྟར་གྱི་བོད་ཟླ་4པའི་ཚེས་10ནས་28བར་གཏོང་གི་ཡོད་ཅིང་། ཨོད་སྲོལ་ལ་ས་སྐྱའི་སྲིད་དབང་ དུས་ཀྱི་ནང་བློན་ཆེན་པོ་དང་རྒྱལ་རྩེའི་ཆོས་རྒྱལ་ཡིན་པའི་རབ་བརྟན་ཀུན་

བཟང་འཕགས་པ་བཟང་པོར་མང་ཚོགས་ཚོས་དད་བཀུར་ཚད་མེད་བྱེད་པས་ཁོང་སྐུ་གཤེགས་རྗེས་བུ་སློབ་སྤྱི་དང་དེ་ཁུལ་གྱི་མང་ཚོགས་ཚོས་ཁོང་ལ་དྲན་གསོ་ཞུ་ཆེད། ལོ་ལྟར་ཆོས་ལུགས་ཀྱི་ཆོ་ག་དང་རིམ་འགྲོ་རྒྱ་ཆེར་བྱེད་སྲོལ་དར། བར་སྐབས་སུ་དམག་འཁྲུག་སོགས་ཀྱིས་ཆོ་ག་བར་མཚམས་ཆད་སྐྱོང་ཡོད་རུང་ཁོང་གི་ཚ་བོའི་དུས་ཧྲེ་སྤྱི་ལོ1408ལོར་སླར་གསོ་བྱུང་རྗེས་བོད་ཟླ4པའི་ཚེས10ནས་ཚེས27བར་དྲན་གསོ་དང་འབྲེལ་བའི་ཆོས་སྦྱིན་གྱི་ཆོ་ག་རྒྱ་ཆེར་སྒྲུབ་པ་དང་ཚེས28ཉིན་རྩལ་རྩེད་སྣ་ཚོགས་བྱེད་པའི་སྲོལ་དར། སྐབས་དེའི་རྒྱལ་རྩེ་མདའ་མང་གི་ནང་དོན་གཙོ་བོ་ནི་གོས་སྐུ་འགྲེམས་པ་དང་འཆམ་རྒྱག་པ་སོགས་ཀྱི་བྱེད་སྒོ་གཟབ་རྒྱས་སྤེལ་བ་དང་སྦྲགས་ཤེད་ཤུགས་འགྲན་པ་དང་རྟ་རྒྱུག་མདའ་འཕེན་སོགས་དམངས་ཁྲོད་ཀྱི་ལུས་རྩལ་སྣ་ཚོགས་རྩེད་སྲོལ་དར། ཆོས་རྒྱལ་བཀྲ་ཤིས་རབ་བརྟན་གྱི་སྐུ་དུས་ཧྲེ་སྤྱི་ལོ1447ལོར་རྩལ་རྩེད་ཀྱི་རྣམ་གྲངས་སྤྱི་དང་ལྷག་དོན་མདའ་རྩེད་ཀྱི་རྣམ་གྲངས་དེ་བས་ཕུན་སུམ་ཚོགས་སུ་སོང་ནས་ད་ཆའི་མདའ་མང་གི་གཞི་ཁྲོན་དེ་གྲུབ་པ་ཡིན་ཞིང་། ཕྱིས་དགོས་པའི་དབང་གིས་དུས་ཚོད་ཕྱི་སྒྱུར་ཅུང་ཟད་བྱས་པ་ལས་ནང་དོན་ཇེ་རྒྱས་སུ་སོང་ཡོད་པ་རེད།

དེ་སྔ་རྒྱལ་རྩེའི་མདའ་མང་དེ་ཆོས་རྒྱལ་མངའ་འོག་གི་ལས་སྣེ་དང་གཡོག་འཁོར་གྱིས་གཙོ་གཉེར་བྱེད་པ་དང་དགའ་ལྡན་ཕོ་བྲང་གི་སྲིད་དབང་བཙུགས་རྗེས་རྒྱལ་རྩེའི་རྫོང་དཔོན་དང་དཔལ་ཆོས་དགོན་གྱིས་ཐུན་མོང་ཐོག་གཙོ་གཉེར་བྱེད་ཀྱི་ཡོད། ལྷག་དོན་དེ་སྔ་རྟ་རྒྱུག་མདའ་རྩལ་འགྲན་བསྡུར་ནང་

ཞུགས་མཁན་ནི་རྒྱལ་རྩེ་ཁུལ་གྱི་སྐུ་དྲག་ཆེ་ཁག་གི་མངའ་ཁོངས་ནས་གཏོང་སྒྲོལ་ཡོད་པ་དང་ད་ཆ་མང་ཚོགས་རང་བཞིན་གྱི་བྱེད་སྒོ་ཞིག་ཏུ་གྱུར་སྐབས་མང་ཚོགས་རྣམས་འཚང་ག་ཤིག་ཤིག་ངང་ཞུགས་ཀྱི་ཡོད། ཧ་རྒྱུག་ནང་ཞུགས་མཁན་ཚོས་སྤྱིར་ན་མགོ་ལ་ཞྭ་མོ་སེར་ཆེན་རེ་དང་། གཞི་དཀར་པོར་རི་མོ་སྟོན་པོས་བརྒྱན་པའི་སྟོད་གོས། ཞེང་ཁ་ཆེ་བའི་དོར་མ་ནག་པོ་དང་བོད་ལྷམ་བཅས་གྱོན་པ་དང་ལག་ཏུ་མེ་མདའ་བོད་མདའ་རེ་འཁྱེར་གྱི་ཡོད། ད་ཆ་རྒྱལ་རྩེའི་མདའ་མང་དེ་མང་ཚོགས་རང་བཞིན་ལྡན་པའི་བྱེད་སྒོ་ཞིག་ཏུ་གྱུར་བས་སྒྲོལ་རྒྱུན་གྱི་རིག་རྩལ་བྱེད་སྒོ་ཙམ་མ་ཟད། ཚོང་འདུས་འཚོགས་པ་དང་གླིང་གཏོང་སྒྲོ་སྐྱིད་ཀྱི་རྣམ་པའང་འབྲུག་པོ་ཡོད་པ་རེད།

རྒྱལ་རྩེའི་མདའ་མང་དུས་ཆེན་ལ་མི་ལོ600ཙམ་གྱི་ལོ་རྒྱུས་ཡོད་པ་དང་། མང་ཚོགས་ཀྱི་རྨང་གཞི་ཟབ་པ། རིག་གནས་ཀྱི་རྣམ་པ་ཕུན་སུམ་ཚོགས་པ་བཅས་ཀྱིས2008ལོར་རྒྱལ་སྲིད་སྤྱི་ཁྱབ་ཁང་གིས་རྒྱལ་ཁབ་རིམ་པའི་མངོན་མེད་རིག་གནས་ཤུལ་བཞག་དང་དམངས་སྲོལ་དུས་ཆེན་དུ་བདམས་ཡོད་པས་རྒྱལ་རྩེའི་མདའ་མང་དེ་ས་གནས་ཀྱི་རིག་གནས་འཕེལ་རྒྱས་དང་། དམངས་སྲོལ་དར་སྤེལ། དཔའ་བོའི་གྲོང་གི་བསམ་པའི་ཉམས་འགྱུར་མཚོན་རྒྱུ་སོགས་ལ་གལ་ཆེའི་དོན་སྙིང་ལྡན་ཡོད་པ་རེད།

གསུམ། ཞིང་པའི་འོང་སྐོར་རིག་གནས།

ལོ་ལྔར་གྱི་བོད་ཟླ7པ་ཤར་རྗེས་གངས་ལྗོངས་ས་མཐོའི་ཞིང་ཁུལ་གྱི་ལུང་ཚན་སོ་སོས་སྔ་རྗེས་སུ་འོང་ཁ་བསྐོར་བ་དང་། རྟ་རྒྱུག་གཏོང་བ། རིག་རྩལ་ལེ་ཚན་འཁྲབ་སྟོན་བྱེད་པ་བཅས་རིག་གནས་བྱེད་སྒོའི་སྣང་ཚུལ་བཟང་པོ་ཞིག་གང་སར་མཐོང་རྒྱུ་ཡོད་པ་ནི་ཞིང་ཁུལ་དུ་ལོ་གསར་སྤུད་པའི་དུས་སྟོན་རྒྱས་ཤོས་འོང་སྐོར་གཏོང་བའི་རྣམ་པ་ཡིན་པ་རེད།

འོང་སྐོར་ཞེས་པའི་དོན་ནི་ལོ་ཏོག་སྨིན་པའི་ཞིང་ཁར་ཡུལ་མང་པོའི་སྐད་དོད་དུ་འོང་ཁ་ཟེར་བ་དང་དེར་སྐོར་བ་བརྒྱབ་པར་འོང་སྐོར་ཞེས་ཐོགས་ཤིང་། བོད་དུ་འོང་སྐོར་གཏོང་སྲོལ་དར་བའི་སྐོར་གླེང་སྐབས་སྔ་མོ་བོན་གྱི་ཆོས་པ་ཆོས་གཞོགས་གཅིག་ཏུ་དཔེ་ཆ་གླེག་པ་དང་མི་རྣམས་ཀྱིས་འོང་ཁར་སྐོར་བ་རྒྱག་སྲོལ་ཡོད་ཚུལ་ལ་གཞིགས་ནས་ལོ་སྟོང་གི་ལོ་རྒྱུས་ཡོད་པར་ངེས་འཛིན་བྱེད། བོད་དུ་ས་རྒྱ་ཆེ་ལ་ས་བབ་མཐོ་དམའ་སྣ་ཚོགས་ཡོད་པས་ལོ་ཏོག་སྨིན་སྔ་ཕྱི་མི་མཚུངས་སྐབས་ཡུལ་ལུང་སོ་སོའི་འོང་སྐོར་གཏོང་བའི་དུས་ཚོད་ཀྱང་གཅིག་མཚུངས་མེད། འོང་སྐོར་གྱི་ནང་དོན་གཙོ་བོ་ནི་འོང་ཁར་སྐོར་བ་རྒྱག་རྒྱུ་དེ་ཡིན་ཞིང་སྤྱིར་ན་ཉིན་གསུམ་ཙམ་གཏོང་གི་ཡོད། དེ་ཡང་སྔ་ལྷའི་ལོ་འབྲས་སྨིན་མཚམས་སུ་ཚེས་ཆ་ལེགས་པ་ཞིག་བདམས་ཐོག་སྐྱེས་པོ་མོ་རྣམས་གཟབ་མཆོར་ལེགས་པར་སྤྲས་ནས་ཕོ་གཞོན་རྣམས་གོས་ཆེན་སོགས་ཀྱི་ཕྱུ་པ་

རྒྱན་པ་དང་། ཞྭ་མོ་སོག་ཞྭ་རྒྱན་པ། མདའ་གཞུ་སོགས་བཏགས་ནས་སྣ་སྲབ་ལེགས་པའི་རྟ་ལ་བཅིབས་ཏེ་འོང་ཁ་རྒྱལ་པོར་བསྐོར་བ་རྒྱག་པར་བསྐྱོད་པ་དང་། མི་ཕལ་ཆེ་བ་ཞིག་སྲིད་པ་འཁོར་ལོ་དང་། གདུགས། རྒྱལ་མཚན་སོགས་མཆོད་རྫས་སྣ་ཚོགས་ཐོགས་པའི་དགེ་འདུན་པའམ་སྐྱེས་པ་ཁག་གཅིག་གི་སྟེ་ཁྲིད་འོག་སྣལ་པར་ཆོས་དཔེ་འཁུར་བ་དང་ལག་ཏུ་མདའ་དར་རམ་ལོ་འབྲས་འཕྱིར་ནས་གཡང་འགུག་གི་ཕྱག་རྒྱ་དང་བཅས་འོང་ཁའི་དཀྱིལ་དུ་སྐྱོད་ནས་སྐོར་བ་རྒྱག་གི་ཡོད། དེ་ཉིན་ད་དུང་དུད་ཚང་སོ་སོའི་ལོ་འབྲས་ལེགས་པའི་ཞིང་ཁ་ཞིག་གི་འགྲམ་དུ་བསང་བཏང་ནས་ལོ་ཆུ་ལེགས་པ་དང་། རྒྱལ་ཁམས་བཀྲ་ཤིས་པ། ལོ་བཅུད་ས་བཅུད་འཕེལ་བ། དེ་བཞིན་སད་དང་སེར་བ་སོགས་རང་བྱུང་གནོད་འཚེ་མེད་པར་ལོ་ལེགས་ཀྱི་འབྲས་བཟང་ལག་སོན་ཡོང་བའི་སྨོན་ལམ་འདེབས་ཀྱི་ཡོད་ལ་ལོ་འབྲས་ལེགས་པའི་ཞིང་ཁ་ཞིག་ནས་ལོ་འབྲས་ཆུན་པོ་གཅིག་བཏོགས་ནས་ཐབ་དང་ཡང་ན་བང་མཛོད་ཀྱི་འབྲུ་རིགས་ཐོག་ཏུ་བཙུགས་ནས་གཡང་རྫས་བྱེད་ཀྱི་ཡོད། དེ་རྗེས་ཉིན་དགུང་ཙམ་ལ་རྟ་པ་དང་རྐང་ཐང་གི་འོང་སྐོར་བ་རྣམས་འདུ་འཛོམས་ཀྱིས་མཉམ་དུ་བསང་གཏོང་བ་དང་བཟའ་འཐུང་བྱས་རྗེས་སྐོར་གཞས་རྒྱག་པ་དང་གླིང་ག་གཏོང་བ་སོགས་དགའ་དགའ་སྤྲོ་སྤྲོའི་ངང་སྡོད་པ་ལས་ཕྱིར་ན་བྱེད་སྒོ་གཞན་སྤེལ་སྤྲོལ་མེད།

ཉིན་གཉིས་པ་གསུམ་པར་རིམ་བཞིན་ཐག་པ་འཐེན་པ་དང་། རྡོ་འཁྱོགས་པ། ལུང་ཚན་སོ་སོ་ཞབས་གཞས་འཁྲབ་པ་མ་ཟད་ཕྱིས་ཆེད་ལས་ཀྱི་ལྷ་མོ་ཚོགས་པ་དང་རིག་རྩལ་ཚོགས་པ་གདན་ཞུ་བྱེད་པའི་དར་སྤྲོ་ཡང་ཆེན་

པོ་ཡོད། འོན་ཀྱང་འོང་སྐོར་གྱི་རིག་རྩལ་བྱེད་སྒོ་གཙོ་བོ་ནི་སྔར་བཞིན་རྟ་རྒྱུག་འགྲན་བསྡུར་བྱ་རྒྱུ་དེ་ཡིན་ཞིང་། དེ་ཉིན་རྟ་པ་ཚོས་རྟ་རྒྱུག་གཏོང་བ་ཙམ་མ་ཟད། རྟ་ཐོག་ནས་ཁ་བཏགས་སྒྲུག་པ་དང་། མེ་མདའ་རྒྱག་པ། ད་དུང་རྟ་ཐོག་ནས་རྩལ་རྩེད་སྣ་ཚོགས་བྱེད་པ་དང་ཕྱག་རྒྱ་འདྲ་མིན་བྱེད་པས་དངོས་འབྲེལ་ཉམས་ཚུང་རྣམས་དཔའ་ཞུམ་པ་དང་ལྷ་དད་ཅན་རྣམས་བློ་ཡིད་ཚིམ་པ་ཞིག་བཟོ་ཡི་ཡོད། ས་ཆ་ལ་ལར་ད་དུང་གཡག་རྒྱུག་གཏོང་སྲོལ་ཡོད་པས་ལྟད་མོ་བ་རྣམས་དགའ་མོའི་ཀློང་དུ་ཚུད་པ་ཞིག་བཟོ་ཡི་ཡོད། དེ་ཡང་གཡག་ནི་དཀའ་ཚོགས་ཆེ་བའི་རང་བྱུང་ཁོར་ཡུག་ཁྲོད་ཀྱི་དཔའ་ཡང་སྙོམས་ཅན་ཞིག་ཡིན་རུང་ཅང་ཤེས་རྟ་པོ་ལས་སྐྱུགས་རྟགས་དོད་པའི་ཐོག་སྦྱོང་བརྡར་སྦྲོས་བདེ་པོ་མེད་པས་གཡག་རྒྱུག་པ་རྣམས་འགྲན་རར་ཐོན་སྐབས་གཡག་ལ་ལས་བདག་པོའི་བཀོད་པར་མི་ཉན་པར་རི་རྒྱུག་ཀླུང་རྒྱུག་བྱེད་པ་དང་ཐ་ན་ལྟད་མོ་བའི་ཁྲོད་དུ་རྒྱུག་ནས་མི་རྣམས་གང་སར་བྲོས་དགོས་པ་བཟོ་བ་དང་། ལ་ལས་རང་སར་སྐོར་བ་བརྒྱབ་སྡེ་སྡོད་པ་ལས་མདུན་དུ་མི་སྐྱོད་པ། ཡང་ལ་ལས་ལྡོག་ནས་རྒྱུག་པ་སོགས་བྱེད་ལ། ལ་ལས་འགྲན་བསྡུར་གྱི་ཆོས་ཉིད་དང་བསྟུན་ནས་བདག་པོར་གཟི་བརྗིད་བསྟོན་ལེན་བྱེད་མཁན་ཡང་ཐོན་པ་སོགས་དགོད་བྲོ་བའི་ངོས་ནས་བཤད་ན་རྟ་རྒྱུག་ལས་གཡག་རྒྱུག་དེ་བས་ངོ་མཚར་ཆེ་བ་ཞིག་ཡོད། རྟ་རྒྱུག་དང་གཡག་རྒྱུག་མཉྫུག་འབྲེལ་མཚམས་སུ་ཨང་རིམ་ལྟར་བྱ་དགའ་གཟེངས་བསྟོད་བྱེད་པ་སོགས་སྲོལ་རྒྱུན་གྱི་འོང་སྐོར་རིག་གནས་ནི་དེང་གི་རྣམ་པ་གསར་པའི་འོག་སྔར་བས་གྲ་རྒྱས་པ་ཞིག་གཏོང་གི་ཡོད།

བཞི། བྱང་ཐང་གི་རྟ་རྒྱུག་དུས་ཆེན།

བོད་བྱང་ཐང་འཆར་ཅན་གྱི་སར་རྟ་རྒྱུག་འགྲན་བསྡུར་རིག་གནས་ཚོང་དོན་ཡུལ་སྐོར་དུས་ཆེན་དེ་ནི་སྔོན་ཟླ་བརྒྱད་པའི་ཟླ་དཀྱིལ་ཙམ་ལ་བོད་ལྗོངས་ནག་ཆུར་འཚོགས་ཀྱི་ཡོད། རྟ་རྒྱུག་དུས་ཆེན་ཐོག་རིག་རྩལ་འཁྲབ་སྟོན་དང་། ཕྱུགས་ལས་ཐོན་ཟོག་དང་ལག་ཤེས་བཟོ་རྩལ་དངོས་པོ་འགྲེམས་ཚོང་། ཛོ་མཚར་ཆེ་བའི་དབྱར་རྩྭ་དགུན་འབུའི་དུས་ཆེན་སོགས་བྱེད་སྒོའི་རྣམ་གྲངས་བཅུ་ཙམ་གཉེར་ཏེ་བྱང་རྩྭ་ཐང་གི་འཆར་ཅན་རྟ་རྒྱུག་དུས་ཆེན་དེ་སྲོལ་རྒྱུན་གྱི་རྣམ་པ་ཉམས་མེད་ཐོག་དེང་དུས་སྐྱེ་བོའི་མོས་པ་ལྟར་འགྱུར་ཅིང་རྒྱས་པ་ཞིག་གཏོང་བས་ཕྱོགས་བཞིའི་སྐྱ་མགྲོན་རྣམས་ཀྱི་ཡིད་ཀྱི་བརྟན་པ་དབང་མེད་དུ་འཕྲོག་པར་བྱེད་ཀྱི་ཡོད།

བྱང་རྩྭ་ཐང་ནི་ཀྲུང་གོའི་འབྲོག་ར་ཆེན་པོ་ལྔའི་གྲས་ཤིག་ཡིན་པ་དང་གདང་ལ་དང་། ཁུ་ནུ་རི་བོ། གངས་ཏི་སེ་བཅས་ཀྱི་རི་རྒྱུད་བར་དུ་གནས་པ་དང་། དེ་ག་ནི་རི་སྐྱེས་སྲོག་ཆགས་ཀྱི་ཕ་ས་ལེགས་པོ་ཞིག་ཡིན་པ་དང་རིག་གནས་ཕུན་སུམ་ཚོགས་ལ་བོད་ཀྱི་རང་བྱུང་རྩྭ་ཐང་ཆེ་ཤོས་ཤིག་ཀྱང་ཡིན། ལྷག་དོན་དུ་ནམ་དུས་དེའི་བྱང་རྩྭ་ཐང་ནི་རྩྭ་ཆུ་བཟང་ལ་ཕྱུགས་རིགས་ཤ་ཤེད་རྒྱས་པའི་ཇོགས་ལྡན་གྱི་དུས་ཤིག་ཡིན་ལ་སྐབས་དང་དུས་དེ་ནི་གྲང་ངར་ཆེ་བའི་བྱང་ཐང་གི་ངོས་ནས་བརྗོད་ན་ཙྭ་སྐྱིད་ལྡན་པའི་ནམ་དུས་ཤིག་ཀྱང་ཡིན་

པས། ལྷ་ན་སྡུག་པའི་མཛེས་ལྗོངས་དང་ནམ་ཐྭའི་དཔལ་ཡོན་ཁྲོད་དུ་རང་དགར་རྒྱུ་བའི་མི་ཕྱུགས་དག་ནི་གསོན་ཉམས་རྒྱས་ཤིང་དགའ་སྤྲོའི་དཔལ་གྱིས་རབ་ཏུ་ཕྱུག་ནས་ཡོད།

ནག་ཆུའི་འཆར་ཅན་གྱི་རྟ་རྒྱུག་དུས་ཆེན་ནམ་གཏོང་སྐབས་སུ་ནག་ཆུ་གྲོང་རྫལ་དང་དེའི་ལྟོ་ངོས་ཀྱི་རྟ་རྒྱུག་ཐང་དུ་བཟོ་ལྟ་དང་། ཆོས་གཞི། ཚེ་ཆུང་བཅས་སྣ་ཚོགས་གུར་གྱིས་ཁེངས་ནས་གུར་གྱི་ཡུལ་གྲོང་གསར་པ་ཞིག་ཆགས་པ་དང་གཉིས་སུ་མེད། བྱང་ཐང་གི་སྐྱེས་ཕོ་མོ་རྒན་གཞོན་རྣམས་ནི་མི་རིགས་དང་འབྲོག་ཁུལ་གྱི་ཁྱད་ཆོས་ལྡན་པའི་གཟབ་མཆོར་ལེགས་པར་སྤྲས་པས་ལྡིང་འཛུགས་ཀྱི་བྱང་རྩྭ་ཐང་དེ་འཕྲུག་ཆ་ངོད་ལ་དེ་བས་མཛེས་སྡུག་ལྡན་པར་གྱུར། ལྷག་དོན་དུ1993ལོར་རྣམ་གྲངས་དེ་བོད་བྱང་ཐང་གི་དུས་ཆེན་རྒྱས་ཤོས་ཤིག་གི་ཐོག་ནས་བོད་ལྗོངས་བྱང་ཐང་འཆར་ཅན་རྟ་རྒྱུག་སྤྱི་རྩལ་དུས་ཆེན་ཞེས་མིང་སྒྱུར་བྱས་པ་ནས་བཟུང་སྲོལ་རྒྱུན་གྱི་རྟ་རྒྱུག་དུས་ཆེན་དེ་རྒྱུན་མཐུད་དང་འཕེལ་རྒྱས་འགྲོ་རྒྱུར་གསོན་ཤུགས་སྦྱིན་པ་དང་ཡུན་གནས་ཀྱི་མཛེས་སྡུག་བསྟན་པར་བྱས་ཡོད།

བྱང་རྩྭ་ཐང་གི་རྟ་རྒྱུག་འགྲན་བསྡུར་གྱི་རྣམ་གྲངས་གཙོ་བོ་ནི་རྟ་ཕོའི་བང་རྩལ་འགྲན་རྒྱུ་དེ་ཡིན་ཞིང་། རྣམ་གྲངས་དེར་ཞུགས་མཁན་གྱི་རྟ་པ་རྣམས་ནི་ནག་ཆུ་རྫོང་གི་ཤང་ཁག་དང་དེ་མིན་ཨ་མདོ་དང་། དཔལ་མགོན། སྙིང་དྲུང་། ལྷ་རི་སོགས་ཉེ་འཁོར་གྱི་རྫོང་ཁུང་ཤས་ནས་ཀྱང་རྟ་པ་སྒྲིག་འཛུགས་ཀྱིས་འགྲན་བསྡུར་ནང་ཞུགས་ཀྱི་ཡོད། འགྲན་བསྡུར་ནང་ཞུགས

མཁའ་རྟ་རྣམས་སྐྱེར་ན་ཕོ་རྟ་ཡིན་པ་དང་རྟ་པ་རྣམས་ནི་ལོ་ན8ནས13བར་གྱི་ལོ་ཚུང་ཤ་སྟག་ཡིན། རྒྱུག་ཚད་སྤྱིར་ན་སྤྱི་ལེ7ནས10བར་ཡིན་པ་དང་སུསྟོན་ལ་དམིགས་སར་འཁོར་ན་རྒྱལ་ཁ་ཐོབ་པར་བརྩིས་ནས་ཨང་རིམ་ལྟར་བྱདགའ་སྤྲོད་ཀྱི་ཡོད། རྟ་རྒྱུག་གི་རྣམ་གྲངས་གཞན་ཞིག་ནི་བགྲོད་རྩལ་འགྲནབསྡུར་བྱ་རྒྱུ་དེ་ཡིན་ཞིང་། འགྲན་བསྡུར་དེའི་ནང་ཞུགས་མཁའ་རྟ་པ་རྣམསནི་དར་གཞོན་ཡིན་པ་དང་རྟ་རྒྱུག་ཐང་ལ་བསྐོར་བ་བརྒྱབ་ནས་བང་བགྲོད་ངོམརྒྱུ་དེ་ཡིན། བྱ་དགའ་སྤྲོད་ཐབས་ནི་གོང་གསལ་དང་གཅིག་མཚུངས་ཡིན། རྟཐོག་ནས་ཁ་བཏགས་སྒྲུག་རྒྱུ་ནི་ཉེན་ཁ་ཆེ་ཤོས་ཀྱི་འགྲན་བསྡུར་རྣམ་གྲངས་ཤིགཡིན་ཞིང་། དེ་ཡང་རྟ་པ་ཆོས་རྐང་པ་ཡོབ་དང་མི་བྲལ་བ་དང་རྟ་རྒྱུག་མཚམསམི་འཛོག་པ། པུས་མོ་ས་ལ་ཐུག་ཙམ་གྱིས་རྟ་ཞལ་བཏང་རྗེས་ལག་གིས་ས་ཐོགགི་ཁ་བཏགས་རེ་རེ་བཞིན་སྒྲུག་རྒྱུ་དེ་ཡིན། སུས་ཁ་བཏགས་མང་བ་སྒྲུག་ནརྒྱལ་ཁ་ཐོབ་པར་བརྩི་ཡི་ཡོད། རྟ་ཐོག་ནས་ཚ་ཁ་ལྷུ་བ་ནི་རྟ་པོའི་བང་རྩལའགྲན་བཞིན་དུ་ཁ་དབྲག་ཅན་གྱི་བོད་མདའ་དག་ཡར་མར་གཡུག་སྐོར་ཁ་ཤསབྱས་ནས་རང་ཉིད་ཀྱི་རྟ་རྩལ་ལག་པོ་ཡོད་པ་མཚོན་པ་བྱས་རྗེས་འབེན་ལ་ལྡིརནས་མེ་མདའ་རྒྱག་རྒྱུ་དེ་ཡིན་པ་དང་འབེན་གྱི་ལྟེ་བར་ཐོག་ཚད་ལ་གཞིགསནས་རྒྱལ་ཕམ་ཕྱེ་ཡི་ཡོད། རྟ་རྒྱུག་དུས་ཆེན་སྐབས་སུ་གཡག་རྒྱུག་གཏོང་བ་དེཡང་དགོད་བྲོ་བའི་རྣམ་གྲངས་ཤིག་ཡིན་ཞིང་། ཁ་བ་བུ་ཡུག་ཁྲོད་དུ་དཔའངར་ལྡན་པའི་གཡག་ནི་མི་ཚོགས་ཀྱི་ཁྲོད་དུ་སླེབས་སྐབས་འཁོབ་ཅིང་གླེནརྟགས་རྡོད་པའི་རྣམ་པ་ཞིག་བསྟན་ནས་ཐམ་མེ་ཐོམ་མེའི་ངང་འགྲན་བསྡུར་གྱི

ཆོས་ཉིད་དང་མི་བསྟུན་པས་བཞད་གད་སློང་བ་ཞིག་ཡོད། ལྗིད་འདེགས་ལུས་རྩལ་ནི་རྡོ་འཁྱོགས་རྒྱུ་དེ་ཡིན་པ་དང་ད་ལྟའང་སྤྱི་རྒྱ100ལྷག་ཙམ་ཡོད་པའི་རྡོ་རིལ་ཆེན་པོ་ཞིག་ཡོད་པ་དེ་དཔྱད་པར་བརྟེགས་ཐུབ་ན་རྒྱལ་ཁ་ཐོབ་པར་བརྩི་བ་ལས་མགོ་ཐོག་ཏུ་འཁྱེར་དགོས་ཀྱི་མེད་པ་རེད། འཆར་ཅན་ཧྲ་རྒྱུག་དུས་ཆེན་ཐོག་ད་དུང་ཐག་འཐེན་དང་། རྐང་རྩེད་སྤོ་ལོ། ལག་རྩེད་སྤོ་ལོ་སོགས་དེང་དུས་ཀྱི་ལུས་རྩལ་རྣམ་གྲངས་ཀྱི་འགྲན་བསྡུར་ཡང་འཁྲུག་པོ་ཡོད་པ་རེད། དེ་དང་དུས་མཚུངས་ས་ཁུལ་སྒྱུ་རྩལ་ཚོགས་པ་གཙོ་བོར་བྱས་པའི་ཆེད་ལས་སྒྱུ་རྩལ་ཚོགས་པ་དང་། རྫོང་ཁག་གི་ལས་ཞོར་སྒྱུ་རྩལ་ཚོགས་པས་རིག་རྩལ་འཁྲབ་སྟོན་བྱེད་པ་དང་གླིང་སྒྲུང་འཆད་གྱེར་བྱེད་པ། རྒྱན་གོས་འགྲེམས་སྟོན་བྱེད་པ་སོགས་བྱེད་སྒོའི་རྣམ་གྲངས་ཧ་ཅང་ཕུན་སུམ་ཚོགས་པོ་ཡོད་པ་རེད། ཁྱད་པར་དུ1997ལོར་འཆར་ཅན་ཧྲ་རྒྱུག་སྒྱུ་རྩལ་དུས་ཆེན་སྒྲིག་འཛུགས་ཞུ་ཡོན་ལྷན་ཁང་གིས་ལོ་རེའི་སྤྱི་ཟླ8པའི་ཚེས10ཉིན་ནི་ཡུན་གཏན་རང་བཞིན་གྱི་བོད་ལྗོངས་བྱང་ཐང་གི་འཆར་ཅན་ཧྲ་རྒྱུག་དུས་ཆེན་གྱི་འགོ་ཚུགས་ཉིན་མོར་གཏན་འཁེལ་བྱས་པས་ནག་ཆུའི་འཆར་ཅན་ཧྲ་རྒྱུག་དུས་ཆེན་དེ་དེ་བས་རྒྱུན་གཏན་དང་འཐུས་ཚང་དུ་གྱུར་པ་རེད།

མདོར་ན་དམིགས་བསལ་གྱི་ཧྲ་རྒྱུག་དུས་ཆེན་དེ་ནི་རིག་གནས་དང་། ཚོང་དོན། ལུས་རྩལ་བཅས་གཅིག་ཏུ་འདུས་པ་དང་གནའ་དེང་ཟུང་དུ་སྦྲེལ་བའི་དུས་ཆེན་ཁྱད་པར་ཅན་ཞིག་ཡིན་ནོ།

ལྔ། ཁམ་བུའི་མེ་ཏོག་དུས་ཆེན།

2015ལོར་ཉིང་ཁྲིའི་GDPཐེངས་དང་པོར་སྒོར་དུང་ཕྱུར་100ཡི་འགག་སྒོ་ཆེན་པོ་ལས་བརྒལ་ནས་སྒོར་དུང་ཕྱུར་104ཟིན་ཏེ་བརྒྱ་ཆ11. 2འཕར་ནས་བོད་ཀྱི་ས་ཁུལ་ཁག་གི་ཨང་དང་པོར་སླེབས་པའི་ནང་སྤྱིའི་ཡོང་འབབ་ཀྱི་བཞི་ཆ་གཅིག་ཡུལ་སྐོར་ལས་རིགས་ལས་བྱུང་ཞིང་། མཐའ་བཞིའི་ཡུལ་སྐོར་བ་ཚོས་ཆེས་དགའ་ཤོས་བྱེད་པ་ནི་ལོ་ལྟར་གྱི་སྤྱི་ཟླ3པའི་ནང་ཉིང་ཁྲིའི་ཁམ་བུའི་མེ་ཏོག་རིག་གནས་ཡུལ་སྐོར་ཚོང་འགྲུགས་དུས་ཆེན་དེ་གངས་ལྗོངས་ཀྱི་ཁམ་བུའི་འབྱུང་ཁུངས་ཞེས་མཚན་སྙན་ཐོབ་པའི་ཉིང་ཁྲི་གྲོང་ཁྱེར་གྱི་ཀ་ལ་གྲོང་ཚོར་འཚོག་གི་ཡོད་པ་ལྟར2016ལོའི་ཟླ3པའི་ཚེས23ཉིན་སྐབས་བཅུ་བཞི་པའི་ཉིང་ཁྲིའི་ཁམ་བུའི་མེ་ཏོག་རིག་གནས་ཡུལ་སྐོར་དུས་ཆེན་དེ་ཉིང་ཁྲི་གྲོང་ཁྱེར་བྲག་ཡིབ་ཆུས་ཀ་ལ་གྲོང་ཚོར་གཟབ་རྒྱས་ངང་འཚོགས་པ་དང་འགོ་ཚུགས་མཛད་སྒོ་ཕྱེ་ནར་སྐུ་མགྲོན་མི་གྲངས5000ལྷག་ཙམ་ཞུགས་ཅིང་། བརྗོད་བྱ་གཙོ་བོ་ནི་མི་ཡུལ་གྱི་ས་གཙང་། མཛེས་སྡུག་ལྡན་པའི་ཉིང་ཁྲི་ཞེས་པ་དེ་ཡིན། ལོ་ལྟར་གྱི་ཁམ་བུའི་མེ་ཏོག་དུས་ཆེན་སྐབས་སུ་རྒྱལ་ཁབ་ཕྱི་ནང་གི་སྐུ་མགྲོན་ཁྲི་ལ་ཉེ་བ་ཞུགས་ཀྱི་ཡོད་ཅིང་། དུས་ཆེན་སྐབས་སུ་རིག་གནས་ཡུལ་སྐོར་ཐོན་ཁུངས་འདུ་འགྲེལ་ཤུགས་ཆེན་བྱས་ཏེ་རིག་གནས་ཡུལ་སྐོར་དང་ཚོང་འགྲུགས་མ་འདྲེན་ཟུང་འབྲེལ་དམ་ཟབ་བྱས་པའི་ཁར། དུས་ཆེན་བརྒྱུད་གྲོགས་པོ་

མཉམ་འཛོམས་དང་དུས་ཆེན་གྱི་ཆོང་ལས་ལ་ཤུགས་སྣོན་བརྒྱབ་སྟེ་དཔལ་འབྱོར་འཕེལ་རྒྱས་ལ་སྐུལ་འདེད་དང་། ཞིང་པར་འབབ་འཕར་ཡོང་བར་སྐུལ་འདེད། སྣོད་བཅུད་ཡུལ་སྐོར་ལ་སྐུལ་འདེད་བཅས་གཏོང་བའི་ལམ་བུ་གསར་པ་ཞིག་གཏོད་ནས་རིག་གནས་ཡུལ་སྐོར་ཐོན་ལས་གསར་སྤེལ་བྱ་རྒྱུར་ཚད་བརྒྱལ་གསར་པ་ཞིག་ཡོང་བ་བྱེད་ཀྱི་ཡོད།

དུས་ཆེན་རིང་སྐུ་མགྲོན་ཆོས་ཁམ་བུའི་མེ་ཏོག་གིས་རབ་ཏུ་བརྒྱན་པའི་མཛེས་ལྗོངས་ཉམས་སུ་མྱོང་བ་དང་། མདའ་གཞས་འཁྲབ་པ། པི་ཤུ་འགྲན་པ། ས་གནས་ཀྱི་ཁྱད་ཆོས་ལྡན་པའི་གཉེན་སྟོན་ནང་ཞུགས་ཆོག་པ་མ་ཟད། ལྷག་དོན་དུ་དུས་ཆེན་གྱི་གཙོ་གཉེར་ཚན་པས་ཟླ་གཅིག་གོང་ཙམ་ནས"ཁམ་བུའི་ལྷ་མོ" དང"འདོད་ལྷའི་མདའ" ཞེས་པ་སོགས་ཀྱི་དཔྱད་འདེམས་བྱེད་སྒོ་སྤེལ་ནས་རྒྱལ་ཡོངས་ཁྱོན་དུ་དྲ་ཐོག་ནས་འདེམས་ཤོག་འཕེན་ཐབས་སྦྱོད་པ་སོགས་རེད།

སྤྱི་ཟླ་གསུམ་པའི་ནང་བོད་ཀྱི་ས་ཁུལ་ཕལ་ཆེ་བ་དགུན་མཐའི་གྲང་ངར་ལས་ཡོངས་སུ་གྲོལ་མེད་རུང་ཤར་ཕྱོགས་ཀོང་ཡུལ་དུ་དཔྱིད་ཀྱི་དཔལ་ཡོན་རབ་ཏུ་བཞད་ནས་རི་བོའི་རྩེ་དང་། ཆུ་བོའི་འགྲམ། གཞུང་ལམ་གྱི་གཡས་གཡོན། གྲོང་མིའི་སྒོ་རའི་ཕྱི་ནང་སོགས་འཁོར་ར་ཁོར་ཡུག་གང་སར་ཆེ་ཆུང་དང་བཟོ་ལྟ་འདྲ་མིན་སྣ་ཚོགས་ཀྱི་ཁམ་སྡོང་སྟེང་། ཁྲ་ཆིལ་ཆིལ་དུ་བཞད་པའི་མེ་ཏོག་གིས་ཡོངས་སུ་བརྒྱན་ནས་ས་མཐོའི་དམིགས་བསལ་མཛེས་ལྗོངས་ཤིག་ལྡན་གྱིས་གྲུབ། དེ་ཡང་ལོ་ལྟར་གྱི་སྤྱི་ཟླ་གསུམ་པ་བཞི་པར་ཀོང་པོ་རྒྱ་མདའ་ནས

བྲག་ཡིབ་ཆུས་བར་དང་། ཉིང་ཁྲི་རྫོང་ནས་སྨན་གླིང་རྫོང་བར། དེ་བཞིན་སྤོ་བོ་རྫོང་དང་སྣང་རྫོང་སོགས་ཚང་མར་ཁམ་བུའི་མེ་ཏོག་གི་མཛེས་ལྗོངས་རབ་དང་རིམ་པས་བརྒྱན་ནས་མིག་གི་ལོངས་སྤྱོད་དང་སྣ་ཡི་བཅུད་དུ་སྨིན། ལྷག་དོན་དུ་བྲག་ཡིབ་ཆུས་ནས་སྤྱི་ལེ10ཙམ་ལས་མེད་ཅིང་། ལོ་ལྟར་ཁམ་བུའི་མེ་ཏོག་གི་དུས་ཆེན་གཏོང་ཡུལ་ཉིང་ཁྲི་རྫོང་ཀ་ལ་ཤང་དུ་ཁམ་བུའི་མེ་ཏོག་ཤར་སྤྱི་ལ་སྤྱི་ཆེང་ཁྲི0. 13ཡོད་པའི་རི་སྐྱེས་ཁམ་སྡོང་གླིང་ཞིག་ཡོད་པ་དེར་ཁམ་བུའི་སྡོང་པོ་ཁྲི14ཙམ་ཡོད། ཁམ་སྡོང་གི་ཆ་སྙོམས་སྐྱེ་ཡུན་ལོ་ཚད140ལས་བརྒལ་བ་དང་། སྐྱེ་ཡུན་རིང་ཤོས་ལ་ལོ་ལྔ་བརྒྱ་དྲུག་བརྒྱ་སོང་ཡོད་པས་ཀ་ལ་གྲོང་ཚོ་ནི་མིང་དོན་མཚུངས་པའི་ཁམ་བུའི་འབྱུང་ཁུངས་ཤིག་ཡིན་པས་ཀ་ལ་ཤང་དང་དེ་གའི་ཁམ་བུའི་མེ་ཏོག་དུས་ཆེན་གྱི་མིང་གྲགས་རྒྱལ་ཡོངས་ཁྱོན་ལ་ཁྱབ་པ་དང་ཡུལ་སྐོར་བ་ལོ་རེ་བཞིན་ཇེ་མང་དུ་འགྲོ་བཞིན་པའི་རྣམ་པ་བཟང་པོ་ཞིག་ཐོན་བཞིན་ཡོད།

ཉིང་ཁྲིའི་རི་ཀླུང་གང་སར་ཁྱབ་པའི་ཁམ་སྡོང་དེ་དག་གིས་མི་རྣམས་ལ་དཔྱིད་ཀྱི་ཉམས་བཟང་གིས་རབ་ཏུ་སྤྲུག་པའི་ཀོང་ཡུལ་གྱི་མཛེས་ལྗོངས་ཤིག་ཕྱི་ལེར་འཆར་བར་བྱས་པས་ཕྱོགས་བཞིའི་སྐྱ་མགྲོན་དག་དེ་གར་ཡུལ་སྐོར་དུ་ཡོང་རྒྱུའི་འདུན་པས་རབ་ཏུ་སྐུལ་ནས་དཔལ་འབྱོར་གྱི་ཕན་འབྲས་རྒྱ་ཆེར་གཏོང་པ་དཔེར་ན། ཁམ་བུའི་མེ་ཏོག་དུས་ཆེན་གཏོང་རིང་ཡུལ་སྐོར་བ་ཁྲི་གསུམ་ཙམ་འདུ་ཡི་ཡོད་པས་བོད་ས་མཐོར་དབྱར་སྟོན་གཉིས་ཁོ་ནར་ཡུལ་སྐོར་བྱེད་པའི་རྣམ་པ་ཡོངས་སུ་འགྱུར་བ་བྱས་ཡོད། གཞན་ཡང་ཁམ་བུ་ཁ་ལ་ཞིམ་པ། མེ་

ཏོག་མིག་ལ་མཛེས་པ། ཞེས་པ་ལྟར་ཉིང་ཁྲི་འདི་ཉིད་རང་བྱུང་ས་ཀྱི་ཁམས་བུའི་ཐོན་ཁུངས་གཙོ་བོར་གྱུར་ནས་ཉིང་ཁྲིའི་མི་རབས་མང་པོ་དྲིན་གྱིས་བསྐྱངས་ནས་རང་ཉིད་ཀྱིས་ལོངས་སུ་སྤྱོད་པ་དང་། ཕྱིར་ཚོང་ཡང་རྒྱ་ཆེར་བྱས་ནས་དཔལ་འབྱོར་གྱི་ཕན་འབྲས་ཆེན་པོ་གཏོང་ཡོད། ལྷག་དོན་དུ་ལོ་རྒྱུས་ཐོག་སྤྱི་བོ་རྗེང་དུ་འཚོ་སྐྱོད་བྱེད་མཁན་ཀོང་པོ་བ་ཚོས་ཁམས་བུའི་ནང་ཚི་གཙགས་ནས་བཟའ་རྣམ་གྱི་དོད་དུ་སྤྱོད་པ་སོགས་ཀོང་པོ་བའི་མི་རབས་སྐྱིད་སྡུག་བྱ་རྒྱུར་དཔལ་འབྱོར་གྱི་རྒྱབ་རྟེན་བཙན་པོ་ཞིག་སྐྲུན་ཡོད་ལ་རིག་གནས་ཀྱི་གནམ་ས་ལེགས་པོ་ཞིག་ཀྱང་གཏོང་ཡོད།

ད་ཆ་མཛེས་སྡུག་ལྡན་པའི་ཉིང་ཁྲིའི་མཛེས་ལྗོངས་ནི་མང་ཚོགས་ཚོའི་དཔལ་འབྱོར་ཡོང་འབབ་གོང་མཐོར་གཏོང་བའི་གཞི་རྟེན་ཆེན་པོ་ཞིག་ཏུ་གྱུར་ཅིང་། 2015ལོའི་ཁམས་བུའི་མེ་ཏོག་གི་རིག་གནས་ཡུལ་སྐོར་དུས་ཆེན་ལ་རྒྱལ་ཁབ་ཕྱི་ནང་གི་སྐུ་མགྲོན་ཁྲི351. 72ཞུགས་པ་དང་ཡུལ་སྐོར་ཡོང་འབབ་སྒོར་དུང་ཕྱུར32. 83བྱུང་ཡོད་ལ། ཀ་ལ་གྲོང་ཚོར་དུས་ཆེན་སྐབས་སུ་ཡུལ་སྐོར་ཡོང་འབབ་སྒོར་ཁྲི་ཚོ40ཟིན་པ་དང་དུད་ཚང་རེར་ཁེ་སྤོགས་སྒོར་ཁྲི1ལྷག་ཙམ་བྱུང་ཡོད་པ་རེད། དེ་དང་དུས་མཚུངས་སུ་ཉིང་ཁྲི་གྲོང་ཁྱེར་གྱི་རྗོང་གཞན་གྱིས་ཀྱང་གོ་སྐབས་དེ་དང་བསྟུན་ནས་ཡུལ་སྐོར་བྱེད་སྒོ་རྒྱ་ཆེར་སྤེལ་ནས་རང་ཡུལ་དྲིལ་བསྒྲགས་བྱེད་པ་དང་དཔལ་འབྱོར་ཡོང་འབབ་རྒྱ་ཆེར་གཏོང་གི་ཡོད།

དྲུག ཇོ་མོ་གླང་མའི་རིག་གནས་དུས་ཆེན།

དུས་ཆེན་ནི་མིའི་རིགས་ཀྱི་ཤེས་དཔལ་རིག་གནས་གོང་མཐོར་ཕྱིན་པའི་མཚོན་ཚུལ་ཞིག་ཡིན་པས་དེར་རྟེན་འབྲེལ་བྱེད་འོས་པའི་ཉིན་མོ་དང་། དྲན་གསོ་ཞུ་འོས་པའི་ཉིན་མོ། ལོ་རྒྱུས་ཐོག་གི་གལ་ཆེན་དོན་ཆེན་སོགས་ནང་དོན་སྣ་ཚོགས་འདུས་ཡོད། བོད་མི་རིགས་ནི་འཛམ་གླིང་ཐོག་དུས་ཆེན་ཆེས་མང་བའི་མི་རིགས་ཤིག་ཡིན་པས་ཧ་ལམ་ཟླ་བ་མི་རེ་ངོ་རེར་དུས་ཆེན་གྱིས་མ་ཁྱབ་པ་མེད། དེའི་ནང་སྤྱི་ལ་ཁྱབ་པའི་བོད་ཀྱི་ལོ་གསར་སོགས་ཡོད་ལ་རོང་འབྲོག་གི་ཁྱད་ཆོས་མངོན་གསལ་དོད་པའི་འབྲོག་ཁུལ་གྱི་རྟ་རྒྱུག་དུས་ཆེན་དང་ཞིང་ཁུལ་གྱི་འོང་སྐོར་སོགས་དུས་ཆེན་མང་དག་ཅིག་ཡོད་པ་དེ་དག་གིས་དམངས་སྲོལ་རིག་གནས་གོང་འཕེལ་གཏོང་རྒྱུར་དགེ་མཚན་ཆེན་པོ་འདོན་བཞིན་ཡོད། ལྷག་དོན་དུ་དཔལ་འབྱོར་དང་སྤྱི་ཚོགས་གོང་དུ་འཕེལ་ཞིང་། ཡུལ་སྐོར་རིག་གནས་དར་རྒྱས་ཆེན་པོ་ཕྱིན་པའི་དེང་གི་དུས་སུ་རང་ལྗོངས་ཀྱི་གྲོང་ཁྱེར་དང་ས་ཁུལ་ཚང་མས་རང་རང་གི་ཁྱད་ཆོས་དང་འཚམ་པའི་རིག་གནས་ཡུལ་སྐོར་དུས་ཆེན་རེ་གཏོད་ཡོད་པ་དེས་ས་གནས་ཀྱི་ཡུལ་སྐོར་རིག་གནས་འཕེལ་རྒྱས་གཏོང་བ་དང་། སྣོད་བཅུད་རིག་གནས་དྲིལ་བསྒྲགས་བྱེད་པ། དམངས་སྲོལ་རིག་གནས་ངོ་སྤྲོད་བྱེད་པ་སོགས་བརྒྱུད་རང་ལྗོངས་ཀྱི་དམིགས་བསལ་རིག་གནས་ཀྱི་གྲུབ་ཆ་སྤྱི་དང་། ཐུན་མོང་མ་ཡིན་པའི་ཁྱད་ཆོས། ཐོན་ཁུངས་ཀྱི་

ལེགས་ཆ་སོགས་འཛམ་གླིང་མི་རིགས་ཀྱི་འདྲེན་བྱེད་ཀྱི་སྟོན་མོར་གཞོམ་བཞིན་མཆིས། ཇོ་མོ་གླང་མ་རིག་གནས་ཡུལ་སྐོར་དུས་ཆེན་ཡང་དེའི་ཆ་ཤས་ཤིག་རེད།

ལོ་ལྟར་གཏོང་བའི་རིག་གནས་དུས་ཆེན་གྱི་ཁྲོད་ནས2014ལོའི་ཇོ་མོ་གླང་མའི་རིག་གནས་ཡུལ་སྐོར་དུས་ཆེན་ལ་མཚོན་ན། རྒྱལ་རྩེར་དབྱིན་འགོག་དམག་འཁྲུག་ལངས་ནས་ལོ་ངོ110འཁོར་བ་དང་། ལྷ་གཞིས་ལྷུགས་ལམ་ཤར་གཏོང་ཐུབ་པ་བཅས་ཀྱི་རྣམ་པ་བཟང་པོའི་འོག་གཉེར་བ་ཞིག་ཡིན་ཞིང་། དུས་ཆེན་གྱི་བརྗོད་བྱ་ནི“ ཇོ་མཚར་ཆེ་བའི་ཇོ་རི། མཛེས་སྡུག་པའི་གཙང་ཁུལ། བཀྲ་ཤིས་པའི་གཞིས་རྩེ”ཞེས་པ་དེ་རེད། དུས་ཡུན་ཉིན6གི་དུས་ཆེན་རིང་གཞིས་རྩེའི་ཇོང་བཅོ་བརྒྱད་ཀྱི་དམངས་ཁྲོད་སྒྱུ་རྩལ་ཚོགས་པའི་རིག་རྩལ་འགྲན་བསྡུར་དང་། གཙང་གི་རྩེར་སོན་རིག་དངོས་དང་ཐང་གའི་འགྲེམས་སྟོན། འབག་སྟོན་པོའི་ལྷ་མོའི་ཚོགས་པ་གསུམ་གྱི་འཁྲབ་སྟོན། སྐབས་གསུམ་པའི་རྒྱལ་ཡོངས་ཀྱི《ཇོ་རིར་བསྐྱོད་པ》ཞེས་པའི་པར་རྒྱུག་འགྲན་བསྡུར།《ཇོ་རིའི་སྐད་སྒྲ》ཞེས་པའི་ཡུལ་སྐོར་དྲིལ་བསྒྲགས་ཀྱི་གླུ་གཞས་འགྲན་བསྡུར་སོགས་བྱེད་སྒོའི་རྣམ་གྲངས་ཆེ་གྲས9དང་། སྐབས་གཉིས་པའི་ཡ་མཚན་ཆེ་བའི་རྫོའི་འགྲེམས་ཚོང་དང་། སྐབས་དང་པོའི་གཞིས་རྩེའི་རིག་གནས་འཕེལ་རྒྱས་གླེང་སྟེགས། མང་ཚོགས་རང་བཞིན་ལྡན་པའི་མི་རིགས་གླུ་གར་གྱི་ཐང་ཆེན་ཞབས་བྲོའི་བྱེད་སྒོ་སོགས་ཁག9གཉེར་བ་དག་ལ་རིག་གནས་དང་། ལུས་རྩལ། ཡུལ་སྐོར་སོགས་ཁྱབ་ཁོངས་ཚང་མའི་ནང་དོན་ཚུད་ཡོད་པས་ཕྱོགས་

བཞིའི་སྐུ་མགྲོན་ཆོས་ཁྲོན་ཡོངས་ནས་གཙང་ཁུལ་གྱི་དམིགས་བསལ་ཉམས་བཟང་ལོངས་སྤྱོད་ཐུབ་པ་བྱུང་བ་རེད།

2001 ལོ་ནས་བཟུང་གཞིས་རྩེ་ས་ཁུལ་གྱིས་ཇོ་མོ་གླང་མའི་རིག་གནས་ཡུལ་སྐོར་དུས་ཆེན་གཏོང་འགོ་ཚུགས་ཤིང་། གཞིས་རྩེ་ནི་ཇོ་མོ་གླང་མའི་ཕ་ཡུལ་ཡིན་པས་ཇོ་མོ་གླང་མ་དེ་དུས་ཆེན་གྱི་མིང་བྱང་དུ་བརྩེ་བ་ནི་དོན་ལ་བབས་པ་ཞིག་ཡིན་པས་ད་ཆ་ཇོ་མོ་གླང་མའི་རིག་གནས་ཡུལ་སྐོར་དུས་ཆེན་དེ་ནི་གཞིས་རྩེའི་སྤྱི་ཚོགས་དཔལ་འབྱོར་འཕེལ་རྒྱས་འགྲོ་བའི་སྐར་ཁུང་ཞིག་དང་། གཞིས་རྩེ་འདི་ཉིད་ལྗོངས་ཕྱི་ནང་ལ་སྒོ་མོ་འབྱེད་པའི་སྟེགས་བུ་ཞིག གཙང་གི་ངོ་མཚར་ཆེ་བའི་རིག་གནས་ཁྱབ་སྤེལ་གཏོང་བའི་འབྲེལ་ཐག་གལ་ཆེན་ཞིག་བཅས་སུ་གྱུར་བས་ཇོ་མོ་གླང་མའི་རིག་གནས་ཡུལ་སྐོར་དུས་ཆེན་དེ་ཇི་ཙམ་གཉེར་བ་དེ་ཙམ་གྱིས་ཇེ་རྒྱས་སུ་འགྲོ་རྒྱུ་ནི་གདོན་མི་ཟ་བ་ཞིག་རེད།

བདུན། ཞང་ཞུང་རིག་གནས་དུས་ཆེན།

འཛམ་གླིང་ཡང་རྩེར་གནས་པའི་བོད་ས་མཐོ་ནི་ཤེས་རིག་ལྡན་སུམ་ཚོགས་པའི་ཡུལ་ལྗོངས་ཞིག་ཡིན་སྟབས་དུས་ཆེན་གྱི་རྣམ་གྲངས་ཀྱང་ཅང་ལྡན་སུམ་ཚོགས་པོ་ཡོད་ཁར། རིག་གནས་དར་རྒྱས་དང་འཕེལ་རྒྱས་ཆེན་པོའི་སྐབས་འདེད་འོག་སྟར་ཡོད་ཀྱི་རིག་གནས་དུས་ཆེན་མང་པོ་སླར་གསོ་དང་ལག་གཅིག་གསར་དུ་དར་ཁྱབ་བྱུང་ནས་བོད་ཀྱི་ས་གནས་ཚང་མས་མིང་གྲགས་ཆེ་བའི་རིག་

གནས་ཡུལ་སྐོར་དུས་ཆེན་རེ་གཏོང་སྲོལ་ཆགས་ཡོད་པ་དེས་ས་གནས་ཀྱི་སྲོལ་རྒྱུན་རིག་གནས་སྲུང་འཛིན་དང་། ཡུལ་སྐོར་ཐོན་ལས་གོང་འཕེལ་གཏོང་རྒྱུ་སོགས་ལ་དགེ་མཚན་ཆེན་པོ་ཐོན་བཞིན་པ་ནི། སྲོལ་རྒྱུན་རིག་གནས་ཀྱིས་བོད་ས་མཐོའི་མི་རྣམས་ལ་ཕུལ་བའི་ལེགས་སྐྱེས་གཞན་ཞིག་རེད། དེ་དག་གི་ཁྲོད་ནས་ཞང་ཞུང་རིག་གནས་དུས་ཆེན་ནི་རྒྱལ་ཁབ་ཕྱི་ནང་གི་རིག་གནས་པ་དང་ཡུལ་སྐོར་བ་སོགས་སྐྱི་པོ་ཚང་མའི་བློ་ཁ་ཕྱོགས་ཡུལ་ཞིག་ཏུ་གྱུར།

འཛམ་གླིང་ཡང་རྩེའི་གཙུག་རྒྱན་དུ་གནས་པའི་མངའ་རིས་ས་ཁུལ་དུ་དུང་དཀར་ཕྱི་དབང་གི་བྲག་བཀོས་རི་མོ་དང་། གུ་གེའི་རྗེས་ཤུལ། མཐོ་ལྡིང་གི་ས་ཚལ་མཛེས་ལྗོངས་སོགས་ཡོད་ལ། གནའ་བོའི་ཞང་ཞུང་གི་ཕྱུན་སུམ་ཚོགས་པའི་རིག་གནས་ཀྱི་ཤུགས་རྐྱེན་ཟབ་མོ་ཡོད་པས་རིག་གནས་པ་དང་། ཞིབ་འཇུག་པ། སྐྱུ་རྩལ་པ་བཅས་ཀྱི་བློ་ཁ་ཕྱོགས་ཡུལ་ཞིག་ཡིན།

མངའ་རིས་ས་ཁུལ་གྱིས་ལོ་གཉིས་རེར་ཐེངས་རེ་གཉེར་བའི་ཞང་ཞུང་རིག་གནས་ཡུལ་སྐོར་དུས་ཆེན་ཐོག་ཞང་ཞུང་རིག་གནས་སྐྱུ་རྩལ་ཞིབ་གྲོས་ཚོགས་འདུ་དང་། ཞང་ཞུང་རིག་གནས་ཤུལ་ལམ་གྱི་ལམ་རྒྱུད་དུ་རྟོག་ཞིབ་བྱེད་པ། མངའ་རིས་ཀྱི་ལྗོངས་གཟིགས་སྣང་མཛེས་ཤོས་ཀྱི་གསར་འགྱུར་ཡོངས་བསྒྲགས་ཚོགས་འདུ་འཚོགས་པ། བཟོད་བྱ་གཙོ་བོའི་རིག་རྩལ་འཁྲབ་སྟོན་བྱེད་པ་མ་ཟད། ཚོང་ཁག་གི་ཡན་ལག་བྱེད་སྒོ་སོགས་ཧ་ཅང་ཕུན་སུམ་ཚོགས་པོ་གཉེར་གྱི་ཡོད་པ་རེད།

2015ལོར་སྙེར་རྩེ་དང་། ཕུ་ཧྲེང་། རྩ་མདའ་སོགས་རྫོང་གིས་ཀྱང་

མངའ་རིས་ཀྱི་ཞང་ཞུང་རིག་གནས་དུས་ཆེན་དེ་གོ་སྐབས་སུ་བྱས་ནས་ངོ་མཚར་ཆེ་བའི་བྱེད་སྒོ་སྣ་ཚོགས་སྤེལ་ཞིང་། སྒེར་རྩེར་ཧ་རྒྱུག་འགྲན་བསྡུར་དང་། ཐག་འཐེན་འགྲན་བསྡུར། རིག་རྩལ་འཁྲབ་སྟོན་སོགས་གཉེར་བ་དང་། གནའ་སྔ་མོ་ནས་བཟུང་བོད་ཀྱི་ཕྱི་ཕྱོགས་ཚོང་ལམ་ཡིན་པའི་སྤུ་ཧྲེང་རྫོང་གྲོང་དུ་སྒྱུ་རྩལ་འཁྲབ་སྟོན་དང་དངོས་ཟོག་བརྗེ་རེས་ཀྱི་ཚོང་འདུས་འཚོགས་པ། ཡིག་གཟུགས་དང་རི་མོའི་འགྲེམས་སྟོན་སོགས་བྱེད་པ། རྫ་མདར་ཞང་ཞུང་གི་ཉམས་འགྱུར། གུ་གེར་རྗེས་དྲན་ཞེས་པའི་དམངས་ཁྲོད་སྒྱུ་གར་གྱི་འགྲན་བསྡུར་བྱེད་སྒོ་སོགས་རྒྱུན་མཐུད་དུ་གཉེར་ཡོད་པ་དེ་ནི་དུས་ཆེན་དེའི་བསྡུས་རིས་ཤིག་རེད།

ཞང་ཞུང་རིག་གནས་ཀྱི་འབྱུང་ཁུངས་སུ་གཉེར་བའི་རིག་གནས་ཡུལ་སྐོར་དུས་ཆེན་དེ་ནི་མངའ་རིས་ས་ཁུལ་གྱི་རིག་གནས་གོམས་སྲོལ་དང་། དམངས་སྲོལ་རིག་གནས། དམིགས་བསལ་གྱི་ཡུལ་སྐོར་མཛེས་ལྗོངས་ཀྱི་མཚོན་རྟགས་རང་བཞིན་གྱི་དུས་སྟོན་ཞིག་བཅས་ཡིན་པ་དང་ལོ་གཉིས་རེར་ཐེངས་རེ་གཉེར་གྱི་ཡོད་པ་དང་། དེ་གོང་སྐབས་ལྔ་གཉེར་སྒྲིང་ཡོད་པ་རེད། ཞང་ཞུང་རིག་གནས་ཡུལ་སྐོར་དུས་ཆེན་ནི་མངའ་རིས་ས་ཁུལ་གྱི་གྲུབ་འབྲས་མཚོན་པ་དང་། ཕྱི་ཕྱོགས་སུ་སྤེལ་རེས་བྱ་རྒྱུར་སྐུལ་འདེད། རིག་གནས་ཡུལ་སྐོར་འཕེལ་རྒྱས་གཏོང་རྒྱུར་སྐུལ་མ་གཏོང་བ་བཅས་ཀྱི་གལ་ཆེའི་སྐར་ཁུང་ཞིག་དང་སྟེགས་བུ་ཞིག་ཏུ་གྱུར་ཡོད་པ་རེད།

ཕྱིར་མངའ་རིས་ས་ཁུལ་ནི་ཞང་ཞུང་རིག་གནས་ཀྱི་ཕ་ས་ཕ་ཡུལ་ཡིན་སྟབས་གནའ་བོའི་རིག་གནས་དེ་སྲུང་སྐྱོབ་ལེགས་པོ་བྱེད་ཆེད། མངའ་རིས་ས

ཁྱུལ་གྱིས་ལོ་ལྔ་ཚན་བཅུ་གཉིས་པར་རྟེན་རྫས་བཤམས་མཛོད་ཁང་འཛུགས་སྐྲུན་དང་། ལྷེབས་རིས་གྲངས་འཛིན་ལ་ཤར་འབེབས། སྒོ་ཀུན་ནས་ལྷེབས་རིས་ཉམས་གསོ། གནའ་ཤུལ་ཁག་སྲུང་སྐྱོབ། རིག་དངོས་དང་གནའ་རྫས་ཡོངས་བཤེར། ཞང་ཞུང་རིག་གནས་ལ་ཞིབ་འཇུག ཤེས་ལྡན་པ་གསོ་སྐྱོང་སོགས་ཁྱོན་ཡོངས་ནས་སྤེལ་བས་རིག་གནས་ཤུལ་བཞག་གི་ཞིབ་འཇུག་ལས་དོན་དེ་ལྗོངས་ཡོངས་ཀྱི་མདུན་གྲལ་དུ་སླེབས་ཡོད་པས་གནའ་བོའི་ཞང་ཞུང་གི་རིག་གནས་འོད་སྣང་དེ་སླར་ཡང་འཚེར་བའི་སྔ་ལྟས་བཟང་པོས་ཁྱབ་ནས་ཡོད་དོ།

བརྒྱད། ཡར་ཀླུང་རིག་གནས་དུས་ཆེན།

ལྷོ་ཁའི་ཡར་ཀླུང་ནི་བོད་མི་རིགས་ཀྱི་འབྱུང་ཁུངས་དང་བོད་ཀྱི་རིག་གནས་དར་ཡུལ་གཙོ་བོ་ཡིན་ཞིང་། ཡར་ཀླུང་རིག་གནས་དུས་ཆེན་དེ་ལོ་རེའི་སྟོན་ཟླ་བརྒྱད་པའི་ནང་གཟབ་རྒྱས་དང་སྐོར་ཚོགས་བྱེད་ཅིང་། དུས་ཡུན་ཉིན་ལྔ་ཙམ་གཏོང་བའི་རིག་གནས་དུས་ཆེན་ཐོག་མངོན་གསལ་དོད་ཤོས་ནི་སྣ་མང་ཕུན་སུམ་ཚོགས་པའི་རིག་རྩལ་ལེ་ཚན་ཡིན་ཞིང་། ཉིན་ཤས་རིང་ལྷོ་ཁའི་རྫོང་ཁག་གི་དམངས་ཁྲོད་སྒྱུ་རྩལ་ཚོགས་པས་རང་སོའི་ཁྱད་ཆོས་ལྡན་པའི་འཁྲབ་སྟོན་བྱེད་པ་དང་། རྩེད་ཐང་གྲོང་མི་ཨུ་ཡོན་ལྷན་ཁང་གི་ལྷ་མོ་ཚོགས་པས་ལྷ་མོ་འཁྲབ་སྟོན་བྱེད་པ། ལྷོ་ཁའི་སྒོར་གཞས་འཁྲབ་པ་སོགས་བྱེད་པ་མ་ཟད། སྐབས་དེར་ལྗོངས་ནང་ཁུལ་ནས་གདན་ཞུ་བྱས་པའི་ཆབ་མདོ་དང་ཉིང་ཁྲི་ས་ཁུལ་

སྒྱུ་རྩལ་ཚོགས་པ་སོགས་ཀྱིས་ངོ་མཚར་ཆེ་བའི་འཁྲབ་སྟོན་བྱེད་པས་ས་གནས་མང་ཚོགས་དང་ཕྱོགས་བཞིའི་སྐྱ་མགྲོན་རྣམས་སྒྱུ་རྩལ་གྱི་སྟོན་མོ་གྱ་ནོམ་པ་ཞིག་ལོངས་སྤྱོད་བྱ་རྒྱུ་ཡོང་གི་ཡོད།

ཡར་ཀླུང་རིག་གནས་དུས་ཆེན་ཐོག་ད་དུང་ལྷོ་ཁའི་སྤྱི་ཚོགས་དཔལ་འབྱོར་འཕེལ་རྒྱས་ཀྱི་གྲུབ་འབྲས་འགྲེམས་སྟོན་དང་། ལྷོ་ཁའི་དམིགས་བསལ་ཐོན་ཟོག་འགྲེམས་ཚོང་། ཡུལ་སྐོར་རིག་གནས་ཀྱི་རིམ་སྤེལ་བྱེད་སྒོ། ཚོང་འགྲུགས་ནམ་གྲངས་འོས་སྦྱོར་ཚོགས་འདུ་སོགས་འཚོགས་ནས་ལྷོ་ཁའི་སྟོད་བཅུད་ཞིང་ལས་དང་། མི་རིགས་ལག་ཤེས་བཟོ་ལས། བོད་སྨན་ཐོན་ལས་སོགས་ངོ་སྤྲོད་རྒྱ་ཆེར་བྱས་ནས་ལྷོ་ཁའི་སྤྱི་ཚོགས་དཔལ་འབྱོར་མཚོན་སྐྱོད་ལྟ་བུའི་འཕེལ་རྒྱས་ཡོང་བ་དང་བསམ་པའི་དཔལ་ཡོན་གཏོད་རྒྱུར་སྤྱི་ཚོགས་ཀྱི་རྣམ་པ་བཟང་པོ་ཞིག་གཏོད་ཡོད། ལྷག་དོན་དུ་ཡུལ་སྐོར་རིག་གནས་ཀྱི་རིམ་སྤེལ་བྱེད་སྒོའི་ནང་ཆང་འཁོར་བཞིན་ནས་ཡར་འབྲོག་གཡུ་མཚོ་བསྐོར་བ་དང་། མོན་པའི་ཚངས་དབྱངས་རྒྱ་མཚོའི་མགུར་གླུའི་ཡུལ་སྐོར་རིག་གནས་དུས་ཆེན། གྲི་གུའི་འབྲོག་པའི་དུས་ཆེན། རྒྱ་ཚའི་དྭགས་པོ་སྟར་ཁའི་དུས་ཆེན་སོགས་རིམ་སྤེལ་བྱས་ནས་ཕྱོགས་བཞིའི་སྐྱ་མགྲོན་ཚོས་ཡར་ཀླུང་གི་རང་བྱུང་མཛེས་ལྗོངས་དང་དམངས་སྲོལ་རིག་གནས་རིམ་བཞིན་ཉམས་སུ་མྱོང་ཐུབ་པ་བྱེད་པ་སོགས་ལྷོ་ཁའི་ཡར་ཀླུང་རིག་གནས་དུས་ཆེན་དེ་ལྗོངས་ཡོངས་ནས་ཨང་དང་གྲས་སུ་སླེབས་པ་དང་རྒྱལ་ཡོངས་སུ་མིང་གྲགས་ཆེད་པའི་དུས་ཆེན་གྱི་གྲགས་རྟགས་ཤིག་ཏུ་གཉེར་རྒྱུའི་དམིགས་ཚད་སྒྲུབ་ཐུབ་པ་བྱེད་ཀྱི་ཡོད།

ལྷོ་ཁ་ས་ཁུལ་ནི་རི་བོ་ཏི་མ་ལ་ཡ་དང་གངས་དཀར་ཏེ་སེའི་རི་རྒྱུད་དང་ཡར་ཀླུང་གཙང་པོའི་བྱང་ངོས་སུ་གནས་ཤིང་། དེ་གར་ཕྱོན་ཁུངས་ཕུན་སུམ་ཚོགས་ལ་བོད་མིའི་འབྱུང་ཁུངས་དང་བོད་ཀྱི་རིག་གནས་དར་སར་བརྩི་བས་ཕོ་བྲང་དང་པོ་དང་། ཞིང་ཁ་དང་པོ། དགོན་པ་དང་པོ་སོགས་བོད་ཀྱི་ཨང་དང་པོ་མང་དག་ཅིག་ཡོད་པ་དང་། མི་སྣ་གྲགས་ཅན་ཕྱོན་མང་བ། གནས་དང་གནས་རི་མང་ལ། རིག་གནས་ཕུན་སུམ་ཚོགས་པོ་ཡོད་པའི་ཕྱོགས་རིག་གནས་དུས་ཆེན་གྱི་བྱེད་སྒོ་རབ་དང་རིམ་པ་དེ་དག་གིས་ཡར་ཀླུང་གི་སྤྱི་ཚོགས་དང་དཔལ་འབྱོར། རིག་གནས་བཅས་ཀྱི་སྐྱན་པ་དེ་བས་གོང་མཐོར་འགྲོ་བའི་མཐུན་རྐྱེན་བཟང་པོ་ཞིག་སྐྲུན་ཡོད་པ་རེད།

དགུ། ཁམས་པའི་རིག་གནས་དུས་ཆེན།

ལོ་ལྟར་ཀྱི་སྟོན་མཚམས་སུ་ཁམས་པའི་རིག་གནས་ཡུལ་སྐོར་སྨྲ་རྩལ་དུས་ཆེན་གཏོང་གི་ཡོད་ཅིང་། སྨྲ་རྩལ་དུས་ཆེན་དེ་ཁྱོན་ཉིན4ཙམ་བཏང་ནས་རྒྱུན་གོས་འགྲེམས་འཁྲབ་དང་། གཞི་ཆེའི་ཐང་ཆེན་ཞབས་བྲོ། གུར་གྱི་རིག་གནས་འགྲེམས་སྟོན། སྲོལ་རྒྱུན་གྱི་བྲོ་གཞས་སོགས་རྣམ་གྲངས40ཙམ་ཡོད་པས་ཧ་ཅང་འཕྲུག་ཆ་དོད་ལ་ཕུན་སུམ་ཚོགས་པོ་ཡོད་པ་རེད།

ཆབ་མདོ་གྲོང་ཁྱེར་ནི་བོད་ལྗོངས་དང་། སི་ཁྲོན། ཡུན་ནན་བཅས་ཞིང་ཆེན་གྱི་འབྲེལ་མཚམས་སུ་གནས་པ་དང་འབྲི་ཆུ་དང་། རྫ་ཆུ། རྒྱལ་མོ་

རྟལ་ཆུ་བཅས་ཀྱི་རྒྱུག་ཁུལ་དུ་གནས་པས་བོད་ཤར་ཕྱོགས་ཀྱི་གཙང་གསུམ་རྒྱུག་ཁུལ་ཞེས་འབོད་ཀྱི་ཡོད། ཁ་རུབ་གནའ་ཤུལ་ལས་མངོན་པར་གཟིགས་ན། མི་ལོ5000ཙམ་གྱི་གོང་ནས་དེ་གར་མིའི་འགྲོ་བ་གནས་ཡོད་ཅིང་། རིག་གནས་དང་སྒྱུ་རྩལ་གྱི་རྣམ་གྲངས་ཕུན་སུམ་ཚོགས་པས་རལ་པའི་ཕ་ཡུལ་དང་། སྐོར་གཞས་ཀྱི་ཕ་ཡུལ། བརྐོས་དཀྱིལ་མཁས་པའི་ཕ་ཡུལ་སོགས་ཀྱི་མཚན་སྙན་ཐོབ་ཡོད་པ་དང་མིག་སྟེར་སྙིང་ཆེན་རལ་པ་དང་ཚྭ་ཁ་སྙོའི་ཚྭ་འགྲེམས་ལག་རྩལ་སོགས་རྒྱལ་ཁབ་རིམ་པའི་མངོན་མིན་རིག་གནས་ཤུལ་བཞག་གི་རྣམ་གྲངས་ཁག8ཡོད་པ་རེད།

ཡུན་ནན་བདེ་ཆེན་བོད་རིགས་རང་སྐྱོང་ཁུལ་དང་། སི་ཁྲོན་དཀར་མཛེས་བོད་རིགས་རང་སྐྱོང་ཁུལ། མཚོ་སྔོན་ཡུལ་ཤུལ་བོད་རིགས་རང་སྐྱོང་ཁུལ། བོད་ལྗོངས་ཆབ་མདོ་གྲོང་ཁྱེར་བཅས་ལ་ཁམས་ཁུལ་དུ་འབོད་ཅིང་། ཐུན་མོང་གི་རིག་གནས་རྒྱབ་ལྗོངས་དང་ལོ་རྒྱུས་ལྡན་ཡོད་ལ། སྐད་བརྡ་དང་གོས་རྒྱན། མི་སྤྱོད་སྒྲུབ་དངོས། དམངས་སྲོལ་དང་ཆོས་ལུགས་རིག་གནས་སོགས་ཚང་མའི་ཐད་ཐུན་མོང་གི་ཁྱད་ཆོས་ཡོད་པས། ཁུལ་གསུམ་དང་གྲོང་ཁྱེར་གཅིག་གི་རིག་གནས་སྲོལ་རེས་དང་། དཔལ་འབྱོར་འབྲེལ་བ། རིག་གནས་ཐོན་ཁུངས་བསྡུ་སྒྲིལ་བཅས་བྱས་ཏེ་ཁམས་པའི་རིག་གནས་གྲགས་རྟགས་དེ་འཛམ་གླིང་རང་བཞིན་གྱི་རིག་གནས་གྲགས་རྟགས་ཤིག་ལ་འགྱུར་བ་བྱ་ཆེད1994ལོར་མཚོ་སྔོན་ཡུལ་ཤུལ་དུ་སྐབས་དང་པོའི་ཁམས་པའི་སྒྱུ་རྩལ་དུས་ཆེན་གཉེར་བ་ནས2014ལོ་བར་རེས་སྐོར་གྱིས་ཐེངས8ཙམ་གཉེར་ནས་

ཁམས་པའི་རིག་གནས་ཡུལ་སྐོར་སྒྱུ་རྩལ་དུས་ཆེན་དེ་ཇི་ཙམ་གཉེར་བ་དེ་ཙམ་གྱིས་སྙན་གྲགས་ཇེ་ཆེར་ཕྱིན་ཡོད། གཞན་ཡང2015ལོའི་ཟླ་དགུ་པར་ཆབ་མདོའི་གཙང་གསུམ་ཛ་རྔའི་རིག་གནས་སྒྱུ་རྩལ་དུས་ཆེན་སྐབས་དང་པོ་དེ་ཆབ་མདོ་གྲོང་ཁྱེར་དུ་གཉེར་བས་ཁྲུ་སིམ་པའི་ཛ་རྔའི་ཚོང་ལམ་ཐོག་སྐྱེ་སྟོབས་ཀྱི་དཔལ་འབར་བ་དང་རིག་གནས་ཀྱི་ཁྲིག་རྒྱུན་རབ་ཏུ་རྒྱས་ཏེ་ལོ་རྒྱུས་རིང་བའི་ཁམས་པའི་སྲོལ་རྒྱུན་རིག་གནས་དང་ལོ་ངོ་བརྒྱ་ཕྲག་སོང་བའི་ཛ་རྔའི་ཚོང་ལམ་གྱི་རིག་གནས་སྣང་ཚུལ་དེ་དག་ད་ལྟའི་མི་ཚོས་རེ་རེ་བཞིན་མྱོང་རོལ་ཐུབ་པ་དེ་ནི་དེང་གི་མི་ཚོར་ཐོབ་པའི་རིག་གནས་ཀྱི་སྟོན་ཆེན་རྒྱས་པོ་ཞིག་ཡིན།

ཛ་རྔའི་གནའ་ལམ་ནི་ཐང་རྒྱལ་རབས་ཀྱི་དུས་སུ་ཐོན་པ་དང་མིང་ཆེང་དུས་སུ་ཧ་ཅང་དར་འཕེལ་བྱུང་བའི་ནུབ་ཕྱོགས་ཀྱི་རྟ་དང་པགས་རིགས་དང་ཤར་ཕྱོགས་ཀྱི་ཇ་དང་དར་གོས་སོགས་བརྗེ་ཚོང་བྱེད་སའི་སྐྱེལ་འདྲེན་ལམ་བུ་གལ་ཆེན་ཞིག་ཡིན་པ་དེས་མི་རིགས་ཁག་དབར་གྱི་ཉེ་ཚོང་ལ་སྐུལ་འདེད་ཆེན་པོ་ཐེབས་པ་མ་ཟད། རིག་གནས་སྤྲེལ་རེས་བྱ་རྒྱུར་གལ་ཆེའི་ནུས་པ་ཐོན་ནས་དུས་ད་ལྟ་ཡང་མི་རིགས་ཁག་གི་སྲོལ་རྒྱུན་རིག་གནས་ཁྲོད་དུ་ཤུགས་རྐྱེན་ཟབ་མོ་ཐེབས་པ་མཐོང་རྒྱུ་ཡོད་པས། ཛ་རྔའི་གནའ་ལམ་ནི་རིག་གནས་སྤེལ་རེས་ཀྱི་ལམ་བུ་གལ་ཆེན་ཞིག་ཡིན།

ཆབ་མདོའི་གཙང་གསུམ་ཛ་རྔའི་རིག་གནས་སྒྱུ་རྩལ་དུས་ཆེན་སྐབས་དང་པོའི་ཐོག་སྲོལ་རྒྱུན་དང་དེང་རབས་ཟུང་འབྲེལ་དང་རྒྱུན་འཛིན་དང་གསར་གཏོད་མཉམ་འདྲེས་ཀྱི་རྣམ་པའི་ཐོག་ནས་རིག་གནས་སྒྱུ་རྩལ་གྱི་བྱེད་

སྒོའི་རྣམ་གྲངས་མང་པོར་བརྟེན་ནས་སྤེལ་རེས་ལ་སྐྱུལ་མ་གཏོང་བ་དང་། མཉམ་ལས་ལ་ཤུགས་སྟོན་རྒྱུག་པ། བརྩེ་སེམས་ཟབ་ཏུ་གཏོང་བ་བཅས་དང་། ལྷག་དོན་རིག་གནས་སྤེལ་རེས་ཀྱི་རྣམ་པ་གསར་པ་གཏོད་རྒྱུ་དམིགས་ཡུལ་དུ་བྱས་པའི་དུས་ཆེན་དེའི་ཐོག་རིག་རྩལ་གྱི་བྱེད་སྒོ་རྣམ་པ་སྣ་ཚོགས་སྤེལ་ཡོད་པ་རེད། དེའི་ནང་མདའ་རྩལ་དང་གཞའ་རྩལ་འགྲན་པ་དང་། བྱེ་ཕད་འགྲོགས་པ། དཀར་ཞོ་འཁྲུང་བ་སོགས་ཀྱི་སྲོལ་རྒྱུན་གྱི་ལུས་རྩལ་རྣམ་གྲངས་ཡོད་ལ། རྫོ་བཀོས་དང་། ཤིང་བཀོས། འཛིམ་བཟོ། ལྷ་སྐུ་བཞེངས་རྒྱུ་སོགས་ལག་ཤེས་སྒྱུ་རྩལ་གྱི་འགྲེམས་སྟོན། ཚབ་མདོའི་སྒོར་གཞས་དང་། སྟེང་ཆེན་གྱི་རལ་པ། སྨར་ཁམས་ཀྱི་འབའ་གཞས་བཅས་ཀྱི་འཁྲབ་སྟོན། དེ་བཞིན་ཁམས་ཁུལ་གྱི་འཛུགས་སྐྲུན་སྒྱུ་རྩལ་གསར་གཏོད་དང་རྒྱུན་འཛིན་སྐོར་བརྗོད་བྱར་བྱས་པའི་གཏམ་བཤད་འགྲན་བསྡུར་དང་། གྱོན་གོས་དང་ཐང་ཀའི་འགྲེམས་སྟོན། དེ་བཞིན་ཡིག་གཟུགས་དང་། རི་མོ། པར་རྒྱག་སོགས་ཀྱི་འགྲན་བསྡུར་ཡང་བྱས་ནས་མི་རྣམས་ལ་ཁམས་ཁུལ་རིག་གནས་ཀྱི་སྟོན་མོ་གྲུ་ནོམ་པ་ཞིག་བཤམས་ཡོད་པ་རེད།

ཚབ་མདོས2015ལོ་ནས་བཟུང་ལོ་ལྟར་གྱི་སྤྱི་ཟླ་དགུ་པར་གཙང་གསུམ་ཇ་རྟའི་རིག་གནས་སྒྱུ་རྩལ་དུས་ཆེན་གཉེར་བཞིན་ཡོད་པས་དེ་ནི་རིག་གནས་དར་རྒྱས་དང་འཕེལ་རྒྱས་གཏོང་ཐབས་ལེགས་པོ་ཞིག་ཡིན་ལ་ཇ་རྟའི་གནའ་ལམ་རྒྱུད་ཀྱི་སྲོལ་རྒྱུན་རིག་གནས་རྒྱུན་འཛིན་བྱ་ཐབས་ལེགས་པོ་ཞིག་ཀྱང་ཡིན་པ་སྨོས་མེད་རེད། །

ས་བཅད་གསུམ་པ། གནའ་ཤུལ་གྲགས་ཅན།

གཅིག བོད་ཀྱི་ཤེས་རིག་དན་རྟགས་ཕ་བོང་ཁ།

གྲོང་ཁྱེར་ལྷ་སའི་བྱང་ངོས་སུ་གནའ་བོའི་ཕོ་བྲང་ཞིག་འཁྱིང་ངེར་གནས་ཡོད་པ་དེ་ནི་བོད་མི་རིགས་ཤེས་རིག་ཕྱོགས་སུ་སྐྱོད་པའི་མཚོན་རྟགས་གལ་ཆེན་ཞིག་ཡིན་པས་ཕྱོགས་བཞིའི་ཡུལ་སྐོར་བ་དང་ལོ་རྒྱུས་སློབ་ཟླ་རྣམས་ཀྱིས་ངེས་པར་དུ་སྐྱོད་སའི་གནའ་ཤུལ་རིན་ཐང་ཅན་ཞིག་ཡིན།

ཕ་བོང་ཁའམ་སྐུ་མཁར་མ་རུ་ནི་ས་ངོས་ལས་སྤྱི་ཁྲི20ཙམ་གྱིས་མཐོ་བའི་རུས་སྦལ་དབྱིབས་ཀྱི་རྗེ་ཕ་བོང་ཆེན་པོ་ཞིག་གི་ཐོག་ཏུ་བཞེངས་ཡོད་པ་དང་། སྤྱིའི་རྒྱ་ཁྱོན་ལ་སྨི་ངོས་གྲུ300ཡོད་པ་དང་ལྷོ་ངོས་སྒོར་དབྱིབས་དང་བྱང་ངོས་གྲུ་བཞི་ཡིན་ཅིང་། མཐའ་འཁོར་དུ་གདུགས་དང་རྒྱལ་མཚན་སོགས་བཀྲ་ཤིས་པའི་རི་མོའི་དབྱིབས་མདོན་གསལ་དོད་པའི་ས་དཔྱད་དང་ལྡན་པ་ཞིག་ཡིན།

ཕོ་བྲང་དེ་ཇི་ལྟར་བཞེངས་པའི་སྐོར་ལ་ཤོད་ཚུལ་མི་འདྲ་བ་ཡོད་རུང་ཅུང་ངེས་ཤེས་འདྲོང་བ་ཞིག་ནི་བཙན་པོ་སྲོང་བཙན་སྒམ་པོ་བློན་པོ་དང་བཅས་པ་ཕོ་བྲང་པོ་ཏ་ལའི་ཡང་ཐོག་ནས་ཕྱོགས་བཞིར་གཟིགས་སྐབས། བྱང་ངོས་ཀྱི་

བདེ་མཆོག་རི་འདབས་ཀྱི་སྟོན་ཤིང་གི་ཁྲོད་ནས་དངོས་པོ་ནག་པོ་ཆེན་པོ་ཞིག་ཡོད་པ་གཟིགས་ནས་རྒྱལ་བློན་རྣམས་ངོ་མཚར་སྐྱེས། ཕྱི་ཉིན་བློན་པོ་འགའ་དང་ལྷན་དུ་བདེ་མཆོག་རིར་ཕེབས་ནས་ཞིབ་པར་གཟིགས་སྐབས་དེ་ནི་རྡོ་ནག་རུས་སྦལ་དབྱིབས་དང་འདྲ་བ་ཞིག་ཡིན་པས་སྲོང་བཙན་ཐུགས་མཉེས་པོ་བྱུང་ནས་ས་འདི་ནི་དབེན་ཞིང་ཉམས་དགའ་བ་ཞིག་འདུག་ལ་རུས་སྦལ་འདི་ཡང་ངོ་མཚར་ཅན་ཞིག་འདུག་པས་རྡོ་དེའི་ཐོག་ཏུ་ཕོ་བྲང་ཞིག་བཞེངས་ནས་རྒྱ་གར་ནས་ཕེབས་གྲབས་ཡོད་པའི་ཐོན་མི་སམ་བྷོ་ཊ་མཆོག་ལ་ཕོ་བྲང་ཞིག་བཞེངས་ནས་བོད་ཡིག་གསར་གཏོད་གནང་དུ་འཇུག་རྒྱུ་ཡིན་ཞེས་གསུངས་པ་རེད།

དེ་རྗེས་བཙན་པོས་གཏན་འཁེལ་གནང་བའི་ཐིག་ཚད་ལྟར་རྩིག་རྨང་བྲུས་ཏེ་གྱང་བརྩིགས་པ་དང་དེའི་ཐོག་ཁྲི་ཆུ་འཁོལ་མ་བླུགས་ནས་རྡོ་དང་རྩིག་པ་ཡུག་གཅིག་ཏུ་སྦྲེལ་བར་བྱས་པ་དང་། དེ་ནས་རིམ་བཞིན་ཇེ་མཐོར་བཏང་ནས་རྡོ་ཡི་རུས་སྦལ་གྱི་སྒལ་པའི་སྟེང་དུ་ཐོག་བརྩེགས་དགུ་ལྡན་གྱི་ཕོ་བྲང་ཞིག་བཞེངས། ཕོ་བྲང་བཞེངས་ནས་ཡུན་རིང་མ་སོང་གོང་ཐོན་མི་མཆོག་རྒྱ་གར་ནས་ཕེབས་ཏེ་དེ་གར་བོད་ཡིག་གསར་གཏོད་གནང་བ་དང་། རྒྱལ་བློན་གཉིས་ཕོ་བྲང་དེར་ཡུན་རིང་བཞུགས་ནས་ཡི་གེ་དང་རིག་གནས་ཐམས་ཅད་མཁས་པར་སྦྱངས། ཆོས་རྒྱལ་སྲོང་བཙན་སྒམ་པོ་ཡབ་ཡུམ་བློན་འབངས་དང་བཅས་པ་དེར་བཞུགས་ནས་མི་ཆོས་གཙང་མ་བཅུ་དྲུག་གི་སྲོལ་གཏོད་པ་དང་ཐོན་མིས་རྒྱ་གར་ནས་སྤྱན་དྲངས་པའི་མདོ་རྒྱུད་ཉེར་གཅིག་སོགས་ཆོས་དཔེ་རྣམས་བསྒྱུར། དུས་དེ་ནས་བཟུང་ཕྱུར་རྒྱལ་བོད་ཀྱི་བཙན་པོ་རིམ་བྱོན་རྣམས་དེ་གར་

ཡུན་རིང་སྒྲུབ་པ་མཛད་པ་མ་ཟད། བཙན་པོ་ཁྲི་སྲོང་ལྡེ་བཙན་གྱི་སྐུ་དུས་སུ་སད་མི་བདུན་རབ་ཏུ་བྱུང་རྗེས་གནས་དེར་དགེ་འདུན་གྱི་སྡེ་ཆགས་པ་དང་རབ་ཏུ་བྱུང་བ་མང་པོ་རྒྱུན་དུ་བཞུགས་ནས་ཆོས་ཁྲིམས་དང་རྒྱལ་ཁྲིམས་གཉིས་ཀ་དར་ཞིང་། སྔང་དར་མའི་དུས་སུ་དགེ་འདུན་རྣམས་ཕྱིར་བསྐྲད་པ་དང་ཕོ་བྲང་ཡང་མེར་བསྲེགས་པར་གྲགས།

ཕྱིས་བཀའ་གདམས་པའི་དགེ་བའི་བཤེས་གཉེན་པོ་ཏོ་བས་དགེ་བཤེས་བྲག་དཀར་བ་ལ་དགེ་འདུན་གྱི་སྡེ་འཛུགས་དགོས་པའི་བཀའ་གནང་བ་ལྟར་སྔར་གྱི་ཕོ་བྲང་གི་ཤུལ་དེར་འདུ་ཁང་ཉིས་ཐོག་གཅིག་བཞེངས་ནས་དགེ་འདུན་གྱི་སྡེ་བཙུགས་པ་ནས་བཟུང་བཀའ་གདམས་པའི་དགེ་བའི་བཤེས་གཉེན་ཤཱཀྱ་གདན་རབས་བདུན་ཙམ་བྱོན་ནས་ཚོགས་པ་རྒྱ་ཆེར་བསྐྱངས། བར་སྐབས་གནས་དེ་ཉམས་ཆག་བྱུང་བས་འགྲོ་མགོན་ཆོས་རྒྱལ་འཕགས་པ་ནང་སར་ཕེབས་ཞོར་དུ་གནས་དེར་བཅགས་ནས་ཞིག་གསོ་མཛད་པ་དང་། དེ་རྗེས་ཧྭ་ལའི་བླ་མ་སྐུ་ཕྲེང་ལྔ་པས་ཕོ་བྲང་གསུམ་ཐོག་བཞེངས་ནས་ད་ཆའི་གཞི་ཁྲོན་དེ་གྲུབ་པ་ཡིན། ཟ་ཆེའི་ནང་རྟེན་གྲངས་མེད་ཡོད་པའི་ཁྲོད་ནས་སློབ་དཔོན་ཐོན་མི་སམྦྷོ་ཊས་རྒྱ་གར་གྱི་ཡིག་གཟུགས་དཔེར་བྱས་ནས་བོད་ཡིག་དབུ་ཅན་དུ་བྲིས་པའི་ཡི་གེ་དྲུག་མའི་གཟུངས་ཤིག་རྒྱལ་པོར་ཡིག་ཕུད་དུ་ཕུལ་བ་དེ་ཉིད་རྗེ་བཙོས་སུ་བྱས་པ་དེ་ད་ཆ་རིགས་གསུམ་ལྷ་ཁང་དུ་བཞུགས་སུ་གསོལ་ཡོད་པ་དེ་ནི་རིན་ཐང་གཞལ་དུ་མེད་པའི་རིག་དངོས་ཤིག་ཡིན།

ཕ་བོང་ཁར་བཙན་པོ་སྲོང་བཙན་སྒམ་པོ་ནས་བཟུང་བོད་སིལ་པོར་མ་

འགྱུར་བར་གྱི་བཙན་པོ་མི་རབས་མང་པོས་ཡུན་རིང་བཞུགས་པ་དང་། མཁན་ཆེན་པོ་ཧྲི་ས་དྷ་དང་སློབ་དཔོན་པད་མ་འབྱུང་གནས་སོགས་པཎ་གྲུབ་མང་པོས་ཞབས་ཀྱིས་བཅགས་སྐྱོང་ཡོད་པ་མ་ཟད། བོད་ཡིག་གསར་གཏོད་བྱ་ཡུལ་དང་། རྗེ་འབངས་རྣམས་ཀྱིས་ཡི་གེ་སློབ་འགོ་ཚུགས་ཡུལ། མི་རིགས་ཤེག་ཤེས་དཔལ་ཕྱོགས་སུ་སྐྱོད་འགོ་ཚུགས་ས་བཅས་ཡིན་ལ་ཆོས་དང་། ལོ་རྒྱུས། རིག་གཞུང་གང་ཅིའི་ཐད་དོན་སྙིང་ཧ་ཅང་ཆེ་བའི་གནའ་ཤུལ་ཞིག་ཡིན་སྐབས་2007ལོར་ཕ་བོང་ཁ་ཕོ་བྲང་དེ་ཉིད་ལྗོངས་རིམ་པའི་རིག་དངོས་ཤུལ་བཞག་ཏུ་གཏན་འཁེལ་བྱས།

ད་ཆ་གནའ་བོའི་ཕོ་བྲང་དེ་བདེ་མཆོག་རི་བོའི་ངོས་སུ་འགྱིང་ངེར་གནས་ཏེ་བོད་མི་རིགས་ཤེས་རིག་གི་ཕྱོགས་སུ་སྐྱོད་པའི་ལོ་རྒྱུས་ལ་དཔང་པོ་བྱེད་པ་དང་གཉིས་སུ་མེད་དོ།

གཉིས། སྣང་མཐོང་གཞིས་ཀའི་མཐོང་ཐོས།

གཞིས་རྩེ་ས་ཁུལ་གྱི་གནའ་བོའི་གཞིས་ཀའི་སྐོར་སློང་སྐབས་མི་རྣམས་ཀྱིས་ལམ་སེང་པ་ལྷ་གཞིས་ཀ་བསམ་གློར་འཁོར་བ་ལས་ཁང་དམར་རྫོང་དུ་ཡོད་པའི་སྣང་མཐོང་གཞིས་ཀའི་སྐོར་ཤེས་མཁན་ཉུང་ངུ་ཡིན། དེ་ཡང་ཁང་དམར་རྫོང་གི་འབྲེལ་ཡོད་མི་སྣས་ངོ་སྤྲོད་བྱས་པར་གཞིགས་ན། སྣང་མཐོང་གཞིས་ཀ་ནི་པ་ལྷ་གཞིས་ཀ་ལས་རིམ་པ་གཅིག་གིས་མཐོ་བ་ཡོད་ལ་སྣང་མཐོང་གཞིས་

ཀའི་དེ་སྔའི་བརྗོད་ཉམས་ནི་ཕ་ལྷ་གཞིས་ཀ་ལས་ཞན་པ་གཏན་ནས་མེད། འོན་ཀྱང་སླང་མཐོང་གཞིས་ཀའི་གནས་ཡུལ་ལུང་ཁུག་ཡིན་པའི་ཐོག་མིག་སྔའི་བར་ཉམས་གསོ་བྱེད་སྐྱོང་མེད་པས་ད་ཅང་རྙིང་ཞིང་གོག་རྫུལ་གྱི་རྣམ་པར་གནས་པས་སླང་མཐོང་གཞིས་ཀ་དེ་བཞིན་མི་རྣམས་ཀྱི་སྣང་ངོར་མིང་གྲགས་དེ་ཙམ་མེད་པར་གནས།

ད་ཆ་རྒྱལ་རྩེའི་ཕ་ལྷ་གཞིས་ཀའི་ཕྱིའི་བཀོད་པ་མཛེས་ལ་ནང་གི་རིག་དངོས་ཕུན་སུམ་ཚོགས་པོ་ཡོད་པ་མཐོང་ཐུབ། འོན་ཀྱང་ཁྱེད་ཀྱིས་ཕ་ལྷ་གཞིས་ཀའི་ནང་གི་རིག་དངོས་མང་པོ་ཞིག་གཞིས་ཀ་གཞན་ཞིག་ནས་ཕྱུང་བ་སྙམ། དེ་ནི་ཕ་ལྷ་གཞིས་ཀ་ནས་བར་ཐག་སྤྱི་ལེ་50ཡང་མེད་པའི་ཁང་དམར་རྫོང་ས་ཕུད་སྣང་ཤར་གི་སླང་མཐོང་གཞིས་ཀ་ནས་ཕྱུང་བ་ཞིག་ཡིན་པ་ཤེས་མཁན་ད་ཅང་དཀོན། སླང་མཐོང་གཞིས་ཀ་ནི་གཞིས་རྩེའི་ཁང་དམར་རྫོང་ས་ཕུད་སྣང་ཤར་གི་རི་ལྡེབས་ཤིག་ཏུ་གནས་པས་གལ་སྲིད་གཞན་གྱིས་ལམ་རྒྱུས་མ་བྱས་ན་གྲོང་ཚོའི་དབུས་ནས་དེའི་རྗེས་ཤུལ་མཐོང་དཀའ་བ་ཞིག་ཡོད་ཅིང་། ད་ཅང་གུ་དོག་པའི་སྲང་ལམ་ནང་ཕར་ཀྱོག་ཚུར་ཀྱོག་བྱས་ཏེ་དེའི་མདུན་དུ་སླེབས་སྐབས་ཁེར་རྐྱང་ཡུལ་པོའི་རྣམ་པ་ཞིག་རང་ཤུགས་སུ་འཆར་ཡོང་།

སླང་མཐོང་གཞིས་ཀ་ནི་ད་ཆ་དོན་དངོས་ཐོག་ཉེན་ཁ་ཡོད་པའི་ཁང་པར་གྱུར་བ་དང་ཆར་རླུང་གིས་བརྡུངས་པས་ཁང་པ་ཁག་གཅིག་ཐོག་རྡིབ་ཤོར་ཡོད། ད་དུང་བཅིངས་འགྲོལ་བཏང་རྗེས་གཞིས་ཀ་དེ་ཉེ་འཁོར་གྱི་གྲོང་མིས་བཟུང་སྤྱོད་བྱས་ཏེ་ཐ་ན་སྒོ་རའི་ནང་ཕྱུགས་རིགས་འཛུག་ས་བྱས་པ་དང་།

ཡུན་རིང་ཉམས་གསོ་མ་བྱུང་བ། ད་དུང་གཞིས་ཀའི་ནང་གི་རིག་དངོས་པོར་བརྟག་ཏུ་སོང་བས་ད་ཆ་ལྷག་པ་ནི་འཛུགས་སྐྲུན་དངོས་པོ་ཙམ་དུ་ཟད།

གཞིས་ཀའི་ཐོག་སོ་དང་པོ་ནི་འཁོལ་འཐག་བྱེད་ས་ཡིན་པ་དེའི་ཐོག་ངོས་སུ་ཧ་ལམ་ལི་སྨི30གཡས་གཡོན་གྱི་གདུང་མ་ཞིག་བཀལ་ཡོད་ཅིང་། སྒོ་འཛུལ་སྐབས་སྒྲུར་སྒྲུར་བྱེད་དགོས་ཀྱི་ཡོད་པ་རེད། གནམ་གཤིས་ཀྱིས་རྐྱེན་པས་ཁང་པའི་ནང་ཧ་ཅང་རླམ་ཤས་ཆེ་བ་དང་ས་ངོས་སུ་ད་དུང་བྱ་སྤུ་དང་ངོས་མི་ཟིན་པའི་སྲོག་ཆགས་ཀྱི་པགས་སྤུ་ཡོད་ལ་འཁོལ་འཐག་བྱེད་སའི་ཁང་པའི་གྱང་ངོས་སུ་སྣུམ་བཞུ་འཇོག་ས་བཅས་མཐོང་རྒྱུ་ཡོད། ཐོག་སོ་གཉིས་པ་ནི་ཞིང་ལས་ཡོ་བྱད་དང་སྤྱོད་ཆས་སྣ་ཚོགས་འཇོག་ཉར་བྱེད་ས་ཡིན་པ་དང་ཁང་པ་རེའི་ཆེ་ཆུང་ནི་ཧ་ལམ་སྨི་ངོས་གྲུ་བརྒྱད་དགུ་ཡོད་པ་དང་སྐེའུ་ཁུང་མེད་པ་རེད། ཐོག་སོ་གསུམ་པར་སླེབས་སྐབས་མཐོང་རྒྱ་ཆེ་བ་དང་དཀར་ཆ་དོད་པོར་གྱུར་ཅིང་། གཅིག་བྱས་ན་སྤྱིན་བདག་གིས་ཐོག་སོ་དང་པོ་དང་གཉིས་པའི་ཞིང་བྲན་སྡོད་སར་མཛེས་བཟོ་བྱེད་འདོད་ཀྱི་བསམ་པ་མེད་ལས་ཆེ། ཐོག་སོ་གསུམ་པའི་སྤྱིན་བདག་སྡོད་སར་གཞི་ནས་མཛེས་བཟོ་བྱ་རྒྱུར་དང་དོད་ཆེན་པོ་བྱས་ཡོད།

སྣང་མཐོང་གཞིས་ཀ་ནི་སྣང་མཐོང་ཁྲིམ་རྒྱུད་ཀྱི་མ་གཞིས་ཡིན་པས་དེ་ནི་སྐུ་དྲག་གི་གཟིམ་ཤག་ཡིན་ལ་ཁོངས་གཏོགས་གཞིས་ཀ་ཁག་གི་དོ་དམ་ལྟེ་གནས་ཀྱང་ཡིན། གཞིས་ཀ་དེར་ལོ་ངོ་500ལྷག་ཙམ་གྱི་ལོ་རྒྱུས་ཡོད་པས་བཀས་བཀོད་རྒྱུད་འཛིན་ཞིང་བྲན་ལམ་ལུགས་ཀྱི་གཞིས་ཀའི་ལོ་རྒྱུས་ལ་ཞིབ་

འཇུག་བྱེད་པའི་དཔང་རྟགས་ཤིག་ཡིན། ལོ་རྒྱུས་ཐོག་བོད་ཀྱི་བཀས་བཀོད་རྒྱན་འཛིན་ཞིང་བྲན་ལམ་ལུགས་ཀྱི་དཔེ་མཚོན་གཞིས་ཀ་ཞིག་གི་ངོས་ནས་སྣང་མཐོང་གཞིས་ཀའི་གཞི་ཁྲོན་ཏུ་ཙང་ཆེན་པོ་ཡོད་པ་དེ་གྲུམ་པ་གཡུ་མཚོའི་ཤར་ངོས་སུ་འཁྱིལ་ངེར་གནས་ཡོད་ཅིང་། དེ་ནི་ཁང་དམར་རྫོང་ཁོངས་ཀྱི་དམངས་སྤྱོད་འཇུགས་སྐྱུན་ཁྲོད་ཀྱི་གཞི་ཁྲོན་ཆེ་ཤོས་དེ་ཡིན།

དེ་སྔའི་ཁང་དམར་གྱི་འཁོར་ལྡན་མི་དྲག་སྣང་མཐོང་ཁྱིམ་རྒྱུད་ཀྱི་མིང་ནི་ད་ཆའི་ཁང་དམར་རྫོང་གི་སྣང་པ་དང་མཐོང་སྨོན་ཞེས་པའི་ས་ཆ་ཁག་གཉིས་ལས་ཐོགས་པ་ཞིག་ཡིན་ཅིང་། དེ་སྔའི་རྒྱལ་རྩེ་རྫོང་མངའ་འོག་གི་སྐུ་དྲག་ཁྱིམ་ཚང་17གྱི་གྲས་ཤིག་ཡིན་པ་མ་ཟད། ཁང་དམར་རྫོང་ཁོངས་ཀྱི་སྐུ་དྲག་གི་ཁྱིམ་རྒྱུད་རྙིང་ཤུངས་ཅན་ཞིག་ཀྱང་ཡིན།

དུས་རབས་19པའི་དུས་དཀྱིལ་དུ་སྣང་མཐོང་ཁྱིམ་རྒྱུད་ཀྱི་མིས་བོད་ས་གནས་སྲིད་གཞུང་གི་རྩིས་དཔོན་གྱི་གོ་གནས་བཟུང་བ་དང་། 1879ལོའི་ཡས་མས་སུ་རྒྱལ་རྩེའི་རྫོང་དཔོན་གྱི་གོ་གནས་བཟུང་བས་རྫོང་དཔོན་སྣང་མཐོང་པ་ཞེས་འབོད་སྲོལ་ཆགས་པ་དང་1882ལོར་རྒྱལ་རྩེར་ཆུ་སྐྱོན་བྱུང་སྐབས་རྒྱལ་རྩེའི་རྫོང་དཔོན་སྣང་མཐོང་བས་བོད་ས་གནས་སྲིད་གཞུང་ལ་གནོད་འཚེའི་གནས་ཚུལ་སྙན་ཞུ་བྱས་པར་གྲགས། 1904ལོར་དབྱིན་ཇིས་བོད་ལ་བཙན་འཛུལ་བྱེད་སྐབས་སྣང་མཐོང་བ་བོད་ས་གནས་སྲིད་གཞུང་གི་ཞལ་ངོ་བ་ཡིན་པ་དང་དེ་རྗེས་བླ་ཕྱག་གི་གོ་གནས་བཟུང་ནས་རྩེ་ཕོ་བྲང་དུ་ལྷས་སྨོན་ལམ་ཆེ་མོའི་གཏོང་ཡོང་དོ་དམ་ཆེད་གཏོང་སྒྲིག་གཞིའི་འགན་ཁུར་བར་

གྱུར།

སྣང་མཐོང་བར་གཙུང་པོ་ཞིག་ཡོད་པ་དེའི་མིང་ལ་སྣང་མཐོང་དོན་གྲུབ་རྡོ་རྗེ་ཟེར་བ་དང་1924ལོར་སྐྱིད་གྲོང་རྫོང་གི་རྫོང་དཔོན་བྱས། སྣང་མཐོང་དོན་གྲུབ་རྡོ་རྗེའི་བུ་སྣང་མཐོང་པདྨ་རྡོ་རྗེ་ནི1914ལོར་སྐྱེས་པ་དང་1936ལོར་དཔོན་གནས་བཟུང་། 1940ལོའི་གཡས་གཡོན་དུ་སྨར་ཁམས་རྫོང་གི་རྫོང་དཔོན་བྱས། 1950ལོར་རིམ་བཞིའི་དཔོན་གནས་ཀྱི་ཐོག་ནས་མངའ་རིས་ཀྱི་སྤྱི་ཁྱབ་པ་བྱས་པ་དང་བོད་ཞི་བས་བཅིངས་འགྲོལ་བཏང་རྗེས་པདྨ་རྡོ་རྗེས་བོད་རང་སྐྱོང་ལྗོངས་ཀྱི་སྐབས་དང་པོའི་སྲིད་གྲོས་ཀྱི་ཨུ་ཡོན་བྱེད་མྱོང་ཡོད་པ་རེད།

གསུམ། གུང་ཐང་རྒྱལ་རབས་ཀྱི་གནའ་ཤུལ།

བོད་ཀྱི་ས་ཕྱོགས་ཁག་གི་རིག་གནས་གནའ་ཤུལ་ཁྲོད་དུ་བོད་སིལ་བུའི་དུས་སུ་བྱུང་བའི་གནའ་ཤུལ་ཁག་གཅིག་ཡོད་པ་དཔེར་ན། མངའ་རིས་གུ་གེ་རྒྱལ་རབས་ཀྱི་གནའ་ཤུལ་དང་། སྐྱིད་གྲོང་གུང་ཐང་རྒྱལ་རབས་ཀྱི་གནའ་ཤུལ། སྤོ་ཡུལ་རྒྱལ་པོའི་གནའ་ཤུལ་སོགས་གཞི་ཁྱོན་ཆེ་ཟུང་ཉམས་ཆག་ཤུགས་ཆེན་བྱུང་སྟབས་ད་ཆའི་མི་ཚོར་ཤེས་འདོད་དང་རྟོགས་འདོད་ཆེན་པོ་ཡོད་པས་གནའ་ཤུལ་དེ་ཚོའི་བཅུད་ཀྱི་བདག་པོ་དང་སྟོད་ཀྱི་འཛུགས་སྐྲུན་ལ་ཕྱི་ལྟ་ཞིག་བྱེད་པ་ནི་རིག་གནས་ལོ་རྒྱུས་ཀྱི་ཤེས་རྒྱ་ཆེ་རུ་གཏོང་བའི་ཐབས་ལམ་ལེགས་པོ་ཞིག་ཡིན་པ་སྨོས་ཅི་དགོས།

དེ་ཡང་དུས་རབས་དགུ་པའི་ནང་འོད་སྲུང་གི་རྒྱུད་པ་མངའ་བདག་དཔལ་འཁོར་བཙན་གྱིས་གྲོམ་པ་ལྷ་རྩེར་ཕེབས་ནས་སྲིད་དབང་བཟུང་བ་དང་དེའི་སྲས་ཆུང་བ་སྐྱིད་ལྡེ་ཉི་མ་མགོན་གྱིས་སྟོད་མངའ་རིས་སུ་ཕེབས་ནས་དེ་གའི་ས་ཆ་ཕལ་ཆེ་བར་དབང་བསྒྱུར་བྱས། དེའི་སྲས་གསུམ་ལ་གངས་གཡའ་མཚོ་གསུམ་གྱིས་བསྐོར་བའི་མངའ་ཁོངས་བགོ་བཤའ་བསྐྱོན་ཞིང་། དེ་ཡང་སྲས་ཆེ་བ་དཔལ་གྱི་རིག་པ་མགོན་ལ་མར་ཡུལ་སོགས་གནང་སྟེ་སྲིད་དབང་བཟུང་བས་ལ་དྭགས་ཀྱི་རྒྱལ་རྒྱུད་བྱུང་བ་དང་། སྲས་འབྲིང་བ་བཀྲ་ཤིས་ལྡེ་མགོན་ལ་ཞང་ཞུང་དང་ཡ་རྩེ་གནང་བས་གུ་གེའི་རྒྱལ་རྒྱུད་བྱུང་། སྲས་ཆུང་བ་ལྡེ་གཙུག་མགོན་ལ་ཟངས་དཀར་སྤྱི་གསུམ་སོགས་གནང་བར་གྲགས། དེ་རྣམས་ནི་ལོ་རྒྱུས་ཐོག་སྟོད་ཀྱི་མགོན་གསུམ་ཞེས་པ་དེ་ཡིན། གཅེན་ཁྲི་བཀྲ་ཤིས་བརྩེགས་པ་དཔལ་གྱིས་གཙང་དུ་ཕེབས་ནས་མྱང་སྟོད་རྒྱལ་མཁར་རྩེ་བཟུངས། དེ་རྗེས་རིམ་བཞིན་སྟོབས་ཤུགས་འཕེལ་ནས་མངའ་རིས་གུང་ཐང་མན་གྱི་ས་ཁོངས་ཚང་མ་མངའ་འོག་ཏུ་བསྡུས། ཁོང་ལ་དཔལ་ལྡེ་དང་། འོད་ལྡེ། སྐྱིད་ལྡེ་བཅས་སྲས་གསུམ་ཡོད་པ་དག་ལ་སྨད་ཀྱི་ལྡེ་གསུམ་དུ་གྲགས། སྤྱི་ལོ993ཙམ་ལ་མང་ཡུལ་གུང་ཐང་དེ་བཞིན་དཔལ་ལྡེའི་སྲས་འོད་ཟེར་ལྡེའི་མངའ་ཁོངས་སུ་གྱུར། དེ་ཡང་བར་སྐབས་དུས་ཟིང་དབང་གིས་མང་ཡུལ་དུ་རྗེ་དཔོན་མེད་པར་གྱུར་བས་ཡུལ་མི་རྣམས་ཀྱིས་འོད་ཟེར་ལྡེ་གདན་དྲངས་པར་གྲགས། དེ་ལྟར་འོད་ཟེར་ལྡེས་གུང་ཐང་རྒྱལ་རབས་དངོས་སུ་བཙུགས་ནས་གུང་ཐང་རྒྱལ་རྒྱུད་ཀྱི་འགོ་ཚུགས་ཤིང་། ཆབ་སྲིད་ཀྱི་ལྟེ་གནས་ནི་ད་ཆའི་སྐྱིད་

གྲོང་རྫོང་གི་རྫོང་དཀར་གྲོང་རྡལ་གྱི་རྒྱུད་དུ་ཡིན། ཀུང་ཐང་རྒྱལ་རྒྱུད་ཀྱིས་དེ་སྔ་རྒྱལ་རྒྱུད་ཐོག་མ་འོད་ཟེར་ལྡེའི་སྐབས་སུ་རྗེ་བོ་སྐྱུ་ལྡའི་རི་འདབས་སུ་སྐྱུ་མཁར་བརྩིགས་ནས་ཆབ་སྲིད་བསྐྱངས་ཞེས་ཁབ་ས་དང་པོ་བརྩིགས་པ་དང་། དེ་རྗེས་ལྷ་མཆོག་ལྡེའི་སྐབས་སུ་རྫོང་དཀར་ནུབ་ཕྱོགས་ཀྱི་གཟར་རོང་གཙང་པོའི་ཕ་རོལ་གྱི་རི་འདབས་སུ་ཕོ་བྲང་ཕྱི་ང་ཁ་གོང་ཞེས་པ་ལྷུགས་རི་འོབས་དང་བཅས་པ་ཞིག་བཞེངས་སྒྲོང་ཡོད་རུང་ད་ཆ་གྲུང་ཤུལ་ཙམ་ལས་ལྷག་མེད། ད་ཆ་གྲུང་རོར་གྱུར་བའི་ཕོ་བྲང་གི་གནའ་ཤུལ་དེ་ནི་ཁྲི་འབུམ་ལྡེ་མགོན་གྱིས་སྤྱི་ལོ1270ལོར་མངའ་འོག་རྒྱ་མཚོ་བཅུ་གསུམ་ལས་ལ་སྐྱུལ་ནས་རྒྱལ་པོའི་ཁབ་བཀྲ་ཤིས་ཁྲུང་རྫོང་དཀར་མོ་ཞེས་ཐོག་བརྩེགས་གསུམ་ཅན་བཙུན་མོའི་སྣམ་ཁང་དང་བཅས་བཞེངས་པ་དེ་ཡིན་པ་དང་ལོ་རྒྱུས་ཡིག་ཆ་ལྟར་ན། ལོགས་བཞི་ཟུར་བཞི་ཕྱོག་བཞིས་རབ་ཏུ་མཛེས་པ་ཞིག་བཞེངས་པར་གྲགས། ཕོ་བྲང་བཞེངས་ཡུལ་ནི་སྐྱིད་གྲོང་རྫོང་གི་ཤར་ལྷོའི་མཐོ་ཚད་སྨི4960ཙམ་གྱི་མེ་རྫེ་ཐང་ཞེས་པར་ཡིན་ཞིང་། གནས་དེ་ནི་སྐབས་དེའི་འབྲུག་ཟེང་ཆེ་བའི་ཡུལ་དང་ས་ཐག་འགྲུངས་པ་དང་ས་ཆ་བཙན་པས་བོད་བཙན་པོའི་གདུང་རྒྱུད་ཀྱི་ཉེན་གཡོལ་བྱ་ཡུལ་ལེགས་པོ་ཞིག་ཏུ་གྱུར་བས་ལྷ་མཆོག་ལྡེའི་དུས་སྐབས་སུ་སྟོབས་ཤུགས་ཏ་ཅང་ཆེན་པོ་ཆགས་སྒྲོང་བ་རེད།

འོན་ཀྱང་ལྷ་མཆོག་ལྡེའི་ཚ་བོ་མགོན་པོ་ལྡེའི་དུས་སུ་སྟོབས་ཤུགས་གཞན་གྱིས་བཙན་འཛུལ་བྱས་པས་ཀུང་ཐང་དམག་དཔུང་གིས་མང་སྡེ་ཁུང་གིས་མ་བརྟེན་པར་མགོན་པོ་ལྡེ་དམར་གསོད་བཏང་བ་རེད། སྐབས་དེར་མགོན་པོ་

ལྡེའི་བཙུན་མོ་ངོ་མར་བུ་རྒྱུད་མེད་ཉུང་ཟུར་མ་ཞིག་ལ་ཡབ་དགྲོངས་པའི་ལོ་དེར་བཙུན་པ་ལྡེ་ཞེས་པའི་སྲས་ཞིག་འཁྲུངས་པ་དེས་གུང་ཐང་གི་རྒྱལ་རྒྱུད་འཛིན་པ་མ་ཟད། ས་སྐྱའི་སྲས་མོ་ཉི་མ་འབུམ་ཞེས་པ་ཞིག་བཙུན་མོར་བཞེས་པས་འགྲོ་མགོན་ཆོས་རྒྱལ་འཕགས་པས་ཕ་གཞིས་དུད་ཆེན་བརྒྱ་ལ་སོགས་པ་སྐལ་རྫོངས་ཕོན་ཆེན་གནང་བ་སོགས་མངའ་ཐང་དར་བའི་རྩེ་མོར་སོན་ནས་གུང་ཐང་སྒོ་བཞིར་གྲགས་པ་སོགས་བྱུང་། བཙུན་པ་ལྡེ་དང་ཉི་མ་འབུམ་ལ་སྲས་འབུམ་ལྡེ་མགོན་ཞེས་པ་བློ་གྲོས་དང་ལྡན་པ་ཞིག་འཁྲུངས་པ་དེས་དགུང་གྲངས་བཅོ་བརྒྱད་ཀྱི་ཐོག་སྟེ། སྤྱི་ལོ1270ལོར་ས་སྐྱའི་འཛུགས་སྐྲུན་གྱི་ཁྱད་ཆོས་དང་མཚུངས་པའི་རྒྱལ་པོའི་ཕོ་བྲང་དང་དགོན་པ་ཟུང་དུ་སྦྲེལ་བའི་མཁར་རྫོང་འཛུགས་སྐྲུན་རྒྱ་བསྐྱེད་བྱས། ད་ཆའི་གུང་ཐང་རྒྱལ་པོའི་ཕོ་བྲང་གི་གནའ་ཤུལ་དང་རྫོང་དཀར་ཆོས་སྡེ་དགོན་ནི་སྐབས་དེར་བསྐྲུན་པའི་རྒྱལ་པོའི་མཁར་རྫོང་དང་དགོན་པ་ཡིན། འོན་ཀྱང་སྤྱི་ལོ1280ལོར་དགུང་ལོ28ལ་སླེབས་པའི་འབུམ་ལྡེ་མགོན་མི་ངན་གྱིས་དགྲོངས་པ་རེད། ཁོང་གི་སྲས་ཁྲི་ལྡེ་འབུམ་བཙན་གྱིས་སྲིད་ལོ་མང་བསྐྱངས་ཤིང་། སྤྱི་ལོ1354ལོར་ཕག་མོ་གྲུ་པའི་སྲིད་དབང་གིས་ས་སྐྱའི་སྲིད་དབང་ཉམས་རྒུད་དུ་བཏང་ནས་བོད་ཀྱི་ས་ཕྱོགས་ཕལ་ཆེ་བ་དབང་དུ་བསྡུར་ཉུང་གུང་ཐང་རྒྱལ་རྒྱུད་ཀྱི་སྲིད་དབང་རང་སྒོ་རང་བཙན་དུ་གནས། སྤྱི་ལོ1620ཙམ་ལ་གཙང་པ་སྡེ་སྲིད་ཀྱི་དམག་དཔུང་གིས་རྒྱལ་རབས23རྒྱུན་འཛིན་བྱས་པའི་གུང་ཐང་རྒྱལ་རབས་དབང་དུ་བསྡུར་ནས་གུང་ཐང་རྒྱལ་རྒྱུད་མཇུག་མ་བསོད་ནམས་དབང་ཕྱུག་ལྡེ་ཞེས་པས་མཇུག་འགྲིལ།

གུང་ཐང་རྒྱལ་རྒྱུད་ནི་ཡོན་རྒྱལ་རབས་དང་མིང་རྒྱལ་རབས་གཉིས་སུ་དར་རྒྱུད་ཀྱི་ཤུལ་ལམ་མི་ལོ600ཙམ་བརྒྱུད་ནས་བོད་སིལ་བུའི་ལོ་རྒྱུས་ཐོག་གནས་བབ་ངེས་ཅན་ཞིག་བཟུང་མྱོང་ཡོད་ཟུང་། ད་ཆའི་གུང་ཐང་རྒྱལ་རབས་ཀྱི་གནའ་ཤུལ་ནི་གུ་གེའི་གནའ་ཤུལ་ལས་ལྷག་པའི་ཉམས་ཆག་བྱུང་ནས་གྱང་རོ་ཡང་ཆ་ཚང་བ་ཞིག་གནས་མེད་པ་རེད།

གུང་ཐང་རྒྱལ་རབས་ཀྱི་གནའ་ཤུལ་ཉམས་ཆག་ཆེན་པོ་བྱུང་ནས་ད་ཆ་བོད་ཀྱི་གནའ་ཤུལ་གཞན་དང་འདྲ་བར་ཡུལ་སྐོར་བ་ཚོས་ཆེད་སྐྱོད་བྱེད་རིན་ཆེན་པོ་མེད་ཟུང་། གནས་དེ་ནི་གང་སར་ལོ་རྒྱུས་རིག་གནས་རྗེས་ཤུལ་གྱིས་ཡོངས་སུ་གཏམས་པའི་སྐྱིད་གྲོང་རྫོང་གི་ལྟེ་བར་ཆགས་སྟབས་སྔར་བཞིན་རིག་གནས་པ་དང་། ལོ་རྒྱུས་རྟོག་ཞིབ་མཁན། ཡུལ་སྐོར་བ་བཅས་ཀྱི་བློ་ཁ་ཕྱོགས་ཡུལ་ཞིག་ཡིན། དེ་ཡང་ཡུལ་དེ་ནི་གདོད་མའི་ནགས་ཚལ་གྱིས་ཡོངས་སུ་བརྒྱན་པའི་རྩི་ཤིང་ལོ་ཏོག་ཕུན་སུམ་ཚོགས་ལ་ཡུལ་ལྗོངས་ལྷ་ན་སྡུག་པ་ཙམ་མ་ཟད། རྗེ་བཙུན་མི་ལ་རས་པ་དང་། ས་པཎ། རྒྱལ་བ་ཙོང་ཁ་པ་སོགས་སྔོན་གྱི་སྐྱེས་ཆེན་དུ་མས་ཞབས་བཅག་པ་དང་འགྲོ་དོན་བསྐྱངས་པ་མ་ཟད། སློབ་དཔོན་པདྨ་འབྱུང་གནས་དང་། ཇོ་བོ་རྗེ་དཔལ་ལྡན་ཨ་ཏི་ཤ། བལ་བཟའ་ཁྲི་བཙུན་སོགས་བོད་ཀྱི་ལོ་རྒྱུས་དང་འབྲེལ་བའི་གྲགས་ཅན་མི་སྣ་མང་པོ་སྐྱིད་གྲོང་གི་བལ་བོད་གནའ་ལམ་རྒྱུད་ནས་གཤེགས་བཞུད་གནང་བའི་མཇལ་རྗེས་མང་བ། རིགས་གསུམ་མགོན་པོའི་རྗེ་བཀོས་སྐུ་བརྙན་དང་། ཕྱང་གཞོང་གི་བྲག་བཀོས་རི་མོ། ཐང་གི་ཕོ་ཉའི་བྲག་བཀོས་ཡི་གེ་སོགས་ཡོད་ལ། བཙན་པོའི་དུས་ཀྱི་

འཕགས་པ་ལྷ་ཁང་དང་བྱམས་སྤྲིན་གཙུག་ལག་ཁང་། དེ་བཞིན་གནས་ཆེན་རི་བོ་དཔལ་འབར་དང་གུང་ཐང་ལ་མོ་སོགས་གནས་དང་གནས་རི་མང་བས། མང་ཡུལ་གུང་ཐང་དང་གུང་ཐང་རྒྱལ་རབས་ཀྱི་གནའ་ཤུལ་ནི་མ་འོངས་པའི་ཡུལ་སྐོར་གནས་མཆོག་ཁྱད་པར་ཅན་ཞིག་ཡིན།

བཞི། རྫོར་ཁང་གཞིས་ཀའི་གནའ་དེང་།

མལ་གྲོ་གུང་དཀར་རྫོང་གི་རྒྱ་མའི་མཛེས་ལྗོངས་ཁུལ་དུ་བརྗིད་ཉམས་ཆེ་བའི་གཞིས་ཀ་ཞིག་ཡོད་པ་དེར་རྒྱལ་ཁབ་ཕྱི་ནང་གི་ཡུལ་སྐོར་བས་དེའི་ལེ་ལག་དང་བཅས་པར་ལྟ་སྐོར་བྱ་རྒྱུར་ཧ་ཅང་དགའ་པོ་བྱེད་ཀྱི་ཡོད་པ་ནི་གཅིག་ནས་དེ་གའི་མཛེས་ལྗོངས་ཡིད་དུ་འོང་བ་དང་། གཉིས་ནས་ལོ་རྒྱུས་ཐོག་གི་གྲགས་ཅན་མི་སྣ་དང་འབྲེལ་བའི་ལོ་རྒྱུས་ཀྱི་དོན་ཆེན་མང་པོ་ཤེས་རྟོགས་ཐུབ་པས་ཡིན་ཞིང་། དེ་ནི་ལོ་རྒྱུས་ཐོག་མིང་གྲགས་ཆེ་བའི་རྫོར་ཁང་གཞིས་ཀ་ཡིན་པ་རེད།

རྫོར་ཁང་ཁྱིམ་རྒྱུད་ནི་སོག་པོ་ཨོ་རོས་ཐལ་ཇི་ལྷ་སར་གཞིས་ཆགས་ནས་ཁང་པ་གསར་རྒྱག་བྱས་པ་དང་བོད་ས་གནས་སྲིད་གཞུང་གིས་ཆུ་ཤུར་སྤྲད་བདེ་ཚར་གདོང་གཞིས་ཀྱི་བདག་ཐོབ་གནང་བ་ནས་བཟུང་རྫོར་ཁང་ཁྱིམ་རྒྱུད་ཀྱིས་དམངས་གཙོའི་བཅོས་སྒྱུར་བར་བོད་ས་གནས་སྲིད་གཞུང་གི་བཀའ་བློན་དང་། ཛ་སག ཇོས་དཔོན་སོགས་ཀྱི་གོ་གནས་འཁྱུར་མྱོང་ཡོད་པ་རེད། གཞིས་ཀ

གནས་ཡུལ་ཁྲི་ཁང་གྲོང་ཚོ་ནི་དེ་སྔ་ས་སྐྱའི་སྲིད་དབང་སྐབས་སུ་བོད་ཁྲི་སྐོར་བཅུ་གསུམ་དུ་ཕྱེ་སྐབས་ཁྲི་སྐོར་གྱི་ནང་ཚན་དུ་གཏོགས་པ་དང་དུད་ཚང་ཁྲི་ཡོད་པའི་དོན་ཡིན་ཞིང་། དེ་གནི་དེ་སྔོན་ཁྲི་དཔོན་བཅའ་སྡོད་བྱ་ཡུལ་ཡིན་པ་དང་ཕྱིས་རྫོང་ཁང་ཁྲིམ་རྒྱུད་ལ་བདག་པ་ཞིག་རེད། དེ་སྔའི་རྫོང་ཁང་གཞིས་ཀའི་རྒྱ་ཁྲོན་ལ་མུའུ75ཙམ་ཡོད་པ་དེ་ཁྲིམ་རྒྱུད་ཀྱི་ཁོངས་མི་རྣམས་ཀྱི་འཚོ་བ་སྐྱེལ་ས་ཡིན་པ་དང་། དེ་གར་ད་དུང་དེ་སྔའི་ལྷུགས་རི་དང་མཁར་རྫོང་རྗེས་ཤུལ་གྱི་གྲུང་རོ་མཐོང་རྒྱུ་ཡོད་པ་དེ་ལས་དེ་སྔའི་བརྗིད་ཉམས་ཀྱི་རྣམ་པ་ཞིག་གསལ་བར་མངོན་གྱི་འདུག དེ་མིན་སྤྱི་ལོ1206ལོར་ཕྱག་བཏབ་པའི་རྫོང་ཁང་ཁྲིམ་རྒྱུད་ཀྱི་དགོན་པ་ཞིག་ཡོད་པ་དེར་རབ་རྒྱས་གླིང་དུ་འབོད་པ་དང་བཙུན་མའི་དགོན་པ་ཞིག་ཡིན། དེའི་ནང་ད་བར་ལོ་ངོ800ཙམ་སོང་བའི་བཀྲ་ཤིས་རྟགས་བརྒྱད་ཀྱི་གཟུགས་རིས་ཆ་ཚང་ཞིག་ཆ་སྙམ་ཐོག་སྦྲིག་གཞོམ་བྱས་ཡོད་པ་དང་ཤེལ་སྒྲོམ་ནང་དཔེ་ཆ་མང་དག་ཅིག་བསྒྲིགས་ཡོད་པ་དེ་དག་ནི་དགོན་པ་དེའི་བླ་མ་སྐྱེས་ཆེན་རིམ་པས་བྲིས་གནང་བའི་ཛ་ཆེའི་དཔེ་ཆ་ཤ་སྟག་ཡིན་པ་རེད། ནང་རྟེན་གྱི་གྲས་སུ་དགོན་པ་དེ་ཕྱག་འདེབས་མཁན་འགྲོ་མགོན་སངས་རྒྱས་དཔོན་གྱི་སྐུ་འདྲའི་འགྲམ་དུ་སྲོག་ཆགས་ཀྱི་རྨིག་རྗེས་གཉིས་ཡོད་པའི་གཅིག་ནི་ཁོང་གི་ཆིབས་པ་ར་ཞིག་ཡོད་པ་དེའི་རྨིག་རྗེས་ཡིན་པ་དང་། གཅིག་ཤོས་དེ་མཛོ་མོ་ཞིག་ཡོད་པར་གྲགས་པའི་རྨིག་རྗེས་ཡིན་པ་རེད། དེའི་ཐད་ད་དུང་ཁུལ་དེའི་དམངས་ཁྲོད་དུ་ཤོད་སྲོལ་ཞིག་ཡོད་པ་ནི་དགོན་པ་དེ་ཕྱག་འདེབས་སྐབས་མཛོ་མོ་དེས་རང་ཉིད་ཀྱི་འོ་མ་སྦྱིད་ནས་གྲུང་སྐྱུན་རོགས

བྱས་པ་དང་དེའི་འོ་མ་དམར་པོ་ཡིན་པར་བརྟེན་གྱང་གི་ཚོས་མདོག་ཀྱང་དམར་པོ་ཆགས་པའི་སྲོད་སྲོལ་ཡོད། ལྷག་པར་དུ་སོག་གུར་གྱི་དབྱིབས་དང་ལྡན་པའི་འགྲོ་མགོན་སངས་རྒྱས་དཔོན་གྱི་གདུང་རྟེན་དེ་ནི་བོད་ཡུལ་གྱི་གདུང་རྟེན་གཞན་གྱི་དབྱིབས་དང་མི་འདྲ་བའི་དམིགས་བསལ་ཁྱད་ཆོས་ལྡན་པ་ཞིག་ཡོད། ད་ཆ་གསར་བཞེངས་བྱས་པའི་རྟོར་ཁང་གཞིས་ག་ནི2011ལོར་མ་དངུལ་སྒོར་ཁྲི3000བཏང་ནས་བསྐྱུན་པ་དེ་སྔར་བཞིན་བརྗིད་ཉམས་ལྡན་པ་ཞིག་ཡོད་པ་དང་། གཞིས་ཀའི་ནང་དེ་སྔའི་རྣམ་པ་ལྟར་སྦྱིན་བདག་སྡོད་ཡུལ་བསྐྱུན་ཡོད་པ་མ་ཟད། མི་རིགས་ལག་ཤེས་བཟོ་ཁང་དང་། དེང་རབས་ཀྱི་ཉམས་འགྱུར་ལྡན་པའི་འགྲེམས་སྟོན་ཁང་། དེ་བཞིན་མགྲོན་ཁང་དང་། ཟ་ཁང་བཅས་ཀྱི་སྒྲིག་བཀོད་ཏ་ཅང་ཕུན་སུམ་ཚོགས་པོ་ཡོད་པ་རེད། ལྷག་དོན་འགྲེམས་ཁང་ནང་རྟོར་ཁང་ཁྱིམ་རྒྱུད་དུ་འབྲུངས་པ་དང་ཕྱིས་ང་ཕོད་ཀྱི་གོ་མག་ཏུ་ཕེབས་པའི་ང་ཕོད་ངག་དབང་འཇིགས་མེད་ཀྱི་སྐུ་ཚེ་ཧྲིལ་པོའི་མཛད་རྗེས་མཚོན་པའི་པར་རིས་དང་དངོས་པོ་འཁོར་ཆེན་སྒྲིག་གཤོམ་བྱས་ཡོད་པ་དེ་དག་ལ་རིག་གནས་དང་ལོ་རྒྱུས་ཀྱི་རིན་ཐང་ཆེན་པོ་ལྡན་ཡོད་པ་རེད། དེ་སྔའི་རྟོར་ཁང་ཁྱིམ་རྒྱུད་ཀྱི་ལྷ་མོ་འཁྲབ་ཡུལ་དུ་ད་ལྟའང་ལྷ་མོ་ལྷ་སཡོད་པ་དང་དེ་སྔ་རྟོར་ཁང་གཞིས་ཀའི་བྲན་གཡོག་སྡོད་སའི་ཁང་པ་རྣམས་ད་ཆ་ཁྱིམ་ཚང་མགྲོན་ཁང་དུ་གྱུར་ནས་ཕྱོགས་ཀུན་གྱི་ཡུལ་སྐོར་བར་སྣེ་ལེན་གཟབ་རྒྱས་ཞུ་བཞིན་ཡོད་པ་རེད། མཛེས་ལྗོངས་ཁུལ་དུ་ད་དུང་ཐང་ག་དང་། སྤྱོས། ཚ་ཚ་སོགས་དམངས་ཁྲོད་ཀྱི་ལག་ཤེས་བཟོ་རྩལ་སླིང་བཙུགས་ནས་ཡུལ་སྐོར་བ་ཚོས་བོད་ཀྱི་དམིགས་

བསལ་ཁྱད་ཆོས་ལྡན་པའི་སྲོལ་རྒྱུན་ལག་ཤེས་བཟོ་རྩལ་གྱི་ལས་རིམ་ཤེས་རྟོགས་བྱེད་ཐུབ་པ་དང་ཡུལ་སྐོར་དྲན་རྟེན་དུ་ཡང་ཉོ་སྒྲུབ་བྱས་ཆོག་གི་ཡོད།

མདོར་ན་ཧོར་ཁང་ཁྱིམ་རྒྱུད་ཀྱིས་ཏཱ་ལའི་བླ་མ་སྐུ་ཕྲེང་ལྔ་པའི་དུས་ནས་བཟུང་1994ལོར་སླེ་གཤེགས་པའི་ཧོར་ཁང་བསོད་ནམས་དཔལ་འབར་བར་ཧོར་ཁང་ཁྱིམ་རྒྱུད་ཀྱི་མི་རབས་མང་པོས་བོད་ས་གནས་སྲིད་གཞུང་ནང་ལས་ཚན་མང་པོ་སྤྱ་རྗེས་སུ་འཁུར་ཡོད་པ་ལོ་རྒྱུས་ཐོག་ཡང་ཡང་མངོན་རྒྱུ་ཡོད།

ད་ཆ་རྒྱ་མའི་མཛེས་ལྗོངས་ཁུལ་དུ་ཧོར་ཁང་གཞིས་ཀ་ཡོད་པ་མ་ཟད། ད་དུང་ལོ་རྒྱུས་ཀྱི་དོན་སྙིང་ཟབ་མོ་ལྡན་པའི་བཙན་པོ་སྲོང་བཙན་སྒམ་པོའི་དྲན་གསོ་ཁང་ཡང་ཡོད་པས་དེ་གཉིས་ཕན་ཚུན་མཛེས་སྡུག་དང་བརྗིད་ཉམས་འགྲན་པ་ལྟ་བུས་རྒྱ་མའི་མཛེས་ལྗོངས་ཁུལ་ཡོངས་རབ་ཏུ་བརྒྱན་པར་གྱུར་ཏོ།

༤། ཁ་ཏུབ་གནའ་མིའི་རྗེས་ཤུལ།

ཆབ་མདོ་གྲོང་ཁྱེར་ནས་སྤྱི་ལེ་བཅུ་གཉིས་ཙམ་གྱི་ཤར་ལྷོའི་ཁ་ཏུབ་གྲོང་ཚོའི་ཉེ་འགྲམ་དུ་གནས་པའི་ཁ་ཏུབ་གནའ་ཤུལ་ནི་བོད་ཀྱིས་ཐོག་མར་རྙེད་སོན་བྱུང་བའི་རྡོ་ཆས་སྤྱོད་པའི་དུས་ཀྱི་གནའ་ཤུལ་གཞི་རྒྱ་ཆུང་ཆེ་བ་ཞིག་ཡིན་ཞིང་། ས་ཁྱོན་སྤྱི་ཁྲི་ངོས་སྨོམས་གྲུ་བཞི་མ་ཁྲི་ཚོ1ཙམ་ཡོད་ཅིང་། ཁ་ཏུབ་ཀྱི་ཁང་པའི་རྗེས་ཤུལ་ནི་རྩྭ་བསྲེས་འདམ་པས་རྩིག་པ་དང་རྡོ་རྩིག་གི་ཁང་པ་བཅས་རིགས་གཉིས་ཡོད། ཁང་པའི་དཀྱིལ་དུ་ཐབ་རྡོ་གསུམ་མམ་ཡང་ན་རྡོ་གཡམ་གྱིས་ཐབ

སྐེགས་བྱས་ནས་མཐའ་རུ་འདམ་པས་བསྐོར་བ། གཏིང་ཐུང་ལ་སྟེར་མའི་དབྱིབས་ཅན་འདྲ་བ། ཁང་པའི་མཐའ་འཁོར་དུ་ཀ་ཤུལ་ཁྱུང་བུ་སོགས་ཡོད་ལ། ཁང་པ་དེ་དག་གི་གྲམ་སྲུ་ས་འོག་ནས་ཕྱེད་ཙམ་བྲུས་ཏེ་བརྐྱབ་པའི་ཁང་པ་དང་། ས་སྟེང་དུ་བརྩེགས་པའི་ཁང་པ་ཕལ་ཆེ་བ་གྲུ་བཞིའི་དབྱིབས་ཅན་ཡིན་པ། ཁ་རུབ་གནའ་ཤུལ་གྱི་སའི་བང་རིམ་ཆགས་ཚུལ་ནི་ཉེ་འགྲམ་གྱི་ལྷུགས་ཁ་གཞོངས་ཀྱི་སའི་བང་རིམ་ཆགས་ཚུལ་དང་གཅིག་མཚུངས་ཡིན་པ་དང་ས་རྒྱུ་ནི་དེའི་རྒྱུད་ཀྱི་ཆོས་གཞི་འདྲེས་མའི་བྲག་རྫོའི་རིགས་ཡིན་པ་རེད།

ཁ་རུབ་གནའ་ཤུལ་ནི1977ལོར་ཨར་འདམ་བཟོ་གྲྭའི་བཟོ་པ་ཆོས་ཐོག་མར་རྙེད་པ་དང1996ལོར་རྒྱལ་ཡོངས་ཀྱི་གཙོ་གནད་རིག་དངོས་ཀྱི་སྲུང་སྐྱོབ་སྡེ་ཚན་དུ་ཚུད་པའི་གནའ་ཤུལ་དེར་ཁང་ཤུལ29དང་། རྡོ་རྩིག་ཁག་གསུམ། རྡོ་རྩིག་གི་སྟེངས་ཆ་སྒོར་དབྱིབས་ཅན་ཁག་གཉིས། རྡོ་ཡི་ར་སྐོར་ཁག་གསུམ། མེ་ཐབ་ཀྱི་ཕུང་དོང་ཁག་བཞི། རྡོ་ཆས་ཀྱི་རིགས་གྲངས7978རུས་ཆས་ཁག368 རྫ་ཆས་ཆག་རོ200ལྷག་ཙམ་བཅས་ཡོད་པའི་ཁྲིད་ལྷུ་སྒྲིག་ཐུབ་པ་ཁག46 རྒྱན་ཆའི་རིགས50སྐོར་བཅས་ཡོད་པའི་ནང་སྣ་རེ་དང་། སྤྱག་མ། མདའ་རྩེ་མདུང་རྩེ་སོགས་དང་། ད་དུང་མཛེས་རིས་བཀོད་པའི་རྫ་ཆས་དང་། རུས་པ་ལས་བཟོས་པའི་སྐུད་བུ་དང་ཁབ། དེ་མིན་རྡོ་དང་། གཡང་ཏི། རུས་པ་བཅས་ལས་གྲུབ་པའི་རྣ་ལོང་དང་། ཕྲེང་བ། ལག་གདུབ་སོགས་ཡོད་པ་རེད།

དུས་ཀྱི་བགྲང་བྱ་སྤྱི་ལོ2015ལོར་སླེབས་སྐབས་གནའ་ཤུལ་དེའི་སྐོར་

གྱི་གཏམ་བཟང་ཞིག་གྲགས་ཡོང་བ་ནི་ཁ་རུབ་གནའ་ཤུལ་དུ་བོད་ཀྱི་གནའ་མིའི་སྤྱི་གླིང་དང་པོ་སྐྲུན་འགོ་ཚུགས་པ་དེ་རེད། ལས་གྲྭ་དེས་བོད་ཀྱི་གནའ་མིའི་ཐོན་སྐྱེད་དང་འཚོ་བའི་མ་དཔེ་བསྐྱར་གསོ་བྱས་ཏེ་མཚོ་བོད་ས་མཐོའི་ཡི་གེ་མ་བྱུང་གོང་གི་ཤེས་རྟོགས་དང་བོད་མི་རིགས་འབྱུང་ཁུངས་ཀྱི་གསང་བ་འཚོལ་བའི་སྒོའུ་ཁུང་ཡག་པོ་ཞིག་ཕྱེ་ཡོད་པ་རེད། 2007ལོར་རང་སྐྱོང་ལྗོངས་རིག་དངོས་ནུས་ཀྱིས་པེ་ཅིང་གནའ་བོའི་བཟོ་སྐྲུན་ཞིབ་འཇུག་ཁང་ལ་མངགས་བཅོལ་གྱིས་ཁ་རུབ་གནའ་ཤུལ་ལ་སྤྱིའི་འཆར་འགོད་བྱས་ཏེ། དེ་ཉིད་གནའ་ཤུལ་སྤྱི་གླིང་དུ་གཏན་འཁེལ་བྱས་པ་དང་གྲོན་མ་དངུལ་སྒོར་དུང་ཕྱུར1. 2བཏང་བ་རེད། འཆར་འགོད་ལྟར་ན་ལས་གྲྭ་དེར་ཁ་རུབ་གནའ་ཤུལ་འགྲེམས་སྟོན་ཁུལ་དང་། བོད་ཁྱིམ་དམངས་སྲོལ་སྐྱོང་རོལ་ཁུལ། རིག་གནས་ཤུལ་བཞག་འགྲེམས་ཚོགས་གླིང་སོགས་ཀྱི་རྣམ་གྲངས་ཚུད་ཡོད་པ་རེད། དུས་ཐེངས་དང་པོའི་ལས་གྲྭའི་ནང་གནའ་མིའི་ཁང་པའི་གནའ་ཤུལ་བསྐྱར་གསོ་དང་། གནའ་ཤུལ་གྱི་སྐྱིགས་རོ་གཙང་སེལ། ལྷུགས་རི་སྲུ་བརྟན་ཉམས་གསོ་སོགས་ཚུད་ཡོད་པ་རེད།

རིགས་གཅིག་མཁས་ཅན་གྱིས་ཁ་རུབ་རིག་གནས་ནི་བོད་དུ་རང་སྐྱེ་འཕེར་བའི་ངང་གོང་འཕེལ་བྱུང་བའི་གདོད་མའི་རིག་གནས་མིན་པར་དེ་ཉིད་རྨ་ཆུའི་དཔུས་རྒྱུད་དང་སྟོད་རྒྱུད་ཀྱི་གདོད་མའི་རིག་གནས་དང་འབྲེལ་བ་དམ་ཟབ་ཡོད་པའི་ངོས་འཛིན་བྱས་ཡོད། གནའ་ཤུལ་གྱི་སྤྱི་གླིང་དེ་སྐྲུན་ཟིན་རྗེས་ཀྲུང་གོའི་ལྷོ་ནུབ་ས་ཁུལ་གྱི་གནའ་མི་གནས་སྡོ་དང་། དེ་དག་དང་རྨ་ཆུ་རྒྱུག

ཡུལ་གྱི་ཤེས་དཔལ་དབར་གྱི་འབྲེལ་བར་ཞིབ་འཇུག་བྱེད་པ་དང་བོད་མི་རིགས་འབྱུང་ཁུངས་ཀྱི་གསང་བ་འཚོལ་བའི་སྟེགས་བུ་གལ་ཆེན་ཞིག་ཏུ་འགྱུར་རྒྱུ་ཡིན་པ་རེད།

དྲུག ལྷ་རྒྱ་རིའི་ཕོ་བྲང་གི་དར་རྒྱད།

ལྷོ་ཁ་ས་ཁུལ་ཆུ་གསུམ་རྫོང་གི་ལྷོ་ངོས་སུ་བརྗིད་ཉམས་ཆེ་བའི་གནའ་བོའི་འཛུགས་སྐྲུན་གྱི་ཉམས་འགྱུར་ལྡན་པའི་ཕོ་བྲང་ཞིག་འགྲེང་ངེར་གནས་ཡོད་པ་ནི་ལོ་རྒྱུས་ཐོག་སྐད་དུ་གྲགས་པའི་ཨེ་ལྷ་རྒྱ་རིའི་རྒྱལ་པོའི་ཕོ་བྲང་ཡིན་ལ། སྤྱིའི་རྒྱ་ཁྱོན་ལ་སྨི་ངོས་སྐྱམས་གྲུ་བཞི་མ་ཁྲི་ཚོ16ཙམ་ཡོད་པ་དང་རྒྱ་མཚོའི་ངོས་ལས་མཐོ་ཚད་སྨི3800ཙམ་གྱི་སར་གནས་ཡོད། 2001ལོར་རྒྱལ་ཡོངས་ཀྱི་གཙོ་གནད་རིག་དངོས་སྲུང་སྐྱོབ་སྡེ་ཚན་དུ་ཚུད་ཡོད་པ་རེད།

ལྷ་རྒྱ་རི་ནི་ཡོན་རྒྱལ་རབས་ཀྱི་དུས་སུ་བྱུང་བ་ཞིག་ཡིན་ཞིང་། དེའི་ཐོག་མའི་བྱུང་ཚུལ་ནི་བོད་བཙན་པོའི་གདུང་རྒྱུད་དཔལ་འཁོར་བཙན་གྱི་རྒྱུད་པ་ནང་སོ་མདའ་སྨད་པས་ཨེ་སྟོད་ཆུ་ཚན་ཁའི་འདབས་ཀྱི་རི་རྩ་སྐྱ་པོ་སྐྱེས་པ་ཞིག་ཏུ་གཞིས་ཀ་བརྩིགས་པས་རྒྱ་རི་ཞེས་པའི་མིང་ཐོག་མར་ཐོགས་པ་དང་། དེ་ནས་མི་རབས་ཁ་ཤས་བརྒྱུད་རྗེས་ཀྱི1443ཙམ་ལ་ལྷ་དགྲ་ལྷ་རྣམ་རྒྱལ་ཞེས་པ་བྱུང་བ་དེ་ཨེ་རི་སྒོ་ཕྱོགས་ཀྱི་ཡུལ་དཔོན་དུ་གྱུར་ནས་རི་སྒོ་བཀྲ་ཤིས་ཆོས་རྫོང་དུ་གཞིས་ཆགས་ནས་ཕོ་བྲང་བརྩིགས་པ་དང་སྲུགས་རྒྱ་རི་དགོན་ཕྱག་བཏབ་རྗེས

ལྷ་རྒྱ་རི་ཞེས་འབོད་སྲོལ་ཆགས། ཕྱིས་ཁྱིམ་ཚང་དང་དགོན་སྡེའི་སྟོབས་ཤུགས་གཅིག་ཏུ་བསྒྲིལ་ནས་ཁྲིམས་སྒྲ་རང་བཙན་གྱི་ཆོས་སྲིད་ཟུང་འབྲེལ་གྱི་དབང་སྒྱུར་པར་གྱུར་བ་དེ་ས་སྐྱ་དང་ཕག་མོ་གྲུ་པའི་དུས་སུ་ཡང་འགྱུར་བ་ཆེར་བྱུང་མེད། དེ་རྗེས་དྭ་ལའི་བླ་མ་སྐུ་ཕྲེང་ལྔ་པའི་དུས་སུ་གུ་ཤྲཱི་ཧན་གྱི་རོགས་རམ་འོག་བོད་དུ་ཆོས་སྲིད་ཟུང་འབྲེལ་གྱི་ལམ་ལུགས་བཙུགས་རྗེས་ལྷ་རྒྱ་རི་བའི་མངའ་ཁོངས་ཀྱི་དགོན་སྡེ་རྣམས་དགེ་ལུགས་པར་འགྱུར་པ་དང་འོས་འགན་གྱི་ཁྲལ་རིགས་ཅུང་ཟད་ཀྱང་སྐྱབ་དགོས་པར་གྱུར། འོན་ཀྱང་ལྷ་རྒྱ་རི་བ་ནི་བཙན་པོའི་གདུང་རྒྱུད་དུ་སོང་སྟབས་དམིགས་བསལ་གྱི་བདག་རྐྱེན་དུ་ཕ་ཚ་བུ་རྒྱུད་ཀྱིས་ས་ཁུལ་དེར་དབང་སྒྱུར་ཆོག་པའི་བཀའ་མཆན་གནང་བས་བོད་ས་གནས་སྲིད་གཞུང་གིས་དེ་གར་རྗོང་དཔོན་གཏོང་སྲོལ་མེད་ལ་ལྷ་རྒྱ་རིའི་ཆོས་རྒྱལ་ལྷ་སར་ཡོང་སྐབས་བཀའ་ཤག་གིས་ལྷ་གདོང་ཤན་ཁར་ཕེབས་བསུ་གཟབ་རྒྱས་ཞུ་སྲོལ་ཡོད་པ་མ་ཟད། ལྷ་རྒྱ་རི་བའི་ཁྲི་འདོན་དང་བག་སྟོན་སོགས་ཀྱི་སྐབས་སུ་ཡང་བཀའ་ཤག་གིས་རིམ་པ་བཞི་པའི་དཔོན་རིགས་ཤིག་རྟེན་འབྲེལ་ཞུ་བར་གཏོང་སྲོལ་ཡོད་པར་གྲགས།

དུས་རབས་བཅོ་བརྒྱད་པ་ཙམ་ལ་ལྷ་རྒྱ་རི་བའི་ཁྱིམ་གཞིས་དེ་ཁག་གསུམ་ལ་ཕྱེས་ནས་སྤུས་ཆེ་འབྲིང་ཆུང་གསུམ་སོ་སོས་ཁྱིམ་གཞིས་བཟུང་བ་དང་ས་ཞིང་དང་ཞིང་བྲན་ཡང་ཆ་བགོས་བྱས། དམངས་གཏོའི་བཅོས་བསྒྱུར་མ་བྱས་བར་ཨེ་ལྷ་རྒྱ་རི་བས་རྒྱ་རི་དང་། ཟངས་རི། རྒྱ་ཚ། ལྷུན་རྩེ་བཅས་རྫོང་ཁག་བཞི་ཙམ་ལ་དབང་སྒྱུར་གྱིས་གཞིས་ཁག་བཅུ་དགུ་དང་འབྲོག་ར་དགུ་ལ

བདག་དབང་སྤྱོད་ཀྱི་ཡོད། ལོ་རྒྱུས་ཐོག་བོད་ས་གནས་སྲིད་གཞུང་བཙུགས་རྗེས་ལྷ་རྒྱ་རིའི་དབང་ཆར་འཇོ་འགྱུར་ཅུང་ཟད་བྱུང་ཡོད་རུང་སྔར་བཞིན་ཁྲིམས་སྲོལ་རང་བཙན་གྱིས་བཙོན་ཁང་བསྐྲུན་ནས་ཁྲིམས་ཐག་བཅད་ཆོག་པ་མ་ཟད། ས་གནས་ཀྱི་བཅའ་ཁྲིམས་ཀྱང་གཏན་འབེབས་བྱེད་ཆོག་གི་ཡོད་པ་རེད།

ལྷ་རྒྱ་རིའི་ཕོ་བྲང་གི་གནའ་ཤུལ་ནི་ད་ཆ་བོད་དུ་ཡོད་པའི་གནའ་བོའི་འཛུགས་སྐྲུན་དངོས་པོ་ཆ་ཚང་ཤོས་ཀྱི་གྲས་ཤིག་ཡིན་ཞིང་། ལོ་རྒྱུས་ཐོག་ལྷ་རྒྱ་རིའི་ཕོ་བྲང་གི་ལེ་ལག་དང་བཅས་པ་འཛུགས་སྐྲུན་བྱེད་པའི་དུས་ཚོད་སྔ་ཕྱི་བར་གསུམ་ལ་དབྱེ་ཆོག་ཅིང་། ཕོ་བྲང་ལ་སྔ་བ་བཀྲ་ཤིས་ཆོས་རྫོང་ནི་དུས་རབས་13པའི་དུས་དཀྱིལ་དུ་བསྐྲུན་པ་དང་ད་ཆ་གྱང་རོར་གནས་ཡོད། བྱང་ཤར་གྱི་རི་འགོར་བསྐྲུན་པའི་ད་ཡོད་ཀྱི་གནའ་ཤུལ་གཙོ་བོ་དགའ་ལྡན་ལྷ་རྩེ་ཞེས་པ་དེ་ནི་དུས་རབས་15པར་བསྐྲུན་པ་ཞིག་ཡིན་པ་དེར་ཕོ་བྲང་དང་། གཉེར་ཚང་། ལྷ་ཁང་། ཐང་ཆེན། རྟ་ར་སོགས་ཡོད་པ་དེའི་འཛུགས་སྐྲུན་རྒྱ་ཁྱོན་ཆེན་པོ་ཡོད་ལ། དེ་སྔ་ཐོག་བརྩེགས་ལྔ་ཡོད་པ་རེད། འཛུགས་སྐྲུན་མཇུག་ཤོས་ནི་དགའ་ལྡན་ལྷ་རྩེའི་བྱང་ཤར་མཚམས་ཀྱི་སྨི1000སར་ཡོད་པའི་ཤར་གྱི་ཕོ་བྲང་དེ་ཡིན་པ་དང་དུས་རབས་18པར་བསྐྲུན་པ་ཞིག་ཡིན།

ལྷ་རྒྱ་རིའི་ཕོ་བྲང་གི་གནའ་ཤུལ་ནི་གནའ་བོའི་བོད་ཀྱི་འཛུགས་སྐྲུན་དང་། ལོ་རྒྱུས། རིག་གནས་སོགས་ལ་ཞིབ་འཇུག་བྱ་རྒྱུར་དོན་སྙིང་ཆེན་པོ་ལྡན་པ་ཞིག་ཡིན་རུང་། ལོ་མང་རིང་བདག་མེད་ཀྱི་ཁང་སྟོང་དུ་ལུས་པའི་ཐོག་ཆར་རླུང་སོགས་ཀྱིས་ཡུན་རིང་གཙེས་པས་ཞིག་རལ་ཚབས་ཆེན་ཐོན་ཡོད

སྐབས། བོད་རང་སྐྱོང་ལྗོངས་ཀྱི་འབྲེལ་ཡོད་རིག་གནས་ཚན་པས་ལྷ་རྒྱ་རིའི་ཕོ་བྲང་དེ་གཙོ་གནད་ཀྱི་རིག་དངོས་གནའ་ཤུལ་ཞིག་ཏུ་བརྩིས་ནས་ཉམས་གསོ་བྱ་རྒྱུའི་སྙན་ཞུ་ཕུལ་བ་ལྟར2007ལོར་རྒྱལ་སྲིད་སྤྱི་ཁབ་ཁང་གིས《བོད་རང་སྐྱོང་ལྗོངས་ཀྱི་ལོ་ལྔ་ཚན་བཅུ་གཅིག་པའི་འཆར་འགོད་རྣམ་གྲངས་ཀྱི་ཐུས་གཞིའི》ནང་བཅུག་ནས་མཚན་འགོད་ཀྱིས་མ་དངུལ་སྒོར་ཁྲི2050དོན་འཇོལ་བྱུང་བ་དེ་དག་གིས་ལྷ་རྒྱ་རིའི་ཕོ་བྲང་གཙོ་བོ་དང་། ཕོ་བྲང་དམར་པོ། ཕོ་བྲང་ཤར་སོགས་འཛུགས་སྐྲུན་དངོས་པོ་དང་ཆུ་འགྲོ་སོགས་ཀྱི་སྒྲིག་བཀོད་ཀྱང་ཉམས་གསོ་བྱས་པ་མ་ཟད། མང་ཚོགས་ཀྱི་སྤྱོད་ཁང་བཤིག་སྒྲོ་དང་། གད་སྙིགས་གཙང་སེལ། ཕོ་བྲང་མདུན་གྱི་རྡོ་གཅལ་ཞིག་གསོ་སོགས་ལེ་ལག་ཚང་མར་ཁྱབ་ཐུབ་པ་བྱས་ཡོད། ད་ཆ་ཨེ་ཡུལ་རིག་པའི་འབྱུང་གནས་ཞེས་སུ་འབོད་པའི་ཆུ་གསུམ་རྫོང་མཁར་གྱི་ལྷོ་ངོས་སུ་ཐོག་བརྩེགས་གསུམ་ལྡན་གྱི་ལྷ་རྒྱ་རིའི་ཕོ་བྲང་དེ་དེང་དུས་མི་རྣམས་ཀྱི་མིག་གི་སྤྱོད་ཡུལ་དུ་བརྗིད་ཉམས་དང་ལྡན་པའི་ངང་གནས་དེ་ལོ་ངོ700ཡི་ལོ་རྒྱུས་ཀྱི་ཆུ་རྒྱུན་རིང་པོའི་ཁྲོད་ཕོ་བྲང་སྔོན་བཙུན་དང་བཅས་པས་བརྒྱུད་མྱོང་བའི་འདས་དོན་སྣང་བཞིན་པ་དང་གཉིས་སུ་མེད་དོ།

བདུན། ཟུར་མཁར་རྡོའི་མཆོད་རྟེན།

2006ལོར་རྒྱལ་ཡོངས་ཀྱི་གཙོ་གནད་རིག་དངོས་སྲུང་སྐྱོབ་སྡེ་ཚན་དུ་ཁྱབ་བསྒྲགས་བྱས་པའི་ཟུར་མཁར་རྡོའི་མཆོད་རྟེན་ནམ་ངོ་མཚར་རྡོའི་མཆོད་རྟེན་དུ་གྲགས་པ་དེ་ནི་ལྷོ་ཁ་ས་ཁུལ་གྲ་ནང་རྫོང་ཟུར་མཁར་གྲོང་རྡལ་གྱི་ཡར་ཀླུང་གཙང་པོའི་བྱང་འགྲམ་གྱི་རི་འདབས་སུ་གནས་ཡོད། ཁྱོན་མཆོད་རྟེན་ཆེ་ཆུང་ལྔ་ཡོད་པ་དེ་དག་ནི་བྲག་རྡོའམ་ཕ་བོང་ཆེན་པོ་གཅིག་གི་ཐོག་ཏུ་རིམ་བཞིན་ལྕགས་གཟོང་གིས་བརྐོས་ནས་རིལ་པོར་གྲུབ་པ་ཞིག་ཡིན་པས་བཟོ་རྩལ་ཐད་ཐུན་མོང་མ་ཡིན་པའི་ཁྱད་ཆོས་ལྡན་ཡོད། དེ་ནི་འཕགས་ཡུལ་གྱི་པཎ་ཆེན་ཞི་བ་འཚོ་སྐུ་ངོ་མས་འཆར་འགོད་གནང་བ་དང་བལ་པོའི་བཟོ་བོས་བརྐོས་དཀྱིལ་བརྒྱབ་པས་འཕགས་བོད་བལ་གསུམ་གྱི་བཟོ་བཀོད་ཕྱོགས་གཅིག་ཏུ་བསྡུས་པའི་ཕྱིར་རྒྱལ་དུས་ཀྱི་གནའ་བོའི་བཟོ་རྩལ་གྱི་ཁྱད་ཆོས་ཡོངས་སུ་མངོན་པའི་དཔེ་མཚོན་ཞིག་ཡིན་ལ་ད་བར་མི་ལོ་ཆིག་སྟོང་ཉིས་བརྒྱ་ཙམ་གྱི་ལོ་རྒྱུས་ཡོད་པ་རེད། དེའི་སྐོར་ལ《ཆོས་འབྱུང་མཁས་པའི་དགའ་སྟོན》ལས་བལ་པོའི་རྡོ་མཁན་གྱིས་བོད་ཀྱི་རྡོ་ལ་བཟོ་བཏུབ་མི་བཏུབ་ལྟོས་ཟེར་ནས་ཤྭ་བའི་གཟུགས་ཤིག་བརྐོས་ཏེ་ངམ་ཤོད་ལ་ཕུལ། ཟུར་མཁར་འཕྲང་ལ་རྡོའི་མཆོད་རྟེན་ལྔ་མཛད་ཅེས་འཁོད་ཡོད་པ་རེད།

དཔལ་བསམ་ཡས་མི་འགྱུར་ལྷུན་གྱིས་གྲུབ་པའི་གཙུག་ལག་ཁང་གི་ནུབ་ངོས་སྤྱི་ལེ15ཙམ་གྱི་སར་གནས་པའི་ཟུར་མཁར་རྡོའི་མཆོད་རྟེན་ལྔ་པོ་དེ་དག

གི་ནུབ་ནས་ཤར་དུ་བརྩེགས་པའི་མཆོད་རྟེན་དང་པོ་དེ་ཆེ་ཤོས་ཡིན་པ་དང་། མཆོད་རྟེན་གྱི་བང་རིམ་གྲུ་བཞི་ཡིན་པ་དང་སྨི4.1ཙམ་ཡོད་པ། བུམ་པའི་འཁོར་རྒྱར་སྨི2.5ཡོད་པ། མཐོ་ཚད་ལ་སྨི1.65ཡོད། དེའི་ཆོས་འཁོར་བཅུ་གསུམ་གྱི་རིང་ཚད་ལ་སྨི2.95ཡོད་པ་རེད། རྡོའི་མཆོད་རྟེན་ཆུང་ཤོས་དེ་ཤར་དུ་སྨི40ཙམ་གྱི་སར་གནས་ཡོད་པ་དང་དེའི་རིང་ཚད་ལ་སྨི2.15ཡོད་པ་དང་མཐོ་ཚད་ལ་སྨི3.6ཡོད། དེའི་ཤར་ངོས་ཀྱི་སྨི200ཙམ་གྱི་སར་ད་དུང་རྡོའི་མཆོད་རྟེན3ཡོད་པ་དེ་དག་ལས་མཆོད་རྟེན་གཉིས་ཀྱི་ཆེ་ཆུང་དང་བཟོ་དབྱིབས་གཅིག་མཚུངས་ཡིན་པ་དང་། ཤར་ངོས་ཀྱི་སྨི35ཙམ་གྱི་སར་ཡོད་པའི་མཆོད་རྟེན་དེའི་བང་རིམ་གྲུ་བཞི་ཡིན་པ་དང་རིང་ཚད་ལ་སྨི3.5དང་མཐོ་ཚད་ལ་སྨི4.9ཡོད་ཅིང་། མཆོད་རྟེན་དེར་བང་རིམ་གསུམ་ཡོད་པའི་བང་རིམ་གྱི་མཐོ་ཚད་ལ་སྨི0.95ཡོད་པ་དང་། བུམ་པའི་འཁོར་རྒྱར་སྨི2.3དང་མཐོ་ཚད་ལ་སྨི1ཡོད་ལ་ཆོས་འཁོར་བཅུ་གསུམ་ལ་སྨི2.95ཡོད། མཆོད་རྟེན་དེ་དག་གི་རྩེ་མོར་ཉི་ཟླ་སོགས་ཀྱིས་བརྒྱན་ཡོད་པ་དང་། བཀོད་པ་ཕུན་སུམ་ཚོགས་ལ་གནའ་ཉམས་ཇོད་པས་བོད་བཙན་པོའི་དུས་ཀྱི་རྡོ་བཟོས་རིག་གནས་ལ་ཞིབ་འཇུག་བྱེད་པའི་དཔྱད་གཞི་ལེགས་པོ་ཞིག་ཡིན།

རྡོའི་མཆོད་རྟེན་དེ་དག་ལ་རིག་གནས་གསར་བརྗེའི་སྐབས་སུ་གཏོར་སྐྱོན་ཅུང་ཟད་ཕོག་ཡོད་རུང་། སྤྱི་ལོ1985ཙམ་ལ་ས་གནས་དེ་གའི་མང་ཚོགས་ཀྱིས་རང་འགུལ་ངང་ཨར་འདམ་གྱིས་ཉམས་གསོ་བྱས་ནས་སྔར་ལྟར་གནས་ཡོད།

མཆོད་རྟེན་དེ་དག་གི་ཐོག་མའི་བྱུང་ཚུལ་ནི《པདྨ་བཀའ་ཐང》ལས་

བཙན་པོ་ཁྲི་སྲོང་ལྡེ་བཙན་གྱིས་སློབ་དཔོན་པདྨ་འབྱུང་གནས་བོད་དུ་གདན་འདྲེན་ཞུས་ནས་རྒྱལ་བློན་འཁོར་དང་བཅས་པས་ཟུར་མཁར་དུ་ཕེབས་བསུར་བཅར་སྐབས། སློབ་དཔོན་ནི་ཁོང་ཉིད་མངལ་སྐྱེས་མིན་པས་སྐྱེ་བ་མཐོ་བ་དང་། ཨོ་རྒྱན་ཡུལ་གྱི་རྒྱལ་པོ་བྱེད་སྐྱོང་བ། རིག་པའི་གནས་ལྔ་ཀུན་ལ་མཁས་པ། ལྷག་དོན་རྒྱལ་པོར་མགོ་བའི་མགྲོན་པོ་གལ་ཆེན་ཡིན་པའི་སྟབས་ཀྱིས་ཕྱག་མ་འཚལ་བ་དང་། བཙན་པོ་ནི་མི་རྗེ་ཡིན་པའི་ཐོག་སྟོན་དུ་གདན་དྲངས་པའི་མཁན་པོ་ཞི་བ་འཚོས་ཀྱང་ཕྱག་མཛད་སྟབས་ཕྱག་འཚལ་བའི་སྣང་བ་མ་ཤར་བར་ཚམ་ཚོམ་དུ་གནས་སྟབས། སློབ་དཔོན་པདྨ་འབྱུང་གནས་ཀྱིས་ང་ཆེ་ང་བཙན་གྱི་མགུར་གསུངས་ནས་ཕྱག་དེང་ཙམ་གནང་བར་ཕྱག་སོར་ནས་མེ་འབར་ཏེ་བཙན་པོའི་ན་བཟའ་འཚིགས་སྟབས་བཙན་པོས་སློབ་དཔོན་ལ་སྣང་ཆུང་བྱུས་པར་གནོང་འགྱོད་ཚད་མེད་སྐྱེས་ནས་དེའི་འགྱོད་བཤགས་དང་ཁྱད་པར་སློབ་དཔོན་དང་དམ་ཚིག་ཉམས་ཆག་སྐོང་བའི་སླད་དུ་མཆོད་རྟེན་ལྔ་པོ་དེ་དག་བཞེངས་པའི་ལོ་རྒྱུས་གསལ་པོར་འཁོད་ཡོད།

ཟུར་མཁར་རྡོའི་མཆོད་རྟེན་ལྔ་པོ་དེ་དག་གི་བཟོ་བཀོད་ཐད་ནས་བརྗོད་ན། བོད་ཀྱི་མཆོད་རྟེན་གཞན་དང་མི་འདྲ་བར་བྲག་རྡོའམ་ཕ་བོང་རིལ་པོ་གཅིག་གི་སྟེང་དུ་བརྐོས་པའི་བཟོ་དབྱིབས་དེ་བཞིན་རང་ལྗོངས་སུ་ཐུང་མཐོང་དཀོན་ཙམ་ཡིན་པས་ད་ཆ་རིག་དངོས་ཚན་པས་ཕྱུར་རྒྱལ་བཙན་པོའི་དུས་ཀྱི་བོད་དང་བལ་པོའི་བཟོ་བོའི་རྡོ་བརྐོས་བཟོ་རྩལ་ལ་དཔྱད་ཞིབ་བྱེད་པའི་རྩ་ཆེའི་རིག་དངོས་ཤིག་ཏུ་བརྩི་བཞིན་ཡོད་དོ། །

ས་བཅད་བཞི་པ། འཕྲོས་གཏམ་སྣ་ཚོགས།

གཅིག གླིང་སྒྲུང་དང་འབྲེལ་བའི་རྟའི་རིག་གནས།

འཛམ་གླིང་གི་བྱུང་བརྗོད་སྐད་ངག་རིང་ཤོས་གླིང་སྒྲུང་གི་གཏམ་རྒྱུད་རབ་དང་རིམ་པ་དག་ནི་མཐར་གཏུགས་ནས་བཤད་ན་མི་རྟ་ཟུང་དུ་སྤྲེལ་བའི་མཚར་གཏམ་ཤ་སྟག་ཡིན་ཞིང་། 2015ལོ་ནི་བོད་རང་སྐྱོང་ལྗོངས་ཀྱིས་ཕྱོགས་ཡོངས་ནས་གླིང་སྒྲུང་སྒྱུར་སྐྱོབ་བྱེད་འགོ་བཙུགས་ནས་ལོ་ངོ35སོང་བའི་ལོ་ཞིག་ཡིན་ལ་ལས་དོན་འདིར་གྲུབ་འབྲས་ཀྱང་མི་དམན་པ་ཞིག་ཐོབ་ཡོད། དེས་ན་སྐབས་དང་དུས་འདིར་གླིང་སྒྲུང་དང་རྟ་ཡི་སྐོར་ལ་རང་དགར་འཕྲོས་གཏམ་བྱེད་པ་ནི་རྟ་ཡི་རིག་གནས་ལ་ཤེས་རྟོགས་བྱེད་པའི་ཐབས་ལམ་གལ་ཆེན་གྱི་གྲས་ཤིག་ཡིན་པར་སྙམ།

དེ་ཡང་འཆར་ཡན་རིང་ལུགས་དང་ནང་ཆོས་རིག་གནས་ཀྱིས་ཐོག་མཐའ་བར་གསུམ་དུ་ཁྱབ་པའི་གླིང་སྒྲུང་གི་གླེང་གཞི་ལོ་ནས། རྒྱ་གར་གྲུབ་ཆེན་བརྒྱད་ཅུ་དང་རྒྱ་གར་ཡུལ་གྱི་བྲ་ཀོད་མངོན་ཤེས་ཅན་དག་བོད་ཁ་བ་ཅན་དུ་བཙན་པོ་གཉའ་ནས་གནོན་པ་དང་ཉམས་ཆུང་མཐའ་ནས་སྐྱོང་སླད་དུ། བསམས་བཞིན་དུ་གླིང་དཔའ་རྟུལ་དང་དེ་རྣམས་ཀྱི་ལས་རྟར་སྐྱེ་བ་བཟུང་བར་

བཤད་ཡོད་ལ་ཕྱིས་ཀྱི་གླིང་སྒྲུང་དུམ་བུ་མང་དག་ཅིག་གི་ནང་དུའང་དེའི་སྐོར་ཡང་ཡང་གླེང་བར་བྱས་ཡོད།

སྤྱིར་འཛམ་གླིང་ཐོག་ཏུ་རླངས་འཁོར་གྱི་གཟུགས་བརྙན་མ་ཐོན་གོང་ཐག་རིང་གི་སྐྱེལ་འདྲེན་སོགས་འགྲོ་བ་མིའི་ནུས་པས་མི་ལྡོགས་པའི་བྱ་བ་རླབས་པོ་ཆེ་མང་པོ་ཞིག་ཅང་ཤེས་རྟ་ཕོས་སྒྲུབ་ཀྱི་ཡོད་ལ། སྐབས་དེའི་འཛམ་གླིང་གི་གཡུལ་འགྱེད་ཆེ་ཆུང་དག་གི་རྒྱལ་ཁའི་རྩ་བ་ཡང་ཚད་གཞི་ངེས་ཅན་ཞིག་གི་ཐོག་ནས་རྟ་པོའི་རྒྱུག་ཤེད་ལ་རག་ལུས་ཡོད་པ་སོགས་དེ་དང་དེ་ལྟ་བུའི་སྤྱོད་གོ་ཆེ་བར་བརྟེན་གླིང་སྒྲུང་གི་ཐོག་མཐའ་བར་གསུམ་དུ་རྟ་ཡི་བརྗོད་བྱ་དང་དམ་དུ་འབྲེལ་ཡོད། ལྷག་དོན་དུ་སོག་པོ་རྟ་རྫོང་དང་སྟག་གུ་དྲིལ་རྫོང་སོགས་ཐད་ཀར་རྟ་དྲིལ་གྱི་ཐོབ་ཤོར་ལ་བརྩོས་པའི་གཡུལ་འགྱེད་ཀྱི་ལོ་རྒྱུས་ཐོན་པ་མ་ཟད། སྟག་རོང་ཁྲོ་ཐུང་གིས་སྟག་གཟིག་ཡུལ་གྱི་བྱ་རྟ་རླུང་གཤོག་སྔོན་མོ་བརྐུས་པར་བརྟེན་སྟག་གླིང་དབར་ལོ་ངོ་མང་པོའི་རིང་གཡུལ་འཁྲུག་ལངས། དེ་དང་མཚུངས་པར་གླིང་སྒྲུང་ནང་ཕོ་དཔའ་བོའི་དཔའ་རྩལ་གླིང་སྐབས་མི་རྟ་ལྷན་དུ་གདེང་འཛོག་བྱེད་སྲོལ་ཡང་མང་པོ་ཡོད་པ་དཔེར་ན། རྒྱལ་པོ་སེང་ཆེན་མི་མ་འཕྲུལ། ལྷ་རྟ་རྐྱང་རྒོད་བྱ་མ་རྟ་ཞེས་པ་དང་། ཡང་སེང་ཨ་དོམ་མི་ཡི་སྐྱུང་ཀ རྟ་སྔོང་རི་ནོར་གྱི་བང་མཛོད། མཆོན་ལེབ་ཆེན་མི་ཡི་བཤན་གྲི་ཞེས་པ་ལྟ་བུ་རེད། གཞན་ཡང་གླིང་སྒྲུང་གི་བརྗོད་དོན་གཙོ་བོ་ནི་དྲག་པོའི་གཡུལ་འགྱེད་ཤ་སྟག་ཡིན་སྟབས་སྒྲུང་གི་སྒྲིག་གཞི་ཧྲིལ་པོའི་ནང་གླིང་གི་ཚོ་པ་ཁག་སོ་སོའི་དམག་མིའི་གྱོན་གོས་དང་། རྟ་ཡི་སྤུ་མདོག ཐ་ན་ལས་གྲུར་གྱི་ཚོས་མདོག

ཡན་ནས་གཅིག་མཚུངས་སམ་ཆ་འདྲ་བ་དང་དམག་དཔོན་རྣམས་ཀྱི་མི་རྟའི་ཚོས་མདོག་ནི་དེ་བས་ཀྱང་གཅིག་པ་ཡིན།

གླིང་སྒྲུང་ནང་དུ་དུང་དམིགས་བསལ་ཅན་གྱི་རྟ་རྒོད་ཁ་ཤས་ཆེད་དུ་བཀོད་ཡོད་པ་སྟེ། དཔེར་ན་རྣ་རྩེར་རྒོད་ཀྱི་ཐུལ་ཕྲན་ཡོད་པ་དང་། མིག་བཞིར་རླུང་གི་འཁོར་ལོ་ཡོད་པ། འདོ་བའི་གསང་ཆེན་བཅུ་གསུམ་ལུས་ལ་ཚང་བའི་རྟ་ཕོ་ཀྱང་བུ་དོན་གྲུབ་དང་། མི་སྐད་ཤོད་ཤེས་པའི་འདོ་བ་དངོས་གྲུབ་ལྡེམ་མ་དང་འཕར་བ་ཐ་ནག བང་ཁ་རླུང་ལ་འགྲན་ནུས་པའི་འདོ་བ་དུང་བྱི་རྣ་ཕྲ་སོགས་ཡིན་ལ། དེ་དག་གིས་རང་རང་གི་ཁྱད་ཆོས་དང་མཐུན་པའི་བྱུས་རྗེས་རབ་རིམ་བཞག་པའི་ཁྲིད། དང་ཐོག་རྟ་རྒྱུག་རྒྱལ་འཛོག་གི་ལེའུ་ཡི་ནང་རྟ་ཕོ་ཀྱང་བུ་དོན་གྲུབ་ཀྱིས་རྟ་རྒྱུག་འགྲན་བསྡུར་ཁྲིད་གླིང་དཔའ་རྟུལ་གྱི་ལས་རྟ་གྲངས་མེད་ཁྲིད་ནས་རྒྱལ་ཁ་ཡོངས་སུ་བླངས་ནས་གླིང་གི་ཇོ་རུ་རྒྱལ་པོའི་ཁྲི་ཐོག་ཏུ་བཀོད་ནས་གླིང་སྒྲུང་གི་སྒྲུང་སྒོ་ཡོངས་སུ་ཕྱེ་བའམ་གེ་སར་རྒྱལ་པོའི་འཕྲིན་ལས་ཀྱི་སྒོ་མོ་ཡངས་པོར་ཕྱེ་ཡོད།

འཛམ་གླིང་གི་རིགས་གཅིག་མཁས་དབང་ཚོས། གླིང་སྒྲུང་ནི་རིང་ནས་རིང་དུ་འགྲོ་བའི་གསོན་པོར་གནས་པའི་རིག་གནས་ཁྱབ་ཁོངས་ཤིག་ཡིན་ཞེས་གསུངས་ཡོད་པས། གླིང་སྒྲུང་དང་འབྲེལ་བའི་རྟ་ཡི་རིག་གནས་ཀྱང་དེ་དང་འདྲ་བར་གསོན་ཉམས་ཀྱིས་ཕྱུག་ཡོད། དེས་ན་གླིང་དཔའ་རྟུལ་གྱི་དགྲ་འདུལ་གཉེན་སྐྱོང་གི་མཛད་འཕྲིན་གར་ཁྱབ་ཀྱི་ཁྲིད་རྟ་ཡི་བྱུས་རྗེས་ཀྱིས་ཁྱབ་ཡོད་པས་དེའི་དཔེ་མཚོན་རེ་གཉིས་ཀུག་ཀྱུག་རེ་མོའི་ལམ་དུ་འཁོད་པར་བྱས་ན། སྔོན་

གླིང་གཡུལ་འགྱེད་ནང་ལྷ་ཧ་རྒྱང་བུ་དོན་གྲུབ་ཀྱིས་བདུད་ཆེན་བཞིའི་ཡ་གྱུལ་ལྷོ་བདུད་ཤིང་ཁྲི་རྒྱལ་པོ་འཛའ་སྐྲས་ཀྱི་ཐོག་ནས་འབེབས་སྐབས་བྱས་རྗེས་ཆེན་པོ་བཞག་པ་དང་། འཛང་གླིང་གཡུལ་འགྱེད་ཀྱི་སྐབས་སུ་གླིང་དཔའ་རྟུལ་ལ་ཡང་ཡང་རྐོལ་ནས་བསད་རྨས་ཀྱི་འཁོར་ལོ་བསྐོར་རུང་རེ་ཞིག་གླགས་མ་རྙེད་པའི་འཛང་གི་དམག་དཔོན་བྱུར་ལྷ་རྒོད་པོ་དེ་ལྷ་ཧ་རྒྱང་བུའི་རྫུས་ལ་བརྟེན་ནས་དུག་མཚོའི་ནང་དུ་ལྟུངས་བ་སོགས་ཀྱི་བྱས་རྗེས་མང་པོ་བཞག་ཡོད་པ་དང་། འདུན་མ་གཡུལ་རྒྱལ་ཐོག་རྒོད་ཀྱི་འདོ་བ་དངོས་གྲུབ་ལྟེམ་མས་གཡུལ་འགྱེད་ལན་མང་ཁྲིད་དམག་སྣ་ཁྲིད་མཁན་བྱས་པ་མ་ཟད། གླིང་འདུན་མས་འདོ་བ་དངོས་གྲུབ་ལྟེམ་མའི་ཁ་ཏར་ཉན་ནས་ཧོར་གླིང་གཡུལ་འགྱེད་ཀྱི་སྐབས་སུ་ཧོར་གྱི་ཤན་པ་ཚར་གསོད་མ་བྱས་སྟབས་ཕྱིས་ཤན་འདུན་སྟག་སེང་ཁ་སྦྲེད་ཀྱི་སྐན་པ་འཛམ་གླིང་ལ་གྲགས་པར་གྱུར། དེས་མ་ཟད་བྱ་བྱེད་མང་བའི་ཁྲོ་ཐུང་ལ་འདོ་བ་འཕར་བ་ཇ་ནག་གིས་བཟང་པོའི་ཁ་ཏ་ཡང་ཡང་བྱས་ནས་ལེགས་ལམ་དུ་ཁྲིད་ཐབས་བྱེད་པ་མཐོང་རྒྱུ་ཡོད། ད་དུང་མོན་དུང་སྐྱོང་སྟག་ལྷ་ཁྲི་དཀར་གྱི་འདོ་བ་དུང་བྱ་རྣ་ཕྲས་མགྱོགས་པའི་བང་རྩལ་ལ་བརྟེན་ནས་སྟག་གཟིག་རྒྱལ་པོ་ཕྱི་གླིང་ཡུལ་དུ་བྲོས་བྱོལ་བྱེད་མཁན་འདེད་བཟུང་གིས་སྟག་གཟིག་ནོར་རྫོང་ཕབ་པའི་གཏམ་སྙན་སྲིད་རྗེར་འགྲན་པར་བྱས།

མདོར་ན། འཛམ་གླིང་གི་བྱུང་བརྗོད་སྙན་ངག་རིང་ཤོས་གླིང་སྒྲུང་ནི་ཧ་ཡི་བྱུང་བརྗོད་སྙན་ངག་རིང་ཤོས་ཤིག་ཀྱང་ཡིན་པས་དེ་གར་རིགས་དང་ཁ་དོག་ཕུན་སུམ་ཚོགས་ལ་ཁྱད་ཆོས་དུ་མས་ཕྱུག་པའི་ཧ་པོ་ཁྲི་མ་སྟོང་གིས་ལྷོ་

འདུལ་བྱང་འཐབ་ཀྱི་གཡུལ་འགྱེད་ནང་ཞུགས་པའི་དཔའ་བོའི་མཛད་རྗེས་ཡོད་ལ། སེར་མ་ཏྲུང་ལ་འགྲན་པའི་རྟ་ཕོའི་བང་རྩལ་དང་། རྒྱ་ཆེ་གཏིང་ཟབ་ཀྱི་རྟ་དཔྱད་རིག་པ། མི་རྟའི་དབར་གྱི་གཏིང་ཟབ་ལ་རྒྱུ་སོགས་གཅིག་སྟུད་བྱས་ཡོད་པས་གླིང་སྒྲུང་ནི་འཛམ་གླིང་ཐོག་གི་རྟ་ཕོའི་རྣམ་ཐར་གྱི་འགྱུར་རྫོ་གསོན་པོ་ཞིག་ཡིན་ལ་རྟ་ཡི་རིག་གནས་ལ་ཞིབ་འཇུག་བྱེད་པའི་དཔྱད་གཞིའི་དཔེ་ཚོགས་ཤིག་ཀྱང་ཡིན་ནོ།

གཉིས། སེམས་རྒྱུད་ཞི་དུལ་དང་འབྲེལ་བའི་གཏམ།

དེང་སང་གི་སེམས་ཁམས་རིག་པ་བ་ཚོས་འགྲོ་བ་མི་ལུས་ལ་ནད་གཞི་འདྲ་མིན་ཐོག་པའི་ཐོག་མའི་རྒྱུ་རྐྱེན་ནི་སེམས་ཁམས་མི་བདེ་བས་བསླངས་པའི་ངོས་འཛིན་བྱེད་ཀྱི་ཡོད་ལ། ནད་པ་མི་ཉུང་བ་ཞིག་སེམས་ཁམས་ཀྱི་སྨན་བཅོས་བྱས་རྗེས་ནད་གདུང་ལས་གྲོལ་བས་ད་ཆ་འཛམ་གླིང་ཐོག་སེམས་ཁམས་ལ་བརྟེན་ནས་ནད་བཅོས་བྱ་ཐབས་ལ་དགའ་བསུ་ཐོབ་ཤུགས་ཇེ་ཆེར་འགྲོ་བཞིན་ཡོད།

བོད་ཀྱི་རིག་གནས་ཆེ་བ་ལྔའི་ཡ་གྱལ་གསོ་བ་རིག་པའི་གཞུང་ལྟར་ན། མིའི་ལུས་པོར་ནད་རྐྱེན་སྣ་ཚོགས་ཡོད་པའི་ནང་སེམས་ཁམས་བདེ་མིན་དང་ཐད་ཀར་འབྲེལ་བའི་རླུང་གི་ཆ་ནི་ཚ་གྲང་ཀུན་དང་སྟེབ་ནས་ནད་གཞི་མང་པོའི་སྣ་འདྲེན་དུ་འགྱུར་བ་དཔེར་ན། གཞུང་ལས། ཉེ་མར་བསྟན་ན་བསྲེག་

པའི་གྲོགས་བྱེད་ཅིང་། ཐླ་བར་བསྟོད་ན་བསིལ་བའི་གྲོགས་བྱས་ཏེ། ཚ་གྲང་མ་ལུས་འཁྲུག་ཅིང་སློང་བར་བྱེད། དེ་བས་རླུང་ནི་ནད་ཀུན་མ་ལུས་རྒྱུ། ཞེས་པ་ལྟར་རྐྱེན་གང་ཉུང་ལས་བྱུང་བའི་རླུང་ནད་དྲུག་ཅུ་རྩ་གསུམ་གྱིས་ལུས་ཀྱི་སྟོད་སྨད་གང་སར་རྒྱུག་ནས་པགས་པར་གྲམ་པ་དང་། ཤ་ལ་རྒྱས་པ། རྩ་ལ་རྒྱུ་བ། རུས་ལ་ཞེན་པ། དོན་ལ་བབས་པ། སྣོད་དུ་ལྷུང་བ་བཅས་བྱས་ཏེ་ཚ་བའི་ནད་དང་འཕྲད་ན་ཚ་བའི་གྲོགས་བྱེད་པ་དང་གྲང་བའི་ནད་དང་བསྡོངས་ན་གྲང་བའི་གྲོགས་བྱས་ནས་ནད་བབ་ཛེ་སྡུག་ཏུ་གཏོང་བ་སོགས་རླུང་ནད་རྐྱང་པའི་ངོ་བོ་ལྡན་པའི་ནད་གཞི་སློང་བ་མ་ཟད། མཁྲིས་པ་དང་བད་ཀན་སོགས་ནད་གཞན་གྱི་ཐོན་འགྲོའམ་སློང་རྐྱེན་མང་པོ་ཞིག་རླུང་ལ་ཐུག་པས་རླུང་གི་ནུས་པ་རང་གནས་སུ་འཛོག་རྒྱུ་ནི་ལུས་གཟུགས་བདེ་གནས་ཡོང་བའི་གལ་ཆེའི་ཐོན་འགྲོ་ཞིག་ཡིན།

དེས་ན་རླུང་གི་ནུས་པ་རང་གནས་སུ་འཛོག་ཐབས་གཙོ་བོ་ནི་ཆུ་འགོ་གང་ས་ལ་ཐུག་པ་ལྟར་རང་ཉིད་ཀྱི་སེམས་རྒྱུད་ཞི་དུལ་དུ་གནས་པ་བྱ་རྒྱུ་དེ་ཡིན། དེ་ཡང་འཛིག་རྟེན་འཚོ་བའི་ནང་སེམས་རྒྱུད་འཁྲུགས་པའི་རྒྱུ་རྐྱེན་འདྲ་མིན་སྣ་ཚོགས་ཡོད་པའི་ཁྲིད་འགོ་ཁྲིད་ཕྱུགས་རིས་ཅན་དང་། རིགས་པ་རང་ཤེད་ཅན། ཕ་མ་ཉེ་རིང་ཅན། དེ་མིན་སྤྱོད་པ་འདྲ་དང་མི་འདྲ་བའི་མི་སྣ་སྣ་ཚོགས་དང་གཤིབ་སྐབས་གཤིས་ཀ་མི་འདྲ་བའི་བྱེད་ལས་ཀྱི་སྣང་ཚུལ་སྣ་ཚོགས་འཕྲད་སྲིད་པ་དག་རང་ངོས་ནས་ཧ་ལམ་བཅོས་ཐབས་མེད་པ་ཞིག་ཡིན་ཉུང་། རྒྱུ་མེད་རྐྱེན་ལས་འབྲས་བུ་འབྱུང་མི་སྲིད་ཅེས་པ་ལྟར་ཕོང་ཚོའི་འཚར་ལོངས་ཀྱི་

བརྒྱུད་རིམ་དང་། སློབ་གསོའི་ཐོབ་ཚད། བྱུང་ཚད་མཐོ་དམན་གྱི་གནས་བབ་བཅས་ལ་བལྟོས་ན་ཡང་བའི་གནས་རེ་ཡོད་པས་ཁོང་ཚོར་བསམ་ཤེས་བྱ་རྒྱུ་ནི་མི་སྣ་འདྲ་མིན་གྱི་བྱེད་ལས་ལ་ཁ་གཏད་གཙོག་ཐབས་ལེགས་པོ་ཞིག་ཡིན། ད་དུང་ལས་ཀའི་ཁུར་པོ་ལྗི་བ་དང་ཁྱིམ་ཚང་འཆམ་མིན་སོགས་དབང་གིས་རྣམ་ཀུན་མི་གཉིས་བཟང་བའི་མི་ཁག་གཅིག་ཀྱང་སློ་བུར་གཉིས་ཀ་འགྱུར་བའི་གནས་ཚུལ་འཕྲད་སྐབས་དེ་བས་ཀྱང་བསམ་ཤེས་བྱེད་འོས་པ་ཞིག་ཡིན།

སེམས་རྒྱུད་ཞི་དུལ་དུ་གནས་པའི་ཐབས་ཤེས་ལེགས་ཤོས་ནི་རང་སེམས་ཐུལ་ན་དེ་ཡན་དགྲ་བོ་མེད་ཅེས་པ་ལྟར་རང་རྒྱུད་རང་གིས་གཙུན་ནས་འཚོ་བར་སྤྲོ་སྣང་དང་། གནས་བབ་ལ་ཕྱོགས་ཤེས། དགེ་མཚན་ལ་ངོས་འཛིན། རང་སྟོད་སར་མི་འཛོག་པ་བཅས་ཀྱི་མན་ངག་ལ་བརྟེན་ནས་མི་ཚེའི་རྣམ་ཐར་སྐྱོང་དགོས། ལྷག་དོན་དུ་གཞན་ལ་ལྷག་བསམ་རྣམ་དག་བྱ་རྒྱུ་ནི་རང་སེམས་ཞི་དུལ་དུ་གནས་པའི་ཐབས་ལམ་གལ་ཆེན་ཞིག་ཡིན་ཞིང་། སྣང་བ་དགྲ་རུ་ཤར་ན་རྟག་ཏུ་དང་སྤྲོ་བསྐྱེད་ཞེས་པ་ལྟར་གཞན་ལ་རྣབ་སེམས་གནོད་སེམས་བཅངས་རྒྱུར་འབད་པ་དང་གཞན་ཕྱོགས་ཚང་མ་དགྲ་རུ་བཟུང་ནས་དོགས་ཟོན་ཆེར་སྐྱེས་བྱས་ན་རང་ཉིད་ལའང་བདེ་བའི་གོ་སྐབས་ཕྲ་བ་དང་ཆུང་གིས་འཁྲིད་པའི་ནད་གཞི་སྣ་ཚོགས་སློང་སྲིད། ཁྱད་པར་དུ་ཐོབ་ཤོར་ཆུང་ངུའི་མདུན་དུ་རང་མ་ཕམ་ན་རྒྱལ་ཁ་གཞན་ལ་སྦྱིན་པའི་བརྟུལ་ཞུགས་འཛིན་ནས་དུས་དང་རྣམ་པ་ཀུན་ཏུ་གཞན་སེམས་བསྐྱུན་མཁས་དང་རང་སེམས་བཏུལ་མཁས་ཀྱིས། སེམས་རྒྱུད་ཞི་དུལ་གྱི་སྐྱ་བར་བརྟེན་ནས་ནད་མེད་ཚེ་རིང་གི་

ནོར་བུ་ཅེས་ཀྱང་ཟོན་པ་བྱ་རྒྱུ་ནི་རང་དྲིན་རང་ལ་ཆེ་བའི་ཐབས་དམ་པ་ཞིག་མ་ཡིན་ནམ།

གསུམ། བབས་སྤར་དང་སྐྱེས་སྤར།

བོད་མི་རིགས་ཀྱིས་བྱ་བ་ཆེ་རིགས་ཚང་མ་དཀར་ནག་རྩིས་ཀྱི་གཞུང་དོན་ལ་བསྟུན་ནས་བྱེད་ཀྱི་ཡོད་པའི་ཁྲོད་དུ་སྤར་ཁ་དང་སྨེ་བ་ཡིས་གལ་ཆེའི་གནས་བབ་བཟུང་ཡོད་པ་དང་ཞིབ་ཅིང་ཕྲ་བའི་ཆ་དག་དཀར་ནག་རྩིས་གཞུང་ལས་བསྟན་ཡོད་རུང་བབས་སྤར་དང་སྐྱེས་སྤར་གྱི་གནས་ལུགས་རྩྭ་རྩེའི་ཟིལ་པ་ཙམ་ཞིག་ཤེས་རྟོགས་བྱས་རུང་། ང་ཚོའི་འཚོ་བའི་ནང་ཕན་མང་བའི་མིང་ཚིག་དེར་ངེས་ཤེས་ཐུང་ཟད་ཐོབ་ངེས་རེད།

སྤར་ཁའི་རིག་གནས་ནི་རྒྱ་ནག་གི་སྔོན་ཐང་རྩིས་ལས་བྱུང་ཟེར་བ་དང་ཡང་དེའི་ཐོག་མ་ནི་གཡུང་དྲུང་བོན་གྱི་སྟོན་པ་གཤེན་རབ་མི་བོ་ཆེ་མཆོག་གིས་གཏོད་པར་གྲགས་པའི་ཐེག་པ་རིམ་དགུའི་ནང་ཚན་ཕྱྭ་གཤེན་ཐེག་པའི་ཁོངས་ནས་བྱུང་ཞེས་ཤོད་མཁན་ཡང་ཡོད། གང་ལྟར་སྤར་ཁ་དང་སྨེ་བ་གཉིས་ནི་དཀར་ནག་རྩིས་ཀྱི་ཁང་བཟང་ལ་འཛུལ་བའི་ལྡེ་མིག་ལྟ་བུ་ཞིག་ཡིན་ཞིང་། སྤར་ཁ་བརྒྱད་ཀྱི་མིང་ནས་དྲངས་ན། ལི་དང་། ཁོན། དྭ། ཁེན། ཁམ། གིན། ཟིན། ཟོན་བཅས་ཡིན་པ་དེ་དག་ལ་རིམ་པས་མེ་དང་། ས། ལྕགས། གནམ། ཆུ། རི། ཤིང་། རླུང་བཅས་དང་སྦྱོར་དགོས་པ་དང་། སྤར་ཁ

བརྒྱད་ཀྱི་ཕོ་མོའི་དབྱེ་བ་འབྱེད་ཚུལ་ནི་ཁེན་ཕ་དང་། ཁོན་མ། ལི་ཟིན་ཟོན་གསུམ་བུ་མོ་སྤུན་གསུམ་དང་། དྭ་ཁམ་གིན་གསུམ་བུ་སྤུན་གསུམ་ཡིན་ཞེས་ཟེར་སྲོལ་ཡོད།

སྤར་ཁ་བརྩི་སྐབས་བུ་རྣམས་ལི་ནས་ཁོན་ཕྱོགས་སུ་གཡས་སུ་བརྩི་བ་དང་། བུ་མོ་རྣམས་ཁམ་ནས་ཁེན་ཕྱོགས་སུ་གཡོན་སྐོར་བྱས་ནས་བརྩི་ཡི་ཡོད། སྤྱིར་བུ་རྣམས་སྤར་ཁ་ལི་ལ་འཁེལ་སྐབས་རུང་འཚུབ་པ་དང་བུ་མོ་རྣམས་ཁམ་ལ་འཚུབ་པའི་ཤོད་སྲོལ་ཡོད། སྤར་ཁ་ལའང་སོ་སོའི་ཁ་དོག་བརྩི་སྲོལ་ཡོད་པ་ལྟར་ལི་ནག་པོ་དང་། ཁོན་ལྗང་གུ། ཁེན་དམར་པོ། ཁམ་སེར་པོ། གིན་སྔོན་པོ། ཟོན་དཀར་པོ། དྭ་དམར་པོ་བཅས་སུ་དབྱེ་སྲོལ་ཡོད།

སྐྱེས་སྤར་ནི་ཕྲུ་གུ་སྐྱེ་སྐབས་མ་ལོའི་སྤར་ཁ་ལ་གཞིགས་ནས་བརྩི་ཡི་ཡོད་པ་དང་སྐྱེས་སྤར་གང་ལ་བབས་མིན་གྱིས་མི་གཤིས་བཟང་ངན་སོགས་ཀྱི་འབྲེལ་པ་ཡོད་པ་དཔེར་ན། སྐྱེས་སྤར་ལི་ཐོག་བཅས་པ་ནི། ཁོག་རྒྱ་ཆེ་ཡང་གཡུ་སྒྲུ་ཆེ། མ་ཉེས་ཁ་གཡོག་རྟག་ཏུ་འོང་ཞེས་དང་། སྐྱེས་སྤར་ཁམ་ཐོག་བཅས་པ་ནི། ཞི་གནག་མཐོ་པོའི་ཁྲི་ལ་དགའ། འཁོར་ཉེ་ཀུན་དང་མཐུན་སྡེབ་དཀའ། ཞེས་པ་ལྟ་བུ་རེད། བབས་སྤར་ནི་རང་ཉིད་ཀྱི་གནམ་ལོའི་ལོ་གྲངས་ཀྱི་སྟེང་དུ་མངོན་པ་དེ་ཡིན་ཞིང་། གེག་རྩིས་དང་། བག་རྩིས། ནད་རྩིས་སོགས་སྐབས་དང་འཕྲུལ་གྱི་བཟང་ངན་དང་ཟློག་བཅོས་ཚང་མ་བབས་སྤར་ལ་གཞིགས་ནས་ཐོན་པ་ཞིག་ཡིན་པ་དཔེར་ན། བབས་སྤར་ལི་ཐོག་ཏུ་འཁེལ་བ་ཞིག་ལ་ཆ་མཚོན་ན། འདི་ལོ་དགྲ་དང་རྐུ་མའི་ངོ་ཞེས་ཟློག་ཐབས་དང་བཅས་ཐོན་གྱི

ཡོད་པ་རེད། ད་དུང་གཤིན་རྗེས་ཀྱི་སྐབས་སུ་གཤིན་པོའི་རྣམ་ཤེས་གང་ལ་ཆགས་མིན་དེ་དག་བབས་སྟེར་གང་ལ་འཁེལ་མིན་ལ་གཞིགས་ནས་འདོན་གྱི་ཡོད། ཁྱད་པར་དུ་སྟེར་ཁ་བརྒྱད་པོ་སོ་སོར་ཡང་གཅིག་གཉིས་གཅིག་ནི་ལི། གཉིས་གཉིས་གཉིས་ནི་ཁོན། གཉིས་གཅིག་གཅིག་ནི་དྭ། གཅིག་གཅིག་གཅིག་ནི་ཁེན། གཉིས་གཅིག་གཉིས་ནི་ཁམ། གཅིག་གཉིས་གཉིས་ནི་གིན། གཉིས་གཉིས་གཅིག་ནི་ཟིན། གཅིག་གཅིག་གཉིས་ནི་ཟོན་ཞེས་པའི་མིང་དག་ལྟར་ཕྱག་རྒྱ་མི་འདྲ་བ་རེ་ཡོད་པའི་ལི་ཁོག་སྟོང་དང་། དྭ་རྗེ་རལ་སོགས་ཀྱི་བཟོ་དབྱིབས་མི་འདྲ་བའི་ཕྱག་རྒྱ་དག་གཏོ་བཅོས་བྱེད་སྐབས་སྟེར་ཁ་གང་ལ་འཁེལ་བ་དེའི་ཕྱག་རྒྱའི་རི་མོ་དང་། དབྱུགས་མཁན་གྱི་མི། ཁ་ཕྱོགས་དང་བཅས་པ་གཏན་འཁེལ་གྱིས་དབྱུགས་དགོས་པའི་ཚིག་མང་པོ་ཡོད།

སློ་བ་ལ་ཡང་སྟེར་ཁ་དང་འདྲ་བར་སྐྱེས་སློ་དང་བབས་སློ་གཉིས་ཡོད་ལ་འབྱུང་ཁུངས་ཡང་ཆ་འདྲ་བས་ཞིབ་པར་སྤྲོས་མི་དགོས་པ་དང་། སློ་བ་དགུའི་ཁ་དོག་དང་བཅས་པ་ནི་གཅིག་དཀར། གཉིས་ནག གསུམ་མཐིང་། བཞི་ལྗང་། ལྔ་སེར། དྲུག་དཀར། བདུན་དམར། བརྒྱད་དཀར། དགུ་དམར་བཅས་ཨང་ཀིས་འཐུས་པ་བྱས་ཡོད། སློ་བ་ལའང་བཟང་ངན་ལྟ་བུས་གཅིག་དཀར་ལྷ་ཡི་མེ་ལོང་དང་། གཉིས་ནག་བདུད་ཀྱི་མེ་ལོང་། གསུམ་མཐིང་མཚོ་སྨན་མེ་ལོང་། བཞི་ལྗང་ཀླུ་ཡི་མེ་ལོང་། ལྔ་སེར་དགྲ་ལྷའི་མེ་ལོང་། དྲུག་དཀར་རྒྱལ་པོའི་མེ་ལོང་། བདུན་དམར་བཙན་གྱི་མེ་ལོང་། བརྒྱད་དཀར་ཡུལ་ལྷའི་མེ་ལོང་། དགུ་དམར་གསང་གི་མེ་ལོང་བཅས་རེད། སློ་བ་བལྟ

སྐབས་གནམ་ལོའི་སྒྲི་བ་ནི་དབུས་སུ་འཁེལ་བ་དཔེར་ན། བོད་མི་ཕྱིལ་ལོའི་སྒྲི་བའི་གླིང་དཀྱུར་གཞིགས་ན། ཕོད་དུ་བོད་པའི་ཨང་གི1. 6. 8དང་། གཤམ་དུ་ཨང་གི5. 7. 3གཡོན་ངོས་སུ་ཨང་གི9དང་གཡས་ངོས་སུ་ཨང་གི4བཅས་བརྒྱད་ཕུད་རྗེས་དབུས་ཀྱི་ཨང་གི་གཉིས་པ་ནི་མི་ཕྱིལ་ལོའི་གནམ་ལོའི་སྒྲི་བ་ཡིན། ཤོད་སྲོལ་ལ་སྐྱེས་སྒྲི་གཉིས་ནག་ཡིན་ན་ཅུང་ཞན་པར་བརྩི་བ་དང་ཁྱད་པར་བུ་མོ་ཡིན་ན་དེ་བས་ཞན་པར་བརྩི་ཡི་ཡོད། ལྷག་དོན་སྒྲི་བ་གཉིས་ནག་ལ་འཁེལ་བའི། སྟག་ཕྱིལ་ཕག་སྦྲུལ་ལོ་བཞི་ལ། ལོ་ནག་མཆེ་བ་ཅན་དུ་གྲགས་ཞེས། མི་ཕྱིལ་ལོ་ལྷ་བུ་གནམ་ལོའི་སྒྲི་བ་གཉིས་ནག་ལ་ལོ་རྟགས་ཕྱིལ་འཁེལ་བས་ལོ་ནག་ཏུ་བརྩི་ཡི་ཡོད་ལ་ད་དུང་ལོ་ནག་གི་ནང་དུའང་རྩིས་ཀྱི་གཞུང་ལ་བརྟེན་ནས་ཤིན་ཏུ་ནག་པ་སོགས་འདོན་སྲོལ་འདུག་ལ་སྤར་སྒྲི་གཉིས་ཀ་གནམ་ལོར་འཆར་བ་མ་ཟད། ཚེས་ལ་ཡང་འཆར་ཚུལ་བཤད་ཡོད།

དེ་ལྟར་སྤར་སྒྲིའི་བརྩི་ཚུལ་དང་། ལོ་རྟགས་ཀྱི་འཕོ་འགྱུར། གཟའ་སྐར་གྱི་བགྲོད། ཉི་མ་ཟླ་བགྲོད་བྱང་བགྲོད་ཀྱི་ཚོས་ཉིད་སོགས་ནི་རྩིས་ཀྱི་རིག་པར་འཇུག་མཁན་ཞིག་མིན་ཐུང་རྣམ་ཀུན་གྱི་འཚོ་བའི་ནང་བེད་སྤྱོད་མང་བ་མ་ཟད། བོད་དུ་དར་ཁྱབ་ཆེ་བའི་རིག་གནས་འབྲུལ་མེད་ཅིག་ཡིན་པས་མ་མཐར་ཡང་ཕྱོགས་ཙམ་ཞིག་ཤེས་རྒྱུར་དོ་སྣང་བྱེད་འོས་པ་ཞིག་ཡིན།

བཞི། བསམ་པའི་རིག་གནས་ཕུན་སུམ་ཚོགས་པའི་བོད་རིགས་བགྲེས་སོང་།

ནམ་མཁའ་དྭངས་ཤིང་ས་གཞི་ཡངས་པའི་བོད་ས་མཐོའི་ཡུལ་ལྗོངས་ཁག་ཏུ་ཕྱག་གཡས་སུ་མ་ཎི་འཁོར་ལོ་དང་གཡོན་དུ་ཕྲེང་བ་ཐོགས་པའི་བགྲེས་སོང་ཚོ་དབུ་སྐྲ་དུང་ལྟར་དཀར་པོར་གྱུར་ཀྱང་བཞིན་རས་དམར་མདངས་རྒྱས་པ་དང་སྤྲོ་སྣང་དོད་པའི་འཛུམ་མདངས་རབ་ཏུ་འཕྱུར་བ་མངོན་རྒྱུ་ཡོད་པ་ནི་བོད་ས་མཐོའི་དམིགས་བསལ་གྱི་གོམས་སྲོལ་དང་། རྒན་བཀུར་གྱི་སྲོལ་བཟང་། ནང་བསམ་པའི་རིག་གནས་ཕུན་སུམ་ཚོགས་པའི་རང་མདངས་ཤིག་བཙས་ཡིན།

བོད་རིགས་ས་ཁུལ་དུ་བགྲེས་སོང་ཚོའི་སྤྱི་ཚོགས་གནས་བབ་ཤ་ཅང་མཐོ་པོ་ཡོད་ཅིང་། ཚང་ས་གྲལ་ས་སོགས་མི་མང་འདུ་འཛོམས་བྱེད་སྐབས་ངོ་ཤེས་དང་མ་ཤེས་ལ་མ་བལྟོས་པར་བགྲེས་སོང་ཡིན་ཕྱིན་གྲལ་འགོར་འཛུག་པ་དང་ཟས་ཕུད་འདྲེན་གྱི་ཡོད་ལ་རྒྱ་སྐྱེ་ཁྲིམ་པའི་ཁྲིད་དུ་ཡང་སྐྱེ་བོ་རྒན་གཞོན་ཚང་མས་བགྲེས་སོང་ལ་ཕྱག་རོགས་ཞུ་རྒྱུ་བྱེད་པ་ལས་སྤྱིར་ན་ཐེ་ཚོམ་བྱེད་མཁན་མེད། ད་དུང་སྤྱི་སྤྱོད་ལྷངས་འཁོར་སོགས་ཀྱི་ནང་བགྲེས་སོང་ཚོར་བཞུགས་ས་སྤྲོད་པ་དེ་འཇམ་བུ་གླིང་གི་མི་ཚོར་ངོམ་སུ་འོས་པའི་སྤྱོད་བཟང་ཞིག་ཡིན། བོད་རིགས་ཀྱི་ཁྱིམ་ཚང་ནང་དུ་ཡང་བགྲེས་སོང་ཚོར་གུས་ཞབས་ཆེན་པོ་བྱེད་པ་

ནི་ཁྲིམ་སྲོལ་ཞིག་ཏུ་གྱུར་བ་དང་ལྷག་དོན་མཛད་སྒོ་དང་དུས་ཆེན་ཆེ་ཁག་གི་སྐབས་སུ་དེ་བས་ཀྱང་རྒན་གཞོན་གྱི་གོ་རིམ་ལ་བརྩི་འཇོག་ནན་པོ་བྱེད་ཀྱི་ཡོད་པ་ནི་འཛམ་གླིང་སྤྱི་ཡིས་ངོས་འཛིན་པ་ལྟར་དཔལ་ཡོན་དར་བའི་མི་རིགས་ཤིག་དང་ཡ་རབས་གོམས་སྲོལ་ལྡན་པའི་མི་རིགས་ཤིག་གི་དན་རྟགས་ཤིག་ཡིན། ལྷག་དོན་མི་རིགས་གཞན་གྱི་ཁྲོད་དུ་ཐོན་པ་ལྟར་བུ་ཕྲུག་ཚོས་བགྲེས་སོང་ལ་བསྙེན་བཀུར་བྱེད་མི་འདོད་པས་བགྲེས་སོང་ཝུ་ཐུག་ནས་ཁྲིམས་རར་གཏུག་པ་སོགས་ཀྱི་སྣང་ཚུལ་ཐོན་དཀོན་པ་མ་ཟད། ཁྲིམ་མི་རྒན་གཞོན་ཚང་མས་ཟས་གང་ཡག་དང་གོས་གང་འཛམ་བགྲེས་སོང་ལ་འབུལ་བའི་བསྙེན་བཀུར་གྱི་གོམས་སྲོལ་བཟང་པོ་ཡོད་ལ། བོད་ཤར་ཕྱོགས་ཀྱི་ཁམས་ཁུལ་སོགས་སུ་དགུང་ལོ་དྲུག་ཅུ་བཀྲལ་བའི་བགྲེས་སོང་ལ་ཁྲིམ་ལས་སོགས་བསྐྱུལ་ན་བུ་ཕྲུག་ཚོའི་ཞབས་འདྲེན་དུ་བརྩི་ཡི་ཡོད་པ། གཞན་ཡང་བོད་ལྗོངས་ས་ཁུལ་དུ་གལ་སྲིད་ཕ་མར་བསྲི་ཞུ་མི་སྒྲུབ་པའི་བུ་ཕྲུག་ཐོན་ན་རྒན་གཞོན་གྱི་གོ་རིམ་འཇོལ་བ་དང་། ལས་འབྲས་ལ་མི་བརྩི་བ། མ་རབས་ཐ་ཤལ་བཅས་ཀྱི་མི་ཁ་ཟུག་རྒྱུ་རེད་ལ་སྤྱི་ཚོགས་ཐོག་རང་ཉིད་ཀྱི་གནས་བབ་ཉམས་ཞན་དུ་འགྲོ་རྒྱུ་རེད། དེ་ལྟར་མི་རིགས་ཀྱི་སྲོལ་རྒྱུན་བཟང་པོའི་བག་ཆགས་འོག་བོད་རིགས་བགྲེས་སོང་ཚོའི་ཕྱི་དངོས་པོའི་མཐུན་རྐྱེན་འགན་ལེན་ལེགས་པོ་བྱུང་ཡོད་ལ་དེ་བས་ཀྱང་ནང་བསམ་པའི་རིག་གནས་ཕུན་སུམ་ཚོགས་པོ་ཡོད།

བོད་ལྗོངས་ནི་གླུ་གར་གྱི་རྒྱ་མཚོ་ཡིན་ཞེས་པ་དོན་ལ་གནས་པས་བོད་རིགས་བགྲེས་སོང་ཚོ་ལྷ་འདོད་ཅིང་ཉན་སྲི་བའི་ལྷ་མོའི་རྣམ་ཐར་དང་།

གཞིས་ཆེན། གར་ཞྭ། ལྷ་མ་མ་ཙེ་སོགས་ཞྭ་གར་གྱི་བྱེ་བྲག་ཏུ་ཅང་ཕུན་སུམ་ཚོགས་པོ་ཡོད་པ་དག་ལ་ལྷ་ཉན་བྱེད་ལ་སྐུ་གཟུགས་ཐང་བའི་བགྲེས་སོང་ཁག་གཅིག་གིས་རང་ཉིད་ངོ་མས་འཁྲབ་གཏོང་བྱ་རྒྱུར་ཡང་ཏ་ཅང་མཉེས་པོ་ཡོད། བོད་རིགས་བགྲེས་སོང་ཚོ་ཚེ་མཇུག་ཏུ་སླེབས་པ་དང་ལས་གནས་ལས་བྲལ་རྗུང་བྲེལ་བྲེལ་འཚུབ་འཚུབ་བྱེད་པའི་དམིགས་བྱ་གསར་པ་ཞིག་འགོ་ཚུགས་ཀྱི་ཡོད་པ་ནི་ཆོས་ལུགས་རིག་གནས་དར་ཁྱབ་ཆེ་བའི་ཤུགས་རྐྱེན་འོག་ཕྱག་འཚལ་སྐོར་སྐྱོང་བྱ་རྒྱུ་དེ་ཡིན། ལྷ་ས་ཁུལ་གྱི་བགྲེས་སོང་ཕལ་ཆེ་བར་ཉིན་ལྟར་གྱི་སྐོར་བ་རྒྱག་པའི་ལམ་ཚད་དང་། ཕྱག་འཚལ་བ་དང་མཆོད་འབུལ་བའི་ཚད་གཞི། གཟུངས་སྔགས་འདོན་པའི་གྲངས་ཚད་བཅས་ཡོད་པ་མ་ཟད། གནས་སྐོར་ཡུལ་སྐོར་དུ་སྐྱོད་པ་དང་ཆོས་ལུགས་ཀྱི་བྱེད་སྒོ་སོགས་བྱེད་སྒོ་འདྲ་མིན་ནང་ཞུགས་ཀྱི་ཡོད་པས་གྲོང་ཚོར་ཡུལ་པོའི་སྣང་བ་དང་རྐན་ནད་ཕོག་པའི་གོ་སྐབས་ཏ་ལམ་མེད། གྲོང་གསེབ་དང་ལུང་ཁུག་ཏུ་གནས་པའི་བགྲེས་སོང་ཚོ་མཉམ་སྡེབ་ཀྱི་བྱེད་སྒོའི་ནང་ཞུགས་ཚད་ཅུང་ཉུང་རུང་བར་གསེང་བྱུང་མ་ཐག་སྔར་བཞིན་ལུས་ཕྱག་སྐོར་དང་མི་བྲལ་བ་དང་ངག་ཞལ་འདོན་དང་མི་བྲལ་བས་སྔར་བཞིན་བྲེལ་འཚུབ་ཆེན་པོ་ཡོད། ལྷག་དོན་ཆོས་ལ་བརྩོན་པར་གནས་དང་ཡུལ་གྱི་ཚད་བཀག་མེད་པས་དབང་པོ་སྐྱོན་ཅན་ནམ་ཡང་ན་སྐུ་གཟུགས་ཞན་པའི་བགྲེས་སོང་ཚོ་ཡང་གདན་ཐོག་ཏུ་དཔེ་ཆ་ཀློག་པ་དང་ཞལ་འདོན་བྱེད་པ་སོགས་གང་ལ་གང་འཚམ་གྱི་གདམ་ག་བྱས་ཆོག་པ་ཞིག་ཡིན།

ད་ཆ་འཛམ་བུ་གླིང་གི་གནད་དོན་ཆེན་པོ་ཞིག་ནི་སྤྱི་ཚོགས་རྒན་རྒོན་

ཅན་དུ་འགྱུར་བ་དེ་ཡིན་པ་ལྟར་མི་གྲངས་མང་བའི་རང་རྒྱལ་དུ་ཡང་གནད་དོན་དེ་ཧ་ཅང་ཚབས་ཆེན་པོ་ཡོད་ཅིང་། རྒྱལ་ཡོངས་ཀྱི་ཐེངས་དྲུག་པའི་མི་འབོར་ཞིབ་བཤེར་ལས་མངོན་པར་གཞིགས་ན། ལོ་ངོ་དྲུག་ཅུ་ཡན་གྱི་རྒན་གཞོན་མི་འབོར་གྱིས་མི་འབོར་སྤྱིའི་བརྒྱ་ཆ13. 26བཟུང་བ་དང་ད་དུང་མྱུར་ཚད་མགྱོགས་པོས་འཕར་བཞིན་ཡོད་པ་རེད། གནས་ཚུལ་དེ་ལྟ་བུའི་འོག་བསྐྱེན་བཀུར་ཁང་མང་པོ་ཞིག་ཐོན་ཡོད་རུང་ད་དུང་བསྐྱེན་བཀུར་མ་ཐོབ་པའི་བགྲེས་སོང་མང་པོ་ཡོད་པ་མཐོང་ཆོས་ལྟར་ཡིན་པ་དང་ལྷག་དོན་བསམས་པའི་རིག་གནས་ཀྱི་འཚོ་བཅུད་ཞན་པའི་བགྲེས་སོང་དེ་བས་མང་པོ་ཡོད་པས་གནད་དོན་དེ་ཐག་གཅོད་བྱ་རྒྱུར་བོད་མི་རིགས་ཀྱིས་འཛམ་གླིང་ཡོངས་ལ་མིག་བལྟོས་བཟང་པོ་ཞིག་བཏོད་ཡོད། དེ་ལྟར་བོད་ས་མཐོའི་རྒན་བཀུར་གཞོན་གཅེས་ཀྱི་སྲོལ་རྒྱུན་བཟང་པོ་ནི་མི་རིགས་གཞན་ལ་ངོམ་སུ་ཚོག་པའི་རིན་ཆེན་རྒྱུན་ཆ་ཞིག་ཡིན་པས། རྒྱུན་ཆ་དེའི་འོད་མདངས་ནམ་ཡང་མི་ཉམས་པར་འཛམ་གླིང་ཡོངས་ལ་འགྲེམ་བྱེད་དགོས།

མདོར་ན་བོད་རིགས་བགྲེས་སོང་ཚོ་གཞས་དང་ཞབས་བྲོར་དགའ་བས་གློ་བག་ཡངས་བ་དང་། ཞལ་འདོན་ལ་བརྩོན་པས་མཁའ་ལྟུང་རླུང་སྙིང་འབུད་གསར་བརྗེས་ཐུབ་པ། གནས་སྐོར་རྒྱུ་དང་སྐོར་བ་རྒྱག་རྒྱུར་འབད་པས་ཟུངས་ཁྲག་འཁོར་རྒྱུག་ལེགས་པ། ལྷག་དོན་ཕྱིའི་སྒྲུ་ལུས་དང་། ནང་གི་དོན་ལྔ་སྣོད་དྲུག ཙ་དང་ཆུ་རྒྱུས་ཐམས་ཅད་ལ་ཕན་ཞིང་དེང་གི་གསོ་རིག་དང་ཚན་རིག་པས་བརྟགས་བརྗོད་དར་དེར་སྒྲོག་པའི་ཕྱུག་འཚལ་གྱི་སྟངས་སྟབས་ནི་བོད་

རིགས་བགྲེས་སོང་ཚོ་སྐྱ་ཁམས་གསལ་ཐང་ཡོང་བའི་ཕུལ་བྱུང་གི་ལུས་སྦྱོང་ཞིག་ཡིན་ལ་དེ་བས་ཀྱང་ན་སོ་རྒས་ཀྱང་འབད་འཐབ་ཀྱི་དམིགས་ཚད་ཡོད་པ་དང་ན་སོ་རྒས་ཀྱང་སྙིང་སྟོབས་མི་ཉམས་པས་བོད་རིགས་བགྲེས་སོང་ཚོ་ནི་འཛམ་གླིང་ཐོག་གི་བགྲེས་སོང་བདེ་སྐྱིད་ཆེ་ཤོས་དང་། སྙིང་སྟོབས་རྒྱས་ཤོས། འཕྲུག་ཆ་རྡོད་ཤོས་བཅས་ཡིན་པ་ནི་མཁྱེན་པ་གཟིགས་ནས་ཁ་མཆོན་གཅོད་ཚིག་པ་ཞིག་ཡིན།

ལྔ། ཆུའི་རིག་གནས་དང་འབྲེལ་བའི་སྐོར་ལ།

བོད་ཀྱི་རིག་གནས་ཁྲོད་ཀྱི་ཚན་རིག་གི་འདུས་ཚད་ལ་མི་རྣམས་ཧང་སངས་དགོས་པ་ཞིག་ཡོད། དེ་ནི་ཕྱིའི་འབྱུང་ཁམས་ཀྱི་ཆོས་ཉིད་དང་བསྟུན་པ་དང་ལག་ལེན་གྱི་ཐོག་ནས་བརྟར་ཤ་ཡང་ཡང་བཅད་ཡོད་པས་ཚན་རིག་འཕེལ་རྒྱས་ཆེས་ཆེར་ཕྱིན་པའི་དེང་གི་དུས་སུ་ཡང་སྤྱོབས་པ་སྐྱོ་འོས་པའི་གནས་བབ་བཟུང་ཡོད།

སྤྱི་ཚོགས་ཐོག་ཆུའི་རིག་གནས་ཞེས་པའི་མིང་ཚིག་དེའི་འཐོད་སྤྲོལ་དར་ཁྱབ་བྱུང་ནས་ཡུན་རིང་སོང་མེད་ཀྱང་བོད་ཀྱི་རིག་གནས་ཆེ་བ་ལྔའི་ཡ་གྱལ་གསོ་བ་རིག་པའི་ནང་སྡེ་ས་ནས་མིའི་ལུས་པོ་དང་ཆུའི་འབྲེལ་བ་དང་། ནད་བཅོས་ནང་ཐོན་པའི་ཆུའི་ཕན་ནུས། ཆུའི་བཟང་ངན་དབྱེ་སྟངས། ཆུ་སྤྱོད་སྟངས་ཀྱི་ཤེས་བྱ་བཅས་ཞིབ་ཅིང་ཕྲ་བ་བསྟན་ཡོད་ལ་ཆུའི་བསྟན་བཅོས་ཀྱང་

དར་ཡོད་པས་ང་ཚོས་ཆུའི་རིག་གནས་ཅེས་འབོད་ཀྱང་མི་འོས་པ་མེད་ལ། མི་ལ་ལས་ཆུ་ནི་སྐྱེ་རྒྱུའི་ཚེ་སྲོག་གི་འབྱུང་རྩ་ཞེས་འབོད་པ་ནི་ཡུད་ཤོབ་དང་བྲལ་བའི་དོན་དམ་ཞིག་ཡིན།

བོད་ཀྱི་གསོ་བ་རིག་པ་སོགས་ཀྱི་གཞུང་ལས་ཆུ་ལ་བཟང་ངན་གྱི་དབྱེ་བ་ཁ་ཤས་ཕྱེ་ཡོད་པ་སྟེ། ཆར་ཆུ་གངས་ཆུ་ཆུ་མིག་ཁྲོན་པ་བ་ཚྭ་ཤིང་གི་ཆུ། རིམ་པ་དང་པོ་མཆོག་ཡིན་ཕྱི་མ་དམན། ཞེས་པ་ལྟར་ཆར་ཆུ་བཟང་ཤོས་སུ་འཛིག་པ་དང་རིམ་བཞིན་ཞན་དུ་ཕྱིན་ནས་ཤིང་ཆུ་ངན་ཤོས་སུ་བརྩི་ཡི་ཡོད། ད་དུང་མངར་བ་དང་། བསིལ་བ། འཇམ་པ། ཡང་བ། དྭངས་པ། གཙང་བ། མགྲིན་པ་ལ་མི་གནོད་པ། ལྟོ་བར་ཕན་པ་བཅས་ཡན་ལག་བརྒྱད་ལྡན་ཆུ་བོའི་དགེ་མཚན་རྒྱས་པར་སྤྲོས་ཡོད། ཆུ་བོ་ནི་འཛམ་གླིང་ཕོག་གི་རྒྱ་ཆེ་ཤོས་དང་། གཏིང་ཟབ་ཤོས། དབྱིབས་གཟུགས་སྣ་ཚོགས་པ། ཞི་དྲག་གཉིས་འཛོམས་བཅས་ཀྱི་ཁྱད་ཆོས་ལྡན་པ་ཞིག་ཡིན་པས་སྟོད་བཅུད་ཀུན་ལ་ཁྱབ་ཅིང་ཀུན་ལ་དགོས་མཁོ་ཆེ་བའི་ཆུ་བོ་ནི་ཨ་སྟོན་མཐོངས་ཀྱི་སྤྲིན་པ་དང་། བར་སྣང་ཁམས་ཀྱི་གངས་ཆར། ས་གཞིའི་ངོས་ཀྱི་རྒྱུག་ཆུ་དང་། ཐབ་ཆུ། འཁྱིལ་ཆུ་བཅས་གཟུགས་རགས་པ་སྤྱི་དང་ཟིལ་པ་དང་བ་མོ་ཚུན་ཆད་ཆུ་ཡི་རྣམ་འཕྲུལ་ལས་མ་འདས། ཚད་མའི་བཀའ་དང་མཁས་པའི་ལུང་ལས་འཛིག་རྟེན་འདིའི་གཏིང་ཟབ་ཤོས་སུ་འབོད་པའི་རྒྱ་མཚོ་ནི་ཆུ་ཡི་གློང་ཆེན་པོ་ཞིག་ཡིན་ཞིང་། ཆུ་ནི་སྤྲུལ་སྒྱུར་སྣ་ཚོགས་ལ་དབང་འབྱོར་བ་ཞིག་ཡིན་པས་ལང་ལོང་དུ་གཡོ་བའི་སྤྲིན་སྨུག་ལྡངས་པའི་གཟུགས་དང་། ཟུར་གསུམ་དབྱིབས་སུ་གྲུབ་པའི་གངས་དང་སེར་

བ། རྫོག་པོར་སྐྱིལ་བའི་ཆུ་ཐིགས། ཐུར་དང་ཐད་དུ་རྒྱུག་པའི་ནར་གཟུགས་ཅན་གྱི་འབབ་ཆུ་དང་རྒྱུག་ཆུ། ཛླུམ་པོ་དང་གྲུ་བཞིར་གནས་པའི་མཚོ་དང་མཚེའུ། སྲ་གཟུགས་རྫིལ་པོར་སྐྱིལ་བའི་འཁྱགས་པ་བཅས་མདོར་ན། སྟོད་ཀྱི་གར་ཁྱབ་ཆུ་ཡི་དབྱིབས་གཟུགས་ཀྱིས་གྲུབ་ནུས་ལ་ཆེ་བ་སྲིད་པའི་གངས་མཚོ་དང་། ཆུང་བ་རྡུལ་ཕྲན་ཙམ་གྱི་གཟུགས་ཆེ་ཆུང་དང་དབྱིབས་སྣ་ཚོགས་ལ་རོལ་གྱུར་ཐོགས་པ་མེད་པ་ཞིག་ཡིན།

ཆུ་པོ་ནི་བརྟན་པའི་ངོ་བོར་གྲུབ་ཅིང་གཞན་ཕྱོགས་གཤེར་བའི་ནུས་པ་དང་ལྡན་པས་བརྟན་ཞིང་གཤེར་བ་ཆུ་ཡི་མཚན་ཉིད་དུ་འཛོག་ཅིང་། སྐྱེ་དངོས་ཡོད་ཚད་ཙམ་མ་ཟད། གནམ་ལ་འཕུར་བྱ་དང་ས་ལ་འཛུལ་གྲུའི་སྲོག་ལྡན་ཡོད་ཚད་དང་། གངས་རི་དང་ནགས་ཚལ། ས་གཞི་དང་རྩྭ་ཐང་སྟོད་བཅུད་དང་བཅས་པ་ཆུ་ལ་བརྟེན་ནས་འཚོ་ཞིང་། རང་རེའི་ལུས་ཕུང་གི་བརྒྱ་ཆ70ཡང་ཆུ་ཡིས་གྲུབ་པ་དང་ཉིན་ལྟར་གྱི་བཟའ་བཏུང་ཚང་མ་ཆུ་དང་བྲལ་བ་མེད་པ་ཀུན་ཤེས་ལྟར་ཡིན་ལ། ནད་ཀྱི་དང་པོ་མ་ཞུ་བ་དང་། སྨན་གྱི་དང་པོ་ཆུ་འཁོལ་བྱུང་ཞེས་པ་ལྟར་ཆུ་འཁོལ་གྱིས་ཟས་འཇུ་བ་དང་། དྲངས་ཁ་འབྱེད་པ། ཟུངས་ཁྲག་སླ་རུ་གཏོང་བ་སོགས་ཀྱི་ཕན་ནུས་མང་པོ་ཐོན་པ་བསྟན་ཡོད།

ང་ཚོས་ས་གོ་ལའི་བརྒྱ་ཆ70ཆུ་ཡིས་ཁྱབ་པ་ཐོས་སྐབས་སྤྱད་ན་ཛོགས་མཐའ་མེད་པ་ལྟ་བུའི་སྣང་བ་སྐྱེན་རུང་དེ་དག་གི་བརྒྱ་ཆ97.47ནི་ཚྭ་ཆུ་ཡིན་པ་དང་། ཚྭ་མེད་ཆུ་བརྒྱ་ཆ2.5ཙམ་གྱི་ནང་ནས་ཀྱང་ཕལ་ཆེ་བ་འཁྱགས

རོམ་སོགས་ཀྱི་རྣམ་པར་གནས་ཡོད་པས་དངོས་སུ་བེད་སྤྱོད་བྱེད་ཆོག་པའི་ཆུ་ནི་བརྒྱ་ཆ0. 26ཙམ་ལས་མེད་པའི་དོན་དངོས་ཀྱི་གྲངས་ཚད་དེ་དག་ནི་སྐྱི་གཡའ་དགོས་པའི་གནད་དོན་ཞིག་རང་རེད། ལྷག་དོན་རྒྱུ་རྐྱེན་སྣ་ཚོགས་དབང་གིས་ད་ཡོད་ཀྱི་ཆུའི་གསོག་ཚད་ཀྱང་ཇེ་ཉུང་ནས་ཇེ་ཉུང་དུ་འགྲོ་བཞིན་ཡོད་སྐབས་འཛམ་གླིང་མཉམ་འབྲེལ་རྒྱལ་ཚོགས་ཀྱི་ཁོར་ཡུག་དང་འཕེལ་རྒྱས་སྐོར་གྱི་ཚོགས་འདུ་འཚོག་རིམ་བཞིན་ཆུ་ཡི་འཇིགས་ཉེན་གླེང་དང་གླེང་བཞིན་ཡོད་པ་དང་། འཛམ་གླིང་གི་མ་འོངས་སྟོན་དཔག་བྱེད་མཁན་ཚོས་ཀྱང་སྨྲད་ཕྱིན་ས་གོ་ལའི་མདུན་ལམ་གྱི་གནས་བབ་བཟུང་བའི་ཆུ་དང་། འབྲུ་རིགས། ནུས་རྒྱུ་གསུམ་ལས་ཆུ་ནི་གལ་ཆེ་ཤོས་དང་ཉེན་ཁ་ཆེ་ཤོས་ཆགས་རྒྱུའི་སྟོན་དཔག་བྱས་ཡོད་པ་མ་ཟད། ད་ལྟ་ནས་འཛམ་གླིང་ཐོག་གི་མི་འབོར་མང་པོ་ཞིག་ལ་ཆུ་མི་འདང་བའམ་ཡང་ན་བཙོག་སྐྱོན་ཤོར་བའི་ཆུ་འཐུང་དགོས་པའི་གནད་དོན་འཕྲད་ཟིན་ཡོད་པ་རེད།

ཆུ་ནི་དེ་ལྟ་བུའི་རྩ་བ་ཆེ་ལ་དཀོན་པའི་རྒྱུ་ཞིག་ཡིན་སྐབས་འཛམ་གླིང་སྤྱི་ཡིས་ཆུ་གྲོན་ཆུང་བྱེད་པ་དང་ཆུའི་དྭངས་གཙང་རང་བཞིན་ལ་སྲུང་སྐྱོང་བྱ་རྒྱུའི་འདུ་ཤེས་ཇེ་ཆེར་འགྲོ་བའི་གནས་ཚུལ་འོག 1976ལོར"ཆུ་ནི་ཚེ་སྲོག་གི་འབྱུང་རྩ་ཡིན"ཞེས་པའི་འཛམ་གླིང་རང་བཞིན་གྱི་འབོད་ཚིག་ཐོག་མར་བཏོན་པ་དང1993ལོའི་ཟླ1པོའི་ཚེས18ཉིན་གྲོས་འཆམ་བྱས་པ་བརྒྱད་ལོ་ལྷར་གྱི་ཟླ3པའི་ཚེས22ཉིན་ནི"འཛམ་གླིང་གི་ཆུའི་ཉིན་མོར"གཏན་འཁེལ་བྱས་པ་དང1992ལོ་ནས་བཟུང་ལོ་རེའི་སྤྱི་ཟླ6པའི་གཟའ་འཁོར་གཉིས་པ་དེ

“ རང་ རྒྱལ་ གྲོང་ ཁྱེར་ ཁག་ གི་ ཆུ་ གྲོན་ ཆུང་ བྱེད་ པའི་ དྲིལ་ བསྒྲགས་ གཟའ་འཁོར” ལ་ གཏན་ འཁེལ་ བྱས་ པ་ སོགས་ ཀྱི་ བྱ་ ཐབས་ དེ་ དག་ ནི་ འགྲོ་ བ་ མིའི་རིགས་ཀྱིས་ཆུའི་ཐོན་ཁུངས་སྲུང་སྐྱོང་བྱ་རྒྱུར་སྤྱད་པའི་ཐུན་མོང་གི་བྱ་སྤྱོད་ཅིག་ཡིན།

བོད་ནི་ཆུའི་ཐོན་ཁུངས་ཕུན་སུམ་ཚོགས་པོས་ཀྱི་ཞིང་ལྗོངས་ཞིག་ཡིན་པས་ཡ་གླིང་གི་ཆུ་མཛོད་ཅེས་མཚན་སྙན་གསོལ་ཡོད་ལ། བོད་ལྗོངས་ནི་ཡ་གླིང་ཤར་ལྷོའི་ཆུའི་འབྱུང་ཁུངས་དང་སྟོད་བཅུད་ཀྱི་རྨང་གཞི་ཡིན་པས། གོ་ལའི་ཤར་ཕྱོགས་ཀྱི་འཁོར་སྐྱིལ་འཕྲུལ་ཆས་ཤིག་དང་མཁའ་རླུང་སྟོམས་སྒྲིག་ཁུལ་ཞིག་ཡིན། དང་ཐོག་བོད་ཀྱི་ཁ་འབབ་བཞི་སྟེ། རྨ་བྱ་ཁ་འབབ་དང་། རྟ་མཆོག་ཁ་འབབ། གླང་ཆེན་ཁ་འབབ། སེང་གེ་ཁ་འབབ་སོགས་ཀྱིས་ཡ་གླིང་ཤར་ལྷོར་ཆུའི་ཐོན་ཁུངས་ཡོན་ཆེན་མཁོ་འདོན་བྱེད་པ་དང་བོད་བྱང་ཐང་དུ་ཡང་རྒྱལ་མོ་རྔུལ་ཆུ་སོགས་ཀྱི་ཆུ་རྫ་མང་པོས་ཐད་ཀའི་ཕན་པ་གཏོང་པའི་ཐོག་བོད་དུ་ཇོ་མོ་གླང་མ་སོགས་མིང་ཅན་གྱི་གངས་རི་མང་པོས་བསྐོར་ཡོད་པ་དེ་དག་གི་ཁྲོད་ཇོ་མོ་གླང་མར་རྒྱ་མཚོའི་ངོས་ལས་མཐོ་ཚད་སྨི8844ལྷག་ཙམ་ཡོད་པ་དང་མཐའ་འཁོར་རི་ཚོགས་ཀྱིས་བསྐོར་བས་སྤྱི་ལོ20པོ་ནའི་ནང་རྒྱ་མཚོའི་ངོས་མཐོ་ཚད་སྨི7000ཡན་གྱི་རི་མཐོ40ལྷག་ཙམ་ཡོད་པ་དེ་དག་ནི་ཆུའི་ཐོན་ཁུངས་ལེགས་པོ་ཞིག་ཡིན་པ་མ་ཟད། མཚོ་བོད་ས་མཐོའི་འཁྱགས་རོམ་ཁྱབ་ཚད་ཀྱིས་རྒྱལ་ཡོངས་ཀྱི་འཁྱགས་རོམ་སྤྱིའི་རྒྱ་ཁྱོན་གྱི་བརྒྱ་ཆ80ཟིན་པའི་ནང་རང་ལྗོངས་ཀྱི་མངའ་རིས་ས་ཁུལ་དང་ནག་ཆུ་ས་ཁུལ་སོགས་མཐོ་སྒང་

ཁུལ་དུ་འཁྱུགས་རོམ་གཅིག་སྟུད་དུ་གནས་ཡོད་ལ། ས་བཀྲའི་ཐོག་ལས་མཚོན་པར་གཞིགས་ན། རང་ལྗོངས་སུ་མཚོ་དང་མཚེའུ་ཆེ་ཆུང་1500ཙམ་ཡོད་པ་རེད། ད་དུང་ཇོ་མོ་གླང་མ་རང་བྱུང་སྲུང་སྐྱོང་ཁུལ་དང་། བོད་བྱང་ཐང་གི་རང་བྱུང་སྲུང་སྐྱོང་ཁུལ། ཡར་ཀླུང་གཙང་པོའི་གྲོག་རོང་གི་རང་བྱུང་སྲུང་སྐྱོང་ཁུལ་སོགས་རྒྱལ་སྤྱི་དང་རྒྱལ་ཁབ་རིམ་པའི་སྣོད་བཅུད་སྲུང་སྐྱོང་ཁུལ་མང་པོ་ཡོད་པའི་ནང་རྒྱ་ཁྱོན་སྤྱི་ལེ་ངོས་གྲུ33819ཡོད་པའི་རྒྱལ་ཁབ་རིམ་པའི་ཇོ་མོ་གླང་མའི་རང་བྱུང་སྲུང་སྐྱོང་ཁུལ་ཁོ་ནར་སྐྱེ་དངོས་རིགས2348དང་། འོ་འཐུང་སྲོག་ཆགས་རིགས53བྱ་ རིགས206ཉའི་ རིགས10བཅས་ཡོད་པ་རེད།། དེ་མིན་བོད་ཀྱི་འདམ་རའི་རྒྱ་ཁྱོན་སྤྱི་ཆེང་ཁྲི་ཚོ652. 9ཟིན་པ་དེ་རྒྱལ་ཡོངས་ཀྱི་ཨང་གཉིས་པར་སླེབས་པ་དེའི་ནང《རྒྱལ་སྤྱིའི་གལ་ཆེའི་འདམ་རའི་མིང་གཞུང》ནང་ཚུད་པའི་འདམ་ར་ཁག་གཉིས་ཡོད་པ་རེད། ལྷ་ཀླུ་འདམ་ར་ནི་འཛམ་གླིང་ཐོག་གི་ཆེས་མཐོ་ཤོས་དང་རྒྱ་ཁྱོན་ཆེ་ཤོས་ཡིན་པའི་གྲོང་ཁྱེར་གྱི་རང་བྱུང་འདམ་ར་ཞིག་ཡིན་པ་དེར་རྩྭ་ཆུ་ཕུན་སུམ་ཚོགས་པས་ལོ་རེར་འོད་སྦྱོར་ནུས་པར་བརྟེན་ནས་ཨེར་ཡང་ཧྭ་ཐན་ཏུན་ཁྲི8རྡུབ་པ་དང་སྲོག་གསོ་རླུང་ཏུན་ཁྲི5ལྷག་ཙམ་འདོན་པ་མ་ཟད། མཁའ་རླུང་ཁྲོད་ཀྱི་ཐལ་རྡུལ་གཙང་མ་བཟོ་བས་ལོ་ལྟར་གྲོང་ཁྱེར་གྱི་སྦགས་བཙོག་ཏུན་ཁྲི1000ཙམ་མེད་པ་བཟོ་ཡི་ཡོད། དེ་ལྟར་བོད་དུ་ཡོད་པའི་གངས་རི་དང་། རང་བྱུང་སྲུང་སྐྱོང་ཁུལ། འདམ་ར་སོགས་ཆུའི་ཐོན་ཁུངས་ཕུན་སུམ་ཚོགས་པོ་ཡོད་རུང་། ཉེ་བའི་ལོ་ཤས་རིང་གནམ་གཤིས་འགྱུར་ལྡོག་དབང་གིས་སྲིད་པའི་གངས་རི་བཞུར་

བཞིན་ཡོད་པ་དང་། ཆར་ཆུ་འབབ་ཚད་མི་སྙོམས་པ། ཁོར་ཡུག་ལ་བརྟོག་སྐྱོན་ཤོར་བ། ས་འོག་གི་ཆུའི་གསོག་ཚད་ཇེ་ཉུང་དུ་འགྲོ་བ་བཅས་ཀྱི་གནས་ཚུལ་ཐོན་བཞིན་ཡོད་པས། སྐྱེ་བོ་ཚང་མས་ཆུའི་རིག་གནས་ལེ་ལག་དང་བཅས་པར་ཤེས་རྟོགས་གཏིང་ཟབ་ཀྱིས་དེ་ནི་ཤེས་དགོས་ངེས་ཀྱི་ཤེས་བྱ་ཞིག་དང་། འཚོ་ཐབས་ཀྱི་གཞི་རྩའི་རྨང་གཞི་ཞིག མི་རབས་རྒྱུད་ལ་སྨན་པའི་རླབས་ཆེན་གྱི་བྱ་གཞག་ཅིག་བཅས་སུ་བརྩིས་ནས་ཆུ་གྲོན་ཆུང་དང་ཆུའི་ཐོན་ཁུངས་ལ་སྲུང་སྐྱོང་བྱ་རྒྱུ་ནི་བོད་མི་རིགས་ཀྱིས་འཛམ་བུ་གླིང་ལ་ཕུལ་བའི་ལེགས་སྐྱེས་ཞིག་ཡིན་པས་ཆུའི་རིག་གནས་དར་སྤེལ་དང་དེར་སྲུང་སྐྱོང་བྱེད་དགོས་པ་ནི་བརྒྱ་བཤད་དོན་གྱི་མདོ་ཁ་དེ་ཡིན།

ཟུག སྲུང་བར་བཅངས་པའི་འདུ་ཤེས།

འཛམ་གླིང་གི་སྐྱེ་བོ་ཚང་མས་ངོ་སྟོད་བྱེད་པའི་བོད་ཀྱི་སྲོལ་རྒྱུན་རིག་གནས་སྣ་ཚོགས་པའི་ཁྲོད་དུ་སྲུང་བ་འདོགས་པའི་གོམས་སྲོལ་ནི་རྒྱ་ཆེ་ལ་གཏིང་ཟབ་པའི་རིག་གནས་ཤིག་ཡིན་ཞིང་། དེའི་རྒྱ་ཆེ་བའི་ཚད་ནི་སྣོད་བཅུད་ཁྱོན་ལ་ཁྱབ་པ་དང་གཏིང་ཟབ་པའི་ཆ་ནི་གདོད་མའི་དུས་ནས་དར་བ་དང་ནང་དོན་དང་རྣམ་པ་གཉིས་ཀ་བརྗོད་ལས་འདས་པའི་གཏིང་ཟབ་པོ་ཞིག་ཡོད།

སྲུང་བའི་གོ་དོན་ནི་གེགས་བར་སོགས་མི་ལེགས་པའི་ཆ་ཐམས་ཅད་སྲུང་ཞིང་སྐྱོབ་པའི་ནུས་པ་དང་ལྡན་པར་གོ་བ་ཡིན་ཞིང་། གདོད་མའི་མི་ཆོས་རང་

ཉིད་ཀྱིས་དད་གུས་ཆེ་ཤོས་བྱེད་པའི་ཉི་ཟླ་གཟའ་སྐར་དང་སྤྲག་སྣང་ཆེ་ཤོས་བྱེད་པའི་གཙན་གཟན་གཏུམ་པོའི་གཟུགས་རིས་རང་ལུས་དང་འདུག་གནས་སོགས་སུ་བྲིས་ནས་རང་ཕྱོགས་ལ་སྲུང་སྐྱོབ་བྱེད་པའི་འདུན་པ་བཅངས་བ་ནི་སྲུང་བར་བཅངས་པའི་ཐོག་མའི་འདུ་ཤེས་དེ་ཡིན། དེ་རྗེས་བོན་ཆོས་དང་སངས་རྒྱས་ཆོས་ལུགས་དར་ཁྱབ་བྱུང་རྗེས་སྲུང་བའི་ནང་དོན་དང་རྣམ་པ་གང་ཅིར་འཕེལ་རྒྱས་ཆེན་པོ་བྱུང་། རྣམ་ཀུན་འཚོ་བའི་ནང་སྐྱེ་བོ་ལ་ལས་སྲུང་བ་ཞེས་འབོད་སྐབས་རང་ཉིད་ཀྱི་སྐེ་ལ་བཏགས་པའི་སྲུང་མདུད་ཕྲ་མོ་དེར་ངོས་འཛིན་བྱེད་སྲིད་ཀྱང་དོན་དམ་དུ་འགྲོ་བ་མི་ཙམ་མ་ཟད། ཕྱི་སྣོད་འཇིག་རྟེན་ཁམས་ལ་ཡང་སྲུང་བའི་ཚིག་ཕྲུག་ལེན་བྱེད་སྲོལ་མང་པོ་ཡོད།

ཕྱི་སྣོད་ཀྱི་སྲུང་བའི་སྐོར་ནས་བཤད་ན། དང་ཐོག་བཙན་པོ་སྲོང་བཙན་སྒམ་པོའི་དུས་སུ་སྲིན་བུ་གན་རྐྱལ་དུ་འགྱེལ་བ་ལྟ་བུའི་བོད་ཀྱི་ས་དཔྱད་ངན་པ་གནོན་ཆེད་འཕྲུལ་སྣང་གཙུག་ལག་ཁང་གིས་གཙོས་པའི་བོད་ཀྱི་ས་ཕྱོགས་ཁག་ཏུ་མཐའ་འདུལ་ཡང་འདུལ་རུ་གནོན་དང་བཅས་པའི་གཙུག་ལག་ཁང་མང་དག་བཞེངས་པ་ནི་བོད་ཁམས་སྤྱི་ཡི་སྲུང་བ་ཡིན་པ་དང་དགོན་པ་དང་གནས་ཁང་སོགས་བརྩིགས་སྐབས་ས་ཡི་ཕུང་སྲི་བརྒྱད་དང་། ས་ཡི་ལྟས་ངན་བརྒྱད། ས་ཡི་གེག་ཕྲན་བརྒྱད། ཕུང་བའི་རི་བརྒྱད། གཉེན་དུ་མི་རུང་བའི་སོ་བདུན་སོགས་འཁེལ་སར་ཞིབ་ཕྲའི་ཐློག་ཐབས་བྱེད་པ་ནི་གཞིས་དང་གནས་ཀྱི་ཉེས་སྐྱོན་སེལ་བའི་སྲུང་བ་ཞིག་ཡིན། ད་དུང་དེ་སྔ་ཁང་པ་རྒྱག་སྐབས་ཆ་རྐྱེན་ཡོད་པ་ཚོས་རང་བྱུང་ལྷུན་གྲུབ་ཀྱི་མཐུན་རྐྱེན་མ་འཛོམས་ན་ཁང་

པའི་ཕྱོགས་བཞིའི་རྩིག་རྨང་ངམ་གོང་ཚུའི་འོག་ཏུ་ས་བདག་ཆེ་བཞིའི་གཟུགས་བརྙན་ཏེ། ཤར་གྱི་སྟག་སྐྱ་བོ་དང་། ལྷོའི་གཡུ་འབྲུག་སྔོན་པོ། ནུབ་ཀྱི་བྱ་དམར་པོ། བྱང་གི་རུས་སྦལ་སེར་པོའི་གཟུགས་བརྙན་ཤིང་ངམ་རྡོ་ལ་རི་མོ་བཀོས་ཏེ་རབ་གནས་བྱས་རྗེས་རང་རང་གི་ཕྱོགས་སུ་འཛོག་པ་ནི་ས་སྲུང་ཙམ་མ་ཟད། འབྱུང་བ་བཞིའི་མཚོན་དོན་ཡང་ཡིན་པ་དང་། སྒོ་སྐད་དུ་བྱ་ཁྱུང་གི་གཟུགས་དང་། མ་ཧཱ་འབྲུ་རྡུག རྣམ་བཅུ་དབང་ལྡན་སོགས་འཛོག་པ། སྒོ་ནང་དུ་སོག་པོ་སྟག་ཁྲིད་དང་ཨ་ཙ་ར་སྣང་ཁྲིད་བཀོད་པ། ཁང་སྟེང་དུ་རྒྱལ་མཚན་རྩེ་མོ་སོགས་ཀྱི་དར་ལྕོག་འཛུགས་པ་སོགས་ནི་སྟོད་ཁང་སྣོད་བཅུད་དང་བཅས་པའི་སྲུང་བ་ལས་གཞན་དུ་མེད། ད་དུང་ལོ་རྟགས་སྤར་སྨེ་སོགས་ལས་གནམ་སྒོ་དང་ས་སྒོ་འཕྲད་སྐབས་ནམ་མཁའི་སྙིང་པོ་དང་ས་ཡི་སྙིང་པོའི་གཟུངས་ཐུགས་སྒྲིག་པ་དང་དེའི་འཁོར་ལོ་བྲིས་ནས་རབ་གནས་ལེགས་པར་བྱས་ནས་ཁང་པའི་ཕྱོགས་དང་མཚམས་སོགས་སུ་སྦྱར་སྲོལ་ཡང་ཡོད་པ་ནི་ས་སྒོ་གནམ་སྒོ་འཕྲད་པའི་བགེགས་བར་སེལ་བའི་སྲུང་བ་ཞིག་ཡིན། དེ་དང་ཕྱོགས་མཚུངས་ས་འཚུབ་ས་དང་ཆུ་ཉེན་ཡང་ཡང་ཐོན་ཁུལ་དུ་མཆོད་རྟེན་བཞེངས་པ་དང་། ཆུ་ཟློག་དང་སྲི་ཟློག་འཁོར་ལོ་འཛུགས་པ་དང་སྐབས་དང་དུས་སུ་ཁྲུས་གསོལ་རབ་གནས་བྱེད་སྲོལ་ཡོད་པ་དེ་ཡང་ཡུལ་ལུང་གི་བགེགས་བར་དེ་དང་འདི་ལྟ་བུ་སེལ་བའི་སྲུང་བ་ཞིག་རང་ཡིན།

བཅུད་ཀྱི་འགྲོ་བ་སྤྱི་དང་ཡང་སྙོམས་བོད་མི་རིགས་ཀྱི་ངོས་ནས་བཤད་ན། སྲུང་བ་འདོགས་པའི་གོམས་སྲོལ་ནི་རྩ་བ་བརྟན་ཞིང་སྟོང་པོ་རྒྱས་པའི་རིག་

གཞུང་མ་ལག་ཅིག་ཏུ་གྲུབ་ཡོད་པ་དེའི་འབྱུང་ཁུངས་གཙོ་བོ་ནི་ཆོས་ལུགས་རིག་གནས་ཙམ་མིན་པར་སྨན་རྩིས་རིག་གཞུང་དང་ཡང་ཟུང་འབྲེལ་དམ་ཟབ་བྱས་ཡོད། མི་ཆོས་སྐེ་ལ་འདོགས་པའི་སྲུང་བ་སྣ་ཚོགས་ཡོད་རུང་སྲུང་བ་གང་འདྲ་ཞིག་འདོགས་མིན་ནི་རང་ཉིད་ཀྱི་དམིགས་བསལ་དགོས་པ་དང་མོས་པར་བསྟུན་རྒྱུ་ཡིན། དེ་ཡང་རང་ཉིད་ཡི་དམ་གང་ལ་དད་པའི་གཟུངས་སྔགས་འདོགས་ཀྱི་ཡོད་པ་དང་། ཡང་དགོས་པའི་དབང་སྟེ་ཀླུ་ནད་དུ་ངོས་འཛིན་བྱེད་པའི་ནད་པ་ཞིག་ཡིན་ན། དྲག་པོ་ཧ་ཁྲུང་དང་ཕྱག་རྡོར་གྱི་གཟུངས་སྔགས་སོགས་དང་རུས་སྦལ་དང་སྡིག་པའི་གཟུགས་ལ་སྔགས་བརྒྱབ་པ་སོགས་འདོགས་པ། ཡང་རང་ཉིད་ལ་ཧྲུས་ཉེས་རིགས་གཅིག་ཡང་ཡང་བྱུང་ན་སྲི་ཡངས་པའམ་ཕྱོགས་ངན་འཕྲད་འདུག་ཅེས་སྲི་ཟློག་འཁོར་ལོ་འདོགས་པ་སོགས་བྱེད་ཀྱི་ཡོད། སྲུང་བའི་གཟུངས་ཀྱི་བྱེ་བྲག་ལ་གདུགས་དཀར་དང་། སྒྲོལ་མ། རྒྱལ་མཚན་རྩེ་མོའི་གཟུངས་སོགས་ནང་དོན་སྣ་ཚོགས་ཡོད་པ་ཕུད། བླ་མ་སྐྱེས་ཆེན་དམ་པའི་གདུང་རྫས་དང་། སྤུར་ཐལ་ལས་བཞེངས་པའི་ཚ་ཚ་ཆུང་ངུ། ན་བཟའ་ལྷུགས་མདུད་བཅས་ཡོད་ལ། མུ་ཏིག་བདུན་ཐུ་སོགས་བོད་སྨན་རིན་ཆེན་རིལ་བུ། ད་དུང་རིམས་ནད་སྲུང་བའི་གཟུངས་སྔགས་དང་རྩ་ཆེའི་སྨན་དང་སྨན་རྫས་སྣ་ཚོགས་ཁུག་མའི་ནང་བླུགས་ནས་སྐེ་ལ་འདོགས་ཀྱི་ཡོད་ལ། བུད་མེད་ཀྱི་མགུལ་དང་སྐྱེས་པའི་སྒྲོ་གཡས་སུ་བཟོ་ལྟ་དང་ཆེ་ཆུང་མི་འདྲ་བའི་གའུ་སྣ་ཚོགས་འདོགས་སྲོལ་ཡོད་པ་དེ་ཡང་མཛེས་རྒྱན་ཡིན་ལ་སྲུང་བའི་སྣོད་ཀྱང་ཡིན། ད་དུང་སྐེད་པར་གྲི་དང་། མེ་ལོང་། ཞུར་རྡོ་སོགས་

འདོགས་སྲོལ་དར་ཁྱབ་ཆེན་པོ་ཡོད་པ་ཡང་སྲུང་བའི་འདུ་ཤེས་ལས་བྱུང་བའི་མཛོས་རྒྱན་ཞིག་ཡིན།

བོད་རིགས་མང་ཚོགས་ཚོས་ད་དུང་གཡུ་བྱུར་གཟི་སོགས་སྐེ་ལ་འདོགས་རྒྱུར་དགའ་བ་དང་བ་སོའི་ལག་གདུབ་དང་། མཐེབ་སྐོར་གྱོན་པ། ཐ་ན་ཁམས་དང་འབྲོག་ཁུལ་གྱི་སྐྱེས་པ་ཚོའི་སྐྲ་ཤུབས་ལའང་བ་སོའི་རྒྱན་སྤྲོས་བྱེད་པ་དང་ཞྭ་མོའི་སྐེ་འཆིང་ཐོག་ཏུའང་རྣ་བྱའི་སྒྲོ་ཆུང་དུ་གཟེར་སྲོལ་ཡོད་པ་ཡན་ནི་མཛོས་འཚོས་ཁོ་ནའི་སྙད་དུ་མིན་པར་དོན་སྙིང་དེ་བས་ཆེ་བ་ཞིག་ནི་སྙེང་གདོན་སོགས་སྡོན་འགོག་གིས་རང་ཉིད་ཀྱི་ལུས་ཟུངས་སྲུང་བའི་སྲུང་བ་ཞིག་ཡིན། ད་དུང་སྲུང་བ་ཁྱད་དུ་འཕགས་པ་ཞིག་ཡོད་པ་ནི་བཟོ་ལྷ་འདྲ་མིན་སྣ་ཚོགས་ལས་གྲུབ་པའི་གནམ་ལྕགས་ཐོག་རྡེལ་འདོགས་རྒྱུར་དགའ་པོ་ཡོད་པ་ནི་སྙིང་གྲིབ་དང་ཐོག་འགོག་གི་ནུས་པ་ཆེན་པོ་ཡོད་པའི་ངེས་འཛིན་བྱེད་ཀྱི་ཡོད། གང་ལྟར་བོད་མི་རིགས་ཀྱིས་ཐོག་རྡེལ་ནི་སྲུང་བ་མཆོག་ཏུ་གྱུར་བར་བརྩི་ཡི་ཡོད་སྐབས་ཕྱི་རྒྱལ་དུ་ཆེད་མངགས་ཐོག་རྡེལ་གྱི་ནུས་པར་ཞིབ་འཇུག་བྱེད་མཁན་ཐོན་པ་མ་ཟད་ཞིབ་འཇུག་གི་གྲུབ་འབྲས་ཀྱང་ཆེན་པོ་ཐོབ་ཡོད་པར་གྲགས།

བོད་རིགས་ཀྱིས་ད་དུང་རང་ཉིད་ཀྱི་དམིགས་བསལ་གྱི་ལོ་ཁམས་ལ་གཞིགས་པའི་སྲུང་བ་འདོགས་སྲོལ་ཡོད་པ་དཔེར་ན། དགུ་མིག་ཏུ་ཚུད་པར་བྱུང་བུ་མིག་དགུ་ཅན་འདོགས་སྲོལ་ཡོད་པ་དང་སྤར་ཁའི་གེག་ལ་དེའི་ཕྱག་རྒྱའི་རི་མོ་འདོགས་པ། གནམ་ལོའི་གེག་ཏུ་ཚུད་པར་གེག་ཟློག་ཅེས་གྱོན་པ་སེར་པོ་

ཕྱིན་པ་ལྟ་བུ་ཡིན། དེ་མིན་བོད་རིགས་ཀྱིས་སྒོ་དང་ཁྱུང་ངོས་སོགས་ལ་གནམ་བཙུ་དབང་ལྡན་སོགས་སྦྱར་སྲོལ་ཡོད་པ་དང་དེང་གི་ཆར་རླུང་ས་འཁོར་ཐོག་ཏུའང་སྐུ་དང་། སྲུང་མདུད། ཆོས་འབྲུ་སོགས་འདོགས་སྲོལ་ཡོད་པ་དེ་ཡང་སྲུང་བའི་འདུ་ཤེས་ཀྱི་ཐོན་དངོས་ཤིག་རང་ཡིན།

སྲུང་བ་འདོགས་པའི་གོམས་སྲོལ་ནི་བོད་མི་རིགས་ཁྲོད་དུ་དར་ཁྱབ་ཧ་ཅང་ཆེན་པོ་ཡོད་པས་ཧ་ལམ་མི་རེའི་སྐེ་ལ་སྲུང་བ་རེ་ཡོད་པ་ལྟ་བུའི་མང་པོ་ཡོད། ད་དུང་དེ་སྔ་དམག་འཁྲུག་གི་དུས་ཚོད་ནང་སྐྱེས་པ་རྣམས་དམག་ལ་ཐོན་སྐབས་ཡིན་གཅིག་མཚོན་སྲུང་འདོགས་སྲོལ་དར་ཁྱབ་ཆེན་པོ་ཡོད་ལ་དེར་ཡིད་ཆེས་ཀྱང་ཧ་ཅང་ཆེན་པོ་བྱེད་ཀྱི་ཡོད། ལྷག་དོན་གླིང་སྒྲུང་ནང་རང་གཞན་ཕྱོགས་གཉིས་ཀའི་དམག་མིས་ཡོངས་ཁྱབ་ཏུ་མཚོན་སྲུང་བེད་སྤྱོད་བྱེད་ལ་ཆོག་དུམ་མང་པོའི་ནང་ལུས་ལ་མདའ་མདུང་ཐོག་སྐབས་གོ་དང་སྲུང་བ་བཙན་པས་ལུས་ལ་ཅི་ཡང་མ་གནོད་ཅེས་པ་གོ་རྒྱུ་མང་པོ་ཡོད་ཅིང་། སྒྲུང་གཏམ་ནང་དེ་ལྟར་ཡོང་དོན་ནི་བོད་མིའི་འཚོ་བའི་ཁྲོད་ལས་མཆེད་པ་ཞིག་ཡིན་པ་བསྙོན་དུ་མེད།

སྲུང་བའི་སྐོར་ལས་འཕྲོས་ན། སྔོན་མ་གྲགས་པའི་གནས་ཚུལ་ཞིག་བྱུང་བ་ནི་ལོ་ཤས་སྔོན་དུ་རྒྱལ་ཡོངས་སུ་དམིགས་བསལ་སློ་ཚད་ཀྱི་རིམས་ནད་ཅིག་ཐོན་སྐབས་ཨ་རུ་ནག་ཆུང་དང་། ཤུ་དག་ནག་པོ། སུ་ཐི་ནག་པོ། གུལ་ནག་སོགས་སྨན་སྣ་དགུ་ལས་གྲུབ་པའི་ནག་པོ་དགུ་སྦྱོར་ལུས་ལ་བཏགས་ན་རིམས་ནད་དེ་སྲུང་བའི་གྲགས་པ་ཆེན་པོ་བྱུང་སྐབས་ཧ་ལམ་རྒྱལ་ཡོངས་མི་དམངས་

ཚང་མས་ཏབ་ཐོབ་རྒྱག་པའི་གནས་ཚུལ་ཐོན་པ་ནི་ལོ་རྒྱུས་ཐོག་སྲུང་བའི་གཏམ་རྒྱུད་ངོ་མཚར་ཅན་ཞིག་ཡིན་ལ། དོན་དམ་དུའང་སྨན་རྫས་དེ་དག་ལ་རིམས་ནད་སྲུང་བའི་ནུས་པ་ཁྱད་པར་ཅན་ཞིག་ཡོད་པ་ལུང་དང་རིག་པས་གྲུབ་པ་ཞིག་ཡིན་པ་སོས་ཡིན།

མདོར་ན། བོད་དུ་དར་བའི་སྲུང་བའི་རིག་གནས་ནི་རྨོངས་དད་ཙམ་ལ་ངོས་འཛིན་བྱས་ན་མི་འགྲིག་པར་མི་རིགས་ཕྱིལ་པོའི་སྙིང་ཁོང་གི་འདུ་ཤེས་འཛིན་སྟངས་དམིགས་བསལ་ཅན་ཞིག་དང་གོམས་སྲོལ་ཁྱད་པར་ཅན་ཞིག་ཡིན་ལ། གསོ་རིག་གི་རྒྱུན་ཤེས་དང་མཐུན་པ་དང་། སེམས་ཁམས་ཀྱི་སྨན་བཅོས་བྱ་ཐབས་ལེགས་པོ་ཞིག་ཀྱང་ཡིན་ནོ།

བདུན། ཡིད་ཆེས་ཀྱིས་ཕྱུག་པའི་མི་རིགས།

ས་མཐོའི་མི་རྣམས་ཀྱི་འཚོ་བའི་གོམས་གཤིས་ཀྱི་ཁྲོད་དུ་གནའ་མིའི་འདུ་ཤེས་འཛིན་སྟངས་དང་། ཡ་རབས་བཟང་པོའི་བག་ཆགས། ལྷད་མེད་དྭངས་གཙང་གི་རང་གཤིས་བཅས་ཀྱི་སྣང་ཚུལ་མངོན་གསལ་དོད་པོ་ཡོད་པའི་ཁྲོད་ནས་དམིགས་བསལ་གྱི་བསམ་པའི་འདུ་ཤེས་འཛིན་སྟངས་ཤིག་ཡོད་པ་ནི་མི་དང་མིའི་བར་གྱི་འབྲེལ་བར་འཛིན་པའི་ཡིད་ཆེས་ཀྱི་བསམ་པ་དེ་ཡིན་ཞིང་། སྣང་ཚུལ་དེ་ནི་རྗེས་ལུས་ཀྱི་རྣམ་པ་ཞིག་མིན་པར་འཛམ་གླིང་སྐྱེ་བོ་སྤྱི་ཡིས་བསྔགས་བརྗོད་བྱེད་པ་དང་དེང་སང་གི་སྤྱི་ཚོགས་ནང་དགོས་མཁོ་ཇེ་ཆེར་འགྲོ་

བའི་བསམ་པའི་ཉམས་འགྱུར་ཞིག་ཡིན།

ཡིད་ཆེས་ཀྱི་སྐོར་ནས་བཤད་ན། གནའ་བོའི་མི་ཚོས་རང་ཉིད་ཀྱིས་དད་མོས་ཆེ་ཤོས་བྱེད་པའི་གནམ་སྟོན་པོ་དང་ཉི་ཟླ་གཟའ་སྐར་དཔང་དུ་འཛུགས་པ་ནས་འགོ་ཚུགས་པ་དང་བོད་ཀྱི་བཙན་པོ་རིམ་བྱོན་གྱི་སྐུ་དུས་སུའང་རྒྱལ་བློན་བར་དབུ་སྙུང་བཞེས་པའི་མཛད་སྒོ་འཚོགས་པའི་ལོ་རྒྱུས་ཡང་ཡང་མཐོང་རྒྱུ་ཡོད་པ་དང་། དབུ་སྙུང་གི་ནང་དོན་གཙོ་བོ་ནི་བློན་པོ་ཚོས་རྒྱལ་པོའི་ཆབ་སྲིད་ལ་བློ་དཀར་སེམས་དཀར་བྱ་རྒྱུའི་དམ་བཅའ་འཇོག་རྒྱུ་དེ་རེད། མ་གཞི་དབུ་སྙུང་གི་ནང་དོན་འཁོད་པའི་བཀའ་ཚིགས་ཡི་གེ་དང་རྡོ་རིང་ཁ་ཤས་ཡོད་རུང་བསྡོམས་བཅས་ནས་བཤད་ན་ཏ་ཙང་ཉུང་ངུ་ཡིན། འོན་ཀྱང་མནའ་ཚིག་ཇི་ལྟར་རྒྱས་པོ་ཡོད་རུང་དོན་དམ་ནི་ཕན་ཚུན་གཅིག་ཡིད་གཅིག་ལ་ཆེས་པའི་འདུ་ཤེས་ལ་བརྟེན་ནས་ལེགས་སྒྲུབ་བྱ་རྒྱུ་ཡིན། ཡིད་ཆེས་ཀྱི་རྒྱབ་རྟེན་ལ་བརྟེན་པའི་མནའ་ཚིག་འཇོག་ཐབས་དེ་ནི་དེང་སང་གི་མི་ཁག་གཅིག་གི་ངོས་ནས་བཤད་ན་དགོད་ཁ་འཚོར་བ་ཞིག་ཡིན་རུང་སྐབས་དེར་མནའ་ཚིག་ལས་འགལ་མཁན་ཏ་ཙང་ཉུང་ངུ་ཡིན་པ་མ་ཟད། དུས་ད་ལྟ་ཡང་བོད་རིགས་མི་དམངས་ཚོས་མིས་མི་བཟའ་མནའ་དང་། ཁྱིས་མི་བཟའ་ལུགས་ཡིན་ཞེས་མནའ་ཚིག་ལ་ཧ་ཅང་གཙིགས་ཆེན་བྱེད་ལ་དེང་སང་གི་མནའ་ཚིག་གཙོ་བོ་ནི་ཕ་མ་སོགས་གུས་བཀུར་བྱ་ཡུལ་དང་ལྷ་ཕོར་སོགས་ཀྱི་མནའ་ཡང་སྐྱེལ་སྲོལ་ཡོད་ལ་མནའ་ཚིག་ལ་སྟེར་བཞིན་སྲུང་བརྩི་ནན་པོ་ཞུ་ཡི་ཡོད། ལྷག་དོན་ཆོས་ལུགས་རིག་གནས་ཀྱི་ཤུགས་རྐྱེན་ཟབ་པོ་ཐེབས་ཡུལ་དུ་མནའ་ཚིག་ལ་སྲུང་བརྩི

ཞུ་བའི་རྩ་དོན་དེ་བས་ནན་དུ་སོང་ཡོད་ཅིང་། མདོ་ལས་ཀྱང་། སྡིག་པ་གཞན་ནི་གཤགས་སུ་ཡོད། མནའ་བཟོས་སྡིག་པ་གཤགས་སུ་མེད་ཅེས་གསུངས་པ་ལྟར་མནའ་བཟས་ན་སྡིག་པ་ཚབས་ཆེན་བསགས་པའི་ངོས་འཛིན་བྱེད་པ་དེ་ཡང་མནའ་ཚིག་ལ་བརྩི་བཀུར་མཐའ་གཅིག་ཏུ་ཞུ་བའི་རྒྱུ་རྐྱེན་གཞན་ཞིག་ཡིན།

ས་མཐོའི་མི་རྣམས་ཀྱི་ཐོན་སྐྱེད་འཚོ་བའི་ཁྲོད་དུ་ཕན་ཚུན་ཡིད་ཆེས་ཀྱི་རྣམ་པ་དུས་དང་རྣམ་པ་ཀུན་ཏུ་མཐོང་རྒྱུ་ཡོད་པ་དཔེར་ན། ལོ་ལྟར་གྱི་སྔོན་མཚམས་སུ་འབྲོག་ཁུལ་གྱི་མི་མང་པོ་ཞིག་ཞིང་ཁུལ་དུ་ཡུལ་ཟོག་ཚོང་བར་སྐྱོད་ཀྱི་ཡོད་རུང་སྐབས་དེར་འབྲུ་རིགས་ཀྱི་བཞའ་ཚན་སྐམ་མེད་སྐབས་བརྗེ་ཚོང་བྱས་པའི་འབྲུ་རིགས་རྣམས་དགུན་ཁའམ་སང་ལོར་བསྡུ་ཡི་ཡོད་པ་དང་སྐབས་རེ་ས་ཕྱོགས་གཞན་དུ་ཚོང་ལ་སོང་ན་ལོ་གཉིས་གསུམ་གྱི་དུས་ཡུན་སོང་རུང་འགྲོག་པས་འབྲུ་རིགས་མི་རག་པའི་སེམས་ཁྲལ་བྱེད་དགོས་མེད་ལ། ཞིང་པས་སྤྲོད་མི་སྤྲོད་ཀྱི་ཐེ་ཚོམ་བྱེད་མཁན་ཡང་མེད་པ་རེད། སྣང་ཚུལ་དེའི་ཏང་སངས་དགོས་པའི་གནས་ནི་བར་དུ་བྱུང་འཛིན་ལྷེབ་ཙམ་ཞིག་ཀྱང་མེད་པ་དེ་རེད། དེ་ནི་ཕན་ཚུན་བཅངས་པའི་ལྷག་བསམ་དང་ཡིད་ཆེས་མཚོན་པ་ཞིག་ཡིན་པས་དངོས་པོའི་དཔང་རྟགས་གང་གིས་ཀྱང་དོ་ཟླ་མ་མཆིས་པ་ཞིག་རེད། ངོ་མཚར་གྱི་སྣང་ཚུལ་དེ་དང་དེ་འདྲ་བ་ནི་བོད་མི་རིགས་ཀྱི་ཐོན་སྐྱེད་དང་འཚོ་བའི་ཟུར་ཚད་ཚང་མ་ནས་མངོན་རྒྱུ་ཡོད་པ་ཞིག་ཡིན།

ད་ཆ་སྤྱི་ཚོགས་འཛམ་གླིང་ཅན་དུ་གྱུར་བའི་གནས་ཚུལ་འོག་མི་རིགས་

འདྲ་མིན་གྱི་ཁྲོད་དུ་བོད་མི་རིགས་ལ་མངའ་བའི་ལྷག་བསམ་དང་ཡིད་ཆེས་རྣུང་བའི་མི་གཤིས་ནི་ཀུན་གྱིས་ཁས་ལེན་བྱེད་པའི་དོན་དངོས་ཤིག་ཡིན་ལ་བོད་རིགས་ཀྱི་གཤིས་སྤྱོད་ཀྱིས་ཡང་ནས་ཡང་དུ་བདེན་དཔང་ཡང་བྱེད་བཞིན་ཡོད། དེ་ནི་ཡ་རབས་ཀྱི་གོམས་སྲོལ་ཞིག་དང་མི་གཤིས་བཟང་བའི་མཚོན་ཚུལ་གལ་ཆེན་ཞིག་ཡིན་པས་ཅིས་ཀྱང་དར་སྤེལ་གཏོང་རྒྱུ་ནི་བོད་མི་རིགས་ཀྱིས་འཛམ་གླིང་གིས་ཞི་བདེ་དང་དཔལ་ཡོན་ལ་ཕུལ་བའི་ལེགས་སྐྱེས་ཞིག་ཡིན་པ་སྨོས་མེད་རེད།

བརྒྱད། སྨན་རྩིས་ཟུང་འབྲེལ་གྱི་དགོས་པ།

ཤེས་རིག་འཛོམས་པའི་རང་རེའི་མེས་པོ་ཚོས་ཆ་ལག་ཚང་བའི་རིག་གནས་ཆེ་ཆུང་མང་པོ་གསར་གཏོད་དང་རིམ་བཞིན་འཕྲུས་ཚང་དུ་བཏང་ནས་བོད་སྐད་པ་ཙམ་མ་ཟད། འཛམ་གླིང་གི་མིའི་རིགས་སྤྱི་ལ་ལེགས་སྐྱེས་ཆེན་པོ་ཕུལ་ཡོད། དེ་དག་གི་ཁྲོད་ནས་སྨན་རྩིས་གཉིས་ནི་ཚན་རིག་དང་མཐུན་ལ་མིའི་རིགས་ཀྱི་འཚོ་གནས་ལ་ཤིན་ཏུ་ཕན་པའི་རིག་གཞུང་གི་གྲས་ཤིག་ཡིན། དེ་ཡང་སྤྱི་ལོའི་སྟོན་གྱི་ལོ་བརྒྱ་ཕྲག་སྟོན་ནས་ས་མཐོའི་མི་ཚོས་ནད་རིགས་འགོག་བཅོས་བྱེད་པའི་རྒྱུན་ཤེས་ཁ་ཤས་ཤེས་རྟོགས་བྱུང་བ་དང་དུག་ཡོད་ན་སྨན་ཡོད་པ་དང་དུག་ལ་སྦྱོར་བ་བྱས་ན་སྨན་དུ་འགྱུར་བའི་ཆོས་ཉིད་རྟོགས་ནས་རང་བྱུང་ཁམས་ནས་ནད་ཀྱི་གཉེན་པོ་ལེན་པའི་ལག་ལེན་ཤེས། རྒྱལ་པོ་

གཉའ་ཁྲི་བཙན་པོའི་སྐབས་བོན་ཤེས་པ་ཅན་བཅུ་གཉིས་བྱུང་བའི་ནང་ནས་ཕན་ཤེས་སྨན་དཔྱད་ཅེས་པ་དེ་སྨན་པ་མཁས་པ་ཞིག་ཡིན་པས་བོད་མི་རིགས་ལ་གསོ་རིག་གི་རྨང་གཞི་བཏིང་། ལྷག་དོན་བཙན་པོ་ཁྲི་སྲོང་ལྡེ་བཙན་གྱི་བླ་སྨན་གཡུ་ཐོག་སྙིང་མ་ཡོན་ཏན་མགོན་པོས་རྒྱ་བལ་དང་བོད་ཁུལ་གྱི་ས་ཆ་མང་པོའི་སྨན་པ་མཁས་པའི་སར་གཏུགས་པ་དང་མི་རིགས་གཞན་གྱི་ལེགས་ཆ་ཡང་བླངས་ནས་མིང་གྲགས་ཀུན་ལ་ཁྱབ་པའི་སྨན་གཞུང་《རྒྱུད་བཞི》སོགས་བརྩམས་གནང་བ་མ་ཟད། སྨན་པ་སུམ་བརྒྱ་ལྷག་ཙམ་གསོ་སྐྱོང་གནང་ནས་གསོ་རིག་གི་བསྟན་པ་གོང་དུ་བཏེགས། དེ་རྗེས་དུས་ཀྱི་འཁོར་བགྲོད་དང་བསྟུན་ནས་བོད་ལུགས་གསོ་རིག་གི་ལག་ལེན་ཐད་བྱང་ཟུར་གཉིས་སུ་གྱེས་ནས་འཕེལ་རྒྱས་ཀྱི་གོམ་སྟབས་ཆེན་པོ་ཞིག་སྤོས། སྤྱི་ལོ1687ཙམ་ལ་སྨན་རྩིས་མཁས་དབང་སྡེ་སྲིད་སངས་རྒྱས་རྒྱ་མཚོས་སྨན་གཞུང་མང་པོ་བརྩམས་པ་དང《རྒྱུད་བཞིའི》འགྲེལ་པ་མཛད་ནས་གསོ་རིག་གི་བསྟན་པའི་ཉིན་བྱེད་འཛམ་གླིང་ལ་གྲགས་པར་བྱས། མདོར་ན་ལྗོངས་སྨན་རྩིས་ཁང་མ་བཙུགས་བར་སྨན་དཔྱད་མཁས་དབང་སྟོང་ཕྲག་ལོན་པ་ཕེབས་ནས་ཆ་ལག་ཚང་བའི་བོད་ལུགས་གསོ་བ་རིག་པ་དེ་བྱུང་བ་ཡིན།

བོད་ཀྱི་གནམ་རིག་སྐར་རྩིས་ཐད་ད་ཡོད་ཀྱི་དཔྱད་གཞིའི་ཡིག་ཆ་སྟེ་ཤོས་ནི་སྤྱི་ལོའི་སྔོན་དུ་བྱུང་བའི་བོན་ཤེས་པ་ཅན་སྐར་ཤེས་རྩིས་མཁན་ཞེས་པ་བྱུང་བ་དང་། 《རྒྱལ་རབས་གསལ་བའི་མེ་ལོང》སོགས་ལས་རྒྱལ་པོ་པུ་དེ་གུང་རྒྱལ་གྱི་དུས་སུ་རྒྱུའི་རིགས་བཞི་ཟེར་བ་བྱུང་བའི་ནང་ནས་དུར་གཤེན་མཚོན་ཆ་

ཅན་ནི་གསོན་གཤིན་གཉིས་ཀྱི་རྩིས་རྒྱུག་མཁན་ཡིན་པ་གསལ་ཡོད་ལ། ཡར་ཀླུང་ས་ཁུལ་དུ་རྒན་མོ་བལ་མའི་ཟླ་རྩིས་ཞེས་པ་དར་ནས་ལོ་གཅིག་ལ་ནམ་དུས་བཞིར་དབྱེ་བ་དང་། ནམ་དུས་རེར་ཟླ་བ་གསུམ་རེ་བརྩི་བ། ལོ་གཅིག་གི་ནམ་དུས་དང་པོ་ནི་དཔྱིད་ཀ་ཡིན་པ་དང་། རྡོད་རླུང་ལྡང་བ་ནི་དཔྱིད་ཀའི་མཚོན་རྟགས་ཡིན་པ་སོགས་ཞིབ་ཕྲ་ཕྱེ་ཡོད། བཙན་པོ་སྲོང་བཙན་སྒམ་པོའི་སྐབས་སུ་བོད་ཡིག་གསར་གཏོད་བྱས་པ་ནས་བོད་རབ་བྱུང་དང་པོའི་མེ་ཡོས་མ་ཤར་བར་གྱི་ལོ་གྲངས་སུམ་བརྒྱ་དགུ་བཅུ་ལྷག་ཙམ་རིང་བོད་རང་ཉིད་ཀྱི་གནའ་རབས་སྐར་རྩིས་འགའ་ཞིག་དང་ཐང་རྒྱལ་རབས་ཀྱི་སྐབས་སུ་བོད་དུ་དར་བའི་ནག་རྩིས་ཤུང་ཤས་ལས་གནམ་རིག་སྐར་རྩིས་ཀྱི་རིག་གཞུང་ལེ་ལག་ཚང་པོ་མ་བྱུང་བ་གྲགས། བོད་རབ་བྱུང་དང་པོའི་མེ་ཡོས་ལོར་ཁ་ཆེ་ཟླ་བ་མགོན་པོས་དུས་འཁོར་གྱི་གཞུང་ཆ་ཤས་བོད་དུ་སྒྱུར་བ་དང་། དེ་རྗེས་ཀརྨ་རང་བྱུང་རྡོ་རྗེ་དང་། བུ་སྟོན་རིན་པོ་ཆེ། མཁས་གྲུབ་ནོར་བཟང་རྒྱ་མཚོ་སོགས་ཀྱིས་རྩིས་གཞུང་མང་པོ་བརྩམས་པ་དང་ཕྱིས་སྨིན་གྲོལ་གླིང་དང་། ལྕགས་རི་འགྲོ་ཕན་རིག་བྱེད་གླིང་སོགས་སྨན་རྩིས་སྦྱོང་ས་མང་པོ་ཐོན་ནས་དེང་དུས་ཚན་རིག་གི་འགྲན་ཟླར་འོས་པའི་བོད་ཀྱི་གནམ་རིག་སྐར་རྩིས་དེ་བྱུང་བ་ཡིན། དོན་དམ་དུ་གཉའ་ཁྲི་བཙན་པོའི་གོང་ནས་གནའ་བོའི་བོད་མི་ཚོས་དུས་བཞིའི་དབྱེ་མཚམས་དང་། གཟའ་སྐར་གྱི་འཁོར་བགྲོད། ཉི་ཟླའི་རྒྱུ་ཕྱོགས་སོགས་གསལ་པོ་ཤེས་ཀྱི་ཡོད་པར་གྲགས།

དེ་ལྟར་བོད་དུ་དར་བའི་བོད་ལུགས་གསོ་རིག་དང་གནམ་རིག་སྐར་རྩིས་

ཀྱི་གཞུང་ནི་རིགས་གཞུང་གི་རྒྱབ་རྟེན་བཙན་ལ་ལག་ལེན་གྱི་བརྡར་ཤ་ཚོད་པའི་གཞུང་ལུགས་ཆེན་པོ་གཉིས་ཡིན་ལ་ཁ་བྲལ་ཐབས་མེད་པའི་རིག་གཞུང་གཉིས་ཀྱང་ཡིན། བོད་ལུགས་གསོ་རིག་སྦྱོང་སྐབས་ངེས་པར་དུ་གཙུག་ལག་རྩིས་ཀྱི་གཞུང་ཡང་མཉམ་དུ་སྦྱོང་དགོས་ཀྱི་ཡོད་པ་རེད། དེའི་རྒྱུ་མཚན་ནི་སྨན་གཞུང་ལས་བསྟན་པར། ནད་པར་ནད་བཅོས་བྱེད་སྐབས་རྒྱུན་རྩ་དང་། ནད་རྩ། དུས་རྩ་བཅས་ཀྱི་དབྱེ་བ་ཡོད་པས་རྒྱུན་རྩའི་འཕར་སྟངས་ཁོང་དུ་ཆུད་པའི་རྨང་གཞིའི་ཐོག་ནད་ཅན་དང་ནད་མེད་ཀྱི་རྩའི་དབྱེ་བ་ཤེས་པ་བྱེད་དགོས་པ་མ་ཟད། ནམ་དུས་མི་འདྲ་བའི་རྩའི་ཆོས་ཉིད་ཀྱང་ཤེས་རྟོགས་གཏིང་ཟབ་བྱེད་དགོས་ཤིང་། དེ་ཡང་སྨན་པས་རྩ་ཚུར་བརྟེན་ནས་ནད་པར་བརྟག་དཔྱད་བྱེད་སྐབས་ནད་སོག་ལྡང་ཞི་གསུམ་གྱི་དུས་མཚམས་ངེས་པར་བྱེད་པ་དང་དུས་སུ་སྤྱོད་པའི་སྤྱོད་ལམ་གྱི་སྐབས་སུ་མི་འགྱུར་བའི་གཟེར་ཤེས་པ་བྱེད་དགོས། དེ་ཤེས་པར་བྱེད་པར་གཙུག་ལག་རྩིས་ལ་བརྟེན་དགོས་ཀྱི་ཡོད།

རྩ་མདོ་ལས། དུས་བཞི་ཁམས་ལྷའི་འབྱུང་བ་བརྩི་བ་ནི། དང་པོ་དུས་དོན་ཁམས་དང་རྩ་རུ་སྦྱར། མ་བུ་དགྲ་གྲོགས་བཞི་ཡི་སྐོར་འགོ་བརྩི་ཞེས་བསྟན་པ་ནི། དཔྱིད་ཀ་ལ་སོགས་པའི་ཕྱིའི་དུས་བཞི་དུས་མཚམས་བཅས་ལྔ་དང་། མཆིན་པ་ལ་སོགས་པའི་ནང་གི་དོན་ལྔའི་ཁམས་རྣམས་རྩའི་འཕར་སྟངས་དང་ལྷན་གཅིག་ཏུ་སྦྱར་ནས་རྒྱུན་རྩ་དང་། དུས་རྩ། ནད་རྩ་བཅས་སོ་སོར་ངེས་པར་བྱེད་དགོས་པའི་དོན་ཏེ། དཔྱིད་དབུགས་ཐོབ་པ་ནས་བཟུང་ཕྱིའི་རང་བྱུང་ཁམས་ཀྱི་འབྱུང་བ་ཤིང་རྩེ་ཁ་འབུས་པ་སོགས་ཀྱི་ཆོས་ཉིད་དང་

མཐུན་པར་ནང་གི་འབྱུང་བ་ཤིང་ཁམས་མཆིན་རྩ་ཕྲ་ལ་གྲིམས་པར་འཕར་བ། དེ་བཞིན་དུ་དབྱར་ས་ཟླའི་དབུགས་ཐོབ་པ་ནས་བཟུང་། ཕྱི་འབྱུང་བ་འདབ་རྒྱས་ཆར་དུས་ཀྱི་ཆོས་ཉིད་དང་མཐུན་པར་ནང་གི་མེ་ཁམས་སྙིང་རྩ་སྦྲོམ་ལ་རིང་བར་འཕར་བ་དང་། སྟོན་དུས་ཞག་བདུན་ཙུ་དོན་གཉིས་རིང་ལ་ལྕགས་ཁམས་གློ་རྩ་ཐུང་ལ་རྩུབ་པར་འཕར་བ། དགུན་དུས་ཞག་བདུན་ཙུ་དོན་གཉིས་རིང་ལ་ཆུ་ཁམས་མཁལ་རྩ་འཇམ་ལ་དལ་བར་འཕར་བ། དུས་མཚམས་བཅོ་བརྒྱད་ཕྲག་བཞི་སྟེ། ཞག་བདུན་ཙུ་དོན་གཉིས་རིང་ལ་ས་ཁམས་མཆེར་རྩ་ཐུང་ལ་འཇམ་པར་འཕར་བ་བཅས་ཀྱི་ཚུལ་དེ་དག་དུས་བཞི་སོ་སོར་ཕྱིའི་འབྱུང་བའི་ཁམས་མི་འདྲ་བ་རེ་ཡོད་པ་བཞིན་དུ་ནང་གི་དོན་ལྔའི་ལྷུང་ཁྲག་གི་རྒྱུ་བའང་མི་འདྲ་བ་རེ་འགྱུར་འགྲོ་ཡི་ཡོད་པའི་རྐྱེན་གྱིས་རྩའི་འཕར་སྟངས་ཀྱང་མི་འདྲ་བ་རེ་ཡོང་གི་ཡོད་པ་རེད། གནད་དེ་ཞིབ་ཕྲ་ཤེས་པར་བྱེད་ཐབས་ནི་སྐར་རྩིས་ཀྱི་གཞུང་ནས་བསྟན་པའི་ཟླ་བ་སོ་སོའི་དབུགས་ཐོབ་གང་ཚད་ཁྱིམ་སློབས་སོགས་དུས་བཞི་མི་འགྱུར་བའི་གཟེར་ལ་བརྟེན་ནས་དཔྱིད་དབྱར་སྟོན་དགུན་གྱི་དུས་མཚམས་ངོས་ཟིན་དགོས་པ་དང་དེ་མ་ཟིན་ན། རྒྱུན་རྩ་དང་། དུས་རྩ། ནད་རྩ་བཅས་ཀྱི་དབྱེ་བ་འབྱེད་མི་ཐུབ་ལ། དུས་བཞི་ཁམས་ལྔའི་འབྱུང་བའི་མ་བུ་དགྲ་གྲོགས་ཀྱི་སྐོར་འགོ་ལེགས་པར་མ་ཤེས་ན་ནད་ངོས་ལེགས་པར་ཟིན་མི་ཐུབ་པས་ནད་བཅོས་ལེགས་པོ་གཏོང་ཐབས་མེད། རྩ་ལ་དེ་ལྟར་ཡིན་ལ་ཆུ་ལ་བརྟག་སྐབས་ཀྱང་། ཆུ་དེ་སྲིད་པའི་རུས་སྦྲུལ་གན་རྐྱལ་གནས། ཞེས་པ་སོགས་གཙུག་ལག་རྩིས་ཀྱི་རིག་པར་བརྟེན་དགོས་པའི་ཚ་མང་པོ་ཡོད་པ་རེད།

གཙུག་ལག་རྩིས་ལ་མཁས་པ་ཞིག་ཡིན་ནའང་གསོ་རིག་གཞུང་ནས་བསྟན་པའི་ལུས་ཀྱི་ཆགས་ཚུལ་དང་། ལུས་ཀྱི་རྩ་དང་རླུང་ཁྲག་རྒྱུ་བའི་གནས་ལུགས་སོགས་ལེགས་པར་ཤེས་ན། ཕྱི་ནང་གི་འབྱུང་བ་རྣམས་ངོ་བོ་བདག་ཉིད་གཅིག་ཏུ་འབྲེལ་བའི་རྒྱུ་མཚན་གྱིས། རྩིས་གཞུང་ནས་བསྟན་པའི་ཟླ་བ་སོ་སོའི་དབུགས་སྐར་ཁྱིམ་སྐབས་སོགས་དུས་གཟེར་གྱི་གནད་དང་། དུས་བཞིའི་འགྱུར་བ། མི་ལུས་ཀྱི་རྩ་རླུང་གི་རྒྱུ་བ་རྣམས་ཕན་ཚུན་ཇི་ལྟར་འབྲེལ་བའི་ཚུལ་ཁོང་དུ་ཆུད་ཐུབ་ཀྱི་ཡོད། དེ་ལྟར་སྨན་རྩིས་གཉིས་ཁ་བྲལ་ཐབས་མེད་པའི་འབྲེལ་བར་ཤེས་རྟོགས་རྫ་རྩེའི་ཟེལ་པ་ཙམ་དེ་བྱུང་རུང་། ཕྱིའི་འབྱུང་བ་དང་མིའི་ལུས་ཁུང་གི་འབྲེལ་བའི་གནས་ལུགས་རོབ་ཙམ་ཤེས་ཐུབ་ལ་བོད་ལུགས་གསོ་རིག་གི་ཁྱབ་ཁོངས་སུ་སྨན་རྩིས་གཉིས་མཉམ་དུ་སྦྱོར་སྦྲེལ་དར་བའི་དགོས་པའང་རོབ་ཙམ་ཤེས་ཐུབ་པ་དང་སྦྲགས། སྨན་རྩིས་ཟུང་གི་མཁས་དབང་མང་པོ་ཐོན་པའི་དམིགས་བསལ་གྱི་གནད་ལུགས་དེ་ཡང་རྟོགས་ཐུབ་པ་ཞིག་ཡིན་ལ། སྨན་རྩིས་སློབ་གྲྭ་དང་། སྨན་རྩིས་ཁང་། སྨན་རྩིས་རིག་གཞུང་ཞེས་པ་སོགས་སྨན་རྩིས་སྦྲགས་ནས་ཤོད་པའི་མིང་ཚིག་དེ་དག་ལའང་ངེས་ཤེས་ཚུད་ཐུབ་ཡོང་ངེས་རེད་ལགས།

དགུ། རྗེས་དྲན་གྱི་འདུ་ཤེས་ཟབ་པའི་མི་རིགས།

མཚོ་བོད་ས་མཐོའི་རིག་གནས་ཀྱི་སྣང་ཚུལ་གཏིང་ཟབ་ལ་དེར་འཚོ་བའི་མི་རྣམས་ཀྱི་འཚོ་བའི་ཉམས་སྣང་ཏ་ཅང་ཕུན་སུམ་ཚོགས་པོ་ཡོད། དེའི་མཚོན་ཚུལ་གལ་ཆེན་ཞིག་ནི་དུས་ཆེན་མང་བའི་རྣམ་པ་ལས་མངོན་གྱི་ཡོད།

ས་མཐོའི་མི་རྣམས་ཀྱི་འཚོ་བའི་ཁྲོད་དུ་དུས་ཆེན་ཤིན་ཏུ་མང་བས་ཏ་ལམ་ལོ་ཡི་ཉག་མ་སུམ་བརྒྱ་དྲུག་ཅུ་རེ་ལྔ་ཡི་ཟླ་བ་མི་རེ་ངོ་རེར་དུས་ཆེན་ཡོད་ལ་ཟླ་བ་ལ་ལར་དུས་ཆེན་གཉིས་གསུམ་ཡོད་པས་ཏ་ལམ་འཛམ་གླིང་ས་ཕྱོགས་ཁག་གི་དུས་ཆེན་ཚང་མ་བསྡོམས་རུང་འགྲན་ཟླ་མེད་པ་ལྟ་བུ་ཡོད། དུས་ཆེན་དེ་ལྟ་བུ་མང་བའི་རྒྱུ་རྐྱེན་བཙལ་འཚོལ་དཔྱིས་ཕྱིན་པ་ཞིག་བྱས་ན། རྩ་ཟབ་སྟོང་བརྟན་དུ་གྱུར་བའི་རྗེས་དྲན་གྱི་འདུ་ཤེས་ལ་རག་ལུས་ཡོད། དང་ཐོག་ཚེ་འཕྲུལ་སྨོན་ལམ་ཆེ་མོ་དང་། དེ་ནས་རིམ་གྱིས་ས་ག་ཟླ་བ་དང་དྲུག་པ་ཚེས་བཞི་སོགས་སྟོན་པ་བཅོམ་ལྡན་འདས་སྐུ་འཁྲུངས་པ་དང་། རབ་ཏུ་བྱུང་བ། སངས་རྒྱས་པ། ཆོས་འཁོར་སྐོར་བ། མྱ་ངན་ལས་འདས་པ་སོགས་སྟོན་པའི་མཛད་པ་བཅུ་གཉིས་ཀྱི་དུས་ཆེན་དང་། སྤྲེལ་ལོ་སྤྲེལ་ཟླ་དང་ཡར་ངོ་མར་ངོའི་ཚེས་བཅུ་སོགས་སློབ་དཔོན་པདྨ་འབྱུང་གནས་ཀྱི་འཁྲུངས་སྐར་དང་མཛད་པའི་དུས་ཆེན། དགའ་ལྡན་ལྔ་མཆོད་སོགས་རི་བོ་དགེ་ལུགས་པའི་སྲོལ་གཏོད་པ་རྗེ་ཙོང་ཁ་པ་ཆེན་པོ་མྱ་ངན་ལས་འདས་པའི་དུས་ཆེན། དེ་མིན་གྲུབ་མཐའ

ཁག་གི་སྲོལ་གཏོད་པ་དང་དགོན་པ་དང་བླ་བྲང་སོ་སོ་ལའང་རང་སོའི་བླ་མའི་འདས་འཁྲུངས་ཀྱི་དུས་ཆེན་རེ་ཡོད་པ་མ་ཟད། ཆོས་བརྒྱད་སྨན་བླའི་དུས་ཆེན་ལྟ་བུའི་སངས་རྒྱས་བྱང་སེམས་དང་འབྲེལ་བའི་དུས་ཆེན་ཡང་མང་པོ་ཡོད། བོད་དུ་མི་རིགས་རྩེལ་པོས་རྗེས་དྲན་ཞུ་འོས་པའི་དུས་ཆེན་མང་པོ་ཡོད་པ་མ་ཟད། ཁྱིམ་ཚང་ངམ་མི་སྒེར་གྱིས་རྗེས་དྲན་ཞུ་བའི་དུས་ཆེན་ཡང་མང་པོ་ཡོད། དཔེར་ན་བོད་ཀྱི་ས་ཕྱོགས་མང་པོར་རྒྱན་རབས་འདས་པོར་ལོ་ལྟར་འདས་ཆོས་ཟིན་སྲོལ་ཡོད་པ་དེ་ཡང་རྗེས་དྲན་གྱི་མཚོན་ཚུལ་ཞིག་ལས་མ་འདས། དེས་མ་ཚད་བོད་ཀྱི་དུས་ཆེན་ཕལ་ཆེ་བར་རྗེས་དྲན་གྱི་ནང་དོན་གྱིས་མ་ཁྱབ་པ་མེད། དཔེར་ན་ལོ་གསར་དང་། འོང་སྐོར། ཞོ་སྟོན་སོགས་ལ་རྗེས་དྲན་གྱི་ནང་དོན་མེད་པ་ལྟ་བུར་མངོན་རུང་། ཀོང་པོའི་ལོ་གསར་སྟོན་ལ་གཏོང་སྲོལ་ནི་ཡུལ་དེའི་སྐྱེས་པ་རྣམས་དམག་ལ་ཕྱིན་དགོས་པས་སྔ་སྐྱུར་དུ་ལོ་གསར་བཏང་བ་དང་། ཞོ་སྟོན་ནི་ནམ་དུས་དེར་དེ་སྤྱི་རྒྱ་གར་དུ་རབ་བྱུང་བ་རྣམས་བསྙེན་གནས་ལ་གནས་སྲོལ་ཡོད་པ་ལྟར་བོད་དུ་ཡང་བོད་ཟླ་དྲུག་པའི་ཚེས15ནས30བར་སེ་འབྲས་དགའ་གསུམ་སོགས་ཀྱི་དགེ་འདུན་པ་རྣམས་དབྱར་གནས་ཚུགས་ཏེ་གྲོལ་སྐབས་སྣེའུ་དཔོན་ནམ་མཁའ་བཟང་པོས་འབྲས་སྤུངས་ཀྱི་དགེ་འདུན་པ་རྣམས་ལ་ཞོའི་བསྙེན་བཀུར་ཞུ་ཡི་ཡོད་པ་དང་། ཕྱིས་སྣེའུ་དཔོན་རྒྱུད་རྣམས་ནས་རྒྱུན་བསྐྱངས་པས་ཞོ་སྟོན་ཞེས་ཐོགས་པའི་སྲོད་སྲོལ་ལྟར་ན། ཞོ་སྟོན་ཡང་སྔར་བཞིན་རྗེས་དྲན་གྱི་ནང་དོན་ལས་བྲལ་བ་མེད་པ་ལྟ་བུ་ཡོད།

དུས་ཆེན་ཞེས་པ་འབོད་སྐབས་ཐད་ཀའི་གོ་བ་ནི་བཀྲ་ཤིས་རྟེན་འབྲེལ་

གྱི་རྣམ་པ་ལྷ་བུར་མངོན་ཉུང་དེ་ནི《པདྨ་བཀའ་ཐང》ལས་དུས་ཀྱི་རྒྱལ་པོ་ཆེས་བཙུ་ཐམས་ཅད་ལ། བོད་དུ་བྱོན་ཞེས་ཞལ་བཞེས་དགུ་བསྟུང་མཛད། ཅེས་པ་ལྟར་དམིགས་བསལ་དང་གལ་ཆེའི་དུས་སྐྱི་ལ་གོ་བ་ཞིག་ཡིན།

རྗེས་དྲན་གྱི་སྐོར་ནས་བཤད་ན། སྐྱེས་སྐར་གཏོང་སྲོལ་དེ་ཡང་རྗེས་དྲན་གྱི་ནང་དོན་འདྲ་པོ་ཡོད། འོན་ཀྱང་དེ་སྔ་བོད་མི་རིགས་ཀྱི་ཁྲོད་དུ་སྐྱེས་ཆེན་དམ་པར་མ་གཏོགས་མི་སྣེར་གྱིས་སྐྱེས་སྐར་གཏོང་སྲོལ་ཏ་ལམ་མེད། དེ་ནི་གནའ་བོའི་བོད་མི་ཚོས་མ་དྲན་མ་ནུས་པ་ཞིག་མིན་པར་འདུ་ཤེས་འཛིན་སྟངས་ཀྱིས་ཐག་གཅོད་བྱུས་པ་ཞིག་ཡིན། དེ་ཡང་སྐྱེས་ཆེན་དམ་པ་ཚོས་ཕྱི་རབས་པར་སྨན་པའི་མཛད་རྗེས་བླ་ན་མེད་པ་བཞག་ཡོད་སྟབས་ཁོང་ཚོར་རྗེས་དྲན་ཞུས་ན་ཆེ་སར་ཚོགས་དང་བསོད་ནམས་བསགས་པ་དང་ཆུང་སར་བཀའ་དྲིན་རྗེས་དྲན་གྱི་ངོས་འཛིན་བྱེད་པ་ལས་འདུ་ཤེས་གསུམ་ལྡན་གྱི་མི་ལུས་ཙམ་པོ་བའམ་སོ་སྐྱེ་ཕལ་པའི་རྣམ་ཐར་ལ་རྗེས་དྲན་ཞུ་རིན་ཡོད་མེད་ཆ་མ་འཚལ་བ་སོས་ཡིན། གལ་སྲིད་མི་ཞིག་གི་མི་ཚེའི་དོན་སྙིང་ལ་རྗེས་དྲན་ཞུ་བར་འོས་ན་ཕྱི་རབས་པས་ཞུ་ငེས་པས་སོ།

བོད་མི་རིགས་ཀྱི་ཁྲོད་དུ་དར་བའི་རྗེས་དྲན་དེ་དག་གི་ནང་བསམ་པའི་ཀུན་སློང་དང་ཕྱི་བྱ་བའི་འདུ་བྱེད་གང་གི་ཐད་ནས་དཔྱད་ཀྱང་། མཛའ་བརྩེའི་ལ་རྒྱ་ཟབ་པ་དང་ཡ་རབས་གུས་ལུགས་མཚོན་པ། བསམ་པའི་དཔལ་ཡོན་རྒྱས་པ་སོགས་ཀྱི་མཚོན་ཚུལ་ཞིག་ཡིན།

དེས་ན། དུས་ཆེན་ནམ་རྗེས་དྲན་མང་བའི་རྣམ་པ་དེ་ནི་དམིགས་

བསལ་གྱི་གོམས་སྲོལ་ཞིག་དང་། ནང་བསམ་པའི་འདུ་ཤེས་འཛིན་སྟངས་ཤིག་མི་རིགས་རིག་གནས་ཀྱི་སྣང་ཚུལ་ཁྱད་པར་ཅན་ཞིག་བཅས་ཡིན།

བཅུ། དུང་དང་འབྲེལ་བའི་བོད་རྩལ།

མཚོ་བོད་ས་མཐོ་ནི་རྒྱ་མཚོ་ཁྲི་ནས་བྱུང་བ་ཡོངས་གྲགས་ལྟར་ཡིན་རུང་ད་ལྟའི་ཆར་རྒྱ་མཚོ་དང་ཧ་ཅང་བར་ཐག་རིང་པོ་ཡོད། འོན་ཀྱང་རྒྱ་མཚོའི་ནང་གི་སྲོག་ཆགས་ཤིག་དང་ལས་འབྲེལ་བཟང་པོ་ཡོད་པས་ས་མཐོའི་མི་ཚོའི་འཚོ་བ་དང་རིག་གནས་ཁྲོད་གནས་བབ་མཐོ་པོ་བཟུང་ཡོད། དེ་ནི་དུང་གི་རིག་གནས་ཡིན་ཅིང་། དུང་ནི་ས་མཐོའི་མི་ཚོས་བེད་སྤྱོད་རྒྱ་ཆེར་བྱས་ནས་དགོན་པའི་ཚོགས་དུང་དང་། དམག་ལ་ཐོན་པའི་དམག་དུང་། བུད་མེད་ཚོའི་ལག་གཡས་སུ་འདོགས་པའི་རྒྱན་ཆ་ཡང་ཡིན། ལྷག་དོན་བྱང་སེམས་ཉ་རུ་རྫུས་ནས་སྐྲེས་པར་གྲགས་པའི་དུང་གཡས་དུང་གི་མཚར་གཏམ་མང་པོ་བོད་ཀྱི་ལོ་རྒྱུས་དེབ་ཐེར་ཐོག་མཛོད་རྒྱུ་ཡོད་ལ་དམངས་ཁྲོད་ཀྱི་སྒྲོད་རྒྱུན་ཡང་མང་པོ་ཡོད།

དེ་ཡང་སྟོན་པ་བཅོམ་ལྡན་འདས་ཞལ་བཞུགས་སྐབས་བོད་ཀྱི་འཇམ་དབྱངས་རྣམ་གསུམ་གྱི་ཡ་གྱལ་རྗེ་ཙོང་ཁ་པ་བོད་དུ་སྐུ་སྐྱེ་བ་བཞེས་རྒྱུའི་ལུང་བསྟན་གནང་ནས། ཁོང་གི་རྟེན་སྐལ་ལ་དུང་གཡས་དུང་ཞིག་མཆོག་ཟུང་གཉིས་ཀྱི་ཡ་གྱལ་འཕགས་པ་མོའུ་འགལ་གྱི་བུ་རྫུ་འཕྲུལ་གྱིས་ད་ལྟའི་དགའ་ལྡན་

དགོན་ཕྱག་བཏབ་སའི་གནས་འགོག་པ་རིར་སླེབས་པར་བཏང་། དེ་ནི་དེ་སྔ་སྟོན་པ་བཅོམ་ལྡན་འདས་ཉིད་བྱང་ཆུབ་སྙིང་ཤིང་གི་དྲུང་དུ་ལོ་དྲུག་དཀའ་བ་སྤྱད་ནས་དགུང་ལོ་སོ་ལྔར་ཕེབས་པའི་ས་ག་ཟླ་བའི་ཚེས་བཅོ་ལྔར་སངས་རྒྱས་རྗེས་ཚོས་འཆད་དུས་ལ་མ་བབ་པར་མཁྱེན་ནས། ཟབ་ཞི་སྤྲོས་བྲལ་འོད་གསལ་འདུས་མ་བྱས། བདུད་རྩི་ལྟ་བུའི་ཆོས་ཤིག་བདག་ལ་ཐོབ། སུ་ལ་བསྟན་ཡང་གོ་བར་མི་འགྱུར་བས། མི་སྨྲ་ནགས་འདབས་ཉིད་དུ་གནས་པར་བྱ། ཞེས་གསུངས་ནས་ཆོས་མ་གསུང་བར་གནས་པས་ལྷ་དབང་རྒྱ་བྱིན་གྱིས་དུང་གཡས་འཁྱིལ་ཞིག་དང་(ལ་ལས་ཀླུའི་རྒྱལ་པོའང་ཟེར) ལྷ་ཚངས་པས་གསེར་གྱི་འཁོར་ལོ་ཞིག་ཕུལ་ནས་ཆོས་གསུང་བའི་གསོལ་བ་བཏབ་པས། སྟོན་པ་སངས་རྒྱས་ནས་ཞག་བཞི་དགུ་སོང་བའི་དུས་ཏེ་ཟླ་དྲུག་པའི་ཚེས་བཞི་ཉིན་ཡུལ་ཝ་ར་ན་སིར་འཁོར་ལྔ་སྡེ་བཟང་པོར་སྡུག་བསྔལ་གྱི་བདེན་པ་དང་། ཀུན་འབྱུང་གི་བདེན་པ། འགོག་པའི་བདེན་པ། ལམ་གྱི་བདེན་པ་བཅས་བདེན་པ་བཞིའི་ཆོས་འཁོར་བསྐོར་བ་དེ་ནི་སྟོན་པས་ཆོས་འཁོར་ལན་གསུམ་སྐོར་བའི་ཐོག་མ་དེ་ཡིན། ཏག་ཏག་རྗེ་ཙོང་ཁ་པར་གནང་བའི་དུང་གཡས་འཁྱིལ་དེ་ནི་ལྷ་དབང་རྒྱ་བྱིན་གྱིས་ཕུལ་བ་དེ་ཡིན་པའི་ཤོད་སྲོལ་ཡོད། དེ་ཡང་བཅོམ་ལྡན་འདས་ཀྱིས་མོའུ་འགལ་གྱི་བུ་ལ་གནང་ནས། འདི་ཕྱོད་ཀྱིས་འགོག་པ་རིར་སྦས་ཤིག མ་འོངས་པ་ན་དགེ་སློང་པདྨའི་ངང་ལྡན་འདིས་གཏེར་ནས་འདོན་པས། དེའི་ཚོགས་དུང་དུ་འགྱུར་རོ་ཞེས་གསུངས་པ་དེའོ།

ཕྱིས་རབ་བྱུང་དྲུག་པའི་ནང་རྗེ་བློ་བཟང་གྲགས་པ་ཤར་ཙོང་ཁའི་ཡུལ་

དུ་སྐུ་བལྟམས་པ་དང་ཕྱིས་དབུས་ཕྱོགས་སུ་ཕེབས་ནས་ཐོས་བསམ་རྒྱ་ཆེར་གནང་བ་དང་དགའ་ལྡན་དགོན་པ་ཕྱག་བཏབ་རྗེས་སྔོན་གྱི་ལུང་བསྟན་ལྟར་དུང་དེ་གཏེར་ནས་བཞེས་པས་ད་ལྟ་ཡང་དགའ་ལྡན་གྱི་གླིང་སྐོར་འཁོར་མཚམས་ནས་དེའི་རྗེས་ཤུལ་མཇལ་རྒྱུ་ཡོད། དེ་རྗེས་རྗེ་ཙོང་ཁ་པས་འཇམ་དབྱངས་ཆོས་རྗེ་བཀྲ་ཤིས་དཔལ་ལྡན་ལ་དགོན་མ་ལས་བུ་རྫིག་པ་ཡོང་རྒྱུའི་ལུང་བསྟན་དང་སྦྲགས། འབྲས་སྤུངས་དགོན་པ་ཕྱག་འདེབས་རྒྱུའི་བཀའ་གནང་བ་དང་དུང་དཀར་དེ་ཡང་ཁོང་ལ་གནང་བས་དེ་སྔ་འབྲས་སྤུངས་དགོན་པའི་བྱམས་པ་མཐོང་གྲོལ་གྱི་སྐུ་མདུན་དུ་བཞུགས་ཡོད་པ་དེ་ཡིན་ལ། ལྷ་ལྡན་ཇོ་བོ་ཤཱཀྱ་མུ་ནེའི་ཐུགས་ཀར་ཀྱང་གཅིག་བཞུགས་ཡོད། ད་དུང་བོད་དུ་དུང་གཡས་འཁྱིལ་གཞན་ཞིག་ཡོད་པ་ནི་ཡོན་ཏན་མས་འགྲོ་མགོན་ཆོས་རྒྱལ་འཕགས་པར་དབང་ཡོན་དུ་ཕུལ་བར་གྲགས་པའི་ཆོས་དུང་དཀར་མོ་རྒྱང་གྲགས་ནི་ད་ལྟ་ས་སྐྱ་དགོན་པར་མཇལ་རྒྱུ་ཡོད་པ་དེ་ཡིན། ཤོད་སྒྲོལ་གཞན་ཞིག་ལ་པཎ་ཆེན་སྐུ་ཕྲེང་དྲུག་པས་ཆེན་ཆན་ལུང་གོང་མར་རྒྱ་ཡིག་དང་། བོད་ཡིག སོག་ཡིག མན་ཇུའི་ཡི་གེ་བཅས་ཡིག་རིགས་བཞི་བཀོད་པའི་དུང་གཡས་དུང་ཞིག་ཕུལ་བ་དེར་གོང་མ་ཆན་ལུང་ཧ་ཅང་དགའ་པོ་བྱུང་ནས་གཡས་དུང་དེར་བསྟོད་པའི་སྙན་ངག་ཚིག་རྐང་གཉིས་ཀྱང་བྲིས་ཡོད་པ་རེད། ཕྱིས་ཆན་ལུང་ཁྲི་ལོ་སོ་བརྒྱད་པར་ཐེན་དབན་དུ་ལིང་རྫོང་ལྷུན་གྱིས་གྱེན་ལོག་བྱས་པས་ཆན་ལུང་གིས་དམག་དཔོན་སྟ་ཁང་ཨན་དྲག་གནོན་བྱེད་དུ་གཏོང་སྐབས་རལ་གྲི་དང་། མེ་མདའ། དུང་གཡས་འཁྱིལ་དེ་བཅས་གནང་བ་དང་སྟ་ཁང་ཨན་རྒྱལ་ཁ་ཐོབ་

ནས་སོག་ཡོང་སྐབས་གོང་མས་དངོས་པོ་གཞན་གཉིས་ཁོང་ལ་གནང་བ་དང་དུང་གཡས་འཁྱིལ་དེ་སྔར་བཞིན་བང་མཛོད་ནང་ཉར་འཛོག་བྱས་ནས་རྩ་ཆེན་པོར་འཛིན་ཡོད། དེ་ནི་བོད་ཀྱི་གཏམ་དཔེར། དུང་ཕྱུག་འོ་མས་གསོས་པ་དེ། དགྲ་ཆུ་སྲིན་སྙིང་དུ་རྒྱུག་ཡས་ཡིན། ཞེས་པ་ལྟར་དུང་དཀར་གྱིས་རྒྱ་མཚོའི་ཆུ་སྲིན་གྱི་འཇིགས་པ་སེལ་བའི་ཕན་ཚུལ་ཡོད་པས་ལྷ་མོའི་འཕྲབ་གཞུང་བརྒྱད་ཀྱི་ནང་ཚན་པདྨ་འོད་འབར་གྱི་གཞུང་དང་། ད་དུང་དམངས་ཁྲོད་ཀྱི་སྒྲུང་གཏམ་ནང་དུ་ཡང་འབུ་དུང་དཀར་གསོས་ནས་ཆུ་སྲིན་གྱི་འཇིགས་པ་ལས་གྲོལ་ཚུལ་རྒྱ་ཆེར་བཀོད་ཡོད་པ་དེ་དང་འབྲེལ་བ་ཡོད་ཤས་ཆེ།

དུང་ལ་དབྱེ་ན་གཡས་འཁྱིལ་དང་། གཡོན་འཁྱིལ། གཟི་དུང་། དུང་འཁྱིལ་མ། དུང་འཚེར་མ་ཅན། དུང་དམར་བཅས་རིགས་ལྔ་ཙམ་ཡོད། དུང་གཡས་འཁྱིལ་ནི་དེ་ལྟ་བུའི་དཀོན་ཞིང་རྩ་ཆེ་བ་དང་བཀྲ་ཤིས་པའི་རྟགས་བརྒྱད་ཀྱི་ནང་ཚན་དུ་དྲངས་དོན་ནི། བོད་སྲོལ་ལ་བྱང་ཆུབ་སེམས་པས་བསམས་བཞིན་དུ་སྐྱེ་བ་གཞན་གྱི་བར་མ་ཆོད་པར་འབུ་དུང་དཀར་གྱི་སྐྱེ་བ་ལོ་ན་ལྔ་བརྒྱ་བླངས་ན་གཞི་ནས་དུང་གི་རི་མོ་གཡས་སུ་འཁྱིལ་གྱི་ཡོད་པ་དང་། དེའི་དགོས་དོན་ནི་དུང་གཡས་འཁྱིལ་འབུད་པའི་ཡུལ་ཕྱོགས་ཀྱི་ནད་རིགས་སོགས་བཀྲ་མི་ཤིས་པ་ཀུན་ཟློག་པ་དང་། ཁྱིམ་དུ་བཞག་ན་འཕབ་རྟེན་ཞི་བ། དུང་གི་སྒྲ་ཐོས་པའི་མི་རྣམས་ཀྱི་ཚེ་དང་བསོད་ནམས་འཕེལ་བ་དང་ཤི་རྗེས་ངན་སོང་དུ་མི་སྐྱེ་བ་སོགས་དགེ་མཚན་བརྗོད་ལས་འདས་པའི་ཕན་སྟོབས་ཡོད།

དུང་ནི་རྒྱ་མཚོ་ཆེན་པོ་དག་ལས་བྱུང་ཞིང་རུས་པ་ལུས་ཀྱི་ཕྱིར་ཆགས་

པའི་སྲོག་ཆགས་དུང་གི་རུས་སྐོགས་ཏེ། དབྱིབས་དང་ཁ་དོག་ཟུར་མི་འདྲ་བ་ཁ་ཤས་ཡོད་ཅིང་། སྤྲ་ཞིང་མཁྲེགས་ལ་སྦྱིར་ན་ཁ་དོག་དཀར་པོ་རུས་པའི་རང་བཞིན་ཡིན་པ་དང་བཟར་ཕྱི་དཀར་པོ་ཐོན་ལ་བསྲེགས་ན་དྲི་མ་མེད་པ་དང་དུ་བ་ཡང་མི་ཐོན་པ་ནི་དུང་གི་ཁྱད་ཆོས་ཡིན།

དུང་དཀར་བེད་སྤྱོད་ཀྱི་ཐོག་ནས་བཤད་ན། དེ་སྔ་རྒྱ་གར་དང་བོད་དུ་དམག་དུང་ཅེས་དམག་དཔུང་སྒྲུགས་ཐོན་སོགས་ལ་བརྡ་གཏོང་བྱེད་དུ་སྤྱོད་པ་དེང་བེད་སྤྱོད་མེད་པ་ཕུད། དགོན་སྡེ་ཁག་ཚང་མར་ཚོགས་དུང་ཡོད་པ་དང་ད་དུང་རག་དང་དངུལ་སོགས་ཀྱིས་གཡོག་པ་བསྒར་བའི་དུང་དཀར་གཡོག་པ་ཅན་ཡང་ཡོད། ཕོ་བྲང་པོ་ཏ་ལར་རིང་ཚད་ལ་ལི་སྨི60ཙམ་ཡོད་པའི་དུང་ཧ་ཅང་ཆེན་པོ་ཞིག་ཡོད་པར་གྲགས་ལ་དུང་སྐད་ཡིན་ཕྱིན་རོལ་ཆ་ཀུན་ལས་སྒྲ་མཐོ་བ་ཡོད་པ་རེད། དུང་དཀར་ནི་བྱིན་རླབས་དང་བདུད་རྩི་སོགས་ཀྱི་སྣོད་དུ་སྤྱོད་པ་དང་དེ་སྔ་བུད་མེད་ཚོའི་ལག་པར་གྱོན་པའི་རྒྱན་ཆ་དང་སྲུང་བ་གཅིག་ལྟོགས་ཡིན་པས་དུས་ད་ལྟ་ཡང་བེད་སྤྱོད་བྱེད་མཁན་མཐོང་རྒྱུ་ཡོད། ཀོང་པོ་དང་མོན་ཡུལ་སོགས་སུ་དུང་དཀར་ཆུང་ངུ་རྒྱན་ཆར་སྤྱོད་ཀྱི་ཡ། ད་དུང་མ་ཧེ་ལག་སྐོར་གྱི་འཁོར་ལོ་དང་ལག་འཇུའི་བར་དུ་དུང་གི་དུམ་བུ་ཆུང་ངུ་གཙབ་ཏུ་བྱས་ན། དུས་ཆོད་ངེས་ཅན་འགྲོ་སྐབས་དཀྱིལ་དུ་མིག་བུ་ཡོད་པའི་དུང་སྒོར་དབྱིབས་ཅན་ཞིག་ཐོན་གྱི་ཡོད་པ་དེར་མི་རྣམས་ཀྱིས་དུང་བྱོན་པ་ཞེས་བརྗོད་ཀྱི་ཡོད་པ་དང་དུང་དེ་དག་སྐེ་ལ་འདོགས་པ་དང་ཕྲེང་བའི་གསེབ་ཏུ་བཙུག་ནས་བྱིན་རླབས་ཀྱི་རྟེན་དུ་བྱེད་ཀྱི་ཡོད། དེས་མ་ཚད་གནའ་བོའི་མི་ཁ

ཤེས་ཀྱིས་རྣ་ལ་དུང་གི་རྣ་ལོང་འདོགས་པའི་སྲོལ་ཡང་ཡོད་པ་རེད། ས་མཐོའི་མི་རྣམས་ཀྱིས་སྔར་བཞིན་རྒྱ་མཚོ་ལས་ཐོན་ཞིང་དུང་གི་རིགས་འདྲ་བའི་འགྲོན་བུར་ཡང་ཧ་ཅང་དགའ་པོ་བྱས་ནས་རྩེད་ཆས་ཤོ་ཡི་རྗེལ་དུ་སྤྱོད་པ་དང་ཕྲུ་གུ་ཆུང་ངུའི་དཔུང་པ་སོགས་སུ་བཏགས་ནས་སྲུང་བ་བྱེད་པ་དང་། འབྲོག་ཁུལ་གྱི་བུད་མེད་ཚོས་རས་སམ་འགོ་སྣམ་གྱིས་གཞི་ལྷན་བྱས་པའི་ཐོག་འགྲོན་བུ་སྤར་དུ་རྒྱུས་པའི་མཛེས་རྒྱན་ནར་མོ་ཉིས་སྒྲིག་ཅིག་རྒྱབ་ངོས་སུ་དཔྱངས་ནས་འཛོག་གི་ཡོད། དེ་བཞིན་རྔོན་མཛོ་སོགས་སེམས་ཅན་གྱི་སྒྲེ་ཐིག་ཐོག་འགྲོན་བུ་སྤར་དུ་བཅེམ་ནས་ཧ་ཅང་མཛེས་སྡུག་ལྡན་པ་ཞིག་ཆགས་ཀྱི་ཡོད་པས་དུང་ནི་ས་མཐོའི་མི་རྣམས་ཀྱི་ཆོས་ཀྱི་སྒྲ་དང་། མཛེས་པའི་རྒྱན། སྲུང་བའི་མཆོག་བཅས་ཡིན།

ས་བཅད་ལྔ་པ། དམངས་ཁྲོད་ཀྱི་ཞབས་གཞས།

གཅིག ཟློ་གསར་གྱི་ཟློ་ཉ་འབྲས་དཀར།

མིའི་རིགས་ཀྱི་ལོ་རྒྱུས་འཕེལ་རྒྱས་ཁྲོད་རིག་གནས་ཀྱི་སྣང་ཚུལ་སྣ་ཚོགས་ཐོན་པའི་ཁྲོད་ནས་འབྲས་དཀར་རིག་གནས་ནི་བོད་ས་མཐོའི་ལོ་གསར་རིག་གནས་ཀྱི་གལ་ཆེའི་གྲུབ་ཆ་ཞིག་ཡིན།

འབྲས་དཀར་གྱི་དར་ཚུལ་ཐད་ལོ་རྒྱུས་ཡིག་ཆ་གསལ་བར་མ་མཐོང་རུང་དམངས་ཁྲོད་ཀྱི་ངག་རྒྱུན་ཞིག་ལ་ཕོ་བྲང་པོ་ཏ་ལ་ཐོག་མར་བཞེངས་སྐབས། འདྲེ་གདོན་ཁག་གཅིག་གིས་ས་རྗེ་ཤིང་སོགས་དཔོར་འདྲེན་བྱ་རྒྱུར་འགོག་རྐྱེན་བཟོས་ནས་དཔོར་མ་ཐུབ་པར་ལུས་ཤིང་། གནས་ཚུལ་དེ་བཙན་པོ་སྲོང་བཙན་སྒམ་པོས་མཁྱེན་རྟོགས་བྱུང་ནས་ལས་ཡུལ་དུ་གཟིགས་པར་ཕེབས་སྐབས། ལས་མི་གཅིག་གིས་འབྲས་དཀར་འཁྲབ་བཞིན་ཡོད་པ་དང་འདྲེ་གདོན་རྣམས་ཀྱང་དེ་ལ་གཡེང་ནས་ཡོད་པའི་གཟིགས་སྣང་བྱུང་སྟབས། ལྷ་སྣང་དོད་ལ་རྣ་བར་འཛེམས་པ་དང་འདྲེ་གདོན་གྱི་མགོ་གཡེངས་སུ་འཇུག་ཐུབ་པའི་འབྲས་དཀར་དེ་འཁྲབ་རྒྱུའི་བཀའ་བཏང་བས་ཕོ་བྲང་གི་ཨར་སྐྱུན་ལས་ཀ་བདེ་བླག་བྱུང་ལ་དུས་དེ་ནས་བཟུང་འབྲས་དཀར་གྱི་སྲོལ་རྒྱལ་དེ་དར་བའི་སྲོད་སྲོལ་འདུག

དེ་ལྟར་ཡིན་ན་བོད་ས་མཐོར་འབྲས་དཀར་འཁྲབ་སྲོལ་དར་ནས་ལོ་ངོ་ཆིག་སྟོང་ལྷག་ཙམ་གྱི་ལོ་རྒྱུས་ཡོད་པ་ཤེས་རྟོགས་བྱེད་ཐུབ། དེ་སྤྱི་སྒྱུ་རྩལ་ཚོགས་པ་དར་ཁྱབ་ཆེན་པོ་མ་བྱུང་སྔོན་བོད་ལྗོངས་ཀྱི་ཡུལ་གྲུ་ཁག་ཏུ་ཁེར་རྐྱང་ངམ་ཉིས་འབྲེལ་གསུམ་འབྲེལ་གྱི་སྒྲུང་སླུ་འཆད་གྱེར་མཁན་དང་། བླ་མ་མ་ཎི་ཤོད་མཁན། འབྲས་དཀར་འཁྲབ་མཁན་སོགས་དར་ཁྱབ་བྱུང་བའི་ཁྲིད་འབྲས་དཀར་ནི་སྤྱིར་ན་ལོ་གསར་སྐབས་སུ་ཐོན་པའི་དམིགས་བསལ་གྱི་བཀྲ་ཤིས་ཕོ་ཉ་ཞིག་ཡིན། དེ་ཡང་དེ་སྤྱི་ལོ་གསར་ཚེས་གཅིག་ཉིན་འབྲས་དཀར་འཁྲབ་མཁན་ཚོས་ལག་ཏུ་འབྲས་རྒྱུག་ཐོགས་པ་དང་། ཨམ་ཕྲག་ཏུ་འབྲས་ཕོར་བཙུག་པ། ཕྲག་ཏུ་འབྲས་འབག་ཁྱེར་བ། རྣ་ལ་ཨ་ལོང་བཏགས་པ་སོགས་འབྲས་དཀར་གྱི་དམིགས་བསལ་ཆ་བྱད་སྤྲས་ནས་དུད་ཚང་ཚང་མའི་སྒོ་ཁར་བཀྲ་ཤིས་སྨོན་འདུན་མཚོན་པའི་ཁ་གཡང་སྒྲོག་གི་ཡོད།

འབྲས་དཀར་གྱིས་འཁྲབ་སྔོན་མ་བྱས་སྔོན་ཀི་ཀི་བསྭོ་བསྭོ་ལྷ་རྒྱལ་ལོ་ཞེས་ལྷའི་ངོ་སོ་བསྟོད་པ་དང་དེ་རྗེས་རང་ཉིད་ཀྱི་འབྲས་རྒྱུག་དང་། འབྲས་ཕོར། འབྲས་འབག་བཅས་དང་རྣ་ལོང་། འགྲོན་བུ་ཡན་ལ་འགྲེལ་བཤད་རྒྱག་ཐབས་ཀྱི་རྣམ་པའམ་སྒྱུ་རྩལ་གྱི་ཐབས་རྩལ་ལ་བརྟེན་ནས་བཀྲ་ཤིས་པ་དང་། དོན་གྲུབ་པ། གཡང་ཆགས་པ་བཅས་ཀྱི་བརྗོད་བྱ་ཤ་སྟག་ལ་བརྟེན་ནས་མི་རྣམས་ཀྱི་འདོད་དོན་ཡོད་ཚད་སྨོན་ཚིག་གི་ལམ་ནས་མཚོན་པར་བྱེད་ཀྱི་ཡོད་པ་མ་ཟད། རང་ཉིད་ལའང་བསམ་པའི་དོན་གྲུབ་ཅེས་པའི་བཀྲ་ཤིས་གཡང་ཆགས་ཀྱི་མིང་ཞིག་བཏགས་ནས་རང་ཉིད་ཀྱི་སྒོ་གསུམ་ཧྲིལ་པོ་བཀྲ་ཤིས་པ་དང་

དོན་གྲུབ་པའི་མཚོན་རྟགས་སུ་འགྱུར་བ་བྱེད་ཀྱི་ཡོད། མི་རྣམས་ཀྱིས་འབྲས་དཀར་འཁྲབ་མཁན་ནི་བཀྲ་ཤིས་རྟེན་འབྲེལ་གྱི་ཕོ་ཉ་ཞིག་ཏུ་བརྩིས་ནས་ཇ་ཆང་དང་ཁ་ཏོག་གི་སྣེ་ལེན་གཟབ་རྒྱུས་བྱེད་པ་མ་ཟད། ལ་ལས་ལོ་གསར་གྱི་མཚོན་དོན་ལྷ་བུར་ཤ་མར་གྱི་གནང་སྦྱིན་དང་ཁ་བཏགས་ཀྱང་གཡོགས་ཀྱི་ཡོད།

འབྲས་དཀར་ནི་དམངས་སྲོལ་རིག་གནས་ཀྱི་ཆ་ཤས་ཤིག་གི་ངོས་ནས་ལོ་ངོ་དུ་མའི་ལོ་རྒྱུས་ཡོད་པར་མངོན་ཞིང་། འབྲས་དཀར་སྒྱུ་རྩལ་པའི་སྐོར་སྐྱོད་ཀྱི་འཁྲབ་སྟོན་བྱེད་སྟངས་དང་། འཁྲབ་ཆས། རྐང་པའི་སྟངས་སྟབས། ལག་པའི་ཕྱག་རྒྱ། འབྲས་བཤད་ཀྱི་ནང་དོན་བཅས་ལ་སྒྱུ་རྩལ་གྱི་དམིགས་བསལ་རིན་ཐང་ལྡན་ཡོད་སྟབས་གནའ་བོའི་གོམས་སྲོལ་དང་། ཆས་གོས། གཞས་གདངས་བཅས་ལ་ཞིབ་འཇུག་བྱེད་པའི་དཔྱད་གཞི་རིན་ཐང་ཅན་ཞིག་ཡིན། འོན་ཀྱང་ད་ལྟའི་ཆར་ཡུལ་གྲུ་སྐོར་མཁན་འབྲས་དཀར་གྱི་གཟུགས་བརྙན་དག་སྤྱི་ཚོགས་འཕེལ་རྒྱས་ཀྱི་རླབས་རྒྱུན་ཁྲོད་རིམ་གྱིས་ནུབ་ལ་ཕྱོགས་བཞིན་ཡོད་པ་དང་གར་སྟེགས་ཐོག་ཏུའང་སྒྱུ་རྩལ་གྱི་རྣམ་པ་དེ་མཐོང་དཀོན་པོར་གྱུར་ཡོད། འོན་ཀྱང་ད་ཆ་མི་རྣམས་ཀྱི་འཚོ་བའི་ཆུ་ཚད་ཇི་ཙམ་མཐོ་བ་དེ་ཙམ་གྱིས་བསམ་པའི་རིག་གནས་ཀྱི་དགོས་མཁོ་དེ་བས་ཆེ་བ་དང་བཀྲ་ཤིས་སྨོན་འདུན་གྱི་དགོས་མཁོར་ཡང་ཇོགས་མཐའ་མེད་ལ་ལོ་གསར་གྱི་ཤིས་ཚིག་ཀྱང་ནམ་དུའང་མཁོ་བས་ལོ་གསར་གྱི་བཀྲ་ཤིས་ཕོ་ཉ་འབྲས་དཀར་གྱི་གཟུགས་བརྙན་དེ་བཞིན་གོ་ལའི་ཐོད་དུ་ལྷ་མཐུད་གནས་ཤིང་དར་ནས་བཀྲ་ཤིས་ལོ་ལེགས་ཀྱི་གནམ་ལོ་གསར་པ་རེ་རེ་བཞིན་བསུ་བར་སྨོན་ནོ།

གཉིས། ལ་སྟོད་ལྷོ་གཞས།

ལྷོ་གཞས་ནི་སྟོད་གཞས་ཀྱི་རིགས་ཤིག་ཡིན་པ་དང་དེར་ལྷོ་བྱང་གཉིས་སུ་དབྱེ་བ་ལས་ལྷོ་ལུགས་ཀྱི་ཁོངས་གཏོགས་ཡིན་ཤིང་། དེ་ཡང་ལྷ་རྩེ་ནས་ནུབ་ཕྱོགས་ཀྱི་ས་ཁུལ་ཁག་ལ་སྟོད་ཅེས་འབོད་སྲོལ་ཆགས་པ་དང་ལ་སྟོད་ལའང་ལྷོ་བྱང་གཉིས་སུ་ཕྱེ་སྲོལ་ཡོད་པ་ལས་ངམ་རིང་གིས་ལྷོ་བར་བྱས་པའི་ཁུལ་དེར་ལ་སྟོད་བྱང་དང་དིང་རི་ཤེལ་དཀར་གྱིས་གཙོ་བོར་བྱས་པའི་ཁུལ་ལ་ལ་སྟོད་ལྷོ་ཞེས་འབོད། ཡང་ལ་སྟོད་ལྷོ་བྱང་གཉིས་ཀྱི་ཁོངས་སུ་གཏོགས་པའི་ལྷ་རྩེ་དང་དིང་རི་སོ་སོར་ཡུལ་གྱི་ཁྱད་ཆོས་ལྡན་པའི་སྟོད་གཞས་ཀྱི་འཁྲབ་སྲོལ་རེ་ཆགས་པས་དིང་རི་ཁུལ་གྱི་སྟོད་གཞས་ལ་ལྷོ་གཞས་ཞེས་འབོད་སྲོལ་ཆགས། འོན་ཀྱང་ལྷོ་གཞས་ཀྱི་འབྱུང་ཁུངས་དངོས་ནི་མངའ་རིས་ཀྱི་རྩ་མདའ་དང་སྤུ་ཧྲེང་རྒྱུད་ཀྱི་དམངས་ཁྲོད་སྒོར་གཞས་ཡིན་ཞིང་། དུས་རབས་བཅུ་པ་ཙམ་ལ་མངའ་རིས་གུ་གེ་རྒྱལ་རབས་དར་ཞིང་རྒྱས་པའི་དུས་ཡིན་སྐབས་དམངས་ཁྲོད་ཞབས་བྲོའི་རིགས་ཀུང་དར་ཁྱབ་ཆེན་པོ་བྱུང་ནས་གར་དང་། ཤོན། སེང་རྩེད། སྒོར་གཞས། འཁྲོང་རྩེད་སོགས་སྒྱུ་གར་གྱི་རིགས་ཕུན་སུམ་ཚོགས་པའི་ཐོག་རྩ་མདའི་རྒྱུད་ཀྱི་སྒོར་གཞས་ལ་སྒྲ་སྙན་གྱིས་རམ་འདེགས་བྱེད་སྲོལ་དར་བ་ནི་གུ་གེའི་གནའ་ཤུལ་གྱི་ལྷ་ཁང་དམར་པོའི་གཡོན་ངོས་ཀྱི་ལྡེབས་རིས་ཚེ་མོའི་ཐོག་ཞིབ་ཅིང་ཕྲ་བ་བཀོད་ཡོད་པ་དང་ད་ལྟའི་ལྷོ་གཞས་ཀྱི་ལུས་ཀྱི་འགུལ་སྐྱངས་

དང་། ལག་གི་ཕྱག་རྒྱ། རྐང་པའི་སྟངས་སྟབས་བཅས་གཅིག་མཚུངས་ཡིན་པ་གསལ་བར་འཁོད་ཡོད། ད་དུང་སྡེ་སྲིད་སངས་རྒྱས་རྒྱ་མཚོ་དང་རྗེ་རིང་བསྟན་འཛིན་དཔལ་འབྱོར་གཉིས་ཀས་སྒྲ་སྙན་དར་ཚུལ་རྒྱས་པར་སྤྲོས་སྐབས་མངའ་རིས་སྒྲ་སྙན་ཞེས་འཁོད་པས་སྒྲ་སྙན་གྱི་དར་ཡུལ་ཡང་ཐོག་མར་སྟོད་མངའ་རིས་ནས་ཡིན་པ་གསལ་སྟོན་གནང་ཡོད། དེ་ལྟར་སྟོད་མངའ་རིས་སྲུ་ལོ་ཇོ་དུ་མའི་རིང་སླུ་གར་དར་ཁྱབ་ཆེན་པོ་བྱུང་བ་མངོན་ཞིང་། ལྷག་དོན་གཙང་པ་སྡེ་སྲིད་ཀྱིས་སྲིད་དབང་བཟུང་སྐབས་སྟོད་ཀྱི་གྲགས་ཅན་རོལ་དབྱངས་མཁས་པ་ཁག་གཅིག་དབུས་གཙང་ཁུལ་དུ་འཁྲབ་སྟོན་བྱེད་པར་མངགས་གཏོང་བྱས་པས་ལྷ་ས་ཁུལ་དུ་ཡང་སྒྲ་སྙན་གྱིས་རམ་འདེགས་བྱེད་པའི་སྟོད་གཞས་དར་འགོ་ཚུགས། འོན་ཀྱང་ལྷ་སའི་སྒྲ་སྙན་ཞབས་བྲོ་ཞེས་པ་ལས་སྟོད་གཞས་ཟེར་སྲོལ་མེད།

སྟོད་གཞས་ཀྱི་རམ་སྟེགས་རོལ་ཆ་གཙོ་བོ་ནི་སྒྲ་སྙན་དང་པི་ཝང་ཡིན་པ་དང་གཞས་མདངས་ཙུང་ལྗི་ཞིང་སྐད་གསང་མཐོ་པོས་ཐུན་མོང་ཐོག་གཞས་གཏོང་བ་དང་དལ་གཞས་དང་མགྱོགས་གཞས་ཟུང་འབྲེལ་བྱེད་ལ་འཁྲབ་ཆས་དེ་ཙམ་མཚར་པོ་མེད་པས་དམངས་ཁྲོད་ཀྱི་ཉམས་འགྱུར་ཟབ་མོ་ལྡན་ཡོད། དེ་སྔ་སྟོད་གཞས་གཏོང་བའི་དུས་ཚོད་གཙོ་བོ་ནི་ལོ་རེའི་ལོ་གསར་དང་། བོད་ཟླ་བཞི་པའི་ཆེས་བཅུ་བཞི་བཅོ་ལྔའི་ཆར་འབེབས་དུས་ཆེན། བོད་ཟླ་ལྔ་པའི་ཆོས་སྐོར་དང་དབྱར་སྐྱིད་དུས་ཆེན་སོགས་དུས་ཆེན་ཚང་མར་མི་རྣམས་མཉམ་འཛོམས་ཀྱིས་སྟོད་གཞས་གཏོང་སྲོལ་ཡོད།

སྟོད་གཞས་ཀྱི་སྟངས་སྟབས་གཙོ་བོ་ནི་གོམ་གཉིས་གཉིས་བཅགས་དང་།

རྒྱབ་བཤིག་གཡོན་སྐོར། ཀང་པ་ནང་ཕྲ། ཀང་པ་ཕྱི་ཕྲ། རྐོད་པོ་གཞོག་རྐྱང་། དཀོན་མཆོག་ཕྱག་འབུལ། སྐེད་པའི་སྐེད་གཟེར། ཡང་ལ་པད་སྐོར་ཟེར་བ་སོགས་ཀྱི་ཕྱག་རྒྱའི་རིམ་པ་ཡོད་པ་དང་། ཕོ་ཕྱེད་མོ་ཕྱེད་ཀྱིས་སྐོར་གཟུགས་དང་ཕྱེད་སྐོར་གཟུགས་སུ་འཁྲབ་པ་དང་གཞས་སྐེ་ཁྲིད་མཁན་ཏུ་སྟར་གྱི་དང་པོའམ་དབུས་སུ་སྡོད་པ་དང་། དང་ཐོག་གླུ་ལེན་གཙོ་བོར་བྱས་ནས་དལ་གཞས་འཁྲབ་པ་དང་རིམ་བཞིན་འཕྲུག་གཞས་སུ་བསྒྱུར་བ་དང་གཞས་སྐེ་ཁྲིད་མཁན་གྱིས་ལག་སོ་ཞེས་པ་དང་སྒྲགས་ཏུ་སྟར་ལ་འགྱུར་ཕྱོག་བཏང་ནས་ཏ་ཅང་འཕྲུག་ཆ་དོད་པོ་ཡོད། སྒོ་གཞས་འཁྲབ་མཁན་ལ་མང་ཉུང་ཚད་བཟུང་མེད་པས་ཉུང་སྐབས་མི་བཅུ་གྲངས་ཀྱིས་འཁྲབ་ཆོག་པ་དང་མང་སྐབས་མི་གྲངས་བརྒྱ་སྐོར་ཡང་ཞུགས་ཆོག་གི་ཡོད་ལ་རང་མོས་ངང་ཞུགས་པའམ་ཁ་བྲལ་ཆོག་ལ་ཕོ་མོ་རྒན་གཞོན་གྱི་ཚད་བཀག་ཀྱང་གང་ཡང་མེད་པའི་དམངས་ཁྲོད་ཀྱི་གླུ་གར་མིང་དོན་མཚུངས་པ་ཞིག་ཡིན།

གསུམ། སྣེ་མོའི་འབབ་དཀར་པོའི་ལྷ་མོ་བ།

ལྷ་ས་ནས་སྤྱི་ལེ140ཙམ་གྱི་སར་གནས་པའི་སྣེ་མོ་རྫོང་དར་གྲོང་གྲོང་རྡལ་དུ་དར་ཁྱབ་བྱུང་བའི་འབབ་དཀར་པོའི་ལྷ་མོ་ཚོགས་པ་ནི་བོད་དུ་དར་བའི་ལྷ་མོ་ཚོགས་པ་རྙིང་གྲས་ཤིག་ཡིན་པས་དེ་སྔ་འཁྱོངས་རྒྱས་སྤུན་བདུན་དང་། ཡར་ཀླུང་བཀྲ་ཤིས་ཞོལ་པ། སྣེ་མོ་དར་གྲོང་བ། སྟོད་ལུང་སྣང་རྩེ་བ་

སོགས་བོད་དུ་མིང་གྲགས་ཆེ་བའི་ལྷ་མོ་ཚོགས་པ་ཁག[6]ནི་ལོ་ལྟར་གྱི་འབྲས་སྤྲུངས་ཞོ་སྟོན་གྱི་འཁྲབ་སྟོན་ནང་ངེས་པར་ཞུགས་དགོས་པའི་ལྷ་མོ་ཚོགས་པ་གཙོ་བོའི་གྲས་ཤིག་ཡིན་པ་སོགས་ལྷ་མོའི་གཞུང་ཁུངས་དག་ལ་ལོ་རྒྱུས་རིང་བས་ད་ཆ་དར་གྲོང་འབག་དཀར་པོའི་ལྷ་མོ་དེ་རྒྱལ་ཁབ་རིམ་པའི་མངོན་མིན་རིག་གནས་ཤུལ་བཞག་གི་མིང་གཞུང་ནང་འཁོད་ཡོད།

འབག་དཀར་པོའི་ལྷ་མོ་ནི་གཞུང་དེའི་སྲོལ་གཏོད་པ་གྲུབ་ཆེན་ཐང་སྟོང་རྒྱལ་པོས་ཐོག་མར་གཏོད་པའི་འཁྲབ་སྲོལ་གྱི་གྲས་ཤིག་ཡིན་པ་དང་འཁྲབ་གཏོང་གྱེར་གསུམ་ཚང་ལ་སྤྱིར་ར་ལྤགས་ལས་བཟོས་པའི་གདོང་འབག་དཀར་པོ་ཞིག་གྱོན་ཏེ་གཏམ་རྒྱུད་སྣ་ཚོགས་འཁྲབ་པ་ནི་འབག་དཀར་པོའི་ལྷ་མོའི་འཁྲབ་སྲོལ་གྱི་ཁོངས་སུ་གཏོགས་པ་ཞིག་ཡིན། འབག་དཀར་པོའི་ལུགས་ཀྱིས་སྤྱིར་ན་འགྱུར་ཁུག་མི་འདྲ་བ[6]སྤྱོད་པ་དང་རྣམ་ཐར་དངོས་སུ་མ་བཏང་གོང་གཞུང་སྔོན་བའི་སྟངས་སྟབས་དང་སྒྲུགས་ཏོ་ཏོའི་སྒྲ་གྲགས་པ་ནི་དབྱངས་ཀྱི་ངེས་པ་བདུན་གྱི་ཆོས་ཉིད་དང་མཐུན་པའི་སྟོན་འགྲོའི་རྣམ་པ་ཞིག་ཡིན། དེ་སྔ་འབག་དཀར་པོའི་ལྷ་མོ་ཚོགས་པའི་དཔུས་ནས་གནའ་ཉམས་དོད་ལ་བབ་ཆགས་པའི་ཕྱུན་བདུན་ལྷ་མོ་བ་དང་། འབག་དཀར་པོ་དང་སེར་པོ་ཡང་སྤྱོད་པའི་ཡར་ཀླུང་བཀྲ་ཤིས་ཞོལ་པ། སྟངས་སྟབས་དམིགས་བསལ་ཆེ་བའི་དར་གྲོང་ལྷ་མོ་བཅས་ལ་མི་རྣམས་ཀྱིས་སྐྱ་རྩལ་གྱི་ཉམས་འགྱུར་ཁྱད་དུ་འཕགས་པའི་ལྷ་མོ་ཚོགས་པ་གསུམ་ལ་བརྗེ་བ་དེ་དག་གི་འཁྲབ་བྱའི་གཞུང་གཙོ་བོ་ནི་ཆོས་རྒྱལ་ནོར་བཟང་གི་གཞུང་འཁྲབ་ཀྱི་ཡོད་ལ་ལྷ་མོ་ཚོགས་པ་དེ་དག་གིས་ལོ་རྒྱུས

ཀྱི་གར་སྟེགས་ཐོག་སྒྱུ་རྩལ་གྱི་གནས་བབ་ངེས་ཅན་ཞིག་བཟུང་ཡོད།

དར་གྲོང་འབབ་དཀར་པོའི་ལྷ་མོ་ཚོགས་པའི་ལོ་རྒྱུས་ཧ་ཅང་རིང་བ་དང་ལྷག་དོན་དུ་དུས་རབས་བཅུ་གཉིས་པའི་ལོ་རབས་ལྔ་བཅུ་པའི་དུས་དཀྱིལ་ཙམ་ནས་བཟུང་འབབ་སྟོན་པོའི་འཁྲབ་སྲོལ་ཡང་སྤྱད་དེ་དེ་སྔའི་འབབ་དཀར་པོ་འཁྲབ་སྐབས་བཀྲ་ཤིས་སྔོན་འདུན་མཆོད་ཐབས་གཙོ་བོར་བྱེད་པ་ནས་དགའ་སྐྱོ་སྡུག་བྲལ་གྱི་སྒྱུ་རྩལ་གྱི་ཁྱད་རྩལ་ཡོངས་སུ་རྫོགས་པའི་འཁྲབ་སྟངས་སྤྱད་པ་མ་ཟད། འཁྲབ་གཞུང་ཡང་དེ་སྔ་ཆོས་རྒྱལ་ནོར་བཟང་གཙོ་བོར་བྱེད་པ་ནས་རིམ་བཞིན་དྲི་མེད་ཀུན་ལྡན་དང་། སྣང་ས་འོད་འབུམ། འགྲོ་བ་བཟང་མོ། གཟུགས་ཀྱི་ཉི་མ་སོགས་ལྷ་མོའི་འཁྲབ་གཞུང་ཕལ་ཆེ་བ་འཁྲབ་སྟོན་བྱེད་ཐུབ་པ་བྱུང་ཡོད། སྙེ་མོའི་འབབ་དཀར་པོའི་ལྷ་མོ་བར་མང་ཚོགས་ཀྱི་རྨང་གཞི་ཟབ་པ་དང་། རྒྱུན་འཛིན་གྱི་རིན་ཐང་ཆེ་ལ་འགྱུར་ཁུག་སྙན་པ། འཁྲབ་ཆས་གནའ་ཉམས་དོད་པས་ལྟ་འདོད་ལ་ཉན་སྤྲོ་ཞིང་། སྒྱུ་རྩལ་གྱི་རིན་ཐང་ཆེན་པོ་ལྡན་ཡོད་པ་རེད། དེ་སྔ་ལྷ་མོ་ཚོགས་པ་དེའི་འཁྲབ་སྟོན་པ་ཚང་མ་སྐྱེས་པ་ཡིན་པས་བུད་མེད་ཀྱི་གཟུགས་བརྙན་ཡང་སྐྱེས་པ་ཚོས་འཁྲབ་ཀྱི་ཡོད་པ་དང་འཁྲབ་ཐེངས་གཅིག་ལ་བསྡུད་མར་ཆུ་ཚོད་གཅིག་ཙམ་འཁྲབ་ཐུབ་ཀྱི་ཡོད་པ་རེད། དེ་སྔ་སྙེ་མོ་རྫོང་ལ་ལྷ་མོ་ཚོགས་པ་བཞི་ཡོད་ཙང་ད་ཆ་དར་གྲོང་ལྷ་མོ་ཚོགས་པ་ཙམ་ལས་གནས་མེད་པ་དེ་ནི་ལོ་རྒྱུས་ཀྱི་བསླབ་བྱ་ཞིག་ཡིན།

དར་གྲོང་ལྷ་མོའི་རྒྱུན་འཛིན་པ་མི་རབས་བཞི་པ་ཡིན་པའི་ཨོ་ལོ་གཞོན་པས་ལོ་ངོ་10ལ་སླེབས་ཙམ་ནས་འབབ་དཀར་པོའི་ལྷ་མོའི་འཁྲབ་གཞུང་སྦྱོང་

འགོ་བཙུགས་པ་ནས་ལོ་ངོ་24ལ་སླེབས་སྐབས་གཞི་ནས་ལྷ་མོ་འཁྲབ་མཁས་པའི་སྒྱུ་རྩལ་པ་ཞིག་ཏུ་གྱུར་ཞིང་། བོད་ཞི་བས་བཅིངས་འགྲོལ་མ་བཏང་གོང་དར་གྲོང་ལྷ་མོ་ཚོགས་པས་ཞོ་སྟོན་སོགས་ཀྱི་གཞས་ཁྲལ་རྒྱུག་པ་དང་སྨུ་དྲག་གི་གཟིམ་ཤག་ཏུ་ལྷ་མོ་འཁྲབ་པར་འགྲོ་ཡི་ཡོད། བོད་ཞི་བས་བཅིངས་འགྲོལ་བཏང་རྗེས་ཨ་ལོ་གཞོན་པས་ལོ་ངོ་བཅུ་ཕྲངས་རིང་སྔར་བཞིན་ལྷ་སའི་ཞོ་སྟོན་སོགས་བྱེད་སྒོ་ཆེ་གྲས་ཁག་དང་འོང་སྐོར་སོགས་ས་གནས་ཀྱི་དུས་ཆེན་ཚང་མར་འཁྲབ་སྟོན་བྱེད་ཀྱི་ཡོད། ཨ་ལོ་གཞོན་པར་ར་ལྷུགས་ལས་བཟོས་པའི་འབག་དཀར་པོ་ཞིག་ཡོད་པ་དེ་ནི་མི་ལོ་20ལྷག་ཙམ་རིང་བེད་སྤྱོད་བྱས་པས་དེ་ནི་ཁོང་གི་ངོས་ནས་བཤད་ན་རྩ་ཆེའི་ནོར་བུ་ཞིག་ཡིན། ཨ་ལོ་གཞོན་པ་ནི་དར་གྲོང་ལྷ་མོའི་རྒྱུན་འཛིན་པ་གཅིག་པུ་དེ་ཡིན་པས་རྒྱལ་ཁབ་ཀྱི་ཆེད་དཉུལ་ཐོབ་པ་དང་། རང་ཉིད་ཀྱིས་ཏ་ཙང་དགའ་ཞེན་བྱེད་པའི་ལྷ་མོ་རྒྱུན་འཛིན་ཐུབ་པ། ཁོང་ལ་བུ་ཕྲུག་10ཡོད་པ་དག་གིས་སྲི་ཞུ་ཏུར་ཐག་སྒྲུབ་ནས་བདེ་སྐྱིད་ལྡན་པའི་ཚེ་མཇུག་སྐྱེལ་ཐུབ་པ་བྱུང་ཡོད། འོན་ཀྱང་དེ་སྐ་ཁོང་ལ་སེམས་ཁྲལ་ཆེན་པོ་ཞིག་ཡོད་པ་ནི་ད་ཆའི་གཞོན་ནུ་མང་པོས་ཕ་མེས་ཀྱི་སྒྱུ་རྩལ་རྒྱུན་འཛིན་བྱ་རྒྱུར་སྤྲོ་སྣང་ཆེན་པོ་མེད་པ་དང་ལྷག་དོན་ལྷ་མོ་སྦྱོང་འདོད་མི་བྱེད་པས། འཁྲབ་མི་རྣམས་ལོན་ཆུན་པ་དང་རྒྱུན་འཛིན་བྱེད་མཁན་དཀོན་པ། མ་དཉུལ་ཁ་ཐང་བ་སོགས་རྒྱུ་རྐྱེན་སྣ་ཚོགས་ཀྱིས་ཁོང་གི་དུས་སུ་དར་གྲོང་ལྷ་མོའི་འཁྲབ་རྒྱུན་སྟོངས་མི་ཡོང་ངམ་སྙམ་པ་དེ་ཡིན་རུང་ཕྱིས་སེམས་ཁྲལ་དེ་བྱེད་མི་དགོས་པར་གྱུར་ཡོད།

ཉེ་བའི་ལོ་ཤས་རིང་སློ་མོ་རྫོང་ཨུད་དང་རྫོང་སྲིད་གཞུང་གིས་མངོན་མིན་རིག་གནས་ཤུལ་བཞག་གི་སྲུང་སྐྱོབ་ལས་ཀར་མཐོང་ཆེན་གྱིས་སྲོལ་རྒྱུན་ལྷ་མོ་སྲུང་སྐྱོབ་བྱས་པ་དང་། སྲིད་གཞུང་གིས་གཙོ་ཁྲིད་ཀྱི་ནུས་པ་ཧུར་ཐག་འདོན་པ། ནུས་ལྡན་གྱི་སྲུང་སྐྱོབ་ལས་དོན་སྒྲུབ་མཁན་གྱི་འགོ་ཁྲིད་སྒྲིག་གཞི་བཙུགས་པ་མ་ཟད། འབག་དཀར་པོའི་ལྷ་མོར་ཡོངས་ཁྱབ་ཞིབ་བཤེར་བྱེད་པའི་ལས་དོན་བསྒྲུབས་ཡོད། དེའི་ཐད་ད་ཡོད་ཀྱི་དཔྱད་གཞིའི་ཡིག་ཆར་གཞི་འཛིན་པ་དང་། འཔཔ། དཀར་པོའི་སྒྱུ་རྩལ་གྱི་རིན་ཐང་ལ་གདེང་འཇོག་གང་ཞིགས་བྱེད་པ། འབག་དཀར་པོའི་ལྷ་མོའི་སྲུང་སྐྱོབ་གནས་ཚུལ་དང་གནས་པའི་གནད་དོན་བཅས་ཁོང་དུ་ཆུད་པའི་རྨང་གཞིའི་ཐོག་སྒྱུ་རྩལ་པར་འཕྲད་པའི་དཀའ་ངལ་ཐག་གཅོད་ཧུར་ཐག་བྱས་པ་དང་། གཞོན་སྐྱེས་ཚོས་འབག་དཀར་པོའི་ལྷ་མོ་སྦྱོང་དགོས་པའི་སྐུལ་སློང་བྱེད་པ། གཞི་རིམ་མང་ཚོགས་ཚོར་འཁྲབ་སྟོན་བྱ་རྒྱུའི་གོ་སྐབས་ཧུར་ཐག་གཏོད་པ་བཅས་བྱས་པས་དར་གྲོང་འབག་དཀར་ལྷ་མོ་ཚོགས་པར་སྐྱེ་སྟོབས་ཀྱི་དཔལ་ཡོན་གསར་དུ་རྒྱས་ནས་ད་ཆ་ལྷ་མོ་ཚོགས་པ་དེར་འཁྲབ་སྟོན་པ20སྐོར་ཡོད་པ་དང་། རྫོང་རིག་གནས་ཚུས་ཀྱིས་ཁོང་ཚོར་ནང་སྦྱོང་བྱེད་ས་མགོ་འདོན་བྱས་པ། གཞོན་སྐྱེས་འཁྲབ་སྟོན་པ17ཙམ་གསོ་སྐྱོང་བྱེད་བཞིན་ཡོད་པ་མ་ཟད། ལྷག་དོན་གྲོང་ཚོ་དེ་གའི་གཞོན་ནུ་བསམ་གྲུབ་ཅེས་པ་ཞིག་ཨ་ལོ་གཞོན་པས་དར་གྲོང་ལྷ་མོའི་རྒྱུན་འཛིན་པར་དམིགས་ནས་གསོ་སྐྱོང་བྱས་ཡོད་པ་བཅས་ནི་དར་གྲོང་ལྷ་མོ་དེ་བཞིན་མི་ལུས་རྒྱུད་ནས་རྒྱུན་འཛིན་ཐུབ་པའི་སྟ་ལྟས་བཟང་པོ་ཞིག་ཡིན་ནོ།

བཞི། ས་གནས་ཀྱི་ཉམས་འགྱུར་ལྡན་པའི་སྤོ་བྲོའི་སྒྱུ་རྩལ།

བོད་ཤིང་རྟ་ལོའི་ལོ་གསར་མཚན་ཚོགས་ཀྱི་གར་སྟེགས་ཐོག་འཁྲུག་ཆ་ངོད་ལ་ཇམ་བརྗོད་ལྡན་པའི་གནའ་བོའི་འཁྲབ་ཚན་ཞིག་གིས་མཚན་ཚོགས་རྩེལ་པོའི་མཐོ་རླབས་གོང་མཐོར་འཕྱུར། སྒྱུ་རྩལ་སྟོན་མོའི་ཚན་གྲངས་གསར་པ་དེས་གཟིགས་མོ་བ་རྣམས་སྣོ་གསུམ་དབྱིངས་ལ་ཚུད། དེ་ནི་གཉའ་ཁྲི་བཙན་པོའི་ཕ་ཡུལ་དུ་གྲགས་པའི་སྤོ་བོ་རྫོང་གི་སྤོ་བྲོའི་སྒྱུ་རྩལ་དེ་ལགས།

དམིགས་བསལ་གྱི་ས་ཁམས་དང་ཡུལ་སྲོལ་ལས་བོད་ལྗོངས་ཉིང་ཁྲི་ས་ཁུལ་སྤོ་བོ་རྫོང་དུ་ཐུན་མོང་མ་ཡིན་པའི་དམངས་སྲོལ་རིག་གནས་དང་སྒྱུ་རྩལ་གྱི་བྱེ་བྲག་མང་དག་ཅིག་དར་ཁྱབ་བྱུང་ཡོད་པའི་ཁྲོད་ནས་སྤོ་བྲོ་དང་སྤོ་དབྱངས་གཉིས་ལ་དམིགས་བསལ་ཆེ་བའི་སྒྱུ་རྩལ་གྱི་རིན་ཐང་ལྡན་ཡོད་སྟབས། 2007ལོར་ལྗོངས་རིམ་པའི་མངོན་མེད་རིག་གནས་ཤུལ་བཞག་གི་མིང་གཞུང་ནང་བཀོད་ཡོད་པ་རེད།

སྤོ་ཡུལ་གྱི་བྲོ་དེར་མི་ལོ་ཆིག་སྟོང་ལྷག་ཙམ་གྱི་ལོ་རྒྱུས་ཡོད་པར་གྲགས་ཤིང་། ཤོད་རྒྱུན་ལ་བཙན་པོ་སྲོང་བཙན་སྒམ་པོའི་དུས་སུ་ལྷ་སར་ར་ས་འཕྲུལ་སྣང་གི་གཙུག་ལག་ཁང་བཞེངས་སྐབས་བོད་ཀྱི་ས་དགྲ་གནན་ཆེད་དུ་སྒྱོགས་བཞིར་མཐའ་འདུལ་ཡང་འདུལ་གྱི་གཙུག་ལག་ཁང་མང་པོ་བཞེངས་སྐབས་ད

ལྷའི་སྤྱི་བོ་རྫོང་ཆུ་མདོ་ཤར་དུ་ཡང་ཁ་བ་ལྷ་ཁང་ཞེས་པ་ཞིག་གསར་བཞེངས་བྱས། ལྷ་ཁང་དེ་གསར་བཞེངས་ཀྱི་མཛད་སྒོ་གཟབ་རྒྱས་ཤིག་འཚོགས་སྐབས་ས་གནས་དེ་གའི་མང་ཚོགས་ཚོས་བྲོའི་འཁྲབ་ཚན་དེ་རང་རྩོམ་རང་འཁྲབ་བྱས་ཏེ་འཁྲབ་པ་དང་ཕྱིས་དར་རྒྱས་ཆེན་པོ་བྱུང་ནས་ད་བར་རྒྱུན་འཛིན་ཐུབ་པར་གྲགས།

སྤྱི་བོའི་བྲོ་ལ་གླུ་གཞོག་དང་བརྗེད་ཉམས་ཆེ་བའི་ཆབ་མདོའི་བྲོ་དང་མཛེས་ཤིང་མཉེན་ཆ་དོད་པའི་གོང་གཞས་གཉིས་ཀའི་ཐུན་མོང་གི་ལེགས་ཆ་ལྡན། ནང་དོན་ཐད་མཛེས་པའི་རི་ཆུ་ལྗོངས་གསུམ་ལ་བསྟོད་པ་དང་། ཕོན་སྐྱིད་ངལ་རྩོལ་གྱི་རྣམ་པ་མཚོན་པ། མི་ནད་ཕྱུགས་ནད་མི་ཡོང་བའི་སྨོན་ལམ་འདེབས་པ། ཐ་ན་ཀན་བཀུར་གཞོན་གཅེས་དང་འཆམ་མཐུན་གྱི་བསླབ་བྱ་ཡང་ཚུད་ཡོད་པ་རེད། སྤྱི་བྲོ་ནི་སྤྱི་ཡུལ་གྱི་སྒོར་གཞས་ཀྱི་དོད་ཀྱང་ཡིན་པས་བུ་ཚོའི་སྟངས་སྟབས་ཐད་གླུ་གཞོག་ཆེ་ལ་ཡང་ཤ་དོད་པའི་ཁྱད་ཆོས་ལྡན་ཡོད་པ་དང་བུ་མོ་ཚོའི་སྟངས་སྟབས་སྙིག་ཉམས་དོད་ལ་བབ་ཆགས་པ་ཞིག་ཡོད་པས་སྤྱི་བོའི་བྲོ་ལ་ས་མཐོའི་མང་ཚོགས་ཀྱི་གློ་བག་ཡངས་ལ་དཔའ་ངར་ཆེ་བའི་རྣམ་པ་མཚོན། ལྷག་དོན་དུ་དེའི་ཁྱད་ཆོས་གཙོ་བོ་ནི་དལ་གཞས་བྱིན་ཆགས་ལ་སྙིག་ཉམས་ཀྱིས་ཕྱུག་པ་དང་། མགྱོགས་གཞས་ངར་ཤུགས་ཆེ་ལ་དགའ་སྤྲོ་འཕེལ་བ་ཞིག་ཡོད་པ། རྐང་སྟབས་དང་ཕྱག་རྒྱར་འགྱུར་ལྡོག་ཆེན་པོ་ཡོད་པས་འཁྲུག་ཆ་དོད་པའི་རྣམ་པ་ཞིག་མཚོན། བྲོ་འཁྲབ་སྐབས་སྔོན་ལ་གཞས་གཏོང་བ་དང་དེ་རྗེས་འཁྲབ་ཀྱི་ཡོད་ལ། སྔོན་ལ་བུས་གཞས་དུམ་བུ་གཅིག་གཏོང་བ་དང་དེ་

རྗེས་བུ་མོས་བསྐྱར་བཟློས་ཐེངས་གཅིག་བྱས་རྗེས་གཞས་གཏོང་བཞིན་དུ་མཉམ་འཁྲབ་བྱེད་ཅིང་། སྐྱོའི་སྟངས་སྟབས་ནི་ལག་གིས་ཕྱག་རྒྱ་བྱེད་བཞིན་དུ་ཀང་པ་མདུན་དུ་འདེགས་རྒྱུ་དེ་ཡིན་ལ། འཁྲབ་སྟོན་པ་མང་ཉུང་གི་ཚད་བཀག་མེད་ རུང་འཁྲབ་མི་ག་ཚོད་ཀྱིས་མང་བ་དེ་རྩིས་ཀྱིས་རྨམ་བརྗིད་ལྡན་པ་ཞིག་ཡོད།

དེ་སྔ་བྲོ་འཁྲབ་སྐབས་སྒྲིག་སྲོལ་ནན་པོ་ཡོད་པས་ཉིན་དང་པོར་ངེས་པར་དུ་བྲོ་ལྷ་གསོལ་དགོས་པ་དང་ཉིན་མཇུག་མར་བཀྲ་ཤིས་གཅོད་དགོས་ཀྱི་ཡོད་ལ་འཁྲབ་སྟོན་བྱེད་སྐབས་ཀྱང་དམིགས་བསལ་གྱི་དུས་ཚོད་ཡོད་ཅིང་། ལོ་རེའི་ལོ་གསར་གྱི་ཚེས3ནས15བར་ཡིན་པ་དང་དེ་མིན་དགོན་པའི་ཆོས་ཕྱོགས་ཀྱི་བྱེད་སྒོ་ཐེལ་སྐབས་མ་གཏོགས་འཁྲབ་སྲོལ་མེད། འོན་ཀྱང་ལོ་རྒྱུས་ཡུན་རིང་ལྡན་པའི་གནའ་བོའི་སྒོ་བྲོ་དེ་བཞིན་བར་སྐབས་ཉམས་ཉེས་ཆེན་པོ་ཕྱུང་ནས་སྐྱ་རྩལ་གྱི་རིན་ཐང་ཉམས་པ་དང་རྒྱུན་འཛིན་མི་སྣ་སྟོངས་ལ་ཐུག་པའི་གནས་སུ་གྱུར། དེ་ལྟར་ཡིན་རུང་ཕྱོགས་ཁག་གི་རྒྱབ་སྐྱོར་དང་སྒྱུ་རྩལ་པ་ཁག་གྲས་ཚོའི་འབད་བརྩོན་ལྷོད་མེད་འོག་སླར་གསོ་གོང་འཕེལ་བྱུང་བ་དང་། ལྷག་དོན་དུ་ད་ཆ་དུས་ཆེན་ནམ་འཆར་དང་ཡང་སྔོས་ལོ་རེའི་སྒོ་བོའི་དམངས་ཁྲོད་སྒྱུ་རྩལ་དུས་ཆེན་སྐབས་ཤང་གྲོང་ཁག་གི་མང་ཚོགས་རྣམས་སྒོ་བྲོའི་འགྲན་བསྡུར་བྱེད་པ་དང་། ཕྱིས་གསར་དུ་གཉེར་བའི་ཡར་ཀླུང་གཙང་པོའི་གྲོག་རོང་ཆེ་མོའི་རིག་གནས་ཡུལ་སྐོར་དུས་ཆེན་གྱི་སྒོ་བོའི་ཡན་ལག་ཚོགས་རར་ཡང་ཤང་གྲོང་ཁག་གི་མང་ཚོགས་ཀྱི་འཐུས་མིས་སྒོ་བྲོའི་ཉམས་བཟང་ཅི་དགར་རྩམས་ཏེ་

ལོ་ངོ་སྟོང་གི་གནའ་བོའི་སྒོ་ཁྲོའི་འགྱུར་ལུགས་དེ་བོད་ཀྱི་བཙན་པོ་དང་པོ་འབྲུངས་ཡུལ་གྱི་རི་གླུང་ཀུན་ལ་གྲགས་པར་བྱེད།

སྒོ་བོའི་ལུལ་ཧྲུ་ཁྲོ་དང་འདྲ་བར་ད་དུང་གཞས་ཀྱི་རྣམ་གྲངས་གཞན་ཞིག་ཡོད་པ་དེའི་ལོ་རྒྱུས་རིང་ལ་ཧ་ཅང་དར་ཁྱབ་ཆེ་བས་ལྗོངས་རིམ་པའི་མངོན་མིན་རིག་གནས་ཤུལ་བཞག་གི་མིང་ཐོབ་པ་དེར་ས་གནས་མང་ཚོགས་ཚོས་སྒོ་དབྱངས་ཞེས་འབོད་ཀྱི་ཡོད། སྒོ་དབྱངས་ནི་མཛའ་གཞས་ཀྱི་ཁོངས་སུ་གཏོགས་པ་དང་གཞས་གཏོང་པ་ལས་འབྲབ་སྒྲོལ་མེད། འོན་ཀྱང་དེའི་གཞས་གདངས་མཐོ་དམའ་རན་པ་དང་བབ་ཆགས་པས་ཉན་སྐབས་སྙན་ཞིང་འཇེབས་ལ་སྤྲོ་སྣང་འཕེལ་བ་ཞིག་ཡོད། སྒོ་དབྱངས་གཏོང་སྐབས་བུ་དང་བུ་མོས་ཁེར་གཞས་གཏོང་གི་ཡོད་ལ་ཕན་ཚུན་གླུ་ལེན་རེས་ཀྱང་བྱེད་ཀྱི་ཡོད། གཞས་ཚིག་ནི་སྙན་འཇེབས་ཀྱི་ཚིག་སྦྱོར་ལ་བརྟེན་ནས་མཛེས་སྡུག་ལྡན་པའི་ཡུལ་ལྗོངས་དང་གྲགས་ཅན་མི་སྣར་བསྟོད་པ་དང་། ཕ་མའི་བཀའ་དྲིན་དྲན་པ། དམངས་ཀྱི་བློ་ཁྲོས་ལ་བསྙུགས་པ་སོགས་ཡོད། དེ་ལྟར་སྒོ་ཁྲོ་དང་སྒོ་དབྱངས་ཀྱི་ས་གནས་ཀྱི་ཁྱད་ཆོས་ལྡན་པའི་དམིགས་བསལ་ཆེ་བའི་སྒྱུ་རྩལ་རྣམ་པ་དེས་སྒོ་ཡུལ་མི་དམངས་ཀྱི་ཤེས་རིག་དང་བསམ་པའི་ཉམས་འགྱུར་གང་ལེགས་མཚོན་པར་བྱས་ཡོད།

༢༠། དུང་རྒྱག་ལ་ཞབས་བྲོ།

དུང་རྒྱག་ལ་ཞབས་བྲོ་ནི་གཞིས་རྩེའི་ལྷོ་ནུབ་ངོས་ཀྱི་སྙེད་གྲོང་ཁུལ་དུ་དར་ཁྱབ་ཆེ་བའི་དམངས་ཁྲོད་ཀྱི་ཞབས་བྲོ་ཞིག་ཡིན་ཞིང་། ལོ་ལྟར་གྱི་མདའ་རྩལ་དུས་ཆེན་དང་། འོང་སྐོར། ལོ་གསར་སོགས་དུས་ཆེན་ཆེ་གྲས་ཀྱི་སྐབས་སུ་སྙེད་གྲོང་ཁུལ་གྱི་མི་རྣམས་ཀྱིས་དུང་རྒྱག་ལའི་ཞབས་བྲོ་འཁྲབ་པ་དང་ཁྱིམ་ཚང་ཆ་རྐྱེན་ལེགས་པས་གཉེན་སྒྲིག་རྟེན་འབྲེལ་གྱི་མཛད་སྒོར་ཡང་དུང་རྒྱག་ལ་ཞབས་བྲོ་འཁྲབ་མཁན་གདན་ཞུ་བྱེད་ཅིང་། སྤྱིར་དུང་རྒྱག་ལ་ཞབས་བྲོ་ནི་ཉིན་གྲངས་གསུམ་ཙམ་བསྟུད་མར་འཁྲབ་པ་དང་ཞབས་བྲོ་འཁྲབ་པའི་དུས་ཚོད་ནི་མཚན་མོ་ཡིན་པ་རེད།

དུང་རྒྱག་ལ་ཞེས་པ་ནི་བུད་མེད་ཚོའི་ལག་གཡས་པར་གྱོན་པའི་ནེ་པ་ལའི་བཟོ་རྩལ་ཁྱད་ཆོས་ལྡན་པའི་དཧུལ་གྱི་ལག་གདུབ་དང་ལག་གཡོན་པར་གྱོན་པའི་བ་སོའི་ལག་གདུབ་གཉིས་ཕན་ཚུན་བརྡུངས་ནས་ཐོན་པའི་སྒྲ་ལས་མིང་ཐོགས་པའི་སྲོལ་རྒྱུན་ཞབས་བྲོ་ཞིག་ཡིན་ཞིང་། གཞས་ཚིག་གཙོ་བོ་ནི་ཚེ་སྲོག་དང་རང་བྱུང་ཁམས་ལ་གཅེས་པ་དང་། ཞི་མཐུན་དང་མཛའ་སེམས་ལ་བསྟོད་པ། རྣན་བཀུར་གཞོན་སྐྱོང་སོགས་ཀྱི་ནང་དོན་ཡིན་པ་རེད། དུང་རྒྱག་ལ་ཞབས་བྲོར་འཁྲུག་གཞས་དང་། དལ་གཞས། འགོར་གཞས་བཅས་རིམ་པ་གསུམ་ཡོད་པ་དང་། གཞས་ཚིག་ཐད་ས་གནས་དེ་གའི་མང་ཚོགས་ཆོས་དད་

པ་བྱེད་པའི་སྙིང་མ་དང་བཀའ་བརྒྱུད་པའི་གྲུབ་མཐའི་ཤན་ཆེན་པོ་ཞུགས་ཡོད་པ། འཁྲབ་སྟོན་གྱི་རྣམ་པ་དམིགས་བསལ་ཆེ་བས་གཞས་མ་འཁྲབ་སྟོན་གཞས་རའི་དཀྱིལ་དུ་ཅོག་ཙེ་ཞིག་བཞག་པའི་ཐོག་ཕྱི་མར་ཆང་ཕུད་འཇོག་པ་དང་མདའ་དར་འཛུགས་ཀྱི་ཡོད་པ་རེད། གཞས་འཁྲབ་མཁན་ཕོ་ཕྱིད་མོ་ཕྱེད་ཡིན་རུང་འཁྲབ་མཁན་གཙོ་བོ་ནི་བུད་མེད་ཡིན་པ་དང་སྐྱེས་པ་ནི་རམ་འདེགས་ཙམ་ཡིན་ལ་གཞས་དེའི་ཁྱད་ཆོས་གཙོ་བོ་ནི་ལག་པའི་ཕྱག་རྒྱ་ཡིན་པ་རེད། ཞབས་བྲོ་ཐོག་མར་འགོ་འཛུགས་སྐབས་སྐྱེས་པའི་གཞས་སྣེ་ཁྲིད་མཁན་གྱིས་འཁྲབ་སྟོན་འགོ་ཚུགས་པའི་བརྗོད་བཏང་རྗེས་བུད་མེད་འཁྲབ་སྟོན་པ་ཚོས་གཞས་གཏོང་འགོ་འཛུགས་ཀྱི་ཡོད། དེ་རྗེས་འཁྲབ་སྟོན་པ་ཚང་མས་དབྱངས་ཀྱི་འགྱུར་ཁུག་དང་བསྟུན་ནས་དལ་པོས་གཡས་སྐོར་རྒྱག་པ་དང་། བུད་མེད་ཚོས་རྐང་སྟབས་ལག་བཞི་ཡང་སྐོར་བསྐྱུར་སྐོར་དུ་བྱས་ནས་མང་ཡུལ་སྐྱིད་གྲོང་ཁོ་ནར་ཡོད་པའི་གནའ་བོའི་ཞབས་བྲོ་དེའི་ཉམས་འགྱུར་མངོན་པར་བྱེད་ཀྱི་ཡོད།

དུང་རྒྱག་ལའི་ཞབས་བྲོ་དར་ཚུལ་ཐད་བོད་རྒྱུན་ལ་བལ་བཟའ་ཁྲི་བཙུན་བཙན་པོ་སྲོང་བཙན་སྒམ་པོའི་བཙུན་མོར་བསུས་ཏེ་མང་ཡུལ་སྐྱིད་གྲོང་དུ་སླེབས་སྐབས་ས་གནས་དེ་གའི་མང་ཚོགས་ཀྱིས་སྐྱིད་གྲོང་གྲོང་རྡལ་ཉེ་འདབས་སུ་ཉིན་མཚན་གསུམ་བསྟུད་མར་ཞབས་གཞས་འཁྲབ་པས་སྐྱིད་གྲོང་མི་དམངས་ཀྱི་དགའ་སྤྲོའི་རྣམ་པས་བལ་བཟའ་ཁྲི་བཙུན་བསུ་སྐྱེལ་བྱེད་མི་རྣམས་སྤྲོ་སེམས་ལྷག་པར་རྒྱས་ཏེ་རབ་ཏུ་འབར་བའི་མེ་ཕུང་ལ་བསྐོར་ནས་ཞབས་བྲོ་བརྒྱབ་པ་མ་ཟད། བལ་བཟའ་ཁྲི་བཙུན་ཡང་སེམས་འགུལ་རབ་ཏུ་ཐེབས་ནས་བོད་

འབངས་དང་ལྷན་དུ་ཞབས་བྲོ་འཁྲབ་པས་ཕྱིས་བོད་འབངས་རྣམས་ཀྱིས་ཁོང་ལ་དྲན་གསོ་ཞུ་ཆེད་སྤྱིར་རྒྱལ་བོད་དང་བལ་ཡུལ་གཉིས་ཀའི་ཁྱད་ཆོས་ལྡན་པའི་ཞབས་གཞས་དེ་རྒྱུན་འཛིན་བྱས་པ་དང་། རིམ་བཞིན་འཕྲུས་ཚང་དུ་གྱུར་ནས་ད་ཆའི་གནའ་ཉམས་ངོད་པའི་དུང་རྒྱག་ལ་ཞབས་བྲོ་དེ་བྱུང་ཞིང་། དེ་ནི་དུས་ཆེན་གྱི་ཚབ་མཚོན་རང་བཞིན་ཆེན་པོ་ལྡན་པ་གང་ཞིག་ལོ་རྒྱུས་ཀྱི་དོན་སྙིང་ལྷག་པར་ཆེ་བའི་གནའ་བོའི་ཞབས་གཞས་ཤིག་ཀྱང་ཡིན་ནོ།

༡༧ ཁྲུང་པོ་སྙེང་ཆེན་གྱི་རལ་པ།

རལ་པ་ནི་བོད་ཀྱི་ཟློས་གར་སྒྱུ་རྩལ་གྱི་རྣམ་གྲངས་ཆེན་པོ་ཞིག་ཡིན་ཏེ། ཊ་དང་གཤང་གཙོ་བོར་བྱས་ཤིང་འཆད་གྱེར་དང་། རྩལ་རྟེད་སྣ་ཚོགས་འཁྲབ་ཚན་ཐུང་ངུ་སོགས་འདུས་པའི་སླུ་གར་རྣམ་གྲངས་ཤིག་ཡིན་པ་དང་ཆབ་མདོ་དང་། ནག་ཆུ། ཡུན་ནན། སི་ཁྲོན་དང་མཚོ་སྔོན་སོགས་བོད་རིགས་ས་ཁུལ་དུ་དར་ཁྱབ་ཆེ་ཞིང་། དུས་རབས་བཅུ་གཅིག་ཙམ་ལ་དར་བར་བཤད། རལ་པའི་སྒྱུ་རྩལ་ནི་ལོ་རྒྱུས་རིང་ཞིང་བརྗོད་བྱ་ཕུན་སུམ་ཚོགས་ལ། འཁྲབ་རྩལ་ངོ་མཚར་ཆེ་བ། གཏམ་བཤད་དགོད་བྲོ་བའི་ཁྱད་ཆོས་ལྡན་པའི་སྒྱུ་རྩལ་ཞིག་ཡིན། སྙེང་ཆེན་རལ་པ་ནི་ཆབ་མདོ་ས་ཁུལ་ཁྲུང་པོ་སྙེང་ཆེན་རྫོང་དུ་དར་ཞིང་། ཐོག་མར་རྗེ་བཙུན་མི་ལ་རས་པས་སྤྲོལ་བཏོད་པར་གྲགས།

སྙེང་ཆེན་རལ་པར་མི་ལོ900ལྷག་ཙམ་གྱི་ལོ་རྒྱུས་ལྡན་པ་དང་བྱེ་བྲག

ཏུ་གསེར་ཚ་རལ་པ་དང་། དབུ་མདོ་རལ་པ། ཁང་གསར་རལ་པ་བཅས་ཡོད། དེའི་ནང་ནས་སྔན་གྲགས་ཆེ་ཤོས་ནི་ཆབ་མདོ་ས་ཁུལ་སྙིང་ཆེན་རྫོང་གྲུང་སྡོན་ཤང་ཟླ་བཟང་ཐང་གྲོང་ཚོ་ནས་བྱུང་བའི་དབུ་མདོ་རལ་པ་ཡིན་ཏེ། དེར་སྔོ་བའི་ཐོག་ཏུ་རྡོ་བཅག་པ་དང་གཞན་གྱི་སྒྲ་གྲི་བཀག་ནས་འཁོར་ལོ་བསྐོར་བ་ལྟར་འཁྱིར་འགྲོ་བ་སོགས་ཉེན་ཁ་ཤིན་ཏུ་ཆེ་བའི་རྩལ་རྩེད་དུ་མ་ཡོད་པར་གྲགས། ལྷག་དོན་དུ་དམངས་ཁྲོད་ཀྱི་ཤོད་རྒྱུན་ལ་ཁམས་རི་བོ་ཆེའི་ལྷ་ཁང་ཁྲ་འཁྱིལ་མ་བཞེངས་སྐབས། བླ་ཆེན་སངས་རྒྱས་འོད་ཀྱིས་ལག་བཟོ་མང་པོ་སྦྱས་ནས་ཉིན་མང་པོ་ལས་ཀ་བྱས་ཀྱང་། ཉིན་མོ་མིས་ལས་པ་མཚན་མོ་ལྷ་འདྲེས་བཤིག་ཏེ་གཙུག་ལག་ཁང་སྒྲུབ་དཀའ་བར་གྱུར། དེ་ནས་བླ་ཆེན་གྱིས་ཁྲུང་པོ་སྙིང་ཆེན་ནས་དབུ་མདོ་རལ་པ་ཚང་གདན་དྲངས་ནས་གཙུག་ལག་ཁང་གི་ཉེ་འགྲམ་དུ་རལ་པ་འཁྲབ་ཏུ་བཅུག་པས་རལ་པ་ཚོས་སྐབས་རེ་དགུང་སྡོན་དབྱིངས་སུ་ཐག་པ་བཏགས་པ་དང་འདྲ་བ་དང་། སྐབས་རེ་ཆུ་མོའི་སྙིང་ལ་དཀྱིལ་འཁོར་བཏབ་པ་དང་འདྲ་བའི་ཉམས་འགྱུར་དུ་མ་སྟོན་པས། གདོན་འདྲེ་རྣམས་ཀྱི་ཡིད་ཀྱི་བརྟན་པ་དབང་མེད་དུ་འཕྲོག་ནས་ཉེན་མཚན་མང་པོ་དེར་ལུས། སྐབས་དེ་དང་བསྟུན་ནས་བཟོ་བོ་རྣམས་ཀྱིས་གཙུག་ལག་ཁང་བཞེངས་གྲུབ་པར་གྲགས། ཁང་གསར་རལ་པ་ནི་ཆབ་མདོ་ས་ཁུལ་ལྷོ་རོང་རྫོང་ཁང་གསར་གྲོང་ནས་བྱུང་བའི་ཁྱིམ་རྒྱུད་ཀྱིས་འཁྲབ་པའི་རལ་པ་ཞིག་ཡིན། དམངས་གཙོའི་བཅོས་བསྒྱུར་སྐབས་སྙིང་ཆེན་རྫོང་རབ་ཞོལ་ཤང་གི་མྱུང་པ་གྲོང་དུ་གཞིས་ཆགས་བྱས། ཡུན་རིང་སྒྱུ་རྩལ་ལ་བརྟེན་ནས་ཡུལ་གྲུར་གྱི་འཚོ་

བ་བསྐྱལ་བའི་བརྒྱུད་རིམ་ནང་ཕོ་ཚོའི་ཐུན་མོང་མ་ཡིན་པའི་སྒྱུ་རྩལ་གྱི་ཁྱད་ཆོས་དུ་མ་གྲུབ་ཡོད། གསེར་ཚ་རལ་པ་ནི་ཆབ་མདོ་ས་ཁུལ་དུ་དར་སོ་ཆེ་བའི་རལ་པ་ཞིག་ཡིན། དེ་ལ་ཛ་གཅིག་རྫུང་དང་། གསུམ་རྫུང་། ལྔ་རྫུང་། དྲུག་རྫུང་། དགུ་རྫུང་སོགས་རྫུང་ལུགས་ཀྱི་ཁྱད་པར་དུ་མ་ཡོད། དེའི་སྒྲོལ་འབྱེད་པ་ངོ་མས་བཟོས་པའི་ཐྲམ་ཟེ་དང་ཡིད་འཕྲོག་ལྷ་མོ་དང་ཆོང་དཔོན་ནོར་བུ་བཟང་པོ་སོགས་ཀྱི་ཞལ་འབག་རྣམས་ད་ལྟའང་སྤེལ་ཆེན་རྫོང་གསེར་ཚ་ཤང་དུ་ཉར་ཚགས་བྱས་ཡོད་པར་གྲགས། རལ་པའི་ལུགས་དེ་དག་ལ་ཐུན་མོང་མ་ཡིན་པའི་སོ་སོའི་ཁྱད་ཆོས་དང་གོ་རིམ་ཡོད་པ་དཔེར་ན། ཁང་གསར་རལ་པའི་འཁྲབ་སྟོན་གོ་རིམ་ནི། དང་པོ་འབྲས་དཀར་གྱི་རྣམ་པས་རལ་པའི་བྱུང་བ་དང་ཁྲིམ་རྒྱུད་སོགས་ངོ་སྤྲོད་བྱེད་པ་དང་། གཉིས་པར་འཁྲབ་ཚན་ངོ་སྤྲོད་བྱེད་པ། གསུམ་པ་སྟོན་འགྲོའི་འཁྲབ་ཚན་ཡིན་པ། བཞི་པ་ཛ་རྫུང་བ་དང་གཤང་དཀྲོལ་གྱིན་རལ་པའི་འཁྲབ་ཚན་གྱི་མཐོ་རླབས་འཕྱུར་བ། ལྔ་པར་བྲོ་དང་པི་ཝང་ཞབས་གཞས་བར་གསེང་དུ་བཅུག་ནས་འཁྲབ་པ། དྲུག་པ་ནི་རལ་པ་ཕོ་མོ་ཕན་ཚུན་དགོད་བྲོ་བའི་ཁ་ཤགས་འགྱེད་ཅིང་མཇུག་བསྡུ་བ་བཅས་ཡིན།

སྤེལ་ཆེན་རལ་པར་མི་རིགས་ཀྱི་ཁྱད་ཆོས་ལྡན་ལ་གནའ་ཉམས་ཀྱིས་ཕྱུག་པ་དང་སྒྱུ་རྩལ་གྱི་རིན་ཐང་མཐོ་བས་དེ་སྔ་ཀྲུང་གོ་གྲངས་ཉུང་མི་རིགས་རོལ་དབྱངས་ལྷན་ཚོགས་ཀྱི་དྲུང་ཡིག་གཞོན་པ་དང་ཀྲུང་དབྱང་མི་རིགས་སློབ་ཆེན་རོལ་དབྱངས་སློབ་གླིང་གི་ཡོན་ཀྲང་གཞོན་པ་བྱེད་མྱོང་བའི་སློབ་དཔོན་ཞང་ཧྭ་ཡིས་རལ་པའི་འཁྲབ་སྟོན་གཟིགས་རྗེས། དེང་རབས་སྤྱི་ཚོགས་ནང་དེ་ལྟ་བུའི་

ལོ་རྒྱུས་རིང་བའི་སྲོལ་རྒྱུན་གློས་གར་རྒྱུན་འཛིན་བྱེད་ཐུབ་པ་ནི་ཧ་ལས་དགོས་པ་ཞིག་ཡིན་པ་མ་ཟད། རལ་པའི་སྒྱུ་རྩལ་ལ་ངོ་མཚར་ཆེ་བའི་ལྷད་མོའི་ཉམས་འགྱུར་དང་། ལོ་རྒྱུས་དང་རྩོམ་རིག་གི་རང་བཞིན། ཐུན་མིན་དང་དཀའ་བའི་རང་བཞིན་བཅས་ཁྱད་ཆོས་དུ་མ་འདུས་པ་ནི་དེ་བས་ཧ་ལས་དགོས་པ་ཞིག་ཡོད་པས། དེས་ཀྱང་ཧྲ་མི་རིགས་ཁྱིམ་ཚང་ཆེ་མོའི་སྲོལ་རྒྱུན་དམངས་ཁྲོད་སྒྱུ་རྩལ་གྱི་རྒྱ་ཆེ་གཏིང་ཟབ་མངོན་ཐུབ་པ་མ་ཚད། བོད་རིགས་མི་དམངས་ཚོའི་དཔའ་ངར་ཞུམ་མེད་ཀྱི་སྙིང་སྟོབས་ཀྱང་མཚོན་གྱི་འདུག་གོ་ཞེས་བསྟོད་བསྔགས་བརྗོད་གནང་། སྟེང་ཆེན་རལ་པའི་ལོ་རྒྱུས་རིང་ལ་སྒྱུ་རྩལ་གྱི་རིན་ཐང་ཆེ་བས2002ལོར་བོད་རང་སྐྱོང་ལྗོངས་མི་དམངས་སྲིད་གཞུང་གིས་རལ་པའི་ཕ་ཡུལ་ཞེས་པའི་མཚན་སྙན་གསོལ་བ་དང2006ལོར་རིག་གནས་པུའུ་ཡིས་རྒྱལ་ཁབ་རིམ་པའི་མངོན་མིན་རིག་གནས་ཤུལ་བཞག་གི་མིང་གཞུང་ཁག་དང་པོར་བཅུག་པ་རེད། དེ་དང་ཆབས་གཅིག2000ལོར་སྟེང་ཆེན་རྫོང་གིས་ལོ་རེའི་ཟླ8པར་རལ་པའི་སྒྱུ་རྩལ་དུས་ཆེན་འཚོག་རྒྱུར་ཐག་བཅད་ནས་སྟེང་ཆེན་གྱི་རལ་པའི་སྒྱུ་རྩལ་མི་ཉམས་གོང་འཕེལ་ཡོང་བ་དང་རལ་པའི་ཉམས་འགྱུར་ཕྱི་ཕྱོགས་སུ་དྲིལ་བསྒྲགས་རྒྱ་ཆེར་བྱས་པ་མ་ཟད། ཆབ་མདོ་ས་ཁུལ་དང་སྟེང་ཆེན་རྫོང་གིས་སྒྱུ་རྩལ་དེ་རྒྱུན་འཛིན་དར་སྤེལ་གཏོང་རྒྱུའི་བྱ་ཐབས་རབ་དང་རིམ་པ་སྤྱོད་བཞིན་ཡོད་པ་ནི་རལ་པའི་སྒྱུ་རྩལ་གྱི་གཏམ་བཟང་ཞིག་ཡིན་ལ་རིག་གནས་སྲུང་སྐྱོབ་ཀྱི་གཏམ་བཟང་ཞིག་ཀྱང་ཡིན།

བདུན། བོད་སྟོད་པའི་གནའ་གྱི་སྒྱུ་རྩལ།

བོད་ས་མཐོར་གླུ་གར་གྱི་རྒྱ་མཚོ་ཞེས་པ་ནི་མིང་དོན་མཚུངས་པ་ཞིག་ཡིན་ལ་བོད་མི་དམངས་རྣམས་ནི་གླུ་གར་ལ་དགའ་བའི་མི་རིགས་ཤིག་ཡིན་སྟབས། དུས་ཡུན་རིང་བའི་ལོ་རྒྱུས་ཀྱི་འཕེལ་རིམ་ཁྲོད་གླུ་གར་གྱི་རྣམ་གྲངས་མང་པོ་གསར་གཏོད་བྱས་ནས་རྣམ་པ་དང་ཡུལ་དུས་གང་ལ་གང་མཐོའི་གླུ་གར་གྱི་རིགས་མང་དག་ཅིག་ཡོད་པ་དང་ལྷག་དོན་གནའ་དང་། གཞས་ཆེན། གར་གླུ་སོགས་གནའ་ཉམས་ལྡན་པའི་གླུ་གར་ཁག་གཅིག་རྒྱུན་འཛིན་བྱས་ནས་དེང་གི་མི་ཚོའི་མིག་གི་དགའ་སྟོན་དང་རྣ་བའི་བཅུད་དུ་གྱུར་ཡོད་པ་རེད།

མལ་གྲོ་གུང་དཀར་རྫོང་འབྲི་གུང་ཁུལ་དུ་དར་བའི་བོད་སྟོད་པའི་གནའ་གྱི་སྒྱུ་རྩལ་ལོ་རྒྱུས་རིང་ལ་འཕྲབ་ཚས་གྲ་རྒྱས་པ་དང་། གཞས་གདངས་སྙན་ཞིང་འཛེབས་པ། བོད་ས་མཐོའི་ཞབས་གཞས་གཞན་ལས་དལ་ཞིང་སྟོད་པ། འཕྲབ་རྩལ་ཡ་རབས་ལ་བརྟེན་པ་བཅས་གནའ་ཉམས་ཀྱིས་རབ་ཏུ་ཕྱུག་པའི་ཞབས་གཞས་དེར་ལོ་རྒྱུས་དང་སྒྱུ་རྩལ་གྱི་རིན་ཐང་ཆེན་པོ་ལྡན་པས་ཐེངས་གཉིས་པའི་རྒྱལ་ཁབ་རིམ་པའི་མངོན་མེད་རིག་གནས་ཤུལ་བཞག་གི་མིང་གཞུང་ནང་འཁོད་ཡོད།

སྔར་བོད་དུ་གནའ་དར་བའི་ལོ་རྒྱུས་ལ་ཕྱིར་མིག་ལྟ་སྐབས་མི་རྣམས་ཀྱིས་སྤྱི་ལོའི་སྟོན་དུ་ཕེབས་པའི་སྟོན་པ་གཤེན་རབ་མི་བོ་ཆེ་གདན་ཞུ་བྱེད་སྐབས་

སློབ་འཁྲབ་པའི་དཔྱད་གཞིར་གཞིགས་ནས་ལོ་ངོ་སྟོང་གི་ལོ་རྒྱུས་ཡོད་པར་ངོས་འཛིན་པར་བྱེད། སློབ་ནི་དང་ཐོག་སྟོད་མངའ་རིས་ཁུལ་ནས་དར་བ་ཞིག་ཡིན་པ་དང་། སློབ་ཞེས་པ་ཡང་ཞང་ཞུང་གི་སྐད་ཡིན་པ་ལས་དོན་དུ་སྨུ་གར་གྱི་དོན་ལ་གོ་དགོས་པ་ཡིན། དེས་ན་ཞོལ་རོང་གཙང་པོའི་རྒྱུད་དུ་དར་བའི་བོད་སྟོད་པའི་སློབ་ནི་ས་དེ་གའི་དམངས་ཁྲོད་དུ་འབྲི་གུང་ཨ་ཕྱི་ཆོས་སྒྲོན་གྱིས་བཏོད་པར་གྲགས་ཤིང་། ལོ་རྒྱུས་ཀྱི་དངོས་ཡོད་གནས་ཚུལ་མང་དག་ཅིག་ལས་སྟོད་མངའ་རིས་ཁུལ་དུ་དར་བའི་སློབ་དང་འབྲེལ་བ་དམ་ཟབ་ཡོད། བོད་སྟོད་པའི་སློབ་ནི་གཞས་ཤུད་དང་། སློན་ལམ། གནང་སྤྱིན་མཛད་སྒོ་སོགས་ལེ་ཚན་ཆུང་དུ་དུམ་ལས་སྒྲུབ་པའི་ལེའུ་བཅུའི་བདག་ཉིད་ཅན་ཞིག་ཡིན་ལ་འཁྲབ་སྟོན་བྱ་རྒྱུར་རྩ་དོན་ནན་པོ་ཡོད་པས་སློབ་འཁྲབ་པའི་དུས་ཚོད་དང་ས་གནས་གཏན་འཁེལ་བྱས་པ་བཞིན་འཁྲབ་དགོས་པ་དང་། ཆོས་གཞི་སྣ་ཚོགས་ལས་གྲུབ་པའི་དམིགས་བསལ་འཁྲབ་ཚས་ཤིག་དགོས་ཀྱི་ཡོད་པ་དེའི་རྒྱུ་ཚའང་ཕྱུས་དག་དགོས་སྐབས་འགྱུར་འཁོས་ཞན་པའི་ཡུལ་མི་ཚོར་དཀའ་ངལ་ཆེན་པོ་བཟོ་ཡི་ཡོད།

དེ་སྔ་བོད་སྟོད་པའི་སློབ་འཁྲབ་པའི་དུས་ཚོད་ནི་སྤྲུལ་སྐུའི་ཁྲི་འདོན་དང་། རབ་གནས་མཛད་སྒོ། འགོ་བ་ཆེན་པོ་བཅས་ཀྱི་སྐབས་སུ་མ་གཏོགས་དུས་མིན་འཁྲབ་སྲོལ་མེད། སློབ་འཁྲབ་སྐབས་གཞས་དཔོན་གྱིས་ཚོན་མདོག་སྣ་ལྔའི་མདའ་དར་ཞིག་བཟུང་ནས་གཞས་སྣེ་ཁྲིད་པ་དང་གཞས་པ་བྱིངས་ཀྱིས་འཛྲིག་ཆས་ཀྱི་སྣན་ཞུགས་ཆེ་ཞིང་ཆོས་གཞི་ཧར་ལ་སྐྱེ་རགས་རེམ་པ་མང་བའི་

སྨན་གྱི་དམིགས་བསལ་འབྲས་ཆས་ཤིག་སྨིན་པ་དང་སླུ་ལེན་ཞོར་དུ་འབྲས་ཀྱི་ཡོད་ལ་གཞིས་གཏོང་སྐབས་རོལ་མོའི་རམ་འདེགས་ཀྱང་མེད་ལ་ཕོ་མོའི་ཕྲུག་རྒྱུ་གཅིག་མཚུངས་མིན། གཞིས་ཀྱི་གོ་རིམ་མངོན་གསལ་དོད་ལ་སྒྲིག་གཞི་ཚགས་དམ་པོ་ཡོད། གཞིས་ཀྱི་ནང་དོན་ཕལ་ཆེ་བ་ནི་གནས་ས་རི་ཁྲོད་དང་། ཐླ་སྒྲོལ་གྲྭ་བཙུན། རི་རབ་ཁང་ཁྱིམ་སོགས་ལ་བསྟོད་པ་འབུལ་བ་མཚོན་ཡོད་ལ་ཡུལ་སྲོལ་དང་གུས་ལུགས་ཀྱང་མཚོན་ཡོད། གཞིས་ཀྱི་སྟངས་སྟབས་ཐད་སྤྱིར་བཏང་དམངས་གཞིས་ཀྱི་ཕྲུག་རྒྱུ་དང་མི་མཚུངས་པར་གུས་ཕྲུག་འབུལ་སྟངས་དང་ཐལ་མོ་སྦྱར་སྟངས་སོགས་ཡོད་ལ་ཕོན་སྐྱིད་ངལ་རྩོལ་བྱེད་སྟངས་ཀྱི་རྣམ་པ་ཡང་མཚོན་ཡོད།

བོད་སྟོད་པའི་སྨན་གྱི་གཞིས་ཚིག་དང་། གཞིས་གདངས། སྟངས་སྟབས་བཅས་ཀྱི་ཐད་བོད་ས་མཐོར་དར་བའི་ཞབས་གཞིས་དང་། རྣམ་ཐར། འཆད་ཁྲིར་སོགས་ཀྱི་ནང་དོན་དང་འདྲ་བའི་ཆ་ཡོད་ལ་དམིགས་བསལ་ཆེ་བའི་ཐོག་འཁྲི་གྲུང་གདན་རབས་བཅུ་གཉིས་པ་དོན་གྲུབ་རྒྱལ་པོས་སྨན་གྱི་ནང་དོན་དང་། འབྲབ་ཆས། འབྲབ་སྟངས་སོགས་གང་ཅིར་ལེགས་སྒྲིག་གིས་འཕྲུས་སྒོ་རྗེ་ཚང་དུ་བཏང་བས་རིག་གནས་དང་སྒྱུ་རྩལ་གྱི་རིན་ཐང་ཏ་ཆང་ཆེ་བའི་ད་ཆའི་སྨན་གྱི་སྒྱུ་རྩལ་རྣམ་པ་དེ་གྲུབ་པ་ཞིག་ཡིན།

དམངས་ཁྲོད་ཀྱི་སྲོལ་རྒྱུན་གླུ་གར་གཞན་དང་འདྲ་བར་བོད་སྟོད་པའི་སྨན་གྱི་སྒྱུ་རྩལ་དེ་ཡང་ལོ་རྒྱུས་འཕེལ་རྒྱས་ཀྱི་ལྣབས་རྒྱུན་དྲག་པོའི་ཁྲོད་ཉམས་ཉེན་དུ་གྱུར་སྐྱོང་ཡོད་ལ་ཐ་ན་མི་ལོ30ཙམ་མིང་གི་ཆ་ཙམ་ལས་དོན་གྱི་སྙིང་

པོས་སྐྱོངས་པར་གྱུར་མྱོང་ཡོད། གནས་ཚུལ་དེ་ལྟ་བུའི་འོག་རྒྱུས་གཞོམས་ཆེ་བའི་འཁྲབ་སྟོན་པོ་བྱེད་གཞན་ནི་སྒྲོས་ནས་བྲལ་བ་ཞིག་ཡིན། འོན་ཀྱང་གནའ་བོའི་སྒྱུ་རྩལ་དེ་བཞིན་རྒྱལ་ཁབ་རིམ་པའི་མངོན་མིན་རིག་གནས་ཤུལ་བཞག་ཏུ་གྱུར་པ་དང་སྦྲགས2008ལོར་གོང་རིམ་ནས་མ་དངུལ་སྒོར་ཁྲི20བསྫོན་ལེན་ཐུབ་ནས་བོད་སྟོད་པའི་ཤོན་གྱི་ནང་སྦྱོང་རྟེན་གཞི་བཙུགས་པ་དང2012ལོར་མ་དངུལ་སྒོར་ཁྲི9བཏང་ནས་འཁྲབ་ཆས་གསར་ཉོ་བྱས་པ། 2013ལོར་སླར་ཡང་མ་དངུལ་སྒོར་ཁྲི50བཏང་ནས་འཁྲབ་སྟོན་གྱི་གུར་དང་འཁྲབ་ཆས་ལེགས་འགྱུར་བྱས་ནས་འཁྲབ་སྟོན་སྒྲིག་ཆས་ཕུན་སུམ་ཛེ་ཚོགས་སུ་བཏང་བ་མ་ཟད། འཁྲབ་སྟོན་པ་མི་གྲངས50བར་འཕེལ་རྒྱས་བྱུང་བ་དང་བོད་ཀྱི་ལོ་གསར་མཚན་ཚོགས་ཀྱི་གར་སྟེགས་ཐོག་ཏུའང་འཁྲབ་རྩལ་ངོམ་པའི་རྩ་ཆེའི་གོ་སྐབས་ཐོབ་ནས་བོད་སྟོད་པའི་ཤོན་གྱིས་འཕེལ་རྒྱས་ཀྱི་དཔྱིད་ཀ་ཞིག་བསུ་བཞིན་ཡོད་དོ།

བརྒྱད། འབྲི་རུའི་སྟག་ཕྲུའི་ཨར་གཞས།

ཨར་ག་བཅག་པ་དང་གྱང་རྡུང་བ་སོགས་ཀྱི་སྐོར་གླེང་སྐབས་མི་རྣམས་ཀྱི་སྣང་ངོར་གྲོང་ཁྱེར་དང་ཞིང་ཁུལ་ལས་ལོ་རྒྱུས་ཐོག་བྱུང་རྩྭ་ཐང་དུ་འཚོ་ཞིང་སྦྲ་གུར་ནང་འཚོ་བ་སྐྱེལ་མཁན་གྱི་འབྲོག་ཁུལ་བསམ་བློར་འཁོར་མི་སྲིད། འོན་ཀྱང་ནག་ཆུ་ས་ཁུལ་འབྲི་རུ་རྫོང་དུ་འཛུགས་སྐྲུན་གྱི་རྣམ་པ་མཚོན་པའི་ཨར་གཞས་ཤིག་ཡོད་པ་དེའི་ལོ་རྒྱུས་རིང་ལ་སྐད་གྲགས་ཀྱང་ཆེན་པོ་ཡོད། དེ་ནི་

འབྲི་ཊུའི་སྟག་ཕྲུའི་ཨར་གཞས་ཞེས་པ་དེ་ཡིན།

ད་ལྟའི་ཆར་སྟག་ཕྲུའི་ཨར་གཞས་དེའི་མཚོན་མེད་རིག་གནས་ཤུལ་བཞག་གི་ཚབ་མཚོན་པ་ནི་འབྲི་ཊུ་རྫོང་ཡིན་ཙང་ཨར་གཞས་དེ་དེ་སྤྱི་སོག་རྫོང་དང་། སྦྲ་ཆེན་རྫོང་། ཆབ་མདོའི་དཔལ་འབར་རྫོང་བཅས་ས་ཆ་འགའ་ཞིག་ཏུ་དར་སྤྱོང་ཡོད། ཨར་གཞས་དེའི་བྱུང་ཚུལ་ནི་སྤྱི་ལོ1920ཙམ་ལ་སྟག་ཕྲུ་སྐུ་ཕྲེང་ལྔ་པ་པད་མ་བཛྲ་མཆོག་གིས་གྲུབ་རྟགས་དགོན་པ་གསར་བཞེངས་གནང་སྐབས་ལས་མི་ཚོ་སྤྲོ་བ་འཕེལ་བ་དང་། ངལ་དུབ་བསངས་བ། ལས་ཚོད་ལ་ཕན་པ་སོགས་ཀྱི་སླད་དུ་གསར་རྩོམ་གནང་བ་ཞིག་ཡིན་ཞིང་། ནང་དོན་ནི་སྟོན་པ་མཁས་པ་དག་གི་ཚབ་ཤོག་དང་། མཛད་རྣམ། ལེགས་བཤད་སོགས་ཡིན། དེར་དམངས་སྲོལ་དང་། སྙན་ངག ཆོས་ལུགས་བཅས་ཀྱི་ནང་དོན་ཚུད་ཡོད་པ་དང་སྟངས་སྟབས་ཕྲན་སུམ་ཚོགས་ལ་ཡི་གར་འོང་བ་དང་། གླུ་ལེན་ཞོར་དུ་སྟངས་སྟབས་སྒྱུར་གྱི་ཡོད་ལ་གླུ་ལ་ཡང་རྒྱང་ལེན་དང་། མཉམ་ལེན། ཤར་ལེན་སོགས་ཀྱི་འབོད་སྲོལ་ཡོད། སྟག་ཕྲུའི་ཨར་གཞས་ཀྱི་ནང་དོན་ཕུན་སུམ་ཚོགས་པོ་ཡོད་ཙང་གོ་རིམ་ཚགས་ཚུད་པོ་ཡོད་པས་དང་ཐོག་སྲིད་པ་ཆགས་ཚུལ་དང་། འབྲི་ཊུ་ངོ་སྤྲོད་བྱེད་པ། གྲུབ་རྟགས་དགོན་པར་བསྟོད་པ། རི་བཤད་སོགས་ཚན་པ་སོ་གཅིག་ལས་གྲུབ་པའི་གླུ་གར་བྲོ་གསུམ་མཉམ་འབྲེལ་བྱེད་པའི་སྒྱུ་རྩལ་གྱི་རྣམ་པ་ཞིག་ཡིན།

དུས་རབས་གོང་མའི་ལོ་རབས20ཡི་ནང་ཨར་གཞས་དེ་གསར་གཏོད་བྱས་པ་ནས་བཟུང་དམངས་ཁྲོད་ཀྱི་ལས་གཞས་ཤིག་གི་ཐོག་ནས་རྒྱུན་འཛིན་

བྱེད་ལུས་ཡིན་ཟེར། ད་ཆ་ཐན་རབས་མང་པོ་ཞིག་ཚོའི་འདུ་བྱེད་སྐྱོང་བ་དང་སྲོལ་རྒྱུན་གྱི་ཨར་རྒྱག་རྣམ་པར་རྩ་བ་རང་བཞིན་གྱི་འགྱུར་ལྡོག་བྱུང་ནས་ཨར་གཞས་གཏོང་བའི་གོ་སྐབས་ཤུང་བས་ཨར་གཞས་དེ་གཏོང་རྒྱུན་ཆད་ལ་ཐུག་སྡུབས། ལོ་ཤས་སོང་འབྲི་ཟུ་རྫོང་གིས་མི་གྲངས་ཉེར་དྲུག་ལས་གྲུབ་པའི་དམངས་ཁྲོད་ལས་ཞོར་སྒྱུ་རྩལ་ཚོགས་པ་ཞིག་སྒྲིག་འཛུགས་ཀྱིས་དམངས་ཁྲོད་ཀྱི་འབྲེལ་ཡོད་དཔྱད་གཞི་འཚོལ་བསྡུ་དང་ཐན་རབས་ལ་བཅར་འདྲི་བྱས་ཏེ་ སྦྱར་སྦྱོང་བྱས་པ་མ་ཟད། གར་སྟེགས་ཐོག་སྤྱིས་ནས་འཁྲབ་སྟོན་བྱས་པར་ཕན་འབྲས་མི་དམན་པ་ཐོབ་ཡོད་པ་ནི་དམངས་ཁྲོད་སྒྱུ་རྩལ་བྱ་གཞག་སྦྱར་སྦྱོང་ལས་དོན་གྱི་གཏམ་བཟང་ཞིག་ཡིན། གར་སྟེགས་ཐོག་ནགས་ཤོད་འབྲི་ཟུའི་ཨར་གཞས་གཏོང་སྐབས་འཁྲབ་སྟོན་པ་ཕོ་བྱེད་མོ་བྱེད་ཡིན་པ་དང་བུ་ཚོས་རྩེ་མོ་སྒྲོམ་ལ་རྩ་བ་སྦྲ་བའི་གྲང་རྒྱུག་རེ་ཐོགས་པས་ལག་ཆ་དང་ལུས་ཀྱི་སྟངས་སྟབས་གཉིས་ཀ་དབུས་ཁུལ་དང་གཙང་རྒྱུད་ཀྱི་གྲང་རྫུང་མཁན་དང་འདྲ་པོ་ཡོད་པ་དང་། བུ་མོ་ཚོས་ཀྱང་ལག་ཆ་འཐོག་ཧྲོ་ལྷ་བུ་ཞིག་འཁྱེར་ཡོད་ཀྱང་བོད་ཀྱི་ས་ཕྱོགས་གཞན་དུ་སྤྱོད་པའི་འཐོག་ཧྲོ་སྐོར་དབྱིབས་དང་མི་འདྲ་བར་གྲུ་བཞི་ཡིན་པ་ནི་གར་སྟེགས་ཀྱི་དགོས་པ་དང་བསྟུན་པ་ཡིན་ཤས་ཆེ། མདོར་ན་ལོ་རྒྱུས་རིང་བའི་སྟག་ཕུའི་ཨར་གཞས་ནི་མངོན་མེད་རིག་གནས་ཤུལ་བཞག་གི་མིང་ཐོག་ནས་སྦྱར་སྦྱོང་ལེགས་ཙམ་བྱུང་ཡོད་ཅིང་། ལྷག་དོན་དེའི་ནང་དོན་རྒྱ་ཆེ་བ་དང་ངལ་རྩོལ་གྱི་རྣམ་པ་ཟབ་ལ་འབྲུག་ཆ་དོད་པས་དེང་རབས་ཀྱི་མི་ཚོས་ཀྱང་ཧ་ཅང་དགའ་པོ་བྱེད་པའི་གར་སྟེགས་སྒྱུ་རྩལ་ཞིག་ཏུ་གྱུར་ཡོད་པ་རེད། །

ས་བཅད་དྲུག་པ། སྒྲོལ་རྒྱུན་རིག་གནས།

གཅིག མཚོ་བོད་ས་མཐོའི་ཆང་གི་རིག་གནས།

བོད་ལྗོངས་ས་མཐོའི་ཐོག་ཆང་གི་རིག་གནས་དར་ནས་ལོ་ངོ་སྟོང་ཕྲག་སོང་རིང་ས་མཐོའི་མི་རྣམས་ཀྱི་ཐོན་སྐྱེད་འཚོ་བ་དང་ཁ་བྲལ་ཐབས་མེད་པར་གྱུར་པ་དང་སྐྱིད་སྡུག་གང་གི་དུས་སུ་ཡང་མགོ་བའི་དམིགས་བསལ་བཏུང་བྱ་ཞིག་ཏུ་གྱུར་པས་ད་ཆའི་རྒྱ་ཆེ་ལ་གཏིང་ཟབ་པའི་ཆང་གི་རིག་གནས་དེ་གྲུབ་ཡོད།

སྤྱིར་གྲུང་གོ་ནི་འཛམ་གླིང་ཐོག་ཆང་སྐོལ་བའི་ལག་རྩལ་གསར་གཏོད་བྱེད་མཁན་ཐོག་མ་ཡིན་པར་ཁས་ཆེས་པ་ལྟར་གནའ་སྔ་མོ་ནས་འོད་སྟོང་འབར་བའི་ཆང་གི་རིག་གནས་དར་ཁྱབ་བྱུང་ཡོད། བོད་ས་མཐོར་ཆང་སྐོལ་བའི་ལག་རྩལ་ག་དུས་དར་མིན་ཐད་ཤོད་སྲོལ་སྣ་ཚོགས་ཡོད་རུང་གནའ་བོའི་རྒྱ་ཡིག་གི་ཡིག་ཚང་ནང་། མཚོ་བོད་ས་མཐོར་འཚོ་སྡོད་བྱེད་མཁན་ལ་ཡོངས་ཁྱབ་ཏུ་ཆའང་ཞེས་འབོད་པ་ནི་གྲོའོ་དུས་རབས་ནས་བཟུང་སྔ་མོའི་གྲུང་ཡོན་གྱི་མི་ཚོས་བོད་རིགས་གཙོ་བོར་བྱས་པའི་ནུབ་ཕྱོགས་ས་ཁུལ་དུ་འཚོ་སྡོད་བྱེད་མཁན་ལ་འབོད་པའི་སྤྱི་མིང་ཞིག་ཡིན། ཡང་རྟོག་ཞིབ་མཁས་ཅན་ཚོའི་ཤོད་སྲོལ་ལྟར་ན་

གནའ་བོའི་ཆའང་གི་མི་རྣམས་དང་ཐོག་མཚོ་བོད་ས་མཐོར་ཐོག་མར་འཚོ་སྡོད་བྱེད་མཁན་ཞིག་ཡིན་པ་དང་དུས་ཕྱིས་ཚོ་པ་མང་པོར་གྱེས་ནས་ཁག་གཅིག་གིས་སོ་ནམ་ཡང་བྱེད་འགོ་ཚུགས་ཡོད་ཅེས་བསྟན་ཡོད། ལྷག་དོན་དུ་ཀྱང་ཡོན་ས་ཁུལ་དུ་གྲོའི་རིགས་མ་ཐོན་གོང་གནའ་བོའི་ཆའང་གི་མི་ཚོས་དམིགས་བསལ་གྱི་འབྲུ་རིགས་ཤིག་འདེབས་གསོ་ལེགས་སྒྲུབ་བྱུང་ཡོད་པ་ནི་དེང་སང་བོད་རིགས་མི་དམངས་ཀྱི་འབྲུ་རིགས་གཙོ་བོ་ནས་ཡིན་པ་བསྟན་ཡོད། ད་དུང་ཡིག་ཚང་ནང་ཆའང་གི་མི་ཚོའི་བཟའ་བཏུང་གཙོ་བོ་ནི་གནག་ལུག་གི་ཤ་དང་། ཆང་། འོ་མ་སོགས་ཡིན་པ་འཁོད་ཡོད། ལྷག་དོན་དུ་ཕྱུར་རྒྱལ་བཙན་པོའི་དུས་སུ་དེ་བས་ཀྱང་ཆང་འཐུང་ཤུགས་ཆེ་བས་བཙན་པོ་སྲོང་བཙན་སྒམ་པོའི་སྐབས་སུ་ཁྲིམས་ཆེན་བདུན་བཟོས་པའི་ནང་གསེས་ལྔ་པའི་ནང་ཆང་བག་མེད་འཐུང་མི་ཆོག་པ་འཁོད་པར་གཞིགས་ན། བོད་མི་རིགས་ཁྲོད་དུ་ཆང་སློལ་བཟོའི་ལག་རྩལ་དང་འཐུང་བའི་གོམས་སྲོལ་ཆགས་ནས་ལོ་རྒྱུས་ཧ་ཅང་རིང་པོ་ཡོད་པ་མཚོན་ཐུབ།

ཆང་སློལ་བའི་ལག་རྒྱུན། དཔྱད་གཞིའི་ཡིག་རིགས་མང་པོ་ལས་མཚོ་བོད་ས་མཐོའི་ཐོག་ཆང་སློལ་བའི་ལག་རྩལ་དར་ནས་ལོ་ངོ་སྟོང་ཕྲག་སོང་ཟིན་པ་དང་ད་ཆའི་སྲོལ་རྒྱུན་གྱི་ཆང་སློལ་བའི་ལག་རྩལ་ནི་ས་མཐོའི་མི་རྣམས་ཀྱིས་དེ་གའི་ཐོན་ཁུངས་དང་། འཚོ་བའི་གོམས་སྲོལ། གནམ་གཤིས་ཀྱི་ཁྱད་ཆོས། དེ་བཞིན་བཟའ་བཏུང་གི་གོམས་གཤིས་སོགས་ལ་བསྟུན་ནས་རིམ་བཞིན་སྦྱོར་རྟ་དང་འཕེལ་རྒྱས་བྱུང་བ་ཞིག་ཡིན་ཞིང་། དེར་བརྒྱུད་རིམ་ཁ་ཤས་ཡོད་པའི་

དང་པོ་ནི། འབྲུ་ལེགས་པོ་ཞིག་འདེམས་དགོས་ཤིང་། འབྲུའི་ཕྲུས་ཚད་ལེགས་པོ་མེད་ཕྱིན་ཆང་བཙོ་ཐབས་མེད་པ་ཞིག་མིན་རུང་། འབྲུ་ཡི་ནང་ས་རྡོ་སོགས་འདྲེས་ན་ཆང་གི་ཕྲུས་ཚད་ལེགས་པོ་མི་ཡོང་བ་དང་། ནས་ཀྱི་ཤ་སྐྱིང་པོ་མེད་ན་ཆང་གི་ཐོན་ཚད་ལ་ཐད་ཀར་ཤུགས་རྐྱེན་ཐེབས་ཀྱི་ཡོད་པས་འབྲུ་རིགས་ལ་དང་དོད་ཆེན་པོ་བྱེད་ཀྱི་ཡོད། གཉིས་པ་ནི་འབྲུ་གཙང་མ་བཀྲུས་ཏེ་འཁྱུག་ཙམ་སྦང་ས་རྗེས་འབྲུ་ཐུབ་ཙམ་གྱི་ཆུ་བླུགས་ནས་བཙོ་དགོས་པ་དང་། འཚོས་ན་འབྲུ་རྣམས་འབོ་གས་ལ་ཆུ་རང་བཞིན་གྱིས་སྐམ་གྱི་ཡོད། འོན་ཀྱང་ཆུ་ཉུང་དྲགས་ནས་འབྲུ་མ་གས་གོང་ནས་ཆུ་སྐམ་གྱི་ཡོད་པས། སྐབས་འཕྲལ་ཆུ་ཁ་སྣོན་བརྒྱབ་ནས་འབྲུ་རྣམས་མ་གས་བར་བཙོ་དགོས། འོན་ཀྱང་འབྲུ་གས་ཙམ་ལ་བཞག་ན་འཚམ་ཤོས་ཡིན་པ་ལས་གས་དྲགས་ན་ཆང་ཉོག་ཧྲོ་ཆགས་པ་དང་དེ་ལས་ལྡོག་ན་ཆང་གི་ཐོན་ཚད་ལ་ཐད་ཀར་ཤུགས་རྐྱེན་ཐེབས་ཀྱི་ཡོད་པས་ཚད་རན་པོ་དགོས་ཀྱི་ཡོད། གསུམ་པ་ནི་ནས་རྗེན་པ་ནས་བྲི་ལར་གྱུར་ཟིན་པ་དག་ཁྲུལ་ལྷན་ངོས་སུ་བཀྲམ་ནས་གྲང་ཙམ་ཆགས་ན་ཕབས་ཧའམ་ཆང་རྫི་བརྒྱབ་རྗེས་དྲོད་སྲུང་ཐུབ་པའི་མལ་གོས་སོགས་ལ་འགྲིལ་ནས་བསྙལ་ན་སྤྱིར་ཞག་མ་གསུམ་ནས་སྦང་སྦྲུམ་ཆགས་སྐབས། ཆུ་བརྒྱབ་ནས་དུས་ཚོད་གང་ཙམ་བཞག་རྗེས་ཆང་བཙག་ཆོག་གི་ཡོད། འོན་ཀྱང་ལས་རིམ་དེར་ཉམས་མྱོང་ཆེ་ཤོས་དགོས་ཀྱི་ཡོད། དེའི་རྒྱུ་མཚན་ནི་ཚ་དྲགས་ན་དུས་ཚོད་སྔ་སྔུར་གྱིས་ལངས་པ་དང་ཆང་སྐྱུར་མོ་ཆགས་པའི་ཉེན་ཁ་ཡོད་པ་དང་གྲང་དྲགས་ན་དུས་ཐོག་ཏུ་ལངས་ཀྱི་མེད་པ་དང་ཐ་ན་ཆང་ཉེས་ལ་འགྲོ་ཡི་ཡོད། ཆང་རྫི་རྒྱག་ཡས་ཀྱང་

ཚོད་རན་པོ་མ་བྱུང་ཕྱིན་མང་དྲགས་ན་ཆང་གར་པོ་ཆགས་པ་དང་ཉུང་དྲགས་ན་ཆང་གི་དྲོ་བ་ཅང་ཅང་ཆགས་ཀྱི་ཡོད། ཕྱོགས་གཞན་ཞིག་ནས་ཆང་གར་པོ་དང་མངར་མོ་གང་ལ་དགའ་བ་ཡོད་ནའང་སྐབས་དེར་ཚོད་འཛིན་བྱ་རྒྱུ་ཡིན། ཆང་རྩི་ནི་ནས་ཀྱི་ཕུབ་མ་དང་ཧྦོབ་ཙམ་བརྫེས་པའི་ནས་མཉམ་དུ་བཏགས་པར་ཆང་རྩི་ལེགས་པ་ཞིག་གི་ཕབས་ཧ་བཏང་ནས་གྲོ་ཞིབ་རྫི་སྣངས་ལྷུར་ཙུང་གར་ཙམ་ཞིག་བརྫིས་བརྒྱབ་རྗེས། ལེབ་མོ་ཆུང་ཆུང་བཟོས་རྗེས་སོག་མ་དང་དབྱི་སོང་སོགས་དྲོད་ཚད་མཐོ་བའི་སྐྱི་དངོས་མཐིལ་དུ་འདིང་བ་དང་སྟེང་ནས་ཀྱང་གཡོགས་པ་དང་ད་དུང་སླེའུ་སོགས་དྲོད་སྲུང་དངོས་པོ་གཞན་ཡང་མཉམ་དུ་བཀབ་ནས་བཞག་སྟེ་ཞག་མ་ཁ་ཤས་ཕྱིན་རྗེས་ཨ་སྨྲུག་ཐེངས་གཅིག་རྒྱག་དགོས་པ་དང་། ཡོངས་སུ་ལངས་རྗེས་དྲི་མ་ཁ་ཡི་ཡོད་པས་སྦྱོང་བ་ཅན་ཚོས་ལམ་སེང་ཤེས་ཐུབ་ཀྱི་ཡོད། ད་དུང་གྲོ་ཞིབ་ནང་ཕབས་ཧ་ཉུང་ངུ་བསྲེས་པ་དག་ཆང་རྩི་དང་མཉམ་དུ་དཀྲུག་དཀྲུག་ཐེངས་ཁ་ཤས་བཏང་ན། ཆང་རྩིའི་ཕྱི་ངོས་དཀར་མདངས་དང་ལྡན་པར་གྱུར་གྱི་ཡོད། གཞན་ཡང་ཆང་རྩི་ནི་རྒྱུན་དང་། ཙུ་མ། རྩི། བཙ་སོགས་པར་གོ་དགོས་ལ་ཞོ་དང་ཆང་ལ་དགོས་པ་མ་ཟད། སྔལ་བའི་རིགས་གཞན་དཔེར་ན། སྨན་དང་ཕྱིན་ཧླབས་སོགས་སྦྱོར་ཧ་བྱ་སྐབས་ཀྱང་རང་རང་གི་ཕབས་ཧ་བེད་སྤྱོད་རྒྱ་ཆེར་གཏོང་གི་ཡོད། སྤྱིར་ཆང་ལ་ཆུ་ཐེངས་གསུམ་རྒྱག་གི་ཡོད་པས་ཆང་དང་པོ་དང་། གཉིས་པ། གསུམ་པ་ཟེར་དོན་ཡང་དེ་ཡིན་པ་དང་ཆང་རིམ་པས་སླ་རུ་འགྲོ་བ་ནི་ཤེས་གསལ་ཡིན།

བོད་ས་མཐོའི་ཡོངས་ཁྱབ་ཀྱི་བཏུང་བ་ནི་ནས་ཆང་དང་ཕྱིས་དར་བའི་

སྦི་རག་གཉིས་ཡིན་རུང་ཆང་རིགས་གཞན་དང་སྦྱོང་མེད་པ་མིན་ཞིང་། དེའི་ཐང་སྤྱི་ལོའི་དུས་རབས་དགུ་པ་ནས་བཅུ་པའི་བར་བྲིས་པའི་ཏུན་ཧོང་ནས་ཐོན་པའི《བོན་ཆོས་ཀྱི་དུར་མཆོད་ཆོ་ག》ཞེས་པའི་ནང་བོད་མིས་འཐུང་བའི་ཆང་རིགས་ལ་གྲོ་ཆང་དང་། རྒུན་ཆང་། འབྲས་ཆང་། ནས་ཆང་སོགས་རིགས་ཁ་ཤས་ཡོད་ལུགས་འཁོད་ཡོད་པ་དང་། ལྷག་དོན་སྤྱི་ལོ670ཙམ་ལ་སླེབས་སྐབས་མཐའ་འཁོར་གྱི་མི་རིགས་དང་རྒྱལ་ཁབ་མང་པོའི་དབར་འབྲེལ་བ་དམ་དུ་སོང་བ་དང་སྦྲགས། རྒུན་ཆང་སྤྱོད་འགོ་ཚུགས་ནས་སྟོན་མོ་གལ་ཆེན་དང་འདས་མཆོད་སྐབས་རྒུན་ཆང་སྤྱོད་པའི་གོམས་སྲོལ་ཆགས་ཡོད། མ་ཟད་བཙན་པོ་ཁྲི་རལ་པ་ཅན་རྒྱ་མའི་ཕོ་བྲང་དུ་འབྲས་ཆང་བཞེས་ནས་སྐུ་ར་བད་སྟབས་མི་ངན་གྱིས་སྐུ་སྲོག་འགྲོག་པ་ལོ་རྒྱུས་ཡིག་ཆར་འཁོད་ཡོད། ད་དུང་མིང་རྒྱལ་རབས་ཀྱི་ཡིག་ཚང་ནང་ད་ཆའི་གཙང་གསུམ་རྒྱུག་ཁུལ་དུ་རྒུན་ཆང་སྐོལ་བཟོ་བྱེད་མཁན་མང་པོ་ཡོད་པ་དང་ཧུང་ཝུ་ཁྲི་ལོ་བདུན་པར་སླེབས་སྐབས་དེ་ཁུལ་དུ་རྒུན་ཆང་སྐོལ་བཟོ་བྱེད་མཁན་དུད་ཚང315ཙམ་ཡོད་པ་འཁོད་ཡོད། ས་དེའི་མི་ཚོའི་ཤོད་སྲོལ་ལྟར་ན། དུས་རབས་བཅུ་དགུ་པའི་དུས་དཀྱིལ་ལ་ཧྥ་རན་སིའི་ཆོས་སྤེལ་མཁན་ཞིག་གིས་དེ་གར་ཡོང་ནས་ཆོས་སྤེལ་བ་མ་ཟད། ས་དེ་གའི་མང་ཚོགས་ཚོར་རྒུན་འབྲུམ་འདེབས་གསོ་བྱེད་སྟངས་དང་རྒུན་ཆང་སྐོལ་སྟངས་བསླབ་པའི་ཤོད་སྲོལ་འདུག གང་ལྟར་སྨར་ཁམས་ཁུལ་དུ་རྒུན་ཆང་དར་ནས་ལོ་ངོ་བརྒྱ་སྐོར་གྱི་ལོ་རྒྱུས་ཡོད་པ་དང་ཚྭ་ཁ་ལྷོར་དེ་བས་དར་ཁྱབ་ཆེ་བ་ཡོད། ད་ཆ་སྨར་ཁམས་ཀྱི་དུད་ཚང་ཕལ་ཆེ་བས་རྒུན་འབྲུམ་

འདེབས་པ་དང་རྒྱན་ཆང་སྐོལ་གྱི་ཡོད་ལ་སྦྱར་ཁམས་རྫོང་དང་མཛོ་སྒང་རྫོང་དུ་རྒྱན་ཆང་གི་བཟོ་གྲྭ་ཡང་བཙུགས་ཡོད་པས། ད་ཆ་རྒྱན་ཆང་དེ་བཞིན་སྦྱར་ཁམས་པའི་གྲགས་ཅན་ཚོང་རྟགས་ཤིག་ཏུ་གྱུར་ནས་དཔལ་འབྱོར་ཡོང་འབབ་ཀྱང་ལེགས་པོ་གཏོང་བཞིན་ཡོད། གཞན་ཡང་ལོ་རྒྱུས་ཡིག་ཆའི་ནང་དུས་རབས་བཅོ་ལྔ་པར་གྲུབ་ཆེན་ཐང་སྟོང་རྒྱལ་པོ་ཀོང་པོའི་ཁུལ་དུ་ཕེབས་སྐབས་ས་དེ་གའི་འགོ་པས་སྤྲང་ཆང་གི་སྣེ་ལེན་བྱས་པ་སོགས་འཁོད་པར་གཞིགས་ན། བོད་དུ་སྤྲང་ཆང་ཡང་དར་པ་མཐོང་ཐུབ་ལ་དར་ཡུལ་གཙོ་བོ་ནི་ཉིང་ཁྲི་དང་། རྫ་ཡུལ། ལྷུན་རྩེ། མཚོ་སྣ། གྲོ་མོ་སོགས་སུ་ཡིན་པ་རེད། ད་དུང་རང་ལྗོངས་ཀྱི་མེ་ཏོག་དང་རྫ་ཡུལ་དང་། མཚོ་སྣ། གཉའ་ལམ་སོགས་ཀྱི་རྒྱ་མཚོའི་ངོས་ལས་མཐོ་ཚད་སྤྱི་ཁྲི2500མན་གྱི་ཚ་བའི་ཡུལ་དུ་སྐྱེ་བའི་སྐྱེ་དངོས་ཀྱིས་བསྐོལ་བའི་མང་ཆ་ཨ་རག་ཞེས་པ་ནི་དེང་སང་ཡང་ཧ་ཅང་སྤྱིད་ཤུགས་ཆེན་པོ་ཡོད་ལ་སྐོལ་སྟངས་ཐད་ཧ་ལམ་ཆང་དང་འདྲ་པོ་ཡོད། ཨ་རག་དེ་ནི་རང་ལྗོངས་ལྷོ་རྒྱུད་ཀྱི་ཚ་བའི་ས་ཁུལ་ཁོ་ནར་སྐྱེ་བའི་འབྲུའི་རིགས་ཤིག་ལས་བྱུང་ཞིང་། དེར་མངར་སྐྱུར་སྐ་བའི་རོ་རྣམས་དུས་གཅིག་ལ་མྱོང་ཐུབ་པ་དང་སྤྱིར་ཆང་འཐུང་སྐབས་ཆུ་འཁོལ་སྣོན་བཞིན་འཐུང་གི་ཡོད་ལ་མི་གཅིག་གམ་མང་པོ་མཉམ་དུ་ཆང་སྣོད་ནང་སྨྱུག་མའི་སྦུ་གུ་རྒྱུས་ནས་འཐུང་བའི་དམིགས་བསལ་གྱི་ཁྱད་ཆོས་ལྡན་ཡོད་སྟབས་གཏིང་སྐྱེས་རྫོང་འདྲེན་ཐང་ཤར་པའི་མང་ཚོགས་ཀྱི་མང་ཆ་ཨ་རག་སྐོལ་བའི་ལག་རྒྱུན་དེ2013ལོར་རང་ལྗོངས་ཀྱི་མངོན་མེད་རིག་གནས་ཤུལ་བཞག་གི་མིང་གཞུང་ནང་འཁོད་ཐུབ་པ་བྱུང་ཡོད། བོད་ཀྱི་ས་ཆ་མང་

པོར་ད་དུང་ཨ་རག་དཀར་པོའི་རིགས་སུ་གྱུར་བའི་བོད་རག་བཟོ་མཁན་ཡང་མང་པོ་ཡོད་ཅིང་། བོད་རག་ནི་ཆང་ལས་ཆེས་ཆེར་གར་བས་གར་ཚད་དམའ་བར་ཧུའུ40ཙམ་དང་མཐོ་བར་ཧུའུ65ཙམ་ཡོད་པ་རེད། བོད་དུ་སྲོལ་རྒྱུན་གྱི་ཨ་རག་དཀར་པོ་སློལ་མཁན་ཙམ་མ་ཟད། ལྷ་ས་དང་ཉིང་ཁྲི་སོགས་སུ་ཨ་རག་དཀར་པོ་ཐོན་སྐྱེད་བྱེད་མཁན་གྱི་བཟོ་གྲྭ་ཇེ་མང་དུ་འགྲོ་བཞིན་ཡོད་པ་ནི་བོད་ཀྱི་ཆང་གི་རིག་གནས་འཕེལ་རྒྱས་འགྲོ་བའི་གནམ་ས་གཞན་ཞིག་ཡིན་པ་རེད། གནའ་བོའི་བོད་ཀྱི་རྩོམ་ཡིག་མང་པོའི་ནང་རྒྱ་གར་ཡུལ་གྱི་འབྲས་ཆང་དང་། ཚ་བ་རོང་གི་རྒུན་ཆང་། བོད་ཡུལ་དཀར་མོ་ནས་ཀྱི་ཆང་ཟེར་སྲོལ་ཡོད་པ་ཡང་ཐོག་མའི་འབྱུང་ཁུངས་ཙམ་སྟོན་པ་ལས་བོད་དུ་སློལ་བཟོ་མི་ཐུབ་པ་དང་སྤྱོད་ཀྱི་མེད་པ་མཚོན་པ་ཞིག་མིན་ནོ། དེ་དང་འདྲ་བར་ད་དུང་ན་ནིང་བཙོས་པའི་ལོ་ཆང་དང་། ད་ལོ་བཙོས་པའི་ཟླ་ཆང་། ད་ཞག་བཙོས་པའི་ཞག་ཆང་ཞེས་ཟེར་སྲོལ་ཡོད་པ་ནི་ལ་ལས་ཆང་གི་ནུས་པ་ཆེ་རུ་གཏོང་ཆེད་སྣང་སླུམ་མམ་ཡང་ན་ཆང་ཟྫ་མའི་ནང་བླུགས་ནས་ཁ་དམ་པོ་བཀག་ནས་བསིལ་སར་བཞག་ན་ལོ་དང་ཟླ་བ་ཕྱིན་རུང་། ཆང་གི་ཕྲུས་ཚད་ལེགས་སུ་འགྲོ་བ་ལས་འགྲོ་བ་ལྡོག་འགྲོ་ཡི་མེད་པ་ནི་ཆང་གི་རིག་གནས་ཁྲོད་ཀྱི་དམིགས་བསལ་ལག་རྩལ་ཞིག་ཡིན། ཆང་ནི་བོད་མི་རིགས་ཀྱི་བཏུང་བྱ་གཙོ་བོ་ཞིག་ཡིན་པས་ཁ་སྐོམ་དང་མ་སྐོམ་ལ་མ་བལྟོས་པར་རྒྱུན་དུ་འཐུང་བ་དང་། དུས་ཆེན་དང་། བཀྲ་ཤིས་པའི་བྱ་བ་ནམ་བྱུང་། མགྲོན་པོར་སྣེ་ལེན་ཞུ་བ་སོགས་ལ་བཏུང་བྱ་ཡོད་ན་དེ་ཚོག་ཅིག་ཡིན་པས་རྟེན་འབྲེལ་ལ་ལར་ཐད་ཀར་ཆང་དང་འབྲེལ་བའི་མིང་

ཡང་ཐོགས་པ་དཔེར་ན། ཆང་ས་དང་ཆང་སྟོན་ཞེས་པ་ལྟ་བུ་རེད། ཆང་ནི་ཧ་ལམ་བཀྲ་ཤིས་པའི་བྱ་བ་ཡོད་ཚད་ལ་མགོ་བ་མ་ཟད། ཐ་ན་བཀྲ་མི་ཤིས་པའི་བྱ་བ་འཕྲད་སྐབས་ཀྱང་རྒྱུན་དུ་མགོ་བས་ཆང་ནི་བོད་མི་དམངས་ཀྱི་སྐྱིད་སྡུག་ཀུན་གྱི་སྣེ་ལེན་པ་ཞིག་ཡིན་པ་དང་བྱ་བ་ལས་ཀྱི་འཁོར་ལོ་སྐོར་རོགས་མེད་ཐབས་མེད་པ་ཞིག་ཡིན་ཞིང་། བོད་མི་དམངས་ཀྱིས་ལོ་ངོ་སྟོང་ཕྲག་རིང་ཆང་སྐོལ་བཟོ་བེད་སྤྱོད་བྱས་པའི་ནང་དམིགས་བསལ་གྱི་ཆང་འཕྲུང་སྟངས་དང་དེ་འབྲེལ་གྱི་ཐ་སྙད་མང་པོ་ཆགས་ཡོད་པའི་ཁྲོད་ནས་ཆེད་དཔེ་མཚོན་དུ་འོས་པ་ནི། གསུམ་སྦྲོན་མཉེས་དག་ཡིན་པ་དེ་འཛམ་གླིང་ཁྱོན་ལ་གཉིས་སུ་མེད་པའི་ཆང་འཕྲུང་སྟངས་ཤིག་ཡིན་ཞིང་། གསུམ་ནི་གྲངས་གསུམ་མཚོན་པ་དང་སྦྲོན་ནི་ཁ་སྣོན་གྱི་དོན་ཡིན་པས་དོན་དུ་འཕྲུང་ཐེངས་གསུམ་ལ་ཁ་སྣོན་ཐེངས་གསུམ་བརྒྱབ་རྗེས་གཙང་དག་འཕྲུང་གི་ཡོད། དེ་ནི་བོད་དུ་དར་བའི་ཆང་གི་རིག་གནས་ཁྲོད་ཀྱི་དམིགས་བསལ་མཚོན་ཚུལ་ཞིག་ཡིན་ལ་མི་རིགས་ཀྱི་རིག་གནས་ཤིག་དང་གུས་སྒྲོལ་ཞིག་ཀྱང་ཡིན།

ཆང་གི་སྐོར་བཤད་ན། བོད་ཀྱི་ལོ་གསར་ཚེས་གཅིག་གི་ཞོགས་པ་ཡིན་གཅིག་ཆང་སྐོལ་འཕྲུང་གི་ཡོད་པ་ནི་གྲོ་ཐུག་འཕྲུང་བ་དང་འདྲ་བར་རྟེན་འབྲེལ་གྱི་རྣམ་གྲངས་ཤིག་ཡིན། ཆང་སྐོལ་ནི་རང་ཉིད་ཀྱི་ཁམས་དང་མཐུན་པའི་ཆང་གར་སླ་ཅི་རིགས་བྱས་པའི་ཐོག་རྩམ་པ་ཕྲན་ཙམ་བརྒྱབ་ནས་བསྐོལ་བའི་ནང་ཕྱུར་བ་དང་། གྲོ་མ། བུ་རམ་བཅས་བརྒྱབ་ནས་སྐར་མ་ཁ་ཤས་བསྐོལ་རྗེས་བཏུང་ན་འགྲིག འོན་ཀྱང་ཆང་སྐོལ་ནི་བཙུད་ཆེ་ལ། རྫོད་འཕེལ་བ། ཁ་ལ་

ཞིམ་པ་སོགས་ཀྱི་ཁྱད་ཆོས་ལྡན་པས་གཙང་ཁུལ་སོགས་སུ་རྣམ་ཀུན་ནས་དགུན་དུས་ཉོགས་པ་ཆང་སྐྱོལ་འཐུང་བའི་གོམས་གཤིས་ཡོད་པ་རེད།

ད་ཆ་དེང་རབས་ཅན་གྱི་བཟོ་གྲྭ་མང་པོས་ནས་ཆང་ཐོན་སྐྱེད་བྱས་ནས་རྒྱལ་ཕྱི་རྒྱལ་ནང་ལ་ཚོང་འདྲེན་གྱིས་དཔལ་འབྱོར་ཕན་འབྲས་ཆེན་པོ་གཏོད་པ་མ་ཟད། ཆང་གི་རིག་གནས་ཀྱང་དར་སྤེལ་གཏོང་བཞིན་ཡོད་པ་ནི་དམིགས་བསལ་གྱི་རིག་གནས་དེ་འཛམ་གླིང་གིས་ཤེས་རྟོགས་བྱེད་པའི་སྐར་ཁུང་ཞིག་ཏུ་གྱུར་ཡོད་པ་རེད།

ཆང་དང་འབྲེལ་བའི་རིག་གནས། མཚོ་བོད་ས་མཐོའི་མི་རྣམས་ཀྱི་ཐོན་སྐྱེད་དང་འཚོ་བའི་ཁྲོད་ཆང་གི་རིག་གནས་ཧ་ཅང་དར་ཁྱབ་ཆེན་པོ་ཡོད་སྟབས་དེ་ལ་དེ་འབྲེལ་གྱི་རིག་གནས་མང་པོ་དར་ཡོད། དེ་ཡང་རང་རང་གི་འགྱུར་འཕོས་ལ་གཞིགས་པའི་གསེར་དངུལ་དང་། ཟངས་རག འཁྱོང་རྭ། ཛ་ཆས། སྐྱུག་མ། ཤིང་རིགས་གཞན། ར་ལུག་གི་གྲོད་པ། དེང་སང་གི་འགྱིག་རིགས་སོགས་རྒྱུ་ཆ་སྣ་ཚོགས་པའི་ཆང་སྣོད་ཡོད་ལ། ཆེ་ཆུང་ཐད་ཆེ་བར་ཆང་ཁལ་མང་པོ་ཤོང་བའི་ཟླ་མ་ཡོད་ལ་ཆུང་བར་ཕོར་པ་ཁ་ཤས་ལས་མེད་པའི་སྟབས་བདེའི་ཆང་སྣོད་ཀྱང་ཡོད། ད་དུང་དཔེ་བས་ཀྱི་ཆ་ཡོངས་སུ་རྫོགས་པའི་བཟོ་ལྟ་འདྲ་མིན་སྣ་ཚོགས་ཀྱི་ཆང་སྣོད་དག་ལ་བཀྲ་ཤིས་པའི་རི་མོ་དང་མཛེས་སྡུག་ལྡན་པའི་ཚགས་ཀྱིས་བརྒྱན་པའི་ཆང་སྣོད་དེ་དག་ནི་སྒྱུ་རྩལ་གྱི་ཉིང་བཅུད་བསྡུས་ཤིག་ཀྱང་ཡིན། དེའི་ཐད་བཙན་པོ་སྲོང་བཙན་སྒམ་པོས་གོང་མ་ཐང་ཐའི་ཙུང་ལ་གསེར་ལས་བཟོས་པའི་སེར་བྱ་ངང་པའི་དབྱིབས་གཟུགས་ཀྱི་ཆང་སྣོད་

ཅིག་སྐྱེས་སུ་ཕྱུལ་བར་གཞིགས་ན། བོད་བཙན་པོའི་དུས་ནས་ཆང་སྣོད་ལ་དང་དོད་ཆེན་པོ་ཡོད་པ་དང་བཟོ་རྩལ་ཡང་མཐོ་པོ་ཡོད་པ་མཚོན་ཐུབ། ད་དུང་བོད་ཀྱི་ས་ཕྱོགས་ཁག་ཏུ་དངུལ་ཕོར་དང་། དངུལ་ཤན་མ། དཀར་ཡོལ་སོགས་ཀྱི་ཐོག་ཐིག་རིས་ཀྱིས་བརྒྱན་པའི་ཆང་ཕོར་འདྲ་མིན་སྣ་ཚོགས་མཐོང་རྒྱུ་ཡོད་པ་ནི་བོད་ས་མཐོའི་ཆང་གི་རིག་གནས་ཀྱི་ངོ་མཚར་གཞན་ཞིག་རེད། ད་དུང་ཆང་ཁས་བཏུང་ཡང་རྩིས་རིག་པ་ཞེས་པ་སོགས་དོན་ལ་འཁེལ་བའི་གཏམ་དཔེ་སྣ་ཚོགས་དང་། ཆང་དེ་དང་པོས་ལ་བཟི། ཆང་དེ་གཉིས་པས་མ་བཟི། གྲོགས་པོ་གྲོགས་མོས་བཀུག་པའི། ཞལ་དཀར་གང་གིས་བཟི་སོང་ཞེས་པ་སོགས་ཡུལ་ལུང་སོ་སོའི་ཁྱད་ཆོས་ཀྱིས་ཕྱུག་པའི་ཆང་གཞས་སྣ་ཚོགས་གཏོང་བ་དེ་དག་གི་བརྗོད་བྱ་བདེ་ལ་འགྱུར་ལྡུག་སྙན་ཞིང་འཇེབས་པ་ནི་སློ་གར་རྒྱ་མཚོའི་ནང་གི་ཡིད་འོང་པད་མ་ཞིག་རང་རེད།

ཆང་གི་དགེ་སྐྱོན། ཆང་ནི་མངར་སྐྱུར་གྱི་རོ་དང་ལྡན་པའི་སྨྱོས་བྱེད་ཀྱི་བཏུང་བྱ་ཞིག་ཡིན་པ་དེའི་རྒྱུ་གཙོ་བོ་ནས་ནི་ས་བབ་མཐོ་སར་སྐྱེས་པའི་དམིགས་བསལ་སྐྱེ་དངོས་ཤིག་ཡིན་པ་དེར་འཛམ་གླིང་གསོ་རིག་ལས་རིགས་ཀྱིས་ཡོངས་ཁྱབ་ངང་སྙིང་གློད་ཁྲག་རྩའི་ནད་དང་གཅིན་པ་མངར་འགྱུར་ནད་སོགས་སྔོན་འགོག་ཐུབ་པ་དང་། ནད་འགོག་ནུས་པ་ཆེ་རུ་འགྲོ་ཐུབ་པའི་ངོས་འཛིན་གཅིག་གྱུར་བྱེད་ཀྱི་ཡོད། ལྷག་དོན་ཆང་ལ་དྲོད་སྐྱེ་བ་དང་། བད་རླུང་སེལ་བ། ཕྲོ་སྣང་འཕེལ་བ་སོགས་ཀྱི་ནུས་པ་ཡོད་ལ་འབྲུའི་ཉིང་ཁུ་ཡིན་པས་བཅུད་ཧ་ཅང་ཆེན་པོ་ཡོད་སྐབས་ལུས་ཟུངས་སྐྱོ་བའི་ནད་གསོ་རྒྱུར་ཕན་འབྲས་

ཆེན་པོ་ཐོན་གྱི་ཡོད། ཆང་དེ་འཛམ་གླིང་ཐོག་གི་ཆང་རག་གཞན་དང་བསྡུར་ན། གཟུགས་པོར་གནོད་ཚབས་ཆུང་བ་དང་། ར་བཟི་འགོར་བ་དང་བཟི་དྭངས་མགྱོགས་པ། ནད་གཞི་མང་པོར་ཕན་པ་སོགས་ཀྱི་དགེ་མཚན་ཡོད་པར་གྲགས། ལྷག་དོན་དུ་ཚོད་རན་པས་བཏུང་ན་བཞུགས་གྲལ་འཁྲུག་ཏུ་འགྲོ་བ་དང་། སྐྱོ་པོ་ཕན་ཚུན་མཐུན་འགྱུར་གྱི་གྲོགས་སུ་གྱུར་བ། དཔའ་ཆེ་རུ་འགྲོ་བ། ཉམས་རྩོགས་འཕེལ་བ་སོགས་ཀྱི་དགེ་མཚན་ཡོད། འོན་ཀྱང་འཐུང་ཚོད་མ་ཟིན་ན། ཆང་གིས་གཡེང་བའི་མི་དག་ནི། གསོན་ཡང་ཤི་བའི་རོ་དང་མཚུངས། ཞེས་པ་ལྟར་རང་ཚུགས་མ་ཐུབ་པར་བག་མེད་ཀྱི་ལས་མང་པོ་བྱེད་པ་དང་ཆང་གི་ཉེས་པ་སོ་ལྔའི་ནང་དྲངས་པ་ལྟར་ནོར་ཟད་པ་དང་། ནད་རྣམས་རྒྱས་པ། འཐབ་རྩོད་སློང་བ་སོགས་བྱེད་ཀྱི་ཡོད། ལྷག་དོན་དགའ་བ་ཅན་གྱིས་ཞུས་པའི་མདོ་ལས། ཆང་འཐུང་བ་ལ་མངོན་པར་དགའ་བའི་མི། བདག་ལ་ཕན་དང་གཞན་ལ་བདེ་མི་ནུས། རྨོངས་དང་མདོག་ངན་བྱེད་པ་ཆང་ཡིན་ཏེ། ཇི་ལྟར་ཏ་ལའི་དུག་བཞིན་དེ་མི་བཏུང་། ཞེས་གསུངས་པ་ལྟར་མདོ་དང་བསྟན་བཅོས་མང་པོ་ནས་ཆང་གི་ཉེས་པ་གྲངས་མེད་བགྲང་ཡོད། དེ་དང་ཕྱོགས་མཚུངས་ཇ་ཆང་ལྷ་མོའི་རྩོད་གཞི་ལྟར། མར་པའི་སྲས་དར་མ་མདོ་སྡེ་དབུ་ཀླད་ཐོར་བ་དང་། གླིང་རྗེ་གེ་སར་རྒྱལ་པོ་བདུད་ཡུལ་དུ་ལོ་དགུ་དབུ་འཁོར་བ། བཙན་པོ་ཁྲི་རལ་པ་ཅན་སྐུ་སྲོག་ཤོར་བ་སོགས་ཚང་མ་ཆང་དང་འབྲེལ་བ་ཡོད་ལ། སྤྱི་ཚོགས་དང་། ཁྱིམ་ཚང་། རང་ཉིད་ཀུན་ལ་ཆང་རག་གིས་གནོད་སྐྱོན་ཆེན་པོ་བཟོ་བ་མཐོང་ཆོས་ལྟར་ཡིན། མདོར་ན། ཆང་ལ་

དགེ་མཚན་ལས་ཉེས་པ་ཆེ་བས་དུས་དང་རྣམ་པ་ཀུན་ཏུ་ཆང་གི་ཉེས་པ་ཤེས་པ་བྱས་ཏེ། བཏུང་ཡང་འཕྱུང་ཚོད་རན་པོ་བྱས་ཏེ་གངས་ཅན་བོད་ཀྱི་ཆང་གི་རིག་གནས་དེ་ཤེས་དཔལ་དང་གྲོགས་ནས་དར་སྤེལ་གཏོང་རྒྱུ་ནི་རིག་གནས་དེ་རྒྱུན་སྲིང་ཡོང་བའི་ཐབས་དམ་པ་ཞིག་ཡིན་ནོ།

གཉིས། ལྷ་མ་མ་ཎིའི་སྒྱུ་རྩལ་པ།

ལོ་རྒྱུས་ལས་བླ་མ་མ་ཎིའི་འཆད་ཁྲིར་སྒྱུ་རྩལ་ནི་བོད་དུ་ལྷ་མོ་དར་ཁྱབ་མ་བྱུང་སྔོན་ནས་བྱུང་ཞིང་། གཏིང་ཟབ་ལ་ཆ་ཚང་བའི་ཆོས་ལུགས་རིག་གནས་གཞས་མ་གཏམ་གྱི་སྒྱུ་རྩལ་དང་འབྲེལ་ཞིང་གངས་ལྗོངས་ས་མཐོའི་ཁྱད་ཆོས་ཀྱིས་ཕྱུག་པའི་སྒྱུ་རྩལ་རྣམ་པ་ཞིག་ཡིན་པས་ཤོད་སྒྲོལ་ལ་འཛམ་གླིང་ཡང་རྩེའི་སྒྱུ་རྩལ་གྱི་མཆོག་ནོར་ཞེས་འབོད་སྲོལ་ཡོད་པ་རེད།

གྲུབ་ཆེན་ཐང་སྟོང་རྒྱལ་པོས་ལྷ་མོ་གསར་གཏོད་མ་གནང་གོང་ནས་བཏོད་པར་གྲགས་པའི་བླ་མ་མ་ཎིའི་སྒྱུ་རྩལ་པ་རྣམས་ནི་དང་ཐོག་གནས་ངེས་མེད་དུ་རྒྱུ་ནས་འཚོ་བ་བྱ་འཚོལ་བྱེ་འཚོལ་གྱིས་མི་རྣམས་ལ་མ་ཎི་སྐུལ་བ་དང་ཕྱིས་ནང་དོན་རྒྱ་ཆེར་ཕྱིན་ནས་སངས་རྒྱས་ཀྱི་སྐྱེས་རབས་སོགས་དྲངས་ཀྱི་ཡོད། ཁོང་ཚོའི་སྤྱི་ཚོགས་ཀྱི་གནས་བབ་ནི་སྤྱིར་བཏང་གི་སློང་མོ་བ་ལས་མཐོ་བ་ཡོད་པས་གནང་སྦྱིན་ཚུང་མང་བ་ཡོད་ལ་ཁོང་ཚོའི་ཁྲིད་དུ་སེར་མོ་བ་ཡང་མང་པོ་ཡོད་པས་མི་རྣམས་ཀྱིས་གུས་ཞབས་ཆེན་པོས་མ་ཎི་ལོ་ཆེན་ཞེས་འབོད་ཀྱི་ཡོད།

བླ་མ་མ་ཎི་བ་ཚོའི་གྱོན་གོས་གསལ་འཁོད་མེད་རུང་“བདག་གི་གཟུགས་ཕུང་ཆུང་ན་ཡང་། རྣམ་ཐར་སྣ་ཚོགས་བང་མཛོད་ཡིན། མགོ་བོར་པད་ཞྭ་གྱོན་པ་དེ། ཨོ་རྒྱན་པད་མའི་རྒྱུན་འཛིན་རྟགས”ཞེས་པ་ལས་མགོ་བོར་པད་ཞྭ་གྱོན་གྱི་ཡོད་པ་གསལ་པོར་རྟོགས་ཐུབ། བླ་མ་མ་ཎི་བ་ཚོས་དང་ཐོག་མི་ཚོགས་འདུ་ས་ཆེ་སར་སྤྱང་ཐང་ཞིག་འགྲེལ་བ་དང་ཐང་གའི་གཡས་ངོས་སུ་ཐུགས་རྟེན་མཆོད་རྟེན་དཀར་པོ་ཞིག་འཛུགས་པ་དང་གཡོན་ངོས་སུ་སྐུ་རྟེན་སྤྲུལ་མའི་སྐུ་ཞིག་འཛུགས་པ་མ་ཟད། མདུན་དུ་ཡོན་ཆབ་དང་མཆོད་མེ་ཕུལ་ཚར་རྗེས་དུང་དཀར་ལན་གསུམ་འབུད་ཀྱི་ཡོད་པ་དེ་ནི་བླ་མ་མ་ཎི་འཆད་རྒྱུའི་བརྡ་ཙམ་དུ་མ་ཟད། ཚོས་འཆད་རྒྱུའི་གོ་དོན་ཡང་ཡིན། དེ་རྗེས་སྐྱབས་འགྲོ་སེམས་བསྐྱེད་སྔོན་དུ་འགྲོ་བ་བྱས་རྗེས་ཐང་གར་ལྷུགས་མདའ་ཞིག་བཙུགས་ནས་ལྷ་མོའི་གཞུང་བརྒྱུད་ཙམ་མ་ཟད། སངས་རྒྱས་ཀྱི་སྐྱེས་རབས་སྣ་ཚོགས་དང་དམངས་སྲོལ་གྱི་ཆ་ཡང་ཡོད་པ་དེ་དག་སྙན་འཇེབས་ལྡན་པའི་ངག་རྟ་ལ་བྲངས་ནས་མི་རྣམས་ཡིད་དབང་འཕྲོག་པར་བྱས་ཏེ་སློབ་གསོའི་ནུས་པ་ཆེན་པོ་ཐོན་པ་བྱེད་ཀྱི་ཡོད།

བླ་མ་མ་ཎིའི་ཚིག་དོན་ཕུན་སུམ་ཚོགས་ལ་རྟ་དབྱངས་སྙན་པས་བོད་ས་མཐོའི་ཐོག་ལོ་ངོ་བརྒྱ་ཕྲག་རིང་འཕེལ་རྒྱས་འགྲོ་བའི་ནང་མང་ཚོགས་ཚོས་ཏ་ཅང་དགའ་པོ་བྱེད་པ་དང་སྦྲགས། སྒྱུ་རྩལ་པའི་དཔུང་ཁག་ཀྱང་སྟོབས་ཆེར་ཕྱིན་ནས་མི་སྣེར་དང་ཁྱིམ་ཚང་མང་པོ་ཐོན་པ་མ་ཟད། གཙང་རིན་སྤུངས་དང་སྟོ་ཁ་སྣ་དཀར་རྩེ་སོགས་སུ་ཚོགས་པའམ་གྲོང་ཚོ་རྩེ་ཕྱིལ་པོ་བླ་མ་མ་ཎིའི་སྒྱུ་རྩལ་པར་གྱུར་བའི་ལོ་རྒྱུས་ཐོན་ཡོད་པ་རེད། ལྷག་དོན་གྲུབ་ཆེན་ཐང་སྟོང་

རྒྱལ་པོས་དབུ་མཛད་པའི་སྐྱེས་ཆེན་དམ་པ་མང་པོ་ཐོན་པའི་ནང་མ་གཅིག་ལབ་སྒྲོན་གྱི་ཡང་སྲིད་དུ་གྲགས་པའི་ཤུག་གསེབ་རྗེ་བཙུན་རིག་འཛིན་ཆོས་ཉིད་བཟང་མོས་སྐུ་ཚེའི་སྟོད་དུ་རྒྱ་གར་དང་། བལ་ཡུལ། འབྲུག་ཡུལ་སོགས་སུ་མ་ཎི་སྒྲུལ་བར་ཕེབས་ནས་སེམས་ཅན་མང་པོར་ཕར་པའི་ས་བོན་བཏབ་པས་ཕྱིས་ཤུག་གསེབ་ཀྱི་གདན་ས་མཛད་རུང་མི་རྣམས་ཀྱིས་ཁོང་གི་མཚན་ནས་མི་འབོད་པར་ལོ་ཆེན་རིན་པོ་ཆེ་ཞེས་ཞུ་ཡི་ཡོད། ལྷག་དོན《དེབ་ཐེར་སྔོན་པོའི》ནང་འཁོད་པར་གཞིགས་ན། སྤྱི་ལོའི་དུས་རབས11པའི་ཡས་མས་སུ་ལྷ་ས་དང་བསམ་ཡས་སོགས་སུ་བླ་མ་མ་ཎི་འཆད་ཁྲིར་བྱེད་མཁན་དང་། ཡང་ན་སངས་རྒྱས་ཀྱི་སྐྱེ་རབས་དང་། བླ་མའི་རྣམ་ཐར། ལྷ་མོའི་གཞུང་སོགས་ནང་དོན་སྣ་ཚོགས་འཆད་ཁྲིར་བྱེད་མཁན་མང་པོ་ཡོད་པ་རེད། དེ་སྔ་བླ་མ་མ་ཎི་བ་རྣམས་ནི་དུས་བཞིའི་ཚ་གྲང་དང་། རི་མཐོ་གཡང་ཟར་གྱི་འཇིགས་ཉེན། ཆར་རླུང་གི་འཚེ་བ་སོགས་ལ་བཀྲག་པ་མེད་པར་རི་ལྗོངས་གང་སར་འགྲུལ་བ་དང་རྒྱུ་འབྲས་ལམ་སྟོན་གྱི་འཆད་ཁྲིར་སྒྱུ་རྩལ་པ་ཞིག་གི་ངོས་ནས་བོད་ཀྱི་རྩོམ་རིག་བྱ་གཞག་རྒྱུན་འཛིན་བྱ་རྒྱུ་དང་འཆད་ཁྲིར་སྒྱུ་རྩལ་འཕེལ་རྒྱས་གཏོང་རྒྱུར་བླ་ན་མེད་པའི་ལེགས་སྐྱེས་ཕུལ་ཡོད།

དེ་ལྟར་ཡིན་རུང་བར་སྐབས་ཞིག་དར་རྒྱས་ཏ་ཅང་ཆེ་བའི་བླ་མ་མ་ཎིའི་སྒྱུ་རྩལ་དེ་སྐྱ་ཟད་སྔོ་ཐུག་ཏུ་གྱུར་ནས་ལྷ་ས་ལྟ་བུའི་གྲོང་ཁྱེར་དུ་ཡང་བགྲེས་སོང་འཕྲིན་ལས་ལས་ལྷག་མེད་པས་མི་རྣམས་ཀྱིས་ཁོང་ལ་མཐའ་མཇུག་གི་བླ་མ་མ་ཎི་བ་ཞེས་འབོད་ཀྱི་ཡོད།

དེ་ཡང་ཉིན་ལྟར་འཁོགས་པ་ལྷ་སའི་གྲོང་ཁྱེར་ཉིང་པའི་སྲང་ལམ་དང་ཧ་ཁང་སོགས་སུ་ལུས་ལ་བོད་ཆས་དམར་སྨུག་གྱོན་པ་དང་མགོ་བོར་པད་ཞྭ་སེར་པོ་ཞིག་གྱོན་ཞིང་། རྒྱབ་ཏུ་ཏ་ལམ་རང་གཟུགས་དང་རིང་ཐུང་སྙོམས་པའི་ཐང་ག་ཞིག་འཁྱེར་ནས་བླ་མ་མ་ཎི་འཆད་ཀྱེར་བྱས་ཏེ་གྲོང་མི་སྤྱི་དང་ཕྱོགས་བཞིའི་སྐྱ་མགྲོན་གྱི་ཡིད་དབང་འཕྲོག་པར་བྱས་ཏེ་དེང་རབས་ཀྱི་ས་མཐོའི་གྲོང་ཁྱེར་དེར་གནའ་ཉམས་ཤིག་བསྟན་པར་བྱེད་ཀྱི་ཡོད། ཁོང་གིས་བླ་མ་མ་ཎི་འཆད་ཀྱེར་བྱེད་སྐབས་དང་ཐོག་ལྷ་མོའི་གཞུང་ཆེན་བརྒྱད་ཀྱི་ནང་ཚན་པད་མ་འོད་འབར་གྱི་ནང་དོན་མཚོན་པའི་ཐང་ག་དེ་གུང་དོས་སུ་བཀལ་ཏེ་སྨན་ཙེ་ག་ལེར་ཕྱི་རྗེས་ལྟོ་ཕད་ནང་ནས་དུང་དཀར་ཞིག་བཏོན་ནས་འབུད་པ་དང་དེ་རྗེས་ལག་ཟུང་ཐལ་མོ་སྦྱར་བ་དང་མིག་བཙུམ་ནས་སྨོན་བཟླས་གང་ཙམ་བྱས་རྗེས་མ་ཎི་འདོན་ཞིང་། ཁོང་གི་སྒྲ་གདངས་གསལ་ལ་སྙན་པ་དང་ཡིད་དབང་འཕྲོག་ཤུགས་ཆེན་པོ་ཡོད་པས་མཐའ་འཁོར་གྱི་མང་ཚོགས་ཁག་གཅིག་གིས་ཀྱང་དབང་མེད་དུ་ཁོང་དང་མཉམ་དུ་མ་ཎི་འདོན་གྱི་ཡོད། ཁོང་གིས་སྔོན་འགྲོའི་ཚིག་དེ་དག་སྒྲུབ་རྗེས་གཞི་ནས་ཐང་གའི་ངོས་སུ་ལྕགས་སྨྱུག་ཕྲ་མོ་ཞིག་བཙུགས་ནས་འཆད་ཀྱེར་བྱེད་འགོ་ཚུགས་ཤིང་། སྔན་འཛེབས་ཀྱི་འགྱུར་ཁུག་ཁོར་ཡུག་ཏུ་ཁྱབ་སྐབས་ཁོང་གི་འཁོར་དུ་ག་དུས་ཡིན་རུང་ཉན་མཁན་མང་པོ་ཞིག་ཕྱུང་ནས་བསྡོད་ཀྱི་ཡོད་པ་རེད།

འཕྲིན་ལས་ནི་དུས་རབས་གོང་མའི་ལོ་རབས40པར་ལྷོ་ཁ་ས་ཁུལ་སྣ་དཀར་རྩེ་རྫོང་དུ་སྐྱེས་པ་དང་བླ་མ་མ་ཎི་ཤོད་མཁན་ཡིན་པའི་ཁོང་གི་ཕ་མའི་

ཤུགས་རྐྱེན་འོག་ཚུད་དུས་ནས་སྐྱུ་རྩལ་དེར་དགའ་ཞེན་ཆེན་པོ་ཡོད་ཅིང་། ལྷག་དོན་ཁོང་གི་ཁྱིམ་རྒྱུད་ནི་ཆེད་ལས་ཀྱི་བླ་མ་མ་ཎི་འཆད་ཁྲིར་བྱེད་མཁན་ལྷ་བུ་ཞིག་ཡིན་པས《སྣང་ས་འོད་འབུམ》དང་《པདྨ་འོད་འབར》《གཟུགས་ཀྱི་ཉི་མ》སོགས་གཞུང་20ཙམ་འཆད་ཁྲིར་ཐུབ་པ་མ་ཟད། བླ་མ་མ་ཎི་འཆད་ཁྲིར་བྱེད་པའི་ཐང་ག་བཅུ་གྲངས་ཤིག་ཡོད་པ་རེད། དེ་ལྟ་བུའི་ཆ་རྐྱེན་འོག་ཁོང་ཆུང་དུས་ནས་ཉིན་མོ་རི་ལ་ཕྱུགས་འཚོ་བར་འགྲོ་བ་དང་དགོང་མོ་ཕ་མའི་ས་ནས་བླ་མ་མ་ཎི་འཆད་ཁྲིར་བུ་རྒྱུ་སྦྱངས་པ་དང་སྐྱེ་སྟོབས་ཀྱི་ཤེས་རབ་ཀྱང་ཆེན་པོ་ཡོད་པས་ཁོང་ལོ7ལ་སླེབས་སྐབས་ལྷ་མོའི་གཞུང་མང་པོ་ཞིག་འཆད་ཁྲིར་ཐུབ་པ་མ་ཟད། ལྷ་མོ་འཁྲབ་སྟངས་ཀྱང་ཁོང་དུ་ཆུད་ནས་ཕ་མ་དང་མཉམ་དུ་བླ་མ་མ་ཎི་འཆད་ཁྲིར་བྱེད་པར་སྐྱོད་ཀྱི་ཡོད།

འཕྲིན་ལས་ལོ10ལ་སླེབས་སྐབས་ཕ་མས་ཁོང་སྣ་དཀར་རྩེ་རྫོང་ཆོས་སྐོར་རྩེ་དགོན་དུ་གྲྭ་པ་བྱེད་དུ་བཏང་བས་ཁོང་གིས་ནང་ཆོས་རིག་གནས་ཀྱི་ལོ་རྒྱུས་ལ་རྒྱུས་མངའ་ཆེ་རུ་ཕྱིན་པ་དང་། འཆད་ཁྲིར་བྱེད་པའི་གཞུང་དེ་དག་ལ་གོ་བ་ཟབ་ཏུ་སོང་བས་སེམས་ཁོང་གི་དད་སེམས་ཀྱང་ཆེ་རུ་ཕྱིན་པ་རེད། ཁོང་གིས་དྲན་གསོ་བྱས་པ་ལྟར་ན། དེ་སྔ་ལོ་ལྟར་ལྷ་སའི་ཞོ་སྟོན་སྐབས་སུ་ཕ་མ་དང་མཉམ་དུ་འབྲས་སྤུངས་དགོན་དུ་བླ་མ་མ་ཎི་འཆད་ཁྲིར་བྱེད་པ་དང་ལྷ་མོ་འཁྲབ་སྟོན་བྱེད་དུ་སྐྱོད་ཀྱི་ཡོད། ཞོ་སྟོན་ཚར་རྗེས་ཟླ་བ་གཅིག་ཙམ་རིང་གདན་ཞུས་ལྟར་ནོར་བུ་གླིང་ཀ་དང་། རྫོང་རྒྱབ་ཀླུ་ཁང་། གསུང་ཆོས་ར་བ་སོགས་སུ་འཁྲབ་སྟོན་དང་འཆད་ཁྲིར་བྱེད་ཀྱི་ཡོད། སྐབས་དེར་ཞོ་སྟོན་ཐུད

འཕྲིན་ལས་དང་། ཕ་མ་གཉིས། ད་དུང་གཅེན་མོ་གསུམ་བཅས་ཀྱིས་ཞིང་དལ་སྐབས་སུ་ཐང་ག་སྐལ་པར་འཁྱེར་ནས་སློང་རྒྱུག་ཞོར་དང་གནས་མཇལ་ཞོར་དུ་ལྷ་ས་དང་། རྩེད་ཐང་། ཆུ་གསུམ་སོགས་སུ་བླ་མ་མ་ཎི་འཆད་གྱེར་བྱེད་པར་སྐྱོད་ཀྱི་ཡོད། ཕྱིས་སུ་འཕྲིན་ལས་སྐྱ་བབ་ནས་ལྷོ་ཁ་ས་ཁུལ་ལྷོ་བྲག་རྫོང་དུ་གཞིས་ཆགས་པ་དང་བུ་ཕྲུག་ཀྱང་བུ་གཉིས་དང་བུ་མོ་གཅིག་ཡོད་པ་རེད། འོན་ཀྱང་འཕྲིན་ལས་ཀྱིས་བླ་མ་མ་ཎི་འཆད་གྱེར་བྱེད་པའི་སྲོལ་རྒྱུན་བུར་མུ་མཐུད་བསྐྱོད་པས་ད་བར་བླ་མ་མ་ཎི་འཆད་གྱེར་བྱས་ནས་མི་ལོ67སོང་ཡོད་པ་རེད།

ལོ76ལ་སོན་པའི་བགྲེས་སོང་འཕྲིན་ལས་ལ2008ལོར་ལྡོངས་རིམ་པའི་མངོན་མིན་རིག་གནས་ཤུལ་བཞག་གི་རྣམ་གྲངས་ལྷ་སའི་བླ་མ་མ་ཎི་འཆད་གྱེར་རྒྱུན་འཛིན་པའི་དབང་ཡིག་རག་པ་མ་ཟད། རོགས་དངུལ་ཡང་ངེས་ཅན་ཞིག་སྤྲོད་ཀྱི་ཡོད་པ་དེ་ནི་བགྲེས་སོང་ལ་སྐྱུལ་ལྕུག་ཚད་མེད་ཐེབས་པའི་སྐུལ་ཤུགས་ཤིག་ཡིན་མོད། ཁོང་ལ་གནས་གཏན་འཁེལ་གྱི་འཆད་གྱེར་བྱ་ཡུལ་ཞིག་མེད་པས་ཁོང་ཉིན་ལྟར་ལྷ་སའི་སྲང་ལམ་ངེས་མེད་དུ་འཆད་གྱེར་བྱེད་དགོས་པས་ཁོང་དང་ཉན་པ་པོ་གཉིས་ཀར་སྐབས་བདེ་མེད་པ་མ་ཟད། ཐ་ན་ཁོང་དང་ཉན་པ་པོ་ཚང་མ་བླ་མ་མ་ཎིའི་སྒྱུ་རྩལ་གྱི་དབྱིངས་ལ་ཚུད་སྐབས་གློ་བུར་དུ་བདེ་འཇགས་མི་སྣས་འདུ་འཛོམས་བྱེད་མི་ཆོག་པའི་བརྡ་སྤྲོད་སྐབས་ཁོང་གིས་བླ་མ་མ་ཎི་ཤོད་མཚམས་དེ་མར་འཇོག་དགོས་པ་དང་ཉན་མཁན་ཚོ་ཡང་གནས་དེ་ནས་ཁ་བྲལ་མི་ཕོད་བཞིན་དུ་བྲལ་དགོས་ཀྱི་ཡོད་པ་རེད། འོན་ཀྱང་བགྲེས་

སོང་ཁོང་གི་སེམས་ཁྲལ་དང་དགའ་ངལ་ཆེ་ཤོས་ནི་དེ་དག་མེད་པར་ཁོང་ལ་རྒྱུན་འཛིན་པ་མེད་པ་དེ་ཡིན་ཞིང་། ཁོང་གིས་རང་སྐྱོང་ལྗོངས་ཀྱི་རིག་གནས་སྡེ་ཚན་གྱིས་བླ་མ་མ་ཧེའི་སྒྱུ་རྩལ་དེར་མཐོང་ཆེན་གནང་ནས་ང་ལ་སྐྱོད་གནས་དང་ཆུ་སྒྲོག་སོགས་ཀྱི་དགའ་ངལ་སེལ་ཐུབ་ལ་ལྗོངས་ལྷ་མོ་ཚོགས་པ་སོགས་ཀྱི་གཞོན་ནུ་འཁྲབ་སྟོན་པ་མང་པོ་ཞིག་གིས་ཀྱང་ངའི་སར་སློབ་སྦྱོང་བྱེད་པར་སླེབས་རུང་རྒྱུན་འབྱོངས་ཐུབ་མཁན་གཅིག་ཀྱང་ཐུབ་མེད། དེའི་རྒྱུ་མཚན་ནི་ཤེས་དགའ་བ་དང་། དུས་ཚོད་རིང་བ། སློང་མོ་བའི་སྒྱུ་རྩལ་དུ་ངོས་འཛིན་པ་བཅས་ཀྱིས་རེད་ཅེས་བཤད། ལྷག་དོན་འཕྲིན་ལས་ཀྱི་བུ་ཚའི་ཁྲིད་ནས་ཀྱང་རྒྱུན་འཛིན་བྱེད་མཁན་མེད་སྐབས། ཁོང་གི་བུ་མོས་ཁོང་ཕ་ཡུལ་དུ་ལོག་ནས་བདེ་སྐྱིད་ལྡན་པའི་ཚེ་མཇུག་སྐྱེལ་རྒྱུའི་རེ་འདོད་བྱེད་མོད། འོན་ཀྱང་བགྲེས་སོང་གིས་ད་དུང་ལྷ་སའི་སྲང་ལམ་ཁག་ཏུ་སྔར་བཞིན་བླ་མ་མ་ཧེ་འཆད་གྱེར་བྱས་ནས་ལས་དབང་དང་མཐུན་པའི་སློབ་མ་ཞིག་ཡོང་རྒྱུའི་རེ་སྒུག་བྱེད་བཞིན་མཆིས་སོ།

དུས་ཀྱི་འཕོ་མཚམས2015ལོར་སླེབས་སྐབས་བགྲེས་སོང་འཕྲིན་ལས་ཀྱི་བསམ་ཐོག་ལ་ཧ་རྒྱག་པའི་གཏམ་བཟང་ཞིག་གྲགས་ཡོང་བ་ནི་ལྗོངས་མངོན་མེད་རིག་གནས་ཤུལ་བཞག་སྲུང་སྐྱོབ་ལྟེ་གནས་ཀྱིས་བགྲེས་སོང་ཁོང་གི་ངག་ཐོག་གི་རྩ་ཆེའི་སྒྱུ་རྩལ་དེ་ཁྱོན་ཡོངས་ནས་ཟིན་འགོད་བྱས་པ་མ་ཟད། རྒྱུན་འཛིན་པའི་མི་ཚེའི་སྦྱོང་བ་དང་། སྒྱུ་རྩལ་གྱི་ཉམས་ལེན། འཆད་གྱེར་གྱི་བརྒྱུད་རིམ་དང་ཁྱད་ཆོས་སོགས་ཀྱི་ནང་དོན་དག་ཡི་གེ་དང་། པར་རིས། སྒྲ་

ལྷན་བརྟན་ཕབ་སོགས་དཔྱད་གཞི་ཆ་ཚང་གཅིག་གྱུར་ཐོག་མངོན་མེད་རིག་གནས་ཤུལ་བཞག་གི་གྲངས་གཞིའི་མཛོད་ནང་བཅུག་སྐབས་མངོན་མེད་རིག་གནས་ཤུལ་བཞག་གི་རྒྱུན་འཛིན་པའི་ཁྲོད་དུ་ཐོན་པའི་མི་འགྲེལ་གླུ་འཇགས་དང་མི་ཤི་རྩལ་རྫོགས་མི་ཡོང་བའི་འགན་ལེན་ཐུབ་པ་བྱུང་ཡོད། ལྷག་དོན་རྒྱུན་འཛིན་གྱི་འགག་རྩ་ནི་མིར་ཐུག་ཡོད་སྐབས་ཉང་བྲན་སྒྱུ་རྩལ་ཚོགས་པས་འཕྲབ་སྟོན་པ་བཞི་བགྲེས་སོང་གི་དྲུང་དུ་ཆེད་མངགས་སློབ་སྦྱོང་བྱེད་པར་བཏང་བས་ད་ཆ་སྦྱངས་པ་ཐོན་ཙམ་བྱུང་ཡོད་པས་དེ་ནི་བགྲེས་སོང་འཕྲིན་ལས་ཀྱི་ལོ་མང་གི་བསམ་འདུན་ཞིག་ཡིན་ལ་ལོ་རྒྱུས་རིང་ཞིང་སྒྱུ་རྩལ་གྱི་གནས་བབ་མཐོ་བའི་བླ་མ་མ་ཎིའི་འཆད་ཁྲིར་སྒྱུ་རྩལ་མི་ནུབ་རྒྱུན་འཛིན་ཐུབ་པའི་གཏམ་བཟང་ཞིག་དེ་བས་ཀྱང་ཡིན།

གསུམ། སྨྱ་དང་གཡང་གི་རིག་གནས།

བོད་མི་རིགས་ནི་རིག་གནས་ཆེ་ཆུང་ཡན་ལག་དང་བཅས་པ་ཕུན་སུམ་ཚོགས་པའི་མི་རིགས་ཤིག་ཡིན་པ་དང་། ལྷག་དོན་དུ་འཛམ་གླིང་ཐོག་ནང་ཆོས་རིག་གནས་རྩ་ཟབ་སྟོང་བརྟན་དུ་གནས་ཡུལ་ཞིག་ཡིན་པས་ཐུན་མོང་དང་ཐུན་མོང་མིན་པའི་རིག་གནས་ཁྱབ་ཁོངས་ཀྱི་མ་ལག་ཕོན་ཆེན་ཞིག་ད་ལྟ་གནས་དང་གནས་མུས་ཡིན་ཞིང་། དེ་དག་གི་ཁྲོད་ནས་སྨྱ་དང་གཡང་ལ་འཛིན་པའི་བསམ་བློའི་འདུ་ཤེས་ཧ་ཅང་ཟབ་མོ་ཡོད་པས་སྐྱིད་སྡུག་ལེགས་ཉེས་གང་གི་དུས་

སུ་ཡང་ལག་ལེན་བྱེད་པ་མ་ཟད། རྣམ་ཀུན་གྱི་འཚོ་བའི་ནང་དུ་ཡང་ཤུགས་རྐྱེན་ཆེན་པོ་ཡོད་པ་རེད།

ལྷ་གཡང་ཞེས་པ་ནི་ཚེ་དང་། བསོད་ནམས། གྲགས་པ། རིགས་རྒྱུད་སོགས་གང་ལ་ཡང་ཁྱབ་པས་ཚེ་རིང་པོ་འདོད་པ་རྣམས་ལ་ཚེ་གཡང་དང་། བསོད་ནམས་ཅན་ལ་ནོར་གཡང་། སྙན་གྲགས་ཅན་ལ་གྲགས་གཡང་། རིགས་རྒྱུད་འཕེལ་བར་སྲིད་ཀྱི་གཡང་སོགས་མདོར་ན་འཇིག་རྟེན་འདིའི་ལེགས་པའི་ཕྱོགས་ཐམས་ཅད་ཚང་མ་ལ་གཡང་དུ་ངོས་འཛིན་པས། དེ་ཡ་ཚང་ན་ཚོ་གར་བརྟེན་ནས་ཚུར་འགུགས་ཐབས་བྱེད་པ་ལ་ལྷ་གཡང་འགུགས་པ་ཞེས་འབོད་ཀྱི་ཡོད། ལྷ་གཡང་འགུགས་པའི་ཆོ་ག་ནི་དང་ཐོག་བོན་ཆོས་ནས་བྱུང་བ་ཡོངས་གྲགས་ཡིན་ཞིང་། ལོ་རྒྱུས་ཐོག་བོན་ཤེས་པ་ཅན་བཅུ་གཉིས་བྱུང་བའི་ནང་ཚན་གཡང་ཤེས་ལྷ་བོན་གྱིས་གཡང་སྐྱབ་བྱེད་སྒྲོལ་བཏོད་པ་དང་། ཕྱིས་རྒྱལ་པོ་ཁྲི་སྲོང་ལྡེའུ་བཙན་གྱི་དུས་བོན་ཆོས་བསྒྱུབས་སྐབས་ཀྱང་གཡང་ཆོས་སོགས་པན་ཐོགས་ཆེ་བའི་རིགས་འགའ་ཞིག་བཞག་ནས་ནང་དོན་སངས་རྒྱས་ཆོས་ལུགས་དང་མཐུན་པ་བྱས་པར་གྲགས། ལྷ་གཡང་འགུགས་པའི་ཚོ་གའི་སྒྲོལ་བཏོད་ནས་ད་བར་མི་ལོ་སྟོང་ཕྲག་སོང་ཡོད་ནའང་བོད་མི་རིགས་ཀྱི་བྱ་བ་ཆེ་ཕྲ་ཚང་མ་དེའི་ཆོས་ཉིད་དང་དམ་པོར་བསྟུན་དགོས་པ་ནི་རིག་གནས་ཀྱི་སྣང་ཚུལ་སྲ་བརྟན་ཞིག་ཡིན་ལ་ཐོག་ཏུ་མེད་པའི་གོམས་གཤིས་ཤིག་ཀྱང་ཡིན་པ་ནི་ད་བར་མི་རྣམས་ཀྱི་འཚོ་བའི་ཁྲོད་དུ་གྲ་མ་ཆག་པ་དང་གྲུ་མ་ཉམས་པར་གནས་དང་གནས་བཞིན་ཡོད།

གཡང་རྟེན་དང་གཡང་རྫས། བོད་ཀྱི་དགོན་སྡེ་དང་མི་ཚང་ཆེ་ཁག་ཚང་མར་དམིགས་བསལ་གྱི་དངོས་པོ་རེ་གཉིས་རྩ་བ་ཆེན་པོས་ཉར་ཚགས་བྱས་ཏེ་གཡང་རྟེན་བྱེད་ཀྱི་ཡོད། དངོས་པོ་དེ་དག་ནི་ཡིན་གཅིག་རིན་ཐང་ཆེ་བའི་དངོས་པོ་ཡིན་པའི་ངེས་པ་མེད་པར་ཡོང་ཁུངས་ལ་བལྟོས་ནས་རྩ་ཆེའི་རིན་ཐང་མངོན་གྱི་ཡོད། དེ་ཡང་དངོས་པོ་དེ་དག་ནི་ནོར་ལྷའི་དངོས་གྲུབ་ལས་བྱུང་བར་གྲགས་པ་སོགས་ཕུད་སྔོན་ཅན་གྱི་སྐྱེས་བུ་དམ་པ་དང་ཡང་ན་ཁྱིམ་ཚང་སྔར་ཡིན་ཕྱིན་མི་རྒྱུད་ཀྱི་ཚེ་རིང་བ་དང་བསོད་ནམས་སྣན་གྲགས་ཅན་གྱི་མེས་པོས་སྤྱོད་སྤྱོད་བའི་དངོས་རྫས་ཉར་ཚགས་བྱས་ནས་དེ་དག་གི་ཕྱུ་གཡང་དང་བསོད་བདེ་བསོད་ནམས་མུ་མཐུད་གནས་ཐབས་བྱེད་པ་ཞིག་ཡིན། ཡང་ཁྱིམ་ཚང་ལ་ལས་གཡང་བུམ་ནང་གཡང་རྫས་སྦྱར་བུར་གཏམས་ནས་གཡང་འགུགས་ཀྱི་ཆོ་ག་བྱས་རྗེས་ཁྱིམ་གྱི་སྤྱུག་ཏུ་བཞག་ན་ཕྱུ་གཡང་མི་ཉམས་པའི་ངོས་འཛིན་བྱེད་པ་ཡིན། ད་དུང་མི་ལ་ལས་གསེར་ཏམ་སོགས་རྩུང་རིན་ཐང་ཆེ་བ་དང་ལོ་རྒྱུས་རིང་བའི་དངོས་པོ་དག་སྦ་ཁུག་སོགས་ཀྱི་ནང་ཉར་ཚགས་བྱས་ནས་ སྤྱིར་ན་བེད་སྤྱོད་མ་བཏང་བར་དངུལ་སོགས་འཕེལ་པོ་ཡོང་བའམ་སྤྱོད་ཤེད་ཆེ་བའི་འདུན་པ་བཅངས་ཀྱི་ཡོད། ད་དུང་བོད་མིས་སྐྲ་ལ་གཡུ་འདོགས་རྒྱུར་དགའ་པོ་བྱེད་པ་དེ་ཡང་དོན་སྙིང་གཞན་ཞིག་གི་ཐོག་ནས་བཤད་ན་བླ་གཡུ་ཞེས་དོན་དུ་ཚེ་གཡང་གི་འཁོར་རྟེན་ཞིག་ཡིན། གཡང་རྟེན་གྱི་ངོས་ནས་གླེང་ན་མི་གཡང་དང་། ཕྱུགས་གཡང་། ནོར་གཡང་སོགས་ཅི་ཡང་ངོས་འཛིན་བྱེད་སྲོལ་ཡོད་ཅིང་། དཔེར་ན་མི་གཡང་ཤོར་ན་མི་ཤི་མང་པོ་ཡོང་བ་དང་བུ་མོ་མང་པོ་སྐྱེ

བའི་ངོས་འཛིན་གྱིས་བག་མ་གཏོང་ལེན་དང་གཉེན་པོ་དུར་སྐྱེལ་སོགས་ལ་གཟའ་སྐར་ལ་ནན་པོ་བསྟུན་ནས་གཡང་མ་ཤོར་བ་བྱེད་དགོས་པ་ལྟ་བུ་དང་། ཕྱུགས་གཡང་ཉམས་ན་ཕྱུགས་ལ་གོད་ཀ་ཆེན་པོ་ཡོང་བས་སྒོ་ཟོག་སེམས་ཅན་རང་དགར་ཕྱིར་ཚོང་བྱས་ན་ཕྱུགས་གཡང་ཉམས་པའི་ཉེན་ཁར་བཟིས་ནས་གཟའ་ཚེས་ལྟ་བ་དང་གལ་ཏེ་གཟའ་ཚེས་ལེགས་པོ་མེད་ཙང་ཡིན་གཅིག་ཕྱིར་གཏོང་དགོས་ན་གཡང་འགུགས་ཀྱི་ཆོ་ག་བྱས་རྗེས་གཏོང་གི་ཡོད། ཁྱད་པར་དུ་འབྲོག་ཁུལ་གྱི་ཕྱུགས་ཟོག་ཕྱིར་ཚོང་བྱེད་སྐབས་གཡང་ལེན་པ་ཞེས་ཚོང་བའི་ཕྱུགས་ཟོག་གི་ལུས་ཐོག་ནས་བལ་སྤུ་ཙུང་ཙམ་བཏོགས་ནས་རང་ཁྱིམ་གྱི་གཡང་ཁུག་ནང་བླུགས་ཏེ་ཕྱུགས་གཡང་མ་ཤོར་བ་བྱེད་ཀྱི་ཡོད། དེ་དང་ཕྱོགས་མཚུངས་རིན་ཐང་ལྡན་པའི་བཅའ་དངོས་ཕྱིར་འཁྱེར་སྐབས་ཀྱང་གཡང་ཤོར་མི་ཡོང་བའི་རྩ་དོན་སྲུང་དགོས་པ་ནི་གཡང་རྟེན་དེ་དག་གི་ཕྱིར་དུ་ཁྱིམ་གྱི་ཕྱྭ་གཡང་ཕྱི་རོལ་དུ་མི་གྱུར་བ་དམིགས་ཡུལ་དུ་འཛིན་པ་དེ་ཡིན། མདོར་ན་གཡང་རྟེན་ནི་མི་ཕྱུགས་དང་། རྒྱན་གོས། ནོར་རྫས་ལོངས་སྤྱོད། ས་ཁང་ས་གཞིས། བཅའ་དངོས་སོགས་གང་ལའང་རྟེན་ཅིང་གནས་སྲིད་པ་ངོས་འཛིན་པ་ཡིན། གཡང་རྫས་ནི་འབྲུ་སྣ་ལྔ་དང་། གསེར་དངུལ་སོགས་རིན་ཆེན་རིགས། ལུག་ཤ་ལག་གཡས་དང་ཕྱེ་མར་ཆང་ཕུད། དེ་མིན་མདའ་དར་དང་ཁ་བཏགས་སོགས་ཀྱང་གཡང་རྫས་ཁྱད་པར་ཅན་ཞིག་ཡིན།

ལེགས་ཉེས་བྱ་བ་ཀུན་ལ་ཁྱབ་པ། བོད་མིའི་བྱ་བ་ལེགས་ཉེས་ཀུན་ལ་གཡང་གི་འདུ་ཤེས་འཛིན་སྟངས་ནན་པོ་ཡོད་སྟབས་དབུས་དང་གཙང་གི་ཁུལ་

དུ་འོང་སྐོར་གཏོང་སྐབས་ཆོས་དཔེ་དང་ཆོས་རྫས་འཁྱེར་ནས་འོང་ཁར་བསྐོར་བ་རྒྱག་པ་ནི་སོ་ཏོག་ལ་གཡང་བཀུག་ནས་སད་སེར་གྱི་གནོད་པ་མེད་པར་ལོ་ལེགས་ཕུན་སུམ་ཚོགས་པོ་ཡོང་ཆེད་ཡིན་པ་དང་ལྷག་དོན་ལོ་འབྲས་ལེགས་པའི་ཞིང་ཁ་ནས་ལོ་ཏོག་ཁུང་ཤས་གཡང་རྟེན་དུ་བཏོགས་ནས་ཐབ་ཀྱི་འཁྲིས་སུ་འཛོག་པའམ་ཡང་ན་མཆོད་གཤོམས་ཀྱི་སྟེང་དུ་བཞག་ནས་ལོ་གསར་གཏོང་སྐབས་ཕྱེ་མར་འབོ་ལ་གཟེར་ཡས་བྱེད་ཀྱི་ཡོད། ལྷག་དོན་ལོ་གསར་སྐབས་ཀྱི་ལུག་མགོ་སྒྲིག་སྒྲོལ་སོགས་སྒྲིག་གཤོམ་མང་པོ་ཞིག་ལོ་གསར་པའི་གཡང་འཁོར་རྟེན་ཡིན་པ་དང་། གད་ཕྱེད་མི་རྒྱག་པར་གཡང་སྒོ་ཕྱིར་མ་དོན་པ་བྱེད་པ། ཁ་ནས་ཀྱང་བཀྲ་ཤིས་ཤིས་ཚིག་པོ་ན་བརྗོད་དགོས་པར་མི་རྣམས་ཀྱིས་ཁ་གཡང་སྒྲུག་པ་ཞེས་བརྗོད་ཀྱི་ཡོད་ལ་ཆ་རྐྱེན་འཛོམས་པའི་ཁྱིམ་ཚང་ཁ་ཤས་ཀྱིས་ལོ་གསར་ཚེས་གཅིག་ཉིན་བཀྲ་ཤིས་བརྩེགས་པ་དང་ནོར་ལྷ་གཡང་སྐྱབ་སོགས་གཡང་སྒྲུགས་བྱས་ནས་ལོ་གསར་པའི་ཕྱུ་གཡང་འགུགས་ཐབས་བྱེད་ཀྱི་ཡོད།

གཉེན་སྒྲིག་རྟེན་འབྲེལ་ནི་དེ་བས་ཀྱང་མི་གཡང་ཁྱིམ་དུ་ལོན་པར་བརྩིས་ནས་ལས་དང་བྱ་བ་ཚང་མ་ཕྱུ་གཡང་འགུགས་ཐབས་ནས་མཉོ་བསམ་གཏོང་དགོས་པ་དང་ལྷག་དོན་ལུག་ཤ་མགོ་སྦྱར་འཁྱེར་སྒྲོལ་དར་བ་དེ་ཡང་བཀྲ་ཤིས་པ་དང་གཡང་འཁོར་བའི་རྟེན་ལས་མ་འདས། བོད་རིགས་ས་ཁུལ་དུ་བཀྲ་ཤིས་པའི་ལས་ལ་གཡང་གི་འདུ་ཤེས་ནན་པོ་འཛིན་དགོས་པ་མ་ཟད། ཕུང་པོ་དུར་སྐྱེལ་སོགས་བྱ་བ་ལ་ཡང་གཡང་གི་འདུ་ཤེས་ཟབ་མོ་ཡོད། དེ་ཡང་ཆུང་ས་ནས་བཤད་རུང་གཤིན་པོའི་བགོ་སྐལ་དུ་བསྐུར་རྒྱུའི་གོས་སོགས་གཙང་མ་

དཀྲུས་ནས་བསྐུར་བ་ལས་དྲིག་པ་ཡོད་པའི་ཀྱོན་པ་བསྐུར་ན་གཡང་ཤོར་ཡོང་བའི་རྣམ་རྟོགས་བྱེད་པ་དང་། གཟའ་སྐྱིན་པ་སོགས་གཡང་གཟར་ཕུང་པོ་འདྲེན་གཏོང་མི་བྱེད་པ། ཕུང་པོ་ནང་ནས་ཐོན་སྐབས་ཁྱིམ་ཚང་དེ་ནས་མི་ཞིག་གིས་ལག་ཏུ་མདའ་དར་འཁྱེར་ནས་གཡབ་མོ་བྱས་ཏེ་ཁ་ནས་ཀྱང་ཁྱེད་ཀྱི་དཔལ་དང་རྒྱན་འཁྱུར་ཞིག ང་ཡི་ཕྱྭ་དང་གཡང་གཞོགས་ཤིག་ཟེར་ནས་ཕུང་པོའི་རྗེས་སུ་གཡང་མི་ཤོར་བ་བྱེད་རྒྱུ་དེ་ཡིན། ལྷག་དོན་དུ་བག་མ་གཏོང་ལེན་དང་། སྒོ་ཕྱུགས་ཕྱིར་ཚོང་། ཕུང་པོ་དུར་སྐྱེལ་སོགས་ཚང་མར་དཀར་ནག་རྩིས་ཀྱི་གཞུང་ལས་ཕྱྭ་གཡང་འགུགས་པའི་ཆོ་ག་སྒྲུབ་དགོས་པ་བབས་ན་ངེས་པར་དུ་སྒྲུབ་ཐབས་བྱེད་ཀྱི་ཡོད། བོད་མི་རིགས་ཀྱི་ཁྲོད་དུ་གཡང་གི་རིག་གནས་གཏིང་ཟབ་དར་ཡོད་རྐྱེན་དབུས་དང་གཙང་ཁུལ་སོགས་སུ་རྣམ་ཀུན་གྱི་བྱ་སྤྱོད་ལའང་ཤུགས་རྐྱེན་ཆེན་པོ་ཐེབས་ཡོད་པ་དཔེར་ན། ཁྱི་རྡོ་གད་ཁྱེད་མི་རྒྱག་པ་དང་། ནང་ནས་ཙ་དངོས་ཕྲག་འཁྱེར་མི་རྒྱག་པ། ཁྱིམ་གྱི་ཕྱུག་ནས་གནད་ཆེའི་དངོས་པོ་ཤར་རྒྱག་མི་འཁྱེར་བ་སོགས་ཚང་མ་ནི་ཕྱྭ་གཡང་རིག་གནས་ཀྱི་རྩ་འཛིན་ལས་ཐོན་པ་ཤ་སྟག་ཡིན།

བོད་དུ་ཕྱྭ་གཡང་རིག་གནས་ཀྱི་ལོ་རྒྱུས་རིང་པོ་ཡོད་སྟབས་དམངས་ཁྲོད་སྒྲུང་གཏམ་མང་པོ་ཞིག་གི་ནང་གཡང་དང་འབྲེལ་བའི་གཏམ་རྒྱུད་མཚར་ལ་ལྡན་པ་མང་པོ་ཡོད། ལྷག་དོན་བོད་ཀྱི་དམངས་སྲོལ་གཅེས་བསྡུས་སུ་འཁོད་པའི་གླིང་སྒྲུང་གི་ནང་དུ་ཡང་ཕྱྭ་གཡང་གི་སྐོར་མི་ཉུང་བ་ཞིག་འཁོད་ཡོད་པ་དཔེར་ན། གེ་སར་གྱི་ཡུམ་འགོག་བཟའ་མ་གཞིས་ཟིན་སྐབས་སྐལ་བར་གྲོད་མ

གཅིག་དང་། བ་མོ་གཅིག མ་མོ་གཅིག འབྲི་མོ་གཅིག ར་མ་གཅིག་བཅས་བཞི་ཕྱིན་པ་དེ་ཕྱི་རབས་སུ་ཡང་ཡང་གླེང་བའི་བུ་མོས་གཞི་ཟེན་པའི་རྐྱེན་འབྲེལ་དུ་གཡང་གི་ར་བ་སྐོར་བཞི་ཟེར་བའི་གཏམ་དེ་བྱུང་བ་དང་། གླིང་རྗེ་གེ་སར་གྱི་ནུ་པོ་རོང་ཚ་དམར་ལེབ་ནི་གླིང་གི་མི་གཡང་ཡིན་པ་ཧོར་ལ་ཤོར་སྐབས་མི་གཡང་ཤོར་ནས་དེ་ཕྱིས་ཀྱི་ཧོར་གླིང་གཡུལ་འགྱེད་ནང་དཔའ་རྟུལ་བཅུ་གསུམ་ཤོར་ཚུལ་འཁོད་ཡོད་པ། ཡང་གདོང་གི་ཆོས་འཕེན་ནག་པོར་ལྷ་རྨ་རྒྱལ་སྒྲོམ་རས་གནང་བའི་གཡང་གི་སྒྲོ་མོ་ནུ་དགུ་བྱ་བ་འདོད་དགུ་འབྱུང་བའི་བང་མཛོད་ཅེས་པའི་གཡང་སྒྲོ་དང་ཀང་མགྱོགས་ཀྱི་དངོས་གྲུབ་སྒྲུབ་ནས་འགྲོ་འདུག་གང་ཡང་ནུས་པའི་ལྕང་དཀར་བེར་ཀ་སྟག་རོང་ཁྲོ་ཐུང་རྒྱལ་པོས་སློམ་པ་ར་ཅར་སྤྲུལ་བའི་ཛོ་ཏུ་རྒྱལ་པོར་ཕུལ་སྐབས། དུས་དེ་ནས་བཟུང་ཛོ་ཏུ་རྒྱལ་པོས་གཡང་སྒྲོ་སྒལ་པར་འཁྱེར་བ་དང་ལྕང་དཀར་བེ་དཀར་བཅིབས་ནས་འགྲོ་དོན་སྣ་ཚོགས་མཛད་ཚུལ་འཁོད་ཡོད་ལ་ཕྱིས་གླིང་རྗེ་གེ་སར་རྒྱལ་པོས་ལྡོ་འདུལ་བྱང་འཐབ་ཀྱིས་རྫོང་ཆེན་རྫོང་ཕྲན་མང་པོ་ཕབ་སྐབས་ཀྱང་གཡང་གི་དངོས་གྲུབ་མང་པོ་དྲངས་ཚུལ་འཁོད་ཡོད།

གཡང་སྒྲུབ་ཀྱི་ཚིག་སྣ་ཚོགས་དར་ཁྱབ་བྱུང་བ། བོད་ས་ཁུལ་དུ་ཕྱུ་གཡང་གི་རིག་གནས་དར་འཕེལ་ཤུགས་ཆེན་ཕྱིན་ནས་སྟོན་པ་ཤཱཀྱ་ཐུབ་པས་ལྷའི་བུ་ནོར་བུ་ལྷ་ལ་གནང་བའི་ནོར་ལྷ་གཡང་སྐྱབས་སོགས་གཞུང་ཆེ་ཁག་ནང་འཁོད་པའི་རིགས་དང་། བོད་རྒྱུད་ནང་བསྟན་གྱི་ས་དགེ་རྙིང་གསུམ་རིས་སུ་མ་ཆད་པའི་སྒྲུབ་མཐའ་ཚང་མར་སོ་སོའི་ལུགས་དང་མཐུན་པའི་གཡང་སྒྲུབ་

བྱེད་སྒྲོལ་སྣ་ཚོགས་དར་ཡོད། ད་དུང་གསེར་འོད་གཡང་སྐྱབས་དང་། བཀྲ་ཤིས་གཡང་འབོད། གཡང་སྒྲུབ་སྲིད་ཞིའི་དྭངས་བཅུད་སྡུད་པའི་ནོར་བུ་སོགས་གྲངས་མེད་དར་ཡོད། གཡང་སྒྲུབ་བྱེད་སྐབས་མི་ནོར་ཟས་སོགས་སྤྱི་ཡི་གཡང་སྒྲུབ་བྱེད་ཚུལ་དང་གང་ཉམས་དེ་སྒྲུབ་ཀྱི་གཡང་སྒྲུབ་བྱེད་ཚུལ་བྱེ་བྲག་པའང་ཡོད། གཞན་ཡང་ནོར་ལྷར་ངོས་འཛིན་པའི་ནོར་རྒྱུན་ལྷ་མོ་དང་། རྣམ་སྲས། གནོད་སྦྱིན་ཛམ་བྷ་ལ་སོགས་ཀྱི་གྲུབ་ཐབས་དང་མཆོད་སྟངས་མང་པོ་ཡོད་ལ་སྦྱོར་བཏང་གི་བསང་མཆོད་སོགས་ཀྱི་ནང་དུ་གཡང་འགུགས་ཀྱི་ནང་དོན་མང་པོ་ཡོད་ལ། དེ་དག་སྤྱིར་ན་སྔན་འཇེབས་ཡིད་དབང་འཕྲོག་པའི་ཚིག་སྦྱོར་སྤྱད་ཡོད་པ་དཔེར་ན་གཡང་འགུགས་ལྷ་རྫས་ལྡུགས་ཀྱུ་ལས། འདོད་རྒྱུ་འཕེལ་བའི་མྱུ་གཡང་ཁུག ཚེ་རིང་ནད་མེད་མྱུ་གཡང་ཁུག མངའ་ཐང་སྙན་གྲགས་མྱུ་གཡང་ཁུག བཀྲ་ཤིས་དགེ་མཚན་མྱུ་གཡང་ཁུག་ཅེས་པ་ལྟ་བུ་རེད།

མདོར་ན། གཡང་ནི་གོམས་སྲོལ་ཞིག་དང་། རིག་གནས་ཤིག ཚོམ་རིག་ཅིག་བཅས་ཀྱི་ཐོག་ནས་བོད་ས་མཐོར་ཡུན་རིང་དར་ཁྱབ་བྱུང་ཡོད།

བཞི། ས་མཐོའི་རྩྭ་འདེབས་རིག་གནས།

བོད་ས་མཐོའི་རྩྭ་འདེབས་རིག་གནས་ཀྱི་ལོ་རྒྱུས་རིང་ལ་ནང་དོན་ཕུན་སུམ་ཚོགས་པོ་ཡོད་པ་དང་རྩྭ་འདེབས་སྐོར་གྱི་དམངས་སྲོལ་བྱེད་སྒོ་ཡང་ཧ་ཅང་གྲ་རྒྱས་པོ་ཡོད་པ་རེད།

བོད་ཀྱི་རྩོ་འདེབས་ལོ་རྒྱུས་ལ་ཕྱིར་མིག་ལྟ་སྐབས་སྤྱི་ལོའི་སྔོན་གྱི་དུས་རབས་གཉིས་པར་བོད་རྗེ་གཉའ་ཁྲི་བཙན་པོ་ཡར་ཀླུང་བཙན་ཐང་ཁུལ་དུ་ཕེབས་པ་དང་ཕོ་བྲང་ཡུམ་བུ་བླ་མཁར་བཞེངས་པ་མ་ཟད། ཡར་ཀླུང་ཁུལ་གྱི་ཡུལ་མི་རྣམས་ཕོ་བྲང་ལྟེ་བར་བྱས་ནས་དེ་གར་འདུས་སྡོད་ཀྱིས་གྲོང་ཚོ་དང་པོ་ཐོན་ནས་དེ་སྤུ་རྩྭ་ཆུ་གང་བཟང་དུ་སྐྱུས་སྤྱོས་བྱེད་པ་ནས་ཉིན་མོ་ལས་ཀ་བྱེད་པ་དང་མཚན་མོ་ངལ་གསོ་རྒྱག་པའི་རྩོ་འདེབས་ཀྱི་འཚོ་བ་སྐྱེལ་འགོ་ཚུགས་པ་དང་སྒྲགས་རྩོ་འདེབས་རིག་གནས་དར་འགོ་ཚུགས་པ་ཡང་མཚོན་ཡོད། དེའི་ཐད་དུས་རབས་གོང་མའི་ལོ་རབས་བརྒྱད་ཅུ་པར་ཕོ་བྲང་ཡུམ་བུ་བླ་མཁར་ལ་ཉམས་གསོ་བྱེད་སྐབས་ཐོག་སོ་གཉིས་པའི་ལྡེབས་བྲིས་ལས་བོད་ཀྱི་བཙན་པོ་དང་པོ་གཉའ་ཁྲི་བཙན་པོ་བྱོན་ཚུལ་དང་། ཡུམ་བུ་བླ་མཁར་བཞེངས་ཚུལ། དེ་བཞིན་རྩོ་འདེབས་ཀྱི་རྣམ་པ་སོགས་འཁོད་ཡོད་པ་དེ་ལས་ཤེས་རྟོགས་བྱེད་ཐུབ།

བོད་དུ་ལོ་ངོ་སྟོང་ཕྲག་རིང་སྔོན་པ་དོར་སྡེབ་ཀྱིས་ས་ཞིང་རྩོ་འདེབས་བྱས་ཡོད་ཅིང་། དེ་ཡང་མཛོ་དང་གླང་སོགས་གཉིས་རེ་ཆ་བསྒྲིགས་ཀྱིས་གཉའ་གཅིག་བརྒྱབ་ནས་ས་ཞིང་རྨོས་ན་རྨོས་གཏིང་རིང་བ་དང་། རྩོ་མགྱོགས་པ། ཟུར་ཚད་འཛོང་བ་སོགས་ཀྱི་ཁྱད་ཆོས་དུ་མ་ཡོད་པ་ནི་ས་མཐོའི་མེས་པོ་ཚོའི་བློ་གྲོས་དང་ཉམས་མྱོང་ལས་ཐོན་པ་ཞིག་ཡིན། དེའི་སྒྲོལ་གཏོད་པ་ནི་འཕྲུལ་བློན་མཛངས་མི་བདུན་གྱི་དང་པོ་རུ་ལས་སྐྱེས་ཀྱི་མཛད་རྗེས་དྲངས་སྐབས། "མཛངས་པའི་ལས་སུ་ཤིང་བསྲེག་སོལ་བ་བྱུང་། དེ་ཡིས་རྡོ་བཞུ་གསེར་དངུལ་

བཟངས་ལྷུགས་བྱུང་། ཤིང་ལ་མིག་ཕྱུག་གཤོལ་དང་གཉའ་ཤིང་བྱས། ས་གཞི་རྨོས་ནས་ཕྱུ་ཆུ་ཡུར་དུ་དྲངས། རྨོན་པ་དོར་བསྡེབས་སྤྱང་ཐང་ཞིང་དུ་རྨོས། བརྒྱལ་བས་མི་ཐར་ཆུ་ལ་ཟམ་པ་བཙུགས། རྨོས་པའི་ལོ་ཏོག་ཐོག་མར་དེ་ནས་བྱུང" ཞེས་པར་གཞིགས་ན། བོད་ཀྱི་རྨོ་འདེབས་ལོ་རྒྱུས་ཀྱི་ཁུངས་ནི་ཧ་ལམ་སྤྱི་ལོའི་དུས་རབས་དང་པོ་ཙམ་ལ་གཏུག་ཆོག་པ་ཞིག་ཡིན། དེ་ལྟར་དུས་ཡུན་ཆེས་རིང་པོའི་ནང་རྨོན་པ་དོར་བསྡེབས་ཀྱིས་ས་ཞིང་འདེབས་ལས་བྱེད་ཀྱི་ཡོད་སྐབས་དེ་སྔ་ས་ཞིང་གི་རྒྱ་ཁྱོན་བརྩི་སྐབས་ཀྱང་རྨོན་ཕྱུགས་གཉིས་ཀྱིས་ཉིན་གཅིག་ལ་ཇི་ཙམ་རྨོ་ཐུབ་པར་གཞིགས་ནས་ས་ཞིང་དོར་གཅིག་ཟེར་སྲོལ་ཡོད་པ་དེར་ཧ་ལམ་རྒྱ་ཁྱོན་མུའུ་བཅུ་ཙམ་ཡོད་པ་རེད། ལྷག་དོན་དུ་ས་ཞིང་ལ་དོར་ཁ་བརྩི་ཐབས་དེ་ནི་མཛངས་མི་བདུན་གྱི་གཉིས་པ་ལྷ་བུ་མགོ་དཀར་གྱི་བློ་གྲོས་ཡིན་པར་གཞིགས་ན། དེའི་ཆེས་རིང་བའི་ལོ་རྒྱུས་ལ་དཔང་རྟགས་ཐུབ་པ་ཞིག་ཡིན།

རྨོ་འདེབས་རིག་གནས་ཀྱིས་བོད་ཀྱི་ཐོན་སྐྱེད་ངལ་རྩོལ་དང་འཚོ་བའི་ཁྲོད་གལ་ཆེའི་གནས་བབ་བཟུང་ཡོད་སྐབས་གལ་པོ་ཆེ་ལ་ནན་ཏན་ཞེས་པ་ལྟར་དེའི་འགོ་ཚུགས་ཀྱི་མཛད་སྒོ་ཡང་གཟབ་རྒྱས་ཤིག་སྤེལ་གྱི་ཡོད་པ་དེར་མི་རྣམས་ཀྱིས་རྨོད་གཉའ་གཙོག་པའམ་གཉའ་སྒྲོའི་མཛད་སྒོ་ཞེས་པ་དེ་ཡིན།

གཉའ་སྒྲོའི་མཛད་སྒོ་ནི་ཡུལ་ལུང་སོ་སོའི་ས་བབ་དང་གནམ་གཤིས་ལ་གཞིགས་ནས་བོད་ཟླ་དང་པོའི་ཟླ་མཇུག་ནས་གཉིས་པའི་ཟླ་འགོ་བར་སྔ་རྗེས་སུ་སྤེལ་གྱི་ཡོད་པ་དཔེར་ན། ལྷ་ས་སྐྱིད་ཆུའི་རྒྱུད་ཀྱི་ཞིང་པ་ཚོས་ལོ་གསར་ཚར་

ནས་མི་རིང་བར་འགོ་འཛུགས་ཀྱི་ཡོད་པ་དང་། རྒྱལ་རྩེ་སོགས་གཞིས་རྩེ་ས་ཁུལ་གྱི་ཞིང་ཁུལ་ཕལ་ཆེ་བས་བོད་ཟླ་གཉིས་པའི་ཟླ་འགོར་འགོ་འཛུགས་པ། བོད་ཤར་ཕྱོགས་ཀྱི་ཁམས་ཁུལ་དང་ཉིང་ཁྲི་ས་ཁུལ་དུའང་གཉའ་སྲོའི་དུས་ཚོད་མི་འདྲ་བ་རེ་ཡོད་པ་མ་ཟད། གཉའ་སྲོའི་མཛད་སྒོ་ཡང་ཤུང་དམིགས་བསལ་ཆེ་བ་དཔེར་ན། ཁམས་ཁུལ་དུ་གནམ་ལོའི་ལོ་རྟགས་དང་ཆ་ཡིན་པའི་བུ་གཉིས་དང་བུ་མོ་གཉིས་བདམས་ནས་ཚེས་ཆ་ལེགས་པའི་ཉིན་ཞིག་གི་ཞོགས་པའི་ནམ་ཡོངས་སུ་མ་གསལ་གོང་ཞིང་ནང་དུ་བསང་གཏོང་བ་དང་ཚང་ཕུད་གཏོར་རྗེས་འཇོར་གྱིས་ས་ཤུང་ཟད་བཀོ་ཡི་ཡོད་པས་དེ་ཉིན་ནས་སོ་ནམ་བྱེད་འགོ་ཚུགས་པ་ཞིག་ཡིན་ལ་ལོ་ལེགས་ཡོང་བའི་སྨོན་འདུན་མཚོན་པ་ཞིག་ཀྱང་ཡིན། ཡང་ཀོང་པོ་ཁུལ་དུ་ལོ་གསར་པའི་ཆུ་ཕུད་ནས་བུམ་པའི་ནང་ཤུང་ཟད་གླུགས་པ་དེ་དང་ཕྱེ་མར་དང་ཚང་ཕུད་བཅས་འཁྱེར་ནས་ཚེས་གཅིག་གི་ཞོགས་པ་སྔ་པོ་ནས་རང་ཁྱིམ་གྱི་ཞིང་ཁ་ལེགས་ཤོས་ཤིག་གི་ནང་དུ་ལོ་ཡག་ཨ་མ་གསོལ་བར་འགྲོ་ཡི་ཡོད་པ་རེད། སོང་ཚོས་ཞིང་ནང་དུ་དབྱུག་པ་རིང་པོ་ཞིག་བཙུགས་པའི་ཐོག་ཏུ་དར་རས་བསྐྲར་བ་དང་གཤམ་དུ་གྲོ་སོག་བསྐྲར་ནས་ལོ་ཡག་ཨ་མའི་བཞུགས་ཁྲི་བྱེད་པ་དང་དེའི་མདུན་དུ་མཆོད་རྫས་སྣ་ཚོགས་གཤོམས་པ་དང་བསང་གཏོང་བ་མ་ཟད། དམིགས་བསལ་གྱི་རྟ་དབྱངས་ལ་བརྟེན་ནས་ལོ་ཡག་ཨ་མ་གསོལ་ཞིང་། ལོ་ཡག་ཨ་མ་གསོལ་ཚར་རྗེས་མི་རྣམས་ཀྱིས་དེར་བསྐོར་ནས་གླུ་ལེན་གར་འཁྲབ་བྱས་ཏེ་ལོ་ལེགས་ཡོང་བའི་སྨོན་འདུན་ཞུ་ཡི་ཡོད་པ་རེད།

སྤྱིར་བོད་ཡུལ་ཕལ་ཆེ་བར་གཉའ་སྒྲོ་བྱེད་སྐབས་གཟའ་སྐར་འཕྲོད་སྦྱོར་ལེགས་པའི་ཉིན་ཞིག་ལ་སོ་ནམ་པ་ཁྱིམ་གཞོན་ཆོས་ལུས་ལ་གཟབ་མཆོར་སྤྲས་པ་དང་ཕྱེ་མར་དང་ཆང་ཕུད་སོགས་འཁྱེར་ནས་རང་ཁྱིམ་གྱི་ས་རྒྱུ་གཤིན་ལ་རྒྱུ་ཁྱོན་ཙུང་ཆེ་བའི་ཞིང་ཁ་ཞིག་གི་དབུས་སུ་ལྷ་རྡོ་དཀར་པོ་གསུམ་བཙུགས་ནས་ཡས་བཟེད་རྒྱག་པ་དང་ཕྱེ་མར་ཆང་ཕུད་གཏོར་བ། དེའི་འགྲམ་དུ་བསང་གཏོང་བ་དང་ཇ་མ་དམར་པོའི་རྒྱན་གྱིས་སྤྲས་པའི་རྔོན་ཕྱུགས་ལ་ཕྱེ་མར་ཆང་ཕུད་སྟེར་བ་དང་མི་རྣམས་ཀྱང་ཆང་ཕུད་ཕྲན་ཙམ་འཐུང་བ་མ་ཟད། ཕྱེ་མར་ཕུད་གཏོར་བྱས་ནས་སྤྱིར་མི་ནད་ཕྱུགས་ནད་མེད་པ་དང་ཡང་སྙོས་ཆར་ཆུ་འབེལ་བ་དང་། ལོ་ཕྱུགས་ལེགས་པ། སད་དང་སེར་བ་མེད་པར་ལོ་ལེགས་སྐྱེ་རྒྱས་ཡོང་བའི་སྨོན་ལམ་གང་རྒྱས་རྒྱག་པ་མ་ཟད། རྗེས་འབྲེལ་མཛད་སྒོ་གྲུབ་རྗེས་གྲོང་མཚོས་རྣམས་མཉམ་དུ་ཇ་ཆང་ལ་རོལ་བ་དང་གཞས་དང་ཞབས་བྲོ་བརྒྱབ་ནས་སྤྲོད་ཀྱི་ཡོད། དེ་ཉིན་སྐྱེས་པ་ཆོས་རྩོས་རོལ་ཁ་ཤས་རྒྱག་པ་དང་རྒྱན་གྱིས་བརྒྱན་པའི་བུད་མེད་ཆོས་རོལ་གྱི་ནང་དུ་སོན་ཡང་གཤོ་ཡི་ཡོད། འོན་ཀྱང་དེ་ནི་རྗེན་འབྲེལ་གྱི་ཚ་ག་ཙམ་ཞིག་ཡིན་པ་ལས་རྩི་འདེབས་དངོས་གཞི་མིན་རུང་ལོ་གཅིག་གི་སོ་ནམ་ཞིང་ལས་བྱེད་འགོ་ཚུགས་པ་མཚོན་པ་ཞིག་ཡིན་པས། དེ་ཉིན་ནས་བཟུང་རིམ་བཞིན་ས་ལུད་འདོན་སྐྱེལ་སོགས་སྔོན་འགྲོའི་ལས་དོན་རྣམས་སྒྲུབ་རྗེས་གཞི་ནས་རྩི་འདེབས་དངོས་སུ་བྱེད་ཀྱི་ཡོད།

ད་ཆ་དུས་རབས་འཕེལ་རྒྱས་ཕྱིན་པ་དང་སྤྲགས་འཕྲུལ་རྔོད་འཕྲུལ་འདེབས་བྱེད་མཁན་ཇེ་མང་དུ་སོང་བ་དེས་རྩི་འདེབས་ཀྱི་མགྱོགས་ཚད་དང་

 སྲུས་ཚད་གཉིས་ཀར་ཕན་འབྲས་ཆེན་པོ་ཐོན་བཞིན་ཡོད། འོན་ཀྱང་དུས་རབས་ཀྱི་འཕོ་འགྱུར་དེས་གཉའ་སྦྲིའི་མཛད་སྒོར་ཤུགས་རྐྱེན་གང་ཡང་མ་ཐེབས་པར་རྩེ་འདེབས་འཕྲུལ་འཁོར་དང་འཕྲུལ་འཁོར་གཏོང་མི་ཚང་མ་ཁ་བཏགས་ཀྱིས་བརྒྱན་པ་དང་གཟབ་མཚར་ལེགས་པར་སྤྲས་ནས་རྟེན་འབྲེལ་གང་རྒྱས་བྱེད་ཀྱི་ཡོད།

སྔོན་སྲུགས་ལ་ཟ་མ་དམར་པོ་འདོགས་པའི་ལུགས་སྲོལ་ཐད་དམངས་ཁྲོད་ཀྱི་གཏམ་རྒྱུད་ལ་སྔ་མོ་བདུད་བྱ་སྟོབས་ཆེན་ཞིག་གིས་མི་དང་སྔོན་སྲུགས་མཉམ་དུ་གར་སོང་ཆ་མེད་དུ་འཕྱིར་ནས་གནོད་འཚེ་ཆེན་པོ་བཟོ་ཡི་ཡོད་པ་རེད། དུས་ནམ་ཞིག་མི་རྣམས་ཀྱིས་བདུད་བྱ་དེ་ཚོས་གཞི་དམར་པོའི་རིགས་ལ་སྐྲག་གི་ཡོད་པའི་གསང་བ་ཤེས་རྟོགས་བྱུང་བས་སྔོན་སྲུགས་ལ་རས་དམར་པོ་གཡོག་པའི་སྲོལ་དར་བ་དང་ཕྱིས་ཟ་མ་དམར་པོར་གྱུར་བའི་གཏོད་སྲོལ་ཡོད། གང་ལྟར་ཐོག་མའི་ཀུན་སློང་གང་ཞིག་ཡིན་རུང་དུས་ད་ཆ་རྡ་ཅིག་གཡས་གཡོན་གཉིས་སུ་ཟ་མ་དམར་པོ་བཏགས་པ་དང་སྣེ་ལ་འགྲོན་བུས་བརྒྱན་པའི་སྣེ་ཐིག་བཏགས་པའི་ཐོག་གཉའ་གཅིག་གི་ཐོག་ཏུ་ཡང་ཟ་མ་དམར་པོས་བརྒྱན་པའི་སྔོན་སྲུགས་དེ་དག་ནི་ཧ་ཅང་མཛེས་སྡུག་ལྡན་ལ་རྫིག་ཉམས་དོད་པོ་ཡོད་པས་ད་ཆ་ཟ་མ་དམར་པོ་ནི་ཡོངས་སུ་རྒྱན་ཆའི་དོད་དུ་གྱུར་ཡོད་པ་རེད།

བོད་ཁུལ་གྱི་གཉའ་སྦྲིའི་མཛད་སྒོ་ནི་རང་དགར་སྤེལ་བ་ཞིག་མིན་པར་སྤྱིར་སྨན་རྩིས་ཁང་གི་ལོ་ཐོ་གཞིར་བཟུང་བ་དང་ཡུལ་ལུང་སོ་སོའི་ཉི་ཐིག་དང་སྐར་ཐིག་སོགས་ལ་གཞིགས་ནས་རྩེ་འདེབས་བྱེད་སྒོ་འཛུགས་ཀྱི་ཡོད་པ་ལྟར་

གཉའ་སྒྲིའི་མཛད་སྒོ་ནས་བཟུང་སྔ་འདེབས་དང་བར་འདེབས་ཀྱི་དུས་ཆོད་སོགས་ཚང་མ་ལོ་ཐོའི་ནང་དོན་ལ་བསྟུན་ནས་བྱེད་ཀྱི་ཡོད་ཅིང་། དེ་ཡང2008ལོར་ཐེངས་གཉིས་པའི་རྒྱལ་ཁབ་རིམ་པའི་མངོན་མེད་རིག་གནས་ཤུལ་བཞག་གི་སྲུང་སྐྱོབ་མིང་གཞུང་ནང་ཚུད་པའི་བོད་ཀྱི་གནམ་རིག་སྐར་རྩིས་ལ་ཚན་རིག་གི་རང་བཞིན་ཆེན་པོ་ལྡན་སྟབས་སོ་ནམ་བྱ་གཞག་གི་མཇུབ་ཁྲིད་དུ་བཅོལ་ན་སྤྱིར་ན་ལོ་ཉེས་ཡོང་གི་མེད་པས་རིག་གཞུང་དེར་གནམ་དཔྱད་མཁས་དབང་དང་རྒྱ་ཆེའི་སོ་ནམ་པ་ཚོའི་དགའ་བསུ་ཆེན་པོ་ཐོབ་བཞིན་ཡོད་པ་རེད།

ལྔ། སྣང་པ་བོད་ཀྱི་འབྲི་གཡག་རིག་གནས།

ས་མཐོའི་གཅེས་ནོར་དང་གྲུ་གཟིངས་ཞེས་སུ་གྲགས་པའི་འབྲི་གཡག་ནི་འབྲོང་གི་རྒྱུད་པ་ཡིན་ཞེས་སྨྲ་ཞིང་། མཚོ་བོད་ས་མཐོའི་མི་རྣམས་ཀྱི་ཐོན་སྐྱེད་འཚོ་བའི་ནང་མེད་ཐབས་མེད་པའི་གནས་བབ་བཟུང་ཡོད། ས་མཐོའི་མེས་པོ་ཚོ་དང་ཡང་སྔོས་སུ་འབྲོག་དམངས་ཚོས་འབྲི་གཡག་ལ་བརྟེན་ནས་འགྲོ་ཆགས་ཉལ་འདུག་གི་རྣམ་ཐར་བསྐྲུངས་ཡོད་པ་རེད། ཁོང་ཚོས་འབྲི་གཡག་གི་པགས་སྤུ་ལས་བཟོས་པའི་ཕྱུ་པ་དང་ལྷམ་གྱོན་པ་དང་། འབྲི་གཡག་གི་ཤ་བཟའ་ཞིང་འོ་མ་འཐུང་བ། འབྲི་གཡག་གི་ལྕི་བས་དྲོད་ལེན་བྱེད་ལ་བཟའ་བཏུང་གཡོ་སྐོལ་བྱེད་པ། འབྲི་གཡག་གི་རྩིད་པ་ལས་བཏགས་པའི་སྦྲ་གུར་ནང་སྡོད་པ།

དེ་བཞིན་སྐྱུས་སྤྱི་སྐབས་ཀྱང་མཚོ་ཆས་ཡོད་ཚད་འབྲི་གཡག་གི་སྐལ་པར་བརྟེན་ནས་དཔོར་འདྲེན་བྱེད་པ་དང་ཐ་ན་ལྟོ་སྣོད་ཆུང་གྲས་མང་པོ་ཞིག་ཀྱང་འབྲི་གཡག་གི་པགས་པ་ལས་བཟོས་པ་དང་རྟེད་པ་དང་ཁྱུ་ལུས་བཏགས་པ་ཞིག་ཡིན་པས་འབྲི་གཡག་ནི་ས་མཐོའི་མི་རྣམས་ཀྱི་ཆེས་བཀའ་དྲིན་ཆེ་བའི་རྒྱ་ཆེའི་སྲོག་ཆགས་ཤིག་ཡིན། དེས་མ་ཚད་འབྲི་གཡག་གིས་ས་མཐོའི་སྐྱེ་པོ་ཚོར་དཀའ་སྡུག་གི་ཁོར་ཡུག་ཁྲོད་དུ་ཞུམ་མེད་སྟོབས་ལྡན་དུ་གནས་པའི་སྙིང་སྟོབས་ཀྱི་མིག་དཔེ་བཟང་པོ་ཞིག་བསྟན་ཡོད།

ལོ་རྒྱུས་རིང་བའི་འབྲི་གཡག ཁ་དོག་ནག་པོ་དང་། ཁམ་པ། དཀར་ཁྲ་སོགས་ཡོད་པའི་འབྲི་གཡག་ནི་རྟེད་པ་མཐུག་པ་དང་མགོ་བོར་རྭ་ཅོ་སྦོམ་པོ་སྐྱེ་ཞིང་གྲང་ངར་བཟོད་པའི་ནུས་པ་ལྷག་པར་ཆེ་བའི་ས་མཐོའི་དམིགས་བསལ་སྲོག་ཆགས་ཤིག་ཡིན། དེང་སང་འཛམ་གླིང་ཐོག་མཚོ་བོད་ས་མཐོར་ནོར་ནག་འཚོ་གནས་བྱུང་ནས་ལོ་ངོ་ཁྲི200འམ་དེ་ལས་རིང་བའི་སྔོན་དཔག་བྱས་ཤིང་། འབྲི་གཡག་གིས་བོད་ས་མཐོའི་ཐོན་སྐྱེད་དང་འཚོ་བའི་ནང་གནས་བབ་གལ་ཆེན་བཟུང་ཡོད་པ་མ་ཟད། ཆེས་སྔ་པོ་ནས་བོད་མི་དམངས་ཀྱི་བསམ་པ་དང་རིག་གནས་འཚོ་བ་ཚང་མའི་ནང་འབྲི་གཡག་གི་གཟུགས་བརྙན་མངོན་རྒྱུ་ཡོད་པ་རེད། 1973ལོར་ཀན་སུའུ་ཡི་ས་འོག་ནས་ཐོན་པའི་རིག་དངོས་ནང་མཐོ་ཚད་ལ་སྨི0. 7དང་། འཁོར་རྒྱར་སྨི0. 3 རྒྱབ་ངོས་ཀྱི་མཐོ་ཚད་ལ་སྨི0. 51 སྲུག་མཐིལ་ལ་སྨི0. 4དེ་བཞིན་ལྗིད་ཚད་ལ་སྤྱི་རྒྱ80བཅས་ཡོད་ཅིང་། བཟོ་བཀོད་ལེགས་པའི་ལི་ལས་གྲུབ་པའི་གཡག་གི་གཟུགས་བརྙན་ཞིག་ཐོན་ཡོད་པ

དང་། སི་ཁྲོན་རྔ་པ་བོད་རིགས་ཆའང་རིགས་རང་སྐྱོང་ཁུལ་གྱི་ལྷོ་ནུབ་དང་དཀར་མཛེས་བོད་རིགས་རང་སྐྱོང་ཁུལ་ཤར་ཕྱོགས་ཀྱི་རྒྱལ་མོ་རྟུལ་ཆུའི་རྒྱུད་ཀྱི་རྒྱལ་རོང་གི་བོད་རིགས་ཚོས་ཁོང་ཚོའི་མེས་པོ་ནི་བྱ་ཁྱུང་ལས་བྱུང་བར་འདོད་ནས་ཁྱུང་ལ་དད་པ་བྱེད་ཀྱི་ཡོད་པས་རྒྱལ་རོང་ཁུལ་གྱི་ལྷེབས་རིས་མང་པོའི་ནང་བྱ་ཁྱུང་གི་རྣ་དང་གཡག་གི་རྣ་ཅོ་ཟུང་དུ་སྦྲེལ་ནས་བྲིས་ཡོད་པས་ས་དེ་གའི་བོད་རིགས་ཀྱིས་སྔ་མོ་ནས་ཁྱུང་ཆེན་དང་གཡག་ལ་དད་གུས་བྱེད་པ་མཚོན་ཡོད། སི་ཁྲོན་ཞིང་ཆེན་དཀར་མཛེས་བོད་རིགས་རང་སྐྱོང་ཁུལ་རོང་བྲག་རྫོང་གི་བུད་མེད་ཚོའི་སྐྲའི་བཟོ་ལྟ་ཡང་འབྲི་གཡག་གི་རྣ་ཅོའི་དབྱིབས་སུ་བཟོ་ཡི་ཡོད།

བོད་ཀྱི་ལོ་རྒྱུས་མཚོན་པའི་ལྷེབས་བྲིས་ཐོག་བཙན་པོ་སྲོང་བཙན་སྒམ་པོས་ལྷ་ལྡན་གཙུག་ལག་ཁང་བཞེངས་པ་སོགས་ཀྱི་མཛད་སྒོ་ཆེ་གྲས་ཚང་མར་གར་པ་དང་མཉམ་དུ་འབྲི་གཡག་གི་གཟུགས་བརྙན་གྱིས་རྒྱན་འབྲེལ་གར་འཆམ་རྒྱག་པ་མཐོང་རྒྱུ་ཡོད། ཕྱིས་སུ་བཙན་པོ་ཁྲི་སྲོང་ལྡེ་བཙན་གྱི་སྐུ་དུས་སུ་དཔལ་བསམ་ཡས་གཙུག་ལག་ཁང་བཞེངས་པའི་རྒྱན་འབྲེལ་མཛད་སྒོའི་ལོ་རྒྱུས་སྐོར་གྱི་ལྷེབས་རིས་ལས་ཀྱང་འབྲི་གཡག་གཉིས་དང་འབག་དཀར་པོ་གྱོན་པའི་འཁྲོག་པའི་གཟུགས་ཤིག་གིས་གར་འཆམ་རྒྱག་པ་མ་ཟད། འཁྲིས་སུ་མི་གཅིག་ལངས་ནས་རྔ་རྡུང་པའི་རྣམ་པ་འཁོད་ཡོད་པ་སོགས་བོད་བཙན་པོའི་དུས་སུ་གཡག་འཆམ་རྒྱག་པའི་སྣང་ཚུལ་གང་སར་མངོན་རྒྱུ་ཡོད་ལ། ད་དུང་དུང་དཀར་ཕྱི་དབང་སོགས་གནའ་བོའི་བྲག་བརྐོས་ལྷེབས་རིས་དང་ས་སྐྱ་དགོན་པ་སོགས་བོད་ཀྱི་དགོན་སྡེ་ཁག་འཛུགས་སྐྲུན་གསར་བཞེངས་བྱེད་པའི་

ནང་འབྲི་གཡག་གིས་ས་རྫོའི་རྒྱུ་ཆ་དཔོར་འདྲེན་ནང་ཞུགས་པའི་ལྡེབས་རིས་མང་པོ་མཐོང་རྒྱུ་ཡོད། གཡག་ནི་གནའ་བོའི་དུས་ནས་མཚོ་བོད་ས་མཐོར་འཚོ་སྡོད་བྱེད་པ་མ་ཟད། བཀྲ་ཤིས་པ་དང་རྟེན་འབྲེལ་གྱི་མཚོན་རྟགས་ཤིག་ཏུ་བརྩི་བའང་མཐོང་ཐུབ་པ་ཞིག་ཡིན། ལྷག་དོན་གནའ་དེང་གི་ས་མཐོའི་མི་ཚོས་འབྲི་གཡག་ལ་དགའ་ཞེན་དང་དད་གུས་ཆེན་པོ་བྱེད་པས་སྐྲའི་གཡས་གཡོན་དང་། ལམ་མདོ། ལ་བཙས། རྫ་ཕུང་སོགས་ཀྱི་ཐོག་ཏུ་འབྲི་གཡག་གི་རྭ་ཅོ་བཞག་པ་མཐོང་རྒྱུ་ཡོད་པ་ནི་ས་མཐོའི་མི་ཚོས་འབྲི་གཡག་ལ་བཙངས་པའི་བརྩེ་སེམས་མཚོན་ཐབས་ཤིག་ཡིན་ལ་གདོད་མའི་དུས་ཀྱི་མི་མང་པོས་སྲུང་མར་ཡང་བརྩི་སྲོལ་ཡོད།

ས་མཐོའི་གཙེས་ནོར། སྐང་པ་བོད་ཀྱི་འབྲི་གཡག་དང་། ལྷོ་སྟེའི་ངང་པ་རེ་འཆང་། བྱང་སྟེའི་དོམ་དཀར་བཅས་ལ་འཛམ་གླིང་ཐོག་གི་གདོད་མའི་སྲོག་ཆགས་རིགས་གསུམ་ཞེས་འབོད་པ་ལྟར་འབྲི་གཡག་གི་གཞི་གྲིབ་ལ་མིའི་རིགས་ཀྱིས་ལེགས་བཅོས་བྱེད་སྐྱོང་མེད་སྟབས་འབྲི་གཡག་གི་ཤ་ནི་ལྷད་མེད་ཀྱི་བཟའ་བཅའི་གྲས་ཤིག་ཡིན་པ་དང་བཟའ་ཤ་རྩེ་གྲ་ཞིག་ཏུ་བརྩི་ཞིང་། ཚན་རིག་པ་ཚོས་སྤྲི་དཀར་དང་ཨན་ཅི་སོན་སོགས་མིའི་ལུས་པོར་མཁོ་བའི་འཚོ་བཅུད་སྣ་མང་ལྡན་པ་དང་། ཞག་ཚི་ཉུང་བ་དང་ དྲོད་ཚད་རན་པས་ནད་འགོག་ནུས་པ་ཆེ་རུ་འགྲོ་བ་དང་། ཁྲག་ཕུང་གི་གསོན་ཤུགས་རྒྱས་པ། དོན་སྙིང་གྱི་ནུས་པ་ལེགས་སུ་འགྲོ་བ་སོགས་ཀྱི་ཕན་འབྲས་ཆེན་པོ་ཐོན་པའི་ར་སྤྲོད་བྱས་ཡོད། འབྲིའི་འོ་མ་ནི་དེ་བས་ཀྱང་བདེ་འཇགས་ཆེ་ལ་འཚོ་བཅུད་ཕུན་སུམ་

ཚོགས་པའི་བཏུང་བ་ཞིག་ཡིན་པ་དང་ཉིན་རེར་འོ་མ་སྤྱི་ཚད་4ཙམ་ཐོན་གྱི་ཡོད་པ་དེ་བ་ཕྱུགས་ཀྱི་འོ་མའི་ཐོན་ཚད་ཀྱི་ལྡབ་3ཙམ་ཡིན་པ་དང་སྤྱི་དཀར་འདུས་ཚད་མཐོ་བས་མཆོ་བོད་ས་མཐོའི་མི་རྣམས་མཐོ་གྲང་གི་ས་ཁུལ་དུ་ཐང་ཤ་དོད་ལ། གཟི་མདངས་རྒྱས་པ། བློ་རིག་བཀྲ་བ་ཞིག་ཏུ་གསོ་སྐྱོང་བྱས་ཡོད་པ་མ་ཟད། ཞོ་དང་། མར། ཕྱུར་བ་བཅས་འཚོ་བཅུད་ལྡན་ཚོགས་པའི་ཟས་རིགས་སྣ་ཚོགས་མཁོ་འདོན་བྱས་ཡོད།

ས་རྒྱལ་གྱི་ཆུ་རྒྱུན་རིང་པོའི་ཁྲོད་ས་མཐོའི་མི་རྣམས་ཀྱི་སྡོད་ཁང་གི་ཐོག་མ་ཡང་དབྱར་ཁ་བསིལ་ལ་དགུན་ཁ་དྲོ་ཞིང་འཁྱེར་བདེ་ལ་གང་དུ་ཡང་གནས་བཅའ་ཆོག་པའི་སྦྲ་གུར་ཡང་འབྲི་གཡག་གིས་ས་མཐོའི་མི་ཚོར་ཕུལ་བའི་ལེགས་སྐྱེས་ཆེན་པོ་ཞིག་ཡིན། སྦྲ་གུར་ནི་འབྲི་གཡག་གི་རྩིད་པ་ལས་བཏགས་པས་བརྟན་གཤེར་འགོག་པ་དང་། གྲང་འགོག་གི་ནུས་པ་ཆེ་བ། མཁའ་རླུང་རྒྱུ་བདེ་བ་སོགས་ཀྱི་ཁྱད་ཆོས་དུ་མ་ལྡན་པ་མ་ཟད། ཐ་ན་སྦྲ་གུར་ཕུབ་པའི་ཚོན་ཐག་ཀྱང་འབྲི་གཡག་གི་རྩིད་པའམ་ཁུ་ལུས་གྲུབ་པ་ཞིག་ཡིན། གཞན་ཡང་དེ་སྔ་འགྲིམ་འགྲུལ་སྟབས་བདེ་མེད་པའི་དུས་སུ་མི་ཟོག་དཔོར་འདྲེན་བྱ་རྒྱུ་ཡང་སྔར་བཞིན་འབྲི་གཡག་གི་འོས་འགན་ཡིན་པས་ལྷིད་ཚད་སྤྱི་ཚད་50ནས200བར་གྱི་དངོས་པོ་འཁུར་ནས་རྒྱ་མཚོའི་ངོས་ལས་མཐོ་ཚད་སྨི5000ནས6000མཚམས་སུ་ཡང་བདེ་བར་རྒྱུ་ཐུབ་ཀྱི་ཡོད་པ་དང་། ཁ་བ་བུ་ཡུག་གནོན་པའི་ནུས་པ་དེ་བས་ཆེན་པོ་ཡོད་པ་རེད། འབྲི་གཡག་ནི་བྱང་རྩྭ་ཐང་ཐོག་གི་སྐྱེལ་འདྲེན་པ་ཞིག་ཡིན་པ་མ་ཟད། དེ་སྔ་གྲོང་ཁྱེར་དང་གྲོང་གསེབ་ཀྱི་གལ་ཆེའི་ཆུ་སྒྲོལ་པོ་

བྱིད་ཀོ་གྲུ་ཡང་འབྲི་གཡག་གི་ཀོ་བ་ལས་གྲུབ་པས་འབྲི་གཡག་ལ་ས་མཐོའི་གྲུ་གཟིངས་ཞེས་པ་ཡང་དོན་གྱིས་མ་སྟོངས་བའི་འབོད་ཚུལ་ཐུན་མོང་མ་ཡིན་པ་ཞིག་ཡིན་པ་ཀུན་གྱིས་ཤེས་གསལ་ལྟར་རེད། འབྲི་གཡག་གིས་མིའི་རིགས་ལ་ཕུལ་བའི་ལེགས་སྐྱེས་དེ་ཙམ་གྱིས་ག་ལ་ཚད། བོད་ཤིང་གིས་ཕོངས་པའི་བོད་བྱང་ཐང་གི་རྡོད་ལེན་དང་བཟའ་བཏུང་གསོ་སྐྱོལ་ཚང་མ་འབྲི་གཡག་གི་ལྕི་བ་ཡིན་པ་དང་འབྲི་གཡག་གི་པགས་པས་བཟོས་པའི་རྟ་སྒྲོ་དང་། ཀོ་སྐམ། ཀོ་ལྷམ། ཀོ་ཁུག་སྣ་ཚོགས་དང་ཐག་པ་སོགས་ཡོད་ལ། འབྲི་གཡག་གི་རྩིད་པ་དང་ཁུ་ལུས་བཟོས་པའི་སྦྲའུ་དང་། སྦྱེ་མོ། ཀྱིན་ཀོས་སྣ་ཚོགས་ཀྱང་ཡོད་པ་རེད།

མི་རྣམས་ཀྱིས་སྐྱེལ་འདྲེན་དང་རྨོ་འདེབས་སོགས་ཀྱི་ནང་འབྲི་གཡག་བཀོལ་སྤྱོད་བྱེད་པ་དང་འོ་མ་འཛོ་བ་མ་ཟད། འབྲི་གཡག་གི་ཤ་བཟའ་བ་དང་། ཁྲག་སྤྱོད་པ། རུས་པ་བསྐོལ་བ་བཅས་བྱེད་པ་དང་ཐ་ན་མགོ་ཡི་རྭ་ཅོ་དང་རྐང་པའི་རྨིག་པ་ཡན་ལོངས་སུ་སྤྱོད་ཀྱི་ཡོད། མདོར་ན། འབྲི་གཡག་གིས་ཕྱིའི་པགས་པ་དང་ནང་གི་རུས་པ། དོན་ལྷུ་སྙིང་དྲུག སྐེ་མགོ་ལུས་དང་བཅས་པ་མི་རྣམས་ལ་སྐྱེས་སུ་འབུལ་གྱི་ཡོད་པ་ནི་སྲོག་ཆགས་གཞན་གྱིས་འགྲན་པར་མི་ནུས་པའི་ས་མཐོའི་གཅེས་ནོར་མེད་དོན་མཚུངས་པ་ཞིག་རེད། ལྷག་དོན་ཆེད་དུ་གསོ་ཚགས་མི་དགོས་པར་རང་ཁ་རང་གསོ་བྱེད་པ་དང་ནམ་ཡང་ཞུམ་པ་མེད་པའི་སྙིང་སྟོབས་ཀྱིས་ས་མཐོའི་མི་རབས་མང་པོར་མིག་ལྟོས་བཟང་པོ་འཇོག་གི་ཡོད་པ་མ་ཟད། འབྲི་གཡག་དང་འབྲེལ་བའི་སྒྱུ་རྩལ་དངོས་པོ་མང་

པོ་ཐོན་ཡོད་པ་དང་འབྲི་གཡག་དང་འབྲེལ་བའི་ལུས་རྩལ་དང་ཞབས་གཞས་ཅི་རིགས་ཡོད་པ་ནི་འབྲི་གཡག་གིས་ས་མཐོའི་བུ་ཕྲུག་ཚོར་གནོད་པའི་ནང་བསམ་པའི་འཚོ་བཅུད་རིན་ཐང་ཅན་ཞིག་ཡིན།

འབྲི་གཡག་གི་རིག་གནས་སྒྱུ་རྩལ། བོད་རིགས་ཀྱི་མེས་པོ་ཚོས་འབྲི་གཡག་དང་ལྷན་དུ་རང་བྱུང་ཁམས་ཀྱི་གེགས་བར་སྣ་ཚོགས་ཁྱད་བསད་ཀྱིས་མི་རུས་རྒྱུད་པའི་ནང་འབྲི་གཡག་གི་གཟུགས་སྟོབས་ཆེ་བ་དང་། བརྗིད་ཉམས་ལྡན་པ། དཔའ་ངར་ཆེ་ཞིང་སྒྱུལ་ཤུགས་ཆེ་བ། ལས་ལ་བརྩོན་ཞིང་བློ་རྩ་བརྟན་པ། ཁ་བ་བུ་ཡུག་ལ་མི་སྐྲག་པ། བློ་བརྟན་འགྱུར་མེད་ཀྱི་སྙིང་སྟོབས་བཅས་ལ་གུས་བཀུར་ཇེ་ཆེར་ཐོབ་པས་རིག་གནས་སྒྱུ་རྩལ་གྱི་སྣང་ཚུལ་ཡང་མང་པོ་ཐོན་ཡོད། དེ་ཡང་བོད་ཀྱི་ས་ཕྱོགས་ཁག་གི་གྲུབ་མཐའ་མི་འདྲ་བའི་གར་འཆམ་གྱི་སྒྱུ་རྩལ་ནང་སྤྱིར་ན་འབྲི་གཡག་གི་གཟུགས་བརྙན་མི་ཐུབ་པར་གནས་ཡོད་ལ། མཐའ་ཁུལ་མི་སེར་དཀྱུས་མའི་དགའ་སྟོན་རྟེན་འབྲེལ་ལའང་གཡག་འཆམ་རྒྱག་པའི་ལོ་རྒྱུས་རིང་པོ་ཡོད་ཅིང་། གཡག་འཆམ་རྒྱག་སྐབས་སྤྱིར་ན་མི་བཞིས་གཡག་འཁྲབ་པ་དང་མི་གཅིག་གིས་གཡག་རྫི་འཁྲབ་ཀྱི་ཡོད། གཡག་འཆམ་ནི་གནའ་ཉམས་དོད་ལ་བརྗིད་ཉམས་ལྡན་པ་དང་། ས་མཐོའི་དམིགས་བསལ་ཁྱད་ཆོས་འབུར་དུ་ཐོན་པའི་སྒྱུ་རྩལ་གྱི་རྣམ་པ་ཞིག་ཡིན། འབྲི་གཡག་གི་སྒྱུ་རྩལ་གཞན་ཞིག་ནི་གཞིས་རྩེ་ས་ཁུལ་བཀྲ་ཤིས་འཛོམས་ཤར་རོང་ཕུ་དགོན་པར་ལོ་ལྟར་སྤེལ་བའི་གཡག་བཤད་ཀྱི་བྱེད་སྒོ་དེ་ཡིན་ཞིང་། གཡག་བཤད་ནི་ཐོག་མར་རོང་ཕུ་དགོན་གྱི་བླ་མ་རྫ་སྤྲུལ་བསྟན་འཛིན་ནོར་བུས་དུས་རབས་བཅོ་

ལྷུ་པར་སྲོལ་གཏོད་པར་གྲགས་པ་དང་། ད་བར་མི་ལོ་དྲུག་བརྒྱ་ཙམ་གྱི་ལོ་རྒྱུས་ཡོད་ཅིང་། དུས་དེ་ནས་བཟུང་ལོ་རེའི་ས་ག་ཟླ་བའི་ཚེས་17ཉིན་གཡག་བཤད་རྒྱུག་སྲོལ་ཡོད་པ་དང་བར་སྐབས་རེང་མཚམས་ཆད་བྱུང་། 1995ལོར་སླར་གསོ་བྱུང་བར་གྲགས། གཡག་བཤད་ཀྱི་ནང་དོན་གཙོ་བོ་ནི་ཚེ་ཐར་བཏང་བའི་གཡག་གི་ཁྲིད་ནས་གཡག་བདུན་བདམས་པ་དང་སྤུ་མདོག་ལ་གཞིགས་ནས་ཁྲ་བོ་སྤྲལ་མིག་དང་། རོག་པོ། ཁམ་པ་སོགས་བཏགས་ནས་གཡག་དེའི་ཁྱད་ཆོས་དང་དགེ་མཚན་ལ་བཤད་པ་རྒྱག་བཞིན་དུ་ཆོས་སྐྱོང་སྲུང་མ་ཁག་ལ་འབུལ་ཚུལ་བྱེད་ཀྱི་ཡོད། ཆོས་སྐྱོང་སྲུང་མ་སོ་སོར་གཡག་བདམས་ཚར་རྗེས་ཁ་མདོག་མི་འདྲ་བའི་གཡང་དར་དང་སྲུང་མ་སོ་སོའི་གཟུངས་སྔགས་དང་བཅས་སྣལ་གཞུང་དུ་སྐུད་པས་བཅོམས་རྗེས་གཡག་གི་རྒྱབ་གཞུང་ལ་མཚལ་རིས་འཐེན་པ་དང་བཤད་པ་རྒྱས་པོ་རྒྱག་པ། དེ་རྗེས་གཡག་གི་མགོ་དང་། རྣ་ཅོ། མིག་རྣ་སོགས་ལ་མར་གྱི་རྒྱན་སྤྲས་ཚར་རྗེས་གཡག་ལ་ཕྱེ་མར་སྟེར་བ་དང་ཆང་བླུད་ནས་ཀི་བསྭོ་ལྷ་རྒྱལ་འཐེན་གྱི་ཡོད། སྲུང་མ་སོ་སོར་འབུལ་རྒྱུའི་གཡག་གི་ཁ་དོག་ཀྱང་མི་འདྲ་བ་དཔེར་ན། མགོན་པོ་ཞལ་བཞི་པར་གཡག་རོག་པོ་དང་བཀྲ་ཤིས་ཚེ་རིང་མ་ལ་འབུལ་རྒྱུའི་གཡག་གི་ཁ་མདོག་དཀར་པོ་ལྷ་བུ་ཡིན་ལ་གཡག་དེ་ཚོའི་གཡག་བཤད་ལའང་ཁྱད་པར་ཡོད་པ་རེད།

བོད་ཀྱི་དགའ་སྟོན་ཆེན་འབྲེལ་གྱི་མཛད་སྒོ་ཆེ་གྲས་ཚང་མར་འཁྲོང་རྩེད་རྩེ་བ་མཐོང་རྒྱུ་ཡོད་པ་དེའི་འབྱུང་ཁུངས་ནི་ཧྭ་ཡའི་བླ་མ་སྐྱ་ཕྲེང་ལྷུ་པའི་དུས་སུ་དར་ཞིང་སྤྱི་ལོ2010ལོར་རྒྱལ་ཁབ་རིམ་པའི་མངོན་མེད་རིག་གནས་ཤུལ་

བཞག་ཏུ་ཚུད་པའི་ཤེལ་གྲོང་འཁོར་རྟེན་ཡིན་ཞིང་། ལྷ་ས་གྲོང་ཁྱེར་ཆུ་ཤུར་རྫོང་ཤེལ་གྲོང་གྲོང་ཚོའི་འཁོར་རྟེན་འཁྲབ་མཁན་མི་གྲངས7ཡོད་པ་ཚང་མ་སྐྱེས་པ་ཡིན་པ་དང་མི་གཉིས་རེ་མཉམ་འབྲེལ་བྱེད་ལ་གཅིག་གིས་ཞབས་བྲོ་འཁྲབ་པ་དང་གཅིག་ཤོས་ཀྱིས་རྔ་རྡུང་བ། གཞན་ཞིག་གིས་སྦུག་ཆལ་དཀྲོལ་བ་བཅས་བྱེད་ཀྱི་ཡོད་པ་དང་འཁོར་ལ་ཡང་ཕོ་འཁོར་མོ་འཁོར་གཉིས་སུ་དབྱེ་ཞིང་། བོད་སྲོལ་ལ་ཕོ་འཁོར་ནི་དམ་ཆེན་ཆོས་རྒྱལ་དང་། མོ་འཁོར་ནི་དཔལ་ལྡན་ལྷ་མོ། ལག་ཏུ་མདའ་དར་སྣ་ལྔ་འཛིན་པའི་ཞལ་དཔོན་ནམ་ཨ་ར་ནི་གནས་ཆུང་དགྲ་ལྷ་ཆེན་པོའི་མཚོན་ཚུལ་ཡིན་པ་རེད། འཁོར་རྟེན་གྱི་གཞས་ར་ནི་སྔོར་མོ་དང་། ཟུར་གསུམ། ནར་མོ་བཅས་བཟློས་ནས་འཁྲབ་པ་དང་། གཞས་གཏོང་བ། ཞབས་བྲོ་འཁྲབ་པ། གཞུང་སྒྲོག་པ་བཅས་རིམ་པར་སྤྱོད་པའི་རྟེན་འབྲེལ་སྒྱུ་རྩལ་གྱི་རྣམ་པ་ཞིག་ཡིན་པ་དེར་བཀྲ་ཤིས་པ་དང་། དོན་གྲུབ་པ། ཕུན་སུམ་ཚོགས་པ་བཅས་ཀྱི་དོན་སྙིང་ཆེན་པོ་ལྡན་པས་མཛད་སྒོ་ཆེ་གྲས་ཚང་མར་འཁྲབ་པ་དང་། ལྷག་དོན་དུ་ལོ་རེའི་ལོ་སྟོན་སྐབས་སུ་མེད་ཐབས་མེད་པའི་རྟེན་འབྲེལ་མཛད་སྒོའི་རྣམ་གྲངས་ཤིག་ཡིན། ད་དུང་ལྷ་སའི་ལོ་སྟོན་དང་ཞིང་འབྲོག་ཁུལ་གྱི་རྟ་རྒྱུག་དུས་ཆེན་ནང་ད་དུང་གཡག་རྒྱུག་ཀྱང་གཏོང་གི་ཡོད་ཅིང་། རི་མཐོ་དང་རྩྭ་ཐང་ཐོག་འཚོ་བའི་གཡག་དེ་ཚོ་མི་ཚོགས་ཀྱི་ཁྲོད་དུ་སླེབས་སྐབས་ག་བྱེད་འདི་བྱེད་མེད་པར་གྱུར་བས་གཡག་ལ་ལས་རྒྱུག་ལམ་དུ་མ་ཕྱིན་པར་མི་ཚོགས་ཀྱི་ཁྲོད་དུ་བསྐྱོད་པ་དང་ལ་ལས་ལྟག་ལོག་བརྒྱབ་ནས་བསྐྱོད་རྩེས་སོགས་བྱེད་པས་དེ་བས་ཀྱང་ལྟ་རིན་ཆེ་བ་དང་། འཁྲུག་ཆ

ཪོད་པ། སྒྲོ་སྣང་ལྡན་པ་བཅས་ཡོད། ད་དུང་འབྲི་གཡག་གི་མགོ་ཧུས་རྣ་ཙོ་དང་བཅས་པར་ཡི་གེ་དང་རི་མོ་སྣ་ཚོགས་བཀོད་ནས་མི་རིགས་ཀྱི་ཁྱད་ཆོས་ཀྱིས་ཕྱུག་པའི་སྒྱུ་རྩལ་དངོས་པོ་ཕྲུས་དག་སུ་འགྱུར་བ་མཐོང་ཐོས་ཀྱི་ཡུལ་དུ་གྱུར་བ་ལྟར་ཡིན་ལ། འབྲི་གཡག་གི་ཀོ་བའི་ལྡེབས་སུ་བྲིས་པའི་ཞལ་ཐང་ཡང་མི་ཉུང་ཙམ་མཐོང་རྒྱུ་ཡོད་པ་དེ་དག་དང་དེ་དག་ཚང་མ་ནི་འབྲི་གཡག་གིས་སྒྱུ་རྩལ་ལ་ཕུལ་བའི་ལེགས་སྐྱེས་ཞིག་མ་ཡིན་གྲང་།

བོད་ལྗོངས་འབྲི་གཡག་རྟེན་མཛོད་གླིང་། 2014ལོའི་ཟླ5པའི་ཚེས18ཉིན་དངོས་སུ་སྒོ་ཕྱེ་བའི་བོད་ལྗོངས་འབྲི་གཡག་རྟེན་མཛོད་གླིང་ནི་ལྷ་ས་སྐྱིད་ཆུའི་ལྷོ་ངོགས་ཀྱི་སྣེའུ་ཁུལ་གསར་དུ་ཡོད་པ་དང་ཁྱོན་མ་དངུལ་སྒོར་དུང་ཕྱུར1.3བཏང་ནས་འཛུགས་སྐྲུན་རྒྱ་ཁྱོན་སྨི་ངོས་ཁྲི8088ཡོད་པའི་ཐོག རྟེན་མཛོད་གླིང་གི་ཕྱི་རོལ་དུ་འགྲེམས་ཁུལ་ཡོད་པས་ཁྱོན་རྒྱ་ཁྱོན་སྨི་ངོས་ཁྲི10000ལྷག་ཙམ་ཟིན་པ་དང་འགྲེམས་རྫས་སྣ་ཚོགས་ཆིག་སྟོང་ལྷག་ཙམ་ཡོད་པ་རེད།

བོད་ལྗོངས་འབྲི་གཡག་རྟེན་མཛོད་གླིང་ནི་འཛམ་གླིང་ཐོག་འབྲི་གཡག་ནང་དོན་གཙོ་བོར་བྱས་པའི་རྟེན་མཛོད་གླིང་ཐོག་མ་དེ་ཡིན་པ་དང་རྟེན་མཛོད་གླིང་དེར་ཉར་ཚགས་དང་། འགྲེམས་སྟོན། ཚན་རིག་ཞིབ་འཇུག་སློབ་གསོ། ཞབས་ཞུ་སོགས་ཀྱི་གཞི་རྩའི་ནུས་པ་ལྡན་ལ། འབྲི་གཡག་གི་རིག་གནས་དངོས་དཔང་ཉར་ཚགས་དང་། འབྲི་གཡག་གི་རིག་གནས་ཞེས་བྱ་བརྒྱུད་བསྒྲགས། འབྲི་གཡག་དང་མིའི་རིགས་འཕེལ་རྒྱས་ཁྲིད་ཀྱི་གཅིག་ལ་གཅིག་རྟེན་གྱི་འབྲེལ་

བར་ཞིབ་འཇུག་བྱེད་པའི་སྤྱི་ཕན་རང་བཞིན་གྱི་རིག་གནས་སྒྲིག་གཞི་ཞིག་ཡིན་པ་རེད།

ཧེན་མཇོད་གླིང་དེའི་སྤྱིན་བདག་ཕྲུའུ་ཞོལ་བྲུའུ་ནི་འབྲི་གཡག་ལ་བརྩེ་སེམས་ཟབ་པའི་མི་ཞིག་ཡིན་ཞིང་། དེ་སྔ་ཁོང་བོད་དུ་ལས་ཀ་བྱེད་སྐབས། ཐེངས་ཤིག་ནག་ཆུར་གངས་སྐྱོན་ཕོག་སྐབས་གེགས་སྐྱོབ་དངོས་ཟས་བསྐྱལ་ནས་ལོག་ཡོང་སྐབས་གངས་གསོག་མཐུག་ཚད་སྨི4ཙམ་གྱི་ཁྲོད་དུ་ལུས་པ་དང་རྒྱབ་ཕྱོགས་ནས་ཧླངས་འཁོར་དང་རྟ་སོགས་བཏང་ནས་ཆོད་ལྟ་ཐེངས་མང་བྱས་ཏུང་ཕམ་ཉེས་བྱུང་ནས་གངས་ཁྲོད་དུ་འཁྱགས་ཧྲོགས་ཀྱིས་མནར་ནས་ཉིན་ལྔ་དང་མཚན་བཞི་ཙི་བྱ་གཏོལ་བྲལ་དུ་ལུས་སྐབས། གངས་ཁྲོད་ནས་འབྲི་གཡག་གི་དཔོར་འདྲེན་་ཏུ་ཁག་གཅིག་ཡོང་ནས་ཁོང་ཚོའི་སྲོག་བསྐྱབས་པས་མི་མང་པོ་ཞིག་བག་ལེབ་ཟ་བཞིན་དུ་མིག་ཆུ་ཤོར་ནས་འབྲི་གཡག་གིས་ང་ཚོའི་སྲོག་བསྐྱབས་སོང་ཞེས་བརྗོད། དུས་དེ་ནས་བཟུང་ཁོང་དང་འབྲི་གཡག་གི་ལས་དབང་དམ་དུ་སྦྲེལ་བ་དང་གཡག་ཧེན་མཇོད་གླིང་འཛུགས་པའི་ཀུན་སློང་ཡང་ཁོང་གིས་འབྲི་གཡག་ལ་བཅངས་པའི་བརྩེ་སེམས་ལས་ཐོན་པའི་སྤྲོ་སེམས་ཀྱི་མྱུ་གུ་ཞིག་ཡིན།

མིག་སྔར་ཧེན་མཇོད་གླིང་དེར་འབྲི་གཡག་ལ་དྲིན་ཆོར་དང་། འབྲི་གཡག་ལ་ཉམས་ཞིབ། འབྲི་གཡག་དང་འབྲེལ་འདྲིས། འབྲི་གཡག་གི་སྤྱོད་བཟང་སོགས་བརྗོད་བྱ་ཆེན་པོ་ཁག་བཞི་ཚུད་ཡོད་པ་མ་ཟད་ནང་དོན་གསོན་ཉམས་དོད་པོ་ཡོད་པ་དཔེར་ན། འབྲི་གཡག་ལ་ཉམས་ཞིབ་ཚོམས་ཆེན་ནང་།

ས་གཞིས་དང་། མཚོ་ངོས་མཐོ་ཚད། ས་ཆུའི་རྒྱུ་རྐྱེན་སོགས་ཀྱིས་རང་རྒྱལ་དུ་འབྲི་གཡག་རིགས13ཡོད་པ་དག་ངོ་སྤྲོད་ཞིབ་ཕྲ་བྱས་ཡོད་པ་རེད། འབྲི་གཡག་ནི་མཚོ་བོད་ས་མཐོའི་གཅེས་ནོར་ངོ་གནོང་མི་དགོས་པ་ཞིག་ཡིན་སྟབས་གཡག་རྟེན་མཛོད་གླིང་འཛུགས་པའི་གཏམ་བཟང་གྲགས་མ་ཐག་སྔོ་ཁ་དང་། འདམ་གཞུང་། ནག་ཆུ་སོགས་དང་སྤོངས་ཕྱི་རོལ་གྱི་བོད་རིགས་ས་ཁུལ་ནས་ཀྱང་འབྲི་གཡག་གི་འགྱུར་རྗོ་དང་། སྨྲ་གཏམ། པགས་པའི་ཡོ་བྱད་སོགས་འབྲི་གཡག་དང་འབྲེལ་བའི་དངོས་རྫས་མང་པོ་ཞལ་འདེབས་ཕུལ་ནས་ཁོང་ཚོས་འབྲི་གཡག་ལ་བཙངས་པའི་བརྩེ་སེམས་མཚོན་པར་བྱས་ཡོད།

འབྲི་གཡག་གིས་ས་མཐོའི་མི་རྒྱུད་བསྐྱངས་པ་དང་། ས་མཐོའི་ལོ་རྒྱུས་བྲིས་པ། ས་མཐོའི་རིག་གནས་གསར་གཏོད་བཅས་བྱས་ཡོད་པས་གཡག་རྟེན་མཛོད་གླིང་གི་འབྲི་གཡག་དྲིན་ཆོར་ཚོམས་ཆེན་གྱི་སྒོ་རྩར་བྲིས་པའི“འབྲི་གཡག་མེད་ན་བོད་རིགས་མེད་པ་དང་། བོད་རིགས་ཡོད་པའི་ས་ཆ་ཚང་མར་འབྲི་གཡག་ཡོད”ཅེས་པའི་པཎ་ཆེན་སྐུ་ཕྲེང་བཅུ་པའི་བཀའ་མོལ་དེ་ནི་འབྲི་གཡག་དང་བོད་མི་རིགས་ཀྱི་ལས་དབང་དམ་དུ་སྦྲེལ་བ་དེ་གསལ་བར་མཚོན་པའི་ རླབས་ཆེན་གྱི་ཚོད་གཏམ་ཞིག་རང་ཡིན་ནོ།

དྲུག དར་ཁྱབ་ཆེ་བའི་མར་ཚོན་སྒྱུ་རྩལ།

ལོ་ལྟར་བོད་ཀྱི་ལོ་གསར་འཆར་ཉེའི་མཚམས་སུ་ལྷ་སའི་སྲང་ལམ་གང་སར་རྩེ་སྒྲོ་འཚོང་མཁན་མང་པོ་ཞིག་མཐོང་རྒྱུ་ཡོད་ཅིང་། ཁོང་ཚོས་ལག་ཏུ་ཤིང་བྱང་ཆུང་ངུའི་ཐོག་ཚོན་མདངས་རྣམ་པར་བཀྲ་བའི་མར་ཚོན་ལས་གྲུབ་པའི་འབུར་གཟུགས་ཀྱི་སྒྱུ་རྩལ་རི་མོ་སྟེ། རྩེ་སྒྲོ་འཚོང་བཞིན་ཡོད་ཅིང་། རི་མོ་དེ་དག་གི་ནང་དོན་ནི་མཐུན་པ་སྤུན་བཞི་དང་། བཀྲ་ཤིས་རྟགས་བརྒྱད། ཚེ་རིང་རྣམ་དྲུག་སོགས་བཀྲ་ཤིས་སྨོན་འདུན་མཚོན་པའི་རི་མོ་ཤ་སྟག་ཡིན་པ་རེད།

ལོ་གསར་འཆར་རིམ་བཞིན་ཁྱིམ་ཚང་ཚང་མས་རྩེ་སྒྲོ་གསར་པ་རེ་བཛེ་ཡི་ཡོད་སྟབས་ཁོང་ཚོའི་རྩེ་སྒྲོ་བྲིན་ཁ་རྒྱུག་པོ་བྱུང་ནས་ཚོང་པ་ལ་ལར་ལོ་འཁོར་མོའི་ཡོང་འབབ་ལས་ལོ་གསར་གོང་དུ་ཟླ་ཤས་རྩེ་སྒྲོ་བཙོང་བས་པའི་ཡོང་འབབ་མང་བ་མ་ཟད། མར་ཚོན་རིག་གནས་རྒྱུན་འཛིན་དང་འཕེལ་རྒྱས་གཏོང་རྒྱུར་སྐུལ་འདེད་ཆེན་པོ་ཐེབས་ཤིང་། ད་ལྟ་རི་མོའི་སྒྱུ་རྩལ་དེ་གྲ་ཇེ་རྒྱས་སུ་འགྲོ་བཞིན་ཡོད་པ་རེད། དེ་སྔ་མི་ཁ་ཤས་ཀྱིས་ཚོན་རྩེ་བཏང་བའི་རྩེ་སྒྲོ་འཚོང་སྒྱུར་ཡོད་པ་དེ་ཕར་བལྟས་ན་ཉར་ཚགས་བདེ་ལ་ལོ་ལྟར་སྤྱོད་ཚོག་པས་བྱ་བ་ལེགས་པོ་ཞིག་ལྟར་དུ་སྣང་ཟུང་། དེ་དང་ལེན་བྱེད་མཁན་ཏ་ལམ་བྱུང་མེད་པས་རྩེ་སྒྲོ་འཚོང་མཁན་ཚོའི་ཚོང་ལམ་འགོག་ཐུབ་མེད་པ་དེ་ནི་གོམས་སྲོལ་ལ་བརྩི་འཛོག་ཆེ་ལ་མཚོད་པར་དང་དོད་ཆེ་བའི་བོད་མི་རིགས་ཀྱི་བསམ་པའི་འདུ་ཤེས་དང་

འགལ་བ་ཞིག་ཡིན་པས་རེད།

རྩེ་སྒྲོ་འཚོང་མཁན་དེ་དག་ཕལ་ཆེ་བ་ནི་གཞིས་རྩེ་གྲོང་ཁྱེར་རིན་སྤུངས་རྫོང་ཁང་གཞུང་ཤང་ནས་ཡིན་ཞིང་། ཁང་གཞུང་ཤང་གི་དུད་ཚང་ཕལ་ཆེ་བས་རྩེ་སྒྲོ་བཟོ་བ་དང་དེའི་བཟོ་རྒྱུན་ལ་ལོ་ངོ་400ཙམ་གྱི་ལོ་རྒྱུས་ཡོད་པ་རེད། ད་ཆ་རིག་གནས་དར་རྒྱས་དང་འཕེལ་རྒྱས་ཆེན་པོའི་རྣམ་པ་བཟང་པོའི་འོག་ཁང་གཞུང་ཤང་གི་རྩེ་སྒྲོའི་བཟོ་རྩལ་ལ་འགྲན་སློང་དང་གོ་སྐབས་གསར་པ་འཕྲད་ཡོད་ཅིང་། ཤང་དེས་བོད་ཀྱི་རྩེ་སྒྲོའི་འབྱུང་ཡུལ་གསལ་སྟོན་དང་གཡག་སྤེའི་མེ་ཏོག་མཆོད་པའི་སྣན་གྲགས་ཐོར་བས་ཆེ་རུ་གཏོང་ཆེད། "མཁར་རྔ་བྲུམ་པའི་མེ་ཏོག་མཆོད་པའི" ཚོང་རྟགས་ཐོ་འགོད་བྱས་པ་མ་ཟད། ལོ་ལྟར་ཀྱི་ཟླ་གསུམ་པར་མེ་ཏོག་མཆོད་པའི་རིག་གནས་དུས་ཆེན་གཏོང་བ་དང་བོད་ཀྱི་ལོ་གསར་སྐབས་སུ་ཡང་འགྲེམས་ཚོགས་འཚོག་གི་ཡོད་པས་དམངས་ཁྲོད་ཀྱི་གནའ་བོའི་མར་ཚོན་སྒྱུ་རྩལ་དེ་རྒྱུན་འཛིན་དང་ཐོར་བས་དར་སྤེལ་བྱུང་བ་མ་ཟད། མང་ཚོགས་ཚོའི་ཁུར་བརྩོན་རང་བཞིན་ཡའང་སྐྱུལ་འདེད་ཆེན་པོ་ཐེབས་པས2015ལོ་ཁོ་ནར་ཤང་དེའི་མང་ཚོགས་ལ་རྩེ་སྒྲོ་བཙོངས་པའི་ཡོང་འབབ་སྒོར་ཁྲི180ལྷག་ཙམ་བྱུང་ཡོད་པ་རེད། ད་ཆ་ཁང་གཞུང་ཤང་གི་རྩེ་སྒྲོའི་མར་ཚོན་སྒྱུ་རྩལ་དེ་ལྟོངས་རིམ་པའི་མངོན་མིན་རིག་གནས་ཤུལ་བཞག་གི་མིང་གཞུང་ནང་འཁོད་ཡོད་པ་རེད།

མར་ཚོན་རིག་གནས་དར་སྤེལ་དང་འཛིན་སྐྱོང་བྱེད་མཁན་གཙོ་བོ་ཞིག་ནི་དགོན་སྡེ་ཁག་ཡིན་ཞིང་། ཁོང་ཚོས་མར་ཚོན་སྣ་ཚོགས་སྤྱད་ནས་ཚོགས་

དང་གཏོར་མ་འབུལ་བ་དང་དགུ་གཏོར་གཏོང་གི་ཡོད། ལྷག་དོན་དགོན་སྡེ་ཚང་མ་དང་ཁྱིམ་ཚང་འགའ་རེས་ལོ་གཏོར་རྒྱས་པོ་རེ་བཞེངས་ནས་ལོ་གཅིག་ཆོས་ཁྲིའི་ཐོག་སྒྲིག་གསོམ་བྱས་ཏེ་འཇོག་གི་ཡོད་པ་ནི་སྒྱུ་རྩལ་འགྲེམས་སྟོན་བྱས་པ་དང་གཉིས་སུ་མེད། མར་ཆོན་རིག་གནས་དེ་བོད་རིགས་ས་ཁུལ་གཞན་དུའང་དར་ཁྱབ་ཆེན་པོ་ཡོད་པ་དཔེར་ན། སྐུ་འབུམ་བྱམས་པ་གླིང་དགོན་གྱི་མར་ཆོན་སྒྱུ་རྩལ་ནི་འཛམ་གླིང་ལ་གྲགས་པ་ཞིག་ཡིན་པ་དེའི་མཛེས་སྡུག་ཡིད་འཕྲོག་གི་ཆ་ནས་མིག་འཕྲུལ་སྒྱུ་མའི་རྩལ་ལས་ཐོན་པ་ལྟ་བུ་ཞིག་ཡོད་པ་དང་། བརྗིད་ཉམས་ཀྱི་ཆ་ནས་ཐོག་བརྩེགས་ཡན་ཤ་སྟག་ཡིན་པ། ནང་དོན་གྱི་ཐད་སྣང་སྲིད་ཀྱི་དངོས་པོ་ཡོད་དོ་ཅོག་མཚོན་པ་ལྟ་བུ་ཡོད། ལྷག་དོན་སྟག་མོ་ལུས་སྦྱིན་སོགས་སྟོན་པའི་མཛད་པ་དང་། ཇོ་བོ་རྗེ་བོད་དུ་ཕྱིན་ཚུལ་སོགས་ཀྱི་ལོ་རྒྱུས། ལྷ་མོའི་འཁྲབ་གཞུང་བརྒྱད་སོགས་སྒྱུ་རྩལ་གྱི་ཆ་ཡང་མ་ཚང་བ་མེད་པ་རེད། དེ་ནི་བོད་མི་རིགས་ཀྱི་བློ་གྲོས་རྩལ་ལས་ཐོན་པའི་སྒྱུ་རྩལ་བཤམས་མཛོད་ཁང་ཞིག་དང་གཉིས་སུ་མེད། སྐུ་འབུམ་གྱི་མར་ཆོན་མཆོད་པ་བཞེངས་སྐབས་དང་ཐོག་བཞེངས་རྒྱུའི་དངོས་པོ་གང་ཡིན་གྱི་རྣམ་པ་ལྟར་ཤིང་ལེབ་དང་། ཀོ་བ། ཐག་པ་སོགས་སྦྱད་དེ་སྒྲོམ་གཞི་བཟོ་དགོས་པ་དང་། སོལ་བ་ཞིབ་བསྐུར་བྱས་པ་མར་དང་མཉམ་བསྲེས་ཀྱིས་གཞི་གདན་ནག་པོ་སྙོམས་པོ་ཞིག་བྱུག་པའི་ཐོག་ཚོན་ཁ་དོག་སྣ་ཚོགས་མར་དང་བསྲེས་ནས་ཞིབ་ཕྲའི་རྣམ་པ་བཞེངས་པའི་ཐོག གསེར་ཤོག་དངུལ་ཤོག་གིས་སྦྲུར་རྒྱག་པ་དང་གསེར་རྡུལ་དངུལ་རྡུལ་གྱིས་མདངས་འདོན་དགོས། དེ་རྗེས་ལྷུགས་སྐུད་དང་སྨྱུག་ཕྲན་

སོགས་ཀྱིས་ཤིང་ལེབ་དང་ཀོ་བའི་ངོས་སུ་སྦྱར་གྱི་ཡོད་ཅིང་། མཐོ་བར་སྤྱི་ཁྲི་བཙུ་སྐོར་ཡོད་པ་དང་ཆུང་བར་ལི་སྨི་ཁ་ཤས་ལས་མེད། ཞིབ་བྲིས་ཀྱི་ངོས་ནས་མཚོན་ན་ངོས་གཅིག་གི་ལྡེབས་རིས་སུ་མི་དང་། སྤྲུག་ཆགས། རྩི་ཤིང་སོགས་ཤིན་ཏུ་ཆུང་བ་བརྒྱ་ཕྲག་ཁ་ཤས་བཀོད་པའི་བརྩམས་ཆོས་ཁྱུལ་དུ་བྱུང་བ་ཞིག་ཡིན།

སྒྱུ་འཁྲུམ་མེ་ཏོག་མཆོད་པ་ནི་བོད་ཟླ་དང་པོའི་ཚེས་བཅོ་ལྔའི་དགོང་མོ་སྨོ་མང་འཛིན་གྲྭ་དང་རྒྱུད་སྟོད་འཛིན་གྲྭ་སྟེ་མར་ཆོན་སྒྱུ་རྩལ་ཁང་གོང་འོག་གཉིས་ཀྱིས་མཉམ་དུ་འགྲེམས་སྟོན་བྱས་ནས་མི་རྣམས་ཡིད་ཀྱི་བརྟན་པ་འཕྲོག་པ་ཞིག་བཟོ་ཡི་ཡོད། སྒྱུ་འཁྲུམ་མེ་ཏོག་མཆོད་པ་ནི་སྒྱུ་རྩལ་གྱི་རིན་ཐང་ལྷག་པར་ཆེ་བའི་བཟོ་རྩལ་ཞིག་ཡིན་པར་བརྟེན་ཐེངས་དང་པོའི་རྒྱལ་ཁབ་རིམ་པའི་མངོན་མིན་རིག་གནས་ཤུལ་བཞག་གི་མིང་གཞུང་ནང་བཀོད་ཡོད།

ལོ་རྒྱུས་ཐོག་མར་ཆོན་སྒྱུ་རྩལ་གྱི་བཤམས་སྟོན་ཆེན་པོ་གཞན་ཞིག་ནི་དེ་ཕྱི་ལྷ་སའི་སྨོན་ལམ་ཆེན་པོ་ཚུགས་སྐབས་ཏེ། བོད་ཟླ་དང་པོའི་ཚེས་བཅོ་ལྔ་ཉིན་ལྷ་སའི་བར་སྐོར་ནང་ས་གནས་སྲིད་གཞུང་དང་། དགོན་སྡེ་དང་གླ་བྲང་ཁག སྒྱུ་དྲག་ཚེ་ཁག་བཅས་ཀྱིས་མཐོ་ཚད་ཐོག་བརྩེགས་གཉིས་གསུམ་ཡོད་པའི་མར་ཆོན་གྱི་མཆོད་པ་གཙོ་འཁོར་གསུམ་དང་གཙོ་འཁོར་ལྔ་ཡི་ཁང་བཟང་རྒྱ་ཕིབས་དང་བཅས་པ་བཞེངས་པའི་ནང་སྒྱུ་བརྙན་སྣ་ཚོགས་དང་། མཆོད་པའི་ལྷ་མོ། གསེར་འབྲུག་གཡུ་འབྲུག་སོགས་བཟོ་བཀོད་ཕུན་སུམ་ཚོགས་པ་བཞེངས་པའི་མདུན་མཆོད་པ་བཤམས་པར་དད་ལྡན་མང་ཚོགས་ཆོས་མཇལ་

ཁ་ཞུ་བ་མ་ཟད། ཉེ་འཁོར་མང་ཚོགས་ཆོས་མཚན་གང་སྙོར་གཞིས་བརྒྱབ་ནས་མཆོད་སྤྲིན་འབུལ་གྱི་ཡོད། དེ་ལྟར་མར་ཆོན་རིག་གནས་ལ་བོད་མི་རིགས་ཀྱི་གདམ་རྒྱུད་སྣ་ཚོགས་འཁོད་པ་དང་སྒྱུ་རྩལ་གྱི་ཉིང་བཅུད་བསྡུས་ཡོད་ལ། བཀྲ་ཤིས་ལ་དོན་སྒྲུབ་པའི་ལོ་གསར་རྣམ་པའི་མཚོན་དོན་ཁྱད་པར་ཅན་ཞིག་དེ་བས་ཀྱང་ཡིན། བཅོ་ལྔ་མཆོད་པ་ནི་དགེ་ལུགས་པའི་སྲོལ་གཏོད་པ་རྗེ་ཙོང་ཁ་པ་ཆེན་པོས་སྟོན་པ་ཤཱཀྱ་ཐུབ་པར་དྲན་གསོ་ཞུ་ཆེད་མིང་ཡུང་ལོ་ཁྲི་ལོ་བདུན་པ་སྟེ་སྤྱི་ལོ1409ལོར་ར་ས་འཕྲུལ་སྣང་གཙུག་ལག་ཁང་དུ་སྨོན་ལམ་ཆེ་མོ་འཚོགས་གཤིང་། དེ་ཡང་ནམ་ཞིག་རྗེ་ཙོང་ཁ་པར་ཚེར་སྔོང་མར་མེར་འགྱུར་བ་དང་རྩྭ་ངན་མེ་ཏོག་ཏུ་འགྱུར་བ་རྨིས་པ་དེ་ལྷ་ཡུལ་ཡིན་པའི་ངོས་འཛིན་གནང་ཞིང་། ཁོང་གིས་མི་ཚང་མས་དེ་ལྟ་བུའི་ལྷ་ཡུལ་མཇལ་ཐུབ་ཕྱིར་མར་ཆོན་ལས་མེ་ཏོག་སྣ་ཚོགས་དང་རིན་ཆེན་ནོར་བུ་སྣ་ཚོགས་ཀྱི་དཔེ་བས་གཟུགས་བཞེངས་ནས་རྨི་ལམ་མངོན་དུ་འགྱུར་བ་དང་སྦྲགས། མར་ཆོན་ལས་བཟོས་པའི་མེ་ཏོག་དེ་མཆོད་མེ་དང་མཉམ་དུ་སྟོན་པའི་སྐུ་མདུན་དུ་ཕུལ་གནང་བས་དུས་དེ་ནས་བཟུང་བཅོ་ལྔ་མཆོད་པ་གཏོང་རྒྱུན་བྱུང་བར་གྲགས།

སྤྱིར་མར་ཆོན་གྱི་མཆོད་པ་བཞེངས་པའི་གོམས་སྲོལ་དེ་སྟོན་པ་གཤེན་རབ་མི་བོ་ཆེས་གཡུང་དྲུང་བོན་གྱི་སྲོལ་གཏོད་རྗེས་རྩམ་པ་དང་མར་གྱིས་བཟོ་དབྱིབས་སྣ་ཚོགས་བཟོས་ནས་གདོན་མའི་དམར་མཆོད་འབུལ་སྟངས་ལ་འགྱུར་ལྡོག་བཏང་བ་ནས་བྱུང་བར་གྲགས་པ་དང་། ལྷག་དོན་བོད་ཀྱི་ལོ་རྒྱུས་དེབ་ཐེར་དག་ལས། མར་ལ་བརྟེན་ནས་མཆོད་འབུལ་ཞུ་བའི་གོམས་སྲོལ་དེ་དུས

རབས་བདུན་པའི་དུས་དཀྱིལ་བར་ཁྱུངས་འདེད་ས་ཡོད་པ་ཞིག་ཏུ་གྱུར་ཡོད། མེ་ཏོག་མཆོད་པ་བཞེངས་སྐབས་ལག་གཉིས་ཀྱི་མཛུབ་མོ་དང་ལག་མཐིལ་སོགས་ཀྱི་དྲོད་ཚད་དམའ་ཤོས་སུ་ཚོད་འཛིན་བྱེད་དགོས་པས་འཁྲིས་སུ་ཆུ་གྲང་མོ་བཞག་ནས་ལག་པར་ཚ་དྲོད་སླེབས་མ་ཐག་དགུན་ཨ་གྲང་ད་གྲང་གི་གྲང་ཟྭག་ཆེ་བའི་ཆུའི་ནང་ཡང་སེ་སྦྲངས་ཏེ་མར་ཆེན་གྱི་མཁྲེགས་ཚད་ལ་ཤུགས་རྐྱེན་མི་ཐེབས་པ་བྱས་ཏེ་ཁོང་ཚོའི་ལག་པར་འཁྱགས་སྦྲོས་ཐེབས་ཏུང་ཞེ་མི་སྙམ་པ་ནི་སྒྱུ་རྩལ་དང་དད་སེམས་ལ་བཙངས་པའི་བླ་མེད་སྙིང་སྟོབས་ཤིག་རང་རེད།

མར་ཆེན་སྒྱུ་རྩལ་ནི་བོད་ས་མཐོའི་སྐམ་ཤས་ཆེ་ལ་བསིལ་བ་དང་ལྷག་དོན་དགུན་ཁ་གྲང་ངར་ཆེ་སྐབས་ཀྱི་ནམ་གཤིས་དང་བསྟུན་ནས་བཟོ་དགོས་པ་ལས་ནམ་དུས་གཞན་དུ་གཞི་ཁྱོན་ཆེ་བའི་མར་ཆེན་གྱི་མེ་ཏོག་མཆོད་པ་མཇལ་ཐབས་མེད་པས་དམངས་ཁྲོད་དུ“བཅོ་ལྔ་མཆོད་པ་ཞེ་པོ་ཡོད་ན། ཉིན་མོའི་གུང་ལ་དོན་ཤོག”ཅེས་པའི་ཁ་གཏམ་དེ་ཡང་བྱུང་། འོན་ཀྱང་སྤྱི་ཚོགས་དང་དུས་རབས་གོང་འཕེལ་ཆེན་པོ་བྱུང་བའི་ད་ཆ་ཉང་བྲན་དམངས་སྲོལ་ཡུལ་སྲོལ་རིག་གནས་གླིང་དུ་སྐྱོད་ན། གཞི་ཁྱོན་ཆེ་བའི་མར་ཆེན་སྒྱུ་རྩལ་གྱི་སྟོན་མོ་གྱ་ནོམ་པ་ཞིག་ཁྱེད་ཀྱིས་ཡོངས་སྤྱོད་ཐུབ་རྒྱུ་རེད། གསོམ་ཤིང་དང་ཤུག་གསེབ་ཏུ་ཉང་བྲན་དམངས་སྲོལ་ཡུལ་སྲོལ་རིག་གནས་གླིང་དེ་གནས་ཡོད་ཅིང་། ལས་དོན་པས་ཤེལ་སྒོའི་སྒོ་གཉིས་པོ་རིམ་བཞིན་ཆེ་ན། ཕོན་མི་སམ་བྷོ་ཊའི་འཛམ་བརྙན་གྱི་སྐུ་མདུན་དུ་བཞེངས་པའི་བརྗིད་ཆགས་ཡིད་དུ་འོང་བའི་མེ་ཏོག་མཆོད་པ་དེ་དག་ནི་ངོ་མཚར་ཆེ་ལ་ཧང་སངས་དགོས་པ་ཞིག་ཡོད།

མེ་ཏོག་མཆོད་པ་དེ་དག་ཆེད་མངགས་མཚོ་སྔོན་ནས་རིགས་གཅིག་མཁས་ཅན་གདན་དྲངས་ཏེ་དུས་ཚོད་ཟླ་བ་གཅིག་གི་ནང་བཞེངས་པ་ཞིག་རེད། དེའི་ནང་དོན་ནི་བཙན་པོ་སྲོང་བཙན་སྒམ་པོས་ཐོན་མི་སམ་བྷོ་ཊ་རྒྱ་གར་འཕགས་པའི་ཡུལ་དུ་སྒྲ་དང་ཡིག་རིགས་སྦྱོང་དུ་མངགས་པ་མ་ཟད། བོད་དུ་ཕྱིར་ལོག་གནང་རྗེས་ཕ་བོང་ཁ་རུ་བློ་རྩེ་གཅིག་སྒྲིམ་ངང་བོད་ཡིག་སྲོལ་གཏོད་གནང་ཚུལ་དང་གསར་གཏོད་ལེགས་གྲུབ་ཀྱི་རྗེས་འབྲེལ་ཞུ་བའི་གནས་ཚུལ་བཅས་ལོ་རྒྱུས་ཀྱི་བརྒྱུད་རིམ་ཧྲིལ་པོ་གསོན་ཉམས་ལྡན་པའི་ངང་མཚོན་པར་བྱས་ཡོད་པ་རེད། མེ་ཏོག་མཆོད་པ་དེ་དག་ནི་མགོ་ནས་མཇུག་བར་དམིགས་བསལ་གྱི་ལག་ཆ་གང་ཡང་མེད་པར་ལག་གཉིས་ལ་བརྟེན་ནས་བཞེངས་པ་ཞིག་ཡིན་ཞིང་། ལྷག་དོན་མི་སྣའི་དབུ་སྐྲ་དང་སྤྱན་སོགས་ཚང་མ་ལག་གཉིས་ཁོ་ནར་བརྟེན་ནས་བཞེངས་པའི་ངོ་མཚར་ཆེ་བའི་སྒྱུ་རྩལ་དངོས་པོ་ཞིག་རེད།

བདུན། སྲོལ་རྒྱུན་གཉེན་སྒྲིག་གོམས་སྲོལ།

འཛམ་བུ་གླིང་གི་མི་རིགས་སྤྱི་ཡིས་རང་སོ་སོའི་ལུགས་སྲོལ་ལྟར་གཉེན་སྒྲིག་རྟེན་འབྲེལ་གང་རྒྱས་བྱེད་སྲོལ་ཡོད་པ་ནི་མི་ཚེའི་དོན་ཆེན་ཞིག་ཡིན་ལ་སླད་ཕྱིན་གྱི་འགྱུར་འཁོས་དང་སྐྱིད་སྡུག་བཟང་ངན་གྱི་འགན་ལེན་ལྟ་བུར་བརྩི་བས་ཡིན། ལྷག་དོན་བོད་མི་རིགས་ནི་རྟེན་འབྲེལ་གྱི་ཆོ་གར་སྣང་ཆེན་བྱེད་མཁན་ཞིག་ཡིན་སྟབས་མི་ཚེ་གཅིག་གི་དོན་ཆེན་དུ་འབོད་པའི་གཉེན་སྒྲིག་རྟེན

འབྲེལ་གྲ་གང་རྒྱས་བྱེད་པ་དང་རྟེན་འབྲེལ་གྱི་ས་བཅད་མ་སྐྱོངས་པ་བྱ་རྒྱུ་ནི་སྨྱོས་མེད་ཅིག་ཡིན།

བོད་ཀྱི་སྲོལ་རྒྱུན་གཉེན་སྒྲིག་ལམ་སྲོལ་གྱི་རྩ་དོན་ལྟ་བུ་ནི་འགྲོ་བ་མི་ལ་རིགས་རུས་དགོས། རིགས་རུས་མེད་ན་སྤྲེའུ་འདྲ་ཞེས། རིགས་རུས་ཏེ། ཕ་རྒྱུད་དང་ཚ་འབྲང་སྟེ། མ་རྒྱུད་གཉིས་རང་ལས་མཐོ་བ་མེད་རུང་མི་དམའ་བའི་མནའ་མ་ཞིག་འཚོལ་ཐབས་བྱེད་ཀྱི་ཡོད་སྐབས། དང་ཐོག་ཉེ་འཁོར་དུ་དམིགས་འཛུགས་བྱ་ཡུལ་མེད་ན་གཉེན་ཉེ་ངོ་ཤེས་བརྒྱུད་ནས་འཚོལ་ཐབས་བྱེད་ཀྱི་ཡོད་པ་དང་དམིགས་འཛུགས་བྱ་ཡུལ་ཁ་ཤས་བཙལ་རྗེས་དེ་ཚོའི་མོ་རྟགས་མངོན་ཀླག་གང་རུང་གིས་ཤེས་ཐབས་བྱས་རྗེས། མོ་རྩིས་བརྒྱབ་ནས་ཕྱར་ཁ་དང་སྐྱེ་བ་སོགས་མཐུན་མིན་བལྟས་རྗེས་གཞི་ནས་གཉེན་སློང་གི་སྟ་གོན་བྱེད་ཀྱི་ཡོད། གཉེན་སློང་བྱ་ཡུལ་གྱི་ཕྱར་སྐྱེ་སོགས་ལ་ལྟ་བའི་རྨང་གཞིའི་ཐོག་ཁྱིམ་རྒྱུད་ལའང་ངོ་སྣང་ཆེན་པོ་བྱེད་ཀྱི་ཡོད་ཅིང་། དེ་ཡང་ཚོང་ཡ་མ་མཐོ་གཉེན་ཡ་དམའ་མ་ཞེས་པ་ལྟར་ཕར་ཕྱོགས་ཀྱི་ཁྱིམ་ཚང་གནས་བབ་ལ་ལྟ་བ་ནི་མི་ལ་ངོམ་རྒྱུ་ཙམ་མིན་པར་མི་གཤིས་སོགས་རང་དང་ཙུང་མཐུན་པ་ཞིག་འཚོལ་ཆེད་ཡིན། དེ་ནི་ཡ་རབས་གྲ་མའི་རྒྱུད་ཀྱི་བུ་ཕྲུག་ཡིན་ན་ཡ་རབས་གྲུས་ཞབས་ཀྱི་སྲོལ་རྒྱུན་ལེགས་པ་དང་མི་གཤིས་བཟང་བར་བརྩི་བ་ནི་དེང་སང་གི་ཤོད་སྲོལ་ལྟར་ན་ཁྱིམ་ཚང་སློབ་གསོ་ལེགས་པོ་ཐོབ་པའི་ངོས་འཛིན་བྱེད་པས་ཡིན། གཉེན་སྒྲིག་གི་མི་གཏན་འཁེལ་ཡོངས་སུ་བྱུང་རྗེས་གཟའ་སྐར་ཚེས་ཆ་བཟང་བའི་ཉིན་ཞིག་གཉེན་ཉེ་ཁོ་ཚོད་ཅིག་ཁ་བཏགས་ཨ་ཤེ་དང་། ཕྱེ་མར་སོགས་

འཁྱེར་ནས་སློང་ཆང་གཏོང་རྒྱུའི་འདོད་ཚུལ་དངོས་སུ་བཏོན་ནས་ཁྱིམ་ཚང་གི་འགྲོར་འཕོས་ལེགས་པ་དང་། ཡ་རབས་ཀྱི་རྒྱུད་པ་ཡིན་ཚུལ། མོ་ལུང་གསུང་རྟགས་ལེགས་ཚུལ་སོགས་ལེགས་པའི་ཆ་ཡོད་ཚད་སྨོས་ནས་རེ་བ་འདོན་གྱི་ཡོད་པ་དང་། ཕར་ཕྱོགས་ནས་ཀྱང་སྙེར་འདོད་ཡོད་ཙང་ཐད་ཀར་ཁས་ལེན་མི་བྱེད་པར་བབ་ལྟ་བྱེད་པའམ་བརྫ་སློག་གི་ཡོད། འོན་ཀྱང་བུ་མོ་སྤུག་ཀྱང་མཐར་སློང་ཐེངས་གསུམ་ཞེས་པ་ལྟར། བུའི་ཕྱོགས་ནས་ཡང་སྐོར་བསྐྱར་སྐོར་སློང་དགོས་ཙང་བསྙུན་སྣང་བྱེད་ཀྱི་མེད་ལ་བུ་མོའི་ཕ་མས་ཀྱང་མཐར་བསམ་ཤེས་བྱེད་པའི་སྣང་ཚུལ་མང་པོ་ཐོན་གྱི་ཡོད་ཙང་། མཐའ་མའི་མཇུག་འབྲས་ནི་སློང་ཆང་དང་ལེན་བྱས་ན་བསྙེར་རྒྱུ་ཁས་ལེན་བྱས་པ་མཚོན་གྱི་ཡོད། གཉེན་སློང་ལམ་ལྷོངས་བྱུང་རྗེས་ཕྱོགས་གཉིས་པོས་གཟའ་སྐར་ལེགས་པ་ཞིག་བདམས་ནས་སློང་ཆང་དངོས་སུ་གཏོང་གི་ཡོད་ཙང་། དེ་ཉིན་བུའི་ཕྱོགས་ནས་གཉེན་ཚན་ཁ་ཤས་བུ་མོའི་ཁྱིམ་དུ་སྐྱོད་ནས་ནང་མི་ཚང་མ་གོ་བབ་ལྟར་བཞུགས་གྲལ་དུ་འཁོད་ནས་ཁ་བཏགས་བསྟྲོན་པ་དང་གྲོ་མ་འབྲས་སིལ་སོགས་བཀྲུག་ནས་རྟེན་འབྲེལ་བྱེད་པ་དང་རྟེན་འབུལ་མར་ལྟང་དང་། ཇ་སྣམ། འབྲུ་རིགས་དོ་པོ་སོགས་ཀྱི་ཐོག་དངུལ་ཡང་བཞག་ནས་ཞལ་ལག་ཉིན་འཁྱོངས་གཏོང་དགོས་པའི་དོད་དངུལ་དུ་བྱེད་ཀྱི་ཡོད། ད་དུང་བུ་མོའི་ཕྱོགས་ཀྱི་ནང་མི་ཚོར་གོས་སྣ་ལེགས་པོ་རེ་དང་བུ་མོའི་མ་ལ་གོས་སྣའི་ཐོག་མཇལ་དར་དང་། ནུ་རིན་ཞེས་དངུལ་གྱི་ཐོག་པང་གདན་ལེགས་པ་ཞིག་ཡིན་གཅིག་འབུལ་དགོས་ཀྱི་ཡོད། བོད་ཀྱི་ལོ་རྒྱུས་ཐོག་གཉེན་སྒྲིག་རྗེས་ཀྱི་སྒྲིག་སྲོལ་ལྟ་བུའི་གཉེན་ཡིག

འཇོག་སྲོལ་ཡང་ཡོད་རུང་མི་ཚང་ཆེ་ཁག་ཆོས་མ་གཏོགས་འཇོག་གི་མེད། གོ་རིམ་དེ་དག་ཚར་རྗེས་བག་སྟོན་བྱེད་པའི་ཉིན་གཅིག་གི་གོང་དུ་བུ་མོར་གསང་ཐབས་སྤྲད་དེ་དགའ་ཉིའི་ཁྲིམ་དུ་གཏོང་གི་ཡོད། དེ་ནི་སྲོལ་རྒྱུན་གྱི་གཉེན་སྒྲིག་སྐབས་སུ་སྤྱིར་ན་ཕ་མས་ཐག་གཅོད་པ་ལས་བུ་མོས་ཤེས་ཀྱི་མེད་པས་རྐྱེན་འབྲེལ་དངོས་སུ་མ་བྱུས་བར་སྨུ་མཐུད་གསང་བ་བྱེད་པའི་དགོས་པ་ཡོད་པ་དང་ཕྱོགས་གཞན་ཞིག་ནས་མི་གཡང་མི་ཤོར་བ་སོགས་ཀྱི་ཆེད་དུ་ཡིན་པས་མག་པ་ཡིན་ན་ཡང་གསང་བ་བྱེད་མི་དགོས་རུང་ཁྲིམ་ནས་ཐད་ཀར་ཐོན་མི་རུང་སྟབས་སྔར་བཞིན་བྱ་ཐབས་དེ་སྤྱོད་དགོས་ཀྱི་ཡོད། བག་མ་ལེན་ཉིན་བུའི་ཕྱོགས་ནས་བག་གོས་དང་། མདའ་དར། འགའ་རེས་གཡུ་སོགས་འཁྱེར་ནས་ཡོང་གི་ཡོད། བག་མར་སྐྲུད་སྐབས་མདའ་དར་དེ་མནའ་མ་ཡིན་ན་གོང་བ་དང་མག་པ་ཡིན་ན་སྙེད་པར་གཟེར་གྱི་ཡོད། གཙུག་གཡུ་འདོགས་པ་ནི་བདག་པོ་བརྒྱབ་པའི་དོན་དུ་གོ་ཞིང་། སྣང་ས་འོད་འབུམ་གྱི་རྣམ་ཐར་ལས“ལྷ་ཆོས་བྱེད་པར་བདག་པོས་གཙུག་གཡུ་བརྒྱབ། མི་ཆོས་བྱེད་པར་ཨ་ནེས་ཕྲག་དོག་བྱེད”ཅེས་པ་ལྟར་དེ་སྔ་བོད་ཀྱི་དབུས་ཁུལ་དུ་ཡང་དར་སོ་ཆེན་པོ་ཡོད་རུང་ད་ཆ་ཁམས་ཁུལ་དུ་དར་ཁྱབ་ཆེ་ཙམ་ཡོད་པ་རེད།

བག་སྟོན་ཉིན་བག་རྩིས་ཀྱི་དོན་འབྲས་ལ་གཞིགས་ནས་སྔ་ཕྱི་གཏན་འཁེལ་བྱེད་ལ། བསུ་ཚང་རིམ་པ་གཉིས་གསུམ་བཀོད་སྒྲིག་བྱེད་པ་དང་སྒོ་འགྲམ་དུ་གཡུང་དྲུང་སོགས་བཀྲ་ཤིས་པའི་དཀར་ཐིག་འཐེན་པ་དང་གཡས་གཡོན་གཉིས་སུ་རྗེ་གསུམ་མམ་ལྔ་དང་བདུན་བརྩེགས་པའི་སྤོ་ཐོ་དཀར་ནག་

གཉིས་རྒྱུག་པ་དང་བག་མར་འབབ་སྟེགས་སོགས་བྲ་སྒྲིག་བྱེད་དགོས་ཀྱི་ཡོད། བུའི་ཁྱིམ་གྱི་སྒོ་འགྲམ་དུ་སླེབས་ཇུང་ཐད་ཀར་ནང་དུ་མི་འཛུལ་བར་སྡོད་ནས་བྲ་སྒྲིག་བྱས་པའི་གྲོ་ནས་སམ་ཚྭ་དོ་པོའི་ཐོག་ཕྱིང་པ་དཀར་པོ་འདིང་བ་དང་དེའི་ཐོག་རབ་བྱུང་ན་སྟག་གཟིག་གི་པགས་པ་དང་དེ་མ་བྱུང་ན་ཡང་ཁ་གདན་བཏིང་ནས་གྲོའི་གཡུང་དྲུང་བྲིས་པའི་ཐོག་བག་མ་སྐྱེལ་བསུ་བྱེད་མཁན་གཉིས་ཀྱི་དྲི་བ་དྲི་ལན་ལྷ་བུའི་བཤད་པ་དང་བཅས་འབབ་ཀྱི་ཡོད། སྒོ་ནང་དུ་བུའི་མས་མནའ་མའི་ལག་ཏུ་འོ་ཟོམ་སྤྲོད་པ་དང་རྒྱབ་ཏུ་ལྷི་བ་སེ་ཁ་མ་སྒྱི་ཆུང་གང་བསྐུར་ནས་ཐད་ཀར་མཛོད་དུ་སྐྱེལ་སྲོལ་ཡོད། དེང་སང་མཛོད་དུ་སྐྱེལ་སྲོལ་ཆུང་ཉམས་ཡོད་ཇུང་འོ་ཟོམ་དང་ལྷི་བ་བྲ་སྒྲིག་བྱས་ནས་རྟེན་འབྲེལ་གྱི་ས་བཅད་མ་སྟོངས་ཙམ་བྱེད་ཀྱི་ཡོད། བག་མ་སྒོ་འཛུལ་རྗེས་སྒོ་འགྲམ་གྱི་སྤྱི་ཐོ་དཀར་པོ་དེ་ལྷ་ཐོར་བཅིས་ནས་བཤད་པ་དང་བཅས་ཁ་བཏགས་གཡོགས་པ་དང་ཡང་གཡོན་གྱི་རྡོ་ནག་ལས་བརྩིགས་པའི་སྤྱི་ཐོ་དེ་བདུད་དང་ལྷས་ངན་གྱི་མཚོན་རྟགས་སུ་བཅིས་བའི་བཤད་པ་རྒྱུག་བཞིན་རྡོག་ཐོ་རྒྱུག་གི་ཡོད། དེ་ནས་རིམ་བཞིན་སྒོ་དང་། སྐས་ཀ སྒོ་ཁྲི་སོགས་ལ་བཤད་པ་རྒྱུག་བཞིན་ཁ་བཏགས་གཡོགས་ནས་མནའ་མ་གཟིམ་ཆུང་ནང་གདན་འདྲེན་ཞུས་རྗེས་ཕྱེ་མར་ཚང་ཕུད་སོགས་ཕུད་གཏོར་བྱེད་པ་དང་ཁ་བཏགས་གཡོགས་ཀྱི་ཡོད། དེ་རྗེས་རིམ་བཞིན་བུ་དང་མནའ་མ་བག་རྩིས་ནང་གསལ་གྱི་ཁ་ཕྱོགས་ལ་གཞིགས་ནས་བཞུགས་གྲལ་སྒྲིག་པ་དང་མནའ་མའི་འགྲམ་དུ་བག་གཡོག་སྡོད་པ། གཡས་གཡོན་དུ་གོ་རིམ་ལྟར་བུའི་ཡབ་ཡུམ་དང་སྐྱེལ་བསུ་བྱེད་མི་རྣམས་གྲལ་ལ་འཁོད་

རྗེས་ཁྲུང་ཞུ་མས་གྲོ་མ་འབྲས་སིལ་གཏོང་བ་དང་མཆོད་ཆང་བཀྱུགས་ཀྱི་ཡོད། དེ་ནས་བུ་མོའི་ཕྱུགས་ཀྱིས་རྟེན་འབྲེལ་སྒྲིག་ཆས་དང་བཞུགས་གྲལ་དུ་འཁོད་པའི་མི་ཚོར་བཤད་པ་རྒྱུག་བཞིན་ཁ་བཏགས་སྤྲོན་པ་དང་དེ་མུར་གཉེན་ཡིག་དང་མནའ་མའི་རྫོང་སྐྱལ་གྱི་ཟིན་ཐོ་གློག་རྗེས་དངོས་གཞིའི་རྟེན་འབྲེལ་རྣམས་ཚར་བས་བཟའ་བཏུང་གི་སྟོན་མོར་རོལ་བ་དང་། ཁ་ཤགས་འགྱེད་པ། ཞབས་གཞས་སོགས་བརྒྱབ་ནས་དགའ་དགའ་སྤྲོ་སྤྲོའི་ངང་སྡོད་ཀྱི་ཡོད། དེ་རྗེས་རིམ་བཞིན་ཉིན་གྲངས་ལྔའམ་བདུན་གྱི་ནང་འབྲེལ་བ་ཟབ་མོས་ཀྱིས་རྒྱས་བསྡུས་ཀྱི་གོ་རིམ་ལྟར་རྟེན་འབྲེལ་ཞུ་ཡི་ཡོད་ཅིང་། རྟེན་འབྲེལ་རྒྱས་པས་འཛུགས་ཤ་ཅེས་ལུག་ཁོག་མགོ་སྦྲུར་དང་། གྲོ་ཡོས། ཛ་མར། ཞལ་ལག་ཉིན་འཁྱོངས་གི་དོད། མག་པའམ་མནའ་མས་གཙོས་པའི་ནང་མི་སྤྱི་དང་སྐྱེལ་བསུ་བྱེད་མཁན། དེ་བཞིན་གཉེར་པ་དང་། ཁྲུང་ཞུ་མ། མ་བྱུན་ཡན་ལ་ཁ་བཏགས་གཡོག་པ་དང་གོས་སྣ་དང་ཆང་རིན་ཞེས་གལ་ཆེ་ཆུང་ལ་གཞིགས་པའི་དངུལ་གྱི་ཁ་སྟོན་དང་། ནང་མི་དང་། སྐྱེལ་བསུ་བྱེད་མཁན། ལས་སྣེ་ཡོངས་རྫོགས་མ་ཟད། སྐུ་སྲུང་ཐུགས་རྟེན་དང་འཛུགས་ཤ་སོགས་རྟེན་འབྲེལ་སྒྲིག་ཆས་ཚང་མར་ཁ་བཏགས་གཡོགས་དགོས་པ་དང་། རྟེན་འབྲེལ་བསྡུས་ཤོས་ཀྱིས་བུ་དང་མནའ་མར་ཁ་བཏགས་གཡོགས་པ་དང་ཆང་རིན་སྤྲོད་པ་ཙམ་གྱིས་འཐུས་ཀྱི་ཡོད། ཉིན་གཅིག་ལ་རྟེན་འབྲེལ་རྒྱས་པ་བྱེད་མཁན་གཅིག་གཉིས་ལས་བཀོད་སྒྲིག་མི་བྱེད་པ་དང་བསྡུས་པ་ཁ་ཤས་བཀོད་སྒྲིག་བྱེད་ཀྱི་ཡོད་ལ་རྒྱས་པ་རྣམས་སྔོན་ལ་བཀོད་སྒྲིག་བྱེད་ཀྱི་ཡོད། ཡང་ཡུལ་ལུང་ལ་ལར་རྟེན་

འབྲེལ་རྒྱས་པ་བྱེད་མཁན་གྱི་གསེང་དུ་བསྡུས་པ་བྱེད་མཁན་ཁ་ཤས་བཀོད་སྒྲིག་བྱེད་སྲོལ་ཡང་མཆིས།

འདིར་མནའ་མ་ལེན་ཚུལ་ཁོ་ན་བཤད་པ་ནི་བོད་རིགས་ཀྱི་གོམས་སྲོལ་ལ་བུ་མོ་མནའ་མར་བསྐྱེར་བ་དང་བུ་ལ་མནའ་མ་ལེན་སྲོལ་ལ་བསྟུན་པ་ལས་ཁྱིམ་གྱི་བུ་ཕྲུག་ཁྲོད་དུ་བུ་མེད་ན་བུ་མོར་མག་པ་ལེན་སྲོལ་ཡོད་པའི་རྟེན་འབྲེལ་གྱི་ཚོ་ག་གཅིག་མཚུངས་ཡིན་པས་རིགས་འགྲེལ་དགོས་ལ་མི་རིགས་གཞན་དང་འདྲ་བར་མག་པ་ལེན་མཁན་དང་འགྲོ་མཁན་གཉིས་ཀར་མཐོང་ཆུང་བྱེད་མཁན་མེད། ལྷག་དོན་མནའ་མ་མག་པ་ལེན་མཁན་གྱིས་ཕ་མར་རང་ཁྱིམ་གྱི་འཕོས་དཔག་ལ་གཞིགས་པའི་རྟེན་འབུལ་བྱེད་པ་ལས་ཕར་ཕྱོགས་ནས་ཚོད་གཞི་བཟོ་ཡི་མེད་པ་མ་ཟད། ད་དུང་ཕ་མའི་ཕྱོགས་ནས་བགོ་སྐལ་གྱུ་ནོམ་པ་སྤྲོད་ཀྱི་ཡོད་པ་ནི་མི་རིགས་འདིའི་སྔོན་ཐོན་གྱི་ཆ་དང་ཡ་རབས་ཀྱི་མཚོན་ཚུལ་ཟླ་ན་མེད་པ་ཞིག་ཡིན། ལྷག་དོན་བརྗོད་བྱ་བདེ་ལ་བརྗོད་དོན་ཟབ་པའི་གཉེན་བཤད་རིག་གནས་ནི་མཁས་རྒྱུ་ཡིད་དབང་འཕྲོག་པའི་སྣན་ཚིག་ཅིག་རང་ཡིན།

བོད་ཀྱི་ས་ཁུལ་ཁག་གི་གཉེན་སྒྲིག་སྲི་ཡི་རྩ་དོན་ནི་གཟའ་སྐར་འཕྲོད་སྦྱོར་ལེགས་པའི་ཉིན་མོར་བཀྲ་ཤིས་པའི་བཟའ་བཏུང་དང་ཡོ་བྱད་ཡོད་ཚད་སྒྲིག་གཤོམ་བྱེད་པ་དང་བྱ་སྤྱོད་ངག་དང་བཅས་པ་བཀྲ་ཤིས་པོ་ཡོང་ཐབས་བྱེད་པ་ལས་དེ་ལས་ལྡོག་པ་ཚང་མ་འཛེམས་དགོས་པ་ནི་སྤྱི་ལུགས་ལྟར་ཡིན་པ་དང་། དམིགས་བསལ་གྱི་མི་འདྲ་བའི་ཆ་ནི་ཆབ་མདོ་ཁུལ་དུ་བསུ་ཆང་གཏོང་མཁན་

གྲིས་མག་པའམ་མནའ་མ་གང་ཡིན་རུང་ཡོང་སའི་ཕྱོགས་ཀྱི་ནམ་མཁར་མེ་མདའ་རྒྱག་སྲོལ་ཡོད་པ་ནི་བག་འདྲི་རྟུལ་བའི་མཚོན་དོན་ཡིན་པ་དང་། ཉིང་ཁྲི་ཁུལ་དུ་བག་སྟོན་གྱི་སྐབས་སུ་ཤིང་གདུང་མ་རིང་པོ་ཞིག་མེ་ལ་བུད་དགོས་པ་དེའི་རྩེ་མོ་ཡ་གཅིག་ཐབ་ཚང་གི་སྒོ་ཐེམ་ལ་ཐུག་དགོས་པ་དེའི་ཐོག་མི་དང་ཞི་མི་སོགས་སྒྲིག་ཆགས་ཀྱི་རིགས་སྐྱིད་མི་ཚོག་ལ། རྟེན་འབྲེལ་ཉིན་གསུམ་གྱི་རིང་ཉིན་མཚན་དབྱེར་མེད་དུ་མེ་ཆད་མེད་དུ་སྦར་ནས་ཉིན་གསུམ་པའི་དགོང་མོའི་ས་མ་རུབ་གོང་ནས་མེས་འཚིག་ཚར་བ་བྱེད་དགོས་ཀྱི་ཡོད། ནག་ཆུ་ས་ཁུལ་དུ་ སྦྲ་གུར་ནང་དུ་གཉེན་སྒྲིག་བྱས་ཕྱིན་སྦྲ་གུར་གྱི་གུར་སྒོ་དང་བཅས་པར་གཉེན་བཤད་ཆ་ཚང་ཡོད་པ་རེད། མངའ་རིས་ས་ཁུལ་དུ་མག་པའམ་མནའ་མ་ཁྱིམ་དུ་མ་སླེབས་ཙམ་ནས་རྟ་ལས་བབས་ཏེ་གྲོ་ཡི་གཡུང་དྲུང་བརྒྱབ་པའི་རས་དམར་པོའི་ཐོག་ཏུ་སྐྱོད་དགོས་ཀྱི་ཡོད་པ་སོགས་ས་ཁུལ་སོ་སོར་མི་འདྲ་བའི་ཆའང་ཅུང་ཟད་ཡོད་པ་ནི་ལུང་པ་རེར་སྐད་ལུགས་རེའི་རྗེས་སུ་འགྲོ་བ་བྱུས་སོ།

བརྒྱད། བོད་ཀྱི་བསང་གསོལ་རིག་གནས།

བོད་ས་མཐོར་འགྲོ་བ་མི་འཚོ་གནས་བྱས་པ་ནས་བཟུང་དམིགས་བསལ་གྱི་ལོ་རྒྱུས་རྒྱབ་ལྗོངས་དང་། ཡུལ་སྲོལ། ས་ཁམས་སོགས་ཀྱི་རྐྱེན་ལས་འཛམ་གླིང་རྩེལ་པོས་དོ་སྣང་བྱེད་པའི་དངོས་དང་མངོན་མེད་ཀྱི་རིག་གནས་ཀྱི་གྲུབ་ཆ་མང་དག་གཅིག་གནས་དང་གནས་མུས་སུ་ཡིན་པ་རེད། དེ་དག་གི་ཁྲོད་ལས་

བསང་གསོལ་རིག་གནས་ནི་ཕར་བལྟས་ཚེ་ཆོས་ལུགས་ཀྱི་ཚོ་ག་ལྟ་བུ་ཞིག་ཏུ་མངོན་རུང་། དོན་དམ་དུ་གནའ་དེང་གི་མི་རྣམས་ཀྱི་འདུ་ཤེས་འཛིན་སྟངས་དང་ཁོར་ཡུག་སྲུང་སྐྱོང་ཐད་ཞིབ་འཇུག་གི་རིན་ཐང་ཆེ་བ་མ་ཟད། ཞི་རྒྱས་དབང་གྲགས་ཀྱི་ནང་དོན་ཆ་ཚང་བའི་མངོན་བརྗོད་དང་། སྙན་ངག སྡེབ་སྦྱོར་བཅས་ཚར་དུ་དངར་བའི་ཕུལ་བྱུང་རྩོམ་རིག་ཞིག་ཡིན་པས་རྩོམ་རིག་ཞིབ་འཇུག་གི་དཔྱད་གཞི་ལེགས་པོ་ཞིག་ཀྱང་ཡིན།

བོད་ཀྱི་ས་ཕྱོགས་ཁག་ཏུ་དོན་ཆེན་སྒྲུབ་པ་དང་། ཕྱོགས་ཐོན་བྱེད་པ། ལས་སྣེ་གཏོད་པ་སོགས་ལ་བསང་གསོལ་གྱི་སྔོན་འགྲོ་མེད་ཐབས་མེད་པ་ལྟ་བུར་བརྩི་བས་བསང་གསོལ་བྱེད་སྒོ་ནི་དམངས་སྲོལ་ཞིག་དང་། བསང་གསོལ་ཚོ་ག་ནི་འདུ་ཤེས་འཛིན་སྟངས་ཤིག བསང་གི་དཔེ་རྒྱུན་སྣ་ཚོགས་ནི་སྙན་ངག་གི་བརྒྱམས་ཆོས་ལེགས་པོ་ཞིག་བཅས་ཡིན་ཞིང་། བསང་ལ་དབྱེ་ན་ལྷ་བསང་དང་། གླུ་བསང་། མནོལ་བསང་སོགས་ཀྱི་དབྱེ་བ་མང་པོ་ཡོད་པ་དང་བསང་གི་རྒྱུ་ཆ་གཙོ་བོ་ནི་དཀར་གསུམ་མངར་གསུམ་དང་། ཤིང་སྣ་སྣ་ཚོགས། ཕྱེ་མར་ཚང་ཕུད། ད་དུང་རྒྱུགས་ཛན་ལྷ་བསང་སོགས་ལ་ལར་མདའ་དང་མེ་མོང་དང་རྟ་སྒ་དར་ལྕོག་སོགས་ཀྱི་སྤྱན་གཟིགས་སྣ་ཚོགས་སྒྲིག་གཤོམས་བྱེད་སྲོལ་ཡང་ཡོད་པ་རེད། བསང་ནི་གཙོ་བོ་འགལ་རྐྱེན་ཞི་བ་དང་། མཐུན་རྐྱེན་སྒྲུབ་པ། གཡང་ནོར་འགུགས་པ། མི་ནད་ཕྱུགས་ནད་ཞི་བྱེད་སོགས་ཀྱི་དགོས་པར་དམིགས་པ་དང་རི་མཐོ་ས་དང་། ས་གཉན་ས། ཁྱིམ་གྱི་སྟེང་ཐོད་གང་སར་གཏོང་སྲོལ་ཡོད་པ་རེད། འོན་ཀྱང་སྤྱིར་བཏང་གི་བསང་གསོལ་ནི་ལྷ་དང་སྲུང་

མའི་ངོ་སོ་བསྟོད་པ་དང་བར་ཆད་སེལ་བ་སོགས་ཆ་འདྲ་ཉུང་དགོས་པ་དམིགས་བསལ་འགའ་རེར་དམིགས་བསལ་ནང་དོན་གྱི་བསང་དཔེ་ཀློག་པ་དཔེར་ན། གནས་ཁང་སོགས་ལ་སྦྱགས་བཅོག་ཤོར་སྐབས་མཚོལ་བསང་བཏང་ནས་མི་གཙང་བ་དག་ཐབས་བྱེད་པ་དང་དོན་གལ་ཆེན་སོགས་ལ་ཐུག་སྐབས་དགྲ་ལྷ་དཔང་བསྟོད་སོགས་འདོན་གྱི་ཡོད།

ལོ་རྒྱུས་ཀྱི་དཔྱད་གཞིར་གཞིགས་ན་བསང་གསོལ་ནི་ཆེས་སྔ་མོ་ནས་དར་ཡོད་པ་མངོན་པ་དང་སངས་རྒྱས་ཆོས་ལུགས་དར་ཁྱབ་ཆེན་པོ་བྱུང་བ་དང་བསྟུན་ནས་གསང་དཔེའི་ནང་དོན་ལའང་འགྱུར་ལྡོག་གང་ཙམ་བྱུང་ཡོད་ཅིང་། བསང་དཔེ་ཕལ་ཆེ་བའི་ནང་སྲིད་པ་ཆགས་པའི་ལྷ་དང་། འཛམ་བུ་གླིང་གི་གཞི་བདག བོད་ཡུལ་གྱི་གནས་བདག་གཞི་བདག་སྤྱི་དང་རང་རང་གི་སྐྱེས་ལྷ་ཡུལ་ལྷ་དང་། གྲུབ་མཐའ་སོ་སོའི་མེས་པོ། དེ་བཞིན་རང་གི་མོས་པའི་ལྷ་དང་བླ་མ་སོགས་མང་དག་ཅིག་དྲངས་ནས་ཁོང་ཚོའི་ཐུགས་དམ་སྐང་ཐབས་བྱེད་པ་དེ་ཡིན། འོན་ཀྱང་ད་ཆ་སྐབས་སུ་བབས་པ་ནི་དམངས་ཁྲོད་དུ་ས་ཁྱབ་རྗེ་ཁྱབ་དར་བའི་ཡུལ་སྲོལ་དེ་དང་གཅིག ཁོར་ཡུག་གི་སྦགས་བཙོག་སེལ་བའི་རིན་ཐང་དེ་དང་གཉིས། སྙན་འཇེབས་ཡིད་དབང་འཕྲོག་པའི་བསང་དཔེ་སྣ་ཚོགས་ཀྱི་རྩོམ་རིག་གི་གནས་ཐང་བཅས་ནས་ཙུང་ཟད་སྤྲོས་ན།

གཅིག བོད་རིགས་ས་ཁུལ་དུ་ལོ་གསར་པ་ཤར་བ་དང་། བྱ་བ་ཆེ་ཕྲ་གང་ཞིག་གི་ལས་འགོ་འཛུགས་པ། གཉེན་སྒྲིག་རྟེན་འབྲེལ་བྱེད་པ། ཆོས་བཟང་དུས་བཟང་ནམ་ཡིན་སོགས་ལ་རི་མཐོ་ས་དང་། རྒྱ་ཆེན་པོ། ཐོག་ཁའི་

ཡང་ཐོག་སོགས་ལ་བསང་གསོལ་བྱེད་པ་དང་ རླུང་དར་འཛུགས་རྒྱུ་ནི་མི་རབས་རྒྱུད་ཀྱི་གོམས་སྲོལ་དུ་གྱུར་བ་མ་ཟད། ཐ་ན་མི་ལ་ལས་ཞོགས་བསང་ཞེས་ཞོགས་ལྟར་བསང་གསོལ་བྱེད་པའི་གོམས་གཤིས་ཀྱང་འཛུགས་ཡོད་པ་རེད། བསང་གསོལ་བྱེད་པའི་དོན་སྙིང་ནི་ལོ་གསར་པར་བཀྲ་ཤིས་ལོ་ལེགས་ཡོང་བ་དང་། བྱ་བ་ལམ་ལྷོངས་ཡོང་བ། གཉེན་སྒྲིག་མཐའ་འཁྱོལ་ཡོང་བ་བཅས་ཀྱི་སྨོན་འདུན་ཞུ་སྐྱངས་ལེགས་ཤོས་ཤིག་དང་། རྟེན་འབྲེལ་གྱི་འགོ་མ་བཟང་ཤོས་ཤིག དུས་བཟང་གི་རྣམ་པ་མཚོན་ཐབས་རྒྱུ་ཤོས་ཤིག་བཅས་ཡིན། གཞན་ཡང་བསང་གསོལ་གྱི་དམིགས་བསལ་དུས་ཆོད་ཅིག་ཀྱང་ཡོད་པ་ནི་ལོ་རེའི་བོད་ཟླ་ལྔ་པའི་ཚེས་བཅོ་ལྔ་ཉིན་འཛམ་གླིང་སྤྱི་བསང་ཞེས་མང་ཚོགས་རང་བཞིན་གྱི་བསང་གསོལ་བྱེད་སྒོ་ཆེན་པོ་ཞིག་སྤེལ་སྲོལ་ཡོད་པ་ནི། ཤོད་སྲོལ་ལ་ཟླ་བ་དེར་གུ་རུ་མཚོ་སྐྱེས་རྡོ་རྗེས་བོད་ཀྱི་ལྷ་འདྲེ་ཐམས་ཅད་དམ་བཏགས་ལས་སྐུལ་གྱིས་བསམ་ཡས་ལེགས་བསྒྲུབས་ཟིན་པའི་བཏང་རག་ཏུ་ཏད་པོ་རི་རྩེར་རྒྱུགས་རྫན་ལྷ་བསང་གི་འདོན་ཆོས་བརྩམས་ཏེ་བསང་མཆོད་རྒྱ་ཆེར་གནང་བའི་དུས་ཆོད་ཡིན་པ་དང་མུ་ནེ་བཙན་པོས་སྔེ་སྣོད་གསུམ་གྱི་ཆོས་འཁོར་གསུམ་བཙུགས་པའི་ཡ་གྱལ་ལྷ་ས་འདུལ་བའི་མཆོད་པ་ཞེས་པའི་ལམ་སྲོལ་བཙུགས་པའི་རྗེས་དྲན་གྱི་དུས་ཆོད་ཅིག་ཡིན་སྐབས་ས་ཕྱོགས་གང་སར་བསང་གསོལ་གྱི་བྱེད་སྒོ་སྤེལ་བ་དང་ལྷག་དོན་ལྷ་ས་ཁྲུལ་གྱི་མི་རྣམས་ཀྱིས་ལུས་ལ་གཟབ་མཆོར་སྤྲས་ནས་རི་རྩེ་དང་། གཙང་འགྲམ། གླིང་སྐོར་སོགས་སུ་བསང་གསོལ་གཟབ་རྒྱས་བྱེད་པ་དང་གླིང་གཏོང་བྱེད་སྒོ་ཡང་རྒྱས་པོ་སྤེལ་གྱི་ཡོད།

གཉིས། བོད་མི་རིགས་ཀྱིས་བསང་གསོལ་ལ་བཅངས་པའི་དོན་སྙིང་གཞན་ཞིག་ནི་སྦགས་བཙོག་སེལ་རྒྱུ་དེ་ཡིན་ཞིང་། དེ་ཡང་བསང་གསོལ་གྱི་དཔེ་ཚའི་ནང་། སྨེ་གྲིབ་ཤན་གྲིབ་རོ་གྲིབ་དང་། བཙོག་གྲིབ་ཉམས་གྲིབ་ཡུག་གྲིབ་སོགས། བསང་མཚོད་དེ་ཡིས་དག་གྱུར་ཅིག ཅེས་པ་ལྟར་མཁའ་ཀླུང་གཙང་སེལ་བྱེད་པའི་ནུས་པ་ཆེན་པོ་ཡོད། དེར་ད་དུང་ཚན་རིག་གི་གཞི་འཛིན་ས་ཡོད་པ་སྟེ། སྤྱིར་བསང་ཤིང་དུ་སྤྱོད་དུ་རུང་བའི་ཤིང་ནི་མེས་པོ་གོང་མ་ཚོས་བརྟག་པ་ཡང་ཡང་བྱས་ཏེ་དྲི་ཞིམ་པ་དང་། མིག་ལ་མཛེས་པ། ལུས་ཁམས་གསོ་བའི་སྨན་དུ་འགྲོ་བ་ཤ་སྟག་ཡིན་པ་དཔེར་ན། གསེར་ལོ་འབར་བའི་སྟག་པ། གཡུ་ལོ་འབར་བའི་ཤུག་པ། དུང་ལོ་འབར་བའི་ཁན་པ། མཆོང་ལོ་འབར་བའི་ཕུར་མོ། ཟངས་ལོ་འབར་བའི་བ་ལུ་ཞེས་པ་སོགས་ཤིང་དེ་དག་ནི་དྲི་བསུང་འཐུལ་བའི་ལྷད་མེད་ཀྱི་ཤིང་ཞི་ཅིག་ཡིན་པ་དང་རི་མཐོ་ས་དང་ས་གཙང་སའི་ཁོར་ཡུག་ཏུ་སྐྱེ་འཚར་བྱུང་བས་མཁའ་ཀླུང་ནང་གི་སྦགས་བཙོག་སེལ་བའི་ནུས་པ་ལྷག་པར་ཆེ་བ་ནི་སྐྱེ་དངོས་ཀྱི་ཤེས་བྱ་ཅུང་ཡོད་པ་དང་སྨན་རྒྱུའི་བྱེད་ནུས་ལ་རྒྱུས་མངའ་ཅུང་ཟད་ཡོད་པ་དག་གིས་ཚན་རིག་གི་ཚོད་རྩོམ་ཡང་དག་བྱེད་ཐུབ་པ་ཞིག་ཡིན། ལྷག་དོན་དུ་བསང་གི་ནང་སྤྲོས་དང་སྨན་ཕྱེ་སོགས་རྒྱག་པ་ནི་དེ་བས་ཀྱང་སྨན་སྤྱོད་བདུད་རྩིའི་བཅུད་ལ་རོལ་བའི་བྱེ་བྲག་གི་ཡོན་ཏན་ལྡན་ལ་སྤྱིར་ཡང་བསང་གི་དུ་བ་ནི་དྲི་ངན་སེལ་བ་དང་། རིག་པ་སྤྲུང་དུ་གཏོང་བ། ལུས་སེམས་སྐྱིད་ལ་བབས་པ། རིམས་ནད་སེལ་བ་སོགས་ཀྱི་དགེ་མཚན་དུ་མས་ཕྱུག་པ་ཞིག་ཡིན།

གསུམ། སྒྱུར་བོད་ཀྱི་རྩོམ་རིག་གི་གཞུང་ལུགས་སྤྱི་དང་ལྷག་དོན་སྐད་ངག་གི་རིག་པར་ཞིབ་འཇུག་དང་ཉམས་ལེན་བྱེད་མཁན་ཞིག་ཡིན་ཕྱིན་བསང་གསོལ་གྱི་དཔེ་ཆའི་ཁ་ཤོག་མ་ཕྱེ་རང་ཕྱེ་ཞིག་ཡིན། གང་ཡིན་ཞེས་ན་དེའི་ནང་གདོད་མའི་དུས་ནས་ད་བར་གྱི་རྩོམ་རིག་གི་འཕེལ་རིམ་བསྟན་ཡོད་ལ་ཚིག་བཅད་དང་། ཚིག་ལྷུག བཅད་ལྷུག་སྤེལ་མ་བཅས་ཀྱི་གཟུགས་ལས་གྲུབ་པའི་དཔའ་བ་དང་། བཟོད་པ། མི་སྡུག་པ་སོགས་སྐད་ངག་གི་རྒྱན་དང་ཉམས་མ་ལུས་པ་ཚང་ཡོད། དེ་ཡང་ལྷ་མོ་དང་མཁའ་འགྲོ་སོགས་ཀྱི་གསོལ་མཆོད་ལ་ཧ་ཅང་སྐད་འཇེབས་ཡིད་དབང་འཕྲོག་པའི་ཚིག་སྦྱོར་སྤྱད་ཡོད་པ་དཔེར་ན། དབུ་སྐྲ་ཐོར་ཚུགས་ལྡེམ་སེ་ལྡེམ། ལྷང་ལོ་ཟར་བུ་ཏ་ལ་ལ། སྐན་ཆ་དྲིལ་བུ་ཀྱི་ལི་ལི། རུས་རྒྱན་ཨེར་ཁ་ཁྲོ་ལོ་ལོ། ཅང་ཏེའུ་དྲིལ་བུའི་སྒྲ་དང་བཅས། རྡོ་རྗེ་གླུ་དང་གར་ལ་རོལ། ཞེས་པ་དང་། དཔའ་བོ་དང་ཆོས་སྐྱོང་སྲུང་མར་གསོལ་མཆོད་བྱེད་སྐབས་དཔའ་རྣམ་གཟི་བརྗིད་ཀྱིས་ཕྱུག་པ་དཔེར་ན། ལྷ་ཁྱེད་སྐུ་མདོག་དཀར་ལ་འོད་ཟེར་འཕྲོ། སྲ་བའི་གནམ་ལྕགས་རྡོག་མོ་དབུ་ལ་གསོལ། རིན་ཆེན་གསེར་གྱི་ཁྲབ་ཆེན་སྐུ་ལ་གསོལ། མཛེས་པའི་སག་ལྷམ་ཡུ་རིང་ཞབས་ལ་གསོལ། རྡོ་བའི་མདའ་མོ་སྟག་དོང་གཡས་སུ་འཕྱང་། སྲ་བའི་གཞུ་གཅུག་གཟིག་ཤུབས་གཡོན་ན་བཀྲ། རྡོ་ངར་འཛོམས་པའི་རལ་གྲི་སྐེ་ལ་བཏགས། སྲ་ལྕག་དཀར་པོ་ཚིགས་གསུམ་ཕྱག་ན་བསྣམས། རིན་ཆེན་སྨ་སྲབ་མཛེས་པའི་རྟ་ལ་ཆིབས། ཞེས་དང་། ཡང་སྐྱེས་ལྷ་ཡུལ་ལྷ་སོགས་ལ་གསོལ་མཆོད་བྱེད་སྐབས་འདོད་དོན་ཐད་ཀར་སྨོས་པ་དཔེར་ན། བསོད་ནམས་ནོར་གྱི་དངོས

གྲུབ་བསྐོལ། སྣང་དགྲ་གཉོད་བགེགས་རྟུལ་དུ་ལྡོག ཕྱིས་སུ་འགྲོ་དུས་བསུ་སྐྱོལ་གྱིས། ཡུལ་དུ་བསྡད་ན་ཛཻའུ་གྱིས། ཞེས་པ་ལྷ་བུ་རེད། དེ་མིན་གླིང་བཞི་རི་རབ་དང་བཅས་པ་བཀོད་ཚུལ་ཕུལ་དུ་བྱུང་བ་དང་། འདོད་ཡོན་སྣ་ལྔ་དང་། རྟགས་བརྒྱད་དང་རྫས་བརྒྱད། རྒྱལ་སྲིད་སྣ་བདུན་སོགས་བཤམས་ཚུལ་གསོན་ཉམས་ལྡན་པ། ཆགས་སྣང་གི་རུས་ཐོན་པ་བཅས་ཁྱད་ཆོས་མ་ལུས་ཚང་ཡོད་པ་མ་ཟད། སྤྱིར་འཛམ་བུ་གླིང་དང་སྒོས་བོད་ཁུལ་གྱི་སྲུང་མ་གཞི་བདག་ཚང་མའི་ཆ་ལུགས་སྤྱོད་པ་འཁོར་དང་བཅས་པའི་གཟུགས་བརྙན་ལེགས་པར་སྐྲུན་ཡོད་ལ་སྐྲུབ་མཐའ་སོ་སོས་རྟེན་ཅིང་མཆོད་པའི་ལྷ་དང་བླ་མ་དང་ཆོས་སྐྱོང་སྲུང་མའི་གནས་ས་གནས་ཡུལ་དང་། སྤྱོད་ཚུལ་ཟས་གོས་དང་བཅས་པ་དང་དེ་བཞིན་ཆགས་སྣང་གི་གནས་ལེགས་པར་བཀོད་པ་སོགས་བསང་དཔེ་རི་བོའི་གཏོས་དང་མཉམ་པ་གསར་རྩོམ་གྱིས་རིག་གཞུང་གི་བང་མཛོད་ཆེན་པོ་ཞིག་སྐྲུན་ཡོད་པ་ནི་གནའ་དཔེ་དང་རྩོམ་རིག་ལ་ཞིབ་འཇུག་བྱེད་མཁན་ཚོར་བདག་པའི་ཡངས་ཤིང་རྒྱ་ཆེ་བའི་གནམ་ས་ཞིག་ཡིན། མདོར་ན་བསང་གསོལ་བྱ་ཚུལ་ནི་ལོ་རྒྱུས་ཀྱི་རྒྱབ་ལྗོངས་རིང་བའི་གོམས་སྲོལ་ཞིག་དང་། གཏིང་མཐའ་བྲལ་བའི་འདུ་ཤེས་འཛིན་སྟངས་ཤིག མི་རིགས་ཀྱི་ཕུལ་བྱུང་རིག་གནས་ཤིག་བཅས་ཡིན།

དགུ། ལོ་གསར་དང་འབྲེལ་བའི་ཕུད་མཆོད་རིག་གནས།

བོད་དུ་ལོ་གསར་གཏོང་རིམ་བཞིན་མཆོད་པ་འབུལ་བ་དང་ཟས་ཕུད་འབུལ་རྒྱུ་ནི་ལོ་གསར་རིག་གནས་ཀྱི་གྲུབ་ཆ་གལ་ཆེན་ཞིག་ཏུ་གྱུར་ཡོད། དང་ཐོག་སྔེར་ཁ་སྒྲིག་སྲོལ་དེ་ནི་གཡུང་དྲུང་བོན་གྱི་ཆོས་ལུགས་ནས་དར་བར་གྲགས་པ་དང་སྲོག་ཆགས་ཀྱི་མགོ་ལུས་ཆ་ཚང་བ་ཞིག་གི་དོད་དུ་བཙེ་ཞིང་། ཕྱིས་འགྱུར་ལྡོག་ཕྲན་བུ་བྱུང་རུང་དུས་ད་ལྟ་ཡང་སྔེར་ཁ་སྒྲིག་སྲོལ་དེ་མི་ཉམས་པར་གནས་པ་དང་། དེ་བཞིན་ཁ་ཏོག་སྣ་ཚོགས་དང་། གྲོ་སོ་ཕྱེ་མར། ལུག་མགོ་ལོ་ཕུད་བཅས་ཆ་ལག་ཚང་བ་སྒྲིག་སྲོལ་ཡོད་པ་ནི་ལོ་གཅིག་གི་མཆོད་པའམ་ཕུད་ཀྱི་འབུལ་བ་ཡོད་ཚད་བསྡུས་པས་དེས་ལྷག་བསམ་དང་སྨོན་འདུན་ཡོད་ཚད་ཀྱང་མཚོན་གྱི་ཡོད་པ་རེད། ལྷག་དོན་ཆེས་གཅིག་གི་ཞོགས་པ་སྔ་པོ་ནས་ཆུ་ཕུད་ལེན་པ་དང་ཉིན་དེར་བཟའ་བཏུང་ཅི་བྱས་ཕུད་མཆོད་བྱས་ནས་སྨོན་ལམ་གང་རྒྱས་རྒྱས་རྒྱག་སྲོལ་ཡོད་པ་ནི་ལོ་གསར་རིག་གནས་ཀྱི་དམིགས་བསལ་མཚོན་ཚུལ་ཞིག་ཡིན།

བོད་ས་མཐོར་གནས་བཅའ་བའི་སྐྱེ་བོ་ཕལ་ཆེ་བས་བཟའ་བཏུང་བྱེད་སྐབས་ཟས་ཕུད་ཀྱིས་ཕུད་མཆོད་བྱེད་ཀྱི་ཡོད་ཅིང་། ཕུད་མཆོད་བྱེད་སྐབས་སྐྱེས་པའི་ལག་གཡོན་དང་བུད་མེད་ཀྱི་ལག་གཡས་ཡིན་པ་རེད། ཆང་སོགས་བཏུང་བྱ་གྲང་མོའི་རིགས་ཡིན་ན་གོང་གསལ་ལྟར་སྐྱེས་པའི་ལག་གཡོན་དང་

བུད་མེད་ཀྱི་ལག་གཡས་ཀྱི་སེན་མཛུབ་ཀྱིས་ཕུད་གཏོར་ལན་གསུམ་བྱེད་པ་དང་། ཇ་སོགས་ཚ་བོའི་རིགས་ལ་ཁ་ནས་བཀྲ་ཤིས་མཆོད་པའི་ཚིག་སྨྲ་བ་དང་ཡིད་ནས་སྨོན་པ་དྲག་པོ་བྱེད་ཅིང་། གྲོ་སོ་ཕྱེ་མར་སོགས་ནི་ཐད་ཀར་ཕུད་གཏོར་བྱེད་ཀྱི་ཡོད། ད་དུང་ཚིག་སྙན་དོན་ལ་བབས་པའི་ཇ་མཆོད་རིག་གནས་ནི་ཡུན་རིང་གི་ལོ་རྒྱུས་འཕེལ་རྒྱས་ནང་ཆ་ལག་ཇེ་ཚང་དུ་འགྱུར་བས་ངག་རྩོམ་སྙན་ངག་གི་མ་ལག་ཅིག་ཏུ་གྱུར་ཡོད། དཔེར་ན་ཇ་མཆོད་འཛིག་རྟེན་མཆོད་འོས་མ་ལས། ལྷ་རྫས་འདོད་ཡོན་བཏུང་བའི་མཆོག ཁ་དོག་དྲི་རོ་བཅུད་ལྡན་པའི། ཟག་མེད་བདུད་རྩིར་རོལ་པའི་མཆོས། ནམ་མཁའ་གང་བར་སྤྲོལ་ཏེ་མཆོད། ཞེས་པ་ལྟ་བུ་རེད།

ད་ཆ་སྤྱི་ཚོགས་འཕོ་འགྱུར་ཁ་ཅང་ཆེན་པོ་ཕྱིན་ཡོད་རུང་ཕུད་མཆོད་རིག་གནས་སྔར་བཞིན་དར་པོ་ཡོད་པ་དང་ཞིང་འབྲོག་ཁུལ་དུ་དེ་བས་དར་ཁྱབ་ཆེ་བ་མ་ཟད། ས་ཆ་ལ་ལར་ཕུད་མཆོད་མ་བྱས་པར་ཐད་ཀར་བཟའ་བཏུང་བྱས་ན་སྤྲང་པོ་ཟས་དང་འཕྲད་པའི་ཆ་ལུགས་ཞེས་མ་རབས་སྤྱོད་པར་བརྩི་སྲོལ་ཡོད། དེ་ལྟར་བོད་ས་མཐོར་ཕུད་མཆོད་རིག་གནས་དར་ཁྱབ་ཆེ་སྟབས་དེ་དང་དེ་འབྲེལ་གྱི་དམིགས་བསལ་གོམས་གཤིས་ཁ་ཤས་ས་ཁྱབ་ཇོ་ཁྱབ་ཏུ་གྱུར་ནས་མང་པོའི་ཚོགས་གྲལ་དུ་སྟོན་ལ་རྒན་རབས་དང་ཡོན་ཏན་ཅན་ལ་བཟའ་བཏུང་འདྲེན་པས་ད་ཆ་འཛམ་གླིང་ཡོངས་ཀྱིས་ངོ་མཚར་བྱེད་པའི་ཡ་རབས་གུས་སྲོལ་གྱི་མིག་བལྟོས་བཟང་པོ་དེ་དག་ནི་མཐར་གཏུགས་ནས་བཤད་ན། ཕུད་མཆོད་རིག་གནས་ཀྱི་ཤུགས་རྐྱེན་ལས་མ་འདས། ད་དུང་དགོན་སྡེ་ཁག་གི་སྐུ་གསུང་

ཐུགས་རྗེ་ན་སྤྱི་དང་ཡང་སྔོས་ཆོས་སྐྱོང་སྲུང་མར། གསེར་སྐྱེམས་གཙང་མ་ཕུད་ཀྱི་མཆོད་པ་བཞེས། ཞེས་ཉིན་ལྟར་ཕུད་མཆོད་བྱེད་ལ་ཁྱིམ་ཚང་ཕལ་ཆེ་བས་ཀྱང་ཉིན་ལྟར་ཆུ་ཕུད་བླངས་ཏེ་ཡོན་ཆབ་འབུལ་བ་དང་ཇ་ཕུད་འབུལ་བ་སོགས་བྱེད་ཀྱི་ཡོད།

སྤྱིར་བོད་དུ་ཕུད་མཆོད་རིག་གནས་དར་ནས་ལོ་རྒྱུས་ཆེས་རིང་པོ་སོང་བ་དང་ས་ཁྱབ་རྫོ་ཁྱབ་བྱུང་ནས་བོད་མི་རིགས་ཀྱི་ཐོན་སྐྱེད་དང་། འཚོ་བ། རིག་གནས་སྒྱུ་རྩལ། ཆོས་ལུགས་ཀྱི་མཛད་སྒོ་སོགས་བྱ་དངོས་ཆེ་ཕྲ་ཚང་མར་འབྲེལ་བ་དང་གོམས་སྲོལ་ཞིག་ཏུ་གྱུར་ཡོད་པ་དགོན་སྡེ་དང་གྲོང་སྡེ་གང་སར་མཐོང་རྒྱུ་ཡོད་པ་དང་། ལྷག་དོན་སངས་རྒྱས་ཆོས་ལུགས་དར་ཁྱབ་ཆེ་བའི་གནས་མཆོག་ཅིག་གི་ངོས་ནས་ཕུད་མཆོད་རིག་གནས་དེ་ལག་ལེན་ནང་དར་ཁྱབ་ཆེ་བ་མ་ཟད། རིག་གཞུང་གི་རྒྱབ་རྗེན་ཧ་ཅང་བརྩན་པོ་ཡོད་ཅིང་། དབུ་ལ་མཛེས་པའི་མེ་ཏོག་གི་མཆོད་པ་དང་། ཤངས་ལ་དྲི་ཞིམ་བདུག་སྤོས་ཀྱི་མཆོད་པ། སྤྱན་ལ་སྣང་གསལ་སྒྲོན་མེའི་མཆོད་པ། སྐུ་ལ་དྲི་ཞིམ་ཆབ་ཀྱི་མཆོད་པ། ཞལ་ལ་རོ་བརྒྱ་ཟས་ཀྱི་མཆོད་པ་བཅས་མཆོད་པ་སྣ་ལྔས་རྒྱུན་དུ་མཆོད་པ་དང་། སངས་སྔགས་ཀྱི་གཞུང་ནས་བཤད་པའི་སྙིག་མོ་མ་དང་། ཕྲེང་བ་མ། གླུ་མ་སོགས་མཆོད་པའི་ལྷ་མོ་བཅུ་དྲུག་གིས་མཆོད་པ་སྣ་ལྔ་མཆོན་པ་མ་ཟད་པི་ཝང་དང་། གླིང་བུ། རྔ་རྡུམ་སོགས་མཆོད་རྫས་རོལ་མོ་ཐོགས་པ་ཤ་སྟག་གི་མཆོད་པའི་ལྷ་མོ་བཅུ་དྲུག་ནི་ལྷེབས་རིས་དང་། ཐང་ག མཆོད་རྫས་བཅས་ཀྱི་རི་མོའི་བརྗོད་གཞི་ཆེན་པོ་ཞིག་ཡིན་ལ་དེ་དག་དང་འབྲེལ་བའི

སྣན་ངག་གི་ཉམས་དང་ལྡན་པའི་བརྗོད་དོན་ཧ་ཅང་ფུན་སུམ་ཚོགས་པོ་ཡོད་པ་ནི་བོད་ས་མཐོའི་རིག་གནས་ཀྱི་གྲུབ་ཆ་གལ་ཆེན་ཞིག་ཡིན།

མདོར་ན། ལོ་གཅིག་དུས་གཅིག་གི་ལོ་གསར་ནི་ཕུད་མཆོད་རིག་གནས་ཀྱི་མཚོན་བྱེད་ལྟ་བུར་གྱུར་བ་གང་ས་ཅི་ཐད་ནས་མངོན་པ་མ་ཟད། ཕུད་མཆོད་རིག་གནས་དར་སྤེལ་གཏོང་བའི་དུས་བཟང་ཁྱད་པར་ཅན་ཞིག་ཀྱང་ཡིན་པས་ང་ཚོས་ཕུད་མཆོད་རིག་གནས་དང་འབྲེལ་བའི་ཡ་རབས་ཀྱི་གོམས་སྲོལ་དག་མི་ཉམས་གོང་འཕེལ་གཏོང་རྒྱུ་ནི་ཕུད་མཆོད་རིག་གནས་ཀྱི་དོན་སྙིང་ངོ་མ་ཞིག་ཡིན་སྙམ་མོ། །

ས་བཅད་བདུན་པ། རིག་གནས་སྒྱུ་རྩལ།

གཅིག གཅོད་འཆམ་དང་གཅོད་རྟ།

ལྷ་ས་གྲོང་ཁྱེར་ཆུ་ཤུར་རྫོང་ཚལ་སྣ་ཤང་སྙེ་ཐུ་གྲོང་ཚོའི་ཐུ་སྙེ། ཡུ་ཤང་རྗེ་དཔེ་མེད་བཀྲ་ཤིས་དགེ་འཕེལ་གཙུག་ལག་ཁང་གི་བྱང་ཤར་གྱི་མི་རིང་བའི་སའི་སྐྱན་དང་ནགས་ཚལ་ཕུན་སུམ་ཚོགས་པའི་རི་ལྡེབས་སུ་མཚན་ཆ་ཚང་ལ་ཤུག་གསེབ་ཨོ་རྒྱན་རྫོང་གསང་ཆེན་ཏ་ཀིའི་གླིང་ཞུ་བའི་བོད་ཡོངས་ཀྱི་བཙུན་མའི་དགོན་པ་ཆེ་ཤོས་དེ་ཆགས་ཡོད་པ་དང་། དགོན་དེས་ཉམས་ལེན་གནང་བའི་གཅོད་འཆམ་དང་གཅོད་རྟ་ནི་བོད་འདིར་དར་བའི་མ་རྒྱུད་གཅོད་ཀྱི་རྒྱུད་པའི་རྒྱུན་འཛིན་པ་འཕྲུལ་མེད་ཅིག་ཡིན་པ་མ་ཟད། གཅོད་འཆམ་དང་གཅོད་རྟར་སྒྱུ་རྩལ་གྱི་རིན་ཐང་དང་། ལོ་རྒྱུས་ཀྱི་རིན་ཐང་། ཆོས་ལུགས་རིག་གནས་ཀྱི་རིན་ཐང་བཅས་ཧ་ཅང་ཆེན་པོ་ཡོད་པས་རྒྱལ་ཁབ་རིམ་པའི་མངོན་མེད་རིག་གནས་ཤུལ་བཞག་གི་མིང་གཞུང་ནང་འགོད་ཐུབ་པ་བྱུང་ཡོད།

དགོན་དེ་ནི་རྡོ་རྗེ་ཕག་མོ་གདན་ལ་བཞུགས་པ་དང་འདྲ་བའི་གནས་རིའི་ལྡེབས་སུ་ཆགས་པ་དང་རབ་བྱུང་གསུམ་པའི་ལྕགས་སྦྲང་ལོར་ཆོས་རྗེ་གྱེར་སྒོམ་པ་ཚུལ་ཁྲིམས་སེང་གེས་གནས་དེར་དགོན་དེ་ཕྱག་བཏབ་པས་བཀའ་རྒྱུད་

ཚུང་བརྒྱད་ཀྱི་ཡ་གྲུལ་ཤུག་གསེབ་བཀའ་རྒྱུད་བྱུང་བ་ནས་བཟུང་ད་བར་མི་ལོ་བརྒྱད་བརྒྱ་ཙམ་གྱི་དུས་ཡུན་ནང་བཀའ་རྙིང་གི་སྐྱེས་བུ་དུ་མས་གདན་ས་མཛད་པ་དང་གདུལ་བྱ་བསྐྱངས་རྒྱུན་མ་ཆད་པའི་སྒྲུབ་གནས་བྱིན་རླབས་ཀྱི་མཚན་ཁ་མ་ཉམས་པ་ཞིག་ཡིན།

དགོན་དེའི་རྩེ་མོའི་གངས་རི་ཐོད་དཀར་ནི་སྐྱེས་ཆེན་དམ་པ་དུ་མས་ཞབས་ཀྱིས་བཅགས་སྐྱོང་བ་དང་ལྷག་དོན་བོད་ཀྱི་འཛམ་དབྱངས་རྣམ་གསུམ་གྱི་ཡ་གྲུལ་རྒྱལ་བ་ཀློང་ཆེན་རབ་འབྱམས་ཀྱིས་ཡུན་རིང་སྒྲུབ་པ་ཉམས་ལེན་མཛད་པ་དང་མཛོད་ཆེན་བདུན་དང་ངལ་གསོ་སྐོར་གསུམ་སོགས་ཡང་ཟབ་རྫོགས་པ་ཆེན་པོའི་ཟབ་ཆོས་ཁྱད་པར་ཅན་མང་པོ་གཏན་ལ་ཕབ་པར་མཛད་པས་སྦྱ་འགྱུར་འོད་གསལ་སྙིང་ཐིག་གི་ཕུགས་གཏུགས་ས་ལྟ་བུར་གྱུར་ཡོད། དེ་ཡང་གཞུང་ལས། གངས་རི་ཐོད་དཀར་རིན་ཆེན་སྙིང་པོའི་མགུལ། ཡོན་ཏན་ཀུན་འབྱུང་དགའ་བའི་སྐྱིད་ཚལ་དུ། སྙིང་པོའི་དོན་གཟིགས་སྨྲས་པའི་རྣལ་འབྱོར་པ། ཀློང་ཆེན་རབ་འབྱམས་ཞབས་ལ་གསོལ་བ་འདེབས། ཞེས་པ་ལྟར་རོ། བོད་དུ་དར་བའི་ཞི་བྱེད་གཅོད་ལ་ཕ་དམ་པ་སངས་རྒྱས་ནས་བརྒྱུད་པའི་གཅོད་ལ་ཕོ་གཅོད་དང་མ་གཅིག་ལབ་ཀྱི་སྒྲོལ་མ་ནས་བརྒྱུད་པའི་གཅོད་ལ་མོ་གཅོད་དུ་གྲགས་ཤིང་། ཤུག་གསེབ་དགོན་པས་ཉམས་ལེན་གནང་བའི་གཅོད་ནི་མོ་གཅོད་ཀྱི་ཁོངས་སུ་གཏོགས་ཤིང་། ཕྱིར་གཅོད་ཀྱི་ནང་དོན་ནི་ཚེ་བློས་བཏང་བའི་རྣལ་འབྱོར་རི་ཁྲོད་པ་ལྟ་བུར་ཚོགས་གསོག་གི་དངོས་པོའི་མཐུན་རྐྱེན་གཞན་མེད་སྐབས་དམིགས་པ་ལ་བརྟེན་ནས་རང་ལུས་མཆོད་སྦྱིན་བྱེད་

ཚུལ་ཞིག་ཡིན། དེ་ཡང་གཙོད་པ་ཚོས་རྟ་དང་སླང་པོ་བརྒྱ་འགྱུར་ཡིན། བྱ་དང་ཆུང་མ་སྟོང་འགྱུར་ཡིན། ལུས་ཀྱི་མཆོད་སྦྱིན་འབུམ་འགྱུར་ཡིན་ཞེས་རང་ལུས་མཆོད་སྦྱིན་བྱ་ཐབས་ནི་སྦྱིན་པ་ཕུལ་དུ་བྱུང་བ་ཞིག་ཡིན་པའི་ངོས་འཛིན་བྱེད་ཀྱི་ཡོད།

ད་ཆ་སྐབས་སུ་འབབ་པའི་གཙོད་འཆམ་ནི་མོ་གཙོད་ཀྱི་ནང་ཚན་དུ་གཏོགས་ཤིང་། གཙོད་འཆམ་རྒྱག་སྐབས་དང་ཐོག་སྐྱབས་འགྲོ་སེམས་སྐྱེས་སྔོན་དུ་འགྲོ་བ་བྱས་རྗེས། ཕྱོགས་བཞི་ཕྲ་རྡུང་དང་། རྡོ་རྗེ་རྩེ་གཅིག་པ། རྡོ་རྗེ་རྩེ་གཉིས་པ། རྡོ་རྗེ་རྒྱ་གྲམ། མི་རིས། དཔའ་བོའི་ལྷག་འགྲོས། དཔའ་མོའི་འཁྱིང་འགྲོས། སྤྲུལ་ནག་འཁྱུག་འགྲོས། རྣལ་འབྱོར་རང་གྲོལ། སླང་ཆེན་སྨྱོན་འགྲོས། སྨྲ་འཁྱུད་སྨྱོན་མ། རྡོ་རྗེ་ཕུར་སྡིག་བཅས་ལེའུ་བཅུ་གཉིས་ཀྱི་བདག་ཉིད་ཅན་ཞིག་ཡིན་པ་དང་ལེའུ་སོ་སོའི་མཚམས་སུ་སྨྲ་ཁྱུད་ཅེས་བྱ་རྐྱང་ཀྱི་འགྲོ་སྟངས་བྱེད་ཀྱི་ཡོད། གཙོད་འཆམ་རྒྱག་སྐབས་མཁའ་འགྲོ་སྡེ་ལྔའི་ཚུལ་གྱིས་བརྩུན་མ་ལྔ་ཡིས་ཕྱག་གཡས་སུ་ཌ་རུ་འཁྱེར་བ་དང་གཡོན་དུ་ཀང་གླིང་ཐོགས་པའི་ཚུལ་གྱི་ཕྱག་རྒྱ་བྱེད་པ་དང་སྐོར་བ་བརྒྱབ་ནས་འཁྲབ་པའི་འཆམ་གྱི་བྱེ་བྲག་དམིགས་བསལ་ཅན་ཞིག་ཡིན་པས་ཀང་པའི་སྟངས་སྟབས་དང་། ལག་གི་ཕྱག་རྒྱ། གཙོད་ཀྱི་རྔ་དབྱངས་བཅས་ཏ་ཅང་གནའ་ཉམས་ངོད་པོ་ཡོད་ལ་བོད་དུ་དར་བའི་གྲུབ་མཐའ་ཁག་གི་ཁྲོད་ནས་དམིགས་བསལ་གྱི་གནས་བབ་བཟུང་ཡོད་པ་རེད།

ཕྲུག་གསེབ་དགོན་པའི་གཙོད་འཆམ་ལ་དམིགས་བསལ་གྱི་ཁྱད་ཆོས

ཡོད་པ་མ་ཟད། གཙོད་ཀྱི་རྟ་དབྱངས་སྙན་འཛེབས་ཡིད་དབང་འཕྲོག་པ་དང་ཕུན་སུམ་ཚོགས་པོ་ཡོད་ཅིང་། གཙོད་ནི་འདོན་རྟ་དབྱངས་ཟུང་དུ་སྦྲེལ་བའི་ཆོས་ཚན་ཞིག་ཡིན་པས། མཁའ་འགྲོ་གད་རྒྱངས་ཞེས་པའི་གཙོད་ཀྱི་ནང་ཁྲོན་རྟ་དབྱངས་རིང་ཐུང་ཁག་དྲུག་ཙམ་ཡོད་པ་དང་ཉིན་གང་གི་དུས་ཚོད་འགོར་བའི་གཙོད་ཚོགས་རིན་ཆེན་ཕྲེང་བ་ཞེས་པའི་རྟ་དབྱངས་ནི་དེ་བས་ཕུན་སུམ་ཚོགས་པོ་ཡོད་པས་དགོན་དེའི་གཙོད་རྟ་ཡང་གཙོད་འཆམ་དང་མཉམ་དུ་རྒྱལ་ཁབ་རིམ་པའི་མངོན་མེད་རིག་གནས་ཤུལ་བཞག་གི་མིང་གཞུང་ནང་ཚུད་ཡོད་པ་རེད།

གཉིས། མཚོ་བོད་ས་མཐོའི་རྡོ་བཀོས་རིག་གནས།

མཚོ་བོད་ས་མཐོའི་རྡོ་བཀོས་རིག་གནས་ཕུན་སུམ་ཚོགས་པས་དེར་ས་མཐོའི་མི་རྣམས་ཀྱི་ཐོན་སྐྱེད་འཚོ་བའི་ཕྱོགས་ཚང་མ་མཚོན་བཞིན་ཡོད་ལ་ལོ་རྒྱུས་ཧ་ཅང་རིང་བ་མ་ཟད། ས་མཐོའི་ལུ་མདའ་ཀུན་དང་རི་ཀླུང་ཡོངས་ལ་ཁྱབ་པས་རྒྱལ་ཁབ་ཕྱི་ནང་གི་རིགས་གཅིག་མཁས་ཅན་གྱིས་མཚོ་བོད་ས་མཐོ་ནི་ཀྱང་གིས་མ་བསྐོར་བའི་རྡོ་བཀོས་རིག་གནས་ཀྱི་བཤམས་མཛོད་ཁང་ཞིག་ཡིན་ཞེས་ཤོད་ཀྱི་ཡོད་པ་ལྟར་བོད་ས་མཐོའི་ཡུལ་ལུང་གང་འདྲ་ཞིག་ཏུ་སྐྱོད་རུང་ཏ་ལམ་རྡོ་བཀོས་རིག་གནས་ཀྱི་སྣང་ཚུལ་གྱིས་མ་ཁྱབ་པ་མེད་པས་ས་མཐོའི་སྐྱེ་བོ་རྣམས་ནི་རྡོ་བཀོས་རིག་གནས་ཀྱི་བཤམས་མཛོད་ཁང་དུ་གནས་པ་དང་གཉིས་

སུ་མེད།

འཚོ་བའི་ཉམས་འགྱུར་ཕུན་སུམ་ཚོགས་པའི་རྡོ་བཀོས་རིག་གནས། རྡོ་བཀོས་རི་མོ་ནི་དང་ཐོག་མེས་པོ་ཚོའི་འཚོ་བའི་རྣམ་པ་མཚོན་ཚུལ་ཞིག་ཡིན་པའི་ནང་དོན་གཙོ་བོ་ནི་གནའ་བོའི་མི་ཚོའི་ཐོན་སྐྱེད་འཚོ་བ་སྟེ། དམག་འཐབ་བྱེད་པ་དང་། རྡོན་རྒྱག་པ། འདས་མཆོད་སྒྲུབ་པ། སྐྱུས་སྤོ་བྱེད་པ་སོགས་ཀྱི་རྣམ་པ་ཞིབ་ཕྲ་བཀོས་ཡོད་པ་དང་ཕྱིས་གཏིང་ཟབ་དང་ཕུན་སུམ་ཚོགས་སུ་ཕྱིན་པས་རྡོ་བཀོས་རིག་གནས་ཅེ་ས་མཐོའི་རིག་གནས་ཀྱི་འབྱུང་ཁུངས་ཆེན་པོ་ཞིག་དང་ཤེས་རིག་གི་སྒྱུ་ཀྱུ་འབུས་ས་གལ་ཆེན་ཞིག་ཏུ་གྱུར་ཡོད་པ་རེད།

བོད་ཀྱི་རྡོ་བཀོས་རིག་གནས་ནི་གཙོ་བོ་བྲག་བཀོས་རི་མོ་ནས་འགོ་ཚུགས་པ་ཞིག་ཡིན་པ་དང་བྲག་བཀོས་རི་མོ་ནི་དུས་རབས20ཡི་ལོ་རབས40ཙམ་ལ་རིམ་པས་ཤེས་རྟོགས་བྱུང་བ་དང་དེ་དག་མང་ཆེ་བ་ནི་བོད་ཀྱི་ས་ཁོངས་སུ་རྟོག་ཞིབ་བྱེད་མཁན་ཕྱི་རྒྱལ་གྱི་མཁས་དབང་ཚོས་ཤེས་རྟོགས་བྱུང་བ་ཞིག་རེད། དཔེར་ན། དུས་རབས19པའི་དུས་མཇུག་གི་དབྱིན་ཇིའི་གནའ་རྫས་རྟོག་ཞིབ་མཁས་ཅན་ཕུ་ལན་ཁེ་དང་དུས་རབས20ཡི་དུས་འགོའི་དབྱི་ཐ་ལིའི་བོད་རིག་པ་མཁས་ཅན་Gཏུའུ་ཆི་དང་པེ་ཏེ་・ཨོ་སྒྲུ་ཧྲི་ལའེ་ཐེངས་བོད་དུ་རྟོག་ཞིབ་བྱེད་པར་ཐེངས་མང་ཡོང་བ་དང་འབྲེལ་མིག་མཐོང་ལག་ཁྱེན་གྱི་དཔྱད་ཡིག་ཕུན་སུམ་ཚོགས་པོ་རག་ཡོད། ཡང་1992ལོ་ནས་བཟུང་སྐྱེ་ཁུངས་ཨ་རི་ནས་ཡིན་པའི་བོད་རིག་པ་མཁས་ཅན་དབུན་སེན་ཐེ・པེ་ལའེ་ས་ཡིའུ་ཡིས་བོད་བྱང་

ཐང་དུ་ཡུན་རིང་བསྡད་དེ་དེ་གའི་གནའ་རྫས་རིག་གནས་ཞུལ་བཤེག་ལ་རྟོག་ཞིབ་བྱས་ནས་བྲག་བརྐོས་རི་མོ་གསར་པ་གྲངས་འབོར་ངེས་ཅན་ཞིག་རྙེས་རྟོགས་བྱུང་ཡོད། རང་རྒྱལ་གྱིས་བོད་ཀྱི་བྲག་བརྐོས་རི་མོར་རྟོག་ཞིབ་བྱ་རྒྱུ་དེ་དུས་རབས20ཡི་ལོ་རབས80པར་རིམ་བཞིན་འགོ་བཙུགས་པ་ཞིག་རེད།

གངས་ལྗོངས་ས་མཐོར་ཐང་ས་དང་རྡོ་མཉམ་དུ་སྤྱོད་པའི་དུས་སུ་རྡོ་ལ་བརྟེན་ནས་གནས་སྡོད་དང་། རྡོ་ཡི་ཕུར་སྐམ་བཟོ་བ། རྡོ་ལ་རི་མོ་འབྲི་བ་ལ་སོགས་རྡོ་བེད་སྤྱོད་རྒྱ་ཆེར་བྱེད་པའི་སྣང་ཚུལ་དེ་ནི་བྲག་བརྐོས་རི་མོ་ཐོན་པའི་རིག་གནས་ཀྱི་རྒྱབ་ལྗོངས་ཤིག་ཡིན་ཞིང་། གནའ་བོའི་མི་ཚོས་དང་ཐོག་བྲག་རྡོ་གཞི་རྟེན་དུ་བྱས་ནས་རི་མོ་བརྐོ་བའི་སྒྱུ་རྩལ་དེར་བརྟན་པོའི་རང་བཞིན་དང་དོན་མཚོན་གྱི་ནུས་པ་ཆེན་པོ་ལྡན་ཡོད་ལ་ཐད་ཀར་ཟིན་ཐོ་འགོད་པའི་སྐབས་བདེའི་ནུས་པའང་ལྡན་ཡོད་པ་རེད། དེ་ལྟར་ས་མཐོའི་གནའ་ཤུལ་གྱི་དམིགས་བསལ་མཚོན་ཚུལ་ཞིག་ཡིན་པའི་བྲག་བརྐོས་རི་མོ་མང་པོ་ཡོད་པ་དེ་དག་གིས་དུས་མཚམས་ཤིག་དང་ས་གནས་ཅིག་གི་མི་ཚོགས་ཀྱི་བྱེད་སྒོ་སྣ་ཚོགས་ཐོ་འགོད་དང་མཚོན་པར་བྱས་ཡོད། བོད་ཀྱི་བྲག་བརྐོས་རི་མོའི་སྒྱུ་རྩལ་གྱི་ཁྱད་ཆོས་ནི་ཟོར་ཡང་བ་དང་བབ་ཆགས་པོ་ཡོད་ལ་བྲིས་པའམ་བརྐོས་བརྒྱབ་པའི་བྲག་བརྐོས་རི་མོ་གང་ཞིག་ཡིན་རུང་འབྲི་ཐབས་གཉིས་ཁོ་ན་སྤྱད་ཡོད་པའི་གཅིག་ནི་ཐིག་བྲིས་བཟོ་དབྱིབས་དང་གཉིས་ནི་ལེབ་བྲིས་བཟོ་དབྱིབས་ཡིན། ཐིག་བྲིས་ནས་བཟོ་དབྱིབས་མཚོན་པ་བྱེད་པ་དང་བྱུག་པའམ་ཡང་ན་བརྐོས་བརྒྱབ་ནས་བཟོ་དབྱིབས་མཚོན་པར་བྱེད་པ་གང་ཞིག་ཡིན་རུང་དངོས་

གཟུགས་ཀྱི་ཕྱི་རོལ་གྱི་དབྱིབས་དང་སྤྱིའི་གཟུགས་དབྱིབས་གསོན་ཉམས་དོད་པོས་མཚོན་པ་བྱེད་ཐུབ་ཡོད། འོན་ཀྱང་མི་དང་སྲོག་ཆགས་འབྲི་སྐབས་གཙོ་བོ་དེའི་གཟུགས་དབྱིབས་ཀྱི་འགྱུལ་སྐྱོད་བྱེད་སྟངས་ཀྱི་ཁྱད་ཆོས་མཚོན་པར་བྱེད་པ་ལས་ཞིབ་ཕྲའི་ཆ་དཔེར་ན། མིག་དང་། རྣ་བ། མཆུ། མཛུབ་མོ་སོགས་བཀོད་རྒྱུར་དེ་ཙམ་སྣང་ཆེན་བྱས་མེད། དེར་བརྟེན་སྲོག་ཆགས་ཀྱི་རིགས་དང་མི་གང་འདྲ་ཞིག་ཡིན་མིན་དབྱེ་བ་འབྱེད་པར་གཙོ་བོ་ནི་སྤྱིའི་གཟུགས་དབྱིབས་དང་འགྱུལ་སྐྱོད་བྱེད་སྟངས་ཀྱི་ཁྱད་ཆོས་ལ་བརྟེན་ཡོད། དེ་ལས་གནའ་བོའི་བྲག་བརྐོས་རི་མོ་འབྲི་མཁན་ཚོས་བྱང་ཆུབ་པའི་ཐིག་ཁྲིས་དང་ལེབ་ཁྲིས་བྱེད་སྟངས་ལ་བརྟེན་ནས་ཉམས་འགྱུར་གྱིས་ཕྱུག་ཅིང་གསོན་ཉམས་ལྡན་པའི་མི་དང་། སྲོག་ཆགས། དེ་བཞིན་འཚོ་བའི་ནང་དོན་གྱི་རྣམ་པ་སྣ་ཚོགས་བརྐོས་པ་དེ་ཐོག་ནས་སམཐོའི་མེས་པོ་ཚོར་གཟུགས་བརྙན་སྣེང་བསྟུས་བྱེད་པའི་ནུས་པ་དང་བཟོ་དབྱིབས་འགོད་པའི་ཆུ་ཚད་ཏ་ཅང་མཐོ་པོ་ཡོད་པ་མཚོན་ཐུབ།

སྤྱིར་རང་རྒྱལ་གྱི་གནའ་བོའི་བྲག་བརྐོས་རི་མོར་ལྷོ་བྱང་གཉིས་སུ་དབྱེ་བའི་གཅིག་ནི་ཆོས་ལུགས་ཀྱིས་འདས་མཆོད་བྱ་ཚུལ་གཙོ་བོར་འཁོད་པའི་ལྷོ་ཕྱོགས་ཀྱི་བྲག་བརྐོས་རི་མོ་དང་གཉིས་ནི་སྲོག་ཆགས་ཀྱི་གཟུགས་བརྙན་གཙོ་བོར་བཀོད་པའི་བྱང་ཕྱོགས་ཀྱི་བྲག་བརྐོས་རི་མོ་ཡིན་ལ། བོད་དུའང་གནས་ཚུལ་དེ་ལས་མ་འདས་པར་བྲག་བརྐོས་རི་མོ་ཁྱབ་ཆེ་ཤོས་ནི་ནུབ་ཀྱི་མངའ་རིས་དང་བྱང་གི་ནག་ཆུ་ས་ཁུལ་གཉིས་སུ་གཅིག་སྡུད་ཆེ་ཙམ་བྱས་ཡོད་ཅིང་། བོད་དུ་ད་ལྟ་བྲག་བརྐོས་རི་མོ5000ཙམ་ཤེས་རྟོགས་ཐུབ་པ་དེ་དག་བོད་རང་

སྐྱིང་སྤྱོངས་ཀྱི་ རྫོང་14ལ་ཁྱབ་ཡོད་ཅིང་། རང་སྐྱོངས་ནུབ་ངོས་ཀྱི་བྲག་བརྐོས་རི་མོ་ནི་བྱང་ཕྱོགས་ཀྱི་བྲག་བརྐོས་རི་མོའི་ཁྱད་ཆོས་དང་འདྲ་ཙམ་ཡོད་པ་དང་རུ་ཐོག་རྫོང་གི་རི་མོ་གདོང་དུ་ཡོད་པའི་གཟིག་གིས་ཤྭ་བ་འདེད་པའི་རི་མོ་དེ་མཚོན་བྱེད་ཅིག་ཡིན་པ་རེད། ཡང་བྱང་ཕྱོགས་ཀྱི་རི་མོའི་ཚོགས་ཀྱང་དུས་ཚོད་ཁག་གཉིས་སུ་ཕྱེ་ཆོག་ཅིང་། དེའི་གཙོ་བོའི་མཚོན་ཚུལ་ནི་མི་ཆོས་ལྷ་རིས་སུ་གྲགས་པའི་ཀྱི་ལིང་རི་བོའི་བྲག་བརྐོས་རི་མོ་དང་གནམ་མཚོའི་བརྒྱུད་ཀྱི་བྲག་བརྐོས་རི་མོ་ཡིན། རི་མོ་དེ་དག་གི་ནང་དོན་ཕུན་སུམ་ཚོགས་ལ་བཟོ་རྟགས་སྣ་ཚོགས་ལྡན་པ་དཔེར་ན། ཀྱི་ལིང་རི་བོའི་བྲག་བརྐོས་རི་མོ་ནི་རྡོ་ཆེན་50ལྷག་ཙམ་གྱི་ཐོག་ཏུ་རི་དྭགས་དང་། མི། ཤིང་། བཟོ་རྟགས་སྣ་ཚོགས་བཅས་དང་དེ་བཞིན་རྔོན་རྒྱག་པ་དང་། འཁྲོར་རྐོད་འདུལ་བ། ཕྱུགས་འཚོ་བ། དམག་འཁྲུག་གི་རྣམ་པ་མཚོན་པ་བཅས་ཀྱི་རི་མོ་བབ་ཆགས་ལ། གསོན་ཉམས་དོད་པ། གནའ་བོའི་ཉམས་འགྱུར་དང་ལྡན་པ་ཞིག་ཡོད་པ་དང་། གནམ་མཚོའི་རྒྱུད་ཀྱི་བྲག་བརྐོས་རི་མོར་སངས་རྒྱས་ཆོས་ལུགས་ཀྱི་རིག་གནས་དང་འཚོ་བའི་ཉམས་འགྱུར་མངོན་གསལ་དོད་དུ་ཕྱིན་ཡོད། ད་དུང་བྲག་བརྐོས་རི་མོའི་འཕེལ་རྒྱས་ཀྱི་ལོ་རྒྱུས་ཐོག་ནས་བརྗོད་ན། གནའ་དུས་དང་། དུས་དཀྱིལ། དུས་མཇུག་བཅས་སུ་དབྱེ་ཆོག་ཅིང་། གནའ་དུས་ཀྱི་རི་མོའི་ཁྱད་ཆོས་ནི་མི་དང་སྲོག་ཆགས་ཀྱི་གཟུགས་བརྙན་རྐྱང་གཟུགས་མང་བ་དང་། བཀོད་སྒྲིག་ཟང་ཟིང་ཆེ་བ། འཆར་འགོད་གཅིག་གྱུར་མེད་པ། ཏ་ཙང་སྟབས་བདེ་བས་མགོ་བོ་སོགས་རེལ་གཟུགས་རྣམས་ཚག་ཙམ་གྱིས་མཚོན་པ་བྱས་པ་དང་ཐིག

རིས་ཙམ་གྱིས་ལུས་པོ་དང་ཡན་ལག་མཚོན་པ་བྱས་ཡོད་པ་ལྟ་བུ་རེད། དུས་དཀྱིལ་གྱི་རི་མོའི་གཟུགས་བརྙན་ཏ་ཙང་གསོན་ཉམས་དོད་དུ་སོང་བ་མ་ཟད། རི་མོའི་ནང་དོན་ཐད་ཉ་དང་། བྱ་རྒོད། རི་ཕག་སོགས་ཐོན་པ་དང་སྣོད་ཆས་སོགས་འཚོ་བའི་མཁོ་ཆས་ཀྱང་ཐོན་ཡོད། དུས་མཇུག་གི་རི་མོའི་ཁྱད་ཆོས་གཙོ་བོ་ནི་རྒྱན་སྤྲོས་ཀྱི་རྣམ་པ་ཐོན་ཡོད་པ་དང་རི་མོའི་གཞི་ཁྱོན་ཇེ་ཆེར་ཕྱིན་པས་ཤ་བ་ཁྲུ་ཚོགས་འཛིང་རེས་བྱེད་པ་དང་། མི་དམངས་འདུས་ནས་ཞབས་བྲོ་རྒྱག་པ། འདས་མཆོད་སྒྲུབ་པ་སོགས་ཀྱི་རྣམ་པ་མཚོན་གྱི་ཡོད། ལྷག་དོན་དུ་མངའ་རིས་ས་ཁུལ་རུ་ཐོག་རྫོང་ནས་རྙེད་པའི་རུས་རྒྱུད་ཚོ་པ་གནས་སྤྱིའི་ནང་དོན་མཚོན་པའི་བྲག་བརྐོས་རི་མོ་ཞིག་ལ་ནང་དོན་སྣ་ཚོགས་མཚོན་པའི་རི་མོ་བརྒྱ་དང་ཉི་ཤུ་ཙམ་ལས་གྲུབ་ཡོད་པ་རེད།

ཆོས་ལུགས་རིག་གནས་ཀྱི་ཤུགས་རྐྱེན་ཟབ་མོ་ཐེབས་པའི་རྡོ་བརྐོས་རིག་གནས། བོད་བཙན་པོའི་དུས་ནི་རྡོ་བརྐོས་རིག་གནས་དར་ཁྱབ་ཆེས་ཆེ་བའི་དུས་རབས་ཤིག་ཡིན་ལ་རྡོ་བརྐོས་ཀྱི་ནང་དོན་དང་ལག་རྩལ་ཡང་འཕེལ་རྒྱས་ཆེན་པོ་ཕྱིན་ཡོད་པ་དང་སྔགས་ཆོས་ལུགས་ཀྱི་ཤན་ཤུགས་ཆེན་པོ་ཐེབས་པས་སྐུ་བརྙན་དང་མ་ཎི་ཡིག་དྲུག་མང་པོ་བརྐོས་ཡོད་པ་མ་ཟད། སངས་རྒྱས་བྱང་སེམས་དང་ཆོས་སྐྱོང་སྲུང་མ་དེ་དག་ཞི་རྒྱས་དབང་གྲགས་ཀྱི་རྣམ་འགྱུར་མ་ཚང་བ་མེད་པ་དང་ལྷག་དོན་ལྷ་སྐུའི་བཞེངས་བཀོད་ལེགས་པ་དང་རྒྱན་དང་ཆ་ལུགས་ཚང་མ་ཏ་ཙང་གསོན་ཉམས་དོད་པོ་ཡོད་ཅིང་། སྐབས་དེར་རྡོ་བརྐོས་ཀྱི་སྒྱུ་རྩལ་དངོས་པོ་མང་ཤོས་ཐོན་ཡོད་པས། ལྡེ་བྲག་གི་བྲག་བརྐོས་ཡི་གེ་དང་།

བྲག་ཡེར་པའི་རྡོ་བརྐོས་ཡི་གེ སྟོ་ཁའི་རྫོང་སྐུ་འབུམ། ལྷ་སའི་ཕ་བོང་ཁ་དང་བྲག་ལྷ་ཀླུ་སྒྲུག་སོགས་གང་སར་བཙན་པོའི་དུས་ཀྱི་རྡོ་བརྐོས་རིག་གནས་ཀྱིས་ཁྱབ་ཡོད་པ་རེད། ལྷག་དོན་དུ་ད་ཆ་རྒྱལ་ཁབ་ཕྱི་ནང་གི་ཞིབ་འཇུག་ཁྱབ་ཁོངས་ཀྱིས་ཧ་ཅང་རྩ་ཆེར་འཛིན་པ་དང་སྐབས་དེའི་རྡོ་བརྐོས་རི་མོའི་དཔེ་མཚོན་ལྷ་བུར་གྱུར་བ་ནི་སྤྱི་ལོ813ཙམ་ལ་བརྐོས་པའི་བྲག་ཡབ་རི་མདའ་ལྡན་མ་བྲག་བརྐོས་ཀྱི་རི་མོ་ཡིན་ཅིང་། དེ་ནི་བོད་ཤར་ཕྱོགས་ཀྱི་ཆབ་མདོ་ས་ཁུལ་བྲག་གཡབ་རྫོང་རི་མདའ་ཡུལ་གྱི་ལྡན་མ་བྲག་རྩ་ཞེས་འབོད་པའི་བྲག་ལྡེབས་ཆེན་པོ་ཞིག་མཆིས་པ་དེའི་དབུས་སུ་རྣམ་པར་སྣང་མཛད་ལ་ཉེ་བའི་སྲས་ཆེན་བརྒྱད་ཀྱིས་བསྐོར་བའི་སྐུ་བརྙན་དང་། འཕགས་པ་བཟང་སྤྱོད་ཀྱི་སྨོན་ལམ། སྒྱུར་བྱང་ཡི་གེ་བཅས་ཁག་གསུམ་བརྐོས་ཡོད་པའི་ཕྱི་མ་དེ་ནི་རི་མདའ་ལྡན་མའི་བྲག་བརྐོས་ཡི་གེ་ཞེས་ཀུན་ལ་གྲགས་པ་དེ་ཡིན་པ་དང་། ད་དུང་གོང་པོ་གཡུང་དྲུང་འཛིན་གྱི་རྡོ་བརྐོས(དེ་སྔ་བོད་རིག་པའི་ཞིབ་འཇུག་ཁྲོད་དུ་དེ་མོ་བྲག་བརྐོས་ཞེས་ཀྱང་སྤྱོད་སྲོལ་ཡོད)ཡི་གེར་ཡང་བོད་རིག་པའི་ཞིབ་འཇུག་ཁྱབ་ཁོངས་སུ་གྲགས་པ་ཧ་ཅང་ཆེན་པོ་ཡོད་ཅིང་། དེ་ནི་ཉིང་ཁྲི་རྫོང་ཁོངས་སྨན་རི་ཤང་གཡུང་དྲུང་འཛིན་བྱ་བའི་གྲོང་ངོས་ཀྱི་ལམ་ཟུར་ཞིག་གི་ཁ་ལྷོར་ཕྱོགས་པའི་རིང་ཚད་ལ་སྨི1. 85དང་ཞེང་ཚད་ལ་སྨི1. 75ཡོད་པའི་ཕ་བོང་ཆེན་པོ་ཞིག་གི་སྨི0. 25ཡོད་པའི་ཞབས་རར་གཡུང་དྲུང་10བརྐོས་ཡོད་པ་དང་ལྡེབས་ངོས་སུ་ཁྱོན་ཚིག་འབྲུ365ཡོད་པའི་ཡིག་ཕྲེང་21བརྐོས་པ་ཕལ་ཆེ་བ་གསལ་པོ་ཡོད་པ་རེད། ད་དུང་ལོ་རྒྱུས་ཐོག་གལ་ཆེའི་གནས་བབ་བཟུང་

བའི་རྡོ་བཀོས་གཞན་ཞིག་ནི་སྐྱིད་གྲོང་རྫོང་གི་བལ་བོད་གནའ་ལམ་གྱི་རིགས་གསུམ་མགོན་པོའི་རྡོ་བཀོས་སྐུ་བརྙན་དེ་ཡིན་ཞིང་། དེ་ནི་སྐྱིད་གྲོང་ཚོང་འདུས་ཀྱི་མཆོད་རྟེན་བརྒྱ་རྩའི་ཉེ་འགྲམ་གྱི་རྡོ་ཆེན་པོ་ཞིག་གི་ལོགས་སུ་བཀོས་ཡོད་པ་དང་བཞེངས་སྟངས་ཀྱི་སྐུ་བརྙན་དེ་དག་གི་མཐོ་ཚད་ལ་སྨི2. 2དང་ཞེང་ཚད་ལ་སྨི3ཙམ་ཡོད་པ་དང་ཞལ་བྱང་ཤར་ལ་ཕྱོགས་ཡོད། སྐུ་བརྙན་དེ་དག་གི་སྐོར་ལ་ཐོད་རྒྱུན་སྣ་ཚོགས་ཡོད་རུང་ཡོངས་གྲགས་ལྟར་ན་སློབ་དཔོན་པད་མ་འབྱུང་གནས་ཀྱིས་དུས་རབས་བདུན་པའི་དུས་དཀྱིལ་ཙམ་ལ་རྡོ་སྤྲུལ་སྲིན་མོའི་ཁ་གནོན་དུ་བཞེངས་པ་དང་བལ་བཟོའི་ལག་རྒྱུན་ཡིན་པར་གྲགས། སྐུ་བརྙན་དེ་དག་ལ་ཡ་གླིང་ལྷོ་མའི་བཀོས་དཀྲོལ་ལག་རྩལ་གྱི་ཁྱད་ཆོས་ཟབ་མོ་ལྡན་ཡོད་པས་ལོ་རྒྱུས་དང་། ཆོས་ལུགས། གནའ་རྫས་རིག་པ། བཀོས་དཀྲོལ་ལག་རྩལ་གྱི་འཕེལ་རིམ་སོགས་ལ་ཞིབ་འཇུག་བྱེད་པའི་དཔྱད་གཞི་རིན་ཐང་ཅན་ཞིག་ཡིན། ད་དུང་བཙན་པོའི་དུས་ཀྱི་རྡོ་བཀོས་རིག་གནས་ཀྱི་མཛེས་ལྗོངས་གཞན་ཞིག་ནི་བོད་ཀྱི་ས་ཕྱོགས་གང་སར་ཁྱབ་པའི་རྡོ་རིང་གི་ཡི་གེ་དག་ཡིན་ཅིང་། དེ་དག་གི་ཁྲོད་ནས་ཀྱང་དཔོན་ཞང་རྡོ་རིང་དང་། བསམ་ཡས་གཙུག་ལག་ཁང་གི་རྡོ་རིང་། ཞྭུ་ཧྲེང་རྡོ་རིང་། སྟོད་ལུང་མཚུར་ཕུའི་རྡོ་རིང་། དེ་བཞིན་སྐར་ཆུང་ལྷ་ཁང་དང་ཞྭ་ལྷ་ཁང་རྡོ་རིང་སོགས་ཀྱི་བཀའ་ཚིག་ཡི་གེ་དེ་དག་ནི་བོད་ཀྱི་ཕུན་སུམ་ཚོགས་པའི་རྡོ་བཀོས་རིག་གནས་ཀྱི་གཡང་རྩེའི་ཐོག་གི་ཡས་སྒྲོན་ཞིག་ཡིན།

འགྱུར་རྡོ་གསོན་པོའི་ནུས་པ་ལྡན་པའི་རྡོ་བཀོས་རིག་གནས། བོད་ས་

མཐོའི་ཐོག་གདོང་མའི་དུས་ནས་བཟུང་རྡོ་བརྐོས་རི་མོའི་སྒྱུ་རྩལ་གྱི་ཆུ་རྒྱུན་ཆད་མྱོང་མེད་པས་དེ་སྔའི་ཉི་ཟླ་དང་ཤིང་ལོའི་མཚོན་དོན་ཙམ་ནས་ད་ཆའི་གསོན་ཉམས་དོད་པའི་འཚོ་བའི་དོན་མཚོན་གྱི་རི་མོ་དང་ལྷ་སྐུ་སྔ་ཚོགས་བརྐོ་སྲོལ་བར་འཕེལ་རྒྱས་བྱུང་བ་མ་ཟད། ཞིབ་ཕྲའི་དཔེ་རིས་ཁ་ཤས་ཐད་ཕྲ་མཐོང་ཆེ་ཤེལ་སྒྲུད་ནས་ཉམས་ཞིབ་བྱེད་དགོས་པའི་སྒྱུ་རྩལ་གྱི་ཆུ་ཚད་མཐོ་པོར་སླེབས་ཡོད་པ་རེད། ལྷག་དོན་དུ་དེང་དུས་ཀྱང་བོད་ཁུལ་གྱི་ས་ཕྱོགས་གང་སར་ཆུང་བ་མ་ཅི་ཡིག་དྲུག་དང་ཆེ་སར་བཀའ་བསྟན་སོགས་རྡོ་ལ་བརྐོ་མཁན་མང་བ་དང་བླུ་ཡོན་ཞུ་མཁན་ཡང་མང་པོ་ཡོད་པ་མཐོང་ཆོས་ལྟར་ཡིན་ལ། ལྷག་དོན་ཡུལ་སྐོར་བ་གཞིག་འཕེལ་རྒྱས་སྨུར་བའི་དེང་དུས་སུ་ཡུལ་སྐོར་བ་ཆོས་ཀྱང་རྡོ་བརྐོས་ལྷ་སྐུ་དང་མ་ཅི་རྡོ་བརྐོས་ཉོ་རྒྱུར་དགའ་པོ་བྱེད་པས་རྡོ་བརྐོས་སྒྱུ་རྩལ་པ་ཁག་གཅིག་ཕྱུག་པོ་ཆགས་པའི་གཏམ་རྒྱུད་ཀྱང་ཡོད་པ་ནི་རྡོ་བརྐོས་རིག་གནས་ཀྱི་གསོན་ཤུགས་མཚོན་པ་ཞིག་ཡིན། གཞན་ཡང་དེང་རབས་ཀྱི་བྲག་བརྐོས་རི་མོའི་དཔེ་མཚོན་དུ་འོས་པ་ཞིག་ནི་ལྷ་སའི་ལྷོ་ནུབ་མཚམས་ཀྱི་ལྷུགས་པོ་རི་ལྡེབས་ཀྱི་ཐོག་བརྩེགས་གསུམ་ཙམ་ཡོད་པའི་རི་མོའི་ཚོགས་ནི་དེང་རབས་མི་ཚོར་དག་པའི་བྲག་བརྐོས་རི་མོའི་བརྩམས་ཆོས་ངོ་མཚར་ཅན་ཞིག་ཡིན་ཞིང་། ཤོད་སྲོལ་ལ་དུས་རབས18ཙམ་ལ་རྗེ་རིང་བསྟན་འཛིན་དཔལ་འབྱོར་གྱིས་སྦྱིན་བདག་བྱས་ཏེ་ཐོག་མར་ལྷ་སྐུ་ཁ་ཤས་བརྐོས་པ་ནས་བཟུང་རིམ་བཞིན་ཆགས་པར་གྲགས་ཤིང་། དེར་རྒྱལ་བ་མི་འཁྲུགས་པ་གཙོ་རྗེན་དུ་བྱས་པའི་གྲུབ་མཐའ་ཡོངས་རྫོགས་ཀྱིས་མཆོད་བསྟོད་བྱེད་པའི་སངས་རྒྱས་བྱང་སེམས་

ཀྱི་སྐུ་བརྙན་ཆེ་ཆུང་སྟོང་ཁ་ལྷག་པ་བཞེངས་ཡོད་སྟབས་ཡོངས་གྲགས་སུ་སངས་རྒྱས་སྟོང་སྐུ་ཞེས་སུ་གྲགས་ནས་དད་ལྡན་པ་ཚོའི་ཕྱག་མཆོད་འབུལ་ཡུལ་དང་། རིག་གནས་པ་རྣམས་ཀྱིས་སྒྱུ་རྩལ་ལོངས་སྤྱོད་བྱ་ཡུལ། མཁས་དབང་རྣམས་ཀྱིས་ཞིབ་འཇུག་བྱ་གཞི་བཅས་ལ་གྱུར་ཡོད་ལ་ཕྱོགས་བཞིའི་ཡུལ་སྐོར་བ་རྣམས་དེ་བས་ཀྱང་བོད་ཀྱི་ཆོས་ལུགས་རིག་གནས་དང་། རི་མོའི་སྒྱུ་རྩལ། དམངས་སྲོལ་བཅས་ཤེས་རྟོགས་བྱ་ཡུལ་ལེགས་པོ་ཞིག་ཡིན། ལྷུགས་པོ་རིའི་བྲག་བཀོས་རི་མོའི་ཚོགས་ནི་ཐིགས་པ་བསགས་ནས་རྒྱ་མཚོའི་དཔེ་རུ་འགྱུར་བ་བཞིན་དུས་ཡུན་རིང་པོའི་ནང་དད་ལྡན་མང་ཚོགས་དང་རི་མོའི་སྒྱུ་རྩལ་ལ་བྱུང་བའི་མཁས་པ་མང་པོའི་འབད་འབུངས་ལ་བརྟེན་ནས་ད་ལྟའི་གཞི་ཁྱོན་དེ་གྲུབ་པ་ཞིག་ཡིན་ཙང་མཐར་གཏུགས་ནས་བཤད་ན། དུས་རབས་འདིར་ཡོངས་སུ་གྲུབ་པའི་བརྩམས་ཆོས་ཤིག་ཡིན་པ་སྨོས་མེད་ཡིན། དེས་མ་ཚད་ལྷུགས་པོ་རིའི་སྐོར་ལམ་གྱི་འཁོར་ར་ཁོར་ཡུག་ཏུ་སངས་རྒྱས་བྱང་སེམས་ཀྱི་སྐུ་རྟེན་སྣ་ཚོགས་དང་། གསུང་རྟེན་ཡི་གེ་དྲུག་མས་གཙོས་པའི་གཟུངས་སྔགས་སྣ་ཚོགས། ཐུགས་རྟེན་མཆོད་རྟེན་དང་བཅས་པའི་རྡོ་བཀོས་དག་བཀོད་གཙང་ཡིད་འོང་གིས་བརྒྱན་པར་མ་ཟད། གནས་པའམ་ཡང་ན་སྟར་དུ་ཆགས་ནས་དད་ལྡན་སྤྱི་ལོང་གསོ་བ་དང་ཕྱོགས་བཞིའི་སྐུ་མགྲོན་ཡིད་དབང་འཕྲོག་པའི་རྡོ་བཀོས་ཀྱི་སྒྱུ་རྩལ་ཞིང་ཁམས་ཤིག་སྐྲུན་ཡོད་པ་རེད། ལྷག་དོན2009ལོར་ཡོངས་སུ་བཞེངས་གྲུབ་པའི་རྒྱལ་བའི་བཀའ་འགྱུར་ཆ་ཚང་བ་མཆོད་རྟེན་གྱི་གཟུགས་སུ་བརྩེགས་མར་བཞུགས་སུ་གསོལ་བ་དེའི་མདུན་ངོས་ནས་མཇལ་ན་ཏ་ལམ་ཐོག་བརྩེགས་བཞི

ལྡན་གྱི་སྐུ་ཚད་དང་ལྡན་པ་ནི་དེ་བས་ཀྱང་བརྗིད་ཉམས་ལྡན་ལ་དང་བ་འདྲེན་པ་ཞིག་ཡོད་པས་ལྷ་ལྡན་ཞིང་དུ་ཆགས་པའི་རྡོ་བཀོས་སྒྱུ་རྩལ་གྱི་བཤམས་མཛོད་ཁང་དོན་གྱིས་ཕྱུག་པ་ཞིག་རང་ཡིན། མཚམས་འདིར་སྤྲོད་དགོས་པ་ཞིག་ནི། རྡོ་གཡམ་ཐོག་བཀོས་པའི་ལྷ་སྐུའམ་ཐང་ག་ནི་གདོད་མའི་མ་ཆེ་ཡིག་དྲུག་བྲག་བཀོས་བྱས་པ་ལས་བྱུང་ཞིང་། བོད་རིགས་ཀྱི་རྡོ་བཀོས་མཁས་ཅན་དང་ཐང་ག་བཞེངས་མཁན་གྱིས་གསར་གཏོད་བྱས་ཏེ་རྡོ་བཀོས་དང་རི་མོའི་སྒྱུ་རྩལ་གཅིག་ཏུ་བསྡུས་པ་ལས་རྡོ་གཡམ་ཐང་གའི་སྒྱུ་རྩལ་དེ་གྲུབ་པ་ཞིག་རེད། ད་ཆ་སྐྱོ་སྤྱུར་མཛེས་བཟོའི་ལག་རྩལ་སྣ་ཚོགས་ཀྱང་རྡོ་གཡམ་ཐང་གའི་ཁྲིད་བཀོལ་སྤྱོད་བྱས་ཏེ་དེང་དུས་ཀྱི་ཁང་པའི་ནང་གི་མཛེས་བཟོའི་རིག་གནས་ཁྲིད་མཉམ་བསྲེས་ཡག་པོ་ཐུབ་ཡོད། ཤོད་སྲོལ་ལྟར་ན་རྡོ་གཡམ་ཐང་གའི་སྒྱུ་རྩལ་དེ་སྤྱི་ལོའི་དུས་རབས་བརྒྱད་པར་བཙན་པོ་ཁྲི་སྲོང་ལྡེ་བཙན་སྐབས་སུ་བྱུང་བ་དང་རྡོ་གཡམ་ཐང་གའི་ཐོག་མའི་བཀོས་རྒྱུག་ནང་དོན་གཙོ་བོ་ནི་སློབ་དཔོན་པདྨ་འབྱུང་གནས་ཡིན་པ་དང་། དེ་རྗེས་ལོ་ངོ་སྟོང་གི་འཕོ་འགྱུར་ཧ་ཅང་ཆེན་པོ་བརྒྱུད་རྡོ་གཡམ་ཐང་གའི་ནང་དོན་རིགས་བརྒྱ་ཙམ་བར་འཕེལ་རྒྱས་བྱུང་ཡོད། དེའི་རྣམ་པའང་ཀྲུང་པ་དང་བབ་ཆགས་པའི་སྐྱ་རིས་ལག་རྩལ་ནས་བཀོས་རྒྱུག་སྟངས་སྣ་ཚོགས་བར་འགྱུར་ལྡོག་བྱུང་ཞིང་། མིག་སྔར་བོད་རིགས་ས་ཁུལ་དུ་དར་སོ་ཆེ་རིགས་གསུམ་ཡོད་པ་སྟེ། རི་མོའི་ཐང་ག་དང་། སྐྱ་རིས་ཐང་ག་ཚོན་རིས་ཐང་ག་བཅས་ཡིན།

བོད་དུ་ད་དུང་མེས་པོའི་ཕྱག་རྗེས་སུ་གཏོགས་པའི་གོང་པོའི་གསེར་འོད་

བྲག་བརྐོས་རི་མོ་དང་། ལྷོ་བྲག་སྨན་ཐང་གི་ལྡེའུ་རུང་བྲག་བརྐོས་རི་མོ། ནག་ཆུའི་བྱིའུ་རྡོ་རིའི་བྲག་བརྐོས་རི་མོ། གཞིས་རྩེའི་སྤང་གཞོང་བྲག་བརྐོས་ཡི་གེ་སོགས་བརྗོད་ལས་འདས་པ་ཞིག་ཡོད་ལ། གཞི་གྲོན་མི་འདྲ་བའི་དེང་རབས་ཀྱི་རྡོ་བརྐོས་རི་མོའི་བརྩམས་ཆོས་མང་པོ་ཞིག་བོད་ཁུལ་ཀྱི་ས་ཕྱོགས་ཚང་མར་ཐོན་དང་ཐོན་བཞིན་ཡོད་པ་ནི་བྲག་བརྐོས་རི་མོ་དེ་གསོན་པོར་གནས་པའི་རིག་གནས་ཀྱི་སྣང་ཚུལ་ཞིག་ཡིན་པ་མཚོན་ལ། གྱང་གིས་མ་བསྐོར་བའི་བྲག་བརྐོས་རིག་གནས་ཀྱི་བཤམས་མཛོད་ཁང་དེ་དེ་བས་གྲ་རྒྱས་ཕུན་སུམ་ཚོགས་པའི་ཕྱོགས་སུ་འགྱུར་བཞིན་ཡོད་པའང་མཐོང་ཐུབ་བོ།

གསུམ། གངས་ལྗོངས་ས་མཐོའི་ལྡེབས་རིས་སྒྱུ་རྩལ།

ཡངས་ཤིང་རྒྱ་ཆེ་བའི་མཚོ་བོད་ས་མཐོ་ནི་སྒྱུ་རྩལ་གྱིས་ཕྱུག་པའི་ཞིང་ཁམས་ཤིག་ཡིན་པས་དེ་གར་བྲག་བརྐོས་རི་མོ་དང་། ལྡེབས་རིས། ཐང་ག་ཁང་ཆེན་སོགས་རི་མོའི་སྒྱུ་རྩལ་ཧ་ཅང་ཕུན་སུམ་ཚོགས་པོ་ཡོད་པ་དེར་ས་ཁམས་དང་། ཆོས་ལུགས། ལོ་རྒྱུས། སྡོད་བཅུད། རིག་གནས་སྒྱུ་རྩལ་སོགས་ཀྱི་ནང་དོན་ཧ་ཅང་ཕུན་སུམ་ཚོགས་པོ་ཡོད་པ་རེད། དེ་ཡང་ལྡེབས་རིས་ཞེས་པ་ནི་བྲག་ངོས་དང་གྱང་ལྡེབས་སུ་བཀོད་པའི་རི་མོ་སྣ་ཚོགས་ལ་བརྗོད་པ་དང་དར་ཁྱབ་ཀྱང་ཆེན་པོ་ཡོད་པས་གངས་ལྗོངས་ཀྱི་ས་ཕྱོགས་གང་ས་ནས་ལོངས་སྤྱོད་ཐུབ་པ་ཞིག་ཡིན་ལ་དེར་ཡུན་གནས་ཀྱི་རང་བཞིན་དང་སྤྱི་སྤྱོད

ཀྱི་དགེ་མཚན་ཤུགས་ཆེན་ལྡན་ཡོད་ཅིང་། དེའི་ཞིབ་ཕྲའི་སྤྱོད་ཡུལ་གཙོ་བོ་ནི་བྲག་ངོས་དང་། ཞོ་བྲང་། དགོན་སྡེ་སོགས་ཡིན།

བྲག་ངོས་ཀྱི་ལྡེབས་རིས། བོད་ཀྱི་ལྡེབས་རིས་སྒྱུ་རྩལ་ནི་དང་ཐོག་གདོད་མའི་མི་ཚོས་བྲག་ངོས་སུ་བྲིས་པའི་འཚོ་བའི་ཉིན་ཐོ་ལྟ་བུའི་སྐྱུས་སྦྱོར་དང་། རི་དྭགས་རྔོན་པ། འདས་མཆོད་སྒྲུབ་པ་སོགས་ཀྱི་རྣམ་པ་དང་། ཉི་ཟླ་དང་གཅན་གཟན་གྱི་གཟུགས་བརྙན་སོགས་མུ་འབྲེལ་གྱི་རྣམ་པ་སྤྱད་དེ་སྟབས་བདེར་འགོད་ཐབས་ནས་དར་བ་ཞིག་ཡིན། བོད་ཀྱི་ས་གནས་གང་སར་བྲག་ངོས་ཀྱི་རི་མོ་མཐོང་རྒྱུ་ཡོད་ཅུང་ནུབ་བྱང་ཁུལ་དུ་གནའ་བོའི་བྲག་བརྐོས་རི་མོ་གཅིག་སྡུད་ཆེ་ཙམ་ཡོད་པའི་ཁྲོད་ནས་ལེབ་བྲིས་རྣམ་པའི་ལྡེབས་རིས་ཀྱི་ཆར་གཏོགས་པའི་རི་མོ་ཡང་ཧ་ཅང་མང་པོ་ཡོད་པ་རེད། དེ་དག་གཙོ་བོ་མངའ་རིས་ཀྱི་རུ་ཐོག་དང་བྱང་གནམ་མཚོའི་རྒྱུད་དུ་ཡོད་པས་དཔེ་མཚོན་ཙམ་བརྗོད་ན། རུ་ཐོག་གི་ཕ་རོང་གྲོག་ཤུར་གྱི་བྲག་རྡོ་ཆེན་པོ་ཁ་ཤས་ཀྱི་ཐོག་ཏུ་འབྲི་གཡག་དང་། ར་ལུག ཤ་ཁྱི་སོགས་དང་། ད་དུང་ལག་ཏུ་གྲི་དང་མདའ་གཞུ་སོགས་མཚོན་ཆ་ཐོགས་པའི་མི་སྣའི་གཟུགས་བརྙན་མང་པོ་བཀོད་ཡོད་ལ། ལྷག་དོན་དུ་ཚངས་ཐིག་ལ་སྨི1ཙམ་ཡོད་པའི་ཕ་བོང་སྒོར་མོ་ཞིག་གི་ཐོག་ཏུ་ལུས་ལ་སྐྱུ་ཆེན་གྱོན་པ་དང་སྐེད་པར་གྲི་བཏགས་པའི་དྲག་རྩལ་པའི་ཆ་བྱད་ཅན་ཞིག་ཀྱང་བྲིས་ཡོད་པ་དེ་ནི་མཐོ་ལྡིང་དགོན་པ་དང་གུ་གེའི་གནའ་ཤུལ་གྱི་མགོ་བོར་རྨོག་གྱོན་པ་དང་ལུས་ལ་ཁྲབ་གྱོན་པའི་དྲག་རྩལ་པ་དང་ཧ་ཅང་འདྲ་པོ་ཡོད་པས་བོད་རིགས་ཀྱི་མེས་པོ་ཚོ་དང་ལྷག་དོན་གནའ་བོའི་ཞང་ཞུང་རྒྱལ་རབས་དུས་ཀྱི་

ཐོན་སྐྱིད་འཚོ་བ་དང་སྒྱུ་རྩལ་གསར་གཏོད་ཀྱི་རྣམ་པ་གསལ་པོར་མཚོན་ཡོད་པ་རེད། འོན་ཀྱང་བྲག་རྟེན་དེའི་རི་མོ་ཕལ་ཆེ་བ་ཞིག་བརྐོས་ཁྲིས་ཡིན་པ་རེད། ད་དུང་ཞང་ཞུང་དུས་རབས་ཀྱི་ཆེས་ཁྱད་ཆོས་ལྡན་ཤོས་ཀྱི་ལྡེབས་རིས་ནི་རེའུ་མིག365ལས་གྲུབ་པའི་གཟའ་སྐར་དང་ལོ་རྟགས་བཅུ་གཉིས་འཁོད་པའི་རི་མོ་དེ་ཡིན་པ་དང་། རེའུ་མིག་ཚང་མར་ཆོས་གཞི་མི་འདྲ་བ་ཁ་ཤས་སྦྱིད་ཡོད་པ་དེས་ཉིན་མི་འདྲ་བ་མཚོན་པ་མ་ཟད། ཉིན་དེའི་བཀྲ་ཤིས་མིན་ཡང་མཚོན་པས་མཚོན་རྟགས་རང་བཞིན་དང་བཟོ་དབྱིབས་ཀྱི་དོན་སྙིང་ཆེན་པོ་ལྡན་ཡོད་པ་དེ་ནི་རང་རེའི་མེས་པོ་ཆོས་བཞག་པའི་གནམ་དཔྱད་རི་མོའི་རྩ་ཆེའི་དཔྱད་གཞི་ཞིག་ཡིན་པ་དེ་དག་ཏ་ལམ་སྤྱི་ལོའི་སྔོན་གྱི་ལོ3000ནས་སྤྱི་ལོ1027བར་དུ་གྲུབ་པའི་ངོས་འཛིན་བྱེད་ཀྱི་ཡོད། རུ་ཐོག་གི་གྲགས་ཅན་ལྡེབས་རིས་གཞན་ཞིག་ནི་ཏིང་རྫུང་ལྷ་ཁང་བྲག་ཕུག་ནང་གི་ལྡེབས་རིས་དེ་ཡིན་ཞིང་། མཐོ་ཚད་དང་གཏིང་ཚད་ཚང་མར་སྨི3. 5ཙམ་ཡོད་པའི་བྲག་ཕུག་དེའི་ནང་ས་གནས་ཀྱི་ཁྱད་ཆོས་མངོན་གསལ་དོད་པའི་ཟུར་གསུམ་རྣམ་པའི་ལྡེབས་རིས་མང་པོ་ཡོད་པའི་ཁྲིད་ཆེས་ངོ་མཚར་ཅན་ཞིག་ནི་ཐོག་བརྩེགས་གསུམ་ལྡན་རྣམ་པའི་བཙན་རྫོང་ཞིག་བཀོད་ཡོད་པ་དང་། བཙན་རྫོང་གི་རི་མོའི་གཤམ་དུ་ཉམས་འགྱུར་ཡ་མཚན་ཆེ་བའི་གཅེར་གཟུགས་ཁག་གཅིག་ཡོད་པ་དག་ལ་ལ་འཕག་མཆོང་རྒྱུག་པ་དང་། གན་རྐྱལ་དུ་ཉལ་བ། ད་དུང་ལག་གཉིས་གནམ་ལ་འདེགས་པ་དང་ཁ་ནས་མེ་འབར་བའི་རྣམ་པ་བཅས་བཀོད་ཡོད། དེའི་གཤམ་དུ་མི་གཉིས་ཡོད་པའི་གཅིག་གིས་ཡན་ལག་བཞི་ས་ལ་བཙུགས་ཡོད་པ་དང་

གཅིག་ཐོས་ཀྱིས་དེའི་རྒྱབ་ཏུ་ལངས་ནས་ལག་གཉིས་མདུན་ཕྱོགས་སུ་བརྐྱངས་པ་དང་མགོ་བོ་གནམ་ལ་ཕྱོགས་ནས་ཁ་ཧུང་ཟད་གདངས་ཡོད་པ་དེ་ནི་དཀོན་མཆོག་ལ་གསོལ་བ་སྨོན་ལམ་འདེབས་པ་དང་གཉིས་སུ་མེད་ཅིང་། རི་མོའི་རྣམ་པ་དང་ནང་དོན་ཐད་གཏོད་མའི་སྐབས་བདེ་དང་། བབ་ཆགས། རྟོགས་པར་དཀའ་བ་བཅས་ཀྱི་ཁྱད་ཆོས་ལྡན་ཡོད། ལྡེབས་རིས་དེ་དག་གི་ཆོས་གཞི་ནི་གཞི་ལྡན་དཀར་པོའི་ཐོག་རྫ་དམར་སྤྱད་ཡོད་པ་དང་ལྡང་གུས་རྒྱན་བརྒྱབ་པ་དང་ནག་པོས་བཅད་བརྒྱབ་ཡོད་པ་རེད།

ད་དུང་2013ལོར་རྒྱལ་ཁབ་རིམ་པའི་རིག་དངོས་སྲུང་སྐྱོབ་སྡེ་ཚན་དུ་ཚུད་པའི་རྟ་མདའི་ཕྱི་དབང་བྲག་ཕུག་དང་དུང་དཀར་བྲག་ཕུག་ནང་གི་བཀྲ་ཤིས་རྟགས་བརྒྱད་དང་། རྒྱལ་སྲིད་སྣ་བདུན། མཆོད་རྟེན་སོགས་ཀྱི་ལྡེབས་རིས་དག་ནི་དེ་བས་ཀྱང་གསོན་ཉམས་ལྡན་ལ་ངོ་མཚར་ཆེ་བས་གུ་གེ་རྒྱལ་རབས་ཀྱི་ལོ་རྒྱུས་ལ་ཞིབ་འཇུག་བྱེད་པའི་དཔྱད་གཞི་ལེགས་པོ་ཞིག་ཡིན་པ་རེད།

བྱང་འདམ་གཞུང་གི་གནམ་མཚོའི་བཀྲ་ཤིས་མདོའི་བྲག་ཕུག་ནང་ནས་ཁྱོན་ལྡེབས་རིས་ཁག་12རྙེད་ཡོད་པ་དག་གི་ནང་དོན་དང་། ཆོས་གཞི། འབྲི་སྐྱངས་བཅས་གང་ལ་ཞིག་ཧུང་དུས་གཅིག་དང་གང་ཟག་གཅིག་གིས་བྲིས་པ་ཞིག་མིན་པར་མ་མཐར་ཡང་དུས་ཚོད་སྔ་བར་ཕྱི་གསུམ་ལ་དབྱེ་ཆོག་པ་དང་། རི་མོ་ཚང་མ་ཐིག་རིས་དང་ལེབ་བྲིས་ལ་བརྟེན་ནས་བྲིས་པ་ལས་བཀོས་བྲིས་ཧ་ལམ་མེད་པ་རེད། ལྡེབས་རིས་དེ་དག་གི་ཆོས་གཞི་ཕལ་ཆེ་བ་རྫ་མདོག་རྫ་དམར་གྱི་གཏེར་རྫས་གཙོ་བོར་སྤྱད་ཡོད་པ་དང་ཆོས་གཞི་ནག་པོའི་གཏེར་རྫས

ཀྱང་ཞུང་དུ་སྤྱད་ཡོད་པ་རེད། བཀྲ་ཤིས་མདོའི་ལྷེབས་རིས་ངོས་སུ་བྲིས་པའི་མི་སྣ་དག་གིས་བོད་ཀྱི་གནའ་བོའི་ཆས་གོས་དང་འདྲ་བར་ཕྱུལ་ཆེ་བའི་ཕྱུ་པ་གྱོན་ཡོད་པ་དང་སྲོག་ཆགས་དག་ཀྱང་ས་གནས་དེ་གར་རྒྱུན་དུ་མཐོང་རྒྱུ་ཡོད་པ་ཤ་སྟག་ཡིན་པ་རེད། ལྷེབས་རིས་རྩིལ་པོར་གནའ་བོའི་མི་ཚོའི་ཡུལ་སྲོལ་དང་། སྙོད་བཙུད་ཕོར་ཡུག དད་མོས་སོགས་གསོན་རྗེན་དུ་བཀོད་ནས་ས་མཐོའི་མི་རིགས་ཀྱི་སྐྱས་སྔོའི་དུས་ཀྱི་བསམ་བློ་དང་བརྩེ་སེམས་མཚོན་པར་བྱས་ཡོད་པ་རེད།

ཕོ་བྲང་གི་ལྷེབས་རིས། བོད་ཀྱི་ལྷེབས་རིས་སྒྱུ་རྩལ་གྱི་བཤམས་མཛོད་ཁང་ཆེན་པོ་གཞན་ཞིག་ནི་གནའ་བོའི་ཕོ་བྲང་གི་གནའ་ཤུལ་ཁག་ཡིན་ཞིང་། བོད་ས་མཐོར་གུ་གེ་རྒྱལ་རབས་ཀྱི་ཕོ་བྲང་གནའ་ཤུལ་དང་། ཕོ་བྲང་པོ་ཏ་ལ། ཡུམ་བུ་བླ་མཁར་སོགས་བརྗོད་ཉམས་ཆེ་བའི་འཛུགས་སྐྲུན་དངོས་པོ་ཇི་སྙེད་ཅིག་ཡོད་པ་དེ་དག་ནི། གནའ་བོའི་འཛུགས་སྐྲུན་གྱི་ངོ་མཚར་ལག་རྗེས་ཅིག་ཡིན་ལ། ལྷེབས་རིས་སྒྱུ་རྩལ་གྱི་བཤམས་མཛོད་ཁང་ཞིག་ཀྱང་ཡིན། དེའི་ཁྲོད་ནས་མངའ་རིས་ས་ཁུལ་རྩ་མདའ་རྫོང་དུ་ཡོད་པའི་གུ་གེ་གནའ་ཤུལ་ནི་ཕྱི་ངོས་ནས་བལྟས་ན། ཕལ་ཆེ་བ་གྱང་རོའི་རྣམ་པར་གནས་པ་དང་ཞིག་རལ་སོང་ནས་ལོ་རབས་དུ་མ་བརྒལ་བའི་གནའ་བོའི་ཕོ་བྲང་རྙིང་པ་ཞིག་ཡིན་རུང་དེའི་ནང་ངོས་ཀྱི་ལྷེབས་རིས་མང་པོ་ཞིག་ནི་ད་ལྟའང་ཁྲ་ཆེམ་མེར་གནས་ནས་དེང་གི་སྐྱེ་བོ་ཚོར་གནའ་བོའི་བོད་ཀྱི་རི་མོའི་སྒྱུ་རྩལ་ངོ་སྤྲོད་བྱེད་པ་དང་ཡང་སྙོམས་གུ་གེ་རྒྱལ་རབས་ཀྱི་དར་རྒུད་སྙིང་བ་དང་གཉིས་སུ་མེད།

ཀུ་གེའི་ལྡེབས་རིས་ནི་ཀུ་གེ་ཕོ་བྲང་གི་སྒྱུ་རྩལ་གྱི་སྙིང་བཅུད་གནས་ས་ཞིག་ཡིན་ཞིང་། དེ་ནས་རྒྱལ་ཁབ་ཕྱི་ནང་གི་རྟོག་ཞིབ་པ་ཚོར་སྤྱི་རྗེས་སུ་ལྡེབས་རིས་ཁག་ཁ་ཤས་རྙེད་ཡོད་ཟུང་དཔེ་མཚོན་ཙམ་ཞིག་འདིར་བཀོད་ན། 2011ལོར་རང་སྐྱོངས་ཀྱི་ཞིབ་འཇུག་ཁྱབ་ཁོངས་ཀྱི་མཁས་དབང་གིས་བྲག་ཕུག་གསུམ་གྱི་ནང་ནས་སྤྱི་ལོའི་དུས་རབས་12ནས་དུས་རབས་14བར་དུ་བྲིས་པའི་ལྡེབས་རིས་ཁག་གཅིག་བཙལ་རྙེད་ཐུབ་པ་དེ་དག་ཆ་ཚང་ལ་ཐོག་མའི་ཆོས་གཞི་མ་འགྱུར་བར་གནས་ཡོད། ལྡེབས་རིས་ལ་ལའི་རིང་ཚད་ལ་སྨི3དང་མཐོ་ཚད་ལ་སྨི6ཙམ་ཡོད་ཅིང་། གསེར་དང་། གཡུ། བྱུ་རུ། དེ་མིན་གཏེར་རྫས་བཅས་སྦྱར་ནས་བྲིས་པའི་ཞིབ་ཚགས་ལྡེབས་རིས་དེ་དག་གི་ནང་དོན་ཐད་སངས་རྒྱས་ཀྱི་སྐྱེས་རབས་བྲིས་པ་དང་། དཀྱིལ་འཁོར་གྱི་དབྱིབས་བཀོད་པ། ད་དུང་ཡ་གླིང་ཤར་མའི་མི་དང་འདྲ་བས་གླང་ཆེན་བཞོན་ནས་འགྲུལ་བཞུད་བྱེད་ཚུལ་ཡང་འཁོད་ཡོད་ལ། སྐབས་དེའི་སྲོག་ཆགས་ཀྱི་འདྲ་རིས་སོགས་ཀྱང་བཀོད་ཡོད་པ་རེད། ཀུ་གེའི་ལྡེབས་རིས་ཕལ་ཆེ་བ་སྨི5ཡི་ཡས་མས་སུ་བྲིས་ཡོད་པ་དང་བོད་ས་ཁུལ་གྱི་ལྡེབས་རིས་གཞན་དང་བསྡུར་ན་སངས་རྒྱས་ཆོས་ལུགས་ཀྱི་ནང་དོན་རྐྱང་པ་ཙམ་མིན་པར་འཚོ་བའི་ཉམས་འགྱུར་ཟབ་ལ་སྒྱུ་རྩལ་གྱི་རང་བཞིན་དེ་བས་ཆེ་བ་ཡོད་པ་དཔེར་ན། གོང་གི་རྒྱལ་བློན་ནས་མི་སེར་དཀྲུས་མ་དང་གཡོག་མོ་ཡན་བཀོད་པ་དང་། བུད་མེད་རྣམས་ལྷ་མོའི་གཟུགས་སུ་བཀོད་ནས་ནུ་འབུར་རྒྱས་པ་དང་། སྐེད་སྐབས་ཕྲ་བ། འཕྲུལ་བག་ལྡན་པ་མ་ཟད། ལག་ཏུ་ཕྱག་མཚན་སྣ་ཚོགས་འཁྱེར་བའི་བུད་མེད་གཅེར་གཟུགས་ཅན་མང་ལ་

ཕྱེད་གཅེར་གཟུགས་དང་གྱོན་གོས་ཆེས་ཐུང་དུ་གྱོན་པའི་བུད་མེད་དེ་བས་མང་པོ་ཡོད་པས་སྣང་ཚུལ་དེ་རིགས་ནི་བོད་ས་མཐོའི་ལྡེབས་རིས་ཁྲོད་དུ་མཐོང་དཀོན་པ་ཞིག་རེད།

གུ་གེ་ཙོ་བྲང་ནི་རྒྱལ་ཁབ་ཕྱི་ནང་ཀུན་གྱིས་དོ་སྣང་བྱེད་པའི་ལྡེབས་རིས་སྒྱུ་རྩལ་གྱི་ཞིང་ཁམས་ཤིག་ཡིན་པ་མ་ཟད། དེའི་མཐའ་འཁོར་དུ་ཡན་ལག་དང་ཉིང་ལག་ལྷ་ཕུའི་བྲག་ཕུག་མང་པོ་ཡོད་པའི་ནང་དུ་ཡང་ལྡེབས་རིས་ཧ་ཅང་མང་པོ་ཡོད་པ་རེད། ད་བར་ཤེས་རྟོགས་བྱུང་བའི་ལྡེབས་རིས་ཕུན་སུམ་ཚོགས་ཤོས་ནི། 1992ལོར་ཐོག་མར་རྙེད་པའི་དུང་དཀར་ཕྱི་དབང་བྲག་ཕུག་ནི་རྩ་མདའ་རྫོང་ནས་སྤྱི་ལེ40ཡི་སར་ཡོད་ཅིང་། དེ་ནི་ད་བར་བཙལ་རྙེད་བྱུང་བའི་ཀྲུང་གོའི་ནང་བསྟན་གྱི་གནའ་བོའི་བྲག་ཕུག་གི་གནའ་ཤུལ་གཞི་ཁྱོན་ཆེ་ཤོས་དེ་ཡིན་པ་དང་། དེའི་ནང་སྣང་ཚང་དང་འདྲ་བའི་བྲག་ཕུག་ཆེ་ཆུང་ཧ་ལམ200ཙམ་ཡོད་པ་ནི་ལོ་ཆེན་རིན་ཆེན་བཟང་པོས་དགོན་སྡེ་ཆེན་པོ་བརྒྱད་བཞེངས་པར་གྲགས་པའི་གྲས་ཤིག་ཡིན། དུས་རབས་བཅུ་པར་བཞེངས་པའི་གནའ་ཤུལ་དེ་ནི་གུ་གེ་རྒྱལ་རབས་དུས་ཀྱི་རིག་གནས་ཀྱི་ལྟེ་གནས་ཡིན་པར་གྲགས། ལྡེབས་རིས་དེའི་ནང་སངས་རྒྱས་བྱང་སེམས་ཀྱི་སྐུ་བརྙན་ཙམ་མ་ཟད། སྒྲིག་ཆགས་སྣ་ཚོགས་ཡོད་པའི་ཁྲོད་ཀྱི་ལ་ལ་ནི་ས་དེ་གར་འཚོ་སྐྱོང་མེད་པའི་རྒྱ་གར་དང་། ཤིན་ཙང་། ཏུན་ཧོང་སོགས་ཀྱི་བྲག་ཕུག་ཏུ་བཀོད་པའི་སྒྲིག་ཆགས་དང་གཅིག་མཚུངས་ཡིན་པ་རེད། གཞན་ཡང་། གུ་གེའི་ལྷ་ཁང་དཀར་དམར་གྱི་འོག་ཁང་གི་ཕྱོགས་ཚང་མར་ལྡེབས་རིས་བྲིས་ཡོད་པའི་ནང་ལྷ་སྐུ་དང་

རྒྱལ་ཆེན་སོགས་ཀྱི་སྐུ་བརྙན་ཡོད་པ་ཕུད། བྱང་ངོས་སུ་བོད་ཀྱི་བཙན་པོ་རིམ་བྱོན་དང་གུ་གེའི་རྒྱལ་རྒྱུད་རྣམས་བཀོད་ཡོད་ལ། བོད་ཡིག་གི་ཐོག་ནས་མིང་ཡང་བཀོད་ཡོད་པ་རེད། འོན་ཀྱང་སྲས་དཔལ་ལྡེ་མན་གྱི་རྒྱལ་རྒྱུད་ཚོའི་མིང་བཀོད་མེད་པ་རེད། ལྷག་དོན་དུ་དགོན་དེའི་སྒོ་ནུབ་ངོས་ཀྱི་ལྡེབས་རིས་ནི་ཆེས་རིན་ཐང་ཅན་ཞིག་ཡིན་ཞིང་། དེའི་ནང་རྗེ་བོ་རྗེ་དཔལ་ལྡན་ཨ་ཏི་ཤ་གདན་ཞུའི་རྣམ་པ་བཀོད་པ་དེར་ཇ་རྟུང་མཁན་དང་། རྒྱ་གླིང་གཏོང་མཁན། རྟ་བཞོན་མཁན། གར་མ་བཅས་ཡོད་པ་མ་ཟད། གུ་གེའི་རྒྱལ་བློན་བཙུན་མོ་དང་བཅས་པ་ཉུ་སྟར་སྒྲིག་ནས་བསྡད་ཡོད་པ་དང་ཕྱོགས་བཞིར་དར་ཚོན་ཡང་བཀལ་ཡོད།

བོད་ཀྱི་ཕོ་བྲང་གི་ལྡེབས་རིས་གཅིག་སྟུད་ཆེ་ཤོས་ཤིག་ནི་ཕོ་བྲང་པོ་ཏ་ལ་ཡིན་ཞིང་། དེ་ཡང་ཏཱ་ལའི་བླ་མ་སྐུ་ཕྲེང་ལྔ་པའི་དུས་སུ་བོད་ཀྱི་རི་མོ་མཁས་ཤོས་རྣམས་བསྡུ་རུབ་བྱས་ནས་པོ་ཏ་ལའི་ལྡེབས་རིས་འབྲི་རུ་བཅུག་ཅིང་། སྐབས་དེའི་བོད་ཀྱི་རི་མོ་མཁས་ཤོས་ཡིན་པའི་གཙང་པ་དབུ་ཆེན་ཆོས་དབྱིངས་རྒྱ་མཚོས་ཕོ་བྲང་དཀར་པོའི་ལྡེབས་རིས་གལ་ཆེ་བ་ཚང་མ་བྲིས་པ་དང་། སྡེ་སྲིད་སྨན་ཐང་པ་བསྟན་འཛིན་ནོར་བུས་ཕོ་བྲང་དམར་པོའི་ནང་གི་ལྡེབས་རིས་གལ་ཆེ་བ་ཚང་མ་བྲིས་པ་དག་ད་ལྟ་ཡང་ཉམས་ཆག་མེད་པར་གནས་ཡོད། དེའི་སྐོར་གྱི་ལོ་རྒྱུས་ཡིག་ཆ་ལྟར་ན། ཕོ་བྲང་དཀར་པོའི་ལྡེབས་རིས་ནི1648ལོར་འབྲི་འགོ་བཙམས་པ་དང་ལྷ་འབྲི་བ63ཙམ་གྱིས་ལོ10ཙམ་ལ་གཞི་ནས་ལེགས་གྲུབ་བྱུང་བ་དང་། ཕོ་བྲང་དམར་པོའི་ལྡེབས་རིས་འབྲི་སྐབས་རི་མོ་བ་

གྲགས་ཅན236ཙམ་ཞུགས་ཤིང་། དེའི་ནང་སྨན་ཐང་ལུགས་ཀྱི་རི་མོ་མཁས་པ162དང་མཁྱེན་རྩེ་ལུགས་ཀྱི་རི་མོ་མཁས་པ74ཞུགས་ཡོད་པ་རེད། པོ་ཏ་ལའི་ལྡེབས་རིས་ཀྱི་བྲིས་ཆ་ཞིབ་ཚགས་ལ་གཟུགས་བརྙན་གསོན་ཉམས་དོད་པོ་ཡོད་པ་དཔེར་ན། ཕོ་བྲང་དཀར་པོའི་ལྡེབས་རིས་ནང་དམར་པོ་རིའི་ཐོག་ཏུ་ཕོ་བྲང་པོ་ཏ་ལ་ཐོག་མར་བཞེངས་ཚུལ་དང་། ལྷག་དོན་རྒྱ་བཟའ་བོད་ལ་གདན་དྲངས་ཚུལ་འཁོད་ཡོད་པའི་ནང་གཉེན་སློང་ཕོ་ཉས་རིག་པས་ཐེངས་གསུམ་འགྲན་ཚུལ་སོགས་ཀྱི་སྣང་ཚུལ་ཞིབ་ཕྲ་བཀོད་ཡོད་པ་དང་། ཕོ་བྲང་དམར་པོའི་ལྡེབས་རིས་སུ་ཏཱ་ལའི་བླ་མ་སྐུ་ཕྲེང་ལྔ་པའི་སྐུ་ཚེ་ཧྲིལ་པོའི་མཛད་པ་བཀོད་པ་དང་། ཕོ་བྲང་དམར་པོ་བཞེངས་ཚུལ་བཀོད་པའི་ནང་ལས་མི་ཚོས་བྲེལ་བརྩོན་ཆེན་པོས་རྡོ་ཤིང་སོགས་རི་སྟེང་དུ་སྐྱེལ་ཚུལ་དང་། ལག་ཤེས་པ་ཚོ་དང་ཚོས་རྒྱུ་ཆ་ལས་སྦྱོར་བྱ་ཚུལ། མཉན་པ་ཚོས་ཐ་རླབས་ལང་ལོང་དུ་འཕྱུར་བའི་ལྷ་ས་སྐྱིད་ཆུར་རྡོ་བྱུར་བུར་བཀང་བའི་ཀོ་གྲུ་གཏོང་ཚུལ་སོགས་དང་། ཐ་ན་ལས་མི་གཅིག་ཨར་ལས་བྱ་སྐབས་གྱང་སྟེང་ནས་ལྷུངས་ཏེ་རྡོ་སྐས་ཀྱི་འགྲམ་དུ་ཤི་བའི་སྣང་ཚུལ་ཡང་བྲིས་ཡོད་པ་རེད།

དགོན་སྡེའི་ལྡེབས་རིས། བོད་ས་མཐོ་ནི་ནང་པའི་གནས་མཆོག་ཅིག་ཡིན་སྟབས། ས་མཐོའི་རི་ལྗོང་གང་སར་དགོན་སྡེ་དང་ལྷ་ཁང་མང་པོ་མཛལ་རྒྱུ་ཡོད་པ་ཚང་མར་དུས་རབས་མི་འདྲ་བའི་ལྡེབས་རིས་སྒྱུ་རྩལ་གྱི་འོད་སྣང་རེ་འཕྲོ་བཞིན་ཡོད་པ་རེད། ལྷ་ལྡན་གཙུག་ལག་ཁང་དུ་རྩ་ཆེའི་ལྡེབས་རིས་སྤྱི་ཁྲི་ཛས་གྲུ4000ལྷག་ཙམ་ཡོད་པ་དག་གི་ནང་དོན་དང་། རྒྱུ་ཆ། རི་མོའི་སྒྱུ་

རྒྱལ་སོགས་ཚང་མ་ནི་ཞིབ་འཇུག་གི་རིན་ཐང་གཞལ་དུ་མེད་པའི་སྒྱུ་རྩལ་གྱི་བརྩམས་ཆོས་ཤ་སྟག་ཡིན་ཞིང་། ཆེ་སར་སངས་རྒྱས་ཀྱི་སྐྱེས་རབས་ལོ་རྒྱུས་དང་ཆུང་སར་ལུས་རྩལ་གྱི་བྱེད་སྒོ་ཡན་ཚད་ཡོད་པ་རེད། ལྷག་དོན་དུ་བཙན་པོ་སྲོང་བཙན་སྒམ་པོའི་དུས་ཀྱི་པོ་ཏ་ལའི་བཟོ་དབྱིབས་དང་སྐབས་དེའི་དམག་མིའི་ཆས་གོས་དང་རྟ་དར་སོགས་ཞིབ་ཕྲ་བཀོད་ཡོད་པ་རེད། དེ་དང་དུས་མཚུངས་པར་ཡུམ་བུ་བླ་མཁར་དང་ཁྲ་འབྲུག་གཙུག་ལག་ཁང་སོགས་ལྷ་ཁང་དང་དགོན་སྡེ་མི་ཉུང་བ་ཞིག་གི་ནང་བཙན་པོའི་དུས་ཀྱི་ལྡེབས་རིས་སྒྱུ་རྩལ་གྲངས་མེད་མཇལ་རྒྱུ་ཡོད་པ་རེད། ལྷག་དོན་དུ་འཛམ་གླིང་ཡོངས་ཀྱིས་དོ་སྣང་ཆེན་པོ་བྱེད་པའི་ཀན་སུའུ་ཧྲུན་ཧོང་བྲག་ཕུག་གི་ལྡེབས་རིས་ཁྲོད་དུ་ཡང་བོད་བཙན་པོའི་དུས་ཀྱི་ལྡེབས་རིས་མང་དུ་ཡོད་ཅིང་། ཤེས་རྟོགས་བྱུང་གསལ་ལྟར་ན། བཙན་པོའི་སྐབས་ཀྱི་ལོ་ངོ67རིང་ཧྲུན་ཧོང་དུ་བྲག་ཕུག44བྲུས་ཡོད་པའི་ཁྲོད་དེང་སང་མཐོང་རྒྱུ་ཡོད་པའི་ཨང་རྟགས14. 16. 35སོགས་བྲག་ཕུག9ཙམ་ཡོད་པ་མ་ཟད། ཧྲུན་ཧོང་ཉེ་འཁོར་གྱི་ཡུས་ལིང་བྲག་ཕུག་ཧྲུའང་དེང་སང་གི་ཨང་རྟགས15དང25སོགས་བོད་བཙན་པོའི་དུས་ཀྱི་ལྡེབས་རིས་མང་པོ་ཡོད་པ་དེ་དག་ལ་ལྷ་སྐུ་ཡོད་ལ་གནའ་བོའི་བོད་མིའི་ཆས་གོས་དང་འཚོ་བའི་ཉམས་འགྱུར་ཕུན་སུམ་ཚོགས་པོ་ཡོད་ཅིང་། དེ་དག་ལ་བོད་ས་མཐོའི་རི་མོའི་ཁྱད་ཆོས་ཐོག་ཐང་རྒྱུས་རབས་དུས་འགོའི་རི་མོའི་སྒྱུ་རྩལ་གྱི་ཉམས་འགྱུར་ཡང་མངོན་རྒྱུ་ཡོད་པ་རེད། ཕྱིས་ན་དུང་སུང་དང་ཡོན་སོགས་ཀྱི་སྐབས་སུ་ཡང་མོ་ཀའོ་ཁེའུ་དང་ཡུས་ལིང་བྲག་ཕུག་སོགས་སུ་བོད་རིགས་ཀྱི་ཁྱད་ཆོས་ལྡན་

པའི་ལྷིངས་རིས་མཐོང་རྒྱུ་ཡོད་པ་རེད།

རིགས་གཅིག་མཁས་ཅན་ཚོའི་བཤད་པ་ལྟར་ན། མངའ་རིས་ཀྱི་རུ་ཐོག་ནས་བྱུང་གི་གནམ་མཚོའི་བར་དུ་ཁྱབ་པའི་བྲག་ངོས་ལྷིངས་རིས་དེ་དག་ལ་དུས་ཚོད་སྔ་བར་ཕྱི་གསུམ་གྱི་དབྱེ་བ་ཕྱེ་ཆོག་གི་ཡོད་པ་དེའི་སྔ་མ་དག་སྐབས་བདེ་ལ་ཕྱི་མ་རྣམས་གྲ་རྒྱས་སུ་ཕྱིན་ཡོད་པ་མ་ཟད། བྲག་ངོས་རི་མོ་ནས་འཕེལ་རྒྱས་བྱུང་བའི་གྱང་ངོས་ཀྱི་ལྷིངས་རིས་ནི་དེ་བས་ཀྱང་ས་ཁྱབ་རྗོ་ཁྱབ་ཏུ་འཕེལ་རྒྱས་བྱུང་བ་དང་སྦྲགས། རི་མོའི་ལུགས་མང་པོར་འཕེལ་རྒྱས་བྱུང་བའི་ནང་གི་ཆེ་ཁག་གསུམ་ནི་གཙང་བྲིས་དང་། དབུས་བྲིས། ཁམས་བྲིས་བཅས་ཡིན་པ་དག་ནི་ཕྱིས་ཡོངས་སུ་གྲགས་པའི་སྨན་ལུགས་དང་། མཁྱེན་ལུགས། སྒར་བྲིས་ལུགས་བཅས་ཀྱི་སྔོན་མེད་ལྟ་བུ་ཡིན་ལ། དེ་དག་ནི་བོད་ཀྱི་ལྷིངས་རིས་དང་ཐང་གའི་སྒྱུ་རྩལ་ཉམས་པ་སླར་གསོ་དང་མི་ཉམས་གོང་འཕེལ་གཏོང་མཁན་གྱི་སྲོག་ཤིང་ཡང་ཡིན་ནོ།

ཐོད་ས་མཐོ་ནི་ཆོས་ལུགས་སྒྱུ་རྩལ་དར་ཁྱབ་ཆེ་བའི་གནས་མཆོག་གཅིག་ཡིན་སྐབས་ལོ་རྒྱུས་རིང་བའི་ལྷ་ཁང་དང་དགོན་སྡེ་མི་ཉུང་བ་ཞིག་ཡོད་པ་ཚང་མར་རྩ་ཆེའི་ལྷིངས་རིས་མང་པོ་ཡོད་པ་དག་ལ་ལོ་ཟླའི་རྗེས་ཤུལ་གྱི་ཉམས་ཆག་བྱུང་ཡོད་པ་རེད། དེ་དག་ཇི་མ་ཇི་བཞིན་ཉམས་གསོ་བྱ་རྒྱུ་ནི་དེང་གི་མི་ཚོའི་འོས་འགན་ཞིག་ཡིན་རུང་དཔེ་ལྟ་བྱ་ཡུལ་དཀོན་པའི་གནད་དོན་ནི་དཀའ་ངལ་ཆེ་ཤོས་ཤིག་ཏུ་གྱུར་ཡོད་པ་རེད། གནས་ཚུལ་དེ་འདྲའི་འོག2013ལོར་ལྷ་ལྡན་གཙུག་ལག་ཁང་གིས་གྲངས་གཞི་ཅན་གྱི་པར་ཆས་སྤྱད་ནས་ལྷིངས་རིས

པར་ལེན་བྱས་པ་དེ་ནི་ལྗོངས་རིས་ཉར་ཚགས་བྱ་གཞུག་གི་གལ་ཆེའི་ཤོག་ལྡེ་གསར་པ་ཞིག་ཕྱེ་བ་དང་མཚུངས་ཤིང་། བཙན་པོ་སྲོང་བཙན་སྒམ་པོའི་སྐུ་དུས་སུ་བཞེངས་པའི་ལྷ་ལྡན་གཙུག་ལག་ཁང་ལ་ད་བར་མི་ལོ1300ལྷག་ཙམ་གྱི་ལོ་རྒྱུས་ཡོད་ཅིང་། བོད་ཀྱི་དགོན་སྡེ་ལྷ་ཁང་གི་དཔེ་མཚོན་ལྟ་བུ་ཡིན་པ་དེར་ད་ཆའི་རྒྱ་ཁྱོན་ལ་སྤྱི་ཁྲི་ངོས་སྙོམས་གྲུ་བཞི་མ25100ལྷག་ཙམ་ཡོད་པ་དང་རྩ་ཆེའི་ལྗོངས་རིས་སྤྱི་ཁྲི་ངོས་གྲུ་སྟོང་ཕྲག་ཁ་ཤས་ཡོད་པ་དེ་དག་ལ་ལའི་ལྗོངས་རིས་དང་གྱང་གི་བར་དུ་སེར་ཁ་རྒྱུག་པ་དང་ལ་ལའི་ཕྱི་ངོས་ནག་ནོག་ཆགས་པ་སོགས་ཀྱིས་དེ་སྔའི་རྣམ་པ་ཉམས་ཉེས་སུ་འགྲོ་བཞིན་ཡོད། གྲངས་གཞི་ཅན་གྱི་པར་ཆས་ཀྱིས་པར་ལེན་བྱ་སྐབས་སྤྱིར་བཏང་གི་པར་ལེན་བྱ་ཐབས་དང་མི་འདྲ་བར་དེ་བས་ཆ་ཚང་བ་དང་གནས་ལ་འཁེལ་བའི་པར་ལེན་ཐུབ་པ་བྱ་ཆེད། སྔོན་ལ་སྒྲོམ་གཞི་བསླངས་ནས་པར་ཆས་བརྒྱུད་གནས་གཏན་འཁེལ་གྱིས་སྒྲིག་རྗེས་ཕྱོགས་མི་འདྲ་བ་ནས་ཐིག་རིས་རེ་རེ་བཞིན་པར་ལེན་གྱིས་ལྷུ་སྒྲིག་བྱས་མཐར་ལྗོངས་རིས་མ་གཞི་དང་བསྡུར་བ་བྱེད་ཀྱི་ཡོད། དེ་ལྟར་བྱས་ན་ལྗོངས་རིས་ཀྱི་དཔེ་རིས་དང་ཚོན་ཁ་ཡན་ཧྲི་མ་ཧྲི་བཞིན་དུ་མངོན་ཐུབ་ཀྱི་ཡོད་པས་ལྷ་ལྡན་གཙུག་ལག་ཁང་གི་རྩ་ཆེའི་ལྗོངས་རིས་དག་གྲངས་གཞི་ཅན་གྱི་ཡིག་ཆའི་རྣམ་པའི་ཐོག་ནས་ནམ་ཡང་ཉར་ཚགས་ཐུབ་པ་བྱུང་ཡོད་ལ། སླད་ཕྱིན་དེང་རབས་ཀྱི་ལག་རྩལ་ལ་བརྟེན་ནས་བོད་ཀྱི་རྩ་ཆེའི་ལྗོངས་རིས་དག་ཉར་ཚགས་དང་ཉམས་གསོ་སྲུང་སྐྱོབ་བྱ་རྒྱུར་སྒོ་འཕར་ཡངས་པོ་ཞིག་ཕྱེ་བ་ཡང་མཚོན་ཡོད།

ལྗོངས་རིས་ཀྱི་སྐོར་ནས་བཤད་ན། མང་ཚོགས་དཀྱུས་མའི་སྟོད་ཁང་

ཡིན་རུང་མཆོད་ཁང་ནང་སྒོམ་བརྗོན་དམ་པ་དང་རྣམ་བཅུ་དབང་ལྡན་སོགས་ཀྱི་རི་མོ་འབྲི་བ་དང་། ཚོམས་ཆེན་ནང་བཀྲ་ཤིས་རྟགས་བརྒྱད་དང་། རྫས་བརྒྱད། འདོད་ཡོན་སྣ་ལྔ་སོགས་ཀྱི་རི་མོ་བཀོད་པ། གསོལ་ཐབ་ནང་གྲོ་ཞིབ་དང་ས་དཀར་སོགས་ཀྱིས་པ་ཏྲ་དང་སྡིག་ར་སོགས་ཀྱི་གཟུགས་འབྲི་བ། བར་ཁྲམས་དང་ཀ་ཕིབས་སོགས་སུ་མཐུན་པ་སྤུན་བཞི་དང་ཚེ་རིང་རྣམ་དྲུག་སོགས་རྒྱག་པ། སྒོ་འཚར་གྱི་སྐྱ་ལྡེབས་སུ་སོག་པོ་སྟག་ཁྲིད་དང་ཨ་ཙ་ར་གླང་ཁྲིད། རྒྱལ་སྒོའི་གཡས་གཡོན་ནམ་ཡང་ན་སྒོའི་མེ་ལོང་ངོས་སུ་ཉི་ཟླ་གཡུང་དྲུང་གིས་བརྒྱན་པ་སོགས་ནི་ཆོས་ནོར་རྒྱས་པ་དང་། བཀྲ་ཤིས་གཡང་ཆགས། ཚེ་རིང་བ་དང་དོན་གྲུབ་པ། ནད་མེད་ཅིང་མཐུན་པ། བརྟན་བརྗིད་ཆེ་བ་སོགས་ལེགས་པའི་དགེ་མཚན་ཤ་སྟག་གི་མཚོན་བྱེད་ཡིན་པ་དང་། ད་དུང་དྲ་བ་དྲ་ཕྱེད་དང་། ཤམ་བུ། མཛེས་སྡོང་སྣ་ཚོགས་སོགས་རྒྱག་སྲོལ་ཡོད་པ་དེ་ཡང་ལྡེབས་རིས་སྐྱུ་རྩལ་གྱི་རྣམ་གྲངས་སུ་གཏོགས་པ་ཀུན་ཤེས་སུ་གྲུབ་པ་ཞིག་ཡིན། །

བཞི། སྨན་ཐང་བརྒྱུད་རྩའི་བྱུང་བ།

བོད་ལ་རིག་གནས་ཀྱི་གྲགས་རྟགས་མང་པོ་ཡོད་པའི་ཁྲོད་ནས་ཐང་ག་ནི་ཆེས་ངོ་མཚར་ཅན་གྱི་རིག་དངོས་ཤིག་ཡིན་པས་དེར་བོད་ས་མཐོའི་ཐོན་སྐྱེད་འཚོ་བ་དང་། རིག་གནས། ཆོས་ལུགས། སྨན་རྩིས་སོགས་མ་འདུས་པའི་སྣ་

མེད་ཅིང་། ད་ལྟའི་ཚར་ཐང་གར་ལུགས་ཆེ་བ་གསུམ་དབྱེ་སྲོལ་ཡོད་པ་ནི་སྨན་ཐང་ལུགས་དང་། མཁྱེན་རྩེའི་ལུགས། སྨར་བྲིས་ལུགས་བཅས་ཡིན་པ་དེ་དག་ལ་བོད་ཡུལ་སྟོད་སྨད་ཀུན་གྱི་སྒྱུ་རྩལ་གྱི་ཉམས་འགྱུར་མ་ལུས་བསྡུས་ཡོད་པས་འཛམ་གླིང་གི་མཁས་དབང་ཚོས་ཐང་ཀའི་རིན་ཐང་ལ་ཚད་མཐོའི་གདེང་འཇོག་གནང་བཞིན་ཡོད། འོན་ཀྱང་ད་ལྟ་བརྗོད་པར་འདོད་པའི་ཐང་ག་ནི་འཛམ་གླིང་གི་གསོ་རིག་ལོ་རྒྱུས་ཐོག་ཆེས་ཐོག་མར་མི་ལུས་ཀྱི་ཆགས་ཚུལ་སྤྱི་དང་། དོན་ལྔ་སྣོད་དྲུག ཙ་དང་ཆུ་རྒྱུས། རུས་པའི་དུམ་བུ་དང་བཅས་པ་ཞིབ་ཅིང་ཕྲ་བར་བཀོད་པའི་སྨན་ཐང་བརྒྱད་ཅུ་ཞེས་པ་དེ་ཡིན་ཅིང་། དེའི་ཐད་ང་ཚོར་ཞིབ་འཇུག་བྱེད་པའི་སྐབས་པས་དཔེན་རུང་བོད་ལུགས་གསོ་རིག་གིས་འཛམ་གླིང་གི་གསོ་རིག་ལོ་རྒྱུས་ཐོག་བཞག་པའི་མཛད་རྗེས་རྗེ་རིང་དེ་འདྲ་ཞིག་ཡོད་པ་ཤེས་རྟོགས་ཐུབ་ན། རང་ཉིད་ལ་ཤེས་བྱའི་ཕྲ་ཕུང་གསར་པ་ཞིག་བསྟན་ཐུབ་པ་མ་ཟད་བོད་ལུགས་གསོ་རིག་གི་སྟོན་ཐོན་དང་། ཚན་རིག་དང་མཐུན་པ། རིགས་པའི་གཞུང་ལུགས་དང་ལག་ལེན་གྱི་གནས་ཚད་བཅས་ལ་ལྟ་བའི་གདེང་ཞིག་སྐྱེད་ངེས་རེད།

སྨན་ཐང་བརྒྱད་ཅུ་ནི་སྡེ་སྲིད་སངས་རྒྱས་རྒྱ་མཚོའི་སྐུ་དུས་སུ་གཡུ་ཐོག་སྙིང་མ་ཡོན་ཏན་མགོན་པོས་མཛད་པའི་རྩ་རྒྱུད་དང་། བཤད་རྒྱུད། མན་ངག་རྒྱུད། ཕྱི་མ་རྒྱུད་བཅས་ལས་གྲུབ་པའི་ས་བཅད་བརྒྱ་དང་ལྔ་དྲུག་གི་བདག་ཉིད་ཅན་གྱི་རྒྱུད་བཞིའི་མ་ཕྱིའི་ནང་གསལ། མིའི་བྱང་ཁོག་ལུས་ཐིག་གི་རྩ་འགྲེལ་ལས་གོང་སྨན་མཁས་དབང་བྲང་ཏི་དཔལ་ལྡན་འཚོ་བྱེད་དང་། བྱང་

བྱུར་རྣམ་གཉིས་སོགས་ཀྱི་དཔེ་རིས་ཐོན་པའི་སྨན་ཐང་རེ་བྱུང་ཡོད་པ་གཞིར་དཔྱད། 1703ལོར་སྨན་གཞུང་གི་སློབ་ཁྲིད་ཐོག་ལག་ལེན་གྱི་ནུས་པ་ཐོན་ངེས་བཞིན་པའི་གཞུང་དོན་ཆ་ཚང་ལ་ཞིབ་ཅིང་ཕྲ་བའི་སྨན་ཐང་ཚོན་ཁྲ་ཅན་ངོ་གྲངས་དོན་དགུ་གསར་བཞེངས་མཛད་པའི་ཐོག་སྐབས་རིམ་བྱུང་གི་སྨན་བླའི་ཞལ་ཐང་བསྟན་པའི་སྨན་ཐང་བརྒྱད་ཅུ་བཞེངས་པའི་ཁོངས་སུ་སྡེ་སྲིད་ཀྱི་ལྗགས་བཀོད་ལྟར་རི་མོ་མཁས་ཅན་ལྷོ་བྲག་བསྟན་འཛིན་ནོར་བུས་དུར་སར་སྐྱིད་དེ་ཕུང་པོ་དངོས་ལ་པ་ལྟས་ནས་ཏྲུང་ཤོག་ཕྱི་ནང་སོགས་ཀྱི་གྲུབ་ཚུལ་རི་མོ་ཇི་མ་ཇི་བཞིན་ཐོན་པའི་ཐང་ག་གཅིག་ཡོད་པ་དེས་བོད་ཀྱི་གསོ་དཔྱད་སྨན་གྱི་རིག་པར་བསྒྲུབ་ཐབས་མེད་པའི་མཛད་རྗེས་རླབས་པོ་ཆེ་བཞག་ཡོད། ལྷོ་བྲག་བསྟན་འཛིན་ནོར་བུ་ནི་སྨན་ཐང་ལུགས་ཀྱི་ཐང་གའི་མེས་པོ་སྨན་ལྷ་དོན་གྲུབ་རྒྱལ་གྱི་རྒྱུད་ལས་མཆེད་པར་གྲགས་པའི་རི་མོ་མཁས་ཅན་ཞིག་ཡིན་པས། ཕོ་བྲང་པོ་ཏ་ལའི་རྩ་ཆེའི་ལྡེབས་རིས་ཁྲོད་དུ་ཁོང་གི་ཕྱག་རྒྱུན་མང་པོ་ཡོད་ལ། ལྷག་དོན་མི་ལུས་ཀྱི་གྲུབ་ཆའི་ཆ་ཤས་ཚང་མ་མ་ཚང་བ་མེད་པའི་ཞལ་ཐང་དེ་བཞེངས་ནས་འཛམ་གླིང་གི་གསོ་རིག་ལོ་རྒྱུས་ཐོག་མཐོང་དཀོན་པའི་མཛད་རྗེས་རླན་མེད་པ་བཞག་ཡོད་པ་མ་ཟད། དེང་གི་རི་མོའི་མཁས་དབང་ཚོས་ཁོང་ནི་བོད་ཀྱི་དངོས་བྲིས་ཀྱི་རི་མོ་འབྲི་མཁན་ཐོག་མ་དེ་ཡང་ཡིན་པ་ཞལ་མཐུན་བཞིན་ཡོད།

ཕྱིས་བོད་རབ་བྱུང་བཅོ་ལྔ་པའི་ཆུ་ཕག་ལོ་སྟེ་སྤྱི་ལོ1923ལོར་ལྷུགས་རི་ཀྲུ་ཚང་གི་ཚོན་ཁྲ་ཅན་གྱི་དཔེ་རིས་སྨན་ཐང་དག་བར་སྐབས་གསར་རྗེས་པོར་

བརྟག་གིས་ངོ་གྲངས་སོ་གཅིག་ལས་མེད་གཤིས། ཏྭ་ལའི་བླ་མ་སྐུ་ཕྲེང་ལྔ་པའི་བཀའ་དགོངས་ལྟར་རྗེ་དེ་ཉིད་ནས་ཐུགས་འགན་བཞེས་ཏེ་བསྐྱར་བྲིས་ཁ་གསབ་མཛད་སྐབས་དུས་ད་ལྟའི་བར་དུ་ཡང་མཛལ་དུ་ཡོད་པའི་ངོ་མཚར་ཡུལ་གྱི་ཚད་མར་འཛིན་པའི་རྩ་ཆེའི་རིག་དངོས་དེ་དག་བྱུང་བ་ནི་དེ་བས་འཛམ་གླིང་སྤྱི་དང་ཡང་སྒོས་བོད་མི་རིགས་ཀྱི་བསོད་ནམས་ལས་འཁྲུངས་པའི་བགོ་སྐལ་བླ་ན་མེད་པ་ཞིག་རང་ཡིན།

ལྔ། ཐང་ཀའི་ལོ་རྒྱུས་ཐོག་གི་གསར་བྱུང་གཏམ་རྒྱུད།

ཐང་ག་ནི་བོད་ཀྱི་ཡངས་ཤིང་རྒྱ་ཆེ་བའི་རིག་གནས་གར་སྟེགས་ཐོག་ཆེས་དམིགས་བསལ་ཆེ་ཞིང་བཀྲག་མདངས་ལྡན་པའི་རི་མོའི་སྒྱུ་རྩལ་གྱི་རྣམ་པ་ལས་ཐོན་པ་ཞིག་ཡིན་ཞིང་། དེར་ལོ་རྒྱུས་དང་། ཆབ་སྲིད། རིག་གནས། དེ་བཞིན་སྤྱི་ཚོགས་འཚོ་བ་སོགས་ནང་དོན་སྣ་ཚོགས་ཡོད་པས་བོད་ཀྱི་རིག་གནས་ཀྱི་ཤེས་བྱ་ཀུན་བཏུས་ལྟ་བུ་ཞིག་ཡིན་ཟེར་བ་ཡང་དོན་ལ་གནས་པ་ཞིག་ཡིན། ཐང་ཀའི་རི་མོ་རྙོག་འཛིང་ཆེ་ལ་རྗེ་ཚོན་སྦྱོད་ཤུགས་ཆེ་བས་ཚོན་མདངས་རྣམ་པར་བཀྲ་ལ་ཡུན་གནས་ཀྱི་དགེ་མཚན་ལྡན་སྐབས། གངས་ལྗོངས་རིག་གནས་ཀྱི་ཁྱད་ཆོས་ལྡན་ཤོས་དང་བོད་ཀྱི་རིག་གནས་ཁྲོད་གནས་བབ་ངེས་ཅན་བཟུང་བའི་རྩ་ཆེའི་རིག་དངོས་ཤིག་ཡིན། ཉེ་བའི་ལོ་ཤས་ནང་སྒྱུ་རྩལ་དེ་སྲུང་སྐྱོབ་

དང་རྒྱུན་འཛིན་བྱེད་པའི་ནང་གཏམ་རྒྱུད་གསར་པ་ཡང་གཅིག་མིན་གཉིས་མིན་དུ་ཐོན་བཞིན་ཡོད་པ་རེད།

ཐང་གའི་གནས་ཐང་ཇེ་ཆེར་འགྲོ་བ། ཐང་ག་ནི་མི་ལོ1300ལྷག་ཙམ་གྱི་ལོ་རྒྱུས་ལྡན་པའི་རིག་གནས་ཐོན་དངོས་ཤིག་ཡིན་པ་དང་ལུགས་མང་པོ་ཐོན་ནས་རིམ་བཞིན་འཕྲུས་ཚང་དུ་གྱུར་མཐར། སྒྱུ་རྩལ་དང་དཔལ་འབྱོར་གྱི་རིན་ཐང་འཛམ་གླིང་ལ་གྲགས་པ་དེའི་ནང་སྟོན་ཐོན་སྒྱུ་རྩལ་པ་གྲངས་མེད་ཀྱི་རྩལ་ཆ་དང་བློ་གྲོས་བསྟུས་ཡོད། བོད་ཀྱི་ལོ་རྒྱུས་ཐོག་དང་ཐོག་མངའ་རིས་སུ་བལ་ཡུལ་དང་གཙྨིར་གྱི་ཁྱད་ཆོས་ལྡན་པའི་ཐང་གའི་འབྲི་ལུགས་ཤིག་ཐོན་པ་དང་། དེ་རྗེས་དེ་དང་ཉེ་ཞིང་། ཆོས་གཞི་ཏར་ལ་བསྟུར་བ་ཤུགས་ཆེ་བའི་བྱེའུ་སྣང་པའི་ལུགས་ཐོན་པ། མེང་དང་ཆེང་རྒྱལ་རབས་སྐབས་སྨན་ལུགས་དང་། མཁྱེན་ལུགས། སྣར་བྲིས་ལུགས་བཅས་རིམ་བཞིན་ཐོན་ནས་གཞུང་ལུགས་ཀྱི་རྒྱབ་རྟེན་བཙན་ལ་ལག་ལེན་གྱི་བརྡར་ཤ་ཆོད་པའི་རིག་གཞུང་ཞིག་ཏུ་འཕེལ་རྒྱས་བྱུང་ནས་དུས་རབས་ཉེར་གཅིག་པའི་སྐྱེ་བོ་ཚོར་ཡང་ལོངས་སྤྱོད་གྱུ་ནོམ་པ་ཞིག་བྱ་རྒྱུ་བྱུང་བ་དང་སྦྲགས། དེའི་སྐོར་གྱི་གསར་བྱུང་གཏམ་ཡང་གཅིག་མཇུག་གཉིས་མཐུད་ངང་ཐོན་ཡོད། དེ་ཡང་2006ལོར་ཐང་ག་དེ་རྒྱལ་ཁབ་རིམ་པའི་མངོན་མིན་རིག་གནས་ཤུལ་བཞག་གི་མིང་གཞུང་ནང་ཚུད་ཅིང་། རྒྱལ་སྤྱིའི་ཁྲོམ་རའི་ཐོག2000ལོ་ནས་བཟུང་ཐང་གའི་རིན་གོང་ལྡབ་བཅུ་ཙམ་འཕར་ཞིང་། ལྷག་དོན2002ལོར་རྒྱལ་སྤྱིའི་ཏབ་ཚོང་ཁྲོམ་རའི་ཐོག་གོང་མ་ཡུང་ལོའི་དུས་ཀྱི་གཞི་ཆེའི་ཐང་ག་སྟེ། 《འཆམ་དྲུབ་ཀྱི་ཐང་ག》ཞིག་ལ་སྣང་

སྨྱོར་ཁྲི3087.41བྱས་ཏེ་འཛམ་གླིང་གི་ཐང་གའི་རིན་གོང་གི་ཟྙིན་ཐོ་མཐོ་ཤོས་བཏོད་པ་རེད།

ཅི་ཉི་སི་ཡི་ཟྙིན་ཐོ་བཏོད་པའི་ཐང་ག རྒྱལ་སྤྱིའི་ཐོག་བོད་ཀྱི་ཐང་གའི་གནས་བབ་ཇེ་མཐོར་ཕྱིན་པ་དང་སྨུགས་ཐང་གའི་ཕ་ཡུལ་དུ་གྲགས་པའི་བོད་ལྗོངས་ས་མཐོར་ཡང་ཐང་གའི་སྐར་གྱི་གཏམ་གསར་གཅིག་མཇུག་གཉིས་མཐུད་དུ་ཐོན་ཞིང་། 2013ལོར་ལྷ་ས་གྲོང་ཁྱེར་མལ་གྲོ་གུང་དཀར་རྫོང་ཉི་མ་ལྷུང་ར་ཤར་ཕྱི་མ་ཁ་གྲོང་ཚོའི་རི་ལྗེབས་སུ་བསང་དུད་ལྡོག་ལྡོག་ཏུ་འཕྱུར་བ་དང་བསྟུན་ནས་གོས་ཐང་ཆེན་པོ་ཞིག་རི་ལྗེབས་སུ་དལ་བུར་བཀྲམ་ནས་མི་རྣམས་ཀྱིས་དགའ་འབོད་བྱེད་བཞིན་ཡོད། དེ་ནི་འབྲི་གུང་བཀའ་རྒྱུད་ཀྱི་འཚམ་དྲུབ་ཞལ་ཐང་ཆེ་མོ་བཞེངས་ཚར་བའི་རྟེན་འབྲེལ་གྱི་ཚོ་ག་སྒྲུབ་བཞིན་པའི་གནས་ཚུལ་ཡིན་ཞིང་། འཚམ་དྲུབ་ཞལ་ཐང་ཆེ་མོ་དེའི་མཐོ་ཚད་ལ་སྨི120ཡོད་པ་དང་། ཞེང་ཚད་ལ་སྨི85ཡོད་པ། སྐུ་འདྲ19དང་སྲོག་ཆགས་དང་གཅན་གཟན12ཀྱི་དཔེ་རིས་བཀོད་ཡོད་པ་མ་ཟད། རྟེན་གཙོའི་ཕྱག་གི་རིང་ཚད་ཁོ་ནར་སྨི2དང་སྐུ་འདྲ་བྱིངས་ཀྱི་མཐོ་ཚད་ཐོག་སོ་གཅིག་ཙམ་གྱི་སྐུ་ཚད་ལྡན་ལ། ཞལ་ཐང་གི་སྤྱིའི་རྒྱ་ཁྱོན་ལ་སྨི་ངོས་གྲུ10200ཡོད་པས་འཛམ་གླིང་ཟྙིན་འགོད་མཐུན་ཚོགས་ཀྱི་མཐོ་རིམ་དཔང་འཛིན་པ་སྐུ་ཞབས་ཞིས་ཚའོ་ཡིས་གཟི་བརྗིད་ལྡན་པའི་སྒོ་ནས་ཞལ་ཐང་དེས་འཛམ་གླིང་ཐོག་གི་ཞལ་ཐང་ཆེ་ཤོས་སམ་ཅི་ཉི་སི་ཡི་ཟྙིན་ཐོ་བཏོད་པའི་ཁྲབ་བསྒྲགས་བྱས་པ་རེད། མི་ལག་གཅིག་གིས་ཞལ་ཐང་དེར་སྒོར་ཁྲི་ཆིག་སྟོང་ཡན་རེ་བའི་ཚོད་དཔག་བྱས་

ཡོད་ཏུང་། ཞལ་ཐང་དེའི་འདུ་བྱེད་པ་མིག་དམར་ཚེ་རིང་གིས་འདམ་གཞུང་རྫོང་ཡངས་པ་ཅན་དགོན་པར་འགྱུར་རྐྱེན་དང་གན་རྒྱ་གང་ཡང་མེད་པའི་གནས་ཚུལ་འོག ཐོག་མའི་ཁ་ཆད་ལྟར་སྒོར་ཁྲི24ལས་མ་བླངས་པར་ཕུལ་ཡོད་པ་རེད། དོན་དམ་དུ་མི་ཚོའི་ཚོད་དཔག་དེ་ནོར་མེད་ཅིང་། ཐང་ཁ་ཆེན་པོ་དེ་འདྲ་ཞིག་ལ་དེ་མཐུན་གྱི་བཞེངས་ཡུལ་དགོས་སྐབས། སྒོར་ཁྲི20བཏང་ནས་བཟོ་ཁང་ཆེད་དུ་སྐྲུན་དགོས་བྱུང་བ་དང་། དར་གོས་སོགས་རྒྱུ་ཆ་རྩེ་གྲ་ཤ་སྟག་སྤྱད་པ། མིག་དམར་ཚེ་རིང་དང་ཕོང་གི་དགེ་ཕྲུག9ཡིས་བགྲང་བྱ་རྫིལ་པོ9ཡི་རིང་འབད་འཐབ་སྟོད་མེད་བྱས་པ་བཅས་ཀྱིས་ཞལ་ཐང་བཞེངས་ཚར་སྐབས་མིག་དམར་ཚེ་རིང་ལ་བུ་ལོན་སྒོར་ཁྲི100ཙམ་ཐུག་ཡོད་པ་རེད། འོན་ཀྱང་བུ་ལོན་ཐུག་པའི་མིག་དམར་ཚེ་རིང་ནི་སྒྱུ་རྩལ་ལ་བཅངས་པའི་བརྩེ་སེམས་དང་དད་སེམས་ཀྱིས་ཀུན་ནས་བླངས་ཏེ་ལུས་སེམས་ཡོངས་ལ་གནོན་ཐབས་མེད་པའི་དགའ་སྤྲོས་ཁྱབ་པ་རེད།

རྗེ་ལུགས་ཐང་གའི་འབྱུང་བ། ཡང་2006ལོར་ཁྲིམ་རའི་ཐོག་ཐང་གའི་ལུགས་གསར་པ་ཞིག་ཐོན་པ་དེ་སྐྱེ་བོ་མང་པོའི་དོ་སྣང་བྱ་ཡུལ་དུ་གྱུར་ཡོད། དེའི་རྒྱུ་མཚན་ནི་སྲོལ་རྒྱུན་ལྟར་ན། ཐང་གའི་ལུགས་གང་འདྲ་ཞིག་གི་ཐོག་ནས་བྲིས་ཏུང་ཐོག་མའི་སྐྱ་རིས་ནས་ཚོན་སྤེལ་སྟངས་དང་བཅད་རྒྱག་སྟངས་ཚང་མ་ལུགས་དེའི་རྩ་དོན་ལ་ནན་པོར་གཞིགས་ཀྱི་ཡོད་སྐབས་ད་གཟོད་གཞི་ནས་ཁྲིམ་རའི་ཐོག་གི་ཐང་གར་མཁྱེན་ལུགས་དང་། སྨན་ལུགས། སྒར་བྲིས་ལུགས་ཀྱི་ཐང་ག་སོགས་དབྱེ་བ་འབྱེད་རྒྱུ་ཡོད་པར་གྱུར། འོན་ཀྱང་གསར་དུ

ཐོན་པའི་ཐང་ག་དེ་ནི་སྲོལ་རྒྱུན་གྱི་ཐང་ག་འབྲི་ལུགས་ཁག་ཁ་ཤས་ཀྱི་ལེགས་ཆ་གཅིག་ཏུ་བསྡུས་པའི་ཐོག་དེང་རབས་ཀྱི་དར་སོར་བསྟུན་པ་གང་ཞིག བོད་ཀྱི་སྲོལ་རྒྱུན་རིག་གནས་ཀྱི་བཀག་རྒྱ་ལས་བརྒལ་ཡོད་ཅིང་། ཐང་གའི་ལུགས་གསར་པ་དེར་རྡོ་ལུགས་ཀྱི་ཐང་ག་ཟེར་ཞིང་། རྡོ་ལུགས་ཟེར་དོན་ནི་ཐང་ག་དེའི་གསར་གཏོད་པ་གཙོ་བོར་ཉན་ཤུལ་རྡོ་རྗེ་དོན་གྲུབ་ཟེར་བས་ཕོང་གི་མཚན་ནས་དྲངས་པ་ཞིག་ཡིན་པ་རེད། གསར་གཏོད་གང་འདྲ་ཞིག་ཡིན་རུང་སྔོན་ཅུན་པས་བཞག་པའི་སྲོལ་རྒྱུན་གྱི་ཆ་དང་དེང་གི་མི་ཚོས་འབད་པའི་བློ་ཐབས་ལ་རག་ལས་པ་ལྟར་ལུགས་མང་གི་ཐང་ག་དེ་ནི་ཐང་གའི་འབྲི་ལུགས་མང་པོ་དཔྱད་གཞིར་འཛིན་པའི་ཐོག སྨར་བྲིས་ལུགས་ཀྱི་འབྲི་སྲོལ་རྒྱུན་འཛིན་བྱས་པ་གང་ཞིག སྨར་བྲིས་དང་། སྨན་ཐང་། བཀའ་གདམས་པའི་ཁྱད་ཆོས་དང་མཐུན་ལ་གསར་གཏོད་ཀྱང་འོས་འཚམ་བྱས་ཏེ་ཐང་གའི་ལུགས་གསར་པ་དེ་གྲུབ་པ་ཞིག་ཡིན། དེར་བརྟེན་རྡོ་ལུགས་ཐང་ག་དེའི་མཛེས་དཔྱད་ཀྱི་ལྟ་བ་དང་བཀོད་པའི་ཐད་གནའ་བོའི་ཐང་གའི་ཁྱད་ཆོས་དང་མཐུན་ཐབས་ཀྱིས། མཛེས་རིས་དང་ཉམས་འགྱུར་དེ་ཡོན་དང་མིང་རྒྱལ་རབས་དུས་ཀྱི་བཀའ་གདམས་པའི་གནའ་བོའི་ཉམས་འགྱུར་དང་མཐུན་པ་དང་སྒྲིགས། དེང་རབས་ཀྱི་དར་སོའི་འཆར་འགོད་དང་བསྟུན་པས་རྡོ་ལུགས་ཐང་གའི་དམིགས་བསལ་ཉམས་འགྱུར་མཆོག་ཐུབ་པ་བྱུང་ཡོད། དེ་དང་ཕྱོགས་མཚུངས་ཆོས་གཞི་སྤེལ་སྟངས་ཐད་སྨར་བྲིས་ལུགས་ཀྱི་ཉམས་འགྱུར་ལྡན་པ་དང་ནང་དོན་ཐད་སྲོལ་རྒྱུན་གྱི་ཐང་གའི་འབྲི་སྲོལ་ལས་བློ་ཕོག་ཆེན་པོས་བརྒལ་ཏེ། དེང་

རབས་དང་དར་སོའི་རྗེས་སུ་བསྙེགས་པ་དང་ཐ་ན་སྤྲོ་ལ་རྒྱུན་ཐང་གའི་རིག་གནས་ལས་བརྒྱལ་བའི་ནང་དོན་གསར་པ་བསྟན་པ་སོགས་སྤྲོ་ལ་རྒྱུན་དང་གསར་གཏོད་ཀྱི་ཆ་དེ་དག་གིས་རྗེ་ལུགས་ཐང་གར་དེང་གི་ཐང་གའི་སྒྱུ་རྩལ་ཁྲིམ་རའི་ཐོག་རྒྱལ་ཁབ་ཕྱི་ནང་གི་སྐྱེ་བོ་མང་པོས་དོ་སྣང་དང་དགའ་པོ་བྱེད་ཀྱི་ཡོད།

ཐང་ག་བརྒྱའི་འདུ་འགོད་གཉེར་བ། 2012ལོའི་ཟླ5པར་བོད་ཞི་བས་བཅིངས་འགྲོལ་བཏང་ནས་ལོ་ངོ60འཁོར་བ་བརྗོད་བྱ་གཙོ་བོར་བྱས་པའི་ཐང་ག་བརྒྱའི་འདུ་འགོད་གཉེར་བ་དེ་ནི་གཞི་ཁྱོན་དང་ནང་དོན་གང་ཅིའི་ཐད་ལོ་རྒྱུས་ཐོག་གི་ཐེངས་ཐོ་གསར་པ་ཞིག་ཡིན་ཞིང་། འདུ་འགོད་དེ་གཉེར་བའི་དམིགས་ཡུལ་ནི་བོད་ཀྱི་ཐང་ག་འབྲི་རྩལ་ སྤར་བས་སྲུང་སྐྱོབ་དང་། རྒྱུན་འཛིན། དར་སྤེལ་བཅས་བཏང་ནས་བོད་ཀྱི་ཐང་གའི་ནང་དོན་དང་སྒྱུ་རྩལ་མཚོན་ཚུལ་ཕུན་སུམ་ཚོགས་སུ་བཏང་ཐོག་དུས་རབས་ཀྱི་ཁྱད་ཆོས་མཚོན་པ་དང་སྒྱུ་རྩལ་གྱི་རིན་ཐང་ཆེན་པོ་ལྡན་པའི་ཐང་གའི་བརྩམས་ཆོས་གསར་པ་གསར་རྩོམ་བྱ་རྒྱུ་དེ་རེད། ཐང་ག་བརྒྱའི་ནང་དོན་གཙོ་བོ་ནི་བོད་ཞི་བས་བཅིངས་འགྲོལ་བཏང་ནས་ལོ60འཁོར་བ་དང་། བོད་ཀྱི་ཤེས་དཔལ་འཕེལ་རྒྱས་ཀྱི་ལོ་རྒྱུས། བོད་ཀྱི་ཡུལ་ལྗོངས་གྲགས་ཅན་བཅས་ཚུད་ཡོད་པ་དང་ཁག་རེ་རེར་ཐང་གའི་བརྩམས་ཆོས100རེ་ཡོད་པ་རེད།

ཐང་ག་བརྒྱའི་འདུ་འགོད་ནི་སྤྲོ་ལ་རྒྱུན་གྱི་ཐང་གའི་འབྲི་རྩལ་སྤྱོད་པའི་རྨང་གཞིའི་ཐོག་དེང་རབས་ཀྱི་དངོས་འབྲིའི་ཉམས་འགྱུར་འདྲེས་པར་བྱས

པའི་གསར་གཏོད་ཅིག་ཡིན་ཞིང་། ཐང་ག་བརྒྱའི་བརྩམས་ཆོས་ཀྱི་ཁྱད་ཆོས་གཙོ་བོ་ནི་སྲོལ་རྒྱུན་གྱི་ཆོས་ལུགས་ཀྱི་ནང་དོན་གཙོ་བོར་བྱས་པའི་བརྗོད་བྱ་ལས་གྲོལ་ཏེ་མི་རྒྱུས་ཀྱི་དོན་ཆེན་བཀོད་པ་དང་། གྲགས་ཅན་ཡུལ་སྐོར་ངས་ཞིབ་བཀོད། བདེ་སྐྱིད་ལྡན་པའི་འཚོ་བའི་རྣམ་པ་བཅས་ཚུད་ཡོད་པའི་ནང་ཐུལ་བྱུང་གི་བརྩམས་ཆོས་མང་པོ་ཡོད་པ་དཔེར་ན། 《ཞོ་ཡི་དྲི་ཞིམ་འཕྲུལ་བའི་ཞོ་སྟོན》ཞེས་པ་དེ་ནི་གཞིས་རྩེའི་ལྷ་འབྲི་བ་སྤེན་པ་དོན་གྲུབ་ཀྱི་བརྩམས་ཆོས་ཡིན་ཞིང་། བརྩམས་ཆོས་གསར་པ་དེའི་ནང་སྲོལ་རྒྱུན་གྱི་ཐང་གའི་སྒྱུ་རྩལ་གྱི་ཐོག་ནས་ཞོ་སྟོན་སྐབས་སུ་བོད་ཀྱི་མང་ཚོགས་རྣམས་དང་རྒྱལ་ཁབ་ཕྱི་ནང་གི་ཡུལ་སྐོར་བ་མཉམ་དུ་གོས་སྐུ་མཇལ་བ་དང་། ལྷ་མོ་ལྷ་བ། གླིང་ག་གཏོང་བ་བཅས་ཀྱི་ཞོ་སྟོན་རྣམ་པ་དག་སྣི་ངོས་གྲུ་གཉིས་ཀྱང་མ་ཟིན་པའི་ཐང་གའི་མེ་ལོང་ནང་ཡོངས་སུ་མཚོན་པ་བྱས་པས་རིགས་གཅིག་མཁས་ཅན་ཚོའི་གདེང་འཛོག་ལེགས་པོ་ཐོབ་པ་མ་ཟད། སྐབས་དང་པོའི་དེང་རབས་ཀྱི་སྒྱུ་རྩལ་ཆུ་ཚད་མཐོ་ཤོས་ཀྱི་བརྩམས་ཆོས་རྩེ་གྲའི་གྲས་སུ་ཡང་བདམས་ཡོད་པ་རེད།

ཐང་ག་བརྒྱའི་འདུ་འགོད་ནང་ཁྱོན་ལྷ་འབྲི་ཆེ་མོ་བ70ལྷག་ཙམ་ཞུགས་ཡོད་པའི་ནང་བོད་ལྗོངས་ཀྱི་ཐང་གའི་འབྲི་ལུགས་ཁག་གི་ལྷ་འབྲི་བ་རྒན་དར་གཞོན་གསུམ་ཡོད་ལ་མཚོ་སྔོན་དང་སི་ཁྲོན་སོགས་ལྗོངས་ཕྱིའི་སྒྱུ་རྩལ་པ་མི་གྲངས19ཞུགས་ཡོད་ཅིང་། ཐང་ག་བརྒྱའི་འདུ་འགོད་ཐེངས་དང་པོ་ལེགས་སྒྲུབ་ཟིན་ནས་འགོ་ཁྲིད་ཚོགས་ཆུང་གིས་ཞིབ་བཤེར་རྩིས་ལེན་བྱས་པ་མ་ཟད། མཛེས་སྡུག་ལྡན་པའི་བོད་ལྗོངས་ཞེས་བརྗོད་བྱ་གཙོ་བོར་བྱས་པའི་ཐང་ག་

གསར་པ་བརྒྱའི་གསར་རྩོམ་འདུ་འགོད་ཐེངས་གཉིས་པ་ལག་བསྟར་བྱེད་བཞིན་པའི་ནང་དོན་ཐད་བོད་ལྗོངས་ཀྱི་མཛེས་སྡུག་ལྡན་པའི་རང་བྱུང་མཛེས་ལྗོངས་དང་། མིས་བཟོས་མཛེས་ལྗོངས། མཚོ་བོད་ས་མཐོའི་དམིགས་བསལ་གྱི་སྲོག་ཆགས་དང་སྐྱེ་དངོས་བཅས་ཚུད་ཡོད་པ་རེད། ཐང་ག་བརྒྱའི་གསར་རྩོམ་འདུ་འགོད་དེ་ལྗོངས་ཏང་ཨུད་དྲིལ་བསྒྲགས་པུའུ་དང་བོད་ལྗོངས་མཛེས་རིས་མཁས་ཅན་མཐུན་ཚོགས་ཀྱིས་གཙོ་གཉེར་བྱས་པ་ཞིག་རེད། ཐང་ག་བརྒྱའི་འདུ་འགོད་ཐེངས་གཉིས་པས་བོད་འདི་ཉིད་རྒྱལ་ཁབ་ཀྱི་གལ་ཆེའི་སྣོད་བཅུད་བདེ་འཛགས་སྲུང་ཡོལ་ཡིན་པ་སོགས་ཀྱི་ནང་དོན་མངོན་གསལ་དོད་པོས་མཚོན་པ་བྱས་ཏེ་བོད་ཀྱི་རི་གླུང་དང་། མཚོ་དང་མཚེའུ། མེ་ཏོག་དང་རྩི་ཤིང་། འདབ་ཆགས་རི་དྭགས་སོགས་འབྲི་ཐབས་ལ་བརྟེན་ནས་མཛེས་སྡུག་ལྡན་པའི་བོད་ལྗོངས་ཀྱི་རྣམ་པ་གསར་པ་སྒོ་ཀུན་ནས་མངོན་པ་བྱ་རྒྱུ་རེད།

ཐང་གའི་སྒྱུ་རྩལ་གྱི་འཕེལ་རྒྱས་ལམ་བུ་ཡངས་པ། ལྷ་སར་བོད་ཀྱི་ཐང་གའི་སྒྱུ་རྩལ་གྱི་དཔྱད་འདེམས་ལྟེ་གནས་བཙུགས་པ་དང་དཔྱད་འདེམས་ལྟེ་གནས་ཀྱིས་རྒྱལ་ཕྱི་རྒྱལ་ནང་ལ་ཁ་ཕྱོགས་ནས་ཐང་གའི་སྒྱུ་རྩལ་བརྩམས་ཆོས་ཀྱི་དཔྱད་འདེམས་ལས་དོན་གྱི་འགན་འཁུར་རྒྱུ་མ་ཟད། ཐང་གའི་སྒྱུ་རྩལ་སྲུང་སྐྱོབ་དང་། རྒྱུན་འཛིན། འཕེལ་རྒྱས། གསར་གཏོད་བཅས་ལ་སྐུལ་མ་བཏང་ནས་བོད་འདི་ཉིད་ཀྱང་གོའི་ཐང་གའི་འབྱུང་གནས་སུ་སྒྱུན་རོགས་བྱ་རྒྱུ་ཡིན་པ་རེད། བོད་ཀྱིས་ད་བར་ཀྱང་གོའི་ཐང་གའི་སྒྱུ་རྩལ་དུས་ཆེན་ཐེངས་གསུམ་བཏང་ཟིན་པ་དང་ད་དུང་མུ་མཐུད་གཏོང་རྒྱུ་ཡིན་པ་དེས་བོད་ས་མཐོའི་ཐང་

གའི་སྒྱུ་རྩལ་དེ་འཛམ་གླིང་ཅན་དུ་འགྱུར་རྒྱུར་གོམ་སྟབས་སྤོ་བཞིན་པ་མཐོང་ཐུབ་པ་ཟད། བོད་ཀྱི་ལྷ་འབྲི་བ་ཆོས་རྒྱལ་ཁབ་ཕྱི་ནང་དུ་རང་ཉིད་ཀྱི་ཐང་གའི་སྒྱུ་རྩལ་བརྩམས་ཆོས་འགྲེམས་སྟོན་བྱེད་མཁན་ཇེ་མང་དུ་འགྲོ་བ་དང་སྦྲགས། བོད་ཀྱི་ཐང་གའི་མིང་གྲགས་འཛམ་གླིང་ལ་ཁྱབ་རྒྱུར་སྐུལ་འདེད་ཆེན་པོ་ཐེབས་ཡོད་པ་རེད། ལྷག་དོན་དུ2014ལོའི་ཟླ5པར་ལྗོངས་སྒྲག་སྲིད་ཇུས་ཀྱིས་བོད་ཀྱི་དམིགས་བསལ་རིག་གནས་དར་འཕེལ་གཏོང་བ་དང་ཕུལ་བྱུང་གི་མཚོན་མིན་རིག་གནས་ཤུལ་བཞག་རྒྱུན་འཛིན་བྱ་ཆེད་ཐང་གའི་སྒྲག་འཛིན་ཆ་ཚང་བཞི་འགྲེམས་སྤེལ་བྱས་པ་དེ་ནི། ལོ་རྒྱུས་ཐོག་ཐང་གའི་སྒྲག་འཛིན་འདོན་ཐེངས་དང་པོ་ཡིན་པ་དེར་བོད་ཀྱི་རིག་གནས་སྒྱུ་རྩལ་ལ་དགའ་ཞེན་བྱེད་མཁན་ཚོའི་ཁྲོད་དུ་ཚོར་སྣང་དྲག་པོ་བྱུང་ཡོད་ལ། དེ་ནི་ཐང་གའི་སྒྱུ་རྩལ་དེ་ཉིད་དེང་རབས་ཅན་གྱི་ཕྱོགས་སུ་གོམ་སྟབས་ཆེན་པོ་ཞིག་སྤོས་པ་མཚོན་ཡོད་པ་མ་ཟད། དུས་དེ་ནས་བཟུང་སྟེ་ཐང་ག་དེ་བཞིན་ཀྱང་ངོས་སུ་བཀལ་ནས་བྱིན་རླབས་དང་བརྟེན་དང་བསམ་པའི་འཚོ་བཅུད་ཙམ་མིན་པར། རྣམ་པ་གསར་རྐྱང་ཞིག་གི་ཐོག་ནས་བོད་ས་མཐོའི་རིག་གནས་སྒྱུ་རྩལ་གྱི་མིང་བྱང་ཁྱད་པར་ཅན་ཞིག་ཏུ་གྱུར་བ་ཡང་མཚོན་ཡོད། ད་དུང་ཐང་གའི་ལོ་རྒྱུས་ཐོག་གི་གཏམ་བཟང་གཞན་ཞིག་ནི། བོད་ལྗོངས་སློབ་ཆེན་གྱི་དགེ་རྒན་ཆེ་མོ་བ་ལྷ་འབྲི་བ་མཁས་ཅན་བསྟན་པ་རབ་བརྟན་ལགས་ཀྱིས་འཛམ་གླིང་ཐོག་གི་སྙན་ངག་ལོ་རྒྱུས་ཁྱབ་ཁོངས་ནང་སྐེར་གྱིས་འཆད་གྲེར་བྱས་པའི་ལོ་རྒྱུས་སྙན་ངག་རིང་ཤོས་ཏེ། སྒྲུང་མཁན་བསམ་གྲུབ་ཀྱིས་འཆད་གྲེར་བྱས་པའི་གླིང་སྒྲུང་དེབ43ཀྱི་ནང་དོན་ལ་

གཞིགས་ནས་ཐང་ཀ21བཞེངས་ཡོད་པ་ནི་ཐང་ཀའི་སྒྱུ་རྩལ་གྱིས་བོད་ཀྱི་རིག་གནས་ལ་ཕུལ་བའི་ལེགས་སྐྱེས་གཞན་ཞིག་ཡིན་པ་རེད། ད་དུང་བོད་ཀྱི་ཐང་ཀ་སྤྱིང་དཔྱ་བརྩེས་ནས་ཐང་ཀའི་རྒྱུན་འཛིན་པ་མང་པོ་གསོ་སྐྱོང་བྱེད་བཞིན་ཡོད་ལ། ཐང་ཀ་འབྲི་མཁན་གྱི་དཔུང་ཁག་ཏ་ཅང་སྟོབས་ཆེར་ཕྱིན་ནས་རང་ལྗོངས་ལ་ཁྱོན་ཐང་ཀ་འབྲི་མཁན་གྱི་ལྷ་འབྲི་བ2000ཙམ་ཡོད་པ་མ་ཟད། རྒྱལ་ཁབ་རིམ་པ་དང་ལྗོངས་རིམ་པ་སོགས་ཀྱི་ཐང་ཀའི་དཔྱ་ཆེན་གྱི་ལག་ཁྱེར་ཐོབ་པས་ད་བར་རང་ལྗོངས་ལ་རིམ་ལྡན་ཐང་ཀ་འབྲི་མཁན་གྱི་ལྷ་འབྲི་བ99ཡོད་པ་དང་རིགས་དང་རིམ་པ་མི་འདྲ་བའི་རྒྱུན་འཛིན་པ་མང་པོ་ཐོན་བཞིན་ཡོད་པ་ནི་ལྷ་འབྲི་བ་ཚོའི་ཐོབ་ཐང་གོང་མཐོར་སོང་བའི་མཚོན་ཚུལ་ལེགས་པོ་ཞིག་ཡིན། དེས་མ་ཟད་སྤྱི་ལོ2016ལོར་ཐང་ཀའི་མིང་ཚུལ་མཐུན་དང་། སྲུང་སྐྱོབ། རྒྱུན་འཛིན་བཅས་ སྟེང་ནས་ལེགས་པོ་ཡོང་ཆེད། ཐང་ཀའི་རྒྱུ་ཆ་དང་། བཞེངས་སྟངས། ནང་དོན་དང་བརྗོད་གཞི། ཁྱད་ཆོས་དང་ལུགས་བཅས་ཕྱོགས་གསུམ་གྱི་ཐད་ནས་བོད་ཀྱི་ཐང་ཀར《ཐང་ཀ་རིགས་དབྱེའི》བོད་ཀྱི་ས་གནས་ཚད་གཞི་བཏོན་པ་དེ་ནི་ཐང་ཀའི་སྒྱུ་རྩལ་དེ་དེང་རབས་ཅན་གྱི་ལམ་སྲོལ་ཐོག་གོམ་སྟབས་ཆེན་པོ་ཞིག་སྤོས་པ་མཚོན་ལ་སླད་ཕྱིན་ཐང་ཀའི་བརྩམས་ཆོས་གསར་རྩོམ་དང་། ངོ་དམ་བྱེད་པ། ཉར་ཚགས་བྱ་རྒྱུ་སོགས་ལ་གལ་ཆེའི་གཞི་འཛིན་ས་ལེགས་པོ་ཞིག་མགོ་འདོན་བྱས་ཡོད།

༦༡ གོས་སྐུ་དང་འབྲེལ་བའི་ལོ་རྒྱུས།

བོད་ས་མཐོའི་དགོན་སྡེ་མང་པོས་དམིགས་བསལ་གྱི་མཛད་སྒོའི་སྐབས་སུ་གོས་ཆེན་སྣ་ཚོགས་དྲས་དྲུབ་ཚོས་བསྒྲིགས་ཀྱིས་བཞེངས་པའི་གོས་སྐུའམ་ཞལ་ཐང་ཆེ་མོ་འགྲེམས་སྟོན་བྱས་ནས་བསྟན་པ་དར་བ་དང་སེམས་ཅན་བདེ་བའི་ཚོ་ག་སྒྲུབ་པ་དང་སྦྲགས། དད་ལྡན་མང་ཚོགས་ཚོའི་ཆོས་དད་ཀྱི་དགོས་མཁོ་ཡང་སྐོང་གི་ཡོད་ལ། དེའི་སྒྱུ་རྩལ་རིན་ཐང་གིས་ཕྱུགས་བཞིའི་སྐུ་མགྲོན་རྣམས་ཡིད་དབང་ཐད་དེ་འཕྲོག་ནས་གངས་ལྗོངས་ས་མཐོའི་གནའ་ཉམས་ངོད་ལ་ལོ་རྒྱུས་ཡུན་རིང་ལྡན་པའི་ཞལ་ཐང་རིག་གནས་ཀྱི་སྣང་བ་འཛམ་གླིང་ལ་གྲགས་པ་བྱེད་ཀྱི་ཡོད། ལོ་རེའི་འབྲས་ལྡན་སྟོན་གྱི་རང་མདངས་ངོམ་སྐབས་འབྲས་སྤུངས་དགོན་གྱི་གོས་སྐུ་ཆེ་མོ་སོགས་གོས་སྐུ་སྣ་ཚོགས་གཅིག་མཇུག་གཉིས་མཐུད་དུ་བཀྲམས་ནས་རྫོགས་ལྡན་ནམ་དུས་དེའི་རིག་གནས་ཀྱི་སྟོན་མོ་རྒྱས་ཤོས་ཤིག་ཏུ་གྱུར་གྱི་ཡོད་པས་ང་ཚོས་གོས་སྐུ་ཆེ་གྲས་ཁ་ཤས་ཀྱི་ལོ་རྒྱུས་སམ་འབྱུང་ཁུངས་ལ་ཤེས་རྟོགས་རགས་ཙམ་བྱ་རྒྱུ་ནི་དགོས་པ་ཆེ་བ་དང་དུས་ལ་བབ་པ་ཞིག་རེད།

འབྲས་སྤུངས་ཀྱི་གོས་སྐུ། འབྲས་སྤུངས་ཀྱི་གོས་སྐུ་ཆེ་མོ་ནི་དང་ཐོག་འབྲས་སྤུངས་གདན་རབས་བརྒྱད་པ་འཇམ་དབྱངས་དཀའ་སློའམ་ཛེ་ལེགས་པ་ཆོས་འབྱོར་བས་ཞལ་བཀོད་དང་སྡེའུ་རྫོང་དཔོན་ནམ་མཁའ་བཟང་པོའི་ཡང་

ཚ་སྣེའུ་དཔོན་ངག་དབང་བསོད་ནམས་ལྷུན་པོ་དང་གཙུང་པོ་ངག་དབང་བསོད་ནམས་རྣམ་རྒྱལ་གྱིས་སྦྱིན་བདག་བྱས་ཏེ་བོད་རབ་བྱུང་བཅོ་བརྒྱད་པའི་ཆུ་སྤྲང་ལོ་སྟེ་སྤྱི་ལོ1493ལོར་གོས་སྐུ་ཆེ་མོ་གསར་བཞེངས་ཀྱིས་སྤྲང་ཆེན་སྟ་ཞགས་བརྒྱང་འདྲའི་ནུབ་རིའི་ལྗེབས་སུ་འགྲེམས་སྟོན་གནང་གི་ཡོད། ཕྱིས་ཏཱ་ལའི་བླ་མ་སྐུ་ཕྲེང་ལྔ་པའི་སྐབས་ནས་དེ་དང་ཆབས་ཅིག་ཚོགས་ཆེན་ཞལ་ངོ་གསར་སྙིང་བརྗེས་ཏེ་ཏཱ་ལའི་བླ་མའི་འབྲས་སྤུངས་བཅའ་ཡིག་ཆེ་མོ་ཡང་རྩིས་སྲིད་བྱེད་ཀྱི་ཡོད་པས་ད་ལྟའི་བར་ལོ་ངོ་520ཙམ་གྱི་ལོ་རྒྱུས་ལྡན། ཚོད་དཔག་བྱས་ན་ད་ལྟའི་གོས་སྐུར་ཞེང་ཚད་སྨི33དང་མཐོ་ཚད་སྨི40ཡོད་ཅིང་། ཞབ་ཕྲའི་འགྲེམས་དུས་ནི་ལོ་ལྟར་བོད་ཟླ་དྲུག་པའི་གནམ་གང་ཉིན་གྱི་ཞོགས་པ་རི་རྩེར་ཉི་ཟེར་ཕོག་སྐབས། དགེ་འདུན་པ་ཆོས་འབྲས་སྤུངས་ཚོགས་ཆེན་འདུ་ཁང་ནས་སྤོས་སྣ་དང་བཅས་གོས་སྐུ་ཕྲག་སྟེང་དུ་གདན་ཞུ་བྱས་ཏེ། དགོན་པའི་ནུབ་ཕྱོགས་ཀྱི་གོང་གསལ་རི་བོའི་ངོས་སུ་བཀྲམས་ནས་ཁྲུས་གསོལ་རབ་གནས་གནང་བ་དང་དད་ལྡན་པ་ཆོས་ཞལ་མཇལ་ཞུ་བ་དང་གཞས་ཞུད་འབུལ་བ་སོགས་བྱས་རྗེས། སླར་ཡང་ཚོགས་ཆེན་འདུ་ཁང་དུ་གདན་འདྲེན་ཞུ་ཡི་ཡོད། འོན་ཀྱང་དེང་སང་འགྲེམས་པའི་གོས་སྐུ་དེ་ནི་ཕྱིས་སུ་བཞེངས་པ་ཞིག་ཡིན་པ་ལས་དང་ཐོག་གི་གོས་སྐུ་དེ་མིན་པར་གྲགས།

དགའ་ལྡན་སེའུ་ཐང་། ལོ་རེའི་བོད་ཟླ་དྲུག་པའི་ཚེས་བཅོ་ལྔ་ཉིན་ནི་དགའ་ལྡན་སེའུ་ཐང་འགྲེམས་པའི་དུས་ཆེན་ཡིན། དེ་ནི་རྗེ་ཙོང་ཁ་པའི་དངོས་སློབ་བྱམས་ཆེན་ཆོས་རྗེ་ཤཱཀྱ་ཡེ་ཤེས་ཀྱི་སློབ་མ་སྟེ་ཐང་པ་ཨ་མོ་ཁྭ་དང་། བསོད

ནམས་ཤེས་རབ་གཉིས་ཀྱིས་ཏྲ་མིང་གོང་མ་ཡུང་ལོའི་སྲས་གོང་མ་ཐྲོན་ཧེའི་དབུ་བླ་མཛད་སྐབས་གོང་མས་གནང་བའི་གོས་ཆེན་སིའུ་སྒེ། རྒྱ་སྐད་དུ་ཤིའུ་ཞེས་པར་ཕྱིན་བརྒྱབ་པའི་དོན་ཡིན་ཞིང་། ཞལ་ཐང་ནི་ཐུབ་དབང་དང་། གནས་བརྟན་བཅུ་དྲུག རྒྱལ་ཆེན་རིགས་བཞི། དགེ་བསྙེན། ཧ་ཤང་སོགས་ཀྱི་སྐུ་བརྙན་འཁོད་པའི་ཐང་ག་ཉེར་གསུམ་འགྲེམས་སྟོན་གནང་གི་ཡོད། སིའུ་ཐང་འགྲེམས་ཉིན་ཡངས་པ་ཅན་གཙུག་ལག་ཁང་གི་རྩིག་ལྡེབས་སུ་གོས་སྐུ་དག་བཀྲམ་སྟེ་གྲྭ་དམངས་ནས་ཞལ་འདོན་གནང་བ་དང་། ལ་མོའི་ལྷ་མོ་བས་ལྷ་མོ་འཁྲབ་པ་སོགས་བྱེད་པ་དང་། ལྷ་ས་སོགས་ནས་དད་ལྡན་པ་མང་པོ་མཇལ་ཁ་ཞུ་བར་ཡོང་གི་ཡོད།

བཀྲས་ལྷུན་དགོན་གྱི་གོས་སྐུ། གོས་སྐུ་འགྲེམས་པའི་དུས་ཚོད་ནི་ལོ་རེའི་བོད་ཟླ5པའི་ཚེས14ཉིན་ཡིན་པ་དང་དེ་ཉིན་བཀྲས་ལྷུན་དགོན་པས་འཆར་ཅན་ལྟར་གོས་སྐུ་བཀྲམས་ནས་སྐྱེ་བོ་མང་པོའི་ཡིད་དབང་འཕྲོག་པ་བྱེད་ཀྱི་ཡོད། གོས་སྐུའི་ཁྲོད་དུ་སངས་རྒྱས་འོད་དཔག་མེད་ཀྱི་གོས་སྐུ་ཞིག་ཡོད་པ་དེའི་ཞེང་ཚད་ལ་སྨི25དང་མཐོ་ཚད་ལ་སྨི35ཡོད་པ་དེ་ནི་དུས་རབས་གོང་མའི་ལོ་རབས90པར་བཞེངས་པ་ཞིག་ཡིན། ད་དུང་རིམ་བཞིན་སྟོན་པ་ཤཱཀྱ་ཐུབ་པ་དང་རྒྱལ་བ་བྱམས་པའི་གོས་སྐུ་འགྲེམས་ཀྱི་ཡོད་ཅིང་། བཀྲས་ལྷུན་དགོན་པས་ལོ་ལྟར་བོད་ཟླ་ལྔ་པའི་ཚེས14ནས16བར་གོས་སྐུ་མི་འདྲ་བ་རེ་འགྲེམས་པ་དེར་ད་བར་ལོ500ལྷག་ཙམ་གྱི་ལོ་རྒྱུས་ཡོད་པ་རེད།

མཚུར་ཕུའི་གོས་སྐུ། མཚུར་ཕུའི་གོས་སྐུ་ནི་ཀརྨ་པ་སྐུ་ཕྲེང་བཅུ་པའི་

དུས་སུ་བཞེངས་པ་ཞིག་ཡིན་པས་ད་བར་མི་ལོ600ལྷག་གི་ལོ་རྒྱུས་ཡོད་ལ་མཚན་ལ་ཁམས་གསུམ་མཛེས་རྒྱན་ཞུ་ཞིང་། བོད་ལ་གོས་སྐུ་ཐོག་མར་བཞེངས་མཁན་ནི་ཀརྨ་པ་སྐུ་ཕྲེང་བཞི་པ་རོལ་པའི་རྡོ་རྗེ་ཡིན་ཞིང་། གོས་སྐུ་འགྲེམས་པའི་དུས་ཚོད་ནི་བོད་ཟླ4པའི་ཚེས11ཉིན་ཡིན། སྐུ་བརྙན་གཙོ་བོ་ནི་སྟོན་པ་ཤཱཀྱ་ཐུབ་པ་དང་། ཀརྨ་པ་དུས་གསུམ་མཁྱེན་པ། དེ་བཞིན་སྤྱན་རས་གཟིགས་དང་འཇམ་དཔལ་དབྱངས་སོགས་སྐུ་བརྙན་མང་དག་ཅིག་ཡོད་ཅིང་། ཚོད་དཔག་ལྟར་ན་རིང་ཚད་ལ་སྨི20དང་ཞེང་ཚད་ལ་སྨི15ཙམ་ཡོད་ལ་ད་ལྟའི་གོས་སྐུ་དེ་ནི་ཀརྨ་པ་སྐུ་ཕྲེང་བཅུ་པའི་དུས་སུ་བཞེངས་པར་གྲགས།

གོས་སྐུ་མཐོང་བ་དོན་ལྡན། གོས་སྐུ་མཐོང་བ་དོན་ལྡན་ནི་རྒྱལ་རྩེ་ཆོས་རྒྱལ་རབ་བརྟན་ཀུན་བཟང་འཕགས་དགུང་ལོ་སུམ་ཅུ་པ་རབ་བྱུང་བདུན་པའི་ས་ཁྱི་ལོ་སྟེ། སྤྱི་ལོ1418ལོར་བཞེངས་པའི་གོས་སྐུ་ཆེ་མོ་ཞིག་ཡིན་ཞིང་། ཞལ་ཐང་དེའི་དབུས་སུ་བཞུགས་པའི་སྟོན་པ་ཐུབ་པའི་དབང་པོའི་སྐུའི་མཐོ་ཚད་ཁོ་ནར་ཁྲུ་བརྒྱད་ཅུའམ་འདོམ་པ་ཉི་ཤུ་ཡོད་པ་དང་། ཐུབ་དབང་གི་མཐའ་འཁོར་དུ་མཆོག་ཟུང་གཉིས་དང་། བྱམས་པ། མར་མེ་མཛད། གནས་བརྟན་བཅུ་དྲུག རྒྱལ་ཆེན་རྣམ་ཐོས་སྲས་བཅས་ཡོད་པའི་གོས་སྐུའི་མི་ལོང་དང་གོང་གཤམ་བཅས་བསྡོམས་ན་རྩེ་ཁྲུ་བརྒྱ་དང་དགུ་བཅུ་གོ་དྲུག་སྟེ། སྤྱི་ཁྲི་བརྒྱད་ཅུ་གྱ་བརྒྱད་དང་སྐར་མ་ཉི་ཤུ་ཡོད་པ་དེ་ནི་དེ་སྔ་བོད་ས་གནས་སུ་ཡོད་པའི་གོས་སྐུའི་ནང་ནས་ཆེ་ཤོས་དེ་ཡིན་པར་གྲགས་ཤིང་། རྒྱུ་ཆར་གོས་ཆེན་སྣ་ཚོགས་ཡུག་བརྒྱ་དང་ལྔ་བཅུ་ཙམ་སོང་ཡོད་པ་རེད། འོན་ཀྱང་དེ་སྔའི་གོས་སྐུ

དེའི་ལེབ་གཅིག་འཐོར་ཞིག་ཏུ་སོང་སྟེ་ཕྱིས་གསར་བཞེངས་བྱས་པའི་ཕོད་སྲོལ་ཡང་འདུག

པོ་ཏ་ལའི་གོས་སྐུ། པོ་ཏ་ལའི་གོས་སྐུ་ནི་དང་པོ་ཐོག་བོད་ཟླ་གཉིས་པའི་གནམ་གང་ཉིན་རྒྱལ་བ་རིགས་ལྔའི་གཙོ་བོ་རྣམ་སྣང་གི་གོས་སྐུ་དཔངས་ལ་སོར་མོ་སྟོང་དང་ཉིས་བརྒྱ་དགུ་བཅུ་གོ་དགུ་ཡོད་པ་དེ་དང་རྒྱལ་བ་འོད་དཔག་མེད་ཀྱི་གོས་སྐུ་ཆེ་མོ་སོར་མོ་ཉིས་སྟོང་ལྔ་བརྒྱ་གོ་བརྒྱད་ཡོད་པ་དེ་གཉིས་གྲུ་འཛིན་གཉིས་པའི་ཕོ་བྲང་གི་རྩིག་ངོས་སུ་ཞལ་ཕྱེ་ནས་མཆོད་འབུལ་ཞུ་ཡི་ཡོད། དེ་ཉིན་ནི་ལོ་རྒྱུས་ཐོག་སྐད་གྲགས་ཆེན་པའི་ཚོགས་མཆོད་གསེར་སྤྲེང་ཞེས་པའི་མཛད་སྒོའི་ཉིན་མོ་ཡིན་ཞིང་། ལྷ་ལྡན་གཙུག་ལག་ཁང་ནས་གསེར་སྤྲེང་གི་རུ་ཐོག་མར་སྒྲིག་ནས་ཞོལ་རྫོ་རིང་སྔང་དུ་སླེབས་རྗེས་འདོན་དབྱངས་དང་མཆོད་གར་འཁྲབ་པ་དང་རྟ་བོ་ཆེ་དང་དུང་རྒྱ་གླིང་སོགས་གཏོང་བཞིན་མདུན་དུ་སྐྱོད་ནས་གོས་སྐུར་སྣན་ཤལ་ཕུལ་རྗེས་རིམ་བཞིན་རྩེ་ཕོ་བྲང་རྒྱབ་ཏུ་སྐྱོད་ནས་མཇུག་སྒྲིལ་མཚམས་དགེ་འདུན་པ་རྣམས་ནས་གོས་སྐུར་རབ་གནས་དང་ཤིས་བརྗོད་བྱིན་འཕྲུལ་གོས་སྐུ་སྒྲིལ་གྱི་ཡོད། འོན་ཀྱང་ཕྱིས་སུ་ཏཱ་ལའི་བླ་མ་སྐུ་ཕྲེང་རིམ་ཅན་སྐབས་གོས་སྐུ་གསར་བཞེངས་གནང་སྟབས་རྒྱ་ཁྱོན་ཇེ་ཆེར་ཕྱིན་ཡོད། ཉེ་རབས་སུ་ཏཱ་ལའི་བླ་མ་སྐུ་ཕྲེང་བཅུ་གསུམ་པའི་དུས་སུ་བཞེངས་པའི་གོས་སྐུ་དེ་གཙོ་བོར་འགྲེམས་ཀྱི་ཡོད། ད་དུང་གོས་སྐུ་འགྲེམས་པའི་དུས་ཚོད་ལའང་འགྱུར་ལྡོག་བྱུང་ནས་ཞོ་སྟོན་གྱི་སྐབས་སུ་འགྲེམས་པ་དང་། དེང་སང་ཏ་ལམ་འགྲེམས་སྲོལ་མེད་རུང་རྩེ་ཕོ་བྲང་ཉམས་གསོ་ཞུ་བའི་འགོ་ཚུགས་མཛད་སྒོ་དང་

མཇུག་འགྲིལ་མཛད་སྒོར་ཐེངས་རེ་བཀྲམས་འདུག

སེ་རའི་གོས་སྐུ། དང་ཐོག་ཁལ་ཁ་སན་ཁང་གིས་རྗེ་རིན་པོ་ཆེའི་དངོས་སློབ་བྱམས་ཆེན་ཆོས་རྗེ་ཤཱཀྱ་ཡེ་ཤེས་ལ་ཕུལ་བའི་གནས་བརྟན་གོས་སྐུ་གླིང་གསུམ་མ་དེ་ཉིད་ལོ་ལྟར་གྱི་བོད་ཟླ་དྲུག་པའི་གནམ་གང་ཉིན་ཚོགས་ཆེན་འདུ་ཁང་གི་སྒོ་འཕྱོར་ཞབ་ངོས་སུ་འགྲེམས་སྟོན་བྱས་ནས་ཁྲུས་གསོལ་རབ་གནས་གནང་བ་དང་སྨྲགས། ཀརྨ་ཤའི་ཆོས་སྐྱོང་བྱ་ཁྲི་སྤྱན་གཅིག་ཀྱང་རྗེ་གཙལ་སྟེང་དུ་ཕེབས་ནས་གོས་སྐུར་མཇལ་དར་སྒྲོན་པ་དང་སྨྲགས་ཕྱི་ལོའི་བཟང་ངན་གྱི་ལུང་བསྟན་གནང་གི་ཡོད་པ་དེ་ནི་ལོ་རྒྱུས་ཐོག་སེ་ར་ཞོ་སྟོན་ཡང་ཟེར་གྱི་ཡོད། བར་སྐབས་གོས་སྐུ་འགྲེམས་སྲོལ་ཆད་ཟུང་། 1990ལོར་དགོན་པའི་ལས་སྣེ་རྣམས་བཀའ་གྲོས་ཀྱིས་རྒྱལ་བྱེད་ཁམ་ཚན་གྱི་ཕྱག་མཛོད་ལེགས་གྲུབ་ཀྱིས་འཆམ་བཟོའི་འགན་བཞེས་ཏེ་གོས་སྐུ་ཉམས་གསོ་བྱས་པ་དང་ལོ་དེ་གའི་ཞོ་སྟོན་སྐབས་འདུ་ཁང་གི་སྒོ་འཕྱོར་མདུན་དུ་འགྲེམས་སྟོན་བྱས། གོས་སྐུ་དེར་སྟོན་པ་ཤཱཀྱ་ཐུབ་པ་དང་། གནས་བརྟན་བཅུ་དྲུག བྱམས་ཆེན་ཆོས་རྗེ། སྲུང་མ་མགོན་ཆོས་ལྷ་བཞི་བཅས་ཡོད་པ་རེད། དེར་མཐོ་ཚད་སྐྱེ་ཁྲི18དང་། ཞེང་ཚད་སྐྱེ་ཁྲི17. 20བཅས་ཡོད་པ་དེ་མཐོང་བ་ཀུན་གྲོལ་དུ་བཞུགས་སོ། ཡང་1998ལོར་གོས་སྐུ་ཞིག་གསར་དུ་བཞེངས་པ་དེར་མཐོ་ཚད་སྐྱེ་ཁྲི23དང་ཞེང་ཚད་སྐྱེ་ཁྲི20ཡོད་ཅིང་། སྐུ་བརྙན་གཙོ་བོ་རྒྱལ་བ་བྱམས་པ་དང་། བསྟན་བདག་རྣམ་གསུམ། རྒྱལ་དབང་ལྔ་པ། སློབ་དཔོན་པདྨ་འབྱུང་གནས། བྱམས་ཆེན་ཆོས་རྗེ། ཀུན་མཁྱེན་ཆེན་པོ། གསང་འདུས། རྟ་མགྲིན་ཡང་

གསང་། རིགས་གསུམ་མགོན་པོ། ཚེ་ལྷ་རྣམ་གསུམ། མགོན་ཆོས་ལྷ་རྣམས་བཅས་བཞུགས་སོ་གསོལ་ཞིང་། ཚང་མས་མཁྱེན་གསལ་ལྟར1991ལོ་ནས་བཟུང་གོས་སྐུ་འགྲེམས་ཡུལ་ནི་རྒྱབ་རིའི་ངོས་སུ་གསར་དུ་བཞེངས་པའི་གོས་སྐུ་འགྲེམས་གནས་དེར་ཡིན། དེ་མིན་བོད་ཀྱི་ས་ཕྱོགས་ཁག་གི་དགོན་སྡེ་ཆེ་ཆུང་མང་པོས་ཀྱང་རང་རང་གི་གོས་སྐུ་འགྲེམས་སྲོལ་ཡོད་ལ། དད་ལྡན་མང་ཚོགས་ཚོས་ཀྱང་ལྟད་མོ་ལྟ་བ་དང་བྱིན་རླབས་ཞུས་ནས་རྒྱལ་ཁམས་སྐྱི་ནམ་རྒྱས་པ་དང་རང་ཉིད་ཀྱི་གེགས་བར་སེལ་བ་དང་བསམ་དོན་སྒྲུབ་རེ་བྱེད་ཀྱི་ཡོད།

ས་བཅད་བརྒྱད་པ། རྒྱན་གོས་རིག་གནས།

གཅིག གནའ་དེང་གི་བོད་ཆས་རྒྱན་སྲོལ།

བོད་མི་རིགས་ནི་རྒྱན་གོས་ལ་དང་དོད་ཆེ་བའི་མི་རིགས་ཤིག་ཡིན་པས་རྒྱན་གོས་ཀྱི་རིགས་སྣ་མང་ཕུན་སུམ་ཚོགས་ལ་ཕོ་མོའི་དབར་དང་། སེར་སྐྱའི་དབར། རོང་འབྲོག་དབར། ལོ་ན་རྒན་གཞོན་དབར་སོགས་ལ་ཧེ་བག་ཆེན་པོ་ཡོད། དེ་ལྟ་བུའི་རྒྱན་གོས་ཕུན་སུམ་ཚོགས་ལ་དབྱེ་མཚམས་གསལ་བ་ནི་འཛམ་གླིང་གི་མི་རིགས་འདྲ་མིན་ཁྲོད་དུ་མཐོང་དཀོན་པ་ཞིག་ཡིན།

བོད་ཀྱི་རྒྱན་གོས་ཀྱི་རྒྱུ་ཆ་གཙོ་བོ་ནི་དར་གོས་དང་། པགས་རིགས། སྣམ་བུའི་རིགས། རས་ཆ་སོགས་ཡིན་པ་དང་རྒྱན་ཆའི་ཐད་གཡུ་བྱུར་དང་། མུ་ཏིག རྡོ་རྗེ་ཕ་ལམ་སོགས་ཡིན་ཞིང་། རྒྱན་གོས་ཀྱི་རྣམ་པའི་ཐད་གནའ་རབས་དང་། ཉེ་རབས། ས་གནས་ཀྱི་ཁྱད་ལྡན་རྒྱན་གོས་བཅས་ལས་གྲུབ་ཡོད།

གནའ་རབས་ཀྱི་རྒྱན་གོས། ལོ་རྒྱུས་ཡིག་ཆ་དག་ལས་དེ་སྔ་བོད་ཀྱི་བཙན་པོ་རྣམས་ཀྱིས་དབུ་ལ་ལ་ཐོད་དཀྲི་བ་དང་། ཟ་འོག་གི་བེར་གྱོན་པ། ཀང་ལྷམ་སྣ་འཁྱིལ་སོགས་བཞེས་ཀྱི་ཡོད་པ་དང་ལྷག་དོན་དུ་ཟ་བེར་གྱི་བཟོ་ལྟ

ནི་ཕུ་ཕྲུང་གཉིས་ཀྱི་ཐོག་སྟ་ཟུར་དུ་སྲུལ་ཡོད་པ་དང་། མདུན་ནས་བཤགས་ཏེ་བཟོ་ལྟ་དྭ་དབྱེ་དང་ཆ་འདྲ་ལ་སྐྲེ་རགས་དམིགས་བསལ་འཆིང་སྒྲོལ་མེད་པ་མངོན་ཞིང་། དེ་ཡང་མཁན་སློབ་ཆོས་གསུམ་གྱི་ནང་ཚན་མཁན་ཆེན་ཞི་བ་འཚོ་གདན་ཞུས་ལྟར་བོད་དུ་ཕེབས་སྐབས། བཙན་པོ་ཁྲི་སྲོང་ལྡེ་བཙན་གྱིས་ཡོང་ལ་བསུ་བ་ཞུ་སྐབས་ཞྭ་ལྷམ་ལེགས་པར་བཞེས་པ་དང་ཟ་བེར་ལ་སྐྲེ་རགས་མ་བཅིངས་པར་སྒོ་ལྕུག་མ་ལྟ་བུར་ཕེབས་པས། མཁན་པོས་བཙན་པོའི་ཆ་བྱད་ལ་གཟིགས་ནས་བོད་ཀྱི་བསྟན་པ་དེ་བཞིན་སྟོད་ན་ཞྭ་ཙམ་ཞིག་དང་སྨད་ན་ལྷམ་ཙམ་ཞིག་ལས་དབུས་ན་ཉམས་པའི་ལུང་བསྟན་པ་ལས་ཤེས་ཐུབ། ད་དུང་ཕྱར་གྱི་བཙུན་མོའི་ཆ་ལུགས་ནི་ཕྱུ་པའི་ཐོག་སྟོད་ཐུང་གི་ཕུ་ཕྲུང་ས་ལ་མ་རེག་ཙམ་ཞིག་གྱོན། སྨད་ལ་ཤམ་ཐབས་དང་སྐྲ་ལ་ལྷས་མ་ཆུང་ངུ་མང་དུ་བརྒྱབ། རྣ་ལ་ཨ་ལོང་བཏགས། ལྷམ་ཟྭམ་པ་བྱ་བ་གྱོན། དགུན་དུས་སུ་པགས་པའི་གྱོན་པ་འཚེམ་དྲུབ་སྣ་ཚོགས་ཡོད་པ་ཞིག་གྱོན་ཞེས་གསལ་བ་དང་། སྐབས་དེའི་སློན་ཆེན་ཆོས་ཀྱང་ཏ་ལམ་རྒྱལ་པོའི་ཆ་ལུགས་དང་འདྲ་བའི་གོས་གྱོན་པ་དང་། དམག་དཔོན་རྣམས་ཀྱིས་སྟག་ཤྭགས་གྱོན་པ། འབངས་མི་རྣམས་ཏ་ལམ་འཁྲིག་པའི་ཆ་ལུགས་སུ་གནས་ཏེ་དབྱར་གྱི་དུས་སུ་ཕྱིང་པའི་ཕྱུ་པ་དང་དགུན་དུས་སུ་སློག་པ་གྱོན་པར་གསལ། དེ་མིན་བོད་མིའི་གནའ་བོའི་རྒྱན་གོས་ཀྱི་ཚད་མར་འཛོག་པ་དང་རྒྱས་སྤྲོས་ཏ་ཅང་ཆེ་ཞིང་མགོ་ལུས་ཆ་ཚང་བའི་རིན་ཆེན་རྒྱན་ཆ་ཞེས་པ་ཞིག་མཐོང་རྒྱུ་ཡོད་པ་ནི་གནའ་བོའི་ཆས་གོས་ཀྱི་དཔྱད་གཞི་རིན་ཐང་ཅན་ཞིག་ཡིན། དེ་མིན་རྒྱ་ལུའི་ཆས་ནི་མི་དྲག་སྐུ་བོ་རྣམས་ཀྱི་

ཆས་གོས་ཡིན་ཞིང་། མགོ་ལ་ལ་ཐོད་དཀྲི་བ་དང་། སྐད་ལ་སྲུལ་གཉེར་མང་ཞིང་བསྣོལ་བསྒྲིགས་བྱས་པའི་ཤམ་ཐབས་ལྷ་བུ་གྱོན་གྱི་ཡོད་པ་དང་རྗེས་སོར་རྒྱུ་ཆ་གོས་ཆེན་དང་སི་ཤན་འཇའ་བསྒྲིགས་སོགས་ཀྱིས་རྒྱན་སྤྲོས་བྱས་པ་ལས་བཟོ་དབྱིབས་ཐད་འགྱུར་བ་དེ་ཙམ་མ་བྱུང་བར་གྲགས། ད་དུང་གནའ་རབས་བཙན་པོའི་དུས་ནས་བཟུང་བོད་མི་རྣམས་ཀྱིས་གསེར་དངུལ་སོགས་ཀྱི་རྒྱན་ཆར་དང་རྡོད་ཆེན་པོས་རང་རང་གི་འཁོས་ཀར་གཞིགས་པའི་རྒྱན་ཆ་སྣ་ཚོགས་འདོགས་སྲོལ་ཡོད་པ་ནི་ལོ་རྒྱུས་ཀྱི་དུས་མཚམས་ཚང་མ་ནས་མངོན་དང་མངོན་བཞིན་པ་ལགས། བོད་བཙན་པོའི་དུས་སྐབས་སུ་ཕོ་མོའི་གྱོན་གོས་སྣེ་གྲངས་ཅུང་ཕུན་སུམ་ཚོགས་པོ་ཡོད་པ་མ་ཟད་ སྤུས་ཚད་ལེགས་པའི་དར་གོས་ཀྱི་གྱོན་པ་ཡང་ཐོན་ཡོད་པ་མངོན། དེ་ཡང་ཤིན་ཅང་སོགས་ནས་ཐོན་པའི་ཐུ་བོད་དུས་ཀྱི་བང་སོའི་ནང་གི་དངོས་པོ་དང་ཨ་རིའི་བཤམས་མཛོད་ཁང་སོགས་ལ་ཉར་ཚགས་བྱས་པའི་བཙན་པོའི་དུས་ཀྱི་དར་གོས་ཀྱི་གྱོན་པ་དག་ལས་ཤེས་ཐུབ། ལྷག་དོན1999ལོར་པེ་ཅིང་སློབ་ཆེན་གྱི་རྟོག་ཞིབ་ཚ་ཁག་གིས་མཚོ་སྔོན་ཏུའུ་ལན་གྱི་བང་སོ་ཞིག་ནས་གོས་ཆེན་སྙིང་ཁེབས་ཀྱི་དུམ་བུ་ཁ་ཤས་རྙེད་ཡོད་ཅིང་། བང་སོ་དེ་བརྩིགས་པའི་དུས་ཚོད་ནི་ཧ་ལམ་སྤྱི་ལོ757ཙམ་ཧེ་སྤྱི་ལོའི་དུས་རབས་བརྒྱད་པའི་དུས་འགོ་ནས་དགུ་པའི་དུས་མཇུག་བར་ཡིན་པ་དང་དར་གོས་དེ་དག་ནི་ཐང་རྒྱལ་རབས་དུས་ཀྱི་དར་གོས་འཚེམ་དྲུབ་ཀྱི་གྱོན་པ་རྩེ་གྲའི་གྲས་ཤིག་ཡིན་པས་སྐབས་དེར་དར་གོས་དེ་རིགས་དར་གོས་ལམ་བུའི་ཐོག་ཚོང་འདྲེན་བྱེད་པ་ཡང་ཤེས་ཐུབ། འོན་ཀྱང་དེ་ཕྱོགས་ཀྱི་མཁས་དབང་ལ་ལའི་

གསུང་རྒྱུན་ལ་གཞིགས་ན། བོད་རང་དུ་དར་གོས་ཐོན་སྐྱེད་བྱས་པའི་རྗེས་ཤུལ་མེད་ཞུང་ཏུན་ཧོང་དུ་དར་ལས་གྲོང་ཚོ་ཞེས་པ་ཞིག་སྒྲིག་འཛུགས་བྱས་ནས་བོད་ཀྱི་དར་གོས་ཐོན་སྐྱེད་བྱེད་སྒྲོང་བས་ཚོད་དཔག་ལྟར་ན་བོད་ཀྱི་དར་གོས་དག་དར་ལས་གྲོང་ཚོ་ཞེས་པ་དེ་ནས་མཁོ་འདོན་བྱས་པའི་ངོས་འཛིན་བྱེད་ཀྱི་ཡོད་པ་རེད།

ཉེ་རབས་ཀྱི་རྒྱན་གོས། ཉེ་རབས་ཀྱི་བོད་མིའི་རྒྱན་གོས་ནི་རྒྱ་གོས་ཆེན་དང་། ཐེར་མ། རས་དང་སྣམ་བུ་སོགས་ཀྱིས་བཟོས་པ་ཞིག་ཡིན་ཞིང་། བུད་མེད་ཆོས་སྟོན་དཔྱིད་གཉིས་སུ་ཕྱུ་པ་ཕུ་ཡོད་དང་། དབྱར་ཁ་ཕུ་མེད་གྱོན་པ། དགུན་དུས་པགས་ཚགས་བཅས་གྱོན་པ་དང་རྐང་ལྷམ་ནི་ཟོམ་པ་དང་འཇུར་རྟ་རང་འདོད་ལྟར་གྱོན་གྱི་ཡོད། བུ་མོ་ཚོ་ཆུང་དུས་ནས་སྤྲ་ལ་ལྷས་མ་རྒྱག་པ་དང་ལྷུང་ལོའི་ཐོག་ལྟག་འཛར་ཞེས་གཡུ་དང་བྱུ་རུ་སྤེལ་མར་བསྒྲིགས་པ་དང་། མི་དྲག་གི་བུ་མོ་ཚོས་ལྟག་འཛར་གྱི་སྟོད་དུ་གཙུ་རྒྱག་པ་དང་། རྣ་བར་སྨུ་ཏིག་དང་ཕ་ལམ་སོགས་རང་གི་འཕོས་དཔག་ལྟར་འདོགས། བུད་མེད་ཆོས་དབྱར་དུས་ཞྭ་མོ་གྱོན་སྲོལ་ཆེར་མེད་ཞུང་ལྷ་ས་ཁུལ་གྱི་གླིང་སྐོར་བ་སོགས་ཀྱིས་ཞྭ་མོ་སྐལ་བཟང་བསིལ་གཡབ་ཅེས་རྒྱ་ཐེར་མ་སོགས་ལས་བཟོས་ཅིང་། དཔྲལ་བའི་མདུན་དུ་ཉི་སྐྱིབ་ཡོད་པ་ཞིག་གྱོན་སྲོལ་ཡོད་པ། དགུན་དུས་ཡང་ཞྭ་ཞེས་རྒྱབ་མདུན་གཉིས་ལ་རྣ་ཅོག་ཆེ་བ་རེ་དང་གཡས་གཡོན་གཉིས་ལ་ཆུང་བ་རེ་ཡོད་པ་གྱོན་སྲོལ་ཡོད། བུ་ཆོས་དབྱར་དུས་སྣམ་བུ་སོགས་ལས་བཟོས་པའི་ཕྱུ་ཆེན་གྱོན་པ་དང་ཕུ་ཐུང་གཡས་པ་འབུད་པ། དགུན་དུས་སུ་རྒྱབ་ཤ་འདྲ་མིན་གྱི་པགས་ཚགས་གྱོན་པ་དང་ལོ་ན་རྒན་གཞོན་ལ་གཞིགས་ནས་རྐུབ་སྲུལ་བཞིའམ་དྲུག

སྒྲིག་པའམ་སྤྱ་ཟུར་ལ་ཟུར་ལྷེབས་རྒྱག་པར་བྱེད། ཀང་ལྷམ་ཟོམ་པ་དང་། འཇུར་ཧ་ཡུ་རིང་། ཀོ་ལྷམ་སོགས་ཅི་རིགས་གྱོན་ལ། མགོ་ལ་དབྱར་དུས་སུ་ཕྱིང་ཞྭ་དང་དགུན་དུས་སུ་ཚེ་རིང་སྐྱིང་ཁེབས་དང་འཇའ་བཏང་པགས་སློག་བཅས་གྱོན་གྱི་ཡོད། བུ་ཚོས་ཆུང་དུས་ནས་སྐྲ་ལ་ལྫང་ལོ་རྒྱག་པ་དང་རྣ་ཅོག་གཡས་པར་གཡུ་བྱུར་དང་གཡོན་མར་ཨ་ལོང་འདོགས་པར་བྱེད་ཀྱང་མི་དྲག་གི་བུ་ཚོས་ལྫང་ལོར་གཙུ་བརྒྱན་པ་དང་རྣ་ཅོག་གཡོན་མར་སོག་བྱིལ་འདོགས་སྲོལ་ཡོད། དེ་མིན་གཡུ་དང་མུ་ཏིག་ཀྱང་འདོགས་སྲོལ་ཡོད་པ་མངོན་པ་དཔེར་ན། གོར་བོད་སྡེ་གཟར་རྗེས་སྐབས་དེའི་བཀའ་བློན་དགའ་གཡུ་གཉིས་ནང་སར་སྐྱིད་སྐབས་གོང་མས་རྣ་བ་གཡས་གཡོན་གཉིས་སུ་རྣ་རྒྱན་མི་འདྲ་བ་འདོགས་པའི་རྒྱུ་མཚན་འདྲི་སྐབས། བསྟན་འཛིན་དཔལ་འབྱོར་ནས་གཡུ་འདོགས་པ་དེ་བོད་རྙིང་ལུགས་ཀྱི་སྲོལ་ཡིན་པ་དང་མུ་ཏིག་འདོགས་པ་དེ་མཚོ་སྔོན་གྱི་རྒྱལ་པོ་གུ་ཤྲཱི་ཁང་རྒྱལ་རྒྱུད་ཀྱིས་བོད་ལ་དབང་སྒྱུར་བྱེད་སྐབས་ནས་དར་བ་ཡིན་ཚུལ་ཞུས་ཞེས་འཁོད་ཡོད།

ལྷག་དོན་ཉེ་རབས་རྒྱན་གོས་ཀྱི་དཔེ་མཚོན་ལྷ་བུར་གྱུར་བའི་རྒྱན་བཟང་མ་ཞེས་རྒྱན་གོས་གཟབ་པར་སྤྲུད་པའི་ཁྲུང་ཞུ་མ་རྣམས་ཡིན་ཞིང་། སྔོན་ཚོའི་རྒྱན་གོས་ནི་སྤྱིར་ན་དཔོན་རིགས་ཆེ་གྲས་ཀྱི་ལྷ་ལྷམ་དང་ཏ་ལམ་གཅིག་མཚུངས་ཡིན་པ་དང་། རྒྱན་ཆའི་རྣམ་གྲངས་མང་བ་ཏ་ལས་དགོས་པ་ཞིག་ཡོད་པ་དང་གྱོན་སྐབས་ཀྱང་ཏ་ཅང་རྙོག་འཛིང་ཆེན་པོ་ཡོད། གཞན་ཡང་ཉེ་རབས་ཀྱི་བུད་མེད་ཚོའི་རྒྱན་ཆའི་བཟོ་ལྟ་སྟབས་བདེའི་ཕྱོགས་སུ་འགྱུར་ལྡོག་ཆེན་པོ་བྱུང་ཡོད་

ལ། བོད་རིགས་བུད་མེད་ཀྱི་རྒྱན་གོས་ནི་ཇེ་མཛེས་སུ་ཕྱིན་པ་དང་རིན་ཐང་ཡང་ཇེ་མཐོར་ཕྱིན་ནས་འགྱུར་ལྡན་བུད་མེད་གཅིག་གི་རྒྱན་ཆར་ད་ལྟའི་མི་དམངས་ཤོག་སྒོར་ལ་ཕབ་ན་སྒོར་ཁྲི་བརྒྱ་ཡན་རེ་གི་ཡོད་པ་རེད། འབྲོག་པ་དག་ནི་དགུན་དུས་ཕྲུ་པ་སློག་ཆེན་དང་ཞྭ་མོ་ཕ་ཞྭ་སོགས་གྱོན་རྒྱུར་དང་དོད་བྱེད་པ་དང་དབྱར་ཁར་ཚར་ཏུ་སོགས་པགས་པ་སྲབ་རིགས་ཀྱི་སློག་པ་གྱོན་པ་དང་ཕོ་མོ་ཁྱད་མེད་ཀྱིས་ཕུ་ཐུང་གཡས་པ་དང་ཡང་ན་གཉིས་ཀ་ཕུད་ནས་ཚ་བ་སེལ་བར་བྱེད་པ་མ་ཟད། དུས་ཆེན་དང་མཛད་སྒོ་ཆེ་ཁག་ལ་སྟག་གཟིག་པགས་པས་མཐའ་རྒྱན་བཏང་བའི་སློག་པ་གྱོན་རྒྱུར་དགའ་པོ་བྱེད་ཀྱི་ཡོད། དེང་སང་གི་བོད་ཆས་སྣེ་ཁ་ཕྲོན200ཙམ་ཡོད་པ་དང་སྤྱིར་ན་ཉེ་རབས་ཀྱི་རྒྱན་གོས་ལས་འགྱུར་ལྡོག་ཆེན་པོ་བྱུང་མེད་ཙང་བཟོ་ལྟ་ཁ་ཤས་སྟབས་བདེའི་ཕྱོགས་སུ་གྱུར་ཡོད་པ་དང་རྣམ་ཀུན་རྒྱན་ཆ་མང་པོ་འདོགས་མཁན་མེད་པ་དང་ཕྱི་ལུགས་པའི་གྱོན་གོས་གྱོན་མཁན་ཡང་ར་ཅང་མང་པོ་ཡོད་ཙང་། ལོ་གསར་སོགས་རྟེན་འབྲེལ་གལ་ཆེའི་རིགས་ལ་སྲོལ་རྒྱུན་གྱི་བོད་ཆས་གྱོན་རྒྱུ་དེ་གོམས་གཤིས་སུ་གྱུར་ཡོད། བོད་ཆས་ཀྱི་ཆོས་གཞི་ཕུན་སུམ་ཚོགས་ལ་བཟོ་ལྟ་སྣ་མང་རང་བཞིན་ཆེ་བ་དང་། དགུན་ཁ་དྲོ་ཉམས་ཆེ་ལ་དབྱར་ཁ་བསིལ་བ། འགྱུལ་སྐྱོད་ཀྱི་ཆོས་ཉིད་དང་ར་ཅང་མཐུན་པོ་ཡོད་སྟབས་ད་ཆ་བོད་དུ་ཡུལ་སྐོར་དུ་ཡོང་མཁན་མང་པོས་བོད་ཆས་ཉོ་རྒྱུར་དང་དོད་ཆེན་པོ་ཡོད་སྟབས། བོད་ཆས་ཧུས་འགོད་བྱེད་མཁན་ཚོས་ཀྱང་བོད་ཆས་ཀྱི་ཁྱད་ཆོས་མི་བརླགས་པའི་རྨང་གཞིའི་ཐོག་དེང་དུས་མི་རྣམས་ཀྱི་དགའ་ཕྱོགས་དང་བསྟུན་གང་ཐུབ་བྱེད་ཀྱི་

ཡོད། ཁོང་ཚོས་གཅིག་ནས་སྲོལ་རྒྱུན་གྱི་གྱོན་གོས་ལ་དཔེ་གསར་ཅན་གྱི་གོང་བ་བསྐར་བ་མ་ཟད། ལ་ལར་གོང་བ་ཕྱི་ནང་གཉིས་བསྐར་ཐབས་སྤྱད་ནས་སྲོལ་རྒྱུན་བོད་ཆས་ལ་སྣོན་འཕྲི་བྱས་ཡོད་པ་དང་། གཉིས་ནས་སྲོལ་རྒྱུན་བོད་ཆས་ཀྱི་རྒྱ་ཆེ་ལ་ཕུ་ཐུང་རིང་བའི་རྣམ་པ་ལས་གྲོལ་ཏེ་ནང་སའི་ཕྱུ་ཆེན་དང་འདྲ་བ་བཟོས་པ་དེས་གཞོན་ནུ་མའི་སྐེག་ཉམས་མངོན་པར་གསལ་བ་དང་དུས་རབས་ཀྱི་ཁྱད་ཆོས་མངོན་གསལ་དུ་བཏང་ཡོད། གསུམ་ནས་སྲོལ་རྒྱུན་བོད་ཆས་ཀྱི་ཚོས་གཞི་གཙོ་བོ་དམར་པོ་དང་། སེར་པོ། ནམ་མཁའ་མདོག ལྗང་ཁུ་བཅས་བྱེད་པ་ནས་ད་ཆ་ལི་ཤང་དང་། ཟིང་དཀར་སོགས་བེད་སྤྱོད་བྱས་པས་བོད་ཆས་ཀྱི་གསོན་ཤུགས་ཇེ་རྒྱས་སུ་ཕྱིན་ཡོད་པ་མ་ཟད། ད་དུང་མེ་ཏོག་རྒྱག་སྟངས་དང་། ཐིག་རིས་སྤྱོད་སྟངས། ཐབ་ཆེ་བེད་སྤྱོད་སོགས་ཀྱི་ཐད་གསར་གཏོད་ཆེན་པོ་བྱས་ཡོད་པས་བོད་ཆས་དེ་བཞིན་དེང་དུས་ཀྱི་འཚོ་བ་དང་འཚམ་པ་དང་དུས་རབས་ཀྱི་རྗེས་སུ་སླེགས་རྒྱུར་དགེ་མཚན་ཆེན་པོ་ཐོན་ཡོད།

ས་གནས་ཀྱི་དམིགས་བསལ་རྒྱན་གོས། མཚོ་བོད་ས་མཐོ་ནི་ས་རྒྱ་ཆེ་ལ་རིག་གནས་ཕུན་སུམ་ཚོགས་པའི་ཡུལ་ལྗོངས་ཞིག་ཡིན་པ་ལྟར། རྒྱན་གོས་རིག་གནས་ཐད་ས་གནས་ཀྱི་ཁྱད་ཆོས་མངོན་གསལ་དོད་པོ་ཡོད་པས་དེའི་ནང་ནས་དཔེ་མཚོན་ཙམ་དུ་དམིགས་བསལ་གྱི་རྒྱན་གོས་ཁག་གཅིག་ཟུར་ཙམ་བཀོད་པ་ནི། མངའ་རིས་སྤུ་ཧྲེང་འཁོར་ཆགས་བུད་མེད་ཀྱི་རྒྱན་གོས་ནས་བཤད་ན། སྤྱིར་སྣམ་བུ་ཛ་མདོག་ལས་གྲུབ་པའི་གནའ་བོའི་བུད་མེད་ཀྱི་གྱོན་གོས་དང་། གོས་ཆེན་ལས་གྲུབ་པའི་སྟོད་ལྷེ། འཇའ་ལྷམ། སྐེ་རགས་བཅས་བཞི་ལས་གྲུབ་

པ་དང་། རྒྱན་ཆ་རིགས་ཆེ་བ་ཁག་བཅོ་ལྔ་ཙམ་ལས་གྲུབ་ཡོད་པ་དེར་ཞིབ་ཕྲའི་ལྗིད་ཚད་དང་ཁ་གྲངས་གཏན་འཁེལ་ཡོད་པས་ཏ་ལམ་ལྗིད་ཚད་རྒྱ་མ་བཅུ་གསུམ་ཙམ་ཡོད། དེ་མིན་ཞྭ་མོ་དང་དཔུང་པ་གཡས་པར་གཞོག་པའི་དབྱིབས་ཀྱི་འདོགས་ཆས་ཤིག་ཀྱང་ཡོད་པའི་རྒྱན་གོས་དེ་དག་ཕོ་བྲང་ནང་དུ་ཞོན་འཁྲབ་སྐབས་དང་སྐུ་དྲག་ཚོའི་གཉེན་སྒྲིག་སྐབས་སུ་སྤྱོད་ཅིང་། ད་ཆ་རྒྱན་གོས་དེ་འདྲ་ཆ་ཚང་དགུ་ཙམ་ལས་ལྷག་མེད་པར་གྲགས། རྒྱན་གོས་དེར་ད་བར་མི་ལོ800ལྷག་ཙམ་གྱི་ལོ་རྒྱུས་ལྡན་པ་དང་། གནས་ཐང་ཆེ་ལ་གནའ་ཉམས་ཏ་ཅང་དོད་པོ་ཡོད་པ་རེད། བོད་ལྗོངས་སྟོ་ཁ་གྲོང་ཁྱེར་ལྷུན་རྩེ་རྫོང་གི་སྟོ་པའི་རྒྱན་གོས་ལའང་དམིགས་བསལ་གྱི་ཁྱད་ཆོས་ལྡན་ཡོད་ཅིང་། གོང་ཆོས་ཡུལ་ལུང་དེར་དམིགས་བསལ་དུ་ཡོད་པའི་ཚེ་སྨ་ཅན་གྱི་ཤིང་ཤུན་འཁེལ་འཐག་བྱས་ནས་གྱོན་པ་བཟོ་ཡི་ཡོད། དེ་ཡང་ཚེ་སྨ་ཅན་གྱི་ཤིང་གི་པགས་པ་སྐམ་པོ་བཟོས་རྗེས་བརྡུངས་དགོས་པ་དང་། དེ་རྗེས་གོ་ཐལ་དང་བསྲེས་ནས་ཆུ་ཚོད་ཁ་ཤས་བསྐོལ་ནས་སྐམ་རྗེས་སྐྲུད་པ་སྒྲིམ་ནས་རས་འཐག་གི་ཡོད། རས་དེ་ཚོའི་ཆོས་གཞི་ཕལ་ཆེ་བ་ནག་པོ་ཡིན་པ་དང་ལ་ལ་ཚེ་སྨའི་རང་མདོག་ཡིན་ཞིང་། ནར་མོར་བཅོམས་པའི་སྟོད་གོས་དེར་གོང་བ་དང་། ཕུ་ཐུང་། པ་གིར་སོགས་གང་ཡང་མེད་པ་དང་ཉིན་མོའི་གྱོན་པ་དང་མཚན་མོའི་ཉལ་ཆས་ཚང་མའི་གོ་ཆོད་ཀྱི་ཡོད། བུད་མེད་ཚོའི་གྱོན་པ་ནི་རི་མོ་ཅན་ཞིག་ཡིན་ཞིང་། ཆོས་གཞི་ནི་ནག་པོ་དང་། དམར་པོ། ཡང་ན་རང་མདོག་བཅས་ཡིན། དེ་སྔ་སྟོ་པ་ཆོས་རས་གོས་དེ་ལས་སྨད་གཡོགས་དང་དོར་མ་སོགས་གང་ཡང་གྱོན་གྱི་མེད་པ་དང་།

བུད་མེད་རྣམས་དུས་བཞི་དབྱེར་མེད་དུ་རྐང་རྗེན་མར་སྡོད་པ། སྐྱེས་པ་ལ་ལས་སོ་མ་ར་ཙ་དང་བལ་སྤུ་སོགས་ལས་བཟོས་པའི་ལྷམ་ཡུ་རིང་གྱོན་པ་དང་མགོ་བོར་སྦྲ་ཞིང་བསླས་ནས་བཟོས་པའི་ཞྭ་མོ་གྱོན་གྱི་ཡོད། ལྷག་དོན་དུ་ལྟོ་པ་ཚོས་རྣ་ལ་ཨ་ལོང་ཆེན་པོ་འདོགས་པ་དང་། ཕོ་མོ་ཚང་མས་ཟངས་ལྕགས་ཀྱི་ལག་གདུབ་འདོགས་རྒྱུར་དགའ་བ་མ་ཟད། རྗོན་རྒྱུག་རྒྱུར་དགའ་བའི་ལྟོ་པའི་སྐྱེས་པ་ཚོས་མདའ་གཞུ་དང་ཨབ་ཤག་ལུས་དང་བྲལ་མེད་འཁྱེར་བ་དང་། གྲི་རིང་ཕྲེད་དུ་གཟེར་རྒྱུར་དགའ་པོ་ཡོད་པར་གྲགས། ད་ཆ་སྤྱི་ཚོགས་གོང་འཕེལ་ཕྱིན་པས་ལྟོ་པའི་གདོད་མའི་རྣམ་པའི་རས་གོས་དེའི་བཟོ་ལྟ་དང་ཚོས་གཞིར་འགྱུར་བ་ཆེན་པོ་ཕྱིན་པ་དང་། སྲོལ་རྒྱུན་བོད་ཆས་ཀྱི་ཤན་ཞུགས་ཀྱང་ཐེབས་བཞིན་ཡོད་པ་རེད། ད་དུང་བོད་ཀྱི་ས་ཁུལ་ཁག་ཏུ་རྒྱན་གོས་འདྲ་མིན་གྱོན་སྲོལ་ཡོད་པའི་ཁྲོད་ནས་ནག་ཆུ་ཨ་མདོའི་འབྲོག་པ་ཚོས་ལོ་ངོ་སྟོང་ཕྲག་གི་ལོ་རྒྱུས་ཡོད་པའི་གྱོན་གོས་སྟེ་ཁ་བརྒྱ་དང་བརྒྱད་ཙུ་ལྷག་ཙམ་ཉར་ཚགས་རྒྱུན་འཛིན་བྱས་ཡོད། ལྷག་དོན་དུ་གླེང་དགོས་པ་ཞིག་ནི་ས་ཆ་ལ་ལར་དམངས་ཁྲོད་ཀྱི་ངག་རྒྱུན་དང་འབྲེལ་བའི་དམིགས་བསལ་གྱི་གྱོན་པ་འགའ་ཡང་ཡོད་པ་དཔེར་ན། ནག་ཆུའི་ཤན་རྩ་རྫོང་གི་པ་ཏའི་ཁུལ་དུ་གནའ་ཉམས་དོད་ལ་རིན་ཐང་ཆེ་བའི་རྒྱན་གོས་ཁག་གཅིག་མི་རབས་རྒྱུད་ནས་ཉར་ཚགས་བྱས་ཡོད་པ་ནི་ཤོད་རྒྱུན་ལ་གླིང་རྗེ་གེ་སར་རྒྱལ་པོའི་ཛ་མ་སེང་ལྕམ་འབྲུག་མོ་མི་ངན་གྱིས་བཙན་ཁྲིད་བྱེད་སྐབས་འབྲུག་མོས་སྨྱོ་རྫུ་བཏབ་སྟེ་སློག་པ་ཕྱི་ནང་སྒྱུར་ནས་གྱོན་ཏེ་མི་ངན་གྱི་ལག་ནས་ཐར་བས་དུས་དེ་ནས་བཟུང་རྒྱན་གོས་དེ་དར་ཁྱབ་བྱུང་

བར་གྲགས་པ་དང་། ཡང་མཚོ་སྔོན་བྲག་རྩའི་ཁུལ་དུ་དམིགས་བསལ་གྱི་རྒྱན་གོས་ཤིག་ཡོད་པ་ནི་བཙན་པོ་སྲོང་བཙན་སྒམ་པོ་གཤེགས་རྗེས་རྒྱ་བཟའ་འུན་ཤིང་ཀོང་ཇོ་མྱ་ངན་གྱིས་རབ་ཏུ་ནོན་ཏེ་སྣམ་གོས་ཕྱི་ནང་སློག་སྟེ་གྱོན་པས་ས་དེ་གའི་འབྲོག་མོ་ཚོས་དེའི་ལད་མོ་བྱས་ཏེ་བཟོས་པར་གྲགས་པའི་གྱོན་གོས་ཤིག་ཡོད་པ་དེའི་ཆོས་གཞི་ཟང་ཟིང་ཆེ་ཞིང་། ཨམ་ཕྲག་གཡོན་ནས་གཡས་སུ་ཕྱི་བ། ཕྲུ་པའི་མཐའ་ཚགས་ཀྱང་ཕྱི་ནང་སློགས་ནས་བཏང་བའི་གྱོན་པ་རིགས་གསུམ་ཡོད་པ་དེའི་ལོ་རྒྱུས་རིང་ལ་ས་གནས་ཀྱི་ཁྱད་ཆོས་དམིགས་བསལ་ཅན་ཞིག་ཡོད་པ་དེ་ནི་རྒྱན་གོས་ཞིབ་འཇུག་པས་དོ་སྣང་ཆེན་པོ་བྱེད་པའི་རིག་དངོས་ཀྱི་གྲས་ཤིག་ཡིན། ད་དུང་ཀོང་པོའི་བུད་མེད་ཀྱི་གཟབ་གོས་རིགས་བརྒྱད་དགུ་ཙམ་ཡོད་པ་དང་མགོ་ཤུབས་ཀྱི་མཐའ་སྣེ་ཚང་མར་གསེར་སྐུད་གཏོང་གི་ཡོད། ཁྱད་ཆོས་དམིགས་བསལ་གྱི་ཀོང་པོའི་ཞྭ་མོ་ཁ་དབྲག་ཅན་དེར་ཡང་ན་ཚོད་ཀྱི་ཧེ་བག་ཡོད་པས། སྤྱིར་ན་གཉེན་སྒྲིག་མ་བྱས་པའི་བུ་མོའི་ཞྭ་སྣེ་གཡས་དང་། གཉེན་སྒྲིག་ཟིན་པའི་བུ་མོའི་ཞྭ་སྣེ་གཡོན། དེ་བཞིན་ན་ཚོད་ཀན་ཙམ་གྱི་བུད་མེད་ཚོའི་ཞྭ་མོ་ཁ་དབྲག་མིན་པར་ཟླུམ་གཟུགས་ཡིན་པ་རེད། དེ་དང་ཕྱོགས་མཚུངས་སྐྱེས་པའི་གྱོན་གོས་རིགས་བརྒྱད་ཙམ་ཡོད་ལ་མགོ་ཤུབས་ནི་གོང་བ་ཡོད་ཅིང་དཔུང་པའི་མཚམས་ནས་ཁ་དབྲག་ཏུ་བཞག་པ་དང་། སྐེད་པ་གཡས་ལ་ཐོད་གྲི་དང་གཡོན་ལ་གཅུ་འདོགས་ཀྱི་ཡོད་པ་རེད། ད་དུང་གཏིང་སྐྱེས་རྫོང་གི་འདྲེན་ཐང་ཤར་པའི་སྐྱེས་པ་ཚོས་སྐེད་པར་གཙབ་གྲི་ཟླ་བའི་དབྱིབས་ཅན་ཞིག་འདོགས་པ་དང་། དར་གོས་ཀྱིས་མཐའ་རྒྱན་སྤྲས་པའི་བལ་གྱིས་

བཏགས་པའི་བོད་བཟོའི་སྟོད་ཐུང་དང་ཁྲུལ་རྗེད་ཀྱིས་བཏགས་པའི་ཁ་སྒྲུར་གྱོན་པ། སྣམ་བུའི་ཞྭ་མོ་སེར་སྐྱ་གཡོན་ཕྱོགས་སུ་མེ་ཏོག་གཟེར་བ་ཞིག་བཅས་གྱོན་གྱི་ཡོད། ད་དུང་རྫོན་རྒྱུག་ཏུ་འགྲོ་སྐབས་སྐེད་པ་གཡས་སུ་གྲི་གྲུག་ཞིག་དྲངས། མདའ་དོང་གཡས་ཕྱོགས་སུ་འཁྱེར་ནས་མདའ་རྩེ་གྱེན་དུ་བསྟན། རྒྱབ་ཏུ་གཞུ་འཁྱེར་བ་དང་ལག་ཏུ་མདུང་རིང་ཐོགས་པ་བཅས་བྱེད་ཀྱི་ཡོད་ལ་དེང་སང་སྐྱེས་པ་ཚོས་རྣམ་ཀུན་དུ་བོད་ཆས་དང་། དམག་ཆས་ལྷང་ནག་ཅན། ཡང་ན་ནུབ་ཆས་བཅས་སྒྲོན་གྱི་ཡོད། ལྷག་དོན་འདྲེན་ཐང་གི་བུད་མེད་ཚོའི་རྒྱན་གོས་གཞན་དག་ལ་ཁྱད་པར་ཆེར་མེད་ཀྱང་ཞྭ་རྩེར་རྨ་བྱའི་སྒྲོ་དང་མེ་ཏོག་གཟེར་བ་དང་། ཞྭ་མཐའ་ཚོས་གཞི་གསུམ་གྱིས་བརྒྱན་པ། ཞྭ་ཏོག་དམར་པོ་ཡིན་པ། ཞྭ་འདབས་གཉིས་སུ་དངུལ་ཐིག་དཀར་པོ་དང་གཅིག་ཏུ་དངུལ་ཏམ་ཚོམ་བུས་བརྒྱན་པ། ཞྭ་འདབས་ནས་ཞྭ་ཏོག་བར་སྨུ་ཏིག་ཕྲེང་བར་བརྒྱུས་པ་ཞིག་གྱོན་གྱི་ཡོད་པ་དེར་ས་གནས་ཀྱི་ཁྱད་ཆོས་མངོན་གསལ་དོད་པོ་ཡོད་པ་རེད།

བོད་ས་མཐོའི་རྒྱན་གོས་རིག་གནས་ནི་ལུང་པ་རེ་ལ་སྐད་ལུགས་རེའི་རྗེས་སུ་འགྲོ་བའི་གྲུབ་ཆ་ཕུན་སུམ་ཚོགས་པ་དང་། ཁྱད་ཆོས་མངོན་གསལ་དོད་པ། སྒྱུ་རྩལ་གྱི་རིན་ཐང་ཆེས་ཆེར་མཐོ་བའི་རིག་གནས་ཀྱི་ཁྱབ་ཁོངས་གལ་ཆེན་ཞིག་ཡིན་པ་དེ་ནི་མི་རིགས་རིག་གནས་དང་། ལག་ཤེས་བཟོ་རྩལ། ལོ་རྒྱུས་འཕེལ་རིམ་བཅས་ལ་ཞིབ་འཇུག་བྱེད་པའི་དཔྱད་གཞི་རིན་ཐང་ཅན་ཞིག་ཡིན་ནོ།

མངོན་མིན་རིག་གནས་ཤུལ་བཞག་ཏུ་ཚུད་པ། ད་ཆ་བོད་ཀྱི་རྒྱན་གོས་མང་དག་ཅིག་མངོན་མིན་རིག་གནས་ཤུལ་བཞག་གི་མིང་གཞུང་ནང་ཚུད་པ

དང་འཛམ་གླིང་སྤྱི་ཡིས་ཀྱང་དོ་སྣང་བྱེད་ཤུགས་ཇེ་ཆེར་འགྲོ་བཞིན་ཡོད་ཅིང་། ལྷག་དོན་དུས་ཀྱི་འཁོར་མཚམས་2014ལོའི་ཟླ་6པའི་ཚེས་14ཉིན་ལ་སླེབས་སྐབས་བོད་ས་མཐོར་དབྱར་ཐོག་མས་འཛུམ་ཞལ་ངོམས་ནས་ལྗོན་ཤིང་གཡུ་ལོ་བཀྲ་བ་དང་སྤོ་སེར་དཀར་དམར་གྱི་མེ་ཏོག་སྣ་ཚོགས་བཞད་ཅིང་། བསིལ་བླུང་འཇམ་པོའི་ཁྲོད་ནས་སྐྱེ་དངོས་སྣ་ཚོགས་ཀྱི་བསུང་ཞིམ་འཕྱུལ་ལ། མཆོག་དམན་གྱི་སྐྱེ་བོ་རྣམས་ཀྱང་དཔྱིད་ཀྱི་གྲང་བླུང་དང་ཐལ་འཚུབ་ཀྱི་རྒྱ་ལས་ཡོངས་སུ་གྲོལ་བས། ལུས་ཀྱི་ཕོ་ལག་རྒྱས་ཏེ་སྙོད་བཅུད་ཐམས་ཅད་གསོན་ཉམས་ལྡན་ཞིང་སྐྱེ་སྟོབས་ཀྱི་དཔལ་འབར། དགའ་སྤྲོའི་དཔལ་ཡོན་རྒྱས་པའི་སྐབས་དང་དུས་དེ་ཉིན་ནི་རང་རྒྱལ་གྱི་རིག་གནས་ཤུལ་བཞག་ཉིན་མོ་ཐེངས་དགུ་པ་དེ་ཡིན་པ་རེད། དམིགས་བསལ་གྱི་ཉིན་མོ་དེ་དོན་གྱི་སྙིང་པོས་ཕྱུག་པ་བྱེད་ཆེད་འབྲེལ་ཡོད་ཚན་པས་ལྷ་ལྡན་གཙུག་ལག་ཁང་གི་ཤར་ལྷོའི་མཚམས་སུ་གནས་པའི་ལྗོངས་མང་ཚོགས་སྒྱུ་རྩལ་ཁང་གི་འགྲེམས་སྟོན་ཚོམས་ཆེན་དུ་མཛེས་སྡུག་ཡིད་དབང་འཕྲོག་ཅིང་། སྣ་མང་ལྡན་སུམ་ཚོགས་པའི་རྒྱན་གོས་ཀྱི་འགྲེམས་སྟོན་ཐེངས་དང་པོ་བཤམས་ཡོད་པ་དེར་རྒྱལ་ཕྱི་རྒྱལ་ནང་གི་ཡུལ་སྐོར་སྐུ་མགྲོན་ཙམ་མ་ཟད། བོད་ས་མཐོར་སྐྱེས་ཤིང་འཚོ་བའི་སྐྱེ་བོ་རྣམས་ཀྱང་ཤེས་རྟོགས་ཀྱི་སྒོ་མོ་གསར་པ་ཞིག་ཕྱེད་པའི་ཉམས་སྣང་དབང་མེད་དུ་འཆར་བ་དང་། བཞིན་ལས་ཧ་ལས་ཧང་སངས་ཀྱི་བཙོས་མིན་རྣམ་པ་ཞིག་འགོག་མེད་དུ་འཆར་བཞིན་ཡོད།

སྐབས་དེའི་རྒྱན་གོས་འགྲེམས་སྟོན་དེ་ནི་གཙོ་བོ་འགྲེམས་ཁྱུལ་ཁག8ལ་

ཁྲི་ཡོད་པའི་ནང་བོད་ལྗོངས་ས་གནས་ཁག་གི་གནའ་དེང་རྒྱན་གོས་དང་། ནམ་དུས་མི་འདྲ་བའི་རྒྱན་གོས། དེ་བཞིན་འཁྲབ་ཆས་འདྲ་མིན་བཅས་མ་ལག་ཆེན་པོ་ལྔ་ལས་གྲུབ་པའི་རྒྱན་གོས་སྣེ་ཁ130ཙམ་བཤམས་ཡོད་པའི་ནང་རྒྱལ་ཁབ་རིམ་པའི་མངོན་མིན་རིག་གནས་ཤུལ་བཞག7དང་ལྗོངས་རིམ་པའི་མངོན་མིན་རིག་གནས་ཤུལ་བཞག13ཡོད་པ་དེ་དག་ནི་གངས་ལྗོངས་ས་མཐོའི་སྐྱེ་བོ་རྣམས་ཀྱིས་ལོ་ངོ་བརྒྱ་སྟོང་གི་ཐོན་སྐྱེད་ངལ་རྩོལ་ནང་གསར་གཏོད་བྱས་པ་དང་རིམ་བཞིན་མཚོ་བོད་ས་མཐོའི་དམིགས་བསལ་གྱི་ས་ཁམས་གནམ་གཤིས་དང་འཕྲོད་པའི་མི་རིགས་ཀྱི་རྒྱན་གོས་རིག་གནས་དེ་གྲུབ་པ་ཞིག་ཡིན།

ལྷག་དོན་འགྲེམས་སྟོན་གྱི་དམིགས་བསལ་མཛེས་ལྗོངས་གཞན་ཞིག་ནི་ས་གནས་ཁག་ནས་ཕེབས་པའི་བཟོ་རྩལ་པ་ཚོས་རྒྱན་གོས་དེ་དག་གི་བཟོ་རྩལ་བརྒྱུད་རིམ་དག་སྐུ་མགྲོན་ཚོའི་སྤྱན་སྔར་བསྟར་བས་དེ་བས་ཀྱང་གཡང་རྩེའི་སྒང་གི་ཡས་སྦྲོན་གྱི་ནུས་པ་ཐོན་ནས་སྐུ་མགྲོན་ཚོས་གནས་དང་ཡུལ་དེ་རང་དུ་རྒྱ་ཆེ་གཏིང་ཟབ་ཀྱི་དམངས་ཁྲོད་བཟོ་རྩལ་གྱི་ཉམས་པ་ཞིག་མྱོང་སྤྱོད་ཐུབ་ནས་གཏིང་ཟབ་ལ་སྣ་མང་རང་བཞིན་ལྡན་པའི་བོད་ཀྱི་རྒྱན་གོས་རིག་གནས་ཀྱིས་ཡིད་ཀྱི་བརྟན་པ་འཕྲོག་ནུས་དེ་བས་ཆེ་རུ་ཕྱིན་ཡོད།

ད་ཆ་བོད་ས་མཐོར་ཁ་བ་དཀར་པོ་དང་། རེ་བ། རྨི་ལམ། ཡིད་འོང་ཞེས་པ་སོགས་ཀྱི་བོད་ཆས་ཀྱི་གྲགས་རྟགས་མང་པོ་ཐོན་ཡོད་པ་དེ་ནི་ལོ་རྒྱུས་རིང་བའི་བོད་ཆས་རིག་གནས་དེ་དུས་རབས་ཀྱི་གོམ་སྟབས་དང་མཉམ་དུ་འཛམ་གླིང་ལ་ཕྱོགས་པའི་མངོན་རྟགས་ལེགས་པོ་ཞིག་ཡིན།

གཉིས། གཅུ་དང་འབྲེལ་བའི་རིག་གནས།

འཛམ་གླིང་གི་དབུ་རྩེར་གྲགས་པའི་མཚོ་བོད་ས་མཐོའི་མི་རྣམས་ནི་བསམ་པ་དང་དངོས་པོའི་རིག་གནས་གཉིས་ཀ་ཕུན་སུམ་ཚོགས་པའི་མི་རིགས་ཤིག་ཡིན་སྟབས་དེ་དང་འབྲེལ་བའི་རིག་གནས་ཀྱི་སྣང་ཚུལ་སྣ་ཚོགས་ཀུང་ཁྱབ་གདལ་བྱུང་ཡོད། དེ་དག་གི་ཁྲོད་ནས་དར་ཁྱབ་ཆེ་ཤོས་དང་དོན་སྙིང་ཟབ་ཤོས་ནི་རྒྱན་ཆ་དང་སྲུང་བ་གཉིས་ཀའི་གོ་ཆོད་པའི་གཅུ་ཡི་སྒྱུ་རྩལ་དངོས་པོ་དག་ཡིན།

གཅུ་ཡི་རྒྱུ་ནི་གསེར་དང་། དངུལ། ཟངས་བཙས་དང་མདུན་ངོས་གསེར་དང་རྒྱབ་ངོས་དངུལ་སོགས་རྒྱུ་ཆ་སྤེལ་མར་སྦྱད་པ་སོགས་ཅི་རིགས་ཡོད་པ་དང་། ཕྱ་མོ་བྱད་མེད་ཚོས་བྲང་ཁར་འདོགས་པའི་གཅུ་ཡི་བཟོ་ལྟ་ནི་སྤྱིར་ན་གྲུ་བཞི་ཡིན་ཙང་ཟླུམ་ཟུར་དྲུག་དང་ཟུར་བརྒྱད་སོགས་བཟོ་རྩལ་ལེགས་སུ་སོང་བའི་གཅུ་འདོགས་སྲོལ་དར་བ་མ་ཟད། རྒྱན་བཟང་མའི་ཚས་གོས་ནང་བྲང་ཁར་གཅུ་ཆེ་བ་གཅིག་གི་ཐོག་ད་དུང་གཅུ་གསུམ་སྒྲོམ་ཞེས་དེའི་གཤམ་གྱི་གྲོད་པའི་ཐད་དུ་གཅིག་དང་གཡས་གཡོན་གཉིས་སུ་རེ་རེ་དག་རིན་ཆེན་སྣ་ཚོགས་ཀྱིས་བརྒྱན་པའི་ལུང་ཐག་དང་བཅས་འདོགས་སྲོལ་ཡོད་པ་དང་། ཉེ་རབས་སུ་ད་དུང་གཅུ་རྫས་ཞེས་མེ་ཏོག་དང་ཕྱི་མ་ལེབ་ཀྱི་གཟུགས་སོགས་དཔེ་བས་ངེས་མེད་ཀྱིས་རང་མོས་ལྟར་གསར་གཏོད་བྱས་པ་ཡང་མཐོང་རྒྱུ་ཡོད། ཡང་སྐྱེས་པ་

ཆོས་དབྱིབས་གྲུ་བཞི་དང་གྲུ་བཞི་ནར་མོ་ཡིན་པའི་གཙུ་འབྲལ་སྤྱང་ཞེས་པ་ཞིག་འདོགས་སྲོལ་ཡོད་ཙུང་དེ་ནི་བྲང་དུ་མི་འདོགས་པར་སྙི་གཡས་སུ་འདོགས་ཀྱི་ཡོད་པ་དང་གཙུ་ཡི་མཐའ་སྐོར་རི་དྭགས་དང་བཀྲ་ཤིས་རྟགས་བརྒྱད་སོགས་ཀྱི་རི་མོས་བརྒྱན་ཡོད་པ་རེད།

གཙུ་ཡི་རྒྱུ་ཆ་ལེགས་ལ་བཟོ་ལྟ་མཛེས་པ་དང་རིན་པོ་ཆེ་སྣ་ཚོགས་ཀྱིས་ཁྲ་བཏབ་པ་མ་ཟད། བུད་མེད་ཚོའི་གཙུ་ཡི་ལུང་ཐག་ཀྱང་གཡུ་བྱུར་དང་། གཟི། སྤྱིས་ཤེལ། མུ་ཏིག་སོགས་སྟར་ལ་བརྒྱུས་པའི་ཐོག་ལུང་ཐག་གི་དབུས་སུ་ཡང་གསེར་སྒོར་མོ་སོགས་རིན་པོ་ཆེའི་རིགས་ཀྱིས་འདོམས་བརྒྱབ་ནས་རིན་ཐང་ཧ་ཅང་ཆེན་པོ་ཡོད་པས་གཙུ་ནི་གནས་ཐང་ཆེ་ལ་མིག་ལ་མཛེས་པའི་རྒྱན་ཆ་རྩེ་གྲ་ཞིག་ཡིན་པ་སྨོས་མེད་རེད། འོན་ཀྱང་གཙུ་ཡི་དོན་སྙིང་ནི་དེ་ཙམ་ག་ལ་ཡིན། གཙུ་ཕལ་ཆེ་བའི་ནང་ངོས་སུ་སྲུང་བ་བཙུག་ས་ཡོད་ལ་སྐྱེས་པའི་གཙུ་ནི་དེ་བས་ཤོང་ཆེ་བ་ཡོད་པས་རྒྱབ་ངོས་ནས་ཁེབས་ཕྱེ་ནས་སྲུང་བ་བླུགས་རྗེས་ཁ་ལྟེམ་དགོས།

གཙུ་ཡི་བྱུང་ཚུལ་སྐོར་ལ་ལོ་རྒྱུས་ཡིག་ཆ་ངེས་གསལ་མ་རྙེད་ཙུང་རིགས་གཅིག་མཁས་པའི་བཞེད་པ་ལྟར་ན། བོད་དུ་ཐང་ག་སོགས་ཀྱི་འབྲི་སྲོལ་མ་དར་སྔོན་ནས་ཚ་ཚ་རྒྱག་སྲོལ་དར་བ་དང་ཚ་ཚས་སྲུང་བ་བྱེད་སྲོལ་ཡང་དར། དེ་ལྟར་ཡིན་སྟབས་ཆོས་ལ་དད་གུས་ཆེ་བའི་བོད་མི་རིགས་ཀྱི་ངོས་ནས་བཤད་ན་སྐུ་རྟེན་ཐད་ཀར་རང་གཟུགས་ལ་སྦྱར་བ་ནི་ཉེས་དམིགས་བསགས་པ་ཞིག་ཡིན་པའི་ངོས་འཛིན་གྱིས་གཙུ་ཡི་དགོས་པ་བྱུང་བའི་ངོས་འཛིན་བྱེད་ཀྱི་ཡོད།

འོན་ཀྱང་དུས་རབས་འཕེལ་རྒྱས་ཀྱི་གོམ་སྟབས་ཁྲོད་དུ་གཙུ་ཡི་རྒྱུ་ཆ་དང་བཟོ་ལྟར་འགྱུར་ལྡོག་ཆེན་པོ་བྱུང་བ་ནི་ཟུར་བལྟས་ལེབ་མཐོང་ཞིག་རེད། གང་ལྟར་དུས་ད་ཆ་ཡང་གཙུ་ཡི་ནང་དུ་སྲུང་བ་དམ་རྫས་བླུགས་སྲོལ་ནི་སྔར་བཞིན་གནས་ཡོད་ཅིང་། སྲུང་བའི་བྱེ་བྲག་ནི་རིང་བསྲེལ་དང་། བདུད་རྩི་རིལ་བུ། དམ་རྫས་སྙིང་གྲོལ། སྐྱེས་བུ་དམ་པའི་གདུང་ཐལ། དབུ་སྐྲ་དང་ན་བཟའ། དེ་བཞིན་སྐུ་འདྲ་ཆུང་ངུ་བཅས་བླུགས་ཀྱི་ཡོད་ལ་ལྷག་དོན་སྐྱེས་པའི་གཙུ་ལ་ལའི་ངོས་སུ་ཆེད་མངགས་ཤེལ་སྒོ་ཆུང་ངུ་སྒྲིག་ནས་གནས་དང་དུས་ལ་མ་བལྟོས་པར་སྐུའི་བཞིན་རས་མཇལ་ས་ཡོད་པ་བཟོས་ཏེ་བྱིན་རླབས་དང་ལུས་སྲུང་གཉིས་ཀའི་གོ་ཆོད་པ་བྱེད་སྲོལ་ཡོད།

གཙུ་ནི་རིན་ཆེན་སྣ་ཚོགས་ལས་གྲུབ་པའི་རྩ་ཆེའི་དངོས་པོ་ཞིག་ཡིན་པས་སྔར་ནས་བཟུང་རིན་གོང་མཐོ་བའི་རྒྱན་ཆའི་གྲས་ཤིག་ཡིན་པའི་ཁར། དེང་སང་དཔལ་འབྱོར་གྱི་ཆུ་ཚད་གོང་མཐོར་སོང་བ་དང་རང་བྱུང་ལྷན་སྐྱེས་ཀྱི་རིན་པོ་ཆེའི་རིགས་ཇེ་དཀོན་དུ་གྱུར་སྐབས་དཀོན་པ་ཙམ་གྱི་རིན་ཐང་ཞེས་པ་ལྟར་ད་ཆ་གཙུ་ཡི་གནས་ཐང་དེ་བས་ཇེ་ཆེར་འགྲོ་བཞིན་ཡོད་སྐབས་དེང་སང་རྩ་ཆེའི་དངོས་པོ་ཉར་ཚགས་བྱེད་མཁན་མང་པོ་ཞིག་གིས་ཀྱང་གཙུ་ཉར་ཚགས་བྱེད་པའི་ཚོ་རླབས་ཤིག་འཕྱུར་ཡོད་པ་རེད། ལོ་ཤས་གོང་ད་དུང་གཙུ་ཉར་ཚགས་བྱེད་མཁན་ཞིག་གིས་རྒྱལ་སྤྱིའི་ཧབ་ཚོང་ཁྲོམ་རའི་ཐོག་ཆེང་རྒྱལ་རབས་དུས་ཀྱི་དངུལ་གྱི་གཙུ་རྙིང་པ་ཞིག་ལ་རིན་གོང་སྒོར་ཁྲི་བརྒྱ་བརྒྱབ་ཡོད་པ་རེད། ཉར་ཚགས་བྱེད་མཁན་ཚོས་གཙུ་ཡི་རིན་ཐང་ལ་དཔྱད་སྐབས་རྒྱུ་ཆ་དང་བཟོ་

ལྷར་ལྷུ་བའི་ཐོག་དེའི་ལོ་རབས་དང་། བཟོ་རྩལ། དེ་བཞིན་དམ་རྫས་སྲུང་བ་དང་བཅས་པ་ཡོད་ན་སྲུང་བའི་རྩ་ཆེའི་རང་བཞིན་ལྡང་དེ་བས་དོ་སྣང་ཆེན་པོ་བྱེད་ཀྱི་ཡོད།

དེང་སང་རིགས་གཅིག་མཁས་ཅན་མང་པོས་གསེར་དངུལ་ལས་བཟོས་པའི་བོད་ཀྱི་གའུ་ཡི་ སྲུས་ཚད་ལེགས་པོ་མི་འདུག་ཅེས་སྐོད་ཀྱི་ཡོད་ཙང་དེ་ནི་གནའ་བོའི་མི་རྣམས་ཀྱུགས་དྲགས་པ་དང་ཡང་ན་རྒྱུ་ཆར་སེར་སྣ་བྱས་པ་ཞིག་གཏན་ནས་མིན་པར་གའུ་ཡི་ངོས་སུ་སྦྱར་བའི་རིན་པོ་ཆེ་རྣམས་བརྟན་པོར་གནས་པའི་ཆེད་དུ་ཆེད་མངགས་མཁྲིགས་པོ་བཟོས་པ་ཞིག་ཡིན་པ་རེད།

གའུ་ནི་བོད་མི་རིགས་ཀྱི་ངོ་མཚར་ཆེ་བའི་བཟོ་རྩལ་དངོས་པོ་ཞིག་ཡིན་ལ་ བླ་ན་མེད་པའི་དད་སེམས་གནས་ས་ཞིག་ཀྱང་ཡིན་པས་མི་ལ་རྒྱུ་དགོས། རྒྱུ་ལ་བདག་དགོས། ཞེས་པ་ལྟར་གའུ་ཉར་ཚགས་བྱེད་མཁན་ཡིན་ཀྱང་འདྲ། ཡང་ན་ཕ་མེས་ཡང་མེས་ཀྱི་ཤུལ་འཛིན་པ་གང་ཞིག་ཡིན་ཙང་གའུ་ཉར་ཚགས་གཟབ་ནན་བྱེད་དགོས་པ་མ་ཟད། གའུ་ཡི་ངོས་སུ་མར་བྱུག་རྒྱུ་ནི་སྐམ་ཤས་ཆེ་བའི་ས་མཐོར་གའུ་ཡི་སྣུམ་ཞག་སྲུང་འཛིན་བྱེད་པ་དང་འོད་མདངས་མི་ཡལ་བའི་ཐབས་དམ་པ་ཞིག་ཡིན་ནོ།

གསུམ། གནས་ཐང་ཆེ་བའི་གཟི་རྒྱན།

མཆོ་བོད་ས་མཐོར་གཟིའི་ལོ་རྒྱུས་བྱུང་ནས་ལོ་ངོ་སྟོང་ཕྲག་སོང་ཡོད་པ་

དང་བོད་རིགས་མང་པོས་གཟི་ཡག་པོ་ཞིག་རག་མིན་ནི་རང་ཉིད་ཀྱི་བསོད་ནམས་བགོ་སྐལ་དུ་ངོས་འཛིན་ནས་ཐོབ་པར་དཀའ་བའི་ནོར་བུ་ཞིག་ཏུ་བརྩི་བ་དང་། གལ་སྲིད་ཐོབ་པར་སྲིད་ན་རང་ཉིད་བསོད་ནམས་ལྷག་པར་ཆེ་བ་དང་། བགེགས་དང་བར་ཆད་སྲུང་བ། ནད་མེད་ཚེ་རིང་གི་དཔལ་བསྐྱེར་བ་སོགས་ཀྱི་ངེས་ཤེས་བརྟན་པོས་བདེ་སྲུང་གི་ནོར་བུ་དང་། རྒྱུ་ནོར་གྱི་ཐུལ། སྲུང་བའི་མཆོག་བཅས་སུ་བཀུར་གྱི་ཡོད་པས་རྒྱུན་ཆ་གཞན་ལས་གནས་ཐང་ཡང་བསྐྱོས་བཅས་ཀྱིས་ཆེ་བ་ཡོད།

མི་བཞུ་བའི་རིན་པོ་ཆེའི་རིགས་སུ་གཏོགས་པའི་གཟི་ནི་སྤྲིག་ཆགས་ཀྱི་འགྱུར་རྡོ་ཡིན་ཞེས་པ་དང་། གནམ་ལས་ལྷུང་བའི་སྐར་རྡོ་ཡིན་ཟེར་བ། ལྷ་མ་ཡིན་གྱི་གོ་མཚོན་ཡིན་ཟེར་བ། སྟག་གཟིག་རྒྱལ་པོའི་བང་མཛོད་ནས་བྱུང་བ་བཤད་པ། ད་དུང་མ་ན་ཧོ་ཞེས་པའི་ནོར་རྫོར་རི་མོ་རྒྱས་འགོད་བྱས་ནས་བུལ་ཧོག་དང་ཟེ་ཙྭ་སྦྱིད་དེ་ཆུའི་ནང་ཡུན་རིང་སྦང་རྗེས་རང་ཉིད་ཀྱི་འདོད་པ་ལྟར་གཟི་མིག་དང་ཚོས་གཞི་བཟོ་ཡི་ཡོད་ཚུལ་སོགས་བཤད་ཡོད། དེང་སང་ཁྲིམ་རའི་ཐོག་གི་ལ་ཙ་དང་འགྱིག་སོགས་ལས་བཟོས་པའི་གཟི་རྫུས་ཕལ་ཆེ་བ་ནི་ཐེ་དབན་དང་། བལ་ཡུལ། འབྲུག་ཡུལ། ནང་སའི་ཙང་སུའུ་སོགས་ནས་ཐོན་པ་ཞིག་ཡིན། འོན་ཀྱང་བོད་ཀྱི་མཁས་པ་ཚོའི་བཞེད་པ་ལྟར་ན། གཟི་ནི་བོད་གངས་ཅན་ནས་ཐོན་པའི་དམིགས་བསལ་གྱི་ནོར་བུ་ཞིག་ཡིན་པ་དང་མངའ་རིས་སོགས་ནས་ཐོན་མང་བའི་ཤོད་ཚུལ་ཡོད།

གཟིའི་ཆེ་ཆུང་ངེས་མེད་ཡིན་ཅིང་། དབྱིབས་ནི་ཟླུམ་རིང་དང་། ཀེད་

ཛ་འདྲ་བ། སྔོང་གཟུགས་སོགས་ཁ་དོག་ནག་པོ་ལ་རི་མོ་དཀར་པོའི་འཁྱུར་མིག་དང་ཆུ་རིས། ཀེད་དཀྲིས། ཁ་རིས་སོགས་སྣ་ཚོགས་ཡོད་ལ། ཟླུམ་པོ་ལྷག་ཤོག་དང་། ནག་ཁྲ། ཀང་རིང་ཁྲ་ཚུང་། སེར་ཁྲ། ཁམ་ཁྲ་བཅས་ཡོད་ལ། གཟི་མིག་གཉིས་པ་ནས་བཅུ་གསུམ་བར་ཡོད་པ་དང་། ཁ་དོག་དང་། བཟོ་དབྱིབས། མིག་མང་ཉུང་བཅས་ཀྱི་དབྱེ་བ་མང་། སྤྱིར་ན་རྫོག་ཆེ་ཞིང་རིང་ལ་གཟི་སྐྲོ་བགྲངས་པ་དང་། རི་མོ་ལེགས་པ། མིག་གསུམ་པ་དང་། ལྔ་པ། དགུ་པ་སོགས་ལེགས་པར་བརྩི་རུང་ཡུལ་དུས་ཀྱི་ངོས་འཛིན་ཐད་ཁྱད་པར་ཆུང་ཟད་ཡོད་པ་རེད། གཟིའི་དམིགས་བསལ་གྱི་ཁྱད་ཆོས་ནི་ཁམ་ཁྲ་འགའ་ཞིག་ལ་ཆུང་ཟད་དྭངས་པའི་ཉམས་ཡོད་པ་ལས་ཕལ་ཆེ་བ་ཤིན་ཏུ་འཐིབས་ཤིང་ཞིབ་པར་བལྟས་ན་མཚོང་སོགས་རིན་ཆེན་གཞན་ལ་མེད་པའི་མིག་གིས་ཟིན་ཙམ་གྱི་དམིགས་བསལ་གྱི་ཤ་རིས་སྣོར་ཞིབ་མང་པོ་ཡོད་པ་རེད། ད་དུང་དབྱེ་ཚུལ་གཞན་ཞིག་ལ་དཀར་ཁྲ་ཤས་ཆེ་བར་གཟི་དཀར་དུ་འབོད་པ་དང་། གཟི་སྨུག་ནི་དབྱིབས་མཚོང་ལྟ་བུ་ལ་རུས་གཟི་ཡིན་ཞིང་རི་མོ་མེད། གཟི་དམར་ནི་རུས་མཚོང་ལྟར་ཆུང་དྭངས་ལ་དམར་མདངས་ལྡན་པ་ཞིག་ཡོད། མཚོང་གཟི་ཞེས་པ་ནི་རྒྱ་མཚོང་གི་རིགས་ལ་ཤིན་ཏུ་འཐིབ་ཅིང་། ཁ་དོག་ནག་པོ་དང་རང་བྱུང་གི་ཆུ་རིས་དཀར་པོ་ཅན་དབྱིབས་ཟླུམ་པོ་དང་ཟླུམ་རིང་ཅི་རིགས་ཡོད་ལ་རི་མོ་མི་འདྲ་བའང་ཁག70ཙམ་ཡོད་པར་གྲགས། གཟི་མིག་དགུ་པ་དང་། ལྔ་པ། བདུན་པ་བཅས་ཧ་ཅང་ལེགས་པར་བརྩི་བ་མ་ཟད། དེ་དག་ལ་བཀྲ་ཤིས་པ་དང་དོན་གྲུབ་པའི་ནང་དོན་གྱི་འགྲེལ་པ་རེ་རྒྱུག་རྒྱུ་ཡོད་པ་རེད། ལྷག་

དོན་གཟི་ལེགས་ཤོས་ཀྱིས་འཕུར་རྒྱུག་བགྲོད་གསུམ་བྱེད་པའི་ཤོད་ཚུལ་ཡོད་ལ་བཅད་གཏུབ་བྱས་པའི་གཟི་ལ་ལྷ་སྐབས་རང་བྱུང་གི་དན་རྟགས་གསལ་པོ་ཡོད་པས་མ་མཐར་གཟི་ཡོད་ཚད་མིས་བཅོས་བཟོ་བྱས་མེད་པ་གསལ་པོར་མཚོན་ཡོད། སྲུང་བའི་མཆོག་ནི་སྟག་སོག་ཀླུམ་པོ་དང་རྐང་རིང་དགུ་མིག་ཅན་ཡིན། སྤྱིར་གཟི་ནི་རོ་མངར་ཞུ་རྗེས་སྐོམས། ནུས་པས་གཟའ་ནད་སྲུང་ཅིང་གདོན་གཟེར་འཇོམས། སྡེ་བརྒྱད་ཀྱི་གནོད་པ་ཞི། གླད་སྐྱོན་རྩ་དཀར་གྱི་ནད་རྣམས་སེལ། ལུས་ལ་འཆང་བས་སྙིང་འདོན་གཟའ་ནད་སྲུང་བ་བཅས་ཀྱི་ཕན་ཡོན་བཤད་ཡོད།

ཁྲོམ་རའི་ཐོག་གི་གཟིའི་རིན་ཐང་ནི་སྤྱིར་ན་མི་དམངས་ཤོག་སྒོར་ཁྲི1ནས་ཁྲི260བར་བྱེད་པ་དང་གཟི་ངོ་མ་ཡིན་པ་དང་མིག་ལེགས་པོ་ཡོད་ན་རིན་ཐང་ཧ་ཅང་ཆེན་པོ་ཡོད་ཅིང་། ད་ཆ་འཛམ་གླིང་ཐོག་རིན་ཐང་ཆེ་ཤོས་ཀྱི་གཟི་ནི་ཡ་གླིང་དུ་ཡོད་པ་དང་རིན་ཐང་སྒོར་དུང་ཕྱུར1. 5ཡིན་པ་རེད། བོད་ཀྱི་ལོ་རྒྱུས་ཐོག་གཟི1དང་རྟ50བརྗེ་ཚོང་བྱས་པའི་བཤད་ཚུལ་ཡོད་ལ་དུས་ད་ཆ་ཡང་གཟི་ནི་ཚོང་ཟོག་གི་ངོས་ནས་གཏའ་མར་འཇོག་པ་དང་ཐད་ཀར་ཕྱུགས་ཟོག་དང་ཁང་པ་སོགས་ཉོ་ཚོང་གི་ཡོད།

ལོ་རྒྱུས་ཐོག་མི་རིགས་ལ་ལས་སྨུ་ཏིག་ལ་དགའ་ཞེན་ཆེ་བ་དང་། ལ་ལས་གཡང་ཏིའི་རིགས་ལ་དགའ་པོ་བྱེད་པ་ལྟར་བོད་མི་རིགས་ནི་གཟི་ལ་ཅུང་དགའ་ཞེན་ཆེ་བ་ཡོད་པས་དེ་མཚུངས་ཉོ་ཚོང་ཡང་དར་པོ་བྱུང་ཡོད། འོན་ཀྱང་དུས་ཟིང་དུས་སུ་གསེར་དང་དུས་བདེའི་དུས་སུ་ཉར་ཚགས་དངོས་པོ་ཉོ་བའི་ཤོད

སྒྲོལ་ལྷར་འཛམ་བུ་གླིང་སྤྱི་ཡིས་གཟི་ངོས་ནས་ཞར་ཚགས་བྱེད་པ་དང་རྒྱན་དུ་འདོགས་པའི་སྣང་ཚུལ་ཤུགས་ཆེར་ཕྱིན་ཡོད་པས་གཟི་རྫས་མའི་བསྟན་པ་དར་ཁྱབ་ཆེ་བ་ཡང་གནད་འགག་དེར་ཐུག་ཡོད། ད་ཆའི་དུས་སུ་གཟི་ངོ་སྐབས་ཏན་ཏན་ཏིག་ཏིག་བྱས་ནས་རང་ཉིད་ལ་དཔལ་འབྱོར་གྱི་ཁྱོང་གུན་མི་ཐོག་པ་བྱེད་པ་དང་གཟིའི་རིག་གནས་ཀྱི་རྩ་ཆེའི་དོན་སྙིང་མི་བརྟགས་པ་བྱེད་གལ་ཆེན་པོ་ཡོད།

ད་ཆ་གཟི་ཡི་ཪོ་སྤྲོད་དེ་ཙམ་གྱིས་འཐུས་པར་བྱས་ནས་གཟི་དང་ཆ་འདྲ་བའི་ནོར་བུ་གཞན་ཞིག་ཪོ་སྤྲོད་བྱ་རྒྱུའི་དགོས་པ་ཆེན་པོ་མཐོང་ཞིང་། དེ་ནི་གཟི་རྗོར་གྲགས་པའི་རིན་ཆེན་ཁྲ་མན་ཡིན། ཁྲ་མན་ནི་མི་མང་པོས་གཟི་མིག་དགུ་པར་ཪོས་འཛིན་བྱེད་ཀྱི་ཡོད། འོན་ཀྱང་ཤེལ་ཕྲེང་ནང་གཟི་ཡི་རྒྱུ་ལ་རི་མོ་སྔོ་དཀར་དང་དམར་པོ་སོགས་ཡོད་པར་བསྟན་པ་དང་རང་བྱོང་ས་ཀྱི་ནག་ཆུ་དང་། ཨ་མདོ། ཤན་རྩ་སོགས་ནས་ཐོན་པའི་གཟི་རྗོ་ཞེས་པ་དེ་ཡིན། དེའི་ཪོ་བོ་སྲ་ཞིང་མཁྲེགས་པ་དང་དབྱིབས་དང་ཆེ་ཆུང་མ་ངེས་ལ། ཁ་དོག་སྔོ་སྐྱ་དང་། འོ་མ་མདོག ཁམ་སྐྱ་སོགས་ལ་ཆུ་རིས་དཀར་པོ་ཕྱི་ནང་རིམ་པ་མང་པོ་ཆགས་རིམ་ལྟ་བུ་ཡོད་པ། ཪོ་བོ་སྲ་ཞིང་མཁྲེགས་པ་དེས་ཤེལ་རིགས་ཐལ་ཆེ་བ་གཙོད་ཐུབ་པ་དང་ལྕགས་ལ་བརྡབས་ན་མེ་འབྱུང་བར་བཤད། དེར་གཟི་རྗོ་ཞེས་པའི་རྒྱུ་མཚན་ནི་རིན་ཆེན་བརྟག་པར་མཁས་པའི་གནའ་བོའི་མེས་པོ་ཚོས་ཪོ་བོ་མཚོང་གི་རིགས་ཡིན་རུང་ནུས་པ་གཟི་དང་འདྲ་བ་ཤེས་རྟོགས་བྱུང་བས་སྨན་སྦྱོར་བྱེད་སྐབས་ཀྱང་གཟི་ཡི་ཚབ་ཏུ་སྤྱོད་པ་མ་ཟད། སྨན་ནུས་ཤོད་སྐབས་ཕྲ

མན་གཟའ་ནད་འབྱུང་བོའི་གདོན་ཀུན་འཇོམས། ཞེས་པ་དང་གཟི་རྙིང་གཟའ་ཡི་ནད་དང་གདོན་གཟེར་འཇོམས་ཞེས་པ་གཉིས་ཏ་ལམ་འདྲ་མཚུངས་སུ་བཤད་པ་དེ་དེང་གི་གཏེར་དངོས་རྫས་འགྱུར་རིག་པའི་ཕྱོག་ནས་བརྟག་དཔྱད་བྱས་པ་བརྒྱུད། རིན་ཆེན་ཁྲ་མན་ནང་གཟི་ཡི་གྲུབ་ཆའི་རྣམ་གྲངས་བཅུ་གཅིག་བསྡུས་ཡོད་པ་ཤེས་རྟོགས་བྱུང་བ་ནི་གནའ་བོའི་བོད་ཀྱི་རིག་གཞུང་ལ་དེང་གི་ཚན་རིག་གི་བདེན་རྟགས་ཐོབ་པའི་སྣང་ཚུལ་གཞན་ཞིག་ཡིན་པ་རེད།

བཞི། གཡུ་བྱུར་དང་འབྲེལ་བའི་རིག་གནས།

བོད་མི་རིགས་ཀྱི་སྣ་མང་ཕུན་སུམ་ཚོགས་པའི་སྲོལ་རྒྱུན་རིག་གནས་ཀྱི་ཁྲོད་དུ་རྒྱན་གོས་རིག་གནས་ཀྱིས་གལ་ཆེའི་གནས་བབ་བཟུང་ཡོད་ལ་རྒྱན་ཆ་སྣ་ཚོགས་ཀྱི་ཡང་རྒྱན་ལྷ་བུར་གྱུར་བ་དང་ཕོ་མོ་དང་ཆ་ལུགས་སྣ་ཚོགས་ལ་འཁྲོད་ཤུགས་ཆེ་ཤོས་ནི་སྔོན་པོའི་གཡུ་དང་དམར་པོའི་བྱུ་རུ་གཉིས་ཡིན།

ཡངས་ཤིང་རྒྱ་ཆེ་བའི་མཚོ་བོད་ས་མཐོའི་མཐོ་གྲང་ཁུལ་དུ་གནས་པའི་འབྲོག་པ་དང་། རོང་སའི་ཞིང་པ། བོད་ཤར་ཕྱོགས་ཀྱི་ཁམས་ཁུལ་བཅས་ཀྱི་སྐྱེས་ཕོ་མོ་སྤྱི་དང་ཆབ་དར་གཞོན་གསུམ་དབྱེར་མེད་ཀྱིས་གཡུ་བྱུར་གྱི་རྒྱན་ཆ་འདོགས་པ་གང་སར་མཐོང་རྒྱུ་ཡོད་པ་མ་ཟད། དགའ་སྟོན་རྟེན་འབྲེལ་སོགས་ཀྱི་སྐབས་སུ་དེ་བས་ཀྱང་མངོན་གསལ་དོད་པོ་ཡོད་པ་ནི་གཡུ་བྱུར་རིག་གནས་དེ་བོད་ཀྱི་སྲོལ་རྒྱུན་རིག་གནས་དང་ལྷག་དོན་རྒྱན་གོས་རིག་གནས་ཀྱི་ཁྲོད་དུ

རྩ་ཟབ་སྟོང་བརྟན་དུ་གྱུར་བ་ཤེས་ཐུབ། བོད་བཙན་པོའི་དུས་སུ་བཙན་པོ་སྲོང་བཙན་སྒམ་པོའི་གཙུང་མོ་སད་མ་དཀར་ཞང་ཞུང་གི་ལིག་མི་རྒྱའི་བཙུན་མོར་བསྐྱེར་བ་དང་ཕྱིས་བཟའ་ཚང་འཆམ་མཐུན་མ་བྱུང་བའི་ཐོག་ཞང་ཞུང་རྒྱལ་གྱིས་བཙན་པོར་སྔོ་སོག་པའི་གནས་ཚུལ་ཐོན་སྐབས་གཙུང་མོ་སད་མ་དཀར་གྱིས་སྲོང་བཙན་གྱི་ཕོ་ཉར་ཕྱག་རྒྱས་མནན་པའི་འབུལ་རྟེན་ཞིག་བསྐུར་བའི་ནང་བོད་གཡུ་རྙིང་པ་ཧ་ཅང་ལེགས་པ་རྡོག30ཙམ་ཞིག་བསྐུར་བ་དང་གབ་ཚིག་གི་ནང་དོན་ལྡན་ཞིང་། ཚིག་རྐང་70ལྷག་ཙམ་ཡོད་པའི་མགུར་ཞིག་བླངས་ཏེ་ཞང་ཞུང་རྒྱལ་པོ་མངའ་འོག་ཏུ་བསྡུ་དགོས་ཚུལ་བསྟན་པར་གཞིགས་ན། བོད་མི་དམངས་ཀྱིས་མ་མཐར་ཡང་ལོ་ངོ་ཆིག་སྟོང་སུམ་བརྒྱའི་ཡར་སྔོན་ནས་གཡུ་བྱུར་ལ་དང་དོད་བྱེད་པ་མཚོན་ཐུབ།

བོད་རིགས་ཀྱིས་དུས་ཡུན་རིང་པོའི་ནང་གཡུ་བྱུར་བེད་སྤྱོད་རྒྱ་ཆེར་བྱེད་ལ་ཞིབ་འཇུག་ཀྱང་ངེས་ཅན་ཞིག་བྱས་ནས་གཡུ་བྱུར་སྤྱད་དེ་བྲིས་པའི་དཔེ་ཆ་ཡང་མི་ཉུང་བ་ཞིག་ད་ལྟའི་མི་ཚོའི་འདྲེན་བྱེད་དུ་མངོན་རྒྱུ་ཡོད་ལ་གཡུ་བྱུར་གྱི་བཟང་ངན་ལའང་ཉམས་ཞིབ་ཟབ་མོ་བྱས་ཡོད། དེ་ཡང་སྤྱིར་གཡུ་ལ་དབྱེ་ན་དྲུག་དཀར་དྲུག་དམར་དང་གཡུ་རྐྱང་ཞེས་པ་སོགས་ཀྱི་ནང་གསེས་དབྱེ་བ་ལྔ་ཙམ་ཡོད་པ་དང་མངོན་བརྗོད་ནང་རྡོ་ཡི་རྒྱལ་པོ་དང་རིན་པོ་ཆེའི་རྒྱལ་པོ་སོགས་ཟེར་སྲོལ་ཡོད་ལ། ཤེལ་ཕྲེང་ནང་གཡུ་རྙིང་གསུམ། བར་གཡུ་གཉིས། གཡུ་གསར་གསུམ་བཅས་བརྒྱད་དུ་ཕྱེ་ཡོད་ཅིང་། རོ་བསྐ་ལ་ཞུ་རྗེས་བསིལ་བས་ནུས་པས་མཆིན་ཚད་དང་དུག་ཚད་སེལ་བར་མཆོག་ཏུ་འགྱུར་བར་བརྩེ་ཡི་

ཡོད། སྤྱི་མོའི་བོད་ཀྱི་མཁས་པ་ཁག་གཅིག་གིས་གཡུ་རྩེ་གྲ་ནི་གངས་ཅན་བོད་ཀྱི་བྲག་ལ་མ་གཏོགས་མི་ཐོན་པ་དང་སྤྱིར་བཏང་གི་གཡུ་ནི་འཛམ་གླིང་གི་ཡུལ་གྲུ་ཀུན་ནས་ཐོན་པའི་ངོས་འཛིན་བྱེད་ཀྱི་ཡོད། གང་ལྟར་གཡུ་ཡི་ཐོན་ཁུངས་ནི་རིན་པོ་ཆེ་གཞན་ལས་དཀོན་པ་ཡོངས་གྲགས་ལྟར་ཡིན། དེ་སྤྱི་མགུལ་ལམ་རྣ་རྒྱན་དུ་གཡུ་འདོགས་པ་ནི་དཔའ་བོའི་ཆ་བྱད་དུ་བརྩི་བ་དང་གཡུ་རྣམས་སྐྲར་ལ་རྒྱུས་ནས་མགོ་ལ་གྱོན་པ་ནི་བུད་མེད་ཀྱི་རྒྱན་ཆ་ལེགས་པོ་ཞིག་ཡིན་པ་དང་ཕྱིས་ཕོ་མོ་དབྱེར་མེད་ཀྱིས་གཡུའི་མགུལ་རྒྱན་འདོགས་པ་མ་ཟད། རྣ་རྒྱན་དང་། ཚོགས་ཁེབས། ལག་གདུབ་སོགས་ལ་གཡུ་ཡི་ཕྲ་རྒྱན་རྒྱག་པ་དང་དེ་མིན་སྤྱོད་ཆས་སྣ་ཚོགས་ཐོག་ཀྱང་གཡུ་སྦྱར་སྲོལ་ཡོད། ད་དུང་ཕོར་པ་དངུལ་ཤན་མ་སོགས་ཀྱི་མཐིལ་དུ་གཡུ་སྦྱར་བ་ནི་འགྱུར་སྟོབས་མཚོན་པ་དང་མཛེས་ཆོས་ཁོ་ནའི་ཆེད་དུ་མིན་པར་གཡུ་ལ་དུག་སེལ་གྱི་ནུས་པ་ལྡན་པས་ཡིན་པ་དང་བུད་མེད་ཀྱིས་གཙུག་གཡུ་འདོགས་པའི་ཐོག་མའི་གོ་དོན་ནི་བུད་མེད་གཉེན་སྒྲིག་བྱེད་སྐབས་བདག་པོས་གཙུག་གཡུ་རྒྱག་སྲོལ་ཡོད་པས་གཉེན་སྒྲིག་ཟིན་པའི་གོ་དོན་ཡང་མཚོན་ཡོད། ད་ཆ་ཁམས་ཁུལ་སོགས་ས་ཆ་ཤས་ཀྱི་བུད་མེད་ལ་མ་གཏོགས་གཙུག་གཡུ་རྒྱག་སྲོལ་མེད་རུང་སྤྱི་མོ་དབུས་དང་གཙང་ཁུལ་དུའང་གཙུག་གཡུ་རྒྱག་སྲོལ་ཡོད་པ་ལོ་རྒྱུས་ཡིག་ཆ་ལས་འཁོད་པ་དང་གཙང་ཁུལ་དུ་བྱུང་བའི་སྒྲུང་གཏམ་ལྷ་མོའི་འཁྲབ་གཞུང་དུ་བཅོས་པའི་སྣང་ས་འོད་འབུམ་ཞེས་པའི་ནང་མི་ཆོས་བྱེད་པར་ཨ་ཇེས་ཕྲག་དོག་བྱེད། ལྷ་ཆོས་བྱེད་པར་བདག་པོས་གཙུག་གཡུ་བརྒྱབ་ཞེས་པ་ལས་ཤེས་ཐུབ།

བྱུ་རུ་ནི་རྒྱ་མཚོའི་གཏིང་དུ་ཉལ་སྐབས་སུ་སྐྱེ་བས་བྱུ་རུའི་སྡོང་པོ་ཞེས་པ་ཡང་ཡོད་པས་ང་བོ་ཤིང་ཡིན་པར་ངོས་འཛིན་བྱེད་མཁན་ཡོད་པ་དེ་ནི་ས་འོག་ནས་ཐོན་པའི་བྱུ་རུར་རྡུལ་སྐྱོན་ཤོར་གྱི་ཡོད་པ་ལས་བདེན་ཁ་རག་ཐུབ། བྱུ་རུ་ལ་དབྱེ་ན་ནག་པོ་དང་། དཀར་པོ། དམར་པོ་བཅས་ཡོད་ལ། དེ་དག་ལས་བྱུ་རུ་ནག་པོ་ནི་བྱ་རོག་མིག་འདྲ་འོད་ཟེར་འཕྲོ་ཞེས་རིན་ཐང་ཆེ་ཤོས་སུ་བརྩི་བ་དང་། དེ་ནས་བྱུ་རུ་དཀར་པོ་ཡིན་ལ་དེ་ནི་དུང་དཀར་དང་འདྲ་ཡང་བྱུ་རུ་ཡང་ལ་དུང་དཀར་ལྟེ་བ་ཡོད་པས་ཤེས་ཐུབ། བྱུ་རུ་དམར་པོར་ཡང་མཚལ་ཁ་དང་། དམར་སྐྱ། ཁྲག་མདོག་ཁྲོ་ཚག་ཅན་སོགས་རིགས་གསུམ་ཡོད་པ་དང་། རིམ་པས་སྔ་མ་བཟང་ཞིང་ཕྱི་མ་རིན་ཐང་ཆུང་བ་ཡོད། བྱུ་རུར་ཡང་ནོར་བུའི་འཁྲི་ཤིང་དང་རིན་ཆེན་སྡོང་པོ་སོགས་འབོད་སྲོལ་ཁ་ཤས་ཡོད་པ་དང་ནུས་པས་གླང་སྐྱོན་སེལ་བ་དང་། མཆིན་ཚད་དང་། རྩ་ཚད། གློ་ཚད་བཅས་སེལ་བར་བཤད། བྱུ་རུ་ནི་རྒྱན་ཆའི་རིག་གནས་ཀྱི་གཙོ་བོ་ཞིག་ཡིན་པས་དེ་སྔ་གཞིས་རྩེ་ས་ཁུལ་དུ་དར་ཁྱབ་ཆེ་བའི་པ་གོར་དང་ལྷ་ས་ཁུལ་དུ་དར་བའི་སྤ་སྤྲུག་གི་མཛེས་རྒྱན་ཕལ་ཆེ་བ་བྱུ་རུ་ཡིན་པ་དང་ལྷག་དོན་གནའ་བོའི་རྒྱན་གོས་ཀྱི་ཚད་མར་འཛོག་པའི་རིན་ཆེན་རྒྱན་ཆ་ཞེས་པའི་ཁྲིད་ཀྱི་མགུལ་རྒྱན་ཐོག་གི་ཤེལ་དཀར་དམར་ཞེས་པ་དང་། བོད་མེད་ཚོའི་རྒྱན་ཆའི་ཐུལ་དུ་བརྩི་བའི་རྒྱན་བཟང་མའི་ཆས་གོས་ཀྱི་སྐེ་རྒྱན་དཀར་ཤལ་དམར་ཤལ་ཞེས་པ་གཉིས་ཀྱི་དམར་པོའི་ཆ་ཚང་མ་བྱུ་རུར་གོ་དགོས་པ་ཙམ་མ་ཟད། ཆོས་རྫས་དང་། འཚོ་བའི་མཁོ་ཆས། སྨན་རྫུ་སོགས་ལ་མཁོ་དགོས་ཆེན་པོ་ཡོད་པ་དང་། དེ་སྔ་མི་དཔོན་ཚོའི་ཞྭ་མོའི་

ཧོག་ལ་སྐྱིད་སྐྱོལ་ཡང་ཡོད་པ་ནི་དཔོན་གནས་ཆེ་ཆུང་གི་མཚོན་དོན་ཙམ་ཡིན།

གཡུ་བྱུར་ནི་ལོ་ངོ་སྟོང་གི་ཡར་སྔོན་ནས་བོད་ས་མཐོའི་མི་རྣམས་ཀྱིས་ཧ་ཅང་དགའ་པོ་བྱེད་ལ་ས་ཁོངས་དང་། ཡུལ་དུས། ཕོ་མོ་རྒན་གཞོན་སོགས་ཚང་མར་མཁོ་བ་དང་། དཔལ་འབྱོར་གྱི་རིན་ཐང་མཐོ་བ་དང་། སྤྱི་ཚོགས་ཀྱི་བག་ཆགས་ཆེ་བ། མི་རིགས་ཀྱི་ཁྱད་ཆོས་ཟབ་པ་བཅས་ཀྱིས་གཡུ་བྱུར་རིག་གནས་ནི་གང་ལྗོངས་ས་མཐོར་རྩ་བ་ཚུགས་པ་དང་། སྟོང་པོ་བརྟན་པ། ལོ་འདབ་རབ་ཏུ་རྒྱས་པ་བཅས་ཀྱི་མི་རིགས་རིག་གནས་ཤིག་ཏུ་གྱུར་ཡོད།

༧༢། མུ་ཏིག་རྒྱན་ཆའི་བྱུང་བ།

མུ་ཏིག་རྒྱན་ཆའི་རིགས་ནི་རྒྱལ་ཁབ་ཕྱི་ནང་དང་མི་རིགས་འདྲ་མིན་ཚང་མས་ཡོངས་ཁྱབ་ཏུ་དགའ་པོ་བྱེད་པའི་རྒྱན་ཆའི་རིགས་ཤིག་ཡིན་ལ་རྩ་ཆེའི་སྨན་རྫས་ཤིག་ཀྱང་ཡིན། མུ་ཏིག་ལ་རིགས་ཆེན་པོ་དྲུག་དང་ཐོར་བུ་བཞི་བྱུང་ཞིང་། སྔོན་གྱི་ཤོད་སྲོལ་ལ་མུ་ཏིག་དམར་པོ་ནི་སངས་རྒྱས་སྲོག་ཆགས་དམར་པོར་སྐྱེ་བ་བཞེས་པ་ལས་བྱུང་བར་བཤད་པ་དང་། གླང་པོའི་མུ་ཏིག་ཅེས་གླང་པོ་ཆེའི་སྤྱི་བོ་དང་མཆེ་བ་ནས་བྱུང་བ། དུག་སྦྲུལ་ཀླད་ཐིགས་ཅེས་དུག་སྦྲུལ་གྱི་ཀླད་པ་ནས་བྱུང་བ། དེ་མིན་གྱི་ཤིང་དུ་ཡ་ཞེས་པ་དང་ཤིང་ཀོ་ལ་ཞེས་པ་གཉིས་ཀྱི་འདབ་མ་ལས་བྱུང་བ་བཅས་ཀྱི་རྩ་ཆེའི་མུ་ཏིག་གི་རིགས་ཁ་ཤས་ཡོད་ཚུལ་སྙིང་ཐུང་ད་ཆ་མཐོང་དཀོན་པོ་ཡོད་པ་རེད། དེང་སང་སིང་ག་ལའི་རྒྱ་མཚོ་

སོགས་ལ་གནས་པའི་སྲོག་ཆགས་ཉ་ཕྱིས་དང་ཉ་ཕྱིས་འདྲ་བའི་སྲོག་ཆགས་སྤང་རྩེ་ཞེས་པའི་ལྟེ་བ་ལས་བྱུང་བ་དང་། ནང་སའི་ཤེས་ཧྲན་གླིང་ཚོམས་དང་། ཏའི་ནན་གླིང་ཕྲན། ཀོང་ཏུང་སོགས་མཚོ་རྒྱུད་ས་ཁུལ་ཁག་ནས་ཐོན་ཞིང་། དེ་ནི་དྲོད་ཚད་མཐོ་བའི་རྒྱ་མཚོའི་གཏིང་གི་བྲག་གསེབ་དང་བྱུ་རུའི་སྡོང་པོ་སོགས་ཀྱི་ངོས་སུ་སྦྱར་བའམ་ཐ་ལྷབས་ཙུང་ཚུང་བའི་མཚོ་ཁུག་གི་བྱེ་མའི་ནང་བཙས་སུ་རྟེན་རྒྱུ་ཡོད་པ་རེད། རྒྱ་མཚོའི་ནང་གི་མུ་ཏིག་གི་འབྱུང་ཁུངས་གཙོ་བོ་ནི་ཉ་ཕྱིས་རུས་སྐོགས་ཉིས་སྦྱར་གྱི་ནང་སྟེ། སྲོག་ཆགས་ཉ་ཕྱིས་ཀྱི་ནང་གི་ལུས་དང་ཕྱིའི་ཉ་སྐྱོགས་བར་ནས་བྱུང་བའི་རང་གྲུབ་ཀྱི་རུས་འབྲས་ཡིན་ལ། ད་དུང་ཉ་ཕྱིས་ཅན་གྱི་སྲོག་ཆགས་གཞན་གསུམ་ཙམ་གྱི་རིགས་ལ་ཡང་གོང་ལྟར་ཐོན་གྱི་ཡོད། རང་བྱུང་གི་མུ་ཏིག་ནི་ལོ་ཧྲིལ་པོར་ཐོན་གྱི་ཡོད་པ་དང་ཟླ12པའི་ནང་དེ་བས་མང་པོ་ཐོན་གྱི་ཡོད། མི་ཐབས་ཀྱིས་གསོས་པའི་མུ་ཏིག་ལེན་པའི་དུས་ཚོད་ནི་སྟོན་མཇུག་ཡིན་པ་རེད། དེ་མིན་ད་དུང་མུ་ཏིག་ལ་ཚྭ་ཆུའི་མུ་ཏིག་དང་རྒྱུག་ཆུའི་མུ་ཏིག་གཉིས་སུ་དབྱེ་སྲོལ་ཡང་ཡོད་པར་གྲགས།

མུ་ཏིག་གི་དབྱིབས་ནི་སྒོང་འདྲ་བ་དང་། མཁལ་མ་འདྲ་བ། གྲིག་སྐེད་འདྲ་བ་སོགས་སྣ་ཚོགས་ཡོད་ལ། ཆེ་ཆུང་ཡུངས་དཀར་ཙམ་དང་། ནས་འབྲུ་ཙམ། ར་ཡི་རིལ་མ་ཙམ། བྱ་སྒོང་ཙམ་སོགས་ཅི་རིགས་འབྱུང་ལ་ངོ་བོ་སྲ་ཞིང་མཁྲེགས་པོ་ཡོད། འགའ་ཞིག་ལ་ཕྱི་ནང་རིམ་པའི་རི་མོ་ཡོད་པ་དང་ལ་ལར་དཀྱིལ་དུ་རྡོ་སོགས་དངོས་པོ་གཞན་གྱི་སྙིགས་མ་ཙུང་ཟད་ཡོད། ཁ་མདོག་དཀར་པོ་དང་། ངང་དམར། སེར་དཀར། སྨུག་པོ། སྔོན་པོ། ནག་པོ།

ལྗོང་གུ་བཅས་ཡོད་པ་དང་མཆོག་ཏུ་གྱུར་བ་ནི་དམར་པོ་དང་ནག་པོ་གཉིས་ཡིན་ལ་མདོག་ཆེ་ཞིང་དབྱིབས་ཟླུམ་པ་དང་འཇམ་ལ་འོད་ཆེ་བ་བཟང་བར་བརྩི། མུ་ཏིག་ནི་རོ་བསྐ་བ་དང་ཞུ་རྗེས་བསིལ་བའི་སྨན་རྫས་ལེགས་པོ་ཞིག་ཡིན་པས་ཀླད་སྐྱོན་གསོ་བ་དང་། རྩ་དཀར་གྱི་ནད་སེལ་བ། དུག་འཇོམས་པ། རྨ་གསོ་བ། མིག་གྲིབ་སེལ་བ་བཅས་ཀྱི་ནུས་པ་ཡོད་པ་རེད།

མུ་ཏིག་ནི་ལྷ་ན་སྡུག་པའི་རྒྱན་ཆ་ཞིག་ཀྱང་ཡིན་སྟབས་འཛམ་གླིང་ས་ཕྱོགས་ཁག་ཏུ་མུ་ཏིག་གི་མགུལ་རྒྱན་དང་། ཚོག་ཁེབས། རྣ་རྒྱན་བཅས་མང་པོ་མཐོང་རྒྱུ་ཡོད། བོད་མི་རིགས་ནི་རྒྱན་ཆའི་རིག་གནས་ཕུན་སུམ་ཚོགས་པའི་མི་རིགས་ཤིག་ཡིན་པས་དེ་བས་ཀྱང་མུ་ཏིག་རྒྱན་ཆར་དང་དོད་ཆེ་བ་མཐོང་ཆོས་ལྟར་ཡིན་པ་དང་ལྷག་དོན་དུ་དབུས་སུ་དར་ཁྱབ་ཆེ་བའི་སྤྱི་ཕྲུག་དང་། གཙང་དུ་དར་ཁྱབ་ཆེ་བའི་སྤྱི་སྒོར། མུ་ཏིག་ལས་གྲུབ་པའི་ཐུག་ཁེབས། དེ་མིན་མུ་ཏིག་གིས་ཕྱེད་ཙམ་གྲུབ་པའི་སྤྲོས་ཤལ་གྱི་རྒྱན་ཆ་དང་གཡུ་ཡི་འདོགས་ཐག་ཚང་མར་མུ་ཏིག་གིས་རྒྱན་སྤྲོས་བྱས་ཡོད་པ་མ་ཟད། དེ་སྔའི་རྒྱན་བཟང་མ་ཚོས་སྐྲ་ཉིས་ལྷས་ཀྱིས་སྐྲེད་སྐབས་ཀྱི་མཚམས་སུ་མུ་ཏིག་ཕྲེང་བརྒྱུད་བཙུ་གྲངས་ཤིག་གསེར་གྱི་ཕྲ་བཀང་གསུམ་གྱིས་སྦྲེལ་ཞིང་། གཡུ་བྱུར་གྱི་རྒྱན་སྤྲོས་མཛེས་པར་བྱས། ཁྲི་ཙེ་གཅིག་ཙམ་ཡོད་པའི་ནོར་བུ་དགའ་འཁྱིལ་གྱིས་སྐྲ་རྫས་ཀྱི་ལན་བུ་གཉིས་སྦྲེལ། སྐྲ་རྫས་ཀྱི་ཐོག་ཏུ་མུ་ཏིག་རྡོག་པོ་སྟོང་ཕྲག་དྲུག་བདུན་ཙམ་གྱིས་བཟོས་ཤིང་། ཞེས་དང་། ཡང་རྩེ་གཡུ་ཐག་པའི་ཐོག་ཏུ་མུ་ཏིག་རྡོག་པོ་ཆིག་ཁྲི་ལྔ་སྟོང་ཙམ་གྱིས་བཟོས་པའི་མུ་ཏིག་གི་ཐུག་ཁེབས་ཀྱོན་ཞེས་པ་

སོགས་ལ་གཞིགས་ན། བོད་དུ་སྨུ་ཏིག་གི་རྒྱན་ཆ་དར་སྤྱ་བ་དང་ཁྱབ་སྤེལ་ཆེན་པོ་བྱུང་ནས་ཏ་ལམ་བུད་མེད་ཀྱི་རྒྱན་ཆ་ཚང་མར་སྨུ་ཏིག་གིས་མ་ཁྱབ་པ་མེད་པ་ལྟ་བུའི་རྣམ་པ་ཐོན་ཡོད། བོད་དུ་སྨུ་ཏིག་ནི་ལུས་ཀྱི་རྒྱན་ཆར་སྤྱོད་རྒྱུར་དང་དོད་ཆེ་བ་མ་ཟད་ཆོས་རྫས་སོགས་ཉེར་སྤྱོད་དངོས་པོའི་ཐོག་ཏུ་ཡང་རྒྱ་ཆེར་སྤྱོད་ཀྱི་ཡོད་པས་སྨུ་ཏིག་གིས་ཁྲ་བརྒྱབ་པའི་རྫ་ཆེའི་དངོས་པོ་མང་པོ་མཐོང་རྒྱུ་ཡོད།

ལྷ་ཁའི་ཁྲ་འབྲུག་གཙུག་ལག་ཁང་དུ་བཞུགས་སུ་གསོལ་བའི་སྤྱན་རས་གཟིགས་སེམས་ཉིད་ངལ་གསོའི་ཞལ་ཐང་གི་སྐུ་ལུས་ཚང་མ་སྨུ་ཏིག་གིས་གྲུབ་ཡོད་པ་དེ་ནི་རིན་ཐང་གཞལ་དུ་མེད་པའི་རིག་དངོས་གཅིག་ཡིན་ཞིང་། དེའི་འབྱུང་ཁུངས་ནི་དེ་སྔ་སྣེ་གདོང་རྒྱལ་པོའི་བཙུན་མོའི་མཐོལ་བཤགས་སུ་རང་ཉིད་ཀྱི་རྒྱན་ཆ་ལས་བཞེངས་པར་གྲགས་པའི་སྨུ་ཏིག་གི་ཞལ་ཐང་རིན་པོ་ཆེ་མང་པོས་བརྒྱན་ཏེ་སྣེ་གདོང་རྩེ་ཚོགས་པར་ཡོད་པ་དེའི་འཕྲིན་ལས་ཀྱི་མཇུག་བསྡུས་རུང་། དེའི་གཡས་གཡོན་གྱི་གོས་ཆེན་དང་སྲོག་ཤིང་གསེར་གྱི་རལ་གྲི་བཞུགས་པ་དེས་རྐང་བྱས་ཏེ་སྤྱི་ལོ1982ལོར་སྨུ་ཏིག་རྡོག་ཁྲི29929དང་། དེ་བཞིན་རྡོ་རྗེ་ཕ་ལམ་དང་། པདྨ་རཱ་ག གཡུ་བྱུར་སོགས་རིན་ཆེན་དུ་མ་ལས་གྲུབ་པ་དེ་དེང་གི་སྐྱེ་བོ་ཚོའི་མིག་གི་དཔྱིད་དུ་གྱུར་བ་དང་རྒྱལ་ཁབ་ཕྱི་ནང་དུ་སྙན་གྲགས་འབར་བ་དེ་ཡིན། དེའི་ཐད་ད་ཕན་ཡིག་ཐོག་གི་དཔྱད་གཞི་མ་མཐོང་རུང་དམངས་ཁྲོད་ཀྱི་ཤོད་སྲོལ་ཞིག་ལ། དེ་སྔ་རྩེ་ཚོགས་པར་ཡོད་པའི་སློབ་དཔོན་ཙནྡྲ་གོ་མིའི་ཐུགས་དམ་གྱི་རྟེན་སྒྲོལ་མ་དེས་གསུང་བྱོན་གྱི་ཡོད་རུང་

དུས་ནམ་ཞིག་ཙ་ན། སྡེ་གདོང་རྒྱལ་པོའི་བཙུན་མོས་དད་པའི་དབང་གིས་ཞལ་གསེར་བསྒྲོན་པས་དུས་དེ་ནས་བཟུང་སྐུ་དེས་གསུང་མ་ཕྱིན་པས་བཙུན་མོ་དེ་གནོང་འགྱོད་དྲག་པོ་བྱུང་ནས་འགྱོད་བཤགས་སུ་རང་ཉིད་ཀྱི་རྒྱན་ཆ་ཡོད་ཚད་ཀྱིས་འཚོམ་དྲུབ་ཀྱི་མུ་ཏིག་ཐང་ག་དེ་བཞེངས་པར་གྲགས།

སྐབས་འདིར་མུ་ཏིག་གི་འབྱུང་ཁུངས་གཙོ་བོར་གྱུར་པའི་ཉ་ཕྱིས་ཟུར་ཙམ་སྨོས་རྒྱུར་དགོས་པ་ཆེན་པོར་མཐོང་ཞིང་། ཉ་ཕྱིས་ལ་མིང་གི་རྣམ་གྲངས་སུ་མུ་ཏིག་གི་འབྱུང་གནས་དང་། མུ་ཏིག་གི་ཤུན་པ། སྐྱེད་བྱེད་སོགས་འབོད་ཀྱི་ཡོད་པ་དང་སྨན་དུ་སྤྱད་ན་ནུས་པ་མུ་ཏིག་དང་མཚུངས་པའི་ཤོད་སྲོལ་ཡོད། ཉ་ཕྱིས་ནི་རྒྱ་མཚོར་གནས་པའི་སྲོག་ཆགས་ཤིག་ཡིན་པ་དང་རིགས་གསུམ་ཙམ་ཡོད་ཅིང་། ཆེ་ཆུང་སྣ་ཚོགས་ཡོད་ལ་ཕྱི་ངོས་སུ་ཆུའི་ཐ་ལྷབས་འདྲ་བའི་གཉེར་རིས་ཡོད་པ་དང་ནང་ངོས་འཛམ་ལ་དཀར་པོ་དངུལ་འོད་འབར་བ། སྐབས་སུ་འོད་ཀྱི་ཆར་ཕྱོགས་ནས་འཁོར་འོད་འཕྲོ་བ་དང་། སྔོ་འོད་དང་དམར་མདངས་འཕྲོ་བའང་ཡོད་པ་དང་ཕྱི་ནང་རིམ་པར་ཕྱི་ཚོག་པ་ཞིག་ཡིན།

མདོར་ན་རིན་ཆེན་མུ་ཏིག་ནི་མཆོ་བོད་ས་མཐོའི་མི་རྣམས་ཀྱི་ནད་ལ་ཕན་པའི་སྨན་དང་། ལུས་ལ་མཛེས་པའི་རྒྱན། ཚོགས་དང་བསོད་ནམས་ཀྱི་གཞི། རིག་གནས་སྒྱུ་རྩལ་གྱི་རྟེན་བཅས་སུ་བོན་ཆོས་རིག་གནས་དར་ཁྱབ་བྱུང་བ་ནས་བཟུང་དུས་ད་ཆ་བར་བསམ་དངོས་དཔལ་ཡོན་གཉིས་ཀྱི་གཞི་རྒྱུ་གལ་ཆེན་ཞིག་ཏུ་གྱུར་ནས་ཡོད་དོ། །

ས་བཅད་དགུ་པ། ཡུལ་ལུང་གྲགས་ཅན།

གཅིག གྲགས་ཅན་གྲོང་ཁྱེར་ལྷ་ས།

ལོ་རྒྱུས་རིག་གནས་ཀྱི་གྲགས་ཅན་གྲོང་དང་གྲོང་ཁྱེར་ནི་གནའ་བོའི་འཛུགས་སྐྲུན་གྱི་བཀོད་པ་མ་ཉམས་པ་དང་། ལོ་རྒྱུས་རིག་གནས་ཀྱི་རྗེས་ཤུལ་ཟབ་པ། སྲོལ་རྒྱུན་གྱི་ཡུལ་མིའི་སྤྱོད་ཁང་དང་གནའ་བོའི་ཁྲོམ་ལམ་གྱི་རྣམ་པ་ལྡན་པ། ས་གནས་ཀྱི་ཁྱད་ཆོས་ཡོད་ལ་རང་བྱུང་གི་མཛེས་ལྗོངས་མ་ཉམས་པ། ཡུལ་ལུང་གི་གནའ་ཉམས་མ་ཡལ་བ་བཅས་ཀྱི་ཁྱད་ཆོས་ཚང་དགོས་ཀྱི་ཡོད་ཅིང་། རང་ལྗོངས་སུའང་གནའ་གྲོང་ལྷ་སས་གཙོས་པའི་གྲུང་གོའི་ལོ་རྒྱུས་རིག་གནས་ཀྱི་གྲགས་ཅན་གྲོང་དང་གྲོང་ཁྱེར་ཁ་ཤས་ཐོན་ཡོད་པ་རེད།

གནས་མཆོག་གྲོང་ཁྱེར་ལྷ་ས་ནི་བོད་རང་སྐྱོང་ལྗོངས་ཀྱི་ཆབ་སྲིད་དང་། དཔལ་འབྱོར། ཆོས་དང་རིག་གཞུང་གི་ལྟེ་གནས་ཡིན་ཞིང་། ལོ་རྒྱུས་ཡིག་ཚར་གཞིགས་ན། དུས་རབས་བདུན་པའི་དུས་འགོ་ནས་དུས་རབས་བརྒྱད་པའི་དུས་དཀྱིལ་བར་གྲོང་ཁྱེར་དེའི་མིང་ལ་ར་ས་ཟེར་བ་དང་། རྒྱལ་པོ་ཁྲི་སྲོང་ལྡེ་བཙན་སྐབས་སུ་བརྩམས་པའི《སྦ་བཞེད》ཀྱི་ནང་ལྷ་ས་ཞེས་པའི་མིང་དེ་ཐོག་མར་ཐོན་པ་དང་དེང་གི་མི་ཚོས་ཉི་འོད་གྲོང་ཁྱེར་ཞེས་འབོད་ཀྱི་ཡོད། དེ་

ཡང་ར་ས་ཟེར་དོན་ནི་ལྷ་ལྡན་གཙུག་ལག་ཁང་ཐོག་མར་བཞེངས་སྐབས་ར་ལ་ས་བཀལ་ནས་འོ་ཐང་གི་མཚོ་བསུབས་པའི་ཚོ་ག་སྒྲུབ་པས་དེ་ལྟར་ཐོགས་པ་དང་། ལྷ་ས་ཞེས་པར་ཤོད་སྲོལ་མང་པོ་ཡོད་རུང་ཡོང་གྲགས་ལྟར་ན། ཡུལ་གྱི་དགེ་མཚན་ལྷ་ཡི་ཡུལ་དང་མཚུངས་པའི་ཆ་ནས་ལྷ་ས་ཞེས་སུ་འབོད། ཉི་འོད་གྲོང་ཁྱེར་ནི་དེང་གི་སྐྱེ་བོ་ཚོས་ཤེས་གསལ་ལྟར་འཛམ་གླིང་ཐོག་གི་ཉི་འོད་འཕྲོ་ཡུན་རིང་ཤོས་ཡིན་པའི་ཆ་ནས་དེ་ལྟར་བཏགས། དེ་གར་དབྱར་ཁ་བསིལ་ལ་དགུན་ཁ་དྲོ་བ་དང་། མཁའ་རླུང་གཙང་བ། ལོ་རེར་ཉི་འོད་ཐོག་ཚད་ཆུ་ཚོད་སུམ་སྟོང་ལྷག་ཙམ་ཟིན་པས་མིང་དོན་མཚུངས་པའི་ཉི་འོད་གྲོང་ཁྱེར་ཞིག་ཡིན།

དེང་གི་རྒྱལ་ཁབ་ཕྱི་ནང་གི་སྐྱེ་བོ་ཚོས་འཛམ་གླིང་ཐོག་གི་གྲོང་ཁྱེར་མཐོ་ཤོས་དང་། མཛེས་སྡུག་ལྡན་ཤོས། ཁྱད་ཆོས་ཟབ་ཤོས་བཅས་སུ་འབོད་པའི་གྲོང་ཁྱེར་དེ་ནི་སྤྱི་ལོའི་དུས་རབས་བདུན་པ་ཙམ་ནས་བཙན་པོ་སྲོང་བཙན་སྒམ་པོས་ཐུ་བོད་ས་མཐོ་གཅིག་གྱུར་བཟོས་ནས་སྤུར་རྒྱལ་བཙན་པོའི་རྒྱལ་རབས་བཙུགས་རྗེས་ཕོ་བྲང་པོ་ཏ་ལ་དང་ར་ས་འཕྲུལ་སྣང་གི་གཙུག་ལག་ཁང་སོགས་དགོན་སྡེ་དང་ཕོ་བྲང་རྒྱ་ཆེར་སྐྲུན་པ་དང་། དེ་རྗེས་ཀྱི་བཙན་པོ་རིམ་བྱོན་དང་བོད་སིལ་བུའི་དུས་ཀྱི་སྐྱེས་ཆེན་དམ་པ་ཚོའི་ཕྱག་རྗེས་ལ་བརྟེན་ནས་སེ་འབྲས་དགའ་གསུམ་དང་རྒྱུད་གྲྭ་སྟོད་སྨད་སོགས་དགོན་སྡེ་ལྷ་ཁང་དང་། བྲག་བརྐོས་རི་མོ། གནའ་བོའི་བཀའ་ཆེག་རྡོ་རིང་སོགས་རིག་གནས་ཤུལ་བཞག་གྲངས་མེད། ལག་ཤེས་བཟོ་རྩལ་དང་། རིག་གནས་སྒྱུ་རྩལ། དམིགས་བསལ་གྱི་ཡུལ་སྒོམས་གཤིས་ལུགས། དེ་བཞིན་རྡོ་བརྐོས་དང་། བྲག་ཕུག་ལྷ་ཁང་།

བང་སོ་བཅས་སྟོང་ཁ་ལོན་ནས་དངོས་དང་མངོན་མིན་གྱི་རིག་གནས་ཤུལ་བཞག་གིས་གྲོང་ཁྱེར་རྙིལ་པོ་གནའ་ཉམས་ཀྱིས་ཀུན་ནས་ཁྱབ་པ་དང་མི་རིགས་ཀྱི་དམིགས་བསལ་ཡུལ་སྲོལ་གྱིས་རབ་ཏུ་སྤུག་པས་ལྷ་ས་གྲོང་ཁྱེར་ལ1982ལོར་ཐེངས་དང་པོའི་ཀྲུང་གོའི་ལོ་རྒྱུས་རིག་གནས་ཀྱི་གྲགས་ཅན་གྲོང་ཁྱེར་གྱི་མཚན་སྙན་སྤྲད་ཡོད། ལྷ་ས་གྲོང་ཁུལ་གྱི་སྤྱིའི་རྒྱ་ཁྱོན་ལ་སྤྱི་ལེ་ངོས་སྙོམས་གྲུ་བཞི་མ62ཡོད་པ་དང་དེ་གར་གནས་སྡོ་ཐུབ་པའི་རིག་དངོས་ཁྲི10ཙམ་ཡོད་ལ། གནའ་ཤུལ་གྲགས་ཅན་གྲངས་ལས་འདས་པ་ཞིག་ཡོད་པའི་ནང་། འཛམ་གླིང་ཐོག་རྒྱ་མཚོའི་ངོས་ལས་མཐོ་ཚད་མཐོ་ཤོས་ཀྱི་ཕོ་བྲང་པོ་ཏ་ལའི་བཟོ་སྐྲུན་དང་ནང་གི་རིག་དངོས་ཚང་མ་ལྷ་ས་ཙམ་མ་ཟད། བོད་རྙིལ་པོའི་མཚོན་རྟགས་ལྟ་བུ་ཞིག་ཡིན། བོད་ཀྱི་བཟོ་སྐྲུན་སྒྱུ་རྩལ་གྱི་ཉིང་བཅུད་དུ་གྱུར་པའི་ཕོ་བྲང་པོ་ཏ་ལ་ནི་ལྷ་སའི་དམར་པོ་རིའི་རྩེ་མོར་རིའི་ཆགས་དབྱིབས་དང་བསྟུན་ནས་ལྷོ་ངོས་རི་ལྡེབས་ནས་རྩེ་མོའི་བར་རིམ་བཞིན་སྐྲུན་ཡོད་ཅིང་། ལོ་རྒྱུས་ཡིག་ཚགས་ལ་གཞིགས་ན། དེ་ནི་དང་ཐོག་སྤྱི་ལོའི་དུས་རབས་བདུན་པར་བཙན་པོ་སྲོང་བཙན་སྒམ་པོའི་དུས་སུ་བཞེངས་པ་དང་ཐོག་མར་ཐོག་སོ་སྟོང་ཡོད་པར་གྲགས་ཀྱང་ཕྱིས་ཐོག་གི་འཛིགས་པ་སོགས་ཀྱིས་ཉམས་རྒུད་ཆེན་པོ་བྱུང་བར་གྲགས། ད་ཆ་ང་ཚོའི་མིག་ངོར་ཡོད་པའི་ཕོ་བྲང་དེ་རྒྱ་མཚོའི་ངོས་ལས་མཐོ་ཚད་སྤྱི་ཁྲི3700ལྷག་ཙམ་ཡོད་པ་དང་གཙོ་བོའི་འཛུགས་སྐྲུན་ལ་ཐོག་བརྩེགས13དང་། མཐོ་ཚད་སྤྱི་ཁྲི115ཙམ་དང་། ཤར་ནུབ་ཀྱི་རིང་ཚད་ལ་སྤྱི་ཁྲི360 ལྷོ་བྱང་བར་སྤྱི་ཁྲི270 ཁང་མིག1000 འཛུགས་སྐྲུན་རྒྱ་ཁྱོན་ལ་སྤྱི་ཁྲི་ངོས་གྲུ་ཁྲི13ཙམ་

བཅས་ཡོད་ལ། ཪོ་བྲང་དཀར་དམར་གཉིས་ལས་གྲུབ་པའི་ཪོ་བྲང་དཀར་པོ་ནི་སྤྱི་ལོ1648ལོར་བཞེངས་པ་དང་ཪོ་བྲང་དམར་པོ་ནི་སྤྱི་ལོ1696ལོར་བཞེངས་ཏེ་དཀར་དམར་སྤེལ་མའི་ཁང་ཚོགས་དག་མཛེས་ཤིང་བཀྲག་མདངས་ཆེ་ལ་ཧམ་བརྗིད་དང་ལྡན་པ་ཞིག་ཡོད། ད་དུང་ཪོ་བྲང་གི་རྩེ་མོར་ཉམས་འགྱུར་མི་འདྲ་བའི་གསེར་ཟངས་ཀྱི་རྒྱ་ཕིབས་དྲུག་བཀལ་ཡོད་པའི་སྟེ་མོ་བཞིར་ཆུ་སྲིན་དང་གདུང་རིང་གི་སྟེང་དུ་བྱ་ཤང་ཤང་དང་གན་ཇི་རས་བརྒྱན་པ་དང་། གསེར་ཟངས་ཀྱི་རྒྱལ་མཚན་སྟར་ཕྲེང་བསྒྲིགས་ནས་གསེར་འོད་ཆེམ་ཆེམ་འཕྲོ་ཡི་ཡོད།

ནང་ངོས་ཀྱི་བཀོས་དཀྲོལ་དང་ལྡེབས་རིས་ནི་དེ་བས་ཀྱང་ངོ་མཚར་འབུམ་གྱིས་ཕྱུག་པ་དང་ཀ་འཕན་དང་། གདུང་ཁེབས། རྒྱལ་མཚན་ལ་སོགས་པ་ཚོས་རྫས་དུ་མས་ལེགས་པར་བརྒྱན་ཏེ་མཛེས་ཤིང་ལྷ་ན་སྡུག་པ་ཞིག་ཡོད་ལ། རིན་ཐང་གི་རིག་དངོས་དུ་མས་ཕྱུར་པོར་གཏམས་ཏེ་ལོ་རྒྱུས་དང་རིག་གནས་ཀྱི་རྟེན་མཛོད་ཁང་ཞིག་དང་གཉིས་སུ་མེད།

ཪོ་བྲང་པོ་ཏ་ལའི་ཕྱིའི་བཀོད་པ་མཛེས་ལ་ཧམ་བརྗིད་དང་ལྡན་པ་དང་ནང་དུ་རིག་དངོས་ཀྱི་དཔང་མཐོ་བས་འཛམ་གླིང་ཐོག་གཉིས་སུ་མེད་པའི་རིག་གནས་ཤུལ་བཞག་ཅིག་ཏུ་གྱུར་སྐབས་ཪོ་བྲང་པོ་ཏ་ལ་དེ1961ལོར་རྒྱལ་སྲིད་སྤྱི་ཁྱབ་ཁང་གིས་ཐེངས་དང་པོའི་རྒྱལ་ཁབ་རིམ་པའི་གཙོ་གནད་རིག་དངོས་སྲུང་སྐྱོབ་ཚན་པར་བདམས་པ་དང་སྤྱི་ལོ1994ལོར་འཛམ་གླིང་མཉམ་འབྲེལ་རྒྱལ་ཚོགས་སློབ་གསོ་རིག་གནས་ཚན་རིག་རྩ་འཛུགས་ཀྱིས་འཛམ་གླིང་

རིམ་པའི་རིག་དངོས་ཤུལ་བཞག་ཏུ་གཏན་འཁེལ་བྱས་པས་ཚོ་བྲང་པོ་ཏ་ལ་ནི་འཛམ་གླིང་ཡོངས་ལ་ངོམས་སུ་རྩོག་པའི་ང་ཚོའི་སྲོབས་པ་དང་གཟི་བརྗིད་ཀྱི་མིང་བྱང་ཞིག་ཏུ་གྱུར་ཡོད།

ལྷ་སའི་གྲོང་ཁྱེར་སྙིང་པའི་ལྟེ་བར་གནས་པའི་ར་ས་འཕྲུལ་སྣང་གཙུག་ལག་ཁང་ནི་ཆོས་རྒྱལ་སྲོང་བཙན་སྒམ་པོའི་སྐུ་དུས་ཏེ། སྤྱི་ལོ639ལོར་བལ་བཟའ་ཁྲི་བཙུན་གྱིས་བཞེངས་པ་ཞིག་ཡིན་པ་དང་། ཕྱིས་སུ་ཉམས་གསོ་ཡང་ཡང་བྱས་རྗེས་ད་ཆ་རྒྱ་ཁྱོན་སྤྱི་ཁྲི་ངོས་སྨོམས་གྲུ་བཞི་མ་ཁྲི་ཚོ25000ཡོད་པ་དང་ས་ཁྱོན་སྤྱི་ཁྲི་ངོས་སྨོམས་གྲུ་བཞི་མ་ཁྲི་ཚོ130000ཡོད་པའི་གཙུག་ལག་ཁང་ཞིག་ཡིན་པ་དང་དེའི་ནང་རྒྱ་བཟའི་རྟེན་སྐལ་སྟོན་པ་དགུང་ལོ་བཅུ་གཉིས་པའི་སྐུ་ཚད་དང་ལྡན་པ་དེ་དང་། བཙན་པོ་སྲོང་བཙན་སྒམ་པོའི་ཐུགས་དམ་གྱི་རྟེན་ཐུགས་རྗེ་ཆེན་པོ་རང་བྱུང་ལྔ་ལྡན། དེ་བཞིན་གྲུབ་མཐའ་རིས་མེད་ཀྱི་ལི་མ་དང་། གསེར་ཟངས། སྨན་འདམ་སོགས་ཀྱི་སྐུ་བརྙན་ཆེ་ཆུང་བརྒྱ་ཕྲག་འགའ་དང་རིན་ཆེན་གསེར་དངུལ་དང་མཚལ་སོགས་ཀྱིས་བྲིས་པའི་བཀའ་བསྟན་གྱི་གསུང་རབ་གླེགས་བམ་ཁག ཐང་ཆེའི་ཞལ་ཐང་། མཆོད་པའི་ཡོ་བྱད། ཐང་ཆེའི་ལྡེབས་རིས་སྙིང་པ་སོགས་རིག་དངོས་ཀྱིས་ཁེངས་པ་མ་ཟད། ལྟེ་བའི་འཛུགས་སྐྲུན་ལ་ཐོག་བརྩེགས་གསུམ་དང་ཕྱོགས་བཞིའི་ཟུར་ལྷོག་རྣམས་དང་བཅས་ཐོག་བརྩེགས་བཞི་ཡོད་པའི་ཐོག་གསེར་ཟངས་ཀྱི་རྒྱ་ཕིབས་དང་། རི་དྭགས་ཆོས་སྐོར། རྒྱལ་མཚན་བཅས་གསེར་འོད་ཆེམ་མེར་གནས་ཡོད། ལྷ་ལྡན་སྤྲུལ་པའི་གཙུག་ལག་ཁང་ནི་བོད་ཀྱི་ལོ་རྒྱུས་ཐོག་གལ་ཆེའི་གནས་བབ་བཟུང་ཟིན་

ཡོད་པས2000ལོར་མཉམ་འབྲེལ་རྒྱལ་ཚོགས་སློབ་གསོ་རིག་གནས་ཚན་རིག་རྩ་འཛུགས་ཀྱིས་ཕོ་བྲང་པོ་ཏ་ལའི་འཛམ་གླིང་རིག་དངོས་ཤུལ་བཞག་གི་རྒྱ་བསྐྱེད་རྣམ་གྲངས་ཀྱི་ངོས་ནས《འཛམ་གླིང་གི་ཤུལ་བཞག་མིང་གཞུང་》ནང་བཀོད་ནས་འཛམ་གླིང་རིམ་པའི་རིག་དངོས་ཤུལ་བཞག་ཞིག་ཏུ་གྱུར་བ་རེད།

སྤྱི་ལོ1988ལོར་རྒྱལ་ཡོངས་ཀྱི་གཙོ་གནད་རིག་དངོས་སྲུང་སྐྱོབ་ཚན་པར་ཚུད་པའི་ནོར་བུ་གླིང་ག་ནི་ཏཱ་ལའི་བླ་མ་སྐུ་ཕྲེང་བདུན་པ་སྐལ་བཟང་རྒྱ་མཚོའི་དུས་ཏེ་སྤྱི་ལོ1753ལོར་སྐྲུན་ཞིང་། བོད་ཀྱི་ཁྱད་ཆོས་མངོན་པར་གསལ་བའི་སྐྱིད་མོལ་ཚལ་ཞིག་ཡིན་པ་དང་ལོ་ངོ་ཉིས་བརྒྱ་ཙམ་རིང་རྒྱ་བསྐྱེད་བྱས་པ་བརྒྱུད་ས་ཁྱོན་སྤྱི་ཁྲི་གྲུ་བཞི་མ་ཁྲི36ཟིན་པ་དང་སྐྱེ་དངོས་རིགས100ལྷག་ཙམ་ཡོད་པའི་ནང་ལྷ་ས་ཁུལ་གྱི་ཤིང་སྡོང་དང་མེ་ཏོག་ཡོད་པ་མ་ཟད། རི་བོ་ཏི་མ་ལའི་ལྷོ་ཕྱོགས་ཀྱི་རྩ་ཆེའི་རྩྭ་རྩི་ཤིང་དང་། ནང་ས་དང་རྒྱལ་ཁབ་ཕྱིའི་མིང་གྲགས་ཆེ་བའི་མེ་ཏོག་བཅས་ཡོད་པས་བོད་ཀྱི་གཞི་རྒྱ་ཆེ་ཤོས་ཀྱི་མི་བཟོས་སྤྱི་གླིང་ཞིག་དང་། ཡུལ་ལྗོངས་མཛེས་སྡུག་ལྡན་ཤོས། གནའ་ཤུལ་མང་ཤོས་བཅས་ཀྱི་སྤྱི་གླིང་ཞིག་ཡིན།

དེ་གར་སྐལ་བཟང་ཕོ་བྲང་དང་། གྲུ་འཛིན་ཕོ་བྲང་། སྤྱན་གསལ་ཕོ་བྲང་། རྟག་བརྟན་མི་འགྱུར་ཕོ་བྲང་སོགས་འཛུགས་སྐྲུན་གྱི་བཀོད་པ་ཕུན་སུམ་ཚོགས་ལ་ནང་བཅུད་རྩ་ཆེའི་རིག་དངོས་ཀྱིས་གཏམས་པའི་གནའ་བོའི་སྐྱིད་མོས་ཚལ་ཞིག་ཡིན་པ་དེར་དེ་སྔ་ཏཱ་ལའི་བླ་མ་སྐུ་ཕྲེང་རིམ་བྱོན་གྱི་དབྱར་བཞུགས་ཕོ་བྲང་ཡིན་པའི་ཆ་ནས་སྤྱི་ལོ2001ལོར་ཕོ་བྲང་པོ་ཏ་ལའི་རྒྱ་བསྐྱེད

རྣམ་གྲངས་སུ་བརྩིས་ནས་འཛམ་གླིང་གི་རིག་དངོས་ཤུལ་བཞག་གི་མིང་གཞུང་ནང་བཀོད་ཡོད་པ་རེད། ནོར་བུ་གླིང་ཀའི་བཟོ་སྐྲུན་བཀོད་པ་ལས་བོད་རིགས་མི་དམངས་ཀྱི་བློ་གྲོས་མཚོན་ཡོད་ལ་སྒྱུ་རྩལ་གྱི་ཉིང་བཅུད་བསྡུ་ཡུལ་ཞིག་ཀྱང་ཡིན།

མི་ལོ1300ལྷག་ཙམ་གྱི་ལོ་རྒྱུས་ཡོད་པའི་ལྷ་ས་གྲོང་ཁྱེར་ནི་ད་ཆ་འཛམ་གླིང་གི་སྐྱེ་བོ་ཚོས་དོ་སྣང་ཆེ་ཤོས་བྱེད་པའི་ས་མཐོའི་གྲོང་ཁྱེར་ཞིག་ཏུ་གྱུར་བ་དང་། མི་རྣམས་ཀྱི་བདེ་སྐྱིད་སྟོན་གྲངས་རྒྱལ་ཡོངས་ཀྱི་ཨང་དང་པོར་སླེབས་པ། དེ་གའི་ལོ་རྒྱུས་རིག་གནས་དེ་ས་མཐོའི་ཉེ་འོད་དང་མཚུངས་པར་འཛམ་གླིང་ཡོངས་ལ་འཕྲོ་བཞིན་ཡོད། མདོར་ན། ལྷ་ས་གྲོང་ཁྱེར་ནི་ལོ་རྒྱུས་རིང་ཞིང་། རིག་གནས་ཀྱི་གྲུབ་ཆ་ཕུན་སུམ་ཚོགས་པ། གནའ་ཤུལ་སྣ་ཚོགས་ཀྱིས་ཡོངས་སུ་ཁྱབ་པའི་གྲོང་ཁྱེར་ཞིག་ཡིན་སྟབས་འཛམ་གླིང་རིམ་པའི་གྲགས་ཅན་གྲོང་ཁྱེར་གྱི་མིང་གཞུང་ནང་འགོད་རྒྱུའི་རེ་ཞུ་བྱེད་བཞིན་པ་ནི་གདེང་ཚོད་ཀྱིས་ཁྱབ་པའི་གདམ་ག་ཞིག་རང་རེད།

གཉིས། གྲགས་ཅན་གྲོང་ཁྱེར་གཞིས་རྩེ།

བོད་ཀྱི་གྲོང་ཁྱེར་ཨང་གཉིས་པ་གཞིས་རྩེ་གྲོང་ཁྱེར་ནི་བོད་རང་སྐྱོང་ལྗོངས་ཀྱི་ནུབ་ངོས་སུ་གནས་པ་དང་ད་བར་ལོ་ངོ600ལྷག་ཙམ་གྱི་ལོ་རྒྱུས་ཡོད་ཅིང་། དེ་གར་འཛམ་གླིང་གི་རི་བོ་མཐོ་ཤོས་ཇོ་མོ་གླང་མ་དང་། འཛམ་གླིང་གི་ཟངས་སྐུ་ཆེ་ཤོས་བྱམས་པའི་སྐུ་བརྙན། ཏུན་ཧོང་གཉིས་པར་གྲགས་པའི་ས་

སྐུ་དགོན་པ། རྒྱལ་རྩེའི་དཔྱིན་འགོག་གནའ་ཤུལ། མཛེས་སྡུག་ཡིད་དུ་འོང་བའི་སྐྱིད་གྲོང་ལུང་གཞུང་། འཛམ་གླིང་གི་མཛེས་ལྗོངས་ཆེན་པོ་བཅུ་གཉིས་ཀྱི་གྲས་ཤིག་ཡིན་པའི་གཙང་རོང་སོགས་ཡོད་པ་མ་ཟད། རིག་རྩལ་ཐད་ལྷ་རྩེའི་སྟོད་གཞས་དང་། དིང་རིའི་ལ་སྟོད་སྒོ་གཞས། སྙེང་དཀར་རྒྱ་གཞས་སོགས་དམིགས་བསལ་གྱི་སྟོད་བཙུད་ཁོར་ཡུག་ལྡན་པས1986ལོར་རྒྱལ་ཁབ་རིམ་པའི་ལོ་རྒྱུས་རིག་གནས་ཀྱི་གྲགས་ཅན་གྲོང་ཁྱེར་གྱི་མཚན་སྙན་ཐོབ་པ་རེད། ལྷག་དོན་དུ་གནས་དེའི་མིང་བྱང་ལྷ་བུར་གྱུར་བའི་ཇོ་མོ་གླང་མ་ནི་བལ་བོད་གཉིས་ཀྱི་མཚམས་སུ་འཁྲིང་ངེར་གནས་པ་དང་རི་བོ་ཧི་མ་ལའི་རི་རྩེ་གཙོ་བོ་དེ་ཡིན་ཞིང་། མཐོ་ཚད་ལ་སྨི་ཁྲི8844. 43ཡོད་པས་འཛམ་གླིང་ཐོག་གི་རི་བོ་མཐོ་ཤོས་དེ་ཡིན་པ་མ་ཟད། མཐའ་འཁོར་གྱི་སྨི་ལེ20ཡི་ནང་མཐོ་ཚད་སྨི་ཁྲི7000ཡན་ཡོད་པའི་རི་བོ་ཆེན་པོ40ཡོད་པ་ནི་འཛམ་གླིང་ཐོག་གཉིས་སུ་མེད་ཅིང་། འགྲན་པའི་ཟླ་དང་བྲལ་བ་ཞིག་ཡིན་པ་སྨོས་མེད་རེད།

ནང་ཆོས་རིག་གནས་དར་ཁྱབ་ཆེ་བའི་བོད་ཀྱི་ས་ཕྱོགས་གཞན་དང་འདྲ་བར་ལོ་རྒྱུས་རིག་གནས་ཀྱི་རྗེས་ཤུལ་ཟབ་ཤོས་ནི་དགོན་པ་ཡིན་ཞིང་། ལྷག་དོན་བཀྲ་ཤིས་ལྷུན་པོ་དགོན་པ་ནི་པཎ་ཆེན་སྐུ་ཕྲེང་རིམ་བྱོན་གྱི་གདན་ས་ཡིན་པས་རིག་གནས་ལོ་རྒྱུས་ཀྱི་བྱུང་རིམ་དེ་བས་གཏིང་ཟབ་ལ་རྒྱ་ཆེ་བ་ཞིག་ཡོད།

དགོན་དེ་ནི་མིང་རྒྱལ་རབས་དུས་ཏེ་སྤྱི་ལོ1447ལོར་ཏཱ་ལའི་བླ་མ་སྐུ་ཕྲེང་དང་པོ་རྗེ་དགེ་འདུན་གྲུབ་པས་བཞེངས་གནང་ཞིང་། དགོན་པ་དེར་རྒྱ་ཁྱོན་སྤྱི་ཁྲི་ངོས་སྐོམས་གྲུ་བཞི་མ་ཁྲི་ཚོ30ཙམ་ཡོད་པ་དང་འཛུགས་སྐྲུན་གྱི་གཞི་

ཕྱོན་ཇེ་ཆེར་ཕྱིན་ནས་ད་ཆའི་གཞི་ཕྱོན་དེ་གྲུབ་པ་ཞིག་ཡིན།

རྟེན་གྱི་གཙོ་བོ་ནི་རྗེ་བཙུན་ཤེས་རབ་སེང་གེའི་དགོངས་རྫོགས་སུ་བཞེངས་པའི་གསེར་ཟངས་ཀྱི་ཐུབ་པ་བདུད་འདུལ་མ་དང་། རྗེ་དགེ་འདུན་གྲུབ་པའི་དབུ་ཐོད་དང་པུར་ཐལ་བཞུགས་པའི་དངུལ་གདུང་རྣམ་རྒྱལ་མཆོད་རྟེན། རྗེ་ཙོང་ཁ་པའི་སྐུ་རྟེན་གྱིས་གཙོས་པའི་ལི་སྙིང་གི་སྐུ་སྟོང་ཐྲག་བརྒྱལ་བ། གསེར་ཟངས་ལས་གྲུབ་པའི་བྱམས་མགོན་གྱི་སྐུ་སྐྱེ་ཁྲི26ཙམ་ཡོད་པའི་འཛམ་གླིང་གི་ཟངས་སྐུ་ཆེ་ཤོས་དེ་ལ་ཐོག་དྲངས་པའི་སྐུ་རྒྱུ་གསེར་ཟངས་དང་སྨན་འདམ་སོགས་ལས་གྲུབ་པའི་སྐུ་འདྲ་སྟོང་ཐྲག་བརྒྱལ་བ། དེ་བཞིན་ཞལ་ཐང་སྙིང་པ་དང་། གོས་ཆེན་སྙིང་མ་སྣ་ཚོགས་ལས་གྲུབ་པའི་གོས་སྐུ་ཆེ་མོ། ཤིང་ཏ་ལའི་ལོ་མའི་རྒྱ་དཔེ། གོང་མས་བསྩལ་བའི་འཇའ་ས་དང་ཐམ་ག འཕན། གོང་མ་ཆན་ལུང་རབ་བྱུང་ཆ་བྱད་ཅན་གྱི་འདྲ་ཐང་། གཡང་ཏིའི་ལྷུང་བཟེད་སོགས་མང་དུ་ཡོད།

《པདྨ་བཀའ་ཐང》ལས་མྱང་སྨད་ཉི་མ་མདོ་རུ་རྫོང་ཞིག་ཆགས་ཞེས་པ་ལྟར་ཉི་མ་རིའམ་ཉི་རྩེ་རི་བོའི་ཤར་ངོས་ཀྱི་སྤང་ཆེན་ཉལ་འདྲའི་རི་ལྡེབས་སུ་ཆགས་པའི་དགོན་པ་དེའི་ལྷ་ཁང་དང་ཆོས་ཁང་ཚང་མ་སྒར་དུ་ཆགས་ནས་ཧ་ཅང་བརྗིད་ཉམས་དང་ལྡན་པ་ཞིག་ཡོད། དགོན་པ་དེའི་གཙོ་བོའི་འཛུགས་སྐྲུན་ཁག་གསུམ་ལ་དབྱེ་བའི་རྒྱུད་ནས་གསེར་ཟངས་ཀྱི་རྒྱུ་ཐེབས་ཁག་གསུམ་མཇལ་བ་དེ་དག་ནི་འཛམ་གླིང་གི་རྒྱལ་བ་བྱམས་པའི་སྐུ་བརྟན་ཆེ་ཤོས་ཀྱི་བྱམས་པའི་ལྷ་ཁང་དང་། གཅིག་ནི་པཎ་ཆེན་སྐུ་ཕྲེང་ལྔ་པ་ནས་དགུ་པ་བར་གྱི་

གདུང་རྟེན་མཉམ་དུ་བཞུགས་སུ་གསོལ་བའི་ལྷ་ཁང་། གཅིག་ཤོས་ནི་པཎ་ཆེན་སྐུ་ཕྲེང་བཅུ་པ་ཆེན་པོའི་གདུང་རྟེན་ལྷ་ཁང་བཅས་རེད། ལྷག་དོན་ནང་རྟེན་ཕུན་སུམ་ཚོགས་ལ་ཕྱི་ཡི་བཀོད་པ་མཛེས་པའི་བཀྲ་ཤིས་ལྷུན་པོ་དགོན་པ་དེ་ཉིད་རྒྱལ་ཁབ་ཀྱི་Aལྔ་རིམ་པའི་ཡུལ་སྐོར་མཛེས་ལྗོངས་ཁུལ་དུ་གྱུར་ཡོད་པ་རེད།

མིང་གྲགས་ཀུན་ལ་ཁྱབ་པའི་བཀྲ་ཤིས་ལྷུན་པོ་དགོན་པའི་གཟིགས་མོ་ཆེ་མོའི་གར་འཆམ་ཀྱང་ལོ་རྒྱུས་ཀྱི་སྣབས་རྒྱུན་དྲག་པོའི་ཁྲིད་དུ་མ་ནུབ་པར་ད་བར་གནས་ཡོད་ཅིང་། དེ་ནི་སྤྱི་ལོ1617ལོར་པཎ་ཆེན་ཐམས་ཅད་མཁྱེན་པ་སྐུ་ཕྲེང་བཞི་པ་བློ་བཟང་ཡེ་ཤེས་ཆོས་ཀྱི་རྒྱལ་མཚན་མཆོག་གིས་ཐུགས་པ་གྲྭ་ཚང་གསར་འཛུགས་གནང་བ་དང་། སྤྱི་ལོ1647ལོར་དགུང་ལོ་དོན་བརྒྱད་ལ་ཕེབས་པའི་པཎ་ཆེན་མཆོག་གིས་བསམ་ཡས་དགོན་པའི་གུ་རུ་མཚན་བརྒྱད་ཀྱི་འཆམ་ལ་དཔེ་གཟིགས་མཛད་དེ་ད་ལྟའི་བོད་ཟླ12པའི་ཚེས29ཉིན་གྱི་དགུ་གཏོར་གྱི་འཆམ་དེ་ཉིད་གསར་གཏོད་མཛད་པར་གྲགས། དེ་རྗེས་སྤྱི་ལོ1862ལོར་པཎ་ཆེན་སྐུ་ཕྲེང་བདུན་པ་བསྟན་པའི་ཉི་མ་མཆོག་གིས་ཐུགས་པ་གྲྭ་ཚང་གི་དེ་སྔའི་འཆམ་གྱི་རྨང་གཞིའི་ཐོག་ཚལ་གུང་ཐང་དང་། སྟོ་བྲག་བསྟན་རྒྱས་གླིང་། ཚེ་མཆོག་གླིང་སོགས་ཀྱི་འཆམ་ལས་ལེགས་ཆ་བཏུས་ཏེ་འཐུས་སྒོ་ཇེ་ཚང་དུ་བཏང་གནང་བ་རེད། འཆམ་གྱི་ནང་དོན་ཐད་ཆོས་སྐྱོང་སྲུང་མའི་གཟུགས་བརྙན་འཁྲབ་པ་ཙམ་མ་ཟད། སེང་གེ་དང་། འབྲོང་རྒོད། ཚེ་རིང་རྣམ་དྲུག་གི་གཟུགས་བརྙན་སོགས་ཡོད་པས་སྒྱུ་རྩལ་གྱི་རིན་ཐང་ཆེས

མཐོ་བའི་གཙང་གི་གཟིགས་མོ་ཆེ་མོ་ཞེས་སྐད་ཀྱིས་ཚོད་པ་དེ་བྱུང་ནས་བཀྲ་ཤིས་ལྷུན་པོ་དགོན་པའི་བརྗིད་ཉམས་དང་ལྷན་དུ་གྲོགས་ནས་ཡངས་པའི་ས་གཞིར་ཁྱབ་ཐུབ་པ་དེ་བྱུང་བ་ཡིན་ནོ།

གསུམ། གྲགས་ཅན་གྲོང་རྡལ་རྒྱལ་རྩེ།

ལོ་རྒྱུས་རིག་གནས་ཀྱི་གྲགས་ཅན་གྲོང་རྡལ་གྱི་མཚན་སྙན་ཐོབ་པའི་རྒྱལ་རྩེར་ཆེས་རིང་བའི་ལོ་རྒྱུས་དང་འོད་སྟོང་འཕྲོ་བའི་རིག་གནས་ཀྱི་རྗེས་ཤུལ་ཡོད་པ་མ་ཟད། དེ་སྔའི་བོད་ཀྱི་གྲོང་ཁྱེར་གསུམ་པའི་མཚན་སྙན་ཡོད་ལ་བོད་ཀྱི་གནའ་བོའི་ཚོང་ལམ་བསྟུས་མདོ་གལ་ཆེན་ཞིག་ཀྱང་ཡིན། རྒྱལ་རྩེར་ངོ་མཚར་ཆེ་བའི་དཔལ་འཁོར་ཆོས་སྡེ་དང་། ཕ་ལྷ་གཞིས་ཀ རྫོང་རིའི་དཔྱིན་འགོག་གནའ་ཤུལ་བཅས་ཡོད་པས1994ལོར་རྒྱལ་སྲིད་སྲི་ཁྱབ་ཁང་གིས་རྒྱལ་ཡོངས་ཀྱི་ཐེངས་གསུམ་པའི་ལོ་རྒྱུས་རིག་གནས་ཀྱི་གྲགས་ཅན་གྲོང་རྡལ་གྱི་མཚན་སྙན་གནང་ཡོད་པ་རེད།

རྒྱལ་རྩེ་ནི་ཕོ་བྲང་རྒྱལ་མཁར་རྩེའི་བསྡུས་མིང་ཡིན་ཞིང་། ཡར་གླུང་གཙང་པོའི་ཡན་ལག་མྱང་ཆུ་གཙང་པོའི་གཡས་ངོས་སུ་གནས་པ་དང་རྫོང་མཁར་བརྩུགས་ནས་མི་ལོ600སོང་ཡོད་ཅིང་། ས་གནས་དེར་དེ་སྔ་ས་སྐྱ་དང་། གྲོ་མོ། འབྲས་སྤྱོངས། འབྲུག་ཡུལ་བཅས་ལ་སྐྱོད་སའི་ལམ་རྒྱུད་འཁེལ་བས་ལོ་རྒྱུས་ཐོག་ཚོང་པ་དང་ཡུལ་སྐོར་བ་འདུ་འཛོམས་བྱ་ཡུལ་ཞིག་ཡིན་

ལ་དབུས་གཙང་གཉིས་ཀྱི་འབྲེལ་ཟམ་དུ་གྱུར་པའི་བོད་ཀྱི་གལ་ཆེའི་གནས་ཡུལ་ཞིག་ཡིན།

དུས་རབས་14པའི་དུས་འགོར་སྒྲུབ་པའི་རྫོང་རིའི་མཁར་རྫོང་ནི་རྫོང་རིའི་རི་སྙིང་ནས་རྩེ་མོ་བར་རི་དཔྱད་ལ་བལྟས་ནས་སྒྲུབ་པའི་ཕོ་བྲང་པོ་ཏ་ལ་དང་ཆ་འདྲ་བས་པོ་ཏ་ལ་ཆུང་བ་ཡང་ཟེར་སྲོལ་ཡོད། ས་གནས་དེ་གའི་དམངས་ཁྲོད་ཀྱི་ཤོད་སྲོལ་ལ་གཞིགས་ན། རྫོང་མཁར་དེ་ཕོ་བྲང་པོ་ཏ་ལ་དང་ཆ་མཚུངས་པ་ཞིག་སྒྲུབ་ཆེད་མི་སྣ་ཆེད་གཏོང་བྱས་ཏེ་ཕོ་བྲང་པོ་ཏ་ལའི་འཛུགས་སྐྲུན་གྱི་ས་ཁྲ་མ་རག་སྟབས་བཟོ་སྐྲུན་ཆེ་མོ་བས་ལ་ཐུག་བསྐོས་ནས་འདྲ་བཟོ་བྱས་ཏེ་འཁྱེར་ཡོང་ཏུང་། བོད་ཀྱི་མཁའ་ལྡིང་སྐམ་ཤས་ཆེ་བས་རྒྱལ་རྩེར་སླེབས་སྐབས་ལ་ཐུག་སྐམ་པོར་གྱུར་བས་རྫོང་རིའི་མཁར་རྫོང་གཞི་ཁྲོན་ཆུང་དུ་ཆགས་པའི་ཤོད་སྲོལ་ཡོད། རྫོང་རིའི་མཐོ་ཚད་ལ་རྒྱ་མཚོའི་ངོས་ལས་སྨི4181ཡོད་ཅིང་། མཁར་རྫོང་ནང་རྫོང་གི་གཞུང་ལས་སྒྲུབ་ས་དང་། མཆོད་ཁང་། ལྷ་ཁང་དང་མཛོད་ཁང་ཁག་བཅས་ཡོད་ཅིང་། གཟར་ཚད་ཆེ་བའི་རྡོ་སྐས་བརྒྱུད་ནས་རྩེ་མོར་འཛེགས་ཆོག་པ་དང་མཁར་རྫོང་རྫིལ་པོ་གྱང་གིས་བསྐོར་ཡོད་ལ་གྱང་གི་ནང་ངོས་སུ་མཆོད་རྟེན་དཀར་པོ་དང་ཆོས་གཞི་སྟུམ་པའི་ལྷ་ཁང་ཡང་ཡོད། མཁར་རྫོང་གི་གྱང་མཐུག་ལ་མཐོ་པོ་ཡོད་པ་དང་སྒོའུ་ཁུང་ར་ཅང་ཆུང་དུ་བཟོས་ཡོད། མཁར་རྫོང་གི་རྩེ་མོར་འཛེགས་ན་ཕྱོགས་བཞི་མཚམས་བརྒྱད་མཐོང་ཐུབ་པས་སོ་ལྟ་བྱ་ཡུལ་ལེགས་པོ་ཞིག་ཡིན། ད་ཆ་མཁར་རྫོང་དེར་ཡོད་པའི་མངོན་གསལ་དོད་ཤོས་ནི་མི་སྐྱོགས་འཛོག་སྟེགས་ཀྱི་རྗེས་

ཤུལ་དང་། མདེའུ་ཐོག་ཤུལ་གྱིས་ཁེངས་པའི་གྱང་རོ། དཔྱིན་འགོག་བཀོད་བསྡོམས་ཕུའུ་ཡི་སྡོད་གནས་བཅས་ཡིན།

1904ལོའི་ཟླ5པའི་ཟླ་སྟོད་དུ་དབྱིན་ཇིས་རྒྱལ་རྩེར་བཙན་འཛུལ་བྱས་པས་རྫོང་རིའི་སྟེང་དུ་དམག་དམངས་མཉམ་སྒྲུབ་ཀྱིས་མེ་སྒྱོགས་འཛོག་ས་སྒྲུན་པ་དང་བོད་མདའ་དང་། ལག་འབོམ། གྲི་སོགས་གྲ་སྒྲིག་བྱས་ནས་ཉིན་མཚན་གསུམ་དམར་ཇིང་དྲག་པོ་བྱས་མཐར་མང་སྡེ་ཞུང་གིས་མ་བརྟེན་པར་རྒྱལ་ཁ་ཤོར་བ་དང་ཤི་ཡང་དགྲ་ལ་མགོ་མི་སྒྱུར་བའི་ཚོད་སེམས་ལ་བརྟེན་ནས་འཐབ་འཛིང་པ་ལྷག་མ་རྣམས་རྫོང་རིའི་གཡང་གཟར་ནས་མཆོངས་ཏེ་ཚེ་སྲོག་དང་ཁྲག་ཟྲོན་ལ་བརྟེན་ནས་དཔའ་ཉམས་ལྡན་པའི་དབྱིན་འགོག་ལོ་རྒྱུས་དེ་གསར་རྩོམ་བྱས་པ་རེད། 1961ལོར་རྫོང་རིའི་དབྱིན་འགོག་རྗེས་ཤུལ་དེ་རྒྱལ་སྲིད་སྤྱི་ཁྱབ་ཁང་གིས་རྒྱལ་ཡོངས་ཀྱི་གཙོ་གནད་རིག་དངོས་སྲུང་སྐྱོབ་ཚན་པར་གཏན་འཁེལ་བྱས་པ་དང་1996ལོར་ཀྲུང་དབྱང་དྲིལ་བསྒྲགས་ཕུའུ་ཡིས་རྒྱལ་ཡོངས་ཀྱི་རྒྱལ་གཅེས་རིང་ལུགས་ཀྱི་སློབ་གསོའི་རྟེན་གཞི་བརྒྱའི་གྲས་སུ་བཙུག་ཡོད་པ་རེད།

མི་རྣམས་ཀྱིས་གཙང་ཁུལ་དུ་སྐྱོད་སྐབས་དགོན་པའི་ནང་མཆོད་རྟེན་ཡོད་པ་དང་མཆོད་རྟེན་ཁྲོད་དུ་དགོན་པ་གནས་ཤིང་དགོན་པ་དང་མཆོད་རྟེན་གཅིག་ལ་གཅིག་རྟེན་དུ་གནས་པའི་རྒྱལ་རྩེའི་དཔལ་འཁོར་ཆོས་སྡེ་མི་མཇལ་ཐབ་མེད་ཡིན་ཅིང་། སྐུ་འབུམ་ཆེ་མོ་བཀྲ་ཤིས་སྒོ་མང་མཆོད་རྟེན་དེ་ནི་རྒྱལ་རྩེའི་ཆོས་རྒྱལ་རབ་བརྟན་ཀུན་བཟང་འཕགས་དགུང་ལོ་སུམ་ཅུ་སོ་དགུ་སྟེ། སྤྱི་

ལོ་1427ལོར་ཡུམ་གྱི་དགོངས་རྫོགས་སུ་དམིགས་ནས་ཐོག་མའི་རྨང་བཏིང་ནས་སྐྲུན་པ་ཞིག་ཡིན་པ་དང་། མཐོ་ཚད་ལ་སྨི32ཡོད་པའི་བང་རིམ་བུམ་པ་དང་བཅས་བརྩེགས་ཉམས་ཀྱིས་ཕྱུག་ཅིང་། ལྷ་ཁང་77དང་། སྒོ་108 སྐུ་འབུམ་དང་ལྡན་པའི་མཆོད་རྟེན་འགྲན་པའི་ཟླ་དང་བྲལ་བ་ཞིག་ཡིན་ལ་ད་བར་སྲུང་སྐྱོབ་ལེགས་ཤོས་བྱུང་བའི་མཆོད་རྟེན་གྱི་རྒྱལ་པོ་ལྟ་བུ་ཞིག་ཀྱང་ཡིན།

པ་ལྷ་གཞིས་ཀ་ནི་བོད་ཀྱི་སྐྱ་དྲག་ཆེ་ཁག་པ་ལྷ་ཁྱིམ་རྒྱུད་ཀྱི་མ་གཞིས་ཡིན་པ་དང་མིང་ཆ་ཚང་ལ་པ་ཇོ་ལྷ་ཁང་ཟེར་ཞིང་། རྒྱལ་རྩེ་རྫོང་གྲོང་ནུབ་ཕྱོགས་ཀྱི་སྤྱི་ལེ2ཀྱི་སར་གནས་ཡོད་པ་དང་འཛུགས་སྐྲུན་རྒྱ་ཁྱོན་ལ་སྨི་ངོས་གྲུ1357ཡོད། 1994ལོར་བོད་རང་སྐྱོང་ལྗོངས་སྲིད་གཞུང་གིས་པ་ལྷ་གཞིས་ཀ་དེ་ལྗོངས་ཡོངས་ཀྱི་གཙོ་གནད་རིག་དངོས་སྲུང་སྐྱོབ་ཚན་པར་བཞག་པ་དང་། 1996ལོར་ལྗོངས་ཡོངས་ཀྱི་རྒྱལ་གཅེས་རིང་ལུགས་ཀྱི་སློབ་གསོའི་རྟེན་གཞིར་བདམས། 2012ལོར་རྒྱལ་ཡོངས་ཀྱི་རིག་དངོས་སྲུང་སྐྱོབ་སྡེ་ཚན་དུ་ཚུད་ཡོད། པ་ལྷ་གཞིས་ཀ་ནི་མིག་སྔར་སྲུང་སྐྱོབ་ལེགས་ཤོས་བྱུང་བའི་སྐྱ་དྲག་གི་གཞིས་ཀ་ཞིག་ཡིན་པས་རྩ་བའི་ཆ་ནས་དེ་སྔའི་རྣམ་པ་རང་སོར་གནས་ཡོད་པ་རེད།

པ་ལྷ་གཞིས་ཀ་ནི་ལོ་ངོ་400ལྷག་ཙམ་གྱི་ལོ་རྒྱུས་ཡོད་པའི་གནའ་བོའི་སྐྱ་དྲག་གི་ཁྱིམ་རྒྱུད་ཅིག་ཡིན་ཞིང་། ཁྱིམ་རྒྱུད་དེའི་མིས་བོད་ས་གནས་སྲིད་གཞུང་གི་རྩིས་དཔོན་དང་། མདའ་དཔོན། མགྲོན་གཉེར་ཆེ་མོ་སོགས་ཀྱི་གོ་གནས་འཁྱེར་མྱོང་ཡོད་པ་དང་དུས་རབས་བཅུ་དགུ་པའི་དུས་མཇུག་ཏུ་སླེབས་སྐབས་པ་ལྷ་ཁྱིམ་རྒྱུད་ལ་གཞིས་ཀ་37དང་། ས་ཞིང་མུའུ་ཁྲི1. 5ལྷག་ཙམ།

འབྲོག་ར་12 ཕྱུགས་ཟོག་མགོ་གྲངས་14000 ཞིང་ཁྲན་3000 ལྷག་ཙམ་བཅས་ཡོད་པས་བོད་ཀྱི་སྐྱེ་དྲག་ཆེ་ཁག་12 གྱི་གྲས་ཤིག་ཡིན་པ་རེད། གཞིས་ཀ་རྩེར་ཐོག་བརྩེགས་གསུམ་ཤག་འཁོར་དང་བཅས་ཡོད་པའི་ནང་ཚོམས་ཆེན་དང་། མགྲོན་བསུ་ཁང་། ཆོས་ཁང་། ན་བཟའ་ཁང་། ནང་བཟན་སྒྲོད་ས་ལེ་ལག་དང་བཅས་པར་ཁྱོན་ཁང་མིག་82 ཡོད་པ་རེད། ཕ་ལྷ་གཞིས་ཀའི་རྩ་ཆེའི་དཔེ་ཆ་སོགས་ཉར་ཚགས་ལེགས་པོ་བྱུང་ཡོད་པ་དང་། གཟིམ་ཁང་ནང་གསེར་དངུལ་གྱི་སྒྲོད་ཆས་མང་པོ་ཡོད་ལ་འགྲེམས་ཁང་དུ་སྐབས་དེའི་གཞིས་ཀའི་སྒེར་བདག་གིས་ལུས་པའི་རྩ་ཆེའི་བཟའ་རིགས་དང་སྣོ་སྣོད་ཡོད་ལ། གྲགས་ཅན་གྱི་ཆུ་ཚོད་དང་། ཐ་མག་ཨ་རག སྨན་རྫས། གནས་ཐང་ཆེ་བའི་གྱོན་པ། ད་དུང་འདྲ་པར་གསུམ་བཅས་ཡོད་པ་དག་ལས་སྐབས་དེའི་རྒྱས་སྤྲོས་ཀྱི་འཚོ་བའི་རྣམ་པ་ཟབ་མོ་དག་དེང་གི་མི་རྣམས་ལ་ངོ་སྤྲོད་བྱེད་པ་དང་གཉིས་སུ་མེད། ཕ་ལྷ་གཞིས་ཀ་གནས་ཡུལ་དཔལ་འབྱོར་ལྷུན་པོ་གྲོང་ཚོ་དེ་ཡང་གནའ་ཉམས་ངོད་ལ་ཡུལ་གྱི་བཀོད་པ་ལེགས་པ་དང་དེང་རབས་ཀྱི་ཉམས་འགྱུར་ཟབ་པས 2015 ལོར་རྒྱལ་ཁབ་ནས་བོད་ཀྱི་དེང་རབས་གྲོང་གསར་གྱི་མཚན་སྙན་ཐྲད་ཡོད་པ་རེད།

རྒྱ་མཚོའི་ངོས་ལས་མཐོ་ཚད་སྨི4020 ཙམ་གྱི་སར་ཆགས་པའི་རྒྱལ་རྩེ་ནི་ལོ་རྒྱུས་ཐོག་ཚོང་ལས་དར་ཁུལ་ཞིག་ཡིན་པ་མ་ཟད། མི་རིགས་ལག་ཤེས་བཟོ་ལས་དར་ཁྱབ་ཆེན་པོ་ཡོད་པའི་ཁྲོད་རྒྱལ་རྩེའི་བོད་རུམ་ནི་འཛམ་གླིང་གི་གྲགས་ཅན་རུམ་གྱི་ཐོན་རྫས་གསུམ་གྱི་ཡ་གྱལ་ཞིག་ཡིན། ད་དུང་ལོ་ངོ་600 ལྷག

ཅམ་གྱི་ལོ་རྒྱུས་ཡོད་པ་དང་རྟ་རྒྱུག་མདའ་འཕེན་གཙོ་བོར་བྱེད་པའི་རྒྱལ་རྩེའི་མདའ་མང་ནི་དེ་བས་མིང་གྲགས་ཆེ་ལ་ངོ་མཚར་ཅན་གྱི་དུས་ཆེན་ཞིག་ཡིན། དེས་མ་ཚད་རྒྱལ་རྩེར་ལྷ་མོ་དང་ཞབས་བྲོའི་རྣམ་གྲངས་ཀྱང་ཕུན་སུམ་ཚོགས་པོ་ཡོད་པ་རེད།

མདོར་ན། མྱང་སྟོད་ཤེལ་དཀར་རྒྱལ་རྩེ་ནི་གནའ་ཤུལ་རིག་དངོས་མང་ལ་མི་རྣམས་ཡུལ་སྐྱོལ་བཟང་པོར་གནས་པས2014ལོར་ཀྲུང་གོའི་རྫོང་མཛེས་ཤོས་ཀྱི་གྲས་སུ་ཚུད་པའི་གཏམ་བཟང་དེ་ནི་དཔའ་བོའི་མི་དམངས་ཚོར་བདག་པའི་ཡང་རྩེའི་ཐོག་གི་ཡས་སྨྲོན་ཞིག་རང་རེད། ད་ཆ་ཡུལ་སྐོར་དར་ཁྱབ་ཆེ་བའི་དུས་རབས་འདིར་ལོ་རྒྱུས་རིང་ལ་རིག་གནས་ཤུལ་བཞག་མང་བའི་རྒྱལ་རྩེ་ནི་བོད་དུ་ཡུལ་སྐོར་བྱེད་མཁན་གྱི་གདམ་ག་གཙོ་བོ་ཞིག་ཏུ་གྱུར་ཡོད་སྟབས་སྤྱི་ལོ2015ལོར་ཆ་བཞག་ན། རྫོང་དེར་ཡུལ་སྐོར་བྱེད་མཁན་མི་གྲངས་ཁྲི་ཚོ8.45བྱུང་བ་དང་སྒྲེ་ལེན་ཡོང་འབབ་སྐོར་ཁྲི་ཚོ2915.3ཟིན་པ་ནི་གནའ་བོའི་ཡུལ་ལུང་དེའི་ལོ་རྒྱུས་རིག་གནས་ཀྱིས་དེང་གི་མི་རྣམས་ལ་གཏོད་པའི་དཔལ་འབྱོར་གྱི་ཕན་འབྲས་ཤིག་རེད།

བཞི། གྲགས་ཅན་གྲོང་རྡལ་ཁྲ་འབྲུག

གཡོ་རུ་ཁྲ་འབྲུག་གཙུག་ལག་ཁང་ནི་དཔལ་གྱི་ཆོས་འཁོར་རྣམ་གསུམ་གྱི་ཡ་གྱལ་མངོན་པའི་ཆོས་འཁོར་སྐོར་ཡུལ་ཡིན་ལ། སློབ་དཔོན་པདྨ་འབྱུང་

གནས་ཀྱིས་བཀའ་འདུས་ཆོས་ཀྱི་རྒྱ་མཚོའི་དཀྱིལ་འཁོར་ཞལ་ཕྱེ་ནས་སྐལ་བ་དང་ལྡན་པའི་གདུལ་བྱ་དཔག་མེད་སྨིན་གྲོལ་གྱི་ལམ་ལ་བཀོད་ཡུལ་དང་། བཙན་པོ་སྲོང་བཙན་སྒམ་པོ་དང་རྒྱ་བཟའ་ཀོང་ཇོའི་གཏམ་རྒྱུད་མང་ཡུལ། གསར་རྙིང་རིས་མེད་ཀྱི་བླ་མ་སྐྱེས་ཆེན་དུ་མས་བྱིན་གྱིས་བརླབས་ཡུལ་བཅས་ཀྱི་གནས་ཁྱད་པར་ཅན་དེ་ནི་ལྷོ་ཁ་གྲོང་ཁྱེར་སྣེ་གདོང་རྫོང་དུ་གནས་ཤིང་། ཁྲ་འབྲུག་གཙུག་ལག་ཁང་ནི་དུས་རབས་བདུན་པའི་དུས་དཀྱིལ་ཙམ་དུ་བཙན་པོ་སྲོང་བཙན་སྒམ་པོས་ལྷ་ལྡན་གཙུག་ལག་ཁང་མ་བཞེངས་གོང་མཐའ་འདུལ་ཡང་འདུལ་གྱི་ལྷ་ཁང་བཞེངས་པའི་ནང་གི་སྔ་ཤོས་དེ་ཡིན།

ཆུ་བོ་ཡར་ཀླུང་གཙང་པོའི་ལྷོ་ངོས་ཀྱི་ཡུལ་ལ་སྤྱི་བ་ཡར་ཀླུང་ཞེས་སུ་གྲགས་པའི་ལྷེ་བ་རྩེད་ཐང་གི་ལྷོ་ངོས་སུ་ཡོད་པའི་གནས་དེ་ནི་དང་ཐོག་མཚོ་ཡིན་པ་དེར་སྤྲུལ་མགོ་ལྔ་དང་ལྡན་པ་ཞིག་གནས་ཏེ་མཚོ་བསྲུབས་མ་ནུས་པས། བཙན་པོས་སྤྲུལ་པའི་སྔགས་པ་གཉིས་མགོན་པོ་རིའི་ཁྱུང་ཚང་ཕུག་ཏུ་ཀླུ་སྤྲུལ་གདུག་པ་ཅན་གྱི་གཉེན་པོ་མཁའ་ལྡིང་སྒྲུབ་ཏུ་བཅུག་པ་ཞག་བདུན་ནས་གྲུབ་སྟེ་ཁྱུང་ཚང་ཕུག་ནས་བྱ་ཆེན་པོ་གཟུགས་ཁྲ་འདྲ་བ་ཞིག་དོན་ནས་སྐད་འབྲུག་ལྟར་གྲགས་ནས་ས་གཞི་ཐམས་ཅད་འགུལ་མེར་བཏང་བ་དང་མཚོ་མཁར་ལྡིང་བས་མཚོ་འཁོལ་ཏེ་ཀླུ་སྤྲུལ་གདུག་པ་ཅན་དེ་མཚོ་ཁར་ཐོན་པ་དང་། སྔགས་པ་གཉིས་ཀྱིས་སྒྲུབ་པའི་མཁའ་ལྡིང་གི་གཤོག་པའི་སྤུ་གྲི་རྣོ་བར་བརྟེན་ཡར་ལམ་སྤྲུལ་མགོ་གསུམ་བཅད། མར་ལམ་སྤྲུལ་མགོ་གཉིས་བཅད་ནས་མཚོ་ཁྲག་མདོག་ཏུ་བཏང་། དེ་ནས་ཞག་བདུན་ནས་མཚོ་དེ་རིམ་བཞིན་སྐམ་པའི་ཤུལ་

ཏུ་གཙུག་ལག་ཁང་བཞེངས་པ་དང་གོང་གི་རྒྱུ་མཚན་ལ་བརྟེན་ནས་ཁྲ་འབྲུག་ཅེས་པའི་མཚན་གསོལ། སྐབས་དེར་བཙན་པོ་སྲོང་བཙན་སྒམ་པོས་གླུ་བདུད་སྤྲུལ་མགོ་ལྔ་པ་དེ་བསད་པའི་སྡིག་བཤགས་སུ་དེ་གར་མཆོད་རྟེན་རྩེ་ལྔ་པ་ཞིག་བཞེངས་པ་དེ་ནི་བོད་ཁ་བ་ཅན་དུ་བཞེངས་པའི་མཆོད་རྟེན་དང་པོ་དེ་ཡིན་པ་དང་། ལྷ་ཁང་གི་དང་པོ་ནི་ཁྲ་འབྲུག་གཙུག་ལག་ཁང་ཡིན་པར་གྲགས།

གཙུག་ལག་ཁང་དེ་ཐོག་མར་གཙང་ཁང་དབུས་མ་ཀ་བ་བཞི་དང་ལྡན་པ་ཞིག་ཡིན་ནའང་། ཕྱིས་ཏ་སི་ཏུ་བྱང་ཆུབ་རྒྱལ་མཚན་དང་། ཏཱ་ལའི་བླ་མ་སྐུ་ཕྲེང་ལྔ་པ་དང་བདུན་པ། བཅུ་གསུམ་པ་བཅས་ཀྱི་དུས་དང་། ར་སྒྲེང་སྲིད་སྐྱོང་། རྒྱལ་ཁབ་སོགས་ནས་རིམ་པས་ཉམས་གསོ་རྒྱ་བསྐྱེད་བྱས་ནས་ད་ལྟའི་གཞི་ཁྱོན་དེ་གྲུབ་པ་རེད། གཙུག་ལག་ཁང་དེའི་འཛུགས་སྐྲུན་རྒྱུ་ཆ་ནི་བོད་ཀྱི་སྲོལ་རྒྱུན་འཛུགས་སྐྲུན་གྱི་དང་འདྲ་བར་ས་རྫ་ཤིང་གསུམ་ཨར་ག་དང་བཅས་པ་ལས་གྲུབ་པ་དང་བཟོ་དབྱིབས་འབུར་དུ་ཐོན་པས་ཕྱུར་རྒྱལ་བཙན་པོའི་དུས་ཀྱི་ཆོས་དང་། རིག་གཞུང་། རྡོ་བརྐོས་ལག་རྩལ། ཨར་སྐྲུན་བཟོ་རྩལ་སོགས་ལ་ཞིབ་འཇུག་བྱེད་པའི་གལ་ཆེའི་རིན་ཐང་ལྡན་ཡོད།

ས་ཁྱོན་སྤྱི་ཁྲི་ངོས་སྨོམས་གྲུ་བཞི་མ4667ལྷག་ཙམ་བཟུང་བའི་གཙུག་ལག་ཁང་དེའི་རྟེན་གཙོ་ནི་བཙན་པོ་སྲོང་བཙན་སྒམ་པོས་རྩེད་ཐང་མགོན་པོ་རི་ནས་གདན་དྲངས་པའི་རྡོ་སྐུའི་རྒྱལ་བ་རིགས་ལྔ་དང་། ལྷོ་ཁ་གོང་དཀར་དུ་ལུགས་སུ་ལུགས་པའི་ལི་མའི་ཉེ་སྲས་བརྒྱད། སྒྲོལ་མ་གསུང་བྱོན། ཡར་ཀླུང་ཤེལ་བྲག་ནས་གདན་དྲངས་པའི་སློབ་དཔོན་པདྨ་འབྱུང་གནས་ཀྱི་འདྲ་སྐུ་ང

འདྲ་མ། ད་དུང་གུ་རུའི་ཚོས་གོས་ཉི་ཟེར་མ་དང་རྫུ་འཕྲུལ་གྱིས་ཆང་ཁལ་ལྔ་བཀྱ་བཞེས་པར་གྲགས་པའི་ཀ་པ་ལ། སྐད་གྲགས་ཕྱོགས་བཅུར་ཁྱབ་པའི་སྤྱན་རས་གཟིགས་སེམས་ཉིད་ངལ་གསོའི་སྦུ་ཏིག་ཞལ་ཐང་། ཐུབ་དབང་འཐག་དྲུབ་མ། ཤེལ་བྲག་གི་ནང་བརྟེན་ནོར་བུ་མེ་ཤེལ་ཆུ་ཤེལ། དེ་བཞིན་ཞལ་ཐང་སྙིང་པ་དང་རྩ་ཆེའི་ལྡེབས་རིས་སོགས་མང་དུ་བཞུགས།

ཁྲ་འབྲུག་གཙུག་ལག་ཁང་དེར་ལོ་རྒྱུས་དང་རིག་གནས་ཀྱི་དོན་སྙིང་ཆེན་པོ་ལྡན་ཡོད་སྟབས1961ལོར་རྒྱལ་ཁབ་རིམ་པའི་རིག་དངོས་སྲུང་སྐྱོབ་ཚན་པར་གཏན་འཁེལ་བྱས་པ་དང་། 2007ལོར་ཐེངས་གསུམ་པའི་རྒྱལ་ཁབ་རིམ་པའི་ལོ་རྒྱུས་རིག་གནས་ཀྱི་གྲགས་ཅན་གྲོང་རྡལ་གྱི་མཚན་སྙན་ཐོབ་ཡོད།

2013ལོར་ཁྲ་འབྲུག་གི་ལོ་རྒྱུས་ཐོག་གི་གནའ་ཉམས་མངོན་པ་དང་ཡར་ཀླུང་གི་གནའ་དེང་གཟི་ཉམས་སྤྱར་བཞིན་མངོན་ཆེད་ས་ཁུལ་དང་། རྫོང་། གྲོང་རྡལ་བཅས་ཀྱིས་ཁྱོན་མ་དངུལ་སྒོར་ཁྲི2389བཏང་ནས་ས་ཁྱོན་སྤྱི་ཁྲི་ངོས་གྲུ8917ཡོད་པའི་ཁྲ་འབྲུག་རིག་གནས་ཐང་ཆེན་དང་དམངས་སྲོལ་རིག་གནས་ཁྲིམ་ལམ། མི་ཚུལ་ཁོར་ཡུག་སོགས་ལ་བཅོས་སྒྲིག་བྱས་པས་གནའ་བོའི་གཙུག་ལག་ཁང་དེར་སྐྱེ་སྟོབས་ཀྱི་དཔལ་ཡོན་གྱིས་ཁེངས་ཡོད་པ་རེད།

ལྔ། གྲགས་ཅན་གྲོང་རྡལ་ས་སྐྱ།

གཞིས་རྩེ་གྲོང་ཁྱེར་ནས་རྒྱང་ཐག་སྤྱི་ལེ150ཅམ་ཆོད་པའི་ས་སྐྱ་རྫོང་ནི་

རི་བོ་ཧི་མ་ལ་ཡའི་བྱང་ངོས་སུ་གནས་པ་དང་། རྒྱ་མཚོའི་ངོས་ལས་མཐོ་ཚད་སྤྱི་ཁྲི4468ཙམ་ཡོད་ལ་སྤྱིའི་རྒྱ་ཁྱོན་ལ་སྤྱི་ལི་ངོས་སྙོམས་གྲུ་བཞི་མ8120ཙམ་ཡོད་ཅིང་། དེ་གར་བོད་ཀྱི་རྫོ་རྗེ་གདན་དུ་གྲགས་པའི་དཔལ་ལྡན་ས་སྐྱ་པའི་མ་དགོན་ཆགས་ཡོད་པ་དང་རྒྱལ་ཁབ་ཕྱི་ནང་ཀུན་ཏུ་གྲགས་པའི་ཆོས་དང་རིག་གནས་ཀྱི་ཤུལ་ལམ་ཟབ་པས1961ལོར་རྒྱལ་ཁབ་ཀྱི་གཙོ་གནད་རིག་དངོས་སྲུང་སྐྱོབ་ཚན་པར་ཆོག་མཆན་སྤྲད་པ་དང་། 2008ལོར་རྒྱལ་ཁབ་ཀྱི་ཐེངས་བཞི་པའི་ཀྲུང་གོའི་ལོ་རྒྱུས་རིག་གནས་ཀྱི་གྲགས་ཅན་གྲོང་རྡལ་གྱི་མཚན་སྙན་ཐོབ། 2015ལོར་ཀྲུང་གོ་ཡུལ་སྐོར་ཚུས་ཀྱིས A བཞི་རིམ་པའི་ཡུལ་སྐོར་མཛེས་ལྗོངས་ཁུལ་བཅས་སུ་བདམས་པ་རེད།

ས་སྐྱ་ཞེས་པའི་མཚན་ཐོགས་ཚུལ་ནི། ས་པཎ་ཀུན་དགའ་རྒྱལ་མཚན་གྱིས། གཏི་མུག་དགྲ་ལས་རྒྱལ་ཕྱིར་འཁོན། དགེ་ལེགས་ཡོན་ཏན་འཕེལ་བའི་ས། སྡིག་པའི་དྲི་མ་སྤང་ཕྱིར་སྐྱ། ཞེས་ས་ཡི་དགེ་མཚན་ལེགས་པའི་ཡུལ་དེར་འཁོན་གྱི་གདུང་རྒྱུད་འཕེལ་ཚུལ་གསུངས་ཏེ། སྐྱེ་བོ་སྤྱི་ཡི་སྣང་ངོར་དགོན་པ་ཆགས་འདེབས་སའི་སྤང་ཆེན་ཉལ་འདྲའི་དཔོན་པོ་རིའི་ཁ་དོག་དང་མཚུངས་ཡོད།

2003ལོར་འཛམ་གླིང་མཉམ་འབྲེལ་རྒྱལ་ཚོགས་སློབ་གསོ་ཚན་རིག་རིག་གནས་རྩ་འཛུགས་ཀྱིས་འཛམ་གླིང་གི་རིག་གནས་དང་རང་བྱུང་སྲུང་སྐྱོབ་ཁུལ་དུ་ཁྱབ་བསྒྲགས་བྱས་ཤིང་། གྲུབ་ཆུའི་གཡས་གཡོན་དུ་གནས་པའི་དཔལ་ལྡན་ས་སྐྱའི་དགོན་པ་དེར་རྒྱ་ཁྱོན་སྤྱི་ཁྲི་ངོས་སྙོམས་གྲུ་བཞི་མ་ཁྲི་ཚོ6769ལྷག

ཅམ་ཡོད། དེའི་ཐོག་མའི་རྨང་གཞི་ནི་འཁོན་དཀོན་མཆོག་རྒྱལ་པོས་བྲ་བོ་ལུང་པར་དགོན་ཆུང་ཞིག་བཏབ་ནས་ལོ་ཤས་བཞུགས་པའི་ས་སྐྱ་གོག་པོར་གྲགས་པ་དེ་ཡིན།

རྟེན་གཙོ་ནི་ཐུགས་རྟེན་འཇམ་གླིང་གཡས་བཞག་སོགས་རིན་ཆེན་གསེར་དངུལ་ལས་གྲུབ་པའི་སྐུ་འདྲ་གྲངས་མེད་དང་། གདུང་རྟེན་ཁག ཡོན་མིང་ཆེང་དུས་རབས་ཀྱི་དཀར་ཡོལ་རྙིང་མ། ཞལ་ཐང་རྙིང་མ། ཆོས་བརྩེགས་བྲག་རི་མ། པོ་ཏི་ལྷུགས་ལུང་མ། གསེར་ཆོས་ཆེ་མོ། ཤིང་ཏ་ལའི་ལོ་མའི་དཔེ་ཆ། ཆོས་དུང་དཀར་མོ་རྒྱང་གྲགས་སོགས་རིག་དངོས་རིགས་མི་འདྲ་བ་ཁྲི10ཅམ་ཡོད། ལྷག་པར་དམངས་ཁྲོད་དུ་ཕྱི་ཡི་རྫིག་པ་ཞིག་ཀྱང་ནང་གི་དཔེ་ཆ་མི་ཞིག ཅེས་ཟེར་སྲོལ་ཡོད་པའི་ཆོས་བརྩེགས་བྲག་རི་མར་ལོ་ངོ་བརྒྱད་བརྒྱ་དགུ་བརྒྱ་ཅམ་གྱི་ལོ་རྒྱུས་ཡོད་པ་དང་དེའི་མཐོ་ཚད་ལ་སྨི་ཁྲི10དང་། རིང་ཚད་ལ་སྨི་ཁྲི60ཅམ་ཡོད་ཅིང་། ས་སྐྱ་དགོན་གྱི་དགེ་འདུན་པ་དང་ས་གནས་དེ་གའི་རིག་དངོས་ཐད་ཀྱི་རིགས་གཅིག་མཁས་པས་ཚོད་དཔག་གནང་བ་ལྟར་ན། ཏ་ལམ་པོ་ཏི84000ཅམ་ཡོད་པ་རེད། འོན་ཀྱང་དེ་དག་ནི་ལོ་ངོ900གོང་གི་གསུམ་ཆ་གཅིག་ཅམ་ཡིན་པའི་སྐད་ཚུལ་དེ་ནི་ཧང་སངས་ལ་ཡིད་ཕམ་སྐྱེ་བ་ཞིག་རེད། གཙུག་ལག་ཁང་དེའི་འཛུགས་སྐྲུན་གྱི་བཀོད་པ་ངོ་མཚར་ལྷག་པར་ཆེ་བའི་ཁྲོད་ནས་སེར་ཆེན་ཀ་བ་དང་། ནག་པོ་ཁྲག་འཛགས་ཀྱི་ཀ་བ། འབྲོང་ཐོ་ཀ་བ། སྟག་ཐོ་ཀ་བ། སྤྲིན་མའི་ཀ་བ། རམ་པའི་ཀ་བ་བཅས་ནི་འཛུགས་སྐྲུན་ལོ་རྒྱུས་ཐོག་གི་ངོ་མཚར་སྣང་བརྙན་གཞན་ཞིག་ཡིན།

ས་སྐྱ་དགོན་པའི་མཐའ་འཁོར་དུ་ད་དུང་རྗེ་བཙུན་གྲགས་པ་རྒྱལ་མཚན་གྱི་སྒྲུབ་གནས་བཞི་སོགས་སྒྲུབ་གནས་མང་བ་དང་། ལྷ་ཁྲང་མང་བ། ཆུ་ཚན་མང་བ་མ་ཟད། ངོ་མཚར་ཆེ་བའི་གར་འཆམ་སྒྱུ་རྩལ་དང་། ཕག་ལྷིང་གི་གཞས་ཆེན། འགྲོ་མགོན་ཆོས་རྒྱལ་འཕགས་པའི་རིག་གནས་དུས་ཆེན་སོགས་སྒྱུ་རྩལ་རྣམ་གྲངས་ཀྱང་ཕུན་སུམ་ཚོགས་པོ་ཡོད།

2013ལོ་ནས་བཟུང་ས་སྐྱ་རྫོང་གིས་ལོ་རྒྱུས་རིག་གནས་ཀྱི་འབྱུང་ཁུངས་སྔོག་འདོན་གང་ལེགས་བྱས་ནས་གནའ་གྲོང་ལ་ཕྱོགས་ཡོངས་ནས་སྐྱུར་བཅོས་ཀྱིས་དགོན་པ་བྱང་གི་གནའ་ཤུལ་མཛེས་ལྗོངས་དང་། འགྲོ་མགོན་ཆོས་རྒྱལ་འཕགས་པའི་རིག་གནས་ཐང་ཆེན། ས་སྐྱའི་རྗེས་དྲན་ཁང་སོགས་སྐྱུན་ནས་སླད་ཕྱིན་རྒྱལ་ཁབ་ཀྱི་Aལྔ་རིམ་པའི་རང་བྱུང་མཛེས་ལྗོངས་ཁུལ་དང་། རྒྱལ་གཅེས་རིང་ལུགས་ཀྱི་སློབ་གསོའི་རྟེན་གཞི། འཛམ་གླིང་རིམ་པའི་རིག་གནས་ཤུལ་བཞག་བཅས་སུ་སྐྱུན་རྒྱུའི་འབད་བརྩོན་བྱེད་བཞིན་ཡོད་པས་ཏུན་རྟོང་གཉིས་པའི་མཚན་གནས་ནམ་ཡང་སྲུང་འཛིན་ཐུབ་རྒྱུ་རེད།

༡༤ གནའ་ཉམས་ཊོད་པའི་ཐོན་མདའ་གྲོང་ཚོ།

ཐོན་མདའ་གྲོང་ཚོ་ནི་སྙེ་མོ་རྫོང་ཐོན་པ་ཤང་མཛེས་ལྗོངས་ཁུལ་གྱི་ལྟེ་བར་གནས་པ་དང་རྒྱལ་ལམ318ལམ་རྒྱུད་ཀྱི་གལ་ཆེའི་ཡུལ་སྐོར་བྱ་ཡུལ་ཞིག་ཡིན། ཐོན་མདའ་གྲོང་ཚོ་དེ2013ལོར་ཀྲུང་གོའི་ཤང་གྲོང་མཛེས་ཤོས་དང་

རྒྱལ་ཁབ་ནགས་ཚལ་སྤྱི་གླིང་ལ་བདམས་ཐོན་བྱུང་བ་དང་། ཀྲུང་གོའི་བོད་ཡིག་གི་རྟེན་རྫས་བཤམས་མཛོད་ཁང་ཐོག་མ་དེར་གྱུར་པ། དེ་བཞིན་བོད་ཡིག་གསར་གཏོད་གནང་མཁན་གྱི་མེས་པོ་ཐོན་ཡུལ་དང་ཤུག་འཐག་ཆུ་འཁོར་གྱི་ཕ་ཡུལ་བཅས་ཡིན་པས་བོད་མི་རིགས་ཀྱི་རིག་གནས་དར་ཡུལ་དང་ལག་ཤེས་བཟོ་ལས་ཀྱི་རྒྱབ་ཕྱོགས་ལས་གྲྭའི་མཚན་སྙན་ཐོབ་ཡོད་ཅིང་། གྲོང་ཚོ་དེར་2014ལོར་རྒྱལ་ཁབ་སྡོད་ཁང་དང་གྲོང་ཁྱེར་དང་གྲོང་གསེབ་འཛུགས་སྐྲུན་པུའུ་དང་རྒྱལ་ཁབ་རིག་དངོས་ཅུས་ཀྱིས་ཀྲུང་གོའི་ལོ་རྒྱུས་རིག་གནས་གྲགས་ཅན་གྲོང་ཚོའི་མཚན་སྙན་སྤྲད་པ་དེས་ཐོན་མདའ་གྲོང་ཚོའི་རིག་གནས་ཀྱི་དོན་སྙིང་ནང་དོན་གསར་པ་ཞིག་བསྣན་ཡོད།

ལོ་རྒྱུས་རིག་གནས་ཀྱི་མཛེས་ཉམས་ཆེན་པོ་མངོན་ཞིང་། རྫོང་དེའི་ལོ་རྒྱུས་དཔྱད་གཞིར་གཞིགས་ན། ཐོན་པ་ཤང་ལ་ལོ་ངོ་1300ལྷག་ཙམ་གྱི་ལོ་རྒྱུས་ཡོད་པ་དང་བོད་ཡིག་གསར་གཏོད་གནང་མཁན་ཐོན་མི་སམ་བྷོ་ཊའི་ཕ་ཡུལ་ཡིན་པ་རེད། ཐོན་མི་སམ་བྷོ་ཊ་ནི་བོད་ཀྱི་མཛངས་མི་བདུན་གྱི་གྲས་ཡིན་པ་དང་། བོད་མི་རིགས་ཀྱི་སྔ་དུས་ཀྱི་སྐད་ཡིག་མཁས་ཅན་དང་ལོ་ཙཱ་བ་ཆེན་པོ་ཞིག་ཡིན། མིག་སྔར་ཐོན་པ་ཤང་དུ་ཐོན་མི་སམ་བྷོ་ཊའི་བཞུགས་གནས་ཤིག་ཡོད་པ་དེ་ལྗོངས་རིམ་པའི་རིག་དངོས་སྲུང་སྐྱོབ་ཚན་པར་གཏོགས་ཡོད་པ་རེད། དེ་གར་བོད་ལྗོངས་ཐོན་མིའི་རིག་གནས་ཡུལ་སྐོར་མ་རྐང་ཚད་ཡོད་ཀྱང་སེས་རྒྱལ་ཡོངས་ཀྱི་བོད་ཡིག་གི་བཀོད་བྱ་གཙོ་བོར་བྱས་པའི་རྟེན་རྫས་བཤམས་མཛོད་ཁང་ཨང་དང་པོ་དེ་སྐྲུན་ཡོད་ཅིང་། འགྲེམས་ཁང་གཙོ་བོའི་དབུས་སུ

ཐང་གའི་དཀྱིལ་འཁོར་འབྲི་ཐབས་སྤྱད་པའི་རིང་ཚད་ལ་སྨི18དང་ཞེང་ཚད་ལ་སྨི4ཡོད་པའི་ལྡེབས་རིས་ངོས་སུ་ཐོན་མི་འཁྲུངས་པ་དང་། སློབ་གཉེར་གནང་ཚུལ། དགོངས་པ་རྫོགས་ཚུལ་བཅས་བཀོད་ཡོད་པ་མ་ཟད། ཕ་བོང་ཁར་བཙན་པོ་སྲོང་བཙན་སྒམ་པོར་བོད་ཡིག་བསླབ་ཚུལ་ཇི་བཞིན་བཀོད་ཡོད། བཤམས་མཛོད་ཁང་དེའི་ཞོར་གཏོགས་ཁང་ནང་དེང་རབས་ཀྱི་བོད་ཡིག་ཡིག་གཟུགས་མཁས་ཅན་ཀ་རྨ་འཕྲིན་ལས་ཀྱི་ཡིག་གཟུགས་བརྩམས་ཆོས་དང་གནའ་བོའི་བོད་ཡིག་གི་ཡིག་ཆས་སོགས་རིག་དངོས་མང་པོ་ཉར་ཚགས་བྱས་ཡོད་པ་དང་། ལྷག་དོན་བོད་ཡིག་གསར་གཏོད་ཀྱི་བརྒྱུད་རིམ་དང་བོད་ཡིག་གསར་གཏོད་དང་འབྲེལ་བ་དམ་ཟབ་ཡོད་པའི་བཙན་པོ་སྲོང་བཙན་སྒམ་པོ་དང་ཐོན་མི་སམ་བྷོ་ཊ་གཉིས་དོན་བརྗོད་རྣམ་པའི་ཐོག་ནས་སྒྱུགས་བཞིའི་སྐྱེ་བོ་ཚོའི་འདྲེན་བྱེད་ཡུལ་དུ་ཇི་མ་ཇི་བཞིན་མངོན་གང་ཐུབ་བྱས་ཡོད། དེ་གའི་རིག་གནས་ཁྲོམས་རིང་ནང་ལྷ་ལྡན་གཙུག་ལག་ཁང་མདུན་གྱི་ཐང་བོད་མནའ་འབྲེལ་རྡོ་རིང་སོགས་བོད་དུ་གྲགས་ཆེ་བའི་རྡོ་རིང13འདྲ་བཟོ་བྱས་ཡོད་པ་དང་། ད་དུང་རིང་ཚད་ལ་སྤྱི་ལེ3ཙམ་ཡོད་པའི་ཤུག་འཐག་ཆུ་འཁོར200ལྷག་ཙམ་གྱི་ཁྲོམས་རིང་ནས་ཉེན་མཚན་དབྱེར་མེད་ཀྱིས་སྤྱོས་བཟོའི་ལས་རིམ་དང་པོ་སྟེ། ཤུག་འཐག་གི་ལས་ལ་བྲེལ་བཞིན་ཡོད་པ་རེད། སྤྱོས་བཟོའི་ངོས་ནས་བཤད་ན་ད་ཆ་བོད་ལ་ཐོ་བཀོད་བྱས་པའི་བདུག་སྤྱོས་བཟོ་གྲྭ200ཙམ་ཡོད་ཙང་སྙེ་མོའི་ཐོན་པ་ནི་བོད་ཀྱི་བདུག་སྤྱོས་ཀྱི་འབྱུང་ཁུངས་དང་ཆེས་ཚད་མར་འཛིན་བཞིན་ཡོད། དེའི་རྒྱུ་མཚན་ནི་སྤྱི་ལོ2008ལོར་རྒྱལ་ཁབ་རིམ་པའི་

མངོན་མིན་རིག་གནས་ཤུལ་བཞག་ཏུ་ཚུད་པའི་ཐོན་པའི་སྤྱོས་ནི་ཐོན་མི་སམ་བྷོ་ཊས་གསར་གཏོད་གནང་བར་གྲགས་པས་ད་བར་མི་ལོ1300ལྷག་གི་ལོ་རྒྱུས་ཡོད་པ་དང་འབྱུང་ཁུངས་དག་པས་ཡིན་ཞིང་། དེ་ག་ནི་མིང་དོན་མཚུངས་པའི་བདུག་སྤྱོས་ཀྱི་ཕ་ཡུལ་ཡིན་སྟབས་གྲོང་མི་ཕལ་ཆེ་བས་བདུག་སྤྱོས་སྦྱོར་རྟ་བྱེད་པ་མ་ཟད། སྦྱོར་རྟའི་ལས་རིམ་རྙོག་འཛིང་ཆེ་ལ་ཤུག་པ་དང་ཙན་དན་དཀར་དམར་སོགས་སྨན་སྣ30ཙམ་གྱིས་སྦྱོར་བ་ཚད་མཐུན་བྱེད་ཀྱི་ཡོད་པའི་ཐོག ཐོན་མིའི་བཀའ་དྲིན་ལས་འབུ་སྲིན་སྲོག་ཆགས་མེད་པའི་ཆུ་སྦྱོད་ཀྱི་ཡོད་པས་མི་རྣམས་ཀྱིས་ཐོན་པའི་བདུག་སྤྱོས་ནི་ཐོན་མིའི་བྱིན་རླབས་ཞུགས་པའི་རྫ་ཆེའི་སྤྱོས་མཆོག་ཅིག་ཏུ་བརྩི་བ་སོགས་དེ་ལྟ་བུའི་ལོ་རྒྱུས་རིག་གནས་ཀྱི་རྨང་གཞི་ཆེས་ཟབ་པའི་ཤང་གྲོང་ནི་འབྱུང་དཀའ་ལ་མཐོང་དགོན་པ་ཞིག་ཀྱང་ཡིན།

ཡིད་དབང་འཕྲོག་པའི་ཞིང་ཐང་མཛེས་སྡུག་ལྡན་པ་དང་། གནམ་གཤིས་ལེགས་པ། སྟོད་བཅུད་བཟང་བ་བཅས་ཀྱི་ཐོན་པ་ཤང་དེ་སྐེ་མོ་རྒྱལ་ཁབ་ནགས་ཚལ་སྤྱི་གླིང་གི་ལྟེ་གནས་སུ་གནས་ཡོད་ཅིང་། གྲོང་ཚོའི་ནང་ལོ་ངོ་བརྒྱ་ལྷག་སོང་བའི་སྟར་སྡོང་དང་། རྒྱ་ལྕང་། སྦྱར་པ་བཅས་གང་སར་སྐྱེས་ནས་གྲོང་ཚོའི་ཕྱོགས་བཞིའི་མི་བཟོས་གླིང་ག་དང་བསྟོལ་མར་འབྲེལ་ཡོད་པ་རེད། དེ་ལྟར་སྔོ་ལྗང་སྡོན་ཤིང་གི་བསིལ་གྲིབ་ཀྱིས་ཁེངས་པ་དང་། རི་རྒྱུད་འབྲེལ་ཞིང་། ཆུ་རྒྱུད་མང་བ། ཐོན་ཆུའི་རྒྱུད་ཀྱི་ཤུག་འཐག་ཆུ་འཁོར་ཆེ་ཆུང་དག་བཅས་ཐུན་མོང་མ་ཡིན་པའི་མཛེས་ལྗོངས་ཤིག་ཏུ་གྲུབ་ཡོད། ཐོན་པ་ཤང་དུ་སྐྱོད་སྐབས་དེ་གའི་སྲོལ་རྒྱུན་གྲོང་སྡེ་དང་། བོད་ཡིག བདུག་སྤྱོས། གནའ་

ཐའི་སྟོན་ཤིང་། ཆུ་ཁའི་མཛེས་ལྗོངས་བཅས་གཅིག་ཏུ་འབྲེལ་ནས་དེ་ནས་བྲལ་བར་མི་འདོད་པ་ལྟ་བུ་ཡོད་པས། ཐོན་མདའ་གྲོང་ཚོ་ནི་ཐུན་མོང་མ་ཡིན་པའི་རང་བྱུང་མཛེས་ལྗོངས་སྐྱིད་དེ་མི་སྡོད་ཁོར་ཡུག་སྐྲུན་པའི་དཔེ་མཚོན་ཞིག་ཏུ་གྱུར་ཡོད་དོ།

མཛེས་ལྗོངས་ཁུལ་དེ་ནས་ད་དུང་སྐེ་མོའི་ཁྱད་འཕགས་གསུམ་ཞེས་ལྗོངས་ཕྱི་ནང་དུ་གྲགས་པའི་བདུག་སྤོས་དང་། བོད་ཤོག པར་བཀོ་སོགས་དང་དེ་མིན་ཛ་དང་བོད་ལྷམ་སོགས་མངོན་མིན་རིག་གནས་ཤུལ་བཞག་གི་རྣམ་གྲངས9ཡི་རྒྱུན་འཛིན་པ་ཚོས་ས་ཆ་དངོས་སུ་བཟོ་རིམ་ངོ་སྤྲོད་ཀྱིས་ཐུན་མོང་མ་ཡིན་པའི་སྲོལ་རྒྱུན་རིག་གནས་ཀྱི་བཟོ་རྩལ་དང་མཛེས་སྡུག་ཉམས་སུ་མྱོང་ཐུབ་ཀྱི་ཡོད།

2016ལོའི་ཟླ8པར་ཐོན་མདའ་གྲོང་ཚོར་སྐར་ཡང་སྡོད་ཁང་དང་གྲོང་ཁྱེར་དང་གྲོང་གསེབ་འཛུགས་སྐྲུན་པུའུ་དང་རྒྱལ་ཁབ་ཡུལ་སྐོར་ཐུས་ཀྱིས་རྒྱལ་ཡོངས་ཀྱི་ཁྱད་ལྡན་མཛེས་ལྗོངས་ཡུལ་སྐོར་གྱི་གྲགས་ཅན་གྲོང་ཚོའི་མཚན་སྙན་སྩྲད་པ་རེད།

བདུན། ཚང་ཚིང་ནགས་ཁྲོད་ཀྱི་སྤང་གཞོང་གྲོང་ཚོ།

དུས་རབས་བདུན་པ་ཙམ་ནས་ཆགས་པའི་སྤང་གཞོང་གྲོང་ཚོ་ནི་རྒྱ་མཚོའི་ངོས་ལས་མཐོ་ཚད་སྨི2870ཙམ་གྱི་སར་གནས་ཤིང་། ཐོན་ཁུངས་ཕུན་སུམ་ཚོགས་པ་དང་། རང་བྱུང་ཁོར་ཡུག་མཛེས་པ། ད་ཡོད་ཀྱི་གྲོང་མིའི་སྡོད

ཁང་ཐལ་ཆེ་བ་དུས་རབས་ཉི་ཤུ་པའི་ལོ་རབས་ཉི་ཤུའི་ནང་སྐྲུན་པའི་རྗོ་ཤིང་ལས་གྲུབ་པའི་བོད་རིགས་ཀྱི་ཉམས་འགྱུར་ལྡན་པའི་ཁང་པ་ཤ་སྟག་ཡིན་ལ། དམངས་སྲོལ་བཟང་ཞིང་སྲོལ་རྒྱུན་གྱི་གོམས་སྲོལ་མང་པོ་ཞིག་ད་བར་རྒྱུན་འཛིན་བྱས་ཡོད་པ་རེད། ལྷག་དོན་ཡུལ་དེ་དང་དེའི་མཐའ་འཁོར་དུ་སློབ་དཔོན་པད་མ་འབྱུང་གནས་ཀྱིས་བཞེངས་པའི་རྗོའི་མཆོད་རྟེན108ནས་ལོ་ངོ་སྟོང་གི་ལོ་རྒྱུས་ཡོད་པའི་རིགས་གསུམ་མགོན་པོའི་བྲག་བརྐོས་སྐུ་བརྙན་དང་། བྱམས་སྤྲིན་གཙུག་ལག་ཁང་། དེ་བཞིན་གནའ་བོའི་བང་སོའི་ཚོགས་དང་བལ་བོད་གནའ་ལམ་བཅས་ཡོད།

སྐྱིད་གྲོང་གྲོང་རྫལ་སྲུང་གཞོང་གྲོང་ཚོའི་ཡུལ་ལྗོངས་ཡིད་དུ་འོང་བ་དང་རིག་གནས་ཀྱི་ནང་དོན་གཏིང་ཟབ་ཡོད་པས། མི་རྣམས་བློ་ཁ་ཕྱོགས་ཡུལ་གྱི་གནས་མཆོག་དེར་མ་སླེབས་གོང་རྒྱང་རིང་ནས་བོད་བཟོའི་ཡུལ་མིའི་སྡོད་ཁང་རེ་རེ་དག་རི་སྔོ་ཆུ་དྭངས་ཀྱི་ཁྲོད་ནས་མངོན་པ་ནི་མི་ཡུལ་གྱི་དག་ཞིང་དང་གཉིས་སུ་མེད་པ་དང་ཉེ་སར་སླེབས་སྐབས་དེ་བས་ཀྱང་སུམ་རྟེན་གནས་ལ་འགྲན་པའི་དཔེན་པའི་སྐྱིད་ཚལ་ཉམས་དགའ་བ་ཞིག་ཡོད།

སྤྱི་ཚོགས་ཀྱི་སྣང་ཚུལ་དང་ལོ་རྒྱུས་དེ་ལྟར་གཏིང་ཟབ་ཅིང་། མཛེས་སྡུག་ལྡན་པའི་རང་བྱུང་མཛེས་ལྗོངས་དེ་ལྟར་ཡོད་སྟབས་སྲུང་གཞོང་གྲོང་ཚོ་དེ་བཞིན་ཀྲུང་གོའི་ལོ་རྒྱུས་རིག་གནས་ཀྱི་གྲགས་ཅན་གྲོང་ཚོའི་མིང་གཞུང་ནང་ཚུད་པ་རེད། སྲུང་གཞོང་གྲོང་ཚོ་ནི་སྐྱིད་གྲོང་ལུང་ཤུར་དུ་གནས་པ་དང་ཆེས་དམའ་སར་རྒྱ་མཚོའི་ངོས་ལས་མཐོ་ཚད་སྨི2000ཡོད་པ་རེད། སྐྱིད་གྲོང་

ལུང་ཤར་གྱི་ཡུལ་ལྗོངས་ལྷ་ན་སྡུག་ལ་ཐོན་ཁུངས་ཕུན་སུམ་ཚོགས་ཤིང་། སྔར་ནས་བཟུང་བོད་ལྗོངས་དང་ཡ་གླིང་ལྷོ་མའི་བར་འབྲེལ་བ་བྱེད་པའི་ལམ་གཙོ་བོ་ཡིན་པས། ལོ་རྒྱུས་ཐོག་སློབ་དཔོན་པདྨ་འབྱུང་གནས་དང་ཇོ་བོ་རྗེ་དཔལ་ལྡན་ཨ་ཏི་ཤ་ལམ་དེ་ནས་ཕེབས་ཏེ་བོད་ཀྱི་ཆོས་ལ་དག་ཐེར་གནང་བར་ཕེབས་པ་དང་། ཐང་རྒྱལ་རབས་ཀྱི་ཕོ་ཉ་ཝང་ཧྲོན་ཚེ་རྒྱ་གར་ལ་སྐྱོད་སྐབས་ལམ་དེ་ནས་བརྒྱུད་པ། བལ་བཟའ་ཁྲི་བཙུན་བོད་ལ་ཕེབས་སྐབས་ཀྱང་ལམ་དེ་ནས་ཕེབས་པ་སོགས་དེ་དག་ཚང་མས་ས་དེ་གར་གཉིང་ཟབ་པའི་ལོ་རྒྱུས་དང་རིག་གནས་ཀྱི་དོན་སྙིང་བསྟན་ཡོད།

སྤྱང་གཞོང་གྲོང་ཚོའི་ལོ་རྒྱུས་གཉིང་ཟབ་པ་དང་རིག་གནས་ངོ་མཚར་ཆེ་ཞིང་། གྲོང་ཚོ་དེ་ནས་ད་དུང་ལོ་ངོ་1300ལྷག་གི་ལོ་རྒྱུས་ཡོད་པའི་སྲོལ་རྒྱུན་ཞབས་བྲོ་སྤྱང་གཞོང་གཞས་ཆེན་བྱུང་ཞིང་། གཞས་ཆེན་འཁྲབ་སྐབས་གྱོན་གོས་མཚོར་པོ་གྱོན་པ་དང་། འཁྲབ་སྟངས་ཡང་ལ་མཛེས་པ། གཞས་གདངས་གསང་བ། སྟངས་སྟབས་སྣ་མང་ཕུན་སུམ་ཚོགས་པ་བཅས་ཡོད་པ་རེད། གྲོང་མི་ལྷག་པ་ནི་སྤྱང་གཞོང་གཞས་ཆེན་གྱི་རྒྱུན་འཛིན་པ་ཡིན་ཞིང་། ཁོང་གིས་ངོ་སྤྲོད་བྱས་པ་ལྟར་ན། ཤོད་རྒྱུན་ལ་ལོ་ངོ་1300ལྷག་ཙམ་གྱི་གོང་དུ་བཙན་པོ་སྲོང་བཙན་སྒམ་པོས་བལ་བཟའ་ཁྲི་བཙུན་ཁབ་ཏུ་བཞེས་ནས་སྐྱིད་གྲོང་བརྒྱུད་སྐབས་བསུ་སྐྱེལ་བྱེད་མི་རྣམས་ཀྱིས་མི་རིགས་གཉིས་ཀྱི་མཛའ་མཐུན་ལ་རྟེན་འབྲེལ་ཞུ་ཆེད་ཐུན་མོང་ཐོག་ཞབས་བྲོ་འཁྲབ་པ་དེ་ནི་ད་ཆའི་སྤྱང་གཞོང་གཞས་ཆེན་ཡིན་པ་རེད།

སྤྱང་གཞོང་གྲོང་ཚོ་ཀྲུང་གོའི་ལོ་རྒྱུས་རིག་གནས་ཀྱི་གྲགས་ཅན་གྲོང་ཚོའི་མིང་ཐོབ་གྲོང་ཚོར་གྱུར་བས་གྲོང་ཚོའི་མང་ཚོགས་རྣམས་དགའ་ཚོར་ཆེན་པོ་བྱུང་བ་དང་ཤོང་ཚོས་རེ་བ་མཐོང་ཐུབ་པ་བྱུང་ཡོད། སྐྱིད་གྲོང་རྫོང་རིག་གནས་རླུང་འཕྲིན་ཅུས་ཀྱི་ཅུས་ཀྲང་གཞོན་པ་ཞིག་གི་ངོ་སྤྲོད་ལྟར་ན། གོམ་སྟབས་རྗེས་མར་རྫོང་གིས་དེ་སྔའི་འཛུགས་སྐྲུན་རྣམ་པ་སྣར་གསོ་བྱས་ནས་སྲོལ་རྒྱུན་རིག་གནས་སྲུང་སྐྱོབ་བྱེད་པ་དང་སྦྲགས་གནའ་བོའི་གྲོང་རྡལ་གྱི་ཐོན་ལས་གླིང་ཞིག་སྐྲུན་ནས་བལ་བོད་གནའ་ལམ་ཧྲིལ་པོའི་རིག་གནས་དེ་གར་གཅིག་སྡུད་བྱས་ཏེ་མི་རྣམས་ཀྱིས་སྤྱང་གཞོང་གྲོང་ཚོ་ནས་བལ་བོད་གནའ་ལམ་གྱི་ལོ་རྒྱུས་དང་ཤོད་རྒྱུན་ཤེས་རྟོགས་ཐུབ་པ་བྱ་རྒྱུའི་གྲ་སྒྲིག་བྱེད་བཞིན་ཡོད་ཅེས་ཤོད་ཀྱི་འདུག་པས། མི་རིང་བར་བལ་བོད་གནའ་ལམ་དེར་དེང་རབས་ཀྱི་གསོན་ཤུགས་སྣར་ཡང་རྒྱས་ནས་ཕྱོགས་བཞིའི་རིག་གནས་པ་དང་། ཡུལ་སྐོར་བ། ཞིབ་འཇུག་པ་བཅས་ལ་དེ་བས་ཡངས་ཞིང་རྒྱ་ཆེ་བའི་གནམ་ས་ཞིག་ཐོབ་རྒྱུ་རེད་འདུག

བརྒྱད། ལོ་རྒྱུས་ཡུན་རིང་ལྡན་པའི་མཚོ་འགོ་གྲོང་ཚོ།

མཚོ་འགོ་གྲོང་ཚོ་ནི་ཉིང་ཁྲི་གྲོང་ཁྱེར་གྱི་གཞི་ཁྱོན་ཆུང་ཆེ་བའི་སྲོལ་རྒྱུན་རྣམ་པར་སྲུང་སྐྱོབ་ལེགས་ཤོས་བྱུང་བའི་གནའ་བོའི་གྲོང་ཚོ་གཅིག་པུ་དེ་ཡིན་པས་རྒྱལ་ཁབ་སྟོད་ཁང་དང་གྲོང་ཁྱེར་གྲོང་གསེབ་འཛུགས་སྐྲུན་པུའུ་དང་། རིག

གནས་ཕུའུ། ནོར་སྲིད་ཕུའུ་བཅས་ཀྱིས་མཉམ་འབྲེལ་ཐོག2012དང་2013ལོར་ཡོངས་བསྒྲགས་བྱས་པའི་ཁག་དང་པོ་དང་གཉིས་པའི་ཀྲུང་ཧྭ་སྲོལ་རྒྱུན་གྲོང་ཚོའི་མིང་གཞུང་ནང་གསལ་བ་དང་། རང་ལྗོངས་ཀྱི་ཁག་དང་པོའི་ལོ་རྒྱུས་རིག་གནས་ཀྱི་གྲགས་ཅན་གྲོང་ཚོ་ཡིན་པའི་ཀོང་པོ་རྒྱ་མདའ་རྫོང་མཚོ་འགོ་ཤང་མཚོ་འགོ་གྲོང་ཚོར་ལོ་རྒྱུས་ཀྱི་དམིགས་བསལ་ཁྱད་ཆོས་དུ་མ་ལྡན་ཡོད་པ་རེད།

ཀོང་པོ་རྒྱ་མདའ་རྫོང་གི་འབྲེལ་ཡོད་འགན་འཁུར་བས་ངོ་སྤྲོད་བྱས་པར་གཞིགས་ན། གནའ་བོའི་མཚོ་འགོ་གྲོང་ཚོ་དེར་དུད་ཁྱིམ60ལྷག་ཙམ་ཡོད་པ་དང་། དེ་གར་མ་ཎི་ལྷ་ཁང་1དང་། མཆོད་རྟེན1 གྲོང་ཚོའི་སྤྱི་སྤྱོད་ཁང་པ་དང་ད་དུང་ད་ཆ་བེད་མེད་ཡིན་ནའང་མ་བཤིག་པར་བཞག་པའི་དེ་སྔའི་བོད་བཟོའི་སྡོད་ཁང་ཚོགས་སོགས་ལས་གྲུབ་ཅིང་། ད་ལམ་འཛུགས་སྐྲུན་རྒྱ་ཁྱོན་སྨི་ངོས་གྲུ8000དང་ས་ཁྱོན་སྨི་ངོས་གྲུ་ཁྲི4ཡོད་ཅིང་། ཡུལ་མིའི་སྡོད་ཁང་དང་མཐའ་འཁོར་གྱི་རང་བྱུང་ནགས་ཁྲོལ་ཡུག་གཅིག་ཏུ་འབྲེལ་ཡོད་པ་དེ་ནི་མིག་སྔར་ཉིང་ཁྲི་གྲོང་ཁྱེར་ནས་ཤེས་རྟོགས་བྱུང་བའི་སྲུང་སྐྱོབ་ལེགས་པོ་བྱུང་བའི་ཀོང་པོའི་ཡུལ་མི་སྡོད་ཁྲོལ་གྱི་གནའ་བོའི་གྲོང་ཚོ་གཅིག་པུ་དེ་རེད། གྲོང་ཚོ་དེས་ཀོང་པོ་ཁྲོལ་གྱི་ཡུལ་མིའི་འཛུགས་སྐྲུན་ལོ་རྒྱུས་ཐོག་གནས་བབ་གལ་ཆེན་བཟུང་ཡོད་ལ་གལ་ཆེའི་ཚན་རིག་ཞིབ་འཇུག་གི་རིན་ཐང་ཡང་ལྡན་ཡོད། གནའ་བོའི་མཚོ་འགོ་གྲོང་ཚོའི་ཡུལ་མིའི་འཛུགས་སྐྲུན་གྱི་སྤྱིའི་སྒྲོམ་གཞི་གཙོ་བོ་ནི་རྫོང་ཤིང་ཡིན་པ་དང་བཟོ་ལྟ་དང་། ཆོས་གཞི། རྒྱ་ཆ་འདེམས་སྤྱོད། མཛེས་བཟོ་སོགས་ཕྱོགས་མང་པོའི་ཐད་ཀོང་པོའི་སྲོལ་རྒྱུན་གྱི་འཛུགས་སྐྲུན་བྱ་ཐབས་

སྤྱོད་ཡོད་པས་ས་གནས་ཀྱི་ཁྱད་ཆོས་མངོན་གསལ་དོད་པོ་ཡོད་པ་རེད།

མཚོ་འགོ་གྲོང་ཚོའི་གྲོང་མི་ངག་དབང་བསྟན་འཛིན་གྱིས་ངའི་ཁྱིམ་གྱི་སྡོད་ཁང་ལ་ལོ་ངོ་ཉིས་བརྒྱ་ལྷག་ཙམ་གྱི་ལོ་རྒྱུས་ཡོད་ཅེས་བཤད་ཅིང་། གྲོང་ཚོའི་སྡོད་ཁང་མང་པོ་ཞིག་མི་རབས་བཞི་ལྔའི་གོང་གི་མེས་པོ་ཚོས་སྐྲུན་པ་ཞིག་ཡིན་པས་ད་བར་ཉུང་མཐར་ཡང་ལོ་ངོ་100ནས300ལྷག་དང་ཐ་ན450ཙམ་གྱི་ལོ་རྒྱུས་ཡོད་པའི་ཁང་པའང་ཡོད་པ་རེད། ལོ་ངོ་བརྒྱ་ཕྲག་གི་ལོ་རྒྱུས་ཀྱི་ཆུ་རྒྱུན་རིང་པོའི་ཁྲིད་སྟེར་ཡོད་ཀྱི་འཇུགས་སྐྲུན་ཉམས་འགྱུར་དང་འཚོ་བ་སྐྱེལ་སྟངས་སྲུང་འཛིན་བྱས་ཡོད་པ་རེད། ཡུལ་མིའི་སྡོད་ཁང་ནང་ད་དུང་སྔ་མོའི་མེ་ཐབ་སྤྱོད་བཞིན་ཡོད་པ་དང་། ཁྱིམ་ཆས་ཚང་མ་ལག་ཤེས་བཟོ་རྩལ་སྤྱད་ནས་བཟོས་པ་ཤ་སྟག་ཡིན་ལ། འཇུགས་སྐྲུན་བཀོད་པ་དང་དེ་བཞིན་འཚོ་བ་དང་ཐོན་སྐྱེད་ཡོ་བྱད་ཚང་མའི་ཐད་སྔ་མོའི་ཁྱད་ཆོས་སྲུང་འཛིན་བྱས་ཡོད་པ་རེད།

གཞན་ཡང་ཤེས་རྟོགས་ཀྱི་ཡོལ་གོ་ཡོངས་སུ་ཕྱེ་ན། གནའ་བོའི་མཚོ་འགོ་གྲོང་ཚོ་དེ་ནི་ཆེས་དམིགས་བསལ་ཆེ་བའི་འཇུགས་སྐྲུན་སྒྱུ་རྩལ་དང་། འཚོ་བའི་སྒྱུ་རྩལ། དེ་བཞིན་རང་བྱུང་ཁོར་ཡུག་བཅས་གཅིག་ཏུ་བསྡུས་པའི་སྒྱུ་རྩལ་གྱི་བརྩམས་ཆོས་ཤིག་ཡིན་པ་དེ་ནི་བོད་ཀྱི་གཞི་ཁྱོན་ཅུང་ཆེ་བ་དང་སྲུང་སྐྱོབ་ལེགས་པོ་བྱུང་བའི་གནའ་བོའི་གྲོང་ཚོའི་གྲས་ཤིག་ཡིན་པས་ལོ་རྒྱུས་དང་སྒྱུ་རྩལ་གྱི་རིན་ཐང་ཏ་ཅང་ཆེན་པོ་ལྡན་ཡོད། མཚོ་འགོ་གྲོང་ཚོའི་ཁོར་ཡུག་མཛེས་སྡུག་ཡིད་དུ་འོང་བ་དང་། རང་བྱུང་ནགས་ཁྲོལ་གྱི་ཁྱད་ཆོས་མངོན་གསལ་དོད་པ། ཡུལ་མིའི་སྡོད་ཁང་འཇུགས་སྐྲུན་དང་རང་བྱུང་ཁོར་ཡུག

གཅིག་ལ་གཅིག་རྟེན་དུ་གནས་པ་སོགས་གཞི་ཁྱོན་དང་། གྲུབ་སྟངས། གནས་ཡུལ་བཅས་ཚང་མ་ཏ་ཅང་མཐོ་བའི་སྒྱུ་རྩལ་གྱི་བརྩམས་ཆོས་ཤིག་ཡིན་པས་དམིགས་བསལ་གྱི་ཡུལ་མིའི་སྡོད་ཁང་འཛུགས་སྐྲུན་གྱི་སྒྱུ་རྩལ་ལ་ཞིབ་འཇུག་བྱ་རྒྱུར་ཐོབ་དཀའ་བའི་རྩ་ཆེའི་དཔྱད་གཞི་མཁོ་འདོན་བྱས་ཡོད།

དེས་མ་ཚད་ད་དུང་གནའ་བོའི་མཚོ་འགོ་གྲོང་ཚོར་དམིགས་བསལ་དུ་ཡོད་པའི་རང་བྱུང་དང་། སྤྱི་ཚོགས་སྣང་ཚུལ། ལོར་ཡུག དེ་བཞིན་ཡུལ་མིའི་འཛུགས་སྐྲུན་སྒྱུ་རྩལ་བཅས་ནི་ཉིང་ཁྲི་ས་ཁུལ་གྱི་གནའ་བོའི་གྲོང་ཚོར་ཞིབ་འཇུག་དང་གསར་སྤེལ་བྱ་རྒྱུར་ནུས་པ་གལ་ཆེན་ཐོན་པ་མ་ཟད། ལོ་རྒྱུས་དང་། རིག་གནས། ཚན་རིག་བཅས་ཀྱི་རིན་ཐང་ཤེས་རྟོགས་བྱེད་རྒྱུ་ཐུར་བས་གཏིང་ཟབ་ཏུ་བཏང་ནས་ཚན་རིག་དང་མཐུན་ཞིང་ལུགས་མཐུན་སྲུང་སྐྱོབ་དང་བེད་སྤྱོད་བྱས་ན་ས་གནས་མང་ཚོགས་ཀྱི་འཚོ་བའི་ཆུ་ཚད་གོང་མཐོར་གཏོང་བ་དང་ས་གནས་ཀྱི་དཔལ་འབྱོར་འཕེལ་རྒྱས་གཏོང་རྒྱུར་སྐྱེ་ཁྲིད་དང་སྐུལ་འདེད་ཀྱི་ནུས་པ་ཆེན་པོ་ཐོན་རྒྱུ་རེད།

མཚོ་འགོ་གྲོང་ཚོ་ནི་བྲག་གསུམ་མཚོ་ཡི་མགོ་རུ་ཡོད་པས་མིང་དེ་ལྟར་ཐོགས་པ་ཞིག་ཡིན་ལ་བྲག་གསུམ་མཚོའི་མཛེས་ལྡོངས་དང་གཅིག་ལ་གཅིག་བརྟེན་གྱིས་སྐད་གྲགས་ཁྱབ་པ་ཞིག་ཡིན་པས་འདི་གར་བྲག་གསུམ་མཚོ་ཡི་མཛེས་ལྡོངས་ཟུར་ཙམ་ཞིག་མི་སྨྲོས་ཐབས་མེད་དུ་གྱུར། ཀོང་པོ་རྒྱ་མདའ་རྫོང་ནས་སྟོང་སྨི50ཙམ་ཡོད་པའི་བྲག་གསུམ་མཚོ་ནི་བྲག་ཆུའི་སྟོད་རྒྱུད་ཀྱི་རི་ཁུག་ཏུ་གནས་པ་དང་མཚོ་ངོས་རྒྱ་མཚོའི་ངོས་ལས་སྨི3469ཙམ་ཡོད་པ་དང་།

རིང་ཚད་ལ་སྤྱི་ལེ12དང་། སྤྱིའི་རྒྱ་ཁྱོན་ལ་སྤྱི་ངོས་སྨོམས་གྲུ་བཞི་མ37.5ཡོད། མཐའ་བཞི་གངས་རི་དང་ནགས་ཚལ་གྱིས་ཡོངས་སུ་བསྐོར་བའི་བྲག་གསུམ་མཚོ་ནི་དབྱིབས་མཛེས་ལ་ཁ་དོག་ངེས་མེད་ཀྱི་མཛེས་སྡུག་ལྡན་པ་དང་ཆུ་མོ་དྭངས་བས་མཚོ་མཐིལ་གྱི་ཉ་མོའི་གཤོག་རླབས་རྒྱག་ཚུལ་ཡང་ཇི་བཞིན་མངོན་གྱི་ཡོད་པས་ད་བར་མཚན་སྙན་གྱི་བཀའ་རྟགས་རབ་དང་རིམ་པ་ཐོབ། 1994ལོར་རྒྱལ་ཁབ་རིམ་པའི་ཡུལ་ལྗོངས་གྲགས་ཅན་གྱི་མཚན་སྙན་ཐོབ་པ་དང་སྦྲགས། འཛམ་གླིང་ཡུལ་སྐོར་རྩ་འཛུགས་ཀྱིས་འཛམ་གླིང་ཡུལ་སྐོར་མཛེས་ལྗོངས་ཁུལ་དུ་བདམས། སྤྱི་ལོ2000ལོར་རྒྱལ་ཁབ་ཀྱི་Aབཞི་རིམ་པའི་མཛེས་ལྗོངས་སུ་བདམས། 2001ལོར་རྒྱལ་ཁབ་ནགས་ལས་ པུའུ་ཡིས་རྒྱལ་ཁབ་ནགས་ཚལ་སྤྱི་གླིང་གི་མིང་རྟགས་བྱས། ད་དུང་གོང་པོ་རྒྱ་མདའ་རྫོང་གིས2014ལོ་ནས་བཟུང་མཛེས་ལྗོངས་ཁུལ་དེའི་དགེ་མཚན་འདོན་སྤེལ་གང་ལེགས་བྱས་ནས་རིག་གནས་པ་དང་། ཡུལ་སྐོར་བ། ཞིབ་འཇུག་པ་བཅས་དེ་བས་མང་བའི་བློ་ཁ་ཕྱོགས་པ་བྱེད་ཆེད། མ་དངུལ་སྒོར་ཁྲི1200ལྷག་ཙམ་བཏང་ནས་བྲག་གསུམ་མཚོ་ཡི་ཡུལ་སྐོར་མཛེས་ལྗོངས་ཁུལ་དེ་རྒྱལ་ཁབ་ཀྱི་Aལྔ་རིམ་པའི་ཡུལ་སྐོར་མཛེས་ལྗོངས་ཁུལ་དུ་བཟོ་སྐྲུན་བྱས་པ་ལྟར2017ལོའི་ཟླ9པའི་ཚེས8ཉིན་རྒྱལ་ཁབ་ཡུལ་སྐོར་ཅུས་ཀྱིས་རིམ་སྤྱོར་ཆོག་མཆན་སྤྲད་པས་ད་ཆ་བྲག་གསུམ་མཚོ་ཡི་མཛེས་ལྗོངས་དེ་བས་རྣམ་པར་བཀྲ་བ་དང་སྒྲིག་བཀོད་དེ་བས་ཕུན་སུམ་ཚོགས་པོའི་ཐོག་ནས་ཕྱོགས་བཞིའི་མགྲོན་པོར་སྣེ་ལེན་ཞུ་བཞིན་ཡོད།

ངོ་མཚར་བརྗོད་ལས་འདས་པའི་བྲག་གསུམ་མཚོ་ཡི་མཐའ་འཁོར་དུ

སློབ་དཔོན་པདྨ་འབྱུང་གནས་སྒྲུབ་པ་སྐྱོན་སའི་བྲག་ཕུག་དང་། གླིང་རྗེ་གེ་སར་རྒྱལ་པོའི་མདའ་སྦྱོང་ས་དང་ལྷ་རྟ་རྐྱང་པོའི་རྨིག་རྗེས། གུ་རུས་བྱིན་གྱིས་བརླབས་པར་གྲགས་ཤིང་གསོལ་བ་བཏབ་ན་འཕྲིན་ལས་མྱུར་བའི་བུ་བསྟེར་དངོས་གྲུབ་བྲག་ཕུག་སོགས་ཡོད་པ་མ་ཟད། ད་དུང་བཀྲ་ཤིས་མཚོ་གླིང་ཐོག་ཏུ་ལོ1500ཙམ་གྱི་ལོ་རྒྱུས་ཡོད་པ་དང་ཐང་རྒྱལ་རབས་ཀྱི་དུས་མཇུག་ཏུ་སྐྲུན་པའི་རྙིང་མའི་དགོན་པ་མཚོ་རྫོང་ཞེས་པ་དེ་ཡོད་ཅིང་། རྫོ་ཤིང་གཉིས་ལས་སྐྲུན་པ་དང་ཐོག་བརྩེགས་གཉིས་ལྡན་གྱི་དགོན་པ་དེའི་རྟེན་གཙོ་ནི་སློབ་དཔོན་པདྨ་འབྱུང་གནས་དང་སྤྱན་རས་གཟིགས་ཡིན་པ་རེད།

ལྷ་ཡུལ་གྱི་མཛེས་ལྗོངས་ས་ལ་འཕོས་པ་དང་གཉིས་སུ་མེད་པའི་བྲག་གསུམ་མཚོས་བརྒྱན་པའི་མཚོ་འགོ་གྲོང་ཚོའི་འཁོར་ར་ཁོར་ཡུག་ཏུ་གནའ་བོའི་ལྗོན་ཤིང་གིས་བརྒྱན་པ་དང་། ཤིང་ལས་གྲུབ་པའི་གྲོང་མིའི་སྡོད་ཁང་ལ་ཨར་འདམ་དང་ངར་ལྷུགས་ཀྱི་དྲི་མས་མ་འགོས་པའི་ཐོག་གང་སར་རྩྭ་ཆུར་རོལ་བའི་ཕྱུགས་རིགས་མང་བ། མི་རྣམས་ཞི་དུལ་ཆེ་ལ་མགྲོན་ལ་དགའ་བ་བཅས་དེ་དག་དང་དེ་དག་ཚང་མ་ནི་ལོ་རྒྱུས་རིག་གནས་ཀྱི་གྲགས་ཅན་གྲོང་ཚོའི་ཁྱད་ཆོས་གསོན་པོ་དེ་ཡིན་ལ། གནའ་ཉམས་དོད་ལ་ཡུལ་ལྗོངས་ལྷ་ན་སྡུག་པའི་གྲོང་ཚོ་དེ་ནི་རང་ལྗོངས་དང་ཡང་སྒྲོས་ཉིང་ཁྲི་གྲོང་ཁྱེར་གྱི་མིང་བྱང་ཞིག་ཏུ་གྱུར་ཡོད་དོ། །

མཇུག་བྱང་།

《རིག་གནས་ཀྱི་བཟོ་རྟགས》དེབ་གཉིས་པའི་རྩོམ་ཡིག་དག་ནི་དང་ཐོག《བོད་ལྗོངས་ཉིན་རེའི་ཚགས་པར》གྱི་བོད་ཡིག་དཔར་མའི་ལེ་ཚན་གཙོ་བོ་སྣེ་ཁྲིད་དཀའ་ཚལ་པར་ངོས་ཀྱི་དགོས་མཁོར་གཞིགས་ནས་བྲིས་པ་ཞིག་ཡིན་ཞིང་། ངོས་ནས་མངོན་མེད་རིག་གནས་ཤུལ་བཞག་གཙོ་བོར་བྱས་པའི་བོད་ཀྱི་སྲོལ་རྒྱུན་རིག་གནས་ཚྭིལ་བསྒྲགས་བྱ་རྒྱུ་དམིགས་ཡུལ་དུ་བཟུང་བའི་པར་ངོས་དེའི་རྩོམ་སྒྲིག་པ་བྱས་པའི་བགྲང་བྱའི་ནང་། པར་ངོས་དེར་རྒྱ་ཆེའི་ཀློག་པ་པོ་ལྷན་རྒྱས་ཀྱི་གདེང་འཛོག་ལེགས་པོ་ཐོབ་པ་དང་། ལྷག་དོན་ཀྱང་གོའི་བོད་ཀྱི་གསར་འགྱུར་དྲ་བ་སོགས་སུ་འདེམས་བཀོད་བྱས་པར་གཟིགས་མཐོང་གནང་མཁན་མང་བའི་ཐོག དེ་དག་སྡེབ་སྒྲིག་གིས་དུས་ངེས་མེད་དུ་ལྟ་ཚོག་ཡོང་བའི་འདུན་པ་བཅངས་མཁན་ཡང་མང་བ་སོགས་ཀྱི་སྣ་སྐྱིད་ལས་ཐོན་པ་ཞིག་ཡིན།

དེབ་འདིའི་ནང་དོན་ཐད། སྔོན་ཚད་མ་བྱུང་བའང་འདིར་བརྗོད་མེད། སྡེབ་སྒྲིར་མཁས་པའང་བདག་ལ་ཡོད་མིན་ཏེ་ཞེས་པ་ལྟར། ནང་དོན་ཚང་མ་མཐོང་ཐོས་མང་ཙུང་སྐྱེ་བོ་ཕལ་མོ་ཆེས་གཅིག་གཅིག་གཉིས་གཉིས་སུ་བརྗོད་ཐབས་བྲལ་བའི་བོད་ཀྱི་སྲོལ་རྒྱུན་རིག་གནས་ལ་གཏོགས་པ་ཤ་སྟག་ཡིན་པ་གང་ཞིག བཟོ་དང་རྟགས་ཙམ་ལས་ཞིབ་ཅིང་ཕྲ་བ་བཀོད་པའི་སྤྱོབས་པ་དང་བྲལ་ཙུང་། ནང་དོན་ཚང་མ་གོ་བློ་ཐོས་བློ་ཙམ་ལ་མ་སླུར་བར་ཡིག་ཐོག་གི་དཔྱད་གཞི་བཙལ་ཏེ་བསྡུར་བ་རེ་བྱས་པ་དང་། ད་ཡོད་ཀྱི་གནས་ཚུལ་དང་གྲངས

གཞི་རྣམས་ཀྱང་ས་ཡུལ་དངོས་ནས་བླངས་པའི་དཔྱད་གཞི་དང་པོ་འབབ་ཞིག་ཡིན་ལ། ཁ་གསལ་མེད་རིགས་ལ་སྙུག་འཛིན་པས་གསར་འགོད་པའི་མིང་ཐོག་ནས་བཅར་འདྲི་བྱས་ཏེ་མདའ་གང་འཕེན་དང་འབེན་གར་ཐོག་གི་སྒྲོ་དོགས་གཅོད་གང་ཐུབ་བྱས་པ་དང་། རྩོམ་ཡིག་འགའ་རེར་ཁ་སྐོང་འོས་འཚམ་བྱས་ཏེ་འཕྲུལ་སེལ་སླ་བཅོས་སུ་མ་སོང་བ་བྱས་ཁུལ་གྱིས་བོད་ཀྱི་སྲོལ་རྒྱུན་རིག་གནས་ལ་དོ་ཁུར་དང་དེའི་ཕྱག་ལས་གནང་མཁན་གྱི་གཞོན་སྐྱེས་ཚོར་ལྷ་ཀློག་བྱས་ཆོག་གི་དཔྱད་གཞིར་ཕུལ་བ་དང་སྦྲགས། བོད་ཀྱི་སྲོལ་རྒྱུན་རིག་གནས་རྒྱུན་འཛིན་བྱ་གཞག་ལ་ཅུང་ཟད་སྨན་དུ་རེ་ཏུང་། རྩོམ་པ་པོའི་སྐྱེས་སྦྱངས་ཀྱི་ཡོན་ཏན་ཤིན་ཏུ་དམན་པའི་ཐོག ལས་བྲེལ་ཆེ་བ་སོགས་འགལ་རྐྱེན་སྣ་མང་གིས་ནོར་བ་དང་འཁྲུལ་བའི་ཆ་ཅི་རིགས་ཡོང་ངེས་པས་མཁྱེན་དཔྱོད་ཡངས་པའི་ཀློག་པ་པོ་ལྷན་རྒྱས་ནས་དག་བཅོས་ཡོད་པ་མཁྱེན་ཞེས་སོར་རྩེ་སྙིང་གར་སྦྱར་རྒྱུ་ཡིན། མཇུག་ཏུ་དེབ་འདི་འདོན་རྒྱུར་རྒྱབ་སྐྱོར་རོགས་རམ་མཐའ་གཅིག་ཏུ་གནང་མཁན་རང་སྐྱོང་ལྗོངས་དང་ལྷ་ས་གྲོང་ཁྱེར་གྱི་མངོན་མེད་རིག་གནས་ཤུལ་བཞག་སྲུང་སྐྱོབ་ལྟེ་གནས་ཀྱི་དབུ་ཁྲིད་དང་། བོད་ལྗོངས་ཉིན་རེའི་ཚགས་པར་ཁང་བོད་ཡིག་རྩོམ་སྒྲིག་པུའུ་ཡི་དབུ་ཁྲིད་དང་ལས་རོགས་ལྷན་རྒྱས། དེ་བཞིན་བོད་ལྗོངས་མི་དམངས་དཔེ་སྐྲུན་ཁང་གི་འབྲེལ་ཡོད་དབུ་ཁྲིད་དང་རྩོམ་སྒྲིག་པར་སྙིང་དབུས་ནས་ཐུགས་རྗེ་ཆེ་ཞུ་རྒྱུ་དང་བཅས།

སྙེ་མོ་བ་ཚུང་བདག་གམ་སྙུག་མིང་དུ་སྟང་གསལ་ཞེས་སུ་འབོད་པས་བོད་རབ་བྱུང་བཅུ་བདུན་ས་ཁྱི་ལོའི་གནམ་ལོ་གསར་དུ་བཞད་མཚམས་སུ་གནས་མཆོག་ལྷ་ལྡན་གྲོང་དུ་ལེགས་པར་སྦྱར་རོ། དགེ་ལེགས་འཕེལ།

རིག་གནས་ཀྱི་བརྡ་རྟགས། (གཉིས་པ།)

རྩོམ་པ་པོ།	ཚུང་བདག
རྩོམ་སྒྲིག་འགན་འཁུར་བ།	པ་སངས་དབང་ཆེན། ཚུང་སྐྱིད།
པར་འདེབས་འགན་འཁུར་བ།	བཀྲ་ཤིས་བསམ་གྲུབ།
མདུན་ཤོག་མཛེས་འཆོས་པ།	ནོར་བཟང་བཀྲ་ཤིས།
དཔེ་སྐྲུན་འགྲེམས་སྤེལ་ཆ་ན་པ།	བོད་ལྗོངས་མི་དམངས་དཔེ་སྐྲུན་ཁང་། (ལྷ་ས་གླིང་སྐོར་བྱང་ལམ་སྒོ་ཨང་20པ།)
པར་འདེབས་ཆ་ན་པ།	ལྷ་ས་གྲོང་ཁྱེར་མིང་ཤིན་པར་འདེབས་ཚད་ཡོད་ཀུང་སི།
དེབ་ཚད།	850 × 1168 1/32
པར་ཤོག	11.875
ཡིག་གྲངས།	ཁྲི17.4
པར་གཞི།	2018ལོའི་ཟླ3པར་པར་གཞི1བསྒྲིགས།
པར་ཐེངས།	2018ལོའི་ཟླ3པར་པར་ཐེངས1བཏབ།
པར་གྲངས།	01 – 2,000
དཔེ་དེབ་ཨང་རྟགས།	ISBN 978 – 7 – 223 – 05447 – 8
རིན་གོང་།	སྒོར 30.00

图书在版编目(CIP)数据

文化符号.二:藏文/穷达著.—拉萨:西藏人民出版社,2018.3
ISBN 978-7-223-05447-8

Ⅰ.①文… Ⅱ.①穷… Ⅲ.①藏族-民族文化-中国—藏语 Ⅳ.①K281.4

中国版本图书馆CIP数据核字(2017)第073972号

文化符号(二)

著　　者	穷　　达
责任编辑	巴桑旺庆　琼吉
责任印刷	扎西桑珠
封面设计	罗桑扎西
出版发行	西藏人民出版社(拉萨市林廓北路20号)
印　　刷	拉萨市明鑫印刷有限公司
开　　本	850×1168　1/32
印　　张	11.875
字　　数	174千
版　　次	2018年3月第1版
印　　次	2018年3月第1次印刷
印　　数	01-2,000
书　　号	ISBN 978-7-223-05447-8
定　　价	30.00元